中華書局校刊

聚珍仿宋版

十三經注疏

三

毛詩注疏

中華書局

毛詩注疏

四部備要

經部

上海中華書局據阮刻本校刊

桐鄉陸費逵總勘

杭縣高時顯吳汝霖輯校

杭縣丁輔之監造

欽定四庫全書總目毛詩正義四十卷

漢毛亨傳鄭元箋唐孔穎達疏案漢書藝文志毛詩二十九卷毛詩故訓傳三十卷然但稱毛公不著其名後漢書儒林傳始云趙人毛長傳詩是爲毛詩其長字不從艸隋書經籍志載毛詩二十卷漢河間太守毛萇傳鄭氏箋於是詩傳始稱毛萇然鄭元詩譜曰魯人大毛公爲訓詁傳於其家河間獻王得而獻之以小毛公爲博士陸璣毛詩草木蟲魚疏亦云孔子刪詩授卜商商爲之序以授魯人曾申申授魏人李克克授魯人孟仲子仲子授根牟子根牟子授趙人荀卿荀卿授魯國毛亨毛亨作訓詁傳以授趙國毛萇時人謂亨爲大毛公萇爲小毛公據是二書則作傳者乃毛亨非毛萇故孔氏正義亦云大毛公爲其傳由小毛公而題毛也隋志所云殊爲舛誤而流俗沿襲莫之能更朱彝尊經義考乃以毛詩二十九卷題毛亨撰注曰佚毛詩訓故傳三十卷題毛萇撰注曰存意主調停尤爲於古無據今參稽衆說定作傳者爲毛亨以鄭氏後漢人陸氏三國吳

人併傳授毛詩淵源有自所言必不誣也鄭氏發明毛義自命曰箋博物志曰毛公嘗爲北海郡守康成是此郡人故以爲敬推張華所言蓋以爲公府用記郡將用箋之意然康成生於漢末乃修敬於四百年前之太守殊無所取案說文曰箋表識書也鄭氏六藝論云注詩宗毛爲主毛義若隱略則更表明如有不同卽下己意使可識別（案此論今佚此據正義所引）然則康成特因毛傳而表識其傍如今人之簽記積而成帙故謂之箋無容別曲說也自鄭箋既行齊魯韓三家遂廢（案此陸德明經典釋文之說）然箋與傳義亦時有異同魏王肅作毛詩注毛詩義駁毛詩奏事毛詩問難諸書以申毛難鄭歐陽修引其釋衛風擊鼓五章謂鄭不如王（見詩本義）王基又作毛詩駁以申鄭難王王應麟引其駁芣苢一條謂王不及鄭（見困學紀聞亦載經典釋文）晉孫毓作毛詩異同評復申王說陳統作難孫氏毛詩評又明鄭義（並見經典釋文）袒分左右垂數百年至唐貞觀十六年命孔穎達等因鄭箋爲正義乃論歸一定無復歧塗毛傳二十九卷隋志附以鄭箋作二十卷疑爲康成所併穎達等

以疏文繁重又析爲四十卷其書以劉焯毛詩義疏劉炫毛詩述義爲稾本故能融貫羣言包羅古義終唐之世人無異詞惟王讜唐語林記劉禹錫聽施士匄講毛詩所說惟鵜在梁陟彼岵兮勿翦勿拜維北有斗四義稱毛未注然未嘗有所詆排也至宋鄭樵恃其才辨無故而發難端南渡諸儒始以掊擊毛鄭爲能事元延祐科舉條制詩雖兼用古注疏其時門戶已成講學者訖不遵用沿及明代胡廣等竊劉瑾之書作詩經大全著爲令典於是專宗朱傳漢學遂亡然朱子從鄭樵之說不過攻小序耳至於詩中訓詁用毛鄭者居多後儒不考古書不知小序自小序傳箋自傳箋鬨然佐鬭遂併毛鄭而棄之是非惟不知毛鄭爲何語殆併朱子之傳亦不辨爲何語矣我
國家經學昌明一洗前明之固陋乾隆四年
皇上特命校刊十三經注疏
頒布學宮鼓篋之儒皆駸駸乎研求古學今特錄其書與小序同冠詩類之首

以昭六義淵源其來有自孔門師授端緒炳然終不能以他說掩也

毛詩正義序

夫詩者論功頌德之歌止僻防邪之訓雖無爲而自發乃有益於生靈六情靜於中百物盪於外情緣物動物感情遷若政遇醇和則歡娛被於朝野時當慘黷亦怨刺形於詠歌作之者所以暢懷舒憤聞之者足以塞違從正發諸情性諧於律呂故曰感天地動鬼神莫近於詩此乃詩之爲用其利大矣若夫哀樂之起冥於自然喜怒之端非由人事故燕雀表啁噍之感鸞鳳有歌舞之容然則詩理之先同夫開闢詩迹所用隨運而移上皇道質故諷諭之情寡中古政繁亦謳謌之理切唐虞乃見其初犧軒莫測其始於後時經五代篇有三千成康沒而頌聲寢陳靈興而變風息先君宣父釐正遺文緝其精華褫其煩重上從周始下暨魯僖四百年閒六詩備矣卜商闡其業雅頌與金石同和秦正燎其書簡牘與煙塵共盡漢氏之初詩分爲四申公騰芳於鄢郢毛氏光價於河閒貫長卿傳之於前鄭康成箋之於後晉宋二蕭之世其道大行齊魏兩河之閒茲風不墜其近代爲義疏者有全緩何胤舒瑗劉軌思劉醜劉焯劉炫等然

焯炫並聰穎特達文而又儒擢秀幹於一時騁絶轡於千里固諸儒之所揖讓
日下之無雙於其所作疏內特爲殊絶今奉
勑刪定故據以爲本然焯炫等負恃才氣輕鄙先達同其所異異其所同或應
略而反詳或宜詳而更略準其繩墨差忒未免勘其會同時有顛躓今則削其
所煩增其所簡唯意存於曲直非有心於愛增謹與朝散大夫行太學博士臣
王德韶徵事郎守四門博士臣齊威等對共討論辨詳得失至十六年又奉
勑與前脩疏人及給事郎守太學助教雲騎尉臣趙乾叶登仕郎守四門助教
雲騎尉臣賈普曜等對
勑使趙弘智覆更詳正凡爲四十卷庶以對揚
聖範垂訓幼蒙故序其所見載之於卷首云爾

詩譜序

詩之興也諒不於上皇之世【疏】正義曰上皇謂伏犧三皇之最先者故謂之上皇鄭知于時信無詩者上皇之時舉代淳朴田漁而食與物未殊居上者設言而莫違在下者羣居而不亂未有禮義之教刑罰之威爲善則莫知其善爲惡則莫知其惡其心既無所感其志有何可言故知爾時未有詩詠○大庭軒轅逮於高辛其時有亡載籍亦蔑云焉【疏】正義曰鄭注中候敕省圖以伏犧女媧神農三代爲三皇以軒轅少昊高陽高辛陶唐有虞六代爲五帝德合北辰者皆稱皇感五帝座星者皆稱帝故三皇三而五帝六也大庭神農之別號大庭軒轅疑其有詩者大庭以還漸有樂器樂器之音逐人爲辭則是爲詩之漸故疑有之也禮記明堂位曰土鼓蕢桴葦籥伊耆氏之樂也注云伊耆氏古天子號禮運云夫禮之初始諸飲食蕢桴而土鼓注云中古未有釜甑而中古謂神農時也郊特牲云伊耆氏始爲蜡蜡者爲田報祭案易繫辭稱農始作耒耜以教天下則田起神農矣二者相推則伊耆神農並與大庭爲一大庭有鼓籥之器黃帝有雲門之樂至周尚有雲門明其音聲和集既能和集必不空絃絃之所歌即是詩也但事不經見故總爲疑辭案古史考云伏犧作瑟明堂位云女媧之笙簧則伏犧女媧已有樂矣鄭既信伏犧無詩又不疑女媧有詩而以大庭爲首者原夫樂之所起發於人之性情性情之生斯乃自然而有故嬰兒孩子則懷嬉戲抃躍之心玄鶴蒼鸞亦合歌舞節奏之應豈由有詩而乃成樂樂作而必由詩然則上古之時徒有謳歌吟呼縱令土鼓葦籥必無文字雅頌之聲故伏犧作瑟女媧笙簧及蕢桴土鼓必不因詩詠如此則時雖有樂容或無詩鄭疑大庭有詩者正據後世漸文故疑有爾未必以土鼓葦籥遂爲有詩若然詩序云情動於中而形於言言之不足乃永歌嗟歎聲成文謂之音是由詩乃爲樂者此據後代之詩因詩爲樂其上古之樂必不如此鄭說既疑大庭有詩則書契之前已有詩矣而六藝論論詩云詩者弦歌諷喻之聲也自書契

之與朴略尚質面稱不為諂目諫不為謗君臣之接如朋友然在於懇誠而已斯道稍衰姦偽以生上下相犯及其制禮尊君卑臣君道剛嚴臣道柔順於是箴諫者希情志不通故作詩者以誦其美而譏其過彼書契之興既未有詩制禮之後始有詩者藝論所云今詩所用誦美譏過故以制禮為限此言有詩之漸述情歌詠未有箴諫故疑大庭以還由主意有異故所稱不同禮之初與天地並矣而藝論論禮云禮其初起蓋與詩同時亦謂今時所用之禮不言禮起之初也○

虞書曰詩言志歌永言聲依永律和聲然則詩之道放於此乎

疏正義曰虞書者舜典也鄭不見古文尚書伏生以舜典合於堯典故鄭注在堯典之末彼注云詩所以言人之志意也永長也歌又所以長言詩之意聲之曲折又長言而為之聲中律乃為和彼舜典命樂已道歌詩經典言詩無先此者故言詩之道也放於此乎猶言適於此也放於此乎隱二年公羊傳文言放於此者謂今誦美譏過之詩其道始於此非初作謳歌始於此也益稷稱舜云工以納言時而颺之格則乘之庸之否則威之彼說舜誡羣臣使之用詩是用詩規諫舜時已然大舜之聖任賢使能目諫面稱似無所忌而云情志不通始作詩者六藝論云情志不通者據今詩而論故云以誦其美而譏其過其唐虞之詩非由情志不通直對面歌詩以相誡勗且為濫觴之漸與今詩不一故臯陶謨說臯陶與舜相荅為歌即是詩也虞書所言雖是舜之命夔而舜承於堯明堯已用詩矣故六藝論云唐虞始造其初至周分為六詩亦指堯典之文謂之造初謂造今詩之初非謳歌之初謳歌之初則疑其起自大庭時矣然謳歌自當久遠其名曰詩未知何代雖於舜世始見詩名其名必不初起舜時也名為詩者內則說負子之禮云詩負之注云詩之言承也春秋說題辭云在事為詩未發為謀恬澹為心思慮為志詩之為言志也詩緯含神務云詩者持也然則詩有三訓承也志也持也作者承君政之善惡述己志而作詩為詩所以持人之行使不失隊故一名而三訓也○

有夏承之篇章泯棄靡有孑遺

疏正義曰夏承虞後必有詩矣但篇章絕滅無有孑然而得遺餘此夏

之篇章不知何時滅也有商頌而無夏頌蓋周室之初。也記錄不得邇及商王不風不雅疏正義曰湯以諸侯行化卒爲天子商頌成湯命於下國封建厥福明其政教漸興亦有風雅商周相接年月未多今無商風雅唯有其頌是周世棄而不錄故云近及商王不風不雅言有而不取之○何者論功頌德所以將順其美刺過譏失所以匡救其惡各於其黨則爲法者彰顯爲戒者著明疏正義曰此論周室不存商之風雅之意風雅之詩止有論功頌德刺過譏失之二事耳黨謂族親此二事各於己之族親周人自錄周之風雅則法足彰顯戒足著明不假復錄先代之風雅也頌則前代至美之詩敬先代故錄之○周自后稷播種百穀黎民阻飢茲時乃粒自傳於此名也疏正義曰自此下至詩之正經說周有正詩之由言后稷種百穀之時衆人皆厄於飢此時乃得粒食后稷有此大功稱聞不朽是后稷自彼堯時流傳於此後世之名也堯典說舜命后稷云帝曰棄黎民阻飢汝后稷播時百穀臯陶謨稱禹曰予暨稷播奏庶艱食鮮食烝民乃粒是其文也陶唐之末中葉公劉亦世脩其業以明民共財疏正義曰公劉者后稷之曾孫當夏時爲諸侯以后稷當唐之時故繼唐言之也中葉謂中世后稷至於大王公劉居其中商頌云昔在中葉亦謂自契至湯之中也祭法云黃帝正名百物以明民共財明民謂使衣服有章共財謂使之同○有財用公劉在豳教民使上下有章財用不乏故引黃帝之事以言之至於大王王季克堪顧天疏正義曰此尚書多方說天以紂惡更求人主之意云天惟求爾多方大動以威開厥顧天惟爾多方罔堪顧之惟我周王克堪用德惟典神天注云顧由視念也其意言天下災異之威動天下之心開其能爲天以視念者衆國無堪爲之惟我周能堪之彼言文王武王能顧天耳大王王季爲天所祐已有王跡是能顧天也○文武之德光熙前緒以集大命於厥身遂爲天下父母使民有政有居【疏】正義曰泰誓說武王伐紂衆咸曰孜孜無怠天將有立父母民之有政有居言民得聖人爲父母必將有明政有安居文武道同故并言之○其時詩風有周南召南雅有鹿鳴文王之屬【疏】正義曰此總言文武之詩皆述文武之政未必皆文武時作也故文王大明之等檢其文皆成王時作○及成王周公致大平制禮作樂而有頌聲興焉盛之至也【疏】正義曰時當成王功由周公故譜說成王之詩皆幷舉周公爲文制禮作樂大平無爲故與大平連言頌聲之興不皆在制禮之後也故春官樂師職云及徹帥學士而歌徹玄謂徹者歌雍也是頌詩之作有在制禮前者也○本之由此風雅而來故皆錄之謂之詩之正經【疏】正義曰此解周詩幷錄風雅之意以周南召南之風是王化之基本鹿鳴文王之雅初興之政教今有頌之成功由彼風雅而就據成功之頌本而原之其頌乃由此風雅而來故皆錄之謂之詩之正經以道衰乃作者名之爲變此詩謂之爲正此等正詩昔武王采得之後乃成王即政之初於時國史自定其篇屬之大師以爲常樂非孔子有去取也儀禮鄉飲酒工歌鹿鳴四牡皇皇者華笙入奏南陔白華華黍閒歌魚麗笙由庚歌南有嘉魚笙崇丘歌南山有臺笙由儀合樂周南關雎葛覃卷耳召南鵲巢采蘩采蘋燕禮用樂與鄉飲酒文同唯采蘋越草蟲之篇其餘在於今詩悉皆次比又左傳及國語稱魯叔孫穆子聘於晉晉人爲之歌文王大明緜又歌鹿鳴四牡皇皇者華亦各取三篇風雅異奏明其先自次比非孔子定之故譜於此不言孔子其變風變雅皆孔子所定故下文特言孔子錄之春官大師職鄭司農注云古而自有風雅頌之名故延陵季子觀樂於魯時孔子尚幼未定詩書而曰爲之歌邶鄘衞曰是其衞風乎又爲之歌小雅大雅又爲之歌頌論語曰吾自衞反魯然後樂正雅頌各得其所時禮樂自諸侯出頗有謬亂不正者孔子正之耳是司農之意亦與鄭同以爲風雅先定非孔子爲之襄二十九年左傳服虔注云哀公十一年孔子自衞反魯然後樂正雅頌各得其所

距此六十。二歲當時雅頌未定而云爲之歌小雅大雅頌者傳家據已定錄之此說非也六詩之目見於周禮豈由孔子始定其名乎儀禮歌召南三篇越草蟲而取采蘋蓋采蘋舊在草蟲之前孔子以後簡札始倒或者草蟲有憂心之言故不用爲常樂耳後王稍更陵遲懿王始受譖亨齊哀公夷身失禮之後邶不尊賢疏正義曰自此以下至刺怨相尋解變風變雅之作時節變風之作齊衛爲先齊哀公當懿王衛頃公當夷王故先言此也莊四年公羊傳曰齊哀公亨乎周紀侯譖之徐廣以爲周夷王亨之鄭知懿王者以齊世家云周亨哀公而立其弟靖爲胡公當夷王之時哀公母弟山殺胡公而自立言夷王之時山殺胡公則胡公之立在夷王前矣受譖亨人是衰闇之主夷王上有孝王書傳不言孝王有大罪惡周本紀云懿王立王室遂衰詩人作刺是周衰自懿王始明懿王受譖矣本紀言詩人作刺得不以懿王之時雞鳴之詩作乎是以知亨之者懿王也衛世家云貞伯卒子頃侯立頃侯厚賂周夷王夷王命爲衛侯是衛頃公當夷王時郊特牲云覲禮天子不下堂而見諸侯下堂而見諸侯天子之失禮也由夷王以下是夷王身失禮也柏舟言仁而不遇是邶不尊賢也○自是而下厲也幽也政教尤衰周室大壞十月之交民勞板蕩勃爾俱作衆國紛然刺怨相尋正義曰大率變風之作多在夷厲之後故云衆國紛然刺怨相尋擊鼓序云怨州吁怨亦刺之類故連言之○五霸之末上無天子下無方伯善者誰賞惡者誰罰紀綱絶矣疏正義曰此言周室極衰之後不復有詩之意五霸之字或作五伯成二年左傳云五伯之霸也中候霸免注云霸猶把也把天子之事也然則言伯者長也謂與諸侯爲長也五伯者三代之末王政衰微諸侯之强者以把天子之事與諸侯爲長三代共有五人服虔云五伯謂夏伯昆吾商伯大彭豕韋周伯齊桓晉文也知者鄭語註云祝融之後昆吾爲夏伯矣大彭豕韋爲商伯矣論語云管仲相桓公霸諸侯昭九年傳云文之伯也是五者爲霸之文也此言五霸之末正謂周代之霸齊桓晉文之後明其不在夏殷之霸也齊晉最居其末故言五霸之末耳僖元年公羊傳云上無天子下無方伯天下諸侯有相滅亡者桓公不能救則桓公恥之是齊桓晉文能賞善罰惡也其後無復霸君不能賞罰是天下之綱紀絕矣縱使作詩終是無益故賢者不復作詩由其王澤竭故也王制云千里之外設方伯二百一十國以爲州州有伯是方伯謂州牧也周之州長自名爲牧以其長於一方故公羊稱爲方伯言無天子無方伯謂無賢明耳

故孔子錄懿王夷王時詩訖於陳靈公淫亂之事謂之變風變雅

疏正義曰懿王時詩齊風是也夷王時詩邶風是也陳靈公魯宣公十年爲其臣夏徵舒所弑變風齊邶爲先陳最在後變雅則處其間故鄭舉其終始也史記孔子世家云古者詩本三千餘篇去其重取其可施於禮義者三百五篇是詩三百者孔子定之如史記之言則孔子之前詩篇多矣案書傳所引之詩見在者多亡逸者少則孔子所錄不容十分去九馬遷言古詩三千餘篇未可信也據今者及亡詩六篇凡有三百一十一篇皆子夏爲之作序明是孔子舊定而史記漢書云三百五篇者闕其亡者以見在爲數也樂緯動聲儀詩緯含神務尚書璿璣鈐皆云三百五篇者漢世毛學不行三家不見詩序不知六篇亡失謂其唯有三百五篇讖緯皆漢世所作故言三百五耳此言訖於陳靈則在魯僖之後藝論云孔子錄周衰之歌及衆國賢聖之遺風自文王創基至於魯僖四百年間凡取三百五篇合爲國風雅頌唯言至於魯僖者據詩之首君爲文也陳靈公非陳詩之首曹昭公以僖七年卒即位在僖之前故舉魯僖以爲言也藝論云文王創基至於魯僖則商頌不在數矣而以周詩是孔子所錄商頌則篇數先定論錄則獨舉周代數篇則兼取商詩而云合爲國風雅頌者以商詩亦周歌所用故得稱之孔子刊定則應先後依次而鄭風清人是文公詩處昭公之上衛風伯兮是宣公之詩在惠公之下者鄭荅張逸云詩本無文字後人不能盡得其次第錄者直錄存義而已然則孔子之後始顛倒雜亂耳

以爲勤民恤功昭事上帝則受頌聲弘

福如彼若違而弗用則被劫殺大禍如此吉凶之所由憂娛之萌漸昭昭在斯足作後王之鑒於是止矣【疏】正義曰此言孔子錄詩唯取三百之意弘福如彼謂如文武成王世脩其德致太平也大禍如此謂如厲幽陳靈惡加於民被放弑也違而不用謂不用詩義則勤民恤功昭事上帝是用詩義也互言之也用詩則吉不用則凶吉凶之所由謂由詩也詩之規諫皆防萌杜漸用詩則樂不用則憂是爲憂娛之萌漸也此二事皆明明在此故唯錄三百一十一篇庶今之明君良臣欲崇德致治克稽古於先代視成敗於行事又疾時博士之說詩既不精其研覈又不覩其終始講於鄉黨無昭晳陳於朝廷不煥炳故將述其國土之分列其人之先後○夷厲已上歲數不明大史年表自共和始歷宣幽平王而得春秋次第以立斯譜【疏】正義曰自此已下論作譜之意本紀夷王已上多不記在位之年是歲數不明周本紀云厲王三十四年王益嚴又三年王出奔于彘召公周公二相行政號曰共和十二諸侯年表起自共和元年是歲魯真公之十四年齊武公之十年晉靖侯之十八年秦仲之四年宋釐公之十八年衛僖侯之十四年陳幽公之十四年蔡武公之二十四年曹夷伯之二十四年鄭則于時未封是太史年表自共和始也又案本紀共和十四年厲王死於彘宣王卽位四十六年崩子幽王立十一年爲犬戎所殺子平王立四十九年當魯隱公元年計共和元年距春秋之初一百一十九年春秋之時年歲分明故云歷宣幽平王而得春秋次第以立斯譜鄭於三禮論語爲之作序此譜亦是序類避子夏序名以其列諸侯世及詩之次故名譜也易有序卦書有孔子作序故鄭避之謂之爲贊贊明也明己爲註之意此詩不謂之贊而謂之譜譜者普也註序世數事得周普故史記謂之譜牒是也欲知源流清濁之所處則循其上下而省之欲知風化芳臭氣澤之所及則傍行而觀之此詩之大綱也舉一綱

而萬目張解一卷而衆篇明於力則鮮於思則寡其諸君子亦有樂於是與

疏 正義曰此又總言爲譜之理也若魏有儉嗇之俗唐有殺禮之風齊有太公之化衛有康叔之烈述其土地之宜顯其始封之主省其上下知其衆源所出識其清濁也屬其美刺之詩各當其君君之化傍觀其詩知其風化得失識其芳臭皆以喻善惡耳哀十四年公羊傳說孔子制春秋之義以俟後聖以君子之爲亦有樂乎此鄭取彼意也

周南召南譜

周召者禹貢雍州岐山之陽地名○正義曰禹貢雍州云荆岐既旅是岐屬雍州也緜之篇說大王遷於周原閟宮言大王居岐之陽是周地在岐山之陽也孟子云文王以百里而王則周召之地共方百里而皆名曰周其召是周內之別名也大王始居其地至文王乃徙於豐周書稱王季宅程皇矣說文王既伐密須度其鮮原居岐之陽不出百里則王季居程亦在岐南程是周地之小別也○今屬右扶風美陽縣地形險阻而原田肥美○正義曰漢書地理志右扶風郡有美陽縣禹貢岐山在西北周文王所居也皇甫謐云今美陽西北有岐城舊趾是也本或作杜陽案志扶風自別有杜陽縣而岐山在美陽不在杜陽鄭於禹貢注云岐山在扶風美陽西北則作杜者誤也皇矣稱居岐之陽在渭之將是其處險阻也緜云周原膴膴堇荼如飴是地肥美也○周之先公曰大王者避狄難自豳始遷焉而脩德建王業商王帝乙之初命其子王季爲西伯至紂又命文王典治南國江漢汝旁之諸侯○正義曰以帝乙紂之父準其年世與王季同時旱麓說大王王季之事云瑟彼玉瓚黃流在中言王季受玉瓚之賜也尚書謂文王爲西伯當是繼父之業故知王季亦爲西伯殷之州長曰伯謂爲雍州伯也周禮八命作牧殷之州伯蓋亦八命也如旱麓傳云九命然後錫以秬鬯圭瓚孔叢云羊容問於子思曰古之帝王中分天下而二公治之

謂之二伯周自后稷封爲王者之後大王王季皆爲諸侯奚得爲西伯乎子思曰吾聞諸子夏云殷王帝乙之時王季以九命作伯於西受圭瓚秬鬯之賜故文王因之得專征伐此諸侯爲伯猶周召分陝皇甫謐亦云王季於帝乙殷王之時賜九命爲西長始受圭瓚秬鬯皆以爲王季受九命作東西大伯鄭不見孔叢之書旱麓之箋不言九命則以王季爲州伯也文王亦爲州伯故西伯戡黎注云文王爲雍州之伯南兼梁荆在西故曰西伯文王之德優於王季文王尙爲州伯明王季亦爲州伯也楚辭天問曰伯昌號衰秉鞭作牧王逸注云伯謂文王也鞭以喻政言紂號令旣衰文王執鞭持政爲雍州牧天問屈原所作去聖未遠謂文王爲牧明非大伯也所以不從毛說言至紂又命文王者旣已繼父爲州伯又命之使兼治南國江漢汝旁之諸侯也知者以漢廣序云美化行乎江漢之域汝墳序云汝墳之國婦人能閔其君子文王三分天下而有其二此詩猶美江漢汝墳明是江漢之濱先被文王之教若非受紂之命其化無由及之明紂命之矣江漢之域卽梁荆二州故尙書註云南兼梁荆其後化廣民附三分有二不必皆紂命也〇於時三分天下有其二以服事殷故雍梁荆豫徐揚之人咸被其德而從之〇正義曰旣引論語三分有二故據禹貢州名指而言之雍梁荆豫徐揚歸文王其餘冀青兖屬紂九州而有其六是爲三分有其二也禹貢九州夏時之制於周則夏官職方氏辨九州之域有揚荆豫青兖雍幽冀幷校之於禹貢無徐梁有幽幷故地理志云周監二代而損益之改禹貢徐梁二州合之於雍青分冀州之地以爲幽幷是其事也爾雅釋地九州之名有冀豫雍荆揚兖徐幽營孫炎曰此蓋殷制禹貢有梁青無幽營周禮有幽幷無徐營然則此說不同不言殷周九州而遠指禹世者孫炎以爾雅之文與禹貢不同於周禮又異故疑爲殷制耳亦無明文言殷改夏也地理志云殷因於夏無所變改班固不以爾雅爲世法又周禮冀幽幷於禹貢唯一州耳相率三分無一故從岐而橫分之據禹貢正經之文取六州以爲三分之二準禹貢之境論施化之處不言當時有此州名也序言化自北而南則於岐東西之南得有三分二者岐於土中近北故也〇文王受命作邑於豐乃分岐邦周召

之地爲周公旦召公奭之采地施先公之教於己所職之國○正義曰文王受命作邑於豐文王有聲之文也地理志云京兆鄠縣豐水出其東南皇甫謐云豐在京兆鄠縣東豐水之西文王自程徙此案皇矣篇云文王既伐密須徙於鮮原從鮮原徙豐而謐云自程非也豐在岐山東南三百餘里文王既遷於豐而岐邦地空故分賜二公以爲采邑也言分采地當是中半不知孰爲東西或以爲東謂之周西謂之召事無所出未可明也知在居豐之後賜二公地者以泰誓之篇伐紂時事已言周公曰樂記說大武之樂象伐紂之事云五成而分陝周公左而召公右明知周召二公並在文王時已受采矣文王若未居豐則岐邦自爲都邑不得分以賜人明知分賜二公在作豐之後且二南文王之詩而分繫二公若文王不賜采邑不使行化安得以詩繫之故知此時賜之采邑也既以此詩繫二公明感二公之化故知使施先公之教於己所職之國也言先公者大王王季賢人文王承其業文王自有聖化不必要用己先公但子當述父之事取其宜者行之以先公爲辭耳猶自兼行聖化故有聖人之風二此獨言施先公之教明化己行之可知以召南有先公之教故特言之耳文王使二公施化早矣非受采之後於此言之者明詩繫二公之意也言己所職者指謂六州之人服從於己者○武王伐紂定天下巡守述職陳誦諸國之詩以觀民風俗六州者得二公之德教尤純故獨錄之屬之大師分而國之○正義曰宣十二年左傳引時邁之詩云昔武王克商而作頌曰載戢干戈載櫜弓矢時邁序云巡守則武王巡守矣王制說巡守之禮曰命大師陳詩以觀民風俗故知武王巡守得二南之詩也譜云天子納變雅諸侯納變風其禮同則文王亦采詩而必知武王始得之者諸侯之納變風直欲觀民之情以知己政得失耳非能別賢聖之異風立一代之大典也文王猶爲諸侯王業未定必不得分定二南故據武王言之耳武王徧陳諸國之詩非特六州而已而此二南之風獨有二公之化故知六州者得二公之德教風化尤最純絜故獨取其詩付屬之於大師之官使分而國之爲二國之風以大師掌六詩之歌達聲樂之本故知屬之使分繫也○其得聖人之化者謂之周南得賢人之化者謂之召南言二公之德

教自岐而行於南國也○正義曰文王將建王業以諸侯而行王道大王王季是其祖父皆有仁賢之行己之聖化未可盡行乃取先公之教宜於今者與己聖化使二公雜而施之又六州之民志性不等或得聖人之化或得賢人之化由受教有精麤故歌詠有等級大師曉達聲樂妙識本源分別所感以爲二國其得聖人之化者謂之周南得賢人之化者謂之召南解大師分作二南之意也知有此理者序云關雎麟趾之化王者之風故繫之周公鵲巢騶虞之德諸侯之風故繫之召公以聖人宜爲天子賢人宜作諸侯言王者之風是得聖人之化也言諸侯之風是得賢人之化也以周公聖人故以聖人之風繫之以召公賢人故以賢人之風繫之以六州本得二公之教因有天子之風義一聖一賢事尤相類故繫之二公既分繫二州公以優劣爲次先聖後賢故先周後召也不直稱周召而連言南者欲見行化之地且作詩之處若不言南無以見斯義也且直言周召嫌主美二公此實文王之詩而繫之二公故周召二國並皆云南見所化之處明其與諸國有異故也此詩既繼二公即二公爲其詩主若有美二公則各從其國甘棠之在召南是其事也周南無美周公或時不作或録不得也○乃棄其餘謂此爲風之正經○正義曰武王偏陳諸國之詩今唯二南在矣明是棄其餘也○此初古公亶父聿來胥宇爰及姜女其後大任思媚周姜大姒嗣徽音歷世有賢妃之助以致其治○正義曰此事皆在大雅也鄭言此者以二國之詩以后妃夫人之德爲首召南夫人雖斥文王夫人而先王夫人亦有是德故引詩文以歷言○文王刑于寡妻至于兄弟以御于家邦○正義曰此思齊文也言文王先化於妻卒治家國此明二國之詩先以后妃夫人爲首之意○是故二國之詩以后妃夫人之德爲首終以麟趾騶虞言后妃夫人有斯德與助其君子皆可以成功至于獲嘉瑞○正義曰此論二國之詩次比之意是故者緣上事生下勢之稱此后妃夫人皆大姒也一人而二名各隨其事立稱禮天子之妃曰后諸侯之妃曰夫人以周南王者之化故稱后妃召南諸侯之化故云夫人直以化感爲名非爲先後之別有陳聖化雖受命前事猶稱后妃有說賢化雖受命後事尚稱夫人二國別稱而文王不異文者召南

夫人爲首后妃變稱夫人足知賢聖異化於文王不假復異其辭故鵲巢之序言國君以著義於後皆以常稱言之聖王之馭世符瑞必臻故次麟趾騶虞於末欲見致嘉瑞也時實不致設以爲法故言耳以詩人之作各言其志麟趾關雎騶虞之與鵲巢未必一人作也麟趾言公子之信厚騶虞歎國君之仁心自取歎名別爲興喻非歎瑞應與前篇共相終始但君子之道作事可法垂憲後昆大師比之於末序者申明其意因言關雎之應鵲巢之應耳其實作者本意不在於應而使詩有龍鳳之文亦將以之爲應非獨麒麟白虎也鄭答張逸云文王承先公之業積脩其德以致風化述其美以爲之法能行其本則致末應旣致其應設以爲法是其不實致也此譜於此篇之大略耳而二風大意皆自近及遠周南關雎至螽斯皆后妃身事桃夭兔罝芣苢后妃化之所及漢廣汝墳變言文王之化見其化之又遠也召南鵲巢采蘩夫人身事草蟲采蘋朝廷之妻甘棠行露朝廷之臣大夫之妻與夫人同爲陰類故先於召伯皆是夫人化之所及也羔羊以下言召南之國江沱之閒亦言文王之政是又化之差遠也篇之大率自以遠近爲差周南之上八篇言后妃漢廣汝墳言文王召南上二篇言夫人羔羊摽有梅江有汜騶虞四篇言文王所以論后妃夫人詳於周南而略於召南者以召南夫人則周南后妃旣於后妃事詳所以召南於夫人遂略其文王之德化多少不同者自由作不有別又采得多少不同周南桃夭言后妃之所致召南羔羊云鵲巢之功所致者周南桃夭以上皆后妃身事文與后妃接連故言后妃所致召南羔羊以前非獨夫人身事文與夫人不相連接故變言鵲巢之功所致也又桃夭致後三篇有后妃之化羔羊致後無夫人之化者亦是周南后妃旣詳於召南夫人遂略致者行化於己自己致人草蟲以下非復夫人身事亦是夫人之致也羔羊召南之國化文王之政爲鵲巢之功所致則漢廣文王之道被于南國亦是關雎之功所致序者以此二風皆是文王之化太姒所贊周南以桃夭至芣苢三篇爲后妃所致漢廣以下其事差遠爲文王之致召南以草蟲至行露四篇爲夫人所致羔羊以下差遠爲文王之致各擧其事互相發明此二南之詩文王時作文王卽位至受命之時已四十

餘年諸侯從之蓋亦早矣鄭答張逸云文王以諸侯而有王者之化卒以受命是受命之前已行王德當此之時詩已作也何則化被於下則民述其志何須待布王號然後作歌武王采得之時二公已有爵土命其行化遂分繫之非由二公有土此詩始作也周召二十五篇唯甘棠與何彼襛矣二篇乃是武王時作武王伐紂乃封太公爲齊侯令周召爲二伯而何彼襛矣經云齊侯之子太公已封於齊甘棠經云召伯召公爲伯之後故知二篇皆武王時作非徒作在武王之時其所美之事亦武王時也行露雖述召伯事與甘棠異時趙商謂其同時疑而發問故志趙商問甘棠行露之詩美召伯之功箋以爲當文王與紂之時不審召公何得爲伯荅曰甘棠之詩召伯自明誰云文王與紂之時乎至行露篇箋義云衰亂之俗微貞信之教興若當武王時被召南之化久矣衰亂之俗已銷安得云微云此文王時也序義云召伯聽訟者從後錄其意是以云然而鄭此荅明甘棠箋之所云美其爲伯之功謂武王時也此二篇武王時事得入召南風者以詩繫於召召爲詩主以其主美召伯因即錄於召南王姬以天子之女降尊適卑不失婦道召南多陳人倫事與相類又王姬賢女召南賢化又作在武王之世不可入文王聖化之風故錄之於召南也○風之始所以風化天下而正夫婦焉故周公作樂用之鄉人焉用之邦國焉或謂之房中之樂者后妃夫人侍御於其君子女史歌之以節義序故耳○正義曰云言或者道異說也鄭之前世有爲此說者故因解之以二南之風言后妃樂得淑女無嫉妬之心夫人德如鳲鳩可以承奉祭祀能使夫婦有義妻妾有序女史歌之風切后夫人以節此義序故用之耳王風云君子陽陽左執簧右招我由房謂路寢之房以人君有房中之樂則后夫人亦有房中之樂以后夫人房中之樂歌周南召南則人君房中之樂亦歌周南召南故譜下文云路寢之常樂風之正經也天子歌周南諸侯歌召南用此或說爲義也后夫人用之亦當然也王肅云自關雎至芣苢后妃房中之樂肅以此八篇皆述后妃身事故爲后妃之樂然則夫人房中之樂當用鵲巢采蘩鄭無所說義亦或然○射禮天子以騶虞諸侯以貍首大夫以采蘋士以采蘩爲節○正義曰在召南之篇亦是用之於

樂故言之禮記射義有此又彼注亦以爲騶虞取其一發五豝喻得賢者多貍首取小大莫處御于君所采蘋取其循澗以采蘋喻循法度以成君事采蘩取
夙夜在公各取其篇之義以爲戒也爲節者謂射之進退當樂節相應彼每篇一言爲節此引之省文也○今無貍首周衰諸侯並僭而去之孔子錄詩不得
也爲禮樂之記者從後存之遂不得其次序○正義曰言此者以射用四篇而三篇皆在召南則貍首亦當在今無其篇故辨之云諸侯所以去之大射注云
貍之言不來也其詩有射諸侯首不朝者之言因以名篇後世失之然則於時諸侯不肯朝事天子惡其被射之言故棄之爲禮樂之記者正謂記作射義者
以貍首樂歌之曲故并樂言之射義註云貍首逸詩下云曾孫侯氏是也其下文云故詩曰曾孫侯氏四正具舉大夫君子凡以庶士小人莫處御于君所以
燕以射則燕則譽謂此是貍首其經下文也彼雖引詩無貍首之字鄭知是貍首者以彼之說諸侯射法而引此詩其下又云君臣相與盡志於射以習禮樂則安
則譽也是以天子制之而諸侯務焉言諸侯用爲射節知是貍首之辭無貍首字者略引其文不盡其辭故也○周公封魯死謚曰文公召公封燕死謚曰康
公元子世之○正義曰周公封魯召公封燕史記皆有世家言之周語引常棣爲周文公之詩是周公謚曰文也公劉序云召康公戒成王是召公謚曰康也
閟宮云建爾元子乃命魯公是元子世之也燕世家云自召公以下九世至惠公當厲王之時則是失其世次不得召公元子名謚傳國於後是元子可知○
其次子亦世守采地在王官春秋時周公召公是也○正義曰僖九年公會宰周公于葵丘文五年召伯來會葬是春秋時周公召公也經傳皆言周公謂爲
三公不知何爵也召稱伯則伯爵以左傳多云召公故言公其旦與奭次子名謚書傳無文平王以西都賜秦則春秋時周公召公別於東都受采存本周召
之名也非復岐周之地晉書地道記云河東郡垣縣有召亭周則未聞今爲召州是也左方無君世者此因詩繫二公故終言之其君世世家亡滅且非此所
須故也○問者曰周南召南之詩爲風之正經則然矣自此之後南國諸侯政之興衰何以無變風答曰陳諸國之詩者將以知其缺失省方設教爲黜陟時

徐及吳楚僭號稱王不承天子之風今棄其詩夷狄之也〇正義曰以列國政衰變風皆作南國諸侯其數多矣不得全不作詩今無其事故問而釋之巡守陳詩者觀其國之風俗故采取詩以爲黜陟之漸亦既僭號稱王不承天子威令則不可黜陟故不錄其詩吳楚僭號稱王春秋多有其事知徐亦僭者檀弓云邾婁考公之喪徐君使容居來弔其辭云昔我先君駒王是其僭稱王也〇其餘江黃六蓼之屬既驅陷於彼俗又亦小國猶邾滕紀莒之等夷其詩蔑而不得列於此〇正義曰春秋文四年楚人滅江僖十二年滅黃文五年楚滅六幷蓼終爲楚人所滅是被其驅逼陷惡俗也既驅陷彼俗亦不可黜陟又且小國政教狹陋故夷其詩輕蔑之而不得列於國風也邾滕紀莒春秋時小國亦不錄之非獨南方之小國也其魏與檜曹當時猶大於邾郑莒故得錄之春秋時燕蔡之屬國大而無詩者薛綜答韋昭云或時不作詩或有而不足錄

詩譜序

毛詩注疏校勘記卷一

阮元撰盧宣旬摘錄

毛詩正義序　閩本明監本毛本於此下題唐國子祭酒上護軍曲阜縣開國子臣孔穎達等奉勑撰案十行本題於卷第一之首移在序下者非其舊也凡序經注疏之文十行本皆平行接寫唯章句低三字閩本以下分高低數等又多提行皆非其舊

日下之無雙　閩本明監本毛本同案之下當有所字錯入下句

於其所作疏內　閩本明監本毛本同案當作其於作疏內其於二字誤倒所字上句錯在此

非有心於愛增　閩本明監本毛本增作憎案憎字是也古或用增爲憎字如墨子帝式是增之屬唐時則不應爾矣○按此因上文有增其所簡而誤耳

謹與朝散大夫　明監本謹與誤議典閩本毛本不誤

詩譜序　毛本此序文并正義悉脫閩本明監本有案毛本即據明監本重刻乃其本偶失此序更不知補誤甚

稱農始作耒耜　明監本稱下衍神字閩本不誤

藝論所云　閩本明監本同案此不誤浦鏜云上當脫六字非也藝論與六藝論互見即其省耳餘同此詳考浦書失多而得寡茲所采外不勝駮正以後所列用爲舉例推類求之大略可知矣

放於此乎隱二年公羊傳文　閩本明監本同案此不誤浦鏜云放傳作昉非也隸釋載漢石經公羊殘碑字作放版本

作昉鄭考工記注引亦作放可證也凡正義所引經典有所見本如此不容執今本以相比較者此類是矣

格則乘之庸之　閩本同明監本乘作承案所改是也

詩緯含神務云　閩本明監本同案此不誤浦鏜云霧誤務非也後漢書樊英傳注載七緯之名字正作務困學紀聞亦然其又作霧者霧務聲同得相通借不當以霧改務也餘同此

蓋周室之初也　閩本明監本同案也當作世形近之譌

距此六十二歲　閩本明監本同案浦鏜云一誤二以春秋考之浦校是也

鄭語註云　閩本明監本同案浦鏜云註衍字以國語考之浦校是也

魯眞公之十四年　閩本同明監本眞誤貞物觀考文補遺載此無之字誤脫

周南召南譜　閩本明監本毛本移此譜入卷第一中鄭氏箋正義之後案十行本與譜序接連考書錄解題云正義備鄭譜於卷首陳氏所見乃正義原書爲得其實則知鄭譜散入各處不復總聚於譜序下者後來合併經注正義時所改也此一譜與譜序接連正其跡之未經盡泯者閩本以下所移非是且鄭氏箋正義之後羼入此一譜於正義之次序尤屬紊亂失之甚矣又正義所載鄭譜是其原第檜在鄭前王城在豳後兩正義屢有明文而鄭譜正義云對上檜風已作故云又作尤爲顯證可見散入各處之失也

周文王所居也　閩本明監本毛本同案浦鏜云大誤文以漢書考之浦校是也

此詩既繼二公 明監本毛本同案浦鏜云繼當繫字誤是也

此譜於此篇之大略耳 閩本明監本毛本同案下此字當作比形近之譌

凡以庶士小人 補 毛本人作大案大字是也

楚滅六并蓼 閩本明監本毛本蓼誤蔑

毛詩注疏挍勘記序

攷異於毛詩經有齊魯韓三家之異齊魯詩久亡韓詩則宋以前尚存其異字之見於諸書可攷者大約毛多古字韓多今字有時必互相證而後可以得毛義也毛公之傳詩也同一字而各篇訓釋不同大抵依文以立解不依字以求訓非執於周官之假借者不可以讀毛傳也毛不易字鄭箋始有易字之例顧注禮則立說以改其字而詩則多不欲顯言之亦或有顯言之者毛以假借立說則不言易字而易字在其中鄭又於傳外研尋往往傳所不易者而易之非好異也亦所謂依文立解不如此則文有未適也孟子曰不以文害辭不以辭害志孟子所謂文者今所謂字言不可泥於字而必使作者之志昭著顯白於後世毛鄭之於詩其用意同也傳箋分而同一毛詩字有各異矣自漢以後轉寫滋異莫能枚數至唐初而陸氏釋文顏氏定本孔氏正義先後出焉其所遵用之本不能畫一自唐後至今鋟版盛行於經於傳箋於疏或有意妄更或無意譌脫於是繆盭莫可究詰因以元舊挍本授元和生員顧廣圻取各本挍之

元復定是非於以知經有經之例傳有傳之例箋有箋之例疏有疏之例通乎諸例而折衷於孟子不以辭害志而後諸家之本可以知其分亦可以知其一定不可易者矣阮元記

引據各本目錄

經本二

唐石經二十卷 今行於世款式不具列

南宋石經殘本 高宗御書在今杭州府學碑存十石每石四列列四十五行行十八字惟末石三列碑內不分卷第其周南召南小雅大雅下亦無第一第二等字小序皆連經文每篇另起每章連接凡篇後幾章幾句及風雅頌後總計章句皆無之末石有秦檜跋語第一石周南起至報我不述止第二石送子涉淇起至青青子佩止第三石悠悠我思起至維子之故羔裘豹止第四石褎自我人究究起至輾轉伏枕止第五石采蘩祁祁起至我有嘉賓中心止第六石好之鍾鼓既設起至我獨居憂止第七石毛取其血膋起至經營四方何草止第八石不玄何人不矜起至于時言言于止第九石入覲以其介圭起至薄言駉者有驈有止第十石駱有駵有雒起至末字體小楷書凡遇避諱字皆本字缺筆如筐作筐貞作貞殷作殷桓作桓竟作竟恒作恒信作仕慇作慇又作慇徵作徵楨作楨朗作朗姑作姑敬作敬禎作禎是也經文大率與今本同唯鵙鵙予尾脩脩竹竿遠兄弟父母園有桃不知我者謂我士也驕不知我者謂我士也罔極椒聊碩大且篤鶴鳴它山之石烈祖來假來饗皆與唐石經同今書中已詳載唐刻故附存其目於此以見南宋時經猶為善本故古者宜所寶貴矣

經注本三

孟蜀石經殘本二卷 自召南鵲巢箋爵位故以興焉爵字起至邶風之二子乘舟二章章四句止分卷同唐石經有杭州黃松石廣仁義

學印章每行大字計廿四注夾行每行字二十及廿一二三不等宋晁公武云毛詩二十卷張紹文書其注或羨或脫或不同又云昔議者以太和石本授寫非精時人未之許書中凡淵民世字皆缺筆避唐諱祭字缺筆避家諱也今攷經文如日月篇乃如人之兮谷風篇不以我能慉非誤倒即誤衍又昔育恐育鞫脫下育字毛傳育鞫之育訓長鄭箋昔育之育訓稺云昔幼稺時恐至長老窮匱無下育字則與傳箋正義不合此經文之誤也傳文如草蟲篇阜螽攀螽也今所傳各本無下螽與爾雅說文合正義亦引定本云作攀螽者衍字采蘋篇藻聚藻也下有沈曰蘋浮曰藻六字與物理不合是據釋文所引韓詩增入也羔羊篇曰古者素絲以英裘乃作黃裘其譌不辨自明此傳文之誤也箋文如采蘋篇蘋之言賓也賓乃賓之譌行露篇不以角乃以味味乃咮之譌野有死麕篇動其佩飾下衍帨音稅也四字終風篇然而己不能得而止之脫不能得而止之六字此箋文之誤也其餘乖異甚多均無足采惟甘棠箋重煩勞百姓較今本少不字與漢書司馬相如傳方今田時重煩百姓合是條差爲可取今此記概不錄入餘詳嚴杰蜀石殘本毛詩考證

宋小字本二十卷 分卷與唐石經同以隋唐著錄考之鄭箋元第如此每半葉十三行每行大小皆二十四字第一卷第一行題毛詩卷第一第二行題唐國子博士兼大子中允贈齊州刺史吳縣開國男陸德明釋文附第三行題周南關雎詁訓傳第一以下題毛詩國風以下題鄭氏箋第二卷以後無唐國子云云一行餘悉同前段玉裁云南宋光宗時刻也

重刻相臺岳氏本二十卷 分卷與唐石經同乾隆四十八年武英殿仿宋本款式不具列

注疏本四

十行本七十卷 分經注本第一卷爲五第二卷爲三第三卷爲三第四卷爲四第五卷爲三第六卷爲四第七卷爲三第八卷爲三第九卷爲

四第十卷爲三第十一卷爲二第十二卷爲三第十三卷爲二第十四卷爲三第十五卷爲三第十六卷爲五第十七卷爲四第十八卷爲五第十九卷爲四第二十卷爲四共七十卷以正義序及唐志考之非孔疏四十卷之舊也每半葉十行每行大十八字小二十三字經作大字注釋文正義皆小字雙行在其下釋文首加○隔之正義首加疏字圍其外隔之首列毛詩正義序次鄭譜序次周南召南譜第一卷第一行題附釋音毛詩注疏卷第一其下側注一之一行末題云一餘卷皆然第二行第三行題唐國子祭酒上護軍曲阜縣開國子孔穎達奉勑撰餘卷無第四行題周南關雎詁訓傳第一以下題毛詩國風以下題鄭氏箋即以釋文正義各繫其下第二卷第二行題毛詩國風鄭氏箋孔穎達疏共爲一行每空二字以後各卷大略同前日本山井鼎所云宋版即此書其源出於沿革例所云建本有音釋注疏遞加脩改至明正德時山井鼎云與正德刊本略似不知其似二而實一也是爲各本注疏之祖

閩本注疏七十卷 用十行本重雕分卷同山井鼎所云嘉靖本也明御史李元陽僉事江以達刊今行於世款式不具列

明監本注疏七十卷 用閩本重雕分卷同山井鼎所云萬歷本也今行於世款式不具列

汲古閣毛氏本注疏七十卷 用明監本重雕分卷同山井鼎所云崇禎本也今行於世款式不具列

引用諸家

陸德明毛詩音義三卷

山井鼎考文毛詩陸冊

浦鏜毛詩注疏正誤十四卷

陳啓源毛詩稽古編三十卷
惠棟毛詩古義二卷
戴震毛鄭詩考正四卷
段玉裁校定毛傳三十卷又詩經小學三十卷

附釋音毛詩注疏卷第一（一之一）〔一〕

唐國子祭酒上護軍曲阜縣開國子孔穎達奉勑撰

周南關雎詁訓傳第一

陸德明音義曰周南周者代名其地在禹貢雍州之域岐山之陽於漢屬扶風美陽縣南者言周之德化自岐陽而先被南方故序云化自北而南也漢廣序又云文王之道被於南國是也〇關雎七胥反依字且邊佳且音子餘反旁或作鳥故訓舊本多作故今或作詁音古又音故傳音直戀反案詁故皆是古義所以兩行然前儒多作詁解而章句有故言郭景純注爾雅則作釋詁樊孫等爾雅本皆爲釋故今宜隨本不煩改字

疏 正義曰關雎者詩篇之名既以關雎爲首遂以關雎爲一卷之目金縢云公乃爲詩以貽王名之曰鴟鴞然則篇名皆作者所自名既言爲詩乃云名之則先作詩後爲名也名篇之例義無定準多不過五少纔取一或偏舉兩字或全取一句偏舉則或上或下全取則或盡或餘亦有捨其篇首撮章中之一言或復都遺見文假外理以定稱黃鳥顯緜蠻之貌草蟲棄喓喓之聲瓜瓞取一緜緜之形瓠葉捨番番之狀夭夭與桃名而俱舉蚩蚩從氓狀而見遺召旻韓奕則采合上下騶虞權輿則并舉篇末其中蹐駁不可勝論豈古人之無常何立名之異與以作非一人故名無定目詁訓傳者注解之别名毛以爾雅之作多爲釋詩而篇有釋詁釋訓故依爾雅訓而爲詩立傳傳者傳通其義也爾雅所釋十有九篇獨云詁訓者詁者古也古今異言通之使人知也訓者道也道物之貌以告人也釋言則釋詁之别故爾雅序篇云釋詁釋言通古今之字古與今異言也釋訓言形貌也然則詁訓者通古今之異辭辨物之形貌則解釋之義盡歸於此釋親已下皆指體而釋其别亦是詁訓之義故唯言詁訓足總衆篇之目今定本作故以詩云古訓是式毛傳云古故也則故訓者故昔典訓依故昔典訓而爲傳義或當然毛傳不訓序者以分置篇首義理易明性好簡略故不爲傳鄭以序下無傳不須辨嫌故註序不言箋說文云第次也

字從竹第稱第一者言其次第當一所以分別先後也〇

毛詩國風

毛詩是此書之名毛者傳詩人姓既有齊魯韓三家故題姓以別之或云小毛公加毛詩二字又云河閒獻王所加故大題在下案馬融盧植鄭玄註三禮並大題在下班固漢書陳壽三國志題亦然國風國者總謂十五國風者諸侯之詩從關雎至騶虞二十五篇謂之正風

【疏】正義曰詩國風舊題也毛字漢世加之六藝論云河間獻王好學其博士毛公善說詩獻王號之曰毛詩是獻王始加毛也漢書儒林傳云毛公趙人也爲河閒獻王博士不言其名范煜後漢書云趙人毛長傳詩是爲毛詩然則趙人毛公名爲長也譜云魯人大毛公爲詁訓傳於其家河閒獻王得而獻之以小毛公爲博士然則大毛公爲其傳由小毛公而題毛也詩者一部之大名國風者十五國之總稱不冠於周南之上而退在下者按鄭注三禮周易中候尚書皆大名在下孔安國馬季長盧植王肅之徒其所注者莫不盡然然則本題自然非注者移之定本亦然當以皆在第下足得總攝故也班固之作漢書陳壽之撰國志亦大名在下蓋取法於經典也言國風者國是風化之界詩以當國爲別故謂之國風其雅則天子之事政教刑于四海不須言國也周召風之正經固當爲首自衛以下十有餘國編此先後舊無明說去聖久遠難得而知欲言先後爲次則齊哀先於衛頃鄭武後於檜國而衛在齊先檜處鄭後是不由作之先後欲以國地爲序則鄭小於齊魏狹於晉而齊後於鄭魏先於唐是不由國之大小也欲以采得爲次則雞鳴之作遠在緇衣之前鄭國之風必處檜詩之後何當後作先采先作後采乎是不由采得先後也二三擬議悉皆不可則諸國所次別有意焉蓋迹其先封善否參其詩之美惡驗其時政得失詳其國之大小斟酌所宜以爲其次邶鄘衛者商紂畿內千里之地柏舟之作夷王之時有康叔之餘烈武公之盛德資母弟之戚成入相之勳文公則滅而復興徙而能富土地既廣詩又早作故以爲變風之首既以衛國爲首邶鄘則衛之所滅風俗雖異美刺則同依其作之先後故以邶鄘先衛也周則平王東遷政遂微弱化之所被纔及郊畿詩作後於衛頃國地狹於千里徒以天命未改王爵仍存不可過于後諸侯故使次

之於衛也鄭以史伯之謀列爲大國桓爲司徒甚得周衆武公夾輔平王克成大業有厲宣之親有緇衣之美其地雖狹既親且勳故使之次王也齊則異姓諸侯世有衰德哀公有荒淫之風襄公有鳥獸之行辭有怨刺篇無美者又以大師之後國土仍大故使之次鄭也魏國雖小儉而能勤踵虞舜之舊風有夏禹之遺化故季札觀樂美其詩音云大而婉儉而易行以德輔此則明主也故次於齊唐者叔虞之後雖爲大國昭公則五世交爭獻後則喪亂弘多故次於魏下秦以秦仲始大襄公始命穆公遂霸西戎卒爲强國故使之次唐也陳以三恪之尊食侯爵之地但以民多淫昏國無令主故使之次秦也檜則其君淫恣曹則小人多寵國小而君奢民勞而政僻季札之所不譏國風次之於末宜哉豳者周公之事欲尊周公使專一國故次於衆國之後小雅之前欲兼其上下之美非諸國之例也鄭譜王在豳後者退就雅頌幷言王世故耳諸國之次當是大師所第孔子刪定或亦改張襄二十九年左傳魯爲季札徧歌周樂齊之下卽歌豳歌秦然後歌魏杜預云於詩豳第十五秦第十一後仲尼刪定故不同杜以爲今所第皆孔子之制孔子之前則如左傳之次鄭意或亦然也鄉飲酒云無筭樂注云燕樂亦無筭數或間或合盡歡而止春秋襄二十九年吳公子札來聘請觀於周樂此國君之無筭也以其偏歌謂之無數不以數次爲無筭也

鄭氏箋

鄭氏箋本亦作牋同薦年反字林云箋長也識也案鄭六藝論文註詩宗毛爲主其義若隱略則更表明如有不同卽下己意使可識別也然此題非毛公馬鄭王肅等題相傳云是雷次宗題承用既久莫敢爲異又案周續之與雷次宗同受慧遠法師詩義而續之釋題已如此又恐非雷之題也疑未敢明之【疏】正義曰鄭氏名玄字康成北海高密人當後漢桓靈之時注此書也不言名而言氏者漢承滅學之後典籍出於人滅各專門命氏以顯其家之學故諸爲訓者皆云氏不言名由此而言毛氏爲傳亦應自載毛字但不必冠詩上耳不然獻王得之何知毛爲之也明其自言毛矣鄭於諸經皆謂之注此言箋者呂忱字林云箋者表也識也鄭以毛學審備遵暢厥旨所以表明毛意記識其事故特稱爲箋餘經無所遵奉故謂之註註者著也言爲

之解說使其義著明也漢初爲傳訓者皆與經別行三傳之文不與經連故石經書公羊傳皆無經文藝文志云毛詩經二十九卷毛詩故訓傳三十卷是毛爲詁訓亦與經別也及馬融爲周禮之註乃云欲省學者兩讀故具載本文然則後漢以來始就經爲註未審此詩引經附傳是誰爲之其鄭之箋當元在經傳之下矣其毛詩經二十九卷不知併何卷也自周南至鄭氏箋凡一十六字所題非一時也周南關雎至第一詩國風元是大師所題也詁訓毛自題之毛一字獻王加之鄭氏箋鄭自題之

關雎后妃之德也〇關雎舊解云三百一十一篇詩並是作者自爲名后妃芳非反爾雅云妃媲也對也左傳云嘉耦曰妃禮記云天子之妃曰后之德也舊說云起此至用之邦國焉名關雎謂之小序自風風也訖末名爲大序沈重云案鄭詩譜意大序是子夏作小序是子夏毛公合作卜商意有不盡毛更足成之或云小序是東海衛敬仲所作今謂此序止是關雎之序總論詩之綱領無大小之異解見詩義序並是鄭注所以無箋云者以無所疑亂故也疏關雎后妃之德也〇正義曰諸序皆一篇之義但詩理深廣此爲篇端故以詩之大綱併舉於此今分爲十五節當節自解次第於此不復煩文作關雎詩者言后妃之德也曲禮曰天子之妃曰后註云后之言後也執理內事在夫之後也釋詁云妃媲也言媲匹於夫也天子之妻唯稱后耳妃則上下通名故以妃配后而言之德者得也自得於身人行之總名此篇言后妃性行和諧貞專化下寤寐求賢供奉職事是后妃之德也二南之風實文王之化而美后妃之德者以夫婦之性人倫之重故夫婦正則父子親父子親則君臣敬是以詩者歌其性情陰陽爲重所以詩之爲體多序男女之事不言美后妃者此詩之作直是感其德澤歌其性行欲以發揚聖化示語未知非是褒賞后妃能爲此行也正經例不言美皆此意也其變詩則政教已失爲惡者多苟能爲善則賞其善事征伐玁狁始見憂國之心瞻仰昊天方知求雨之切意與正經有異故序每篇言美也

風之始也所以風天下而

正夫婦也故用之鄉人焉用之邦國焉○風之始此風謂十五國風風是諸侯政教也下云所以風天下論語云君子之德風並是此義所以風如字徐福鳳反今不用

疏風之至國焉○正義曰序以后妃樂得淑女不淫其色家人之細事耳而編於詩首用爲歌樂故於后妃德下卽申明此意言后妃之有美德文王風化之始也言文王行化始於其妻故用此爲風教之始所以風化天下之民而使之皆正夫婦焉周公制禮作樂用之鄉人焉令鄉大夫以之教其民也又用之邦國焉令天下諸侯以之教其臣也欲使天子至於庶民悉知此詩皆正夫婦也故鄭譜云天子諸侯燕其羣臣皆歌鹿鳴合鄉樂是也定本所以風天下俗本風下有化字誤也儀禮鄉飲酒禮者鄉大夫三年賓賢能之禮其經云乃合樂周南關雎是用之鄉人也燕禮者諸侯飲燕其臣子及賓客之禮其經云遂歌鄉樂周南關雎是用之邦國也施化之法自上而下當天子教諸。侯教大夫大夫教其民今此先言風天下而正夫婦焉既言化及于民遂從民而廣之故先鄉人而後邦國也老子云脩之家其德乃餘脩之邦其德乃豐脩之天下其德乃普亦自狹至廣與此同意也

風。風也教也風以動之教以化之○風風也並如字徐上如字下福鳳反崔靈恩集註本下卽作諷字劉氏云動物曰風託音曰諷崔云用風感物則謂之諷沈云上風是國風卽詩之六義也下風卽是風伯鼓動之風君上風教能鼓動萬物如風之偃草也今從沈說風以動之如字沈福鳳反云謂自下刺上感動之名變風也今不用

疏風風至化之正義曰上言風之始謂教天下之始也序又解名教爲風之意風訓諷也教也諷謂微加曉告教謂殷勤誨示諷之與教始末之異名耳言王者施化先依違諷諭以動之民漸開悟乃後明教命以化之風之所吹無物不扇化之所被無往不霑故取名焉

詩者志之所之也在心爲志發言爲詩

疏詩者至爲詩○正義曰上言用詩以教此又解作詩所由詩者人志意之所之適也雖有所適猶未發口蘊藏在心謂之爲志發見於言乃名爲詩言作詩者所以舒心志憤懣而卒成於歌詠故虞書謂之

詩言志也包管萬慮其名曰心感物而動乃呼爲志志之所適外物感焉言悅豫之志則和樂興而頌聲作憂愁之志則哀傷起而怨刺生藝文志云哀樂之情感歌詠之聲發此之謂也正經與變同名曰詩以其俱是志之所之故也

情動於中而形於言言之不足故嗟歎之嗟歎之不足故永歌之永歌之不足不知手之舞之足之蹈之也○嗟迹斜反咨嗟也歎本亦作嘆湯贊反歎息也蹈徒到反動足履地也

【疏】情動至蹈之○正義曰上云發言爲詩辨詩志之異而直言者非詩故更序詩必長歌之意情謂哀樂之情中謂中心言哀樂之情動於心志之中出口而形見於言初言之時直平言之耳平言之而意不足嗟其言未申志故咨嗟歎息以和續之嗟歎之猶嫌不足故長引聲而歌之長歌之猶嫌不足忽然不知手之舞之足之蹈之言身爲心使不自覺知舉手而舞身動足而蹈地如是而後得舒心腹之憤故爲詩必長歌也聖王以人情之如是故用詩於樂使人歌詠其聲象其吟詠之辭也舞動其容象其舞蹈之形也其象哀樂之形然後得盡其心術焉情動於中還是在心爲志而形於言還是發言爲詩上辨詩從志出此言爲詩必歌故重其文也定本言之不足故嗟歎之俗本言之下有者字誤也定本永歌之不足下無故字有故字者亦誤也樂記云歌之爲言也長言之也說之故言之言之不足故長言之長言之不足故嗟歎之嗟歎之不足故不知手之舞之足之蹈之其文與此經略同說之故言之謂說前事言出于口與此情動形言一也虞書曰歌永言注云歌所以長言詩之意是永歌長言爲一事也樂記注云嗟歎和續之也謂發言之後咨嗟歎息爲聲以和其言而繼續之也樂記先言長言之乃云嗟歎之此先云嗟歎之乃云永歌之直言既已嗟歎長歌又復嗟歎彼此各言其一故不同也藝文志云誦其言謂之詩詠其聲謂之歌然則在心爲志出口爲言誦言爲詩詠聲爲歌播於八音謂之爲樂皆始末之異名耳情

發於聲聲成文謂之音發猶見也聲謂宮商角徵羽也聲成文者宮商上下相應○猶見賢遍反徵陟里反上下時掌反應應對之應

下註同疏情發於至之音〇正義曰情發於聲謂人哀樂之情發見於言語之聲於時雖言哀樂之事未有宮商之調唯是聲耳至於作詩之時則次序清濁節奏高下使五聲爲曲似五色成文一人之身則能如此據其成文之響即是爲音此音被諸絃管乃名爲樂雖在人器皆得爲音下云治世之音謂樂音則此聲成文謂之音亦謂樂之音也原夫作樂之始樂寫人音人有小大高下之殊樂器有宮徵商羽之異依人音而制樂託樂器以寫人是樂本效人非人效樂但樂曲既定規矩先成後人作詩謨摩舊法此聲成文謂之音若據樂初之時則人能成文始入於樂若據制樂之後則人之作詩先須成樂之文乃成爲音聲能寫情情皆可見聽音而知治亂觀樂而曉盛衰故神瞽有以知其趣也設有言而非志謂之矯情情見於聲矯亦可識若夫取彼素絲織爲綺縠或色美而材薄或文惡而質良唯善賈者別之取彼歌謠播爲音樂或辭是而意非或言邪而志正唯達樂者曉之樂記曰其哀心感者其聲噍以殺其樂心感者其聲發以散是情之所感入於樂也季札見歌唐曰思深哉其有陶唐氏之遺民乎是樂之聲音得其情也若徒取辭賦不達音聲則身爲桀紂之行口出堯舜之辭不可得而知也是以楚茨大田之徒並陳成王之善行露汝墳之篇皆述紂之時之惡以汝墳爲王者之風楚茨爲刺過之雅大師曉其作意知其本情故也〇箋發猶至相應〇正義曰春官大師職云文之以五聲宮商角徵羽是聲必有五故引五聲之名以解之五聲之配五方也於月令角東商西徵南羽北宮在中央立名還以其方爲義漢書律歷志云商之爲言章也物成熟可章度也角觸也物觸地而出戴芒角也宮中也居中央暢四方唱始施生爲四聲之綱也徵祉也物盛大而蕃祉也羽宇也物聚藏宇覆之也又云宮爲君君是陽陽數極於九故宮數八十一三分去一以生徵徵數五十四三分益一以生商商數七十二三分去一以生羽羽數四十八三分益一以生角角數六十四樂記云聲相應故生變變成方謂之音註云方猶文章也樂之器彈其宮則衆宮應然不足樂是以變之使雜也引昭二十年左傳曰若以水濟水誰能食之若琴瑟之專壹誰能聽之是解聲必須雜之意也此言聲成文謂之

音則聲與音別樂記註雜比曰音單出曰聲記又云審聲以知音審音以知樂則聲音樂三者不同矣以聲變乃成音音和乃成樂故别爲三名對文則别散則可以通季札見歌秦曰此之謂夏聲公羊傳云十一而稅頌聲作聲即音也下云治世之音音即樂也是聲與音樂名得相通也樂記子夏對魏文侯云君之所問者樂也所好者音也夫樂者與音相近而不同又以音樂爲異者以文侯并問古樂新樂二者同呼爲樂謂其樂音同也子夏以古樂順於民而當於神與天下同樂故定爲樂名新樂淫於色而害於德直申說其音而已故變言溺音以曉文侯耳音樂非爲異也樂記云淫樂慝禮子夏亦云古樂之發新樂之發是鄭衞之音亦爲樂也

治世之音安以樂其政和亂世之音怨以怒其政乖亡國之音哀以思其民困

○治直吏反之音絕句樂音洛絕句其政和一讀安字上屬以樂其政和爲一句下放此思息吏反

疏治世至民困○正義曰序既云情見於聲又言聲隨世變治世之音既安又以樂者由其政教和睦故也亂世之音既怨又以恚怒者由其政教乖戾故也亡國之音既哀又以愁思者由其民之困苦故也樂記云其哀心感者其聲噍以殺其樂心感者其聲嘽以緩彼說樂音之中兼有二事此安以樂怨以怒亦與彼同治世之政教和順民心民安其化所以喜樂述其安樂之心而作歌故治世之音亦安以樂也良耜云百室盈止婦子寧止安之極也湛露云厭厭夜飲不醉無歸樂之至也天保云民之質矣日用飲食是其政和也亂世之政教與民心乖戾民怨其政教所以忿怒述其怨怒之心而作歌故亂世之音亦怨以怒也蓼莪云民莫不穀我獨何害怨之至也巷伯云取彼譖人投畀豺虎怒之甚也十月云徹我牆屋田卒汙萊是其政乖也國將滅亡民遭困厄哀傷己身思慕明世述其哀思之心而作歌故亡國之音亦哀以思也苕之華云知我如此不如無生哀之甚也大東云睠言顧之潸焉出涕思之篤也正月云民今之無祿天夭是椓是其民困也詩述民志樂歌民詩故時政善惡見於音也治世謂天下和平亂世謂兵革不息亡國謂國之將亡也亂世謂世亂而國存故以世言之亡國則國

亡而世絕故不言世也亂世言政亡國不言政者民困必政暴舉其民困爲甚辭故不言政也亡國者國實未亡觀其歌詠知其必亡故謂之亡國耳非已亡也若其已亡則無復作詩不得有亡國之音此云亂世亡國者謂賢人君子聽其樂音知其亡亂故謂之亂世之音亡國之音樂記所云鄭衛之音亂世之音桑閒濮上之音亡國之音與此異也淫恣之人肆於民上滿志縱欲甘酒嗜音作爲新聲以自娛樂其音皆樂而爲之無哀怨也樂記云樂者樂也君子樂得其道小人樂得其欲彼樂得其欲所以謂之淫樂爲此樂者必亂必亡故亦謂之亂世之音亡國之音耳與此不得同也若然此二者言哀樂出于民情樂音從民而變乃是人能變樂非樂能變人案樂記稱人心感於物而後動先王慎所以感之者故作樂以和其聲樂之感人深其移風易俗又云志微噍殺之音作而民思憂廉直莊誠之音作而民肅敬寬裕順成之音作而民慈愛流僻邪散之音作而民淫亂如彼文又是樂能變人樂由王者所制民逐樂音而變此言民能變樂彼言樂能變人者但兆民既衆賢愚不等以賢哲歌謠采詩定樂以賢者所樂教愚者爲樂取智者之心變不智者之心制禮之事亦猶是也禮者稱人之情而爲之節文賢者俯而就之不肖者企而及之是下民之所行非聖人之所行也聖王亦取賢行以教不賢舉得中以裁不中禮記問喪稱禮者非從天降非從地出人情而已矣是禮之本意出於民也樂記又曰凡音之起由人心生也樂者樂其所自生是樂之本意出於民也樂記又曰夫物之感人無窮而人之好惡無節則是物至而人化物也人化物也者則滅天理而窮人欲者也於是有悖逆詐僞之心有淫佚作亂之事故先王制禮作樂爲之節是王者采民情制禮樂之意禮樂本出於民還以教民與夫雲出於山復雨其山火生於木反焚其木復何異哉

故正得失動天地感鬼神莫近於詩

○正得失周云正齊人之得失也本又作政謂政教也兩通近如字沈音附近之近厚音后本或作序非

【疏】故正至於詩○正義曰上言播詩於音音從政變政之善惡皆在於詩故又言詩之功德也由詩爲樂章之故正人得失之行變動天地之靈感致鬼神之意無有近於詩者言詩

最近之餘事莫之先也公羊傳說春秋功德云撥亂世反諸正莫近諸春秋何休云莫近猶莫過之也詩之道所以能有此三事者詩者志之所歌歌者人之精誠精誠之至以類相感詩人陳得失之事以爲勸戒令人行善不行惡使失者皆得是詩能正得失也普正人之得失非獨正人君也下云上以風化下下以風刺上是上下俱正人也人君誠能用詩人之美道聽嘉樂之正音使賞善伐惡之道舉無不當則可使天地效靈鬼神降福也故樂記云姦聲感人而逆氣應之逆氣成象而淫樂興焉正聲感人而順氣應之順氣成象而和樂興焉又曰歌者直己而陳德也動己而天地應焉四時和焉星辰理焉萬物育焉此說聲能感物能致順氣逆氣者也天地云動鬼神云感互言耳周禮之例天曰神地曰祇人曰鬼鬼神與天地相對唯謂人之鬼神耳從人正而後能感動故先言正得失也此正得失與雅者正也正始之道本或作政皆誤耳今定本皆作正字

先王以是經夫婦成孝敬厚人倫美教化移風俗

疏 先王至俗○正義曰上言詩有功德此言用詩之事經夫婦者經常也夫婦之道有常男正位乎外女正位乎內德音莫違是夫婦之常室家離散夫妻反目是不常也教民使常此夫婦猶商書云常厥德也成孝敬者孝以事親可移於君敬以事長可移於貴若得罪於君親失意於長貴則是孝敬不成故教民使成此孝敬也厚人倫者倫理也君臣父子之義朋友之交男女之別皆是人之常理父子不親君臣不敬朋友道絕男女多違是人理薄也故教民使厚此人倫也美教化者美謂使人服之而無厭也若設言而民未盡從是教化未美故教民使美此教化也移風俗者地理志云民有剛柔緩急音聲不同繫水土之風氣故謂之風好惡取舍動靜隨君上之情欲故謂之俗則風爲本俗爲末皆謂民情好惡也緩急繫水土之氣急則失於躁緩則失於慢王者爲政當移之使緩急調和剛柔得中也隨君上之情則君有善惡民並從之有風俗傷敗者王者爲政當易之使善故地理志又云孔子曰移風易俗莫善於樂言聖王在上統理人倫必移其本而易其末然後王教成是其事也此皆用詩爲之故云先王以是以用也言先王用詩之道爲此

五事也案王制云廣谷大川異制民生其閒者異俗脩其教不易其俗此云易俗彼言不易者彼謂五方之民戎夷殊俗言語不通器械異制王者就而撫之不復易其器械同其言音故言不易其俗與此異也此序言詩能易俗孝經言樂能移風俗者詩是樂之心樂爲詩之聲故詩樂同其功也然則詩樂相將無詩則無樂周存六代之樂豈有黄帝之詩有樂而無詩何能移風易俗斯不然矣原夫樂之初也始於人心出於口歌聖人作八音之器以文之然後謂之爲音謂之爲樂樂雖逐詩爲曲倣詩爲音曲有清濁次第之序音有宫商相應之節其法既成其音可久是以昔日之詩雖絶昔日之樂常存樂本由詩而生所以樂能移俗歌其聲謂之樂誦其言謂之詩聲言不同故異時别教王制稱春教樂夏教詩經解稱温柔敦厚詩教也廣博易良樂教也由其事異故異教也此之謂詩樂據五帝以還詩樂相將故有詩則有樂若上皇之世人性醇厚徒有嬉戲之樂未有歌詠之詩

故詩有六義焉一曰風二曰賦三曰比四曰興五曰雅六曰頌○比必履反興虛應反沈許甑反頌音訟

疏故詩至六曰頌○正義曰上言詩功既大明非一義能周故又言詩有六義大師上文未有詩字不得徑云六義故言六詩各自爲文其實一也彼註云風言賢聖治道之遺化賦之言鋪直鋪陳今之政教善惡比見今之失不敢斥言取比類以言之興見今之美嫌於媚諛取善事以喻勸之雅正也言今之正者以爲後世法頌之言誦也容也誦今之德廣以美之是解六義之名也彼雖各解其名以詩有正變故互見其意風云賢聖之遺化謂變風也雅云言今之正以爲後世法謂正雅也其實正風亦言當時之風化變雅亦是賢聖之遺法也頌訓爲容止云誦今之德廣以美之不解容之義謂天子美有形容下云美盛德之形容是其事也賦云鋪陳今之政教善惡其言通正變兼美刺也比云見今之失取比類以言之謂刺詩之比也興云見今之美取善事以勸之謂美詩之興也其實美刺俱有比興者也鄭必以風言賢聖之遺化舉變風者以唐有堯之遺風故於風言賢聖之遺化賦者直陳其事無所避諱故得失俱言比者比託於物不敢正言似有所畏懼

故云見今之失取比類以言之興者興起志意讚揚之辭故云見今之美以喻勸之雅既以齊正爲名故云以爲後世法鄭之所註其意如此詩皆用之於樂言之者無罪賦則直陳其事於比興云不敢斥言嫌於媚諛者據其辭不指斥若有嫌懼之意其實作文之體理自當然非有所嫌懼也六義次第如此者以詩之四始以風爲先故曰風風之所用以賦比興爲之辭故於風之下卽次賦比興然後次以雅頌雅頌亦以賦比興爲之既見賦比興於風之下明雅頌亦同之鄭以賦之言鋪也鋪陳善惡則詩文直陳其事不譬喻者皆賦辭也鄭司農云比者比方於物諸言如者皆比辭也司農又云興者託事於物則興者起也取譬引類起發己心詩文諸舉草木鳥獸以見意者皆興辭也賦比興如此次者言事之道直陳爲正故詩經多賦在比興之先比之與興雖同是附託外物比顯而興隱當先顯後隱故比居興先也毛傳特言興也爲其理隱故也風雅頌者皆是施政之名也上云風風也教也風以動之教以化之是風爲政名也下云雅者正也政有小大故有小雅焉有大雅焉是雅爲政名也周頌譜云頌之言容天子之德光被四表格于上下此之謂容是頌爲政名也人君以政化下臣下感政作詩故還取政教之名以爲作詩之目風雅頌同爲政稱而事有積漸教化之道必先諷動之物情既悟然後教化使之齊正言其風動之初則名之曰風指其齊正之後則名之曰雅風俗既齊然後德能容物故功成乃謂之頌先風後雅頌爲此次故也一國之事爲風天下之事爲雅者以諸侯列土樹疆風俗各異故唐有堯之遺風魏有儉約之化由隨風設教故名之爲風天子則威加四海齊正萬方政教所施皆能齊正故名之爲雅風雅之詩緣政而作政既不同詩亦異體故七月之篇備有風雅頌駉頌序云史克作是頌明作者本意自定爲風體非采得之後始定體也詩體既異其聲亦殊公羊傳曰十一而稅頌聲作史記稱微子過殷墟而作雅聲譜云師摯之始關雎之亂早失風聲矣樂記云人不能無亂先王恥其亂故制雅頌之聲以道之是其各自別聲也詩各有體體各有聲大師聽聲得情知其本意周南爲王者之風召南爲諸侯之風是聽聲而知之也然則風雅頌者詩篇之異體賦比興者詩文之

異辭耳大小不同而得並爲六義者賦比興是詩之所用風雅頌是詩之成形用彼三事成此三事是故同稱爲義非別有篇卷也鄭志張逸問何詩近於比賦興答曰比賦興吳札觀詩已不歌也孔子錄詩已合風雅頌中難復摘別篇中義多興逸見風雅頌有分段以爲比賦興亦有分段謂有全篇爲比全篇爲興欲鄭指摘言之鄭以比賦興者直是文辭之異非篇卷之別故遠言從本來不別之意言吳札觀詩已不歌明其先無別體不可歌也孔子錄詩已合風雅頌中明其先無別體不可分也元來合而不分今日難復摘別也言篇中義多興者以毛傳於諸篇之中每言興也以興在篇中明比賦亦在篇中故以興顯比賦也若然比賦興元來不分則唯有風雅頌三詩而已藝論云至周分爲六詩者據周禮六詩之文而言之耳非謂篇卷也或以爲鄭云孔子已合於風雅頌中則孔子以前未合之時比賦興別爲篇卷若然則離其章句析其文辭樂不可歌文不可誦且風雅頌以比賦興爲體若比賦興別爲篇卷則無風雅頌矣是比賦興之義有詩則有之唐虞之世治致升平周於太平之世無諸侯之風則唐虞之世必無風也雅雖王者之政乃是太平前事以堯舜之聖黎民時雍亦似無雅於六義之中唯應有頌耳夏在制禮之後不復面稱目諫或當有雅夏氏之衰昆吾作霸諸侯彊盛或當有風但篇章泯滅無以言之藝論云唐虞始造其初至周分爲六詩據周禮成文而言之詩之六義非起於周也

上以風化下，下以風刺上，主文而譎諫，言之者無罪，聞之者足以戒。故曰風。風化風刺皆謂譬喻不斥言也主文主與樂之宮商相應也譎諫詠歌依違不直諫○下以風福鳳反注風刺同刺本又作刺七賜反譎古穴反詐也故曰風福鳳反又如字【疏】上以至曰風○正義曰臣下作詩所以諫君君又用之教化故又言上下皆用此上六義之意在上人君用此六義風動教化在下人臣用此六義以風喻箴刺君上其作詩也本心主意使合於宮商相應之文播之於樂而依違譎諫不直言君之過失故言之者無罪人君不怒其作主而罪戮之聞之者足以自戒人君自知其過而悔之感而不切微動若風言出而過改猶風行而草偃故曰風上言風風也教也向下以申風義此云故曰風向上而結彼文使首尾相應解盡風義此六義之下而解名風之意則六義皆名爲風以風是政教之初六義風居其首故六義總名爲風六義隨事生稱耳若此辭總上六義則有正變而云主文譎諫唯說刺詩者以詩之作皆爲正邪防失雖論功誦德莫不匡正人君故主說作詩之意耳詩皆人臣作之以諫君然後人君用之以化下此先云上以風化下者以其教從君來上下俱用故先尊後卑襄十六年左傳稱齊人伐魯求救於晉晉人不許穆叔見中行獻子賦圻父獻子曰偃知罪矣穆叔賦而晉人不得怨之是言之者無罪也獻子服罪是聞之者足以戒也俗本戒上有自字者誤定本直云足以戒也○箋風化至直諫○正義曰風者若風之動物故謂之譬喻不斥言也人君教民自得指斥但用詩教民播之於樂故亦不斥言也上言聲成文此言主文知作詩者主意令詩文與樂之宮商相應也如上所說先爲詩歌樂逐詩爲曲則是宮商之辭學詩文而爲之此言作詩之文主應於宮商者初作樂者準詩而爲聲聲既成形須依聲而作詩故後之作詩者皆主應於樂文也譎者權詐之名託之樂歌依違而諫亦權詐之義故謂之譎諫

至于王道衰禮義廢政教失國異政家殊俗而變風變雅作矣

疏至于至雅作矣○正義曰詩之風雅有正有變故又言變之意至于王道衰禮義廢而不行政教施之失所遂使諸侯國國異政下民家家殊俗詩人見善則美見惡則刺之而變風變雅作矣至于者從盛而至于衰相承首尾之言也禮義言廢者典法仍存但廢而不行耳政教言失者非無政教但施之失理耳由施之失理故使國國異政家家殊俗皆是道衰之事故云道衰以冠之禮義者政教之本故先禮義而後政教定本禮義廢俗本有作儀字者非也此家謂天下民家孝經云非家至而日見之也亦謂天下民家非大夫稱家也民隨君上之欲故稱俗若大夫之家不得謂之俗也變風變雅必王道衰乃作者夫天下有道則庶人不議治平累世則美刺不興何則未識不善則不知善爲善未見不惡則不知惡爲惡太平則無所更美道絕則無所復譏人情之常理也故初變惡

俗則民歌之風雅正經是也始得太平則民頌之周頌諸篇是也若其王綱絕紐禮義消亡民皆逃死政盡紛亂易稱天地閉賢人隱於此時也雖有智者無復譏刺成王太平之後其美不異於前故頌聲止也陳靈公淫亂之後其惡不復可言故變風息也班固云成康沒而頌聲寢王澤竭而詩不作此之謂也然則變風變雅之作皆王道始衰政教初失尚可匡而革之追而復之故執彼舊章繩此新失覬望自悔其心更遵正道所以變詩作也以其變改正法故謂之變焉季札見歌小雅曰美哉思而不貳怨而不言其周德之衰乎猶有先王之遺民是由王澤未竭民尚知禮以禮救世作此變詩故變詩王道衰乃作也譜云夷身失禮懿始受譖則周道之衰自夷懿始矣變雅始於厲王無夷懿之雅者蓋孔子錄而不得或有而不足錄也昭十二年左傳稱祭公謀父作祈招之詩以諫穆王衛頃齊哀之時而有變風明時作一變雅但不錄之耳王道衰諸侯有變風王道盛諸侯無正風者王道明盛政出一人太平非諸侯之力不得有正風王道既衰政出諸侯善惡在於己身不由天子之命惡則民怨善則民喜故各從其國有美刺之變風也

國史明乎得失之迹傷人倫之廢哀刑政之苛吟詠情性以風其上○苛本亦作荷音何苛虐也吟疑今反動聲曰吟風其上福鳳反告古毒反

疏國史至上○正義曰上既言變詩之作此又說作變之由言國之史官皆博聞強識之士明曉於人君得失善惡之迹禮義廢則人倫亂政教失則法令酷國史傷此人倫之廢棄哀此刑政之苛虐哀傷之志鬱積於內乃吟詠己之情性以風刺其上覬其改惡爲善所以作變詩也國史者周官大史小史外史御史之等皆是也此承變風變雅之下則兼據天子諸侯之史矣得失之迹者人君既往之所行也明曉得失之迹哀傷而詠情性者詩人也非史官也民勞常武公卿之作也黃鳥碩人國人之風然則凡是臣民皆得風刺不必要其國史所爲此文特言國史者鄭答張逸云國史采衆詩時明其好惡令瞽矇歌之其無作主皆國史主之令可歌如此言是由國史掌書故託文史也苟能制作文章亦可謂之爲史不必要作史官駉云史克作是頌史官自有作

詩者矣不盡是史官爲之也言明其好惡令瞽矇歌之是國史選取善者始付樂官也言其無作主國史主之嫌其作者無名國史不主之耳其有作主亦國史主之耳人倫之廢卽上禮義廢也刑政之苛卽上政教失也動聲曰吟長言曰詠作詩必歌故言吟詠情性也

達於事變而懷其舊俗者也故變風發乎情止乎禮義發乎情民之性也止乎禮義先王之澤也【疏】

達於至之澤○正義曰此又言王道既衰所以能作變詩之意作詩者皆曉達於世事之變易而私懷其舊時之風俗見時世政事變易舊章卽作詩以舊法誠之欲使之合於禮義故變風之詩皆發於民情止於禮義言各出民之情性而皆合於禮義也又重說發情止禮之意發乎情者民之性言其民性不同故各言其志也止乎禮義者先王之澤言俱被先王遺澤故得皆止禮義也展轉申明作詩之意達於事變者若唐有帝堯殺禮救危之化後世習之失之於儉不中禮陳有大姬好巫歌舞之風後世習之失於遊蕩無度是其風俗改變時人曉達之也懷其舊俗者若齊有太公之風衛有康叔之化其遺法仍在詩人懷挾之也詩人既見時世之事變改舊時之俗故依準舊法而作詩戒之雖俱準舊法而詩體不同或陳古政治或指世淫荒雖復屬意不同俱懷匡救之意故各發情性而皆止禮義也此亦兼論變雅獨言變風者上已變風變雅雙舉其文此從省而略之也先王之澤謂先王有德澤而流及於後世詩人得其餘化故能懷其舊俗也鄭答張逸云舊俗者若晉有堯之遺風先王之澤衛有康叔餘烈如此言則康叔當云先公而云先王者以變雅有先王之澤變風有先公之澤故季札見歌齊曰表東海者其太公乎見歌小雅曰猶有先王之遺民是其風稟先公雅稟先王也上擧變風下言先王風雅互相見也上言國史作詩此言民之性明作詩皆在民意非獨國史能爲亦是互見也作詩止於禮義則應言皆合禮而變風所陳多說姦淫之狀者男淫女奔傷化敗俗詩人所陳者皆亂狀淫形時政之疾病也所言者皆忠規切諫救世之針藥也尚書之三風十愆疾病也詩人之四始六義救藥也若夫疾病尚輕有可生之道則醫

之治也用心銳扁鵲之療太子知其必可生也疾病已重有將死之勢則醫之治也用心緩秦和之視平公知其不可爲也詩人救世亦猶是矣典刑未亡覬可追改則箴規之意切鶴鳴沔水殷勤而責王也淫風大行莫之能救則匡諫之志微漆洧桑中所以咨嗟嘆息而閔世陳鄭之俗亡形已成詩人度己箴規必不變改且復賦己之志哀歎而已不敢望其存是謂匡諫之志微故季札見歌陳曰國無主其能久乎見歌鄭曰美哉其細已甚民弗堪也是其先亡乎美者美詩人之情言不有先王之訓孰能若此先亡者見其匡諫意微知其國將亡滅也

是以一國之事繫一人之本謂之風言天下之事形四方之風謂之雅

疏是以至之雅○正義曰序說正變之道以風雅與頌區域不同故又辨三者體異之意是以者承上生下之辭言詩人作詩其用心如此一國之政事善惡皆繫屬於一人之本意如此而作詩者謂之風言道天下之政事發見四方之風俗如是而作詩者謂之雅言風雅之別其大意如此也一人者作詩之人其作詩者道己一人之心耳要所言一人心乃是一國之心詩人覽一國之意以爲己心故一國之事繫此一人使言之也但所言者直是諸侯之政行風化於一國故謂之風以其狹故也言天下之事亦謂一人言之詩人總天下之心四方風俗以爲己意而詠歌王政故作詩道說天下之事發見四方之風所言者乃是天子之政施齊正於天下故謂之雅以其廣故也風之與雅各是一人所爲風言一國之事繫一人雅亦天下之事繫一人雅言天下之事謂一人言天下之事風亦一人言一國之事序者逆順立文互言之耳故志張逸問嘗聞一人作詩何謂答曰作詩者一人而已其取義者一國之事變雅則譏王政得失閔風俗之衰所憂者廣發於一人之本身如此言一風雅之作皆是一人之言耳一人美則一國皆美之一人刺則天下皆刺之谷風黄鳥妻怨其夫未必一國之妻皆怨夫耳北門北山下怨其上未必一朝之臣皆怨上也但舉其夫婦離絶則知風俗敗矣言己獨勞從事則知政教偏矣莫不取衆之意以爲己辭一人言之一國皆悅假使聖哲之君功齊區宇設有一人獨言其惡如弁隨務光之

羞見殷湯伯夷叔齊之恥事周武海內之心不同之也無道之主惡加萬民設有一人獨稱其善如張竦之美王莽蔡邕之惜董卓天下之意不與之也必是言當舉世之心動合一國之意然後得爲風雅載在樂章不然則國史不錄其文也此言謂之風雅理兼正變天下無道政出諸侯而變雅亦稱雅者當作變雅之時王政仍被邦國大學曰堯舜率天下以仁而民從之桀紂率天下以暴而民從之是善政惡政皆能正人所以幽厲之詩亦名爲雅及平王東遷政遂微弱其政纔行境內是以變爲風焉

雅者正也言王政之所由廢興也。政有小大故有小雅焉有大雅焉

疏雅者至雅焉○正義曰上已解風名故又解雅名雅者訓爲正也由天子以政教齊正天下故民述天子之政還以齊正爲名王之齊正天下得其道則述其美雅之正經及宣王之美詩是也若王之齊正天下失其理則刺其惡幽厲小雅是也詩之所陳皆是正天下大法文武用詩之道則興幽厲不用詩道則廢此雅詩者言說王政所用廢興以其廢興故有美刺也又解有二雅之意王者政教有小大詩人述之亦有小大故有小雅焉有大雅焉小雅所陳有飲食賓客賞勞羣臣燕賜以懷諸侯征伐以强中國樂得賢者養育人材於天子之政皆小事也大雅所陳受命作周。代殷繼。伐荷先王之福祿尊祖考以配天醉酒飽德能官用士澤被昆蟲仁及草木於天子之政皆大事也詩人歌其大事制爲大體述其小事制爲小體體有大小故分爲二焉風見優劣之差故周南先於召南雅見積漸之義故小雅先於大雅此其所以異也詩體既異樂音亦殊國風之音各從水土之氣述其當國之歌而作之雅頌之音則王者徧覽天下之志總合四方之風而制之樂記所謂先王制雅頌之聲以道之是其事也詩體既定樂音既成則後之作者各從舊俗變風之詩各是其國之音季札觀之而各知其國由其音異故也小雅音體亦然正經述大政爲大雅述小政爲小雅有小雅大雅之聲王政既衰變雅兼作取大雅之音歌其政事之變者謂之變大雅取其小雅之音歌其政事之變者謂之變小雅故變雅之美刺皆由音體有小大不復由政事之大小也風述諸侯之政非無小

大但化止一國不足分別頌則功成乃作歸美報神皆是大事無復別體故不分爲二風二頌也定本王政所由廢興俗本王政下有之字誤也

頌者美盛德之形容以其成功告於神明者也

【疏】頌者至神明者○正義曰上解風雅之名風雅之體故此又解頌名頌體上文因變風變雅作矣卽說風雅之體故言謂之風謂之雅以結上文此上未有頌作之言文無所結故云頌者美盛德之形容明訓頌爲容解頌名也以其成功告於神明解頌體也上言雅者正也此亦當云頌者容也以雅已備文此亦從可知故略之也易稱聖人擬諸形容象其物宜則形容者謂形狀容貌也作頌者美盛德之形容則天子政教有形容也可美之形容正謂道教周備也故頌譜云天子之德光被四表格于上下無不覆燾無不持載此之謂容其意出於此也成功者營造之功畢也天之所營在於命聖聖之所營在於任賢賢之所營在於養民民安而財豐衆和而事節如是則司牧之功畢矣干戈既戢夷狄來賓嘉瑞悉臻遠邇咸服羣生盡遂其性萬物各得其所卽是成功之驗也萬物本於天人本於祖天之所命者牧民也祖之所命者成業也民安業就須告神使知雖社稷山川四嶽河海皆以民爲主欲民安樂故作詩歌其功偏告神明所以報神恩也王者政有興廢未嘗不祭羣神但政未太平則神無恩力故太平德洽始報神功頌詩直述祭祀之狀不言得神之力但美其祭祀是報德可知此解頌者唯周頌耳其商魯之頌則異於是矣商頌雖是祭祀之歌祭其先王之廟述其生時之功正是死後頌德非以成功告神其體異於周頌也魯頌主詠僖公功德纔如變風之美者耳又與商頌異也頌者美詩之名王者不陳魯詩魯人不得作風以其得用天子之禮故借天子美詩之名改稱爲頌非周頌之流也孔子以其同有頌名故取備三頌耳置之商頌前者以魯是周宗親同姓故使之先前代也

是謂四始詩之至也 始者王道興衰之所由

【疏】是謂四始詩之至也○正義曰四始者鄭答張逸云風也小雅也大雅也頌也此四者人君行之則爲興廢之則爲衰又箋云始者王道興衰之所由然則此四者是人君興廢之始故謂之四始也詩之至

者詩理至極盡於此也序說詩理既盡故言此以終之案詩緯汎歷樞云大明在亥水始也四牡在寅木始也嘉魚在巳火始也鴻鴈在申金始也與此不同者緯文因金木水火有四始之義以詩文託之又鄭作六藝論引春秋緯演孔圖云詩含五際六情者鄭以汎歷樞云午亥之際爲革命卯酉之際爲改正辰在天門出入候聽卯天保也酉祈父也午采芑也亥大明也然則亥爲革命一際也亥又爲天門出入候聽二際也卯爲陰陽交際三際也午爲陽謝陰興四際也酉爲陰盛陽微五際也其六情者則春秋云喜怒哀樂好惡是也詩既含此五際六情故鄭於六藝論言之

然則關睢麟趾之化王者之風故繫之周公南言化自北而南也鵲巢騶虞之德諸侯之風也先王之所以教故繫之召公

自從也從北而南謂其化從岐周被江漢之域也先王斥大王王季○麟音呂辛反趾音止騶本亦作騶音側留反召本亦作邵同音上照反後召南召公皆同岐音其宜反山名或音祇被音皮寄反大王音泰

【疏】然則關睢麟趾之化王者之風故繫之周公至繫之召公正義曰序因關睢是風化之始遂因而申之廣論詩義詩理既盡然後乃說周南召南然者然上語則者則下事因前起後之勢也然則關睢麟趾之化是王者之風文王之所以教民也王者必聖周公聖人故繫之周公不直名爲周而連言南者言此文王之化自北土而行於南方故也鵲巢騶虞之德是諸侯之風先王大王王季所以教化民也諸侯必賢召公賢人故繫之召公不復言南意與周南同也周南言化召南言德者變文耳上亦云關睢后妃之德是其通也諸侯之風言先王之所以教王者之風不言文王之所以教者二南皆文王之化不嫌非文王也但文王所行兼行先王之道感文王之化爲周南感先王之化爲召南不言先王之教無以知其然故特著之也此實文王之詩而繫之二公者志張逸問王者之風王者當在雅在風何答曰文王以諸侯而有王者之化述其本宜爲風逸以文王稱王則詩當在雅故問之鄭以此詩所述述文王爲諸侯時事以有王者之化故稱王者之風於時實是諸侯詩人不爲

作雅文王三分有二之化故稱王者之風是其風者王業基本此述服事殷時王業基本之事故云述其本宜爲風也化霑一國謂之爲風道被四方乃名爲雅文王纔得六州未能天下統一雖則大於諸侯正是諸侯之大者耳此二南之人猶以諸侯待之爲作風詩不作雅體體實是風不得謂之爲雅文王末年身實稱王又不可以國風之詩繫之王身名無所繫詩不可棄因二公爲王行化是故繫之二公天子嫁女於諸侯使諸侯爲之主亦此義也其鹿鳴文王詩人本以天子待之作雅非基本之事故不爲風也若然作王者之風必感聖人之化已知文王之聖應知終必爲王不爲作雅而作風者詩者志也各言其志文王於時未稱王號或爲作雅或爲作風人志不同故也○箋自從至王季○正義曰釋詁云從自也反覆相訓是自得爲從也文王之國在於岐周東北近於紂都西北迫於戎狄故其風化南行也漢廣序云美化行乎江漢之域是從岐周被江漢之域也太王始有王迹周之追諡上至太王而已故知先王斥太王王季

周南召南正始之道王化之基

【疏】周南至之基○正義曰既言繫之周召又總舉二南要義周南召南二十五篇之詩皆是正其初始之大道王業風化之基本也高以下爲基遠以近爲始文王正其家而後及其國是正其始也化南土以成王業是王化之基也季札見歌周南召南曰始基之矣猶未也服虔云未有雅頌之成功亦謂二南爲王化基始序意出于彼文也

是以關雎樂得淑女以配君子愛在進賢不淫其色哀窈窕思賢才而無傷善之心焉是關雎之義也

哀蓋字之誤也當爲衷衷謂中心恕之無傷善之心謂好逑也○淑常六反善也哀前儒並如字論語云哀而不傷是也鄭氏改作衷竹隆反窈烏了反窕徒了反毛云窈窕幽閑也王肅云善心曰窈善容曰窕恕音庶本又作念好呼報反逑音求

【疏】是以至之義也○正義曰上既總言二南又說關雎篇義覆述上后妃之德由言二南皆是正始之道先美家內之化是以關雎之篇說后妃心之所樂樂得此賢善之女以配己之君子心之所憂憂在進舉賢女不自淫恣其

色又哀傷處窈窕幽閒之女未得升進思得賢才之人與之共事君子勞神苦思而無傷害善道之心此是關雎詩篇之義也毛意當然定本是關雎之義俗本是下有以者誤也鄭以哀爲衷言后妃衷心念恕在窈窕幽閒之善女思使此女有賢才之行欲令宮內和協而無傷害善人之心餘與毛同婦人謂夫爲君子上下之通名樂得淑女以配君子言求美德善女使爲夫嬪御與之共事文王五章皆是也女有美色男子悅之故經傳之文通謂女人爲色淫者過也過其度量謂之爲淫男過愛女謂淫女色女過求寵是自淫其色此言不淫其色者謂后妃不淫恣己身之色其者其后妃也婦德無厭志不可滿凡有情欲莫不妬忌唯后妃之心憂在進賢賢人不進以爲己憂不縱恣己色以求專寵此生民之難事而后妃之性能然所以歌美之也毛以爲哀窈窕之人與后妃同德者也后妃以己則能配君子彼獨幽處未升故哀念之也既哀窈窕之未升又思賢才之良質欲進舉之也哀窈窕還是樂得淑女也思賢才還是憂在進賢也殷勤而說之也指斥詩文則憂在進賢下三章是也不淫其色首章上二句是也此詩之作主美后妃進賢所以能進賢者由不淫其色故先言不淫其色序論作者之意主在進賢故先云進賢所以經序倒也鄭解哀字爲異其經亦與毛同○箋哀蓋至好逑○正義曰以后妃之求賢女直思念之耳無哀傷之事在其閒也經云鍾鼓樂之琴瑟友之哀樂不同不得有悲哀也故云蓋字之誤箋所易字多矣皆註云當爲某字此在詩初故云蓋爲疑辭以下皆做此衷與忠字異而義同於文中心爲忠如心爲恕故云恕之謂念恕此窈窕之女思使之有賢才言不忌勝己而害賢也無傷善之心謂不用傷害善人經稱衆妾有逑怨欲令窈窕之女和諧不用使之相傷害故云謂好逑也論語云關雎樂而不淫哀而不傷即此序之義也論語註云哀世夫婦不得此人不爲滅傷其愛此以哀爲衷彼仍以哀爲義者鄭答劉炎云論語註人閒行久義或宜然故不復定以遺後說是鄭以爲疑故兩解之也必知毛異於鄭者以此詩出於毛氏字與三家異者動以百數此序是毛置篇端若毛知其誤自當改之何須仍作哀字也毛無破字之理故知從哀之義毛既以哀爲義則以下義勢皆

異於鄭思賢才謂思賢才之善女也無傷善之心言其能使善道全也庸人好賢則志有懈倦中道而廢則善心傷后妃能寤寐而思之反側而憂之不得不已未嘗懈倦是其善道必全無傷缺之心然則毛意無傷善之心當謂三章是也王肅云哀窈窕之不得思賢才之良質無傷善之心焉若苟慕其色則善心傷也

關關雎鳩在河之洲

興也關關和聲也雎鳩王雎也鳥摯而有別水中可居者曰洲后妃說樂君子之德無不和諧又不淫其色慎固幽深若關雎之有別焉然後可以風化天下夫婦有別則父子親父子親則君臣敬君臣敬則朝廷正朝廷正則王化成箋云摯之言至也謂王雎之鳥雌雄情意至然而有別○雎七胥反鳩九尤反鳥之有至別者洲音州興虛應反沈許甑反案興是譬諭之名意有不盡故題曰興他皆放此摯本亦作鷙音至別彼竭反下同說音悅樂音洛諧戶皆反朝直遙反廷徒佞反

窈窕淑女君子好逑

窈窕幽閒也淑善逑匹也言后妃有關雎之德是幽閒貞專之善女宜為君子之好匹箋云怨耦曰仇言后妃之德和諧則幽閒處深宮貞專之善女能為君子和好眾妾之怨者言皆化后妃之德不嫉妬謂三夫人以下○好毛如字鄭呼報反兔罝詩放此逑音求毛云匹也本亦作仇音同鄭云怨耦曰仇閒音閑下同耦五口反能為于偽反嫉音疾徐音自後皆同妬丁路反以色曰妬

疏關關至好逑○正義曰毛以為關關然聲音和美者是雎鳩也此雎鳩之鳥雖雌雄情至猶能自別退在河中之洲不乘匹而相隨也以興情至性行和諧者是后妃也后妃雖說樂君子猶能不淫其色退在深宮之中不褻瀆而相慢也后妃既有是德又不妬忌思得淑女以配君子故窈窕然處幽閒貞專之善女宜為君子之好匹也以后妃不妬忌可共以事夫故言宜也○鄭唯下二句為異言幽閒之善女謂三夫人九嬪既化后妃亦不妬忌故為君子文王和好眾妾之怨耦者使皆說樂也○傳關關至王化成○正義曰釋詁云關關雍雍音聲和也是關關為和聲也雎鳩王雎也釋鳥文郭璞曰鵰類也今江東呼之為鶚好在江邊沚中亦食魚陸機疏云雎鳩大小如鴟深目目上骨露幽州人謂之鷲而揚雄許慎皆曰白鷢似鷹尾上白定本云鳥

摯而有別謂鳥中雌雄情意至厚而猶能有別故以興后妃說樂君子情深猶能不淫其色傳爲摯字實取至義故箋云摯之言至王雎之鳥雄雌情意至然而有別所以申成毛傳也俗本云雎鳩王雎之鳥者誤也水中可居者曰洲釋水文也李巡曰四方皆有水中央獨可居釋水又曰小洲曰渚小渚曰沚小沚曰坻江有渚傳曰渚小洲也蒹葭傳谷風箋並云小渚曰沚皆依爾雅爲說也采蘩傳曰沚渚鳧鷖傳曰渚沚互言以曉人也蒹葭傳文云坻小渚也不言小沚者沚渚大小異名耳坻亦小於渚故舉渚以言之和諧者心中和悅志意諧適每事皆然故云無不和諧又解以在河之洲爲喻之意言后妃雖悅樂君子不淫其色能謹慎貞固居在幽閒深宮之內不妄淫褻君子若雎鳩之有別故以興焉后妃之德能如是然後可以風化天下使夫婦有別夫婦有別則性純子孝故能父子親也孝子爲臣必忠故父子親則君臣敬君臣既敬則朝廷自然嚴正朝廷既正則天下無犯非禮故王化得成也○傳窈窕至好匹正義曰窈窕者謂淑女所居之宮形狀窈窕然故箋言幽閒深宮是也傳知然者以其淑女已爲善稱則窈窕宜爲居處故云幽閒其幽深而閒靜也揚雄云善心爲窈善容爲窕者非也逑匹釋詁文孫炎云相求之匹詩本作逑爾雅多作仇字異音義同也又曰后妃有關雎之德是幽閒貞專之善女宜爲君子之好匹者美后妃有思賢之心故說賢女宜求之狀總言宜求爲君子好匹則總謂百二十人矣○箋不嫉至以下○正義曰下箋三夫人九嬪以下此直云三夫人以下然則九嬪以下總謂衆妾三夫人以下唯兼九嬪耳以其淑女和好衆妾據尊者故唯指九嬪以上也求菜論皆樂后妃之事故兼言九嬪以下總百二十人也若然此衆妾謂世婦女御也周禮註云世婦女御不言數者君子不苟於色有婦德者充之無則闕所以得有怨者以其職卑德小不能無怨故淑女和好之見后妃和諧能化羣下雖有小怨和好從化亦所以明后妃之德也此言百二十人者周南王者之風以天子之數擬之非其時即然也何者文王爲諸侯早矣豈先無嬪妾一人皆須后妃求之且百二十人之數周禮始置鄭於檀弓差之帝嚳立四妃帝堯因焉舜不告而娶不立正妃夏增以九女爲十二

人殷則增以二十七人爲三十九人至周增以八十一人爲百二十人當殷之時唯三十九人況文王爲諸侯世子豈有百二十人也參差荇菜左右流之荇接余也流求也后妃有關雎之德乃能共荇菜備庶物以事宗廟也箋云左右助也言后妃將共荇菜之葅必有助而求之者言三夫人九嬪以下皆樂后妃之事○參初金反差初宜反又初佳反荇衡猛反本亦作莕沈有並反左右王申毛如字鄭上音佐下音佑接余音餘本或作菨荼非共音恭本或作供下共荇菜並同葅阻魚反字又作菹嬪鼻申反內官名樂音洛又音岳窈窕淑女寤寐求之寤覺寐寢也箋云言后妃覺寐則常求此賢女欲與之共己職也○寤五路反寐莫利反覺音教

疏參差至求之○毛以爲后妃性既和諧堪居后職當共荇菜以事宗廟后妃言此參差然不齊之荇菜須嬪妾左右佐助而求之由此之故思求淑女窈窕然幽閒貞專之善女后妃寤寐之時常求之也○鄭以爲夫人九嬪既不妬忌世婦女御又無怨爭上下說樂同化后妃故於后妃將共參差之荇菜以事宗廟之時則嬪御之等皆競佐助后妃而求之言皆樂后妃之事既言樂助后妃然後倒本其事后妃今日所以得佐助者由此幽閒之善女未得之時后妃於覺寐之中常求之欲與之共己職事故得之也○傳荇接至宗廟○正義曰釋草云莕接余其葉苻陸機疏云接余白莖葉紫赤色正員徑寸餘浮在水上根在水底與水深淺等大如釵股上青下白鬵其白莖以苦酒浸之肥美可案酒是也定本荇接余也俗本荇下有菜字衍也流求釋言文也所以論求菜事以美后妃者以德不和諧不當神明則不能事宗廟今后妃和諧有關雎之德乃能共荇菜備庶物以事宗廟也案天官醢人陳四豆之實無荇菜者以殷禮詩詠時事故有之言備庶物者以荇菜亦庶物之一不謂今后妃盡備庶物也禮記祭統曰水草之葅陸產之醢小物備矣三牲之俎八簋之實美物備矣昆蟲之異草木之實陰陽之物備矣凡天之所生地之所長苟可薦者莫不咸在示盡物也是祭必備庶物也此經序無言祭事知事宗廟者以言左右流之助后妃求荇菜若非祭菜后不親采采蘩言夫人奉祭明此亦祭也○箋左右至之事

○正義曰左右助也釋詁文此章未得荇菜故助而求之既得故四章論采之卒章言擇之皆是淑女助后妃故每云左右此章始求謂未當祭時故云將共荇菜四章琴瑟友之卒章鍾鼓樂之皆謂祭時故箋云共荇菜之時也此云助而求之謂未祭時亦贊助也故天官九嬪職云凡祭祀贊后薦徹豆籩世婦職云祭之日涖陳女官之具凡內羞之物女御職曰凡祭祀贊世婦天官序官註云夫人之於后猶三公之於王坐而論婦禮無官職之事明祭時皆在故下章論祭時皆有淑女之文明贊助可知也此九嬪以下兼世婦女御也言皆樂后妃之事者明既化其德又樂其事見后妃德盛感深也事者荇菜之事也事爲勞務尚能樂之況於其德乎

求之不得寤寐思服服思之也箋云服事也求賢女而不得覺寐則思己職事當誰與共之乎

悠哉悠哉輾轉反側悠思也箋云思之哉思之哉言己誠思之卧而不周曰輾○悠音由輾本亦作展哲善反呂忱從車展鄭云不周曰輾注本或作卧而不周者剩二字也【疏】求之至反側○毛以爲后妃求此賢女之不得則覺寐之中服膺念慮而思之又言后妃誠思此淑女哉誠思此淑女哉其思之時則輾轉而復反側思念之極深也○鄭唯以服爲事求賢女而不得覺寐則思己職事當誰與共之餘同也○傳服思之也○正義曰王肅云服膺思念之箋以釋詁文服事也本求淑女爲己職事故易之也○箋卧而不周曰輾○正義曰書傳曰帝猶反側晨興則反側亦卧而不正也反側既爲一則輾轉亦爲一俱爲卧而不周矣箋獨以輾爲不周者辨其難明不嫌與轉異也澤陂云輾轉伏枕伏枕據身伏而不周則輾轉同爲不周明矣反側猶反覆輾轉猶婉轉俱是迴動大同小異故何人斯箋反側輾轉是也

參差荇菜左右采之箋云言后妃既得荇菜必有助而采之者

窈窕淑女琴瑟友之宜以琴瑟友樂之箋云同志爲友言賢女之助后妃共荇菜其情意乃與琴瑟之志同共荇菜之時樂必作【疏】參差至友之○毛以爲后妃本己求淑女之意言既求得參差之荇菜須左右佐助而采之故所以求淑女也故思念此處窈窕然幽閑之善女若來則琴瑟友而樂之

思設樂以待之親之至也○鄭以爲后妃化感羣下既求得之又樂助采之言參差之荇菜求之既得諸嬪御之等皆樂左右助而采之既化后妃莫不和親故當共荇菜之時作此琴瑟之樂樂此窈窕之淑女其情性之和上下相親與琴瑟之音宫商相應無異若與琴瑟爲友然共之同志故云琴瑟友之○傳宜以琴瑟友樂之○正義曰此稱后妃之意后妃言己思此淑女若來己宜以琴瑟友而樂之言友者親之如友下傳曰德盛者宜有鍾鼓之樂與此章互言也明淑女若來琴瑟鍾鼓並有故此傳并云友樂之亦逆取下章之意也以樂有二等相分以著義琴瑟樂之細者先言之見其和親鍾鼓樂之大者故卒章言之顯其德盛毛氏於序不破哀字則此詩所言思求淑女而未得也若得則設琴瑟鍾鼓以樂此淑女故孫毓述毛云思淑女之未得以禮樂友樂之是思之而未致樂爲淑女設也知非祭時設樂者若在祭時則樂爲祭設何言德盛設女德不盛豈祭無樂乎又琴瑟樂神何言友樂也豈得以祭時之樂友樂淑女乎以此知毛意思淑女之未得假設之辭也○箋同志爲友○正義曰人之朋友執志協同今淑女來之雍穆如琴瑟之聲和二者志同似於人友故曰同志爲友琴瑟與鍾鼓同爲祭時但此章言采之故以琴瑟爲友以韻之卒章云芼故以鍾鼓爲樂以韻之俱祭時所用而分爲二等耳此箋樂必作兼之下鍾鼓也下箋琴瑟在堂亦取此云琴瑟友之言淑女以琴瑟爲友下云鍾鼓樂之共荇菜之事琴瑟鍾鼓樂淑女二文不同者因事異而變其文以琴瑟相和似人情志故以友言之鍾鼓鏗宏非情志可比故以樂言之以見祭時淑女情志之和而因聽祭樂也

參差荇菜左右芼之

芼擇也箋云后妃既得荇菜必有助而擇之者○芼毛報反

【疏】傳芼擇也○正義曰釋言云芼搴也孫炎曰皆擇菜也某氏曰搴猶拔也郭璞曰拔取菜也以搴是拔之義史記云斬將搴旗謂拔取敵人之旗也芼訓爲拔而此云芼之故知拔菜而擇之也

窈窕淑女鍾鼓樂之

德盛者宜有鍾鼓之樂箋云琴瑟在堂鍾鼓在庭言共荇菜之時上下之樂皆作盛其禮也○樂之音洛又音岳或云協韻宜五教反

【疏】箋琴瑟至其禮○正義曰知琴瑟在堂鍾鼓在庭者

皐陶謨云琴瑟以詠祖考來格乃云下管鼗鼓明琴瑟在上鼗鼓在下大射禮頌鍾在西階之西笙鍾在東階之東是鍾鼓在庭也此詩美后妃能化淑女共樂其事既得荇菜以祭宗廟上下樂作盛此淑女所共之禮也樂雖主神因共荇菜歸美淑女耳○

關雎五章章四句故言三章一章章四句二章章八句○五章是鄭所分故言以下是毛公本意後放此

【疏正】自古而有篇章之名與詩禮俱興也故那序曰得商頌十二篇東山序曰一章言其完是也句則古者謂之為言論語云詩三百一言以蔽之曰思無邪則以思無邪一句為一言左氏曰臣之業在揚之水卒章之四言謂第四句不敢告人也及趙簡子稱子大叔遺我以九言皆以一句為一言也秦漢以來衆儒各為訓詁乃有句稱論語註云此我行其野之句是也句必聯字而言句者局也聯字分疆所以局言者也章者明也總義包體所以明情者也篇者徧也言出情鋪事明而徧者也然字之所用或全取以制義關關雎鳩之類也或假辭以為助者乎而只且之類也句者聯字以為言則一字不制也以詩者申志一字則言蹇而不會故詩之見句少不減二即祈父肇禋之類也三字者綏萬邦屢豐年之類也四字者關關雎鳩窈窕淑女之類也五字者誰謂雀無角何以穿我屋之類也六字者昔者先王受命有如召公之臣之類也七字者如彼築室於道謀尚之以瓊華乎而之類也八字者十月蟋蟀入我牀下我不敢效我友自逸是也其外更不見九字十字者摯虞流外論云詩有九言者洞酌彼行潦挹彼注兹是也偏檢諸本皆云洞酌三章章五句則以為二句也顏延之云詩禮本無九言者將由聲度闡緩不協金石仲治之言未可據也句字之數四言為多唯以二三七八者將由言以申情唯變所適播之樂器俱得成文故也詩之大體必須依韻其有乖者古人之韻不協耳之兮矣也之類本取以為辭雖在句中不以為義故處末者皆字上為韻之者左右流之寤寐求之之類也兮者其實七兮迨其吉兮之類也矣者

顏之厚矣出自口矣之類也也者何其處也必有與也之類也。乎。者俟我于著乎而伐檀且漣猗之篇此等皆字上爲韻不爲義也然人志各異作詩不同必須聲韻諧和曲應金石亦有即將助句之字以當聲韻之體者則彼人是哉子曰何其不思其反反是不思亦已焉哉是究是圖亶其然乎其虛其徐既亟只且之類是也章者積句所爲不限句數也以其作者陳事須有多少章總一義必須意盡而成故也累句爲章則一句不可二句得爲之盧令及魚麗之下三章是也其三句則麟趾甘棠騶虞之類是也其多者載芟三十一句閟宮之三章三十八句自外不過也篇之大小隨章多少風雅之中少猶兩章以上即騶虞渭陽之類是也多則十六以下正月桑柔之類是也唯周頌三十一篇及那烈祖玄鳥皆一章者以其風雅敘人事刺過論功志在匡救一章不盡重章以申殷勤故風雅之篇無一章者頌者太平德洽之歌述成功以告神直言寫志不必殷勤故一章而已魯頌不一章者魯頌美僖公之事非告神之歌此則論功頌德之詩亦殷勤而重章也雖云盛德所同魯頌實不及制故頌體不一也高宗一人而玄鳥一章長發殷武重章者或詩人之意所作不同或以武丁之德上不及成湯下又踰於魯僖論其至者同於太平之歌述其祖者同於論功之頌明成功有大小其篇詠有優劣。采立章之法不常厥體或重章共述一事采蘋之類或一事疊爲數章甘棠之類或初同而末異東山之類或首異而末同漢廣之類或事訖而更申既醉之類或章重而事別鴟鴞之類何草不黄隨時而改色文王有聲因事而變文采采。芣苢一章而再言賓之初筵三章而一發或篇有數章章句衆寡不等章有數句句字多少不同皆由各言其情故體無恆式也東山序云一章二章三章四章不謂一末章爲卒章及左傳曰七月之卒章又揚之水卒章者東山分別章意從一而終於四故不言卒章也左傳言卒章者卒終也言終篇之章言卒者對始也終篇爲卒章則初篇爲首章矣故鄭注禮記云緇衣之首章是也若然言卒者對首也則武唯一章而左傳曰作武其卒章曰耆定爾

功者以著定爾功是章之卒句故也大司樂注云騶虞樂章名在召南之卒章者正謂其卒篇謂之章者乘上騶虞爲樂章故言在召南之卒章也

定本章句在篇後六藝論云未有若今傳訓章句明爲傳訓以來始辨章句或毛氏即題或在其後人未能審也

附釋音毛詩注疏卷第一（一之二）

毛詩注疏校勘記　阮元撰盧宣旬摘錄

附釋音毛詩注疏卷第一（一之一）一　閩本明監本毛本無附釋音三字又一之一下無一字案閩本以下仍附刻釋文獨刪其題非也十行本於每卷之下自一之一至二十之四凡七十皆標其數考正義原書分四十卷自正義序及唐書新舊志宋著錄各家悉同其分二十卷者經注本也合併時取正義散入經注本之中而四十卷之舊遂不復存亦無由知其七十卷之何所本也閩本以下輒刪一二等字其刪之未盡者僅閩本一二處而已非也餘同此

唐國子祭酒上護軍曲阜縣開國子孔穎達奉勅撰　閩本明監本毛本移此在前正義序下而於此題云毛詩國風漢鄭氏箋唐孔穎達疏非也案毛詩國風鄭氏箋具題在周南關雎詁訓傳第一之下不容複出於上也其一之二以後十行本每卷題毛詩國風鄭氏箋孔穎達疏小雅大雅周頌商頌魯頌亦然閩本衍漢字唐字明監本毛本又誤倒其次序唯此孔穎達下脫等字當補

詁訓傳　唐石經小字本相臺本同案此正義本也正義云今定本作故釋文本作故云舊本多作故今或作詁考漢書藝文志作故與釋文引舊本及樊孫等爾雅本皆爲釋故合當以釋文本定本爲長正義原書與經注別行後來合併實始於南宋紹興閒三山黃唐所編彙此本又在其後事載左傳考文其所用經注本非正義之經注也故經注與正義時有相牴牾者而考以集注本定本俗本釋文本唐石經本亦未有全然相合者也乃彼時行世別有此本耳玆條列其同異所自出俾各有考焉

瓠葉捨番番之狀　閩本明監本毛本同案此不誤浦鏜云幡幡誤番番非也正義引詩或不盡據本文如出其東門引白旃英英

以說英字而本詩作央可證

趙人毛長傳詩 閩本明監本毛本同案此不誤浦鏜云萇誤長非也釋文序錄云一云名長通志堂本作萇者誤詳後考證困學紀聞引作長云今後漢書作萇亦其證也

不以數次爲無筭也 閩本明監本毛本數作不案不字是也

典籍出於人滅各專間命氏也 補 毛本人滅作人間專間作專門案所改是

詁訓毛自題之 明監本毛本訓下有傳字閩本剜入案所補是也

○關雎

后妃之德也 閩本明監本毛本於此節及後節用之邦國焉下皆有注小字本相臺本無考文古本同案山井鼎云皆釋文混入於注是也十行本附釋音與注文疏文皆雙行小字唯釋文首加圓圍爲別耳故重刻者致誤也又明監本注單行小字側書閩本毛本別爲中等字皆非其舊

所以風天下 唐石經小字本相臺本同案正義云定本所以風天下俗本風下有化字誤也考文古本有采正義考顏師古爲太宗定五經謂之定本非一孔穎達等作正義之本也俗本謂當時通行之本亦非即作正義者兼不專指一本故禮義廢下云俗本有作儀者野有死麕序下云或有俗本以天下大亂以下同爲鄭注者誤是也由此推之則正義本之大槩可見矣定本出於顏師古見舊新二唐書太宗紀顏籀傳封氏聞見記貞觀政要等書段玉裁所考得也

當天子教諸侯教大夫閩本明監本毛本重諸侯二字案所補非也此謂鄉大夫亦天子教之

風風也唐石經小字本相臺本同案釋文云徐上如字下福鳳反崔靈恩集注本下即作諷字考正義標起止云風風是正義本不作諷正義下文又云風訓諷也者風諷古今字凡經注古字正義每易爲今字而說之其爲例如此也今往往有合併時依經注誤改者矣

發猶見也閩本明監本毛本首有箋字小字本相臺本無考文古本同案山井鼎云箋云二字鄭申毛傳所以別之也毛不注序無可辨嫌故序注本應無箋字後世諸本不知而妄加非亦甚矣其詳見於正義釋文是也凡序注之首十行本悉無箋字閩本以下乃誤加耳餘同此

謂宮商角祉羽也小字本相臺本祉作徵閩本明監本毛本亦同案考正義釋文皆作徵此祉字當是宋經注本避當時諱字耳

謨摩舊法補毛本謨摩作謨準

而民思憂閩本明監本毛本思憂誤剛毅案浦鏜校此下用樂記補數十字皆非也考正義引羣籍有引其意不全用其文不可依本書改竄者此類是矣

故正得失唐石經小字本相臺本同案釋文云正本又作政正義云此正得失與雅者正也正始之道本或作政皆誤耳今定本皆作正字正義本之同於定本者此類是也凡正義既著其所從又兼載異本或與定本同或與俗本同也

莫近於詩補案此節釋音厚音后本或作序非八字當在下節

史記稱微子過殷墟閩本明監本毛本同案此不誤浦鏜云尚書大傳云微子史記世家作箕子非也此正義自涉大傳耳非

由字譌黍離正義引作箕子如鄭志問甘棠正義兩引譜下作趙商本篇下作張逸也

聞之者足以戒唐石經小字本相臺本同案正義云俗本戒上有自字者誤定本直云足以戒也文選載此序有自字即俗本也考文古本有采正義

皆用此上六義之意閩本明監本毛本同案十行本上至之剜添者一字○補上字宜衍

人君不怒其作主明監本作誤非閩本毛本不誤案作主謂作詩之主也後正義引鄭答張逸云其無作主皆國史主之此用彼文

國史明乎得失之迹補案此節釋音告古毒反四字當在下第四節告於神明者也下

若唐有帝堯殺禮救危之化閩本明監本毛本同案浦鏜云厄誤危以唐譜考之浦校是也

要所言一人心閩本明監本毛本人下有之字案所補是也

言王政之所由廢興也唐石經小字本相臺本同案正義云定本王政所由廢興俗本王政下有之字誤也是有之字者出於俗本凡斥云誤者意所不從其於定本亦然

代殷繼伐明監本毛本誤作伐殷繼代閩本不誤案代殷用皇矣序文繼伐用文王有聲序文

所以報神恩也閩本明監本毛本同案十行本以至也剜添者一字○補神字宜衍

大雅也頌也此四者人君行之閩本明監本毛本同案十行本大至之剜添者三字是此四者三字衍也

則春秋云閩本明監本毛本同案此不誤浦鏜云春秋下當脫左氏傳三字非也凡引其書之支屬即稱其大名如易緯單稱易書序單稱書古人之通例不可枚舉者也

愛在進賢補毛本愛作憂案憂字是也

與也閩本明監本毛本首有傳字小字本相臺本無考文古本同案山井鼎云後人加也是也十行本悉無此字閩本以下乃誤加耳餘同此

若關雎之有別焉小字本同閩本明監本毛本亦同相臺本關雎作雎鳩案關雎是也下傳云有關雎之德可證相臺本因正義云若雎鳩之有別因改此傳考正義凡自爲文每不必盡與注相應不當據改也考文古本作雎鳩采正義而誤

箋云閩本明監本毛本箋字外以黑圍之小字本相臺本所無也考文古本同案山井鼎云箋云二字鄭氏之舊所以別毛氏傳也而後世諸本加黑圍者亦失古意矣是也十行本凡箋字及正義中傳箋字悉不如此閩本以下誤耳考其致誤之由乃因正義標起止有傳字箋字遂於注首加傳字復割裂注中箋字配之不知此正義自爲文以作別識耳非注如此也明刻單注別本更有并箋下云字去之者尤爲誤甚餘同此

怨耦曰仇小字本相臺本同案釋文云好逑音求毛云匹也本亦作仇音同鄭云怨耦曰仇是釋文本經傳作逑箋作仇也正義本箋字未有明文當亦與釋文本同臧琳經義雜記云箋既不云逑當爲仇則說異而字同其說非也凡箋於經字以爲假借者多不言讀爲而顯其爲假借有二例焉一則仍用經字但於訓詁中顯之如容兮遂兮箋遂瑞也以遂爲璲之假借价人維藩箋价甲也以价爲介之假借是其類也一則於訓釋中竟改其

字以顯之如此經之逑箋則曰怨耦曰仇以逑爲仇之假借及湜湜其止箋之小渚曰沚山有橋松箋之橋松在山上可以樂飢箋之可飲以療飢皆其類也二者皆不言讀爲也於訓釋中竟改其字者人每不得其例今隨條說之以去其纇結其仍用經字但於訓詁中顯之者人所易曉不悉說焉臧琳又以爲偏考毛詩兎罝無衣皇矣等逑匹之逑皆作仇此經作逑出後人私改亦非也凡毛氏詩經中之字例不畫一如或用害或用曷而同訓何或用肩或用豣而同訓獸三歲其類衆矣他經用仇此經用逑不嫌同訓未可據彼改此說文逑下云又曰怨匹曰逑正說逑爲怨匹字之假借其釋文所載本亦作仇者是依箋改經出之於下意所不從章懷注後漢書李善注文選雖經引用要即所謂以破引之之實非毛氏詩舊文也

后妃雖說樂君子 明監本毛本雖誤能閩本不誤案說當作悅下文作悅可證也注作說正義作悅說悅古今字易而說之也例見前餘同此

郭璞曰 閩本明監本毛本同案璞當作樸樸字景純取純樸相應字當從木正義多作璞或改作朴朴即樸之俗字()案段玉裁云樸素字古作樸樸者素也胎也是以金玉之礦古皆作樸而璞乃俗字郭名當本作樸或譌璞非或譌朴亦非朴者木皮也非命名之意此條舊在曹風候人篇今依先見例錄此

陸機疏云 毛本機誤璣閩本明監本不誤案考隋書經籍志作機釋文序錄同唯資暇集有當從玉旁之說宋代著錄元恪書者多采之毛本因此改作璣其實與士衡同姓名耳古人所有不當改也餘同此釋文亦或誤今正

而揚雄許慎 閩本明監本揚作楊毛本作揚案子雲姓本從木宋以來或誤從才閩本明監本是也餘同此

其葉符　閩本明監本毛本同案浦鏜云苻誤符以爾雅考之浦校是也

鬻其白莖　閩本明監本毛本同案浦鏜云鬻誤鬻者凡陸疏鬻字皆當作鬻乃形近之譌浦校是也

臥而不周曰輾　小字本相臺本同案此正義本也釋文云鄭云不周曰輾注本或作臥而不周者剩二字也案釋文與正義迥非一本茲著其文字之異其但偏旁不同而正義本已載釋文亦作又作或作者不復悉出

鍾鼓樂之　唐石經小字本相臺本同閩本同明監本毛本鍾作鐘案鍾字是也五經文字云今經典或通用鍾爲樂器是其證餘同此

一章章四句　補案一章下例不重章字次章字誤衍

與詩禮俱興也　閩本明監本毛本同案禮當作體形近之譌

婁豐年之類也　閩本明監本毛本婁誤屢

摯虞流外論云　閩本明監本毛本同案山井鼎云外當作別是也

詩禮本無九言者　補毛本禮作體案體字是也

仲治之言　閩本同明監本毛本冶作治案山井鼎云治當作洽是也

乎者俟我于著乎而　閩本明監本毛本同案乎者當作著此句稱著與下句稱伐檀對文也誤分爲二字又改䒑爲乎

其篇詠有優劣采　補毛本采作乎

采采若菖 補 若當作䓲

附釋音毛詩注疏卷第一（一之二）

毛詩國風　　鄭氏箋〔三〕　　孔穎達疏

葛覃后妃之本也后妃在父母家則志在於女功之事躬儉節用服澣濯之衣尊敬師傅則可以歸安父母化天下以婦道也躬儉節用由於師傅之教而後言尊敬師傅者欲見其性亦自然可以歸安父母言嫁而得意猶不忘孝○覃本亦作蕈徒南反延也澣本又作浣戶管反濯直角反傅夫附反見賢遍反

【疏】○葛覃三章章六句至以婦道○正義曰作葛覃詩者言后妃之本性也謂貞專節儉自有性也敘又申說之后妃先在父母之家則已專志於女功之事復能身自儉約謹節財用服此澣濯之衣而尊敬師傅在家本有此性出嫁脩而不改婦禮無愆當於夫氏則可以歸問安否於父母化天下以為婦之道也定本后妃在父母家無之字化天下以婦道無成字有者衍也先言后妃在父母家者欲明尊敬師傅皆后妃在家時事說其為本之意言在父母之家者首章是也志在女功之事者二章治葛以為絺綌是也躬儉節用服澣濯之衣者卒章汙私澣衣是也澣濯即是節儉分為二者見由躬儉節用故能服此澣濯之衣也尊敬師傅卒章上二句言告師氏是也可以歸安父母者即卒章下一句歸寧父母是也化天下以婦道者因事生義於經無所當也經言汙私澣衣在言歸之下則是在夫家之事也敘言躬儉節用謂在父母之家者見其在家已然出嫁不改也○箋躬儉至忘孝○正義曰箋知躬儉節用由於師傅之教者以經汙私澣衣在言告師氏之下故也歸寧父母乃是實事而言可以者能如此乃可以耳若不當夫氏雖歸安父母而父母尚憂今既當夫氏仍得歸安父母言其嫁而得夫之意猶不忘孝故也

葛之覃兮施于中谷維葉萋萋興也覃延也葛所以為絺綌女功之事煩辱者施移也中谷谷中也萋萋茂盛貌箋

云葛者婦人之所有事也此因葛之性以興焉興者葛延蔓於谷中喻女在父母之家形體浸浸日長大也葉萋萋然喻其容色美盛也○施毛以豉反鄭如字下同萋切兮反蔓音萬浸子鴆反長丁丈反

黃鳥于飛集于灌木其鳴喈喈黃鳥摶黍也灌木藂木也喈喈和聲之遠聞也箋云葛延蔓之時則摶黍飛鳴亦因以興焉飛集藂木興女有嫁于君子之道和聲之遠聞興女有才美之稱達於遠方○灌古亂反喈音皆摶黍徒端反鳥名也叢才公反俗作藂一本作最作外反聞音問又如字下同稱尺證反

【疏】葛之至喈喈○正義曰言葛之漸長稍稍延蔓兮而移於谷中非直枝幹漸長維葉則萋萋然茂盛以興后妃之生浸浸日大而長於父母之家非直形體日大其容色又美盛當此葛延蔓之時有黃鳥往飛集於叢木之上其鳴之聲喈喈然遠聞以興后妃形體既大宜往歸嫁於君子之家其才美之稱亦達於遠方也○傳葛所至盛貌○正義曰傳既云興也復言葛所以為絺綌者以下章說后妃治葛不為興欲見此章因事為興故箋申之云葛者婦人之所有事此因葛之性以興焉是也采葛傳亦云葛所以為絺綌彼不為因興亦言之者彼對蕭為祭祀艾為療疾故也施移也言引蔓移去其根也中谷谷中倒其言者古人之語皆然詩文多此類也此言萋萋取末成之時喻女之少壯故云茂盛貌下章指采用之時故以莫莫為成就貌也○箋葛延至美盛○正義曰以谷中是葛生之處故以谷中喻父母之家枝莖猶形體故以葉比容色也王肅云葛生於此延蔓於彼猶女之當外成也案下句黃鳥于飛喻女當嫁若此句亦喻外成於文為重毛意必不然○傳黃鳥至遠聞○正義曰釋鳥云皇黃鳥舍人曰皇名黃鳥郭璞曰俗呼黃離留亦名摶黍陸機疏云黃鳥黃鸝留也或謂之黃栗留幽州人謂之黃鸎一名倉庚一名商庚一名鵹黃一名楚雀齊人謂之摶黍當葚熟時來在桑間故里語曰黃栗留看我麥黃葚熟亦是應節趨時之鳥也自此以下諸言黃鳥倉庚皆是也釋木云灌木叢木又云木族生為灌孫炎曰族叢也是灌為叢木也○箋葛延至遠方○正義曰知葛當延蔓之時摶黍飛鳴亦因以興者以前葛之生長是為因興則此亦宜然也言摶黍往飛

集於灌木之時其鳴喈喈然其鳴喈喈然在集于灌木之下欲明總上于飛至集終始恆鳴以喻后妃在家與出嫁常有聲稱達於遠方也大明曰大邦有子文王嘉止是先有才美之稱也飛集灌木鳥實往焉女嫁君子時實未嫁故言之道言雖有出嫁之理猶未也君子是夫之大名故詩於婦人稱夫多言君子也女子之名不出於閫才美之稱得達遠方者其名繫於父兄故大雅云大邦有子是也

葛之覃兮施于中谷維葉莫莫莫莫成就之貌箋云成就者其可采用之時○莫莫美博反是刈是濩為絺為綌服之無斁濩煑之也精曰絺麤曰綌斁厭也古者王后織玄紞公侯夫人紘綖卿之內子大帶大夫命婦成祭服士妻朝服庶士以下各衣其夫箋云服整也女在父母之家未知將所適故習之以絺綌煩辱之事乃能整治之無厭倦是其性貞專○艾本亦作刈魚廢反韓詩云刈取也濩胡郭反韓詩云濩瀹也音羊灼反絺耻知反葛之精者曰絺綌去逆反斁本亦作斁音亦猒於豔反本亦作厭紞都覽反紞織五采如縚狀用縣瑱也紘獲耕反纓之無緌者從下仰屬於冠綖音延冕上覆也朝直遙反下同庶士謂庶人在官者本或作庶人衣於既反

疏葛之至無斁○正義曰言葛之漸延蔓兮所移在於谷中生長不已其葉則莫莫然成就葛既成就已可采用故后妃於是刈取之於是濩煑之煑治已訖后妃乃緝績之為絺為綌言后妃整治此葛以為絺綌之時志無厭倦是后妃之性貞專也○傳濩煑至其夫○正義曰釋訓云是刈是濩濩煑之也舍人曰是刈刈取之是濩煑治之孫炎曰煑葛以為絺綌以是煑之於濩故曰濩煑非訓濩為煑曲禮云為天子削瓜巾以絺諸侯巾以綌玉藻云浴用二巾上絺下綌皆貴絺而賤綌是絺精而綌麤故云精曰絺麤曰綌斁厭釋詁文彼斁作射音義同自王后織玄紞以下皆魯語敬姜之言也紞縣瑱之物織五采為之故著箋云人君五色則天子之紞五色獨言玄者以玄為尊故舉以言焉紘者纓之無緌從下而上者也祭義曰天子冕而朱紘諸侯冕而青紘此諸侯當以青為組在冕下仰屬之故士冠禮註云有笄者屈組為紘垂為飾無笄者纓而結其條是也綖者冕上覆論語注云績麻三

十升以為冕夏官弁師註云綖冕上覆玄表纁裏是也內子卿之適妻僖二十四年左傳趙姬請以叔隗為內子而己下之是也大帶者玉藻所云大夫以玄華華黃也以素為帶飾之外以玄內以黃也大夫命婦成祭服者大夫助祭服玄冕受之於君故大宗伯再命受服是也妻所成者自祭之服少牢禮朝服玄冠緇布衣素裳韋昭云祭服玄衣纁裳謂作玄冕之服非也士妻朝服者作朝於君服亦玄冠緇衣素裳也庶士以下各衣其夫庶士謂庶人在官者故祭法曰官師一廟庶士庶人無廟註云官師中士下士庶士府史之屬庶士與朝服異文則亦府史之屬韋昭云下士非也此庶士下至庶人其妻各衣其夫則夫之所服妻悉為之也彼文云公侯之夫人加之以紘綖也則為紞又為紘綖也則士之妻加之以朝服則為祭服又為朝服皆下兼上也貴者所為少賤者所為多故庶士以下夫衣悉為之傳引此者以王后庶人之妻皆有所作后妃在父母之家未知將所適雖葛之煩辱亦治之也定本云王后織玄紞公侯夫人紘綖卿之內子大帶俗本王后下有親字紘綖大帶上有織字皆衍也○箋服整至貞專○正義曰服整釋言文也以女在父母之家未知將何所適不知為作王后為作士妻故習之以絺綌勞辱之事尚能整治之無厭倦是其性貞專

言告師氏言告言歸言我也師女師也古者女師教以婦德婦言婦容婦功祖廟未毀教于公宮三月祖廟既毀教于宗室婦人謂嫁曰歸箋云我告師氏者我見教告于女師也教告我以適人之道重言我者尊重師教也公宮宗室於族人皆為貴○謂嫁曰歸本亦無曰字此依公羊傳文重言直用反

薄汙我私薄澣我衣汙煩也私燕服也婦人有副褘盛飾以朝事舅姑接見于宗廟進見于君子其餘則私也箋云煩撋之用功深澣謂濯之耳衣謂褘衣以下至褖衣○汙音烏副如字婦人首飾之上褘音煇王后六服一曰褘衣接見賢遍反下見於君子同撋諸詮之音而專反何胤沈重皆而純反阮孝緒字略云煩撋猶挼莏也挼音奴禾反莏音素禾反褖吐亂反六服之最下者

害澣害否歸寧父母○害何也私服宜澣公服宜否寧安也父母在則有時歸寧耳箋云我之衣服今者何所當

見澣乎何所當否乎言常自潔清以事君子○害戶葛反下同否方九反清如字沈音淨

【疏】言告至父母○毛以爲上下二我我其身中我我其師后妃言我身本見教告於師氏我師氏告我以歸嫁人之道欲令我躬儉節用不務鮮華故今曰薄欲煩撋我之私服薄欲澣濯我之褻衣然我之衣服有公有私議量而言我之衣服何者當見澣乎私服宜澣之何者當不澣乎公服宜否既以受師教誨澣衣節儉復以時歸寧父母○鄭下三句爲異言師氏告我欲令節儉故己今薄欲煩撋其私服薄欲澣濯其公衣所以公服私服並澣之者卽云同是我之衣服知何所當澣乎何所當見否乎私服公衣皆悉澣之由己常自潔清以事君子故也衣裳既澣身復潔清故當以時歸寧父母耳○傳言我至曰歸○正義曰言我釋詁文女師者教女之師以婦人爲之昏禮云姆纚笄綃衣在其右注云姆婦人五十無子出而不復嫁能以婦道教人者若今時乳母矣鄭知女師之母必是無子而出者以女已出嫁母尚隨之又襄三十年公羊傳曰宋災伯姬存焉傳至母未至逮火而死若非出而不嫁何以得隨女在夫家若非無子而出犯其餘六出之道則身自無禮何能教人故知然也母既如此傅亦宜然○南山箋云姜與姪娣及傅姆同處襄公不宜往雙之則傅亦婦人也何休云選老大夫爲傅大夫妻爲母禮重男女之別大夫不宜教女子大夫之妻當從夫氏不當隨女而適人事無所出其言非也此師教女之人內則云大夫以上立師慈保三母者謂子之初生保養教視男女並有三母此女師教以婦德婦言婦容婦功皆昏義文也彼注云婦德貞順婦言辭令婦容婉娩婦功絲枲天官九嬪職注亦然二注皆以婉娩爲婦德容內則注云婉謂言語也娩之言媚也媚謂容貌也分婉娩爲二者欲以內則之文充四德若不分婉爲言語則無辭令之事且婉謂婉順得爲言語之婉順亦爲容貌之婉媚故分之也既有其德順辭以出之容貌以事人女功而就業故如此次也祖廟未毀教於公宮三月祖廟既毀教於宗室昏禮文也彼注云祖廟女高祖爲君者之廟以有緦麻之親就尊者之宮教之則祖廟未毀與天子諸侯共高祖者則在天子諸侯女宮中教之三月知在女宮者以莊元年公羊傳曰羣公子之舍則

以卑矣是諸侯之女有別宮矣明五屬之內女就教可知彼注又云宗室大宗
子之家則大宗者繼別爲大宗百世不遷者其族雖五屬外與之同承別子者
皆臨嫁三月就宗子女宮教成之知宗子亦有女宮者內則云命士以上父子
皆異宮則女子亦別宮故曲禮曰非有大故不入其門是也若宗子未爲命士
教在宗子之家耳傳引此者以言女師教歸嫁之道故引此以證所教之處此
后妃。華國之長女而引族人之事者取彼成文且明諸侯之女嫁前三月亦教
之也女子自少及長常皆教習故內則云女子十年不出傅姆教之但嫁前三
月特就尊者之宮教成之耳婦人謂嫁曰歸隱二年公羊傳文定本歸上無曰
字○傳汙煩至則私○正義曰汙澣相對則汙亦澣名以衣汙垢者澣而用功
深故因以汙煩爲澣私服之名耳言汙煩者謂澣垢衣者用功煩多亦以煩爲澣
名故箋云煩煩撋之用功深是也但毛以公服不澣唯澣私衣故一事分爲二
句上句言汙見用功深也下句言澣見其總名亦爲澣又上句言私見其燕褻
下句言衣見其總名亦爲衣故王肅述毛合之云煩撋澣濯其私衣是也言私
燕服謂六服之外常著之服則有汙垢故須澣公服則無垢汙矣故下傳云私
服宜澣公服宜否也副者首服之尊褘衣六服之首王后之上服故言婦人有
副褘盛飾既舉服之尊者然後歷陳其事言此皆是公衣不謂諸事皆服褘衣
也毛之六服所施不明內司服注鄭云褘衣從王祭先王褕翟祭先公闕翟祭
羣小祀鞠衣以告桑展衣以禮見王及賓客褖衣以御于王不言朝舅姑之服
今傳既云婦人有副褘盛飾卽云以朝事舅姑則以褘衣朝舅姑矣知者以特
牲云士妻祭用纚笄綃衣而士昏禮云纚笄綃衣見於舅姑是朝舅姑助祭其
服同也王后褘衣以祭先王明朝事舅姑亦服之矣檀弓曰婦人不飾不敢見
舅姑將有四方之賓來褻衣何爲陳於斯似朝舅姑與見四方賓同服展衣者
彼以大夫之妻賓客有尊於舅姑者王后則賓客無與舅姑敵者朝事舅姑得
申上服也王后而得有舅者因姑以協句且詩者設言耳文王稱王之時太姒
老矣不必有父母可歸寧何但無舅姑也接見于宗廟謂以助祭用褘衣也進
見于君子義與鄭同朝于王則展衣御于王則褖衣二者同名爲進見也云其

餘則私明自展褖以上爲公衣矣但舉終始以言之明褕翟闕翟鞠衣亦在可知也或以進見君子文承副褘之下則皆以副褘也其餘則私謂褕翟以下知
不然者以其臣朝君不過朝服助祭乃用冕后不宜用祭服以朝王若其餘則私謂褕翟以下則褕翟當澣君子偕老傳曰褕翟闕翟羽飾衣也以羽飾衣何
由可澣又傳言私燕服若褕翟闕翟乃助祭之衣不得爲燕褻之服也以此知毛言進見于君子非副褘也上舉褘衣之名下言展褖之事明六服皆爲公衣
其餘則爲私也六服之外唯有纚笄綃衣耳○箋煩煩撋至褖衣○正義曰鄭以私謂燕服衣謂公衣故云衣謂褘衣以下至褖衣以明六服非私也言煩煩
撋之用功深澣謂濯之言其用功淺也此以公對私爲深淺耳若據澣中又有深淺澣深於漱故內則注云手曰漱足曰澣以內則冠帶言漱衣裳言澣故漱
又淺於澣散而言之皆通以此經言汙序總之云澣濯之衣此六服明手濯不足澣也曲禮曰諸母不漱裳裳乃褻服宜煩撋之而言漱是皆通稱也○傳父
母至歸寧○正義曰此謂諸侯夫人及王后之法春秋莊二十七年杞伯姬來左傳曰凡諸侯之女歸寧曰來是父母在得歸寧也父母既沒則使卿寧於兄
弟襄十二年左傳曰楚司馬子庚聘于秦爲夫人寧禮也是父母沒不得歸寧也泉水有義不得往載馳許人不嘉皆爲此也若卿大夫之妻父母雖沒猶得
歸寧喪服傳曰爲昆弟之爲父後者何以亦期也婦人雖在外必有歸宗言父母雖沒有時來歸故不降爲父後者謂大夫以下也故鄭志答趙商曰婦人有
歸宗謂自其家之爲宗者大夫稱家言大夫如此耳夫人王后則不然也天子諸侯位高恐其專恣淫亂故父母既沒禁其歸寧大夫以下位卑畏威故許之
耳○箋我之至君子○正義曰以言害澣害否明其無所偏否故知公私皆澣常自潔清也若如傳言私服宜否則經之害澣害否乃是問辭下無總結殆非
文勢也豈詩人設問待毛傳答以足之哉且上言汙私澣衣衣私別文明其異也私爲私服明衣是公衣衣澣私汙無不澣之事故知公私皆澣所以不從傳
也若然三狄之服刻繒爲形而畫以五色所以得澣者言公服有澣者耳不必六服皆澣也三狄不可澣鞠展褖純色之衣得澣之也

葛覃三章章六句

卷耳后妃之志也又當輔佐君子求賢審官知臣下之勤勞內有進賢之志而無險詖私謁之心朝夕思念至於憂勤也謁請也○卷耳卷勉反苓耳也廣雅云枲耳也郭云亦曰胡枲江南呼常枲草木疏云幽州人謂之爵耳詖彼寄反妄加人以罪也崔云險詖不正也苓音零**疏**卷耳四章章四句至憂勤○正義曰作卷耳詩者言后妃之志也后妃非直憂在進賢躬率婦道又當輔佐君子其志欲令君子求賢德之人審置於官位復知臣下出使之勤勞欲令君子賞勞之內有進賢人之志唯有德是用而無險詖不正私請用其親戚之心又朝夕思此欲此君子官賢人乃至於憂思而成勤此是后妃之志也言又者繫前之辭雖則異篇而同是一人之事故言又爲亞次也輔佐君子總辭也求賢審官至於憂勤皆是輔佐君子之事君子所專后妃志意如然故云后妃之志也險詖者情實不正譽惡爲善之辭也私謁者婦人有寵多私薦親戚故厲王以豔妻方煽七子在朝成湯謝過婦謁盛與險詖私謁是婦人之常態聖人猶恐不免后妃能無此心故美之也至於憂勤勤爲勞心憂深不已至於勞勤后妃之篤志也至於憂勤卽首章上二句是也求賢審官卽首章下二句是也經敘倒者敘見后妃求賢而憂勤故先言求賢經主美后妃之志能爲此憂勤故先言其憂也○

采采卷耳不盈頃筐憂者之興也采采事采之也卷耳苓耳也頃筐畚屬易盈之器也箋云器之易盈而不盈者志在輔佐君子憂思深也○頃音傾筐起狂反韓詩云頃筐欹筐也畚音本何休云草器也說文同易以豉反下同思息吏反下憂思同○嗟我懷人寘彼周行懷思寘置行列也思君子官賢人置周之列位箋云周之列位謂朝廷臣也○寘之豉反行戶康反註下同朝直遙反**疏**采采至周行○正義曰言有人事采此卷耳之菜不能滿此頃筐頃筐易盈之器而不能滿者由此人志有所念憂思不在於此故

也此采菜之人憂念之深矣以興后妃志在輔佐君子欲其官賢賞勞朝夕思念至於憂勤其憂思深遠亦如采菜之人也此后妃之憂為何事言后妃嗟。呼而歎我思君子官賢人欲令君子置此賢人於彼周之列位以為朝廷臣也我者后妃自我也下箋云我我使臣我我君此不解者以詩主美后妃故不特言也言彼者后妃主求賢人為此故以周行為彼也○傳憂者至之器○正義曰不云興也而云憂者之興明有異於餘興也餘興言采菜即取采菜喻言生長即以生長喻此言采菜而取憂為興故特言憂者之興言興取其憂而已不取其采菜也言事采之者言勤事采此菜也此與苓苢俱言采采彼傳云非一辭與此不同者此取憂為興言勤事采菜尚不盈筐言其憂之極故云事采之彼以婦人樂有子明其采者衆故云非一辭其實采采之義同故鄭志答張逸云事謂事事一一用意之事苓苢亦然雖說異義則同是也然則此謂一人之身念采非一彼苓苢謂采人衆多非一故鄭云義則同也卷耳苓耳釋草文郭璞曰廣雅云枲耳亦云胡枲江東呼常枲或曰苓耳形似鼠耳叢生似盤陸機疏云葉青白色似胡荽白華細莖蔓生可煑為茹滑而少味四月中生子如婦人耳中璫今或謂之耳璫幽州人謂之爵耳是也言頃筐畚屬者說文云畚草器所以盛種此頃筐可盛菜故言畚屬以曉人也言易盈之器者明此器易盈自有所憂不能盈耳解以不盈為喻之意也○箋周之至廷臣正義曰知者以其言周行是周之列位周是后妃之朝故知官人是朝廷臣也襄十五年傳引詩曰嗟我懷人寘彼周行能官人也王及公侯伯子男采衞大夫各居其列所謂周行也彼非朝廷臣亦言周行者傳證楚能官人引詩斷章故不與此同

陟彼崔嵬我馬虺隤陟升也崔嵬土山之戴石者虺隤病也箋云我我使臣也臣以兵役之事行出離其列位身勤勞於山險而馬又病君子宜知其然○崔徂回反嵬五回反虺呼回反徐呼懷反說文作瘣隤徒回反徐徒壞反爾雅同孫炎云馬退不能升之病也說文作頹使色吏反下同離力智反○

我姑酌彼金罍維以不永懷姑且也人君黃金罍永長也箋云我我君也臣出使功成而反君且當設饗燕之禮與之飲酒

以勞之我則以是不復長憂思也言且者。君賞功臣或多於此○姑如字說文作夃音同云秦以市買多得爲夃罍盧回反酒罇也韓詩云天子以玉飾諸侯大夫皆以黃金飾士以梓禮記云夏曰山罍其形似壺容一斛刻而畫之爲雲雷之形勞力到反不復扶富反

疏陟彼至永懷○正義曰后妃言升彼崔嵬山巔之上者我使臣也我使臣以兵役之事行出離其列位在於山險身已勤苦矣其馬又虺隤而病我之君子當宜知其然若其還也我君子且酌彼金罍之酒饗燕以勞之我則維以此之故不復長憂思矣我所以憂思恐君子不知之耳君子知之勞故不復憂也○傳崔嵬至隤病○正義曰釋山云石戴土謂之崔嵬孫炎曰石山上有土者又云土戴石爲砠孫炎曰土山上有石者此及下傳云石山戴土曰砠與爾雅正反者或傳寫誤也釋詁云虺隤玄黃病也孫炎曰虺隤馬罷不能升高之病玄黃馬更黃色之病然則虺隤者病之狀玄黃者病之變色二章互言之也○箋我我至其然○正義曰序云知臣下之勤勞故知使臣也定本云我我臣也無使字言勤勞故知兵役之事事莫勞於兵役故舉其尤苦而言之其實聘使之勞亦閔念之四牡之篇是其事也言君子宜知其然謂未還宜知之還則宜賞之故上句欲君子知其勞下句欲君子加其賞也○傳人君黃金罍○正義曰此無文也故異義罍制韓詩說金罍大夫器也天子以玉諸侯大夫皆以金士以梓毛詩說金罍酒器也諸臣之所酢人君以黃金飾尊大一碩金飾龜目蓋刻以爲雲雷之象謹案韓詩說天子以玉經無明文謂之罍者取象雲雷博施如人君下及諸臣又司尊彝云皆有罍諸侯之所酢注云罍亦刻而畫之爲山雲之形言刻畫則用木矣故禮圖依制度云刻木爲之韓詩說言士以梓士無飾言其木體則以上同用梓而加飾耳毛說言大一碩禮圖亦云大一斛則大小之制尊卑同也雖尊卑飾異皆得畫雲雷之形以其名罍取於雲雷故也毛詩說諸臣之所酢與周禮文同則人君黃金罍謂天子也周南王者之風故皆以天子之事言焉○箋我我至於此○正義曰以后妃有其志耳事不敢專故知所勞臣者君也言臣出使功成而反者聘義云使者聘而誤主君不親饗明功不成不勞之也將率之敗非徒無賞亦自有罪

故知功成而反也設饗燕之禮者以經云金罍兕觥皆陳酒事與臣飲酒唯饗燕耳言且者君賞功臣或多於此言或當更有賞賜非徒饗燕而已僖三十三年郤缺獲白狄子受一命之服宣十五年荀林父滅潞晉侯賜以千室之邑是其多也○陟彼高岡我馬玄黃我姑酌彼兕觥維以不永傷山脊曰岡玄馬病則黃兕觥角爵也傷思也箋云此章爲意不盡申殷勤也觥罰爵也饗燕所以有之者禮自立司正之後旅醻必有醉而失禮者罰之亦所以爲樂○岡古康反兕字又作兕徐履反爾雅云兕似牛觵古橫反以兕角爲之字又作觥韓詩云容五升禮圖云容七升爲意于僞反殷勤並如字俗本下並加心非也樂音洛

疏傳山脊至角爵○正義曰釋山云山脊岡孫炎曰長山之脊也釋獸云兕似牛郭璞曰一角青色重千斤者以其言兕必以兕角爲之觥者爵稱也爵總名故云角爵也○箋此章至爲樂○正義曰詩本畜志發憤情寄於辭故有意不盡重章以申殷勤詩之初始有此故解之傳云兕觥角爵言其體此言觥罰爵解其用言兕表用角言觥顯其罰二者相接也異義韓詩說一升曰爵爵盡也足也二升曰觚觚寡也飲當寡少三升曰觶觶適也飲當自適也四升曰角角觸也不能自適觸罪過也五升曰散散訕也飲不自節爲人謗訕總名曰爵其實曰觴觴者餉也觥亦五升所以罰不敬觥廓也所以著明之貌君子有過廓然著明非所以餉不得名觴詩毛說觥大七升許慎謹案觥罰有過一飲而盡七升爲過多由此言之則觥是觚觶角散之外別有此器故禮器曰宗廟之祭貴者獻以爵賤者獻以散尊者舉觶卑者舉角特牲二爵二觚四觶一角一散不言觥之所用是正禮無觥不在五爵之例禮圖云觥大七升以兕角爲之先師說云刻木爲之形似兕角蓋無兕者用木也知觥必以大罰者地官閭胥掌其比觥撻罰之事注云觥撻者失禮之罰也觥用酒其爵以兕角爲之春官小胥職亦云觥其不敬者是以觥罰人之義也故桑扈絲衣皆云兕觥其觩明爲罰而不犯矣饗燕之禮有兕觥者以饗燕之禮立司正之後旅醻無算必有醉而失禮者以觥罰之亦所以爲樂也然則此后妃志使君勞臣宜是賢者不應失禮而用觥者禮法饗燕

須設之耳不謂即以罰人也知饗有觵者七月云朋酒斯饗稱彼兕觵成十四年左傳衛侯饗苦成成叔寗惠子引詩云兕觵其觩旨酒思柔故知饗有觵也饗以訓恭儉不應醉而用觵者饗禮之初示敬故酒清而不敢飲肉乾而不敢食其末亦如燕法鄉飲酒大夫之饗禮亦有旅酬無算爵則饗末亦有旅酬恐其失禮故用觵也知燕亦有觵者昭元年左傳鄭人燕趙孟穆叔子皮及曹大夫與拜舉兕爵是燕有兕觵也鄉飲酒禮無觵者說行禮不言其有過之事故也又知用觵在立司正之後者燕禮立射人爲司正司正之後乃云北面命大夫君曰以我安卿大夫皆對曰諾敢不安又曰賓反入及卿大夫皆脫屨升就席公以賓及卿大夫皆坐乃安又司正升受命君曰無不醉賓及卿大夫皆興對曰諾敢不醉以此言之立司正之後君命安賓又升堂皆坐命之無不醉於此以後恐其失禮故知宜有觵也○

陟彼砠矣我馬瘏矣我僕痡矣云何吁矣石山戴土曰砠瘏病也痡亦病也吁憂也箋云此章言臣既勤勞於外僕馬皆病而今云何乎其亦憂矣深閔之辭○確本亦作砠同七餘反瘏音塗本又作屠非痡音敷又普烏反本又作鋪同吁香于反痡病也一本作痡亦病也者非疏傳瘏病痡亦病也○正義曰釋詁云痡瘏病也孫炎曰痡人疲不能行之病瘏馬疲不能進之病也

卷耳四章章四句

樛木后妃逮下也言能逮下而無嫉妬之心焉后妃能和諧衆妾不嫉妬其容貌恒以善言逮下而安之○樛居糾反木下曲曰樛字林九稠反馬融韓詩本並作朻音同字林已周反說文以朻爲木高逮徒帝反之心焉崔集註本此序有鄭注檢衆本並無疏樛木三章章四句至之心焉○正義曰作樛木詩者言后妃能以恩義接及其下衆妾使俱以進御於王也后妃所以能恩意逮下者而無嫉妬之心焉定本焉作也逮下者三章章首二句是也既能逮下則樂其君子安之福祿是由於逮下故也

南有樛木葛藟纍之興也南南土也木下曲曰樛南

土之葛藟茂盛箋云木枝以下垂之故故葛也藟也得纍而蔓之而上下俱盛興者喻后妃能以意下逮衆妾使得其次序則衆妾上附事之而禮義亦俱盛南土謂荊楊之域○藟本亦作虆力軌反似葛之草木疏云一名巨荒似燕薁亦連蔓葉似艾白色其子赤可食虆力追反纏繞也本又作纍上附時掌反

疏傳南南土至茂盛○正義曰諸言南山者皆據其國內故傳云周南山曹南山也今此樛木言南不必己國何者以興必取象以興后妃上下之盛宜取木之盛者木盛莫如南土故言南土也下曲曰樛者釋木文藟與葛異亦葛之類也陸機云藟一名巨瓜似燕薁亦延蔓生葉艾白色其子赤亦可食酢而不美是也○箋木枝至之域○正義曰箋知取上下俱盛者以下云樂只君子據后妃與衆妾則此經非直興下逮而已又興其上下相與有禮義可以樂君子故知取上下俱盛以喻后妃能以恩意下逮衆妾令之次敘進御使得其所則衆妾上親附而事之尊卑有敘禮義亦俱盛也又解傳言南土之處謂荊州揚州之域知者禹貢淮海惟揚州厥木惟喬厥草惟夭是揚州草木美茂也又周官正南曰荊州又曰東南曰揚州二州境界接連故皆有江漢俱宜稻麥則又生草木大同又荊州在正南此言南土故以爲荊揚也此南與下南有喬木同彼喬木與厥木惟喬亦同據荊揚矣彼注不言從此可知若然下傳南方之木美喬而上竦則非葛藟所能延言樛木者木種非一皆以地勢之美或下垂或上竦也

樂只君子福履綏之履祿綏安也箋云妃妾以禮義相與和又能以禮樂樂其君子使爲福祿所安○只之氏反猶是也綏之音雖樂樂上音岳下音洛

疏箋后妃至所安○正義曰定本云妃妾以禮義相與不作后妃字於義是也言又能以禮樂樂其君子者妃妾相與既有禮義又以此禮義施於君子所以言又也所以得樂君子者以內和而家治則天下化之以四方感德樂事文王而此爲福祿所安也南山有臺箋云只之言是則此只亦爲是此箋云樂其君子猶言樂是君子矣祭統曰福者富也大順之顯名孝經援神契云祿者錄也取上所以敬錄接下下所以謹錄事上堯典曰天祿永終及此以樂君子皆謂保王位爲福祿天保云降邇遐福天下普蒙則下民遇善

時亦曰福祿故正月云民今之無祿是福祿之言無定分矣福履將之毛以爲福祿所大鄭以爲福祿之所扶助○南有樛木葛藟荒之

樂只君子福履將之荒奄將大也箋云此章申殷勤之意將猶扶助也南有樛木葛藟縈之樂只君子

福履成之帶旋也成就也○帶本又作縈烏營反說文作藥

樛木三章章四句

螽斯后妃子孫衆多也言若螽斯不妬忌則子孫衆多也忌有所諱惡於人○螽音終爾雅作蜇音

同惡烏路反○**疏**螽斯三章章四句至衆多正義曰此不妬忌得子孫衆多者以其不妬忌則嬪妾俱進所生亦后妃之子孫故得衆多也思齊云大姒嗣徽音則百斯男傳云大姒十子衆妾則宜百子是也三章皆言后妃不妬忌子孫衆多既言其多因說其美言仁厚戒慎和集耳○箋忌有至於人○正義曰忌者人有勝己己則諱其不如惡其勝己故曰有所諱惡於人。德是也此唯釋忌於義未盡故小星箋云以色曰妬以行曰忌故僖十年左傳說晉侯其言多忌是忌不謂色也嫉者色行俱有又取怨憎之名則又甚於妬忌也故此與樛木同論后妃前云無嫉妬之心此云不妬忌是爲大同也又小星云無妬忌之行樛木云無嫉妬之心則嫉亦大同心之與行別外內之稱行爲心使表裏一也本以色曰妬以行曰忌但後之作者妬亦兼行故云妬賢嫉能○螽斯

羽詵詵兮螽斯蚣蝑也詵詵衆多也箋云凡物有陰陽情慾者無不妬忌維蚣蝑。不耳各得受氣而生子故能詵詵然衆多后妃之德能如是則宜然○詵所巾反說文作[illegible]音同蚣粟容反字林作蜙先凶反郭璞先工反許慎思弓反蝑粟居反許慎呂沈並先呂反郭璞才與反案一名斯螽七月詩云斯螽動股是也揚雄許慎皆云舂黍草木疏云幽州謂之舂箕蝗類也長而青長股股鳴者也郭璞注方言云江東呼爲虴蜢音竹帛反蜢音猛慾音欲諸詮之

音諭不耳本或作不然

宜爾子孫振振兮

振振仁厚也箋云后妃之德寬容不嫉妬則宜女之子孫使其無不仁厚○振音真女音汝

疏螽斯至振振兮○正義曰螽斯之蟲不妬忌故諸蚣蝑皆共交接各各受氣而生子故螽斯之羽詵詵然衆多以興后妃之身不妬忌故令衆妾皆共進御各得受氣而生子故后妃子孫亦衆多也非直子多則又宜。汝之子孫使之振振兮無不仁厚也此以螽斯之多喻后妃之子而言羽者螽斯羽蟲故舉羽以言多也○傳螽斯蚣蝑○正義曰此言螽斯七月云斯螽文雖顛倒其實一也故釋蟲云蜤螽蚣蝑舍人曰今所謂春黍也陸機疏云幽州人謂之春箕春箕即春黍蝗類也長而青長角長股。肱鳴者也或謂似蝗而小班黑其股似瑇瑁。又五月中以兩股相切作聲聞數十步是也此實興也傳不言興者鄭志答張逸云若此無人事實興也文義自解故不言之凡說不解者耳衆篇皆然是由其可解故傳不言興也傳言興也箋言興者喻言傳所興者欲以喻此事也興喻名異而實同或與傳興同而義異亦云興者喻標有梅之類也亦有興也不言興者或鄭不爲興若厭浥行露之類或便文徑喻若。褖衣之類或同興箋略不言喻者若邶風習習谷風之類也或疊傳之文若葛覃箋云興焉之類是也然有興也不必要有興者而有興者必有興也亦有毛不言興自言興者若四月箋云興人爲惡有漸是也或興喻並不言直云猶亦若者雖大局有準而應機無定鄭云喻者喻猶曉也取事比方以曉人故謂之爲喻也○箋凡物至宜然○正義曰昭十年左傳曰凡有血氣皆有爭心是有情慾者無不妬也序云若螽斯不妬忌則知。唯蚣蝑不耳○傳振振仁厚○正義曰言宜爾子孫明子孫皆化后妃能寬容故爲仁厚即寬仁之義也麟趾殷其靁傳曰振振信厚者以麟趾序云雖衰世之公子皆信厚殷其靁其妻勸夫以義臣成君事亦信故皆以爲信厚也○箋后妃至仁厚○正義曰此止說后妃不妬衆妾得生子衆多而言孫者協句且孫則子所生生子衆則孫亦多矣此言后妃子孫仁厚然而有管蔡作亂者此詩人盛論之據其仁厚者多耳

螽斯羽薨薨兮宜爾子孫繩繩兮

薨薨衆多也繩繩戒愼也○薨

呼弘反

螽斯羽揖揖兮宜爾子孫蟄蟄兮揖揖會聚也蟄蟄和集也○揖子入側立二反蟄尺十反徐又直立反

螽斯三章章四句

桃夭后妃之所致也不妬忌則男女以正婚姻以時國無鰥民也老而無妻曰鰥○桃夭於驕反桃木名說文作枖云木少盛貌鰥本亦作鰥古頑反

疏桃夭三章章四句至鰥民○正義曰作桃夭詩者后妃之所致也后妃內脩其化贊助君子致使天下有禮昏娶不失其時故曰致也由后妃不妬忌則令天下男女以正年不過限昏姻以時行不踰月故周南之國皆無鰥獨之民焉皆后妃之所致也此雖文王化使之然亦由后妃內贊之致故因上螽斯后妃不妬忌後言其所致也且言致從家至國亦自近致遠之辭也男女以正三章上二句是也昏姻以時下二句是也國無鰥民焉申述所致之美於經無所當也○箋老而至曰鰥○正義曰劉熙釋名云無妻曰鰥者愁悒不寐目恒鰥鰥然故其字從魚魚目不閉也無夫曰寡寡踝也單獨之名鰥或作矜同蓋古今字異王制曰老而無妻謂之矜老而無夫謂之寡則鰥寡年老不復嫁娶之名也孝經注云丈夫六十無妻曰鰥婦人五十無夫曰寡也知如此爲限者以內則云妾雖老年未滿五十必與五日之御則婦人五十不復御明不復嫁矣故知稱寡以此斷也士昏禮註云姆婦人年五十出而無子者亦出於此也本三十男二十女爲昏婦人五十不嫁男子六十不復娶爲鰥寡之限也巷伯傳曰吾聞男女不六十不閒居謂婦人也內則曰唯及七十同藏無閒謂男子也此其差也白虎通云鰥之言鰥鰥無所親則寡者少也言少匹對耳故鴻鴈傳偏喪曰寡此其對例也婦人無稱鰥之文其男子亦稱寡襄二十八年傳曰崔杼生成及彊而寡故爾雅云無夫無婦並謂之寡丈夫曰索婦人曰釐又許慎曰楚人謂寡婦爲霜並其異名也鰥寡之名以老爲稱其有不得及時爲室家者亦同名焉卽此無鰥民謂年不過時過則謂之鰥故舜年三十不娶書曰有鰥在下曰虞舜唐傳

孔子曰舜父頑母嚚不見室家之端故謂之鰥是三十不娶稱鰥也又何草不黃云何人不矜尙從軍未老不早還見室家亦謂之矜易大過九二老夫得其女妻無不利九五老婦得其士夫。无咎。无譽彼鄭注云以丈夫年過娶二十之女老婦年過嫁於三十之男皆得其子彼言老若容男六十婦五十猶得嫁娶者禮宗子雖七十。無主婦是年過可以改娶則婦人五十或可以更嫁者言鰥寡據其不得嫁娶者耳傳言崔杼爲寡則有子亦稱寡鰥寡據其困者多是無子故王制及周禮皆云天民之窮而無所告者傳以桃之夭夭言其少壯宜其室家爲不踰時則上句言其年盛下句言嫁娶得時也但傳說昏嫁年月於此不著摽有梅卒章傳曰三十之男二十之女不待禮會而行之謂期盡之法則男女以正謂男未三十女未二十也此三章皆言女得以年盛時行則女自十五至十九也女年既盛則男亦盛矣自二十至二十九也東門之楊傳曰男女失時不逮秋冬則秋冬嫁娶正時也言宜其室家無踰時則三章皆爲秋冬時矣鄭以三十之男二十之女仲春之月爲昏是禮之正法則三章皆上二句言婦人以年盛時行謂二十也下句言年時俱當謂行嫁又得仲春之正時也

桃之夭夭灼灼其華興也桃有華之盛者夭夭其少壯也灼灼華之盛也箋云興者。踰時婦人皆得以年盛時行也○少詩照反

之子于歸宜其室家之子嫁子也于往也宜以有室家無踰時者箋云宜者謂男女年時俱當○當丁浪反

疏桃之至室家○毛以爲少壯之桃夭夭然復有灼灼然此桃之盛華以興有十五至十九少壯之女亦夭夭然復有灼灼之美色正於秋冬行嫁然是此行嫁之子往歸嫁於夫正得善時宜其室家矣○鄭唯據年月不同又宜者謂年時俱。善爲異○傳桃有華之盛者○正義曰夭夭言桃之少灼灼言華之盛桃或少而未華或華而不少此詩夭夭灼灼並言之則是少而有華者故辨之言桃有華之盛者由桃少故華盛以喻女少而色盛也○箋時婦至時行○正義曰此言年盛時者謂以年盛二十之時非時月之時下云宜其室家乃據時月耳○箋宜者至俱當○正義曰易傳者以既說女年之盛又言之子于歸後言宜其室家則總上之辭故以

爲年時俱當

桃之夭夭有蕡其實蕡實貌非但有華色又有婦德○蕡浮雲反之子于歸宜其家室家室猶室家也

桃之夭夭其葉蓁蓁蓁蓁至盛貌有色有德形體至盛也○蓁側巾反之子于歸宜其家人一家之人盡以爲宜箋云家人猶室家也○盡津忍反或如字他皆放此

疏箋家人猶室家○正義曰易傳者以其與上相類同有宜其之文明據宜其爲夫婦據其年盛得時之美不宜橫爲一家之人桓十八年左傳曰女有家男有室室家謂夫婦也此云家人家猶夫也猶婦也以異章而變文耳故云家人猶室家也

桃夭三章章四句

附釋音毛詩注疏卷第一（一之二）

　阮元撰盧宣旬摘錄

○葛覃

葛覃三章章六句至以婦道　閩本明監本毛本同案正義本章句在篇前故標起止如此唯關雎獨不然於全書相反當是南宋合併時所移也合併所用經注本章句在篇後釋文唐石經小字本相臺本皆然與關雎正義所云定本合與正義本不合餘同此

喻其容色美盛也　小字本相臺本無也字閩本明監本毛本有案此也字當衍

灌木藂木也　小字本相臺本同考文古本同閩本明監本毛本藂作叢案正義作叢釋文叢才公反俗作藂一本作最作外反段玉裁云當作冣冣積也從冖從取才句反古書冣字多誤爲最字從曰是以顏黃門說周氏劉氏讀徂會祖會二反釋文亦云冣一本作最作外反也今考皇矣傳云灌木叢生也當以釋文正義本爲長

謂之黃鸝　毛本鸝誤鶯閩本明監本不誤案段玉裁云廣韻鶯鳥羽文也鸝黃鸝二字有別爾雅疏即取此字正作鸝

看我麥黃葚熟亦　閩本明監本毛本同案亦當作不與上句留字韻○按艸木蟲魚疏正作不

濩煑之也　小字本相臺本同案釋文濩下云煑也無之字考釋文之例無毛云鄭云者或用己意增損注文如下傳精曰絺釋文絺下云葛之精者曰絺皆其類也但此傳毛用爾雅文之字不當去考文古本無采釋文

以煑之於濩　閩本明監本毛本同案此不誤浦鏜云當作鑊非也考爾雅作是乂是鑊鑊煑之也皆用正字此皆用假借爾雅釋文鑊

又作襪同

纓之無綏 閩本同明監本毛本綏作緌案緌字是也考鄭周禮注云士冠禮及玉藻冠緌之字故書亦多作綏者是冠緌字誤爲綏久矣鄭定用緌字唐時不應更用綏也

婦人謂嫁曰歸 小字本相臺本同案正義云定本歸上無曰字釋文云本亦無曰字此依公羊傳又考此即楚人謂乳穀謂虎於菟之類毛傳文古故其語亦如此當以定本爲長其鄭箋則有曰字見江有汜南山

害何也 小字本相臺本同閩本明監本毛本害誤曷案段玉裁云此謂害爲曷之假借傳例如此

傳亦宜然○南山箋云姜與姪娣 閩本明監本毛本同案然下浦鏜云誤衍○姜上浦鏜云脫文字是也

此后妃華國之長女 閩本明監本毛本華誤幷

故王肅述毛合之云 閩本明監本毛本合誤答

若如傳言私服宜否 閩本明監本毛本服下有宜澣公服四字案所補是也

○卷耳

言后妃嗟呼而歎 閩本明監本毛本呼作吁案所改是也

君賞功臣 小字本相臺本同考文古本同閩本同明監本毛本君誤若案閩本明監本毛本正義中亦誤若

衛侯饗苦成成叔閩本明監本毛本不重成字案此蓋以苦成爲邑成爲謚前人亦多言郤犨謚成者其左氏傳舊解與

云何吁矣唐石經小字本相臺本同案爾雅注詩曰云何盱矣邢疏云卷耳及都人士文也郭所稱未必爲毛氏詩邢氏不辨此經作吁而引之非也考釋文石經此作吁而都人士及何人斯作盱者盱爲正字吁爲假借經中用字例不畫一也例見前

痡亦病也小字本相臺本同案釋文云痡病也一本作痡亦病也者非正義本標起止有亦字考傳文不嫌於瘏病也之下更云痡病也當以釋文本爲長

○樛木

后妃能和諧衆妾不嫉妬其容貌恆以善言逮下而安之小字本相臺本同案此二十二字非鄭注也釋文云崔集注本此序有鄭注檢衆本並無是釋文本無此注也序云言能逮下正義云言后妃能以恩意接及其下衆妾而此注以序中言字爲善言於正義無文是正義本亦無此注也且以言爲善言既不出於經亦不更見箋中必非鄭注審矣各本乃沿崔集注之誤當據釋文正義正之

謂荊楊之域小字本相臺本楊作揚閩本明監本毛本亦作揚案正義字皆作揚考春秋元命包以爲地多赤楊引見於建康實錄是字本從木也其李巡爾雅注劉熙釋名皆以輕揚爲義唐人遂但用從扌字然則鄭箋應本作楊字釋文正義二本應俱作揚字餘同此

似葛之草木疏云閩毛本之作類案釋文云似葛之草也是草字宜重毛本亦非

一名巨瓜閩本明監本毛本瓜作苽案皆誤也當作荒易釋文齊民要術可證

令之次敘進御閩本明監本毛本同案注作序正義作敘序敘古今字易而說之也例見前考文古本注亦作敘是用正義以改注

由不悉正義之例故也

降遹遐福　閩本同明監本毛本遹作爾案爾字是也

○螽斯

德是也閩本明監本毛本同案此不誤浦鏜云德是二字當衍文非也德者對色而言與下文以行曰忌意同讀當三字爲一句也

維蚣蝑不耳小字本相臺本同案釋文云不耳本或作不然正義云則知唯蚣蝑不耳是正義本作耳不字當上聲讀考文古本耳作爾考他箋所用耳字多誤爲爾而正義中仍有未誤者考文古本遂不知耳爾二字有別混而一之

則又宜汝之子孫閩本明監本毛本同案注作女正義作汝女汝古今字易而說之也例見前考文古本注女亦作汝非餘同此

肱鳴者也閩本同明監本毛本肱作股案股字是也鄭考工記梓人注云股鳴蚣蝑動股屬

其股似瑇瑁又　閩本明監本毛本同案又當作文形近之譌

若褖衣之類閩本明監本褖誤緣毛本誤綠案褖衣見鄭綠衣序注正義用彼文

則知唯蚣蝑不耳閩本明監本毛本同案注作維正義作唯維唯古今字易而說之也例見前餘同此考文古本注維亦作唯采正義而誤東山序其唯東山乎用唯字者序字亦不與經注同也

○桃夭

婚姻以時 小字本同閩本明監本毛本同唐石經相臺本作昏案昏婚古今字序用昏字唐石經相臺本是也正義每易爲婚字而說之今正義此作昏者亦後改也餘同此其引士昏禮及行露匏有苦葉昏時等仍用昏者非此例

襄二十八年也 閩本明監本毛本同案浦鏜云七誤八以左傳考之浦校是

故爾雅云無夫無婦 閩本明監本毛本同案爾當作小小雅者今在孔叢第十一此其廣名文也狼跋文王正義皆云膚美小雅廣訓文是其證浦鏜云爾雅上脫小字非也唐人如李善文選注之類多稱小雅漢書志云小雅一篇誤本乃作小爾雅耳

无咎无譽 閩本明監本毛本二无字誤無案引易文舊多作无其非易文閒亦作无則當時寫書人以无爲無之別體也餘同此

雖七十無主婦 閩本明監本毛本同案浦鏜云脫一無字以禮記考之浦校是也

興者踰時婦人 閩本明監本毛本同小字本相臺本踰作喻考文古本同案喻字是也山井鼎云諸本皆誤但據注疏本而言耳

謂年時俱善爲異 閩本明監本毛本同案善當作當考正義上下文可證

家猶夫也猶婦也 閩本明監本毛本同案猶婦上當脫人字

毛詩國風　鄭氏箋　孔穎達疏

兔罝后妃之化也關雎之化行則莫不好德賢人衆多也○兔罝又作兔他故反罝音子斜反說文子余反【疏】兔罝三章章四句至衆多○正義曰作兔罝詩者言后妃之化也好呼報反【疏】言由后妃關雎之化行則天下之人莫不好德是故賢人衆多由賢人多故兔罝之人猶能恭敬是后妃之化行也經三章皆言賢人衆多之事也經直陳兔罝之人賢而云多者箋云罝兔之人鄙賤之事猶能恭敬則是賢人衆多是舉微以見著也桃夭言后妃之所致此言后妃之化芣苢言后妃之美此三章所美如一而設文不同者以桃夭承螽斯之後螽斯以前皆后妃身事桃夭則論天下昏姻得時爲自近及遠之辭故云所致也此兔罝又承其後已在致限故變言之化明后妃化之使然也芣苢以后妃事終故總言之美其實三者義通皆是化美所以致也又上言不妒忌此言關雎之化行不同者以桃夭說昏姻男女故言不妒忌此說賢人衆多以關雎求賢之事故言關雎之化行芣苢則婦人樂有子故云和平序者隨義立文其實總上五篇致此三篇

肅肅兔罝椓之丁丁肅肅敬也兔罝兔罟也丁丁椓杙聲也箋云罝兔之人鄙賤之事猶能恭敬則是賢者衆多也○椓陟角反丁陟耕反罟音古罔也杙本又作弋羊職反郭羊北反爾雅云樴謂之杙李巡云橛也樴音特橛音其月反

赳赳武夫公侯干城赳赳武貌干扞也箋云干也城也皆以禦難也此罝兔之人賢者也有武力可任爲將帥之德諸侯可任以國守扞城其民折衝禦難於未然○赳居黝反爾雅云勇也干如字孫炎注云干楯所以自蔽扞也舊戶旦反沈音幹扞戶旦反禦魚呂反難乃旦反下同任音壬將子匠反帥色類反沈所愧反可任而鳩反後不音者放此守手又反折之役反衝昌容反【疏】肅肅兔罝椓之丁丁赳赳至干城○毛以

為肅肅然恭敬之人乃為兔作罝身自椓杙其椓杙之聲丁丁然雖為鄙賤之事甚能恭敬此人非直能自肅敬又是赳赳然威武之夫可以為公侯之扞城言可以蕃屏公侯為之防固也○鄭唯干城為異言此兔罝之人有赳赳然威武之德公侯可任以國守令扞城其民使之折衝禦難於未然也謂公侯使之與民作扞城也○傳肅肅至杙聲○正義曰肅肅敬也釋訓文此美其賢人衆多故為敬小星云肅肅宵征故傳曰肅肅疾貌鴇羽鴻鴈說鳥飛文連其羽故傳曰肅肅羽聲也黍苗說宮室箋云肅肅嚴正之貌各隨文勢也釋器云兔罟謂之罝李巡曰兔自作徑路張罝捕之也釋宮云橜謂之杙李巡云杙謂橜也此丁丁連椓之故知椓杙聲故伐木傳亦云丁丁伐木聲○傳干扞也○正義曰釋言文孫炎曰干盾自蔽扞也下傳曰可以制斷公侯之腹心是公侯以為腹心則好仇者公侯自以為好匹干城者公侯自以為扞城言以武夫自固為扞蔽如盾為防守如城然○箋干也至未然○正義曰箋以此武夫為扞城其民易傳者以其赳赳武夫論有武任明為民扞城可以禦難也言未然者謂未有來侵者來則折其衝禦其難也若使和好則此武夫亦能和好之故二章云公侯好仇

肅肅兔罝施于中逵逵九達之道○施如字逵求龜反杜預注春秋云塗方九軌

疏傳逵九達之道○正義曰釋宮云一達謂之道路二達謂之歧旁郭氏云歧道旁出三達謂之劇旁孫炎云旁出歧多故曰劇四達謂之衢郭氏云交道四出五達謂之康孫炎云康樂也交會樂道也六達謂之莊孫氏云莊盛也道煩盛七達謂之劇驂孫氏云三道交復有一歧出者八達謂之崇期郭氏云四道交出九達謂之逵郭璞云四道交出復有旁通者莊二十八年左傳楚伐鄭入自純門及逵市杜預云逵並九軌案周禮經塗九軌不名曰逵杜意蓋以鄭之城內不應有九出之道故以為並九軌於爾雅則不合也

赳赳武夫公侯好仇箋云怨耦曰仇此罝兔之人敵國有來侵伐者可使和好之亦言賢也

疏赳赳至好仇○毛以為赳赳然有威武之夫有文有武能匹耦於公侯之志為公侯之好匹此雖無傳以毛仇皆為匹鄭唯好仇為異

肅肅兔罝施于中

林中林林中○施如字沈以豉反赳赳武夫公侯腹心可以制斷公侯之腹心箋云此罝兔之人於行攻伐可用爲策謀之臣使之慮事亦言賢也○斷丁亂反

疏公侯腹心○毛以爲罝兔之人有文有武可以爲腹心之臣言公侯有腹心之謀事能制斷其是非○鄭以爲此罝兔之人賢者若公侯行攻伐時可使之爲腹心之計謀慮前事○傳可以至腹心○正義曰解武夫可爲腹心之意由能制斷公侯之腹心以能制治己之腹心臣之倚用如己腹心○箋此罝至言賢○正義曰箋以首章爲禦難謂難未至而預禦之二章爲和好怨耦謂已被侵伐使和好之也皆是用兵之事故知此腹心者謂行攻伐又可以爲策謀之臣使之慮無也慮無者宣十二年左傳文也謀慮不意之事也今所無不意有此即令謀之出其奇策也言用策謀明自往攻伐非和好兩軍與二章異也

兔罝三章章四句

芣苢后妃之美也和平則婦人樂有子矣天下和政教平也○芣苢音浮苢本亦作苡音以韓詩云直曰車前瞿曰芣苢郭璞云江東呼爲蝦蟇衣草木疏云幽州人謂之牛舌又名當道其子治婦人生難本草云一名牛遺一名勝舄山海經及周書王會皆云芣苢木也實似李食之宜子出於西戎衞氏傳及許慎並同此王肅亦同王基已有駁難也舄音昔

疏芣苢三章章四句至有子○正義曰若天下亂離兵役不息則我躬不閱於此之時豈思子也今天下和平於是婦人始樂有子矣經三章皆樂有子之事也定本和平上無天下二字據箋則有者誤也○箋天下和政教平○正義曰文王三分天下有其二言天下者以其稱王王必以天下之辭故騶虞序曰天下純被文王之化是也文王平六州武王平天下事實平定唯不得言太平耳太平者王道大成圖瑞畢至故曰太平雖武王之時亦非太平也故論語曰武盡美矣未盡善也注云謂未致太平是也武王雖未太平平定天

下四海貢職比於文王之世亦得假稱太平故魚麗傳魚藻箋皆云武王太平比於周公之時其實未太平也太平又名隆平隆平者亦據頌聲既作盛德之隆故嘉魚既醉維天之命序及詩譜皆言太平惟鄭康誥注云隆平已至中候序云帝舜隆平此要政洽時和乃得稱也此三章皆再起采采之文明時婦人樂有子者衆故頻言采采見其采者多也六者互而相須首章言采之有采者始往之辭有者已藏之稱總其終始也二章言采時之狀或掇拾之或捋取之卒章言所成之處或袺之或襭之首章采之據初往至則掇之捋之既得則袺之襭之歸則有藏之於首章先言有之者欲急明婦人樂采而有子故與采之爲對所以總終始也六者本各見其一因相首尾以承其次耳掇捋事殊袺襭用別明非一人而爲此六事而已

采采芣苢，薄言采之。采采非一辭也芣苢馬舃馬舃車前也宜懷。任焉薄辭也采取也箋云薄言我薄也

疏 傳芣苢馬舃○正義曰釋草文也郭璞曰今車前草大葉長穗好生道邊江東呼爲蝦蟆衣陸機疏云馬舃一名車前一名當道喜在牛跡中生故曰車前當道也今藥中車前子是也幽州人謂之牛舌草可。鬻作茹大滑其子治婦人難產王肅引周書王會云芣苢如李出於西戎王基駮云王會所記雜物奇獸皆四夷遠國各齎土地異物以爲貢贄非周南婦人所得采是芣苢爲馬舃之草非西戎之木也言宜懷任者卽陸機疏云所治難產是也○箋薄言我薄也○正義曰毛傳言薄辭故申之言我薄也我訓經言也薄還存其字是爲辭也言我薄者我薄欲如此於義無取故爲語辭傳於薄汙我私不釋者就此衆也時邁云薄言震之箋云薄猶甫也甫始也有客曰薄言追之箋云王始言餞送之以薄爲始者以時邁下句云莫不震疊明上句薄言震之爲始動以威也有客前云以縶其馬欲留微子下云薄言追之是時將行王始言餞送之詩之薄言多矣唯此二者以薄爲始餘皆爲辭也

采采芣苢，薄言有之。有藏之也

采采芣苢，薄言掇之。掇拾也○掇都奪反一音知劣反拾音十

采采芣苢，薄言捋之。捋取也○捋力活反

采采芣苢，薄言袺之。袺執衽。也○袺音結

衽人錦反又鴆反衣際也而采采芣苢薄言襭之扱衽曰襭○襭戶結反一本作擷同扱初洽反疏傳袺執至曰襭○正義曰釋器云執衽謂之袺孫炎曰持衣上衽又云扱衽謂之襭李巡曰扱衣上衽於帶衽者裳之下也置袺謂手執之而不扱襭則扱於帶中矣

芣苢三章章四句

漢廣德廣所及也文王之道被于南國美化行乎江漢之域無思犯禮求而不可得也紂時淫風徧於天下維江漢之域先受文王之教化○漢廣漢水名也尚書云嶓冢導漾水東流爲漢被皮義反紂直九反殷王也徧邊見反

疏漢廣三章章八句至不可得○正義曰作漢廣詩者言德廣所及也言文王之道初致桃夭芣苢之化今被於南國美化行於江漢之域故男無思犯禮女求而不可得此由德廣所及然也此與桃夭皆文王之化后妃所贊於此言文王者因經陳江漢指言其處爲遠辭遂變后妃而言文王爲遠近積漸之義敘於此既言德廣汝墳亦廣可知故直云道化行耳此既言美化下篇不嫌不美故直言文王之化不言美也言南國則六州猶羔羊序云召南之國也彼言召南此不言周南者以天子事廣故直言南彼論諸侯故止言召南之國此無思犯禮求而不可得總序三章之義也○箋紂時至教化○正義曰言先者以其餘三州未被文王之化故以江漢之域爲先被也定本先被作先受因經序有江漢之文故言之耳其實六州共被文王之化非江漢獨先也

南有喬木不可休息漢有游女不可求思興也南方之木美喬上竦也思辭也漢上游女無求思者箋云不可者本有可道也木以高其枝葉之故故人不得就而止息也興者喻賢女雖出游流水之上人無欲求犯禮者亦由貞絜使之然○喬木亦作橋渠驕反徐又紀橋反休息並如字古本皆爾本或作休思此以意改爾竦粟勇反流水本或作漢水

漢之廣矣不可泳思江之永矣不可方思

潛行爲泳泳長方。泭也箋云漢也江也其欲渡之者必有潛行乘泭之道今以廣長之故故不可也又喻女之貞絜犯禮而往將不至也○泳音詠泭芳于反

本亦作澼又作桴或作柎並同沈旋音附方言云泭謂之䈾䈾謂之筏筏秦晉通語也孫炎注爾雅云方木置水爲柎栰也郭璞云水中䈾筏也又云木曰䈾竹曰筏小筏曰泭䈾音皮佳反柎筏同音伐樊光爾雅本作柎

〔疏〕南有至方思○正義曰木所以庇廕本有可息之道今南方有喬木以上竦之故不可就而止息以興女以定情本有可求之時今漢上有游女以貞絜之故不可犯禮而求是爲木以高其枝葉人無休息者女由持其絜清人無求思者此言游女尚不可求則在室無敢犯禮可知也出者猶能爲貞處者自然尤絜又言水所以濟物本有泳思方思之道今漢之廣闊矣江之羕長矣不可潛行乘泭以求濟以興女皆貞絜矣不可犯禮而求思然則方泳以渡江漢雖往而不可濟喻犯禮以思貞女雖求而將不至是爲女皆貞絜求而不可得故男子無思犯禮也定本遊女作。游○傳思辭至思者○正義曰以泳思方思之等皆不取思爲義故爲辭也經求思之文在游女之下傳解喬木之下先言思辭然後始言漢上疑經休息之字作休思也何則詩之大體韻在辭上疑休求字爲韻二字俱作思但未見如此之本不敢輒改耳內則云女子居內深宮固門此漢上有游女者內則言閽寺守之則貴家之女也庶人之女則執筐行饁不得在室故有出游之事既言不可求明人無求者定本喬上竦無木字○箋不可至之然○正義曰箋知此爲本有可道者以此皆據男子之辭若恆不可則不應發不可之辭故云本有可道也此箋與下箋互也此直言不可者本有可道總解經不可可之文遂略木有可息之道箋下言渡江漢有潛行乘泭之道不釋不可之文是其互也然本淫風大行之時女有可求今被文王之化游女皆絜此云絜者本末必已淫與者取其一象木可就廕水可方泳猶女有可求今木以枝高不可休息水以廣長不可求渡不得要言木本小時可息水本一勺可渡也言木以高其枝葉解傳言上竦也言女雖出游漢水之上者對不出游者言無求犯禮者謂男子無思犯禮由女貞絜使之然也所以女先貞而男始息者以姦

淫之事皆男唱而女和由禁嚴於女法緩於男故男見女不可求方始息其邪意召南之篇女既貞信尙有彊暴之男是也○傳潛行至方泭○正義曰潛行爲泳釋水文郭璞曰水底行也晏子春秋曰潛行逆流百步順流七里泳長釋詁文方泭釋言文孫炎曰方水中爲泭筏也論語曰乘桴浮於海注云桴編竹木曰栰小曰桴是也○箋漢也至不至○正義曰此江漢之深不可乘泭而渡谷風云就其深矣方之舟者雖深不長於江漢故也言將不至者雖求之女守禮將不肯至也

翹翹錯薪言刈其楚翹翹薪貌錯雜也箋云楚雜薪之中尤翹翹者我欲刈取之以喻衆女皆貞絜我又欲取其尤高絜者○翹祁遙反沈其堯反尤高絜者一本無絜字

之子于歸言秣其馬秣養也六尺以上曰馬箋云之子是子也謙不敢斥其適己於是子之嫁我願秣其馬致禮餼示有意焉○秣莫葛反說文云食馬穀也上時掌反下文同餼虛氣反牲腥曰餼

疏翹翹至其馬○正義曰翹翹然而高者乃是雜薪此薪雖皆高我欲刈其楚所以然者以楚在雜薪之中尤翹翹而高故也以興貞絜者乃是衆女此衆女雖皆貞絜我欲取其尤貞絜者又言是其尤絜者之子若往歸嫁我欲以粟秣養其馬乘之以致禮餼示己有意欲求之下四句同前○傳翹翹薪貌○正義曰翹翹高貌傳言薪貌者明薪之貌翹翹然若直云高貌恐施於楚最高者此翹翹連言錯薪故爲薪貌鴟鴞云予室翹翹鄭云風雨所漂搖故傳曰翹翹危也莊二十二年左傳引逸詩曰翹翹車乘即云招我以弓明其遠故服虔云翹翹遠貌○箋楚雜至絜者○正義曰薪木稱故月令云收秩薪柴注云大者可析謂之薪下章蔞草亦云薪者因此通其文楚亦木名故學記注以楚爲荊王風鄭風並云不流束楚皆是也言楚在雜薪之中尤翹翹言尤明雜薪亦翹翹也○箋之子至意焉釋訓云之子是子也李巡曰之子者論五方之言是子也然則之爲語助人言之子者猶云是此子也桃夭傳云嫁子彼說嫁事爲嫁者之子此則貞絜者之子東山之子言其妻白華之子斥幽王各隨其事而名之言謙不敢斥其適己謂云往嫁若斥適己當言來嫁所以桃夭鵲巢東山不爲謙者不自言己說他女嫁故不爲謙也言

致禮餼者昏禮下達納采用鴈問名納吉皆如之納徵用玄纁束帛儷皮是士禮也媒氏云純帛無過五兩謂庶人禮也欲致禮謂此也餼謂牲也昏禮不見用牲文鄭以時事言之或亦宜有也言示有意者前已執謙不敢斥言其適己言養馬是欲致禮餼示有意求之但謙不斥耳漢之廣矣不可泳思江之永矣不可方思翹翹錯薪言刈其蔞蔞草中之翹翹然○蔞力俱反馬云蔞蒿也郭云似艾音力侯反

疏傳蔞草中之翹翹然○正義曰傳以上楚是木此蔞是草故言草中之翹翹然釋草云購蔏蔞舍人曰購一名蔏蔞郭云蔏蔞蔞蒿也生下田初生可啖江東用羹魚也陸機疏云其葉似艾白色長數寸高丈餘好生水邊及澤中正月根芽生旁莖正白生食之香而脆美其葉又可蒸爲茹是也之子于歸言秣其駒五尺以上曰駒

疏傳五尺以上曰駒○正義曰廋人云八尺以上爲龍七尺以上爲騋六尺以上爲馬故上傳曰六尺以上曰馬此駒以次差之故知五尺以上也五尺以上卽六尺以下故株林箋云六尺以下曰駒是也輈人注國馬謂種戎齊道高八尺田馬高七尺駑馬高六尺卽廋人三等龍騋馬是也何休注公羊云七尺以上曰龍不合周禮也漢之廣矣不可泳思江之永矣不可方思

漢廣三章章八句

汝墳道化行也文王之化行乎汝墳之國婦人能閔其君子猶勉之以正也言此婦人被文王之化厚事其君子○汝墳符云反常武傳云墳涯也能閔密謹反傷念也一本有婦人二字被皮義反

疏汝墳三章章四句至以正○正義曰作汝墳詩者言道化行也文王之化行於汝墳之國婦人能閔念其君子猶復勸勉之以正義不可逃亡爲文王道德之化行也知此道非言道之道者以諸敘言道者皆爲言不爲道耳上云德廣所及先德後道事之次也言汝墳之國以汝墳之厓表國所在猶江漢之域非國名也閔者情所憂念勉者勸之盡誠

欲見情雖憂念猶能勸勉故先閔而後勉也臣奉君命不敢憚勞雖則勤苦無所逃避是臣之正道故曰勉之以正也閔其君子首章二章是也勉之以正卒章是也定本能閔上無婦人二字

遵彼汝墳伐其條枚遵循也汝水名也墳大防也枝曰條榦曰枚箋云伐薪於汝水之側非婦人之事以言己之君子賢者而處勤勞之職亦非其事○枚妹迴反榦也

未見君子惄如調飢惄飢意也調朝也箋云惄思也未見君子之時如朝飢之思食○惄本又作愵乃歷反韓詩作溺音同調張留反又作輖音同

疏遵彼至調飢○正義曰言大夫之妻身自循彼汝水大防之側伐其條枚枝榦之薪以爲己伐薪汝水之側非婦人之事因閔己之君子賢者而處勤勞之職亦非其事也既閔其勞遂思念其事言己未見君子之時我之思君子惄然如朝飢之思食也○傳汝水至曰枚○正義曰釋水云汝爲墳傳曰濆汝故知是水名也墳大防釋丘文李巡曰墳謂厓岸狀如墳墓名大防也故常武傳曰墳厓大司徒注云水厓曰墳則此墳謂汝水之側厓岸大防也若然釋水云水自河出爲灉江爲沱別爲小水之名又云江有沱河有灉汝有濆李巡曰江河汝旁有肥美之地名郭璞曰詩云遵彼汝墳則郭意以此汝墳爲濆汝所分之處有美地因謂之濆箋傳不然者以彼濆從水此墳從土且伐薪宜於厓岸大防之上不宜在濆汝之間故也枝曰條榦曰枚無文也以枚非木則條亦非木明是枝榦相對爲名耳枝者木大不可伐其榦取條而已枚細者可以全伐之也周禮有銜枚氏注云枚狀如箸是其小也終南云有條有梅文與梅連則條亦木名也故傳曰條槄與此異也下章言條肄肄餘也斬而復生是爲餘也如今蘖生者亦非木名也襄二十九年左傳曰晉國不恤宗周之闕而夏肄是屏又曰杞夏餘也是肄爲復生之餘○箋伐薪至其事○正義曰知婦人自伐薪者以序云婦人能閔其君子則閔其君子者是汝墳之國婦人也經言遵彼汝墳故知婦人自伐薪也大夫之妻尊爲命婦而伐薪者由世亂人時勞君子不在猶非其宜故云非婦人之事婦人之事深宮固門紡績織紝之謂也不賢而勞是其常故以賢者處勤爲非其事也○傳惄飢意箋惄思○正義曰釋詁云

惄思也舍人曰惄志而不得之思也釋言云惄飢也李巡曰惄宿不食之飢也然則惄之爲訓本爲思耳但飢之思食意又惄然故又以爲飢惄是飢之意非飢之狀故傳言飢意箋以爲思義相接成也此連調飢爲文故傳以爲飢意小弁云惄焉如擣無飢意事故箋直訓爲思也此以思食比思夫故箋又云如朝飢之思食

遵彼汝墳伐其條肄肄餘也斬而復生曰肄○肄以自反沈云徐音以世反非復扶富反既見君子不我遐棄既已遐遠也箋云已見君子君子反也于已反得見之知其不遠棄我而死亡於思則愈故下章而勉之○思如字又息嗣反

疏既見君子不我遐棄○正義曰不我遐棄猶云不遐棄我古之人語多倒詩之此類衆矣婦人以君子處勤勞之職恐避役死亡今思之覲君子事訖得反我既得見君子卽知不遠棄我而死亡於思則愈未見恐其逃亡既見知其不死故憂思愈也○箋已見至勉之○正義曰言不遠棄我我者婦人自謂也若君子死亡己不復得見爲遠棄我今不死亡己得見之爲不遠棄我也然君子或不堪其苦避役死亡或自思公義不避勞役不由於婦人然婦人閔夫之辭據婦人而言耳鄭知不直遠棄己而去知爲王事畏其死亡者以閔其勤勞豈爲棄己而憂也下章云父母孔邇是勉勸之辭由此畏其死亡故下章勉之定本箋之下云已見君子君子反也於己反得見之俗本多不然

魴魚赬尾王室如燬赬赤也魚勞則尾赤燬火也箋云君子仕於亂世其顏色瘦病如魚勞則尾赤所以然者畏王室之酷烈是時紂存○魴符方反魚名赬勑貞反說文作經又作赬並同燬音毀齊人謂火曰燬郭璞又音貨字書作焜音毀說文同一音火尾反或云楚人名曰燥齊人曰燬吳人曰焜此方俗訛語也瘦色救反酷苦毒反

雖則如燬父母孔邇孔甚邇近也箋云辟此勤勞之處或時得罪父母甚近當念之以免於害不能爲疏遠者計也○辟此一本作辟此處昌慮反爲疏于僞反疏亦作疏

疏魴魚至孔邇○正義曰婦人言魴魚勞則尾赤以興君子苦則容悴君子所以然者由畏王室之酷烈猛熾如火故也既言君子之勤苦卽勉之言今王室之酷烈雖則如火當勉力從役無

得逃避若其避之或時得罪父母甚近當自思念以免於害無得死亡罪及父母所謂勉之以正也○傳赬赤至燬火○正義曰釋器云再染謂之赬郭云赬淺赤也魴魚之尾不赤故知勞則尾赤哀十七年左傳曰如魚赬尾衡流而彷徉鄭氏云魚肥則尾赤以喻蒯聵淫縱不同者此自魴魚尾本不赤赤故為勞也鄭以為彼言彷徉為魚肥不指魚名猶自有肥而尾赤者服氏亦為魚勞燬火釋言文也李巡曰燬一名火孫炎曰方言有輕重故謂火為燬也○箋君子至紂存○正義曰言君子仕於亂世不斥大夫士王肅云當紂之時大夫行役王基云汝墳之大夫久而不歸樂詳馬昭孔晁孫毓等皆云大夫則箋云仕於亂世是為大夫矣若庶人之妻杕杜言我心傷悲伯兮則云甘心首疾憂思昔在於情性豈有勸以德義恐其死亡若是乎序稱勉之以正則非庶人之妻言賢者不宜勤勞則又非為士周南召南述本大同而殷其靁召南之大夫遠行從政其妻勸以義此引父母之甚近傷王室之酷烈閔之則恐其死亡勉之則勸其盡節比之於殷其靁志遠而義高大夫妻於是明矣雖王者之風見感文王之化但時實紂存文王率諸侯以事殷故汝墳之國大夫猶為殷紂所役若稱王以後則不復事紂六州文王所統不為紂役也箋以二南文王之事其衰惡之事舉紂以明之上漢廣云求而不可得本有可得之時言紂時淫風大行此云王室如燬言是時紂存行露云衰亂之俗微言紂末之時野有死麕云惡無禮言紂時之世麟趾有衰世之公子不言紂時法有詳略承此可知也

汝墳三章章四句

麟之趾關雎之應也關雎之化行則天下無犯非禮雖衰世之公子皆信厚如麟趾之時也關雎之時以麟為應後世雖衰猶存關雎之化者君之宗族猶尚振振然有似麟應之時無以過也○麟之趾呂辛反瑞獸也草木疏云麕身牛尾馬足黃色員蹄一角角端有肉音中鍾呂行中規矩王者至仁則出服虔注左傳云視明禮脩則麒麟至麕音俱倫反序本或直云麟趾無之

字止本亦作趾兩通之應應對之應序注及下傳應禮同【疏】麟之趾三章章三句至之時○正義曰此麟趾處末者有關雎之應也由后妃關雎之化行則令天下無犯非禮天下既不犯禮故今雖衰世之公子皆能信厚如古致麟之時信厚無以過也關雎之化謂螽斯以前天下無犯非禮桃夭以後也雖衰世之公子皆信厚如麟趾之時此篇三章是也此篇處末見相終始故歷序前篇以爲此次既因有麟名見若致然編之處末以法成功也此篇本意直美公子信厚似古致麟之時不爲有關雎而應之大師編之以象應敘者述以示法耳不然此豈一人作詩而得相顧以爲終始也又使天下無犯非禮乃致公子信厚是公子難化於天下豈其然乎明是編之以爲示法耳○箋關雎至以過○正義曰箋欲明時不致麟信厚似之故云關雎之時以麟爲應謂古者太平行關雎之化至極之時以麟爲瑞後世雖衰謂紂時有文王之教猶存關雎之化能使君之宗族振振然信厚如麟應之時無以過也信厚如麟時實不致麟故張逸問麟趾義云關雎之化則天下無犯非禮雖衰世之公子皆信厚其信厚如麟趾之時箋云喻今公子亦信厚與禮相應有似於麟唯於此二者時關雎之化致信厚未致麟答曰衰世者謂當文王與紂之時而周之盛德關雎化行之時公子化之皆信厚與禮合古太平致麟之時不能過也由此言之不致明矣鄭言古太平致麟之時者案中候握河紀云帝軒題象麒麟在囿又唐傳云堯時麒麟在郊藪又孔叢云唐虞之世麟鳳遊於田由此言之黄帝堯舜致麟矣然感應宜同所以俱行關雎之化而致否異者亦時勢之運殊古太平時行關雎之化至極能盡人之情能盡物之性太平化洽故以致麟文王之時殷紂尚存道未盡行四靈之瑞不能悉至序云衰世之公子明由衰故不致也成康之時天下太平亦應致麟但無文證無以言之孔子之時所以致麟者自爲制作之應非化洽所致不可以難此也三章皆以麟爲喻先言麟之趾次定次角者麟是走獸以足而至故先言趾因從下而上次見其額次見其角也同姓疏於同祖而先言姓者取其與定爲韻故先言之

麟之趾振振公子興也趾足也麟信而應禮以足至者也振振信厚也箋云興者喻今公子

亦信厚與禮相應有似於麟○振音真相應音應當也

于嗟麟兮

于嗟歎辭

疏麟之至麟兮○正義曰言古者麟之趾猶今之振振公子也麟之為獸屬信而應禮以喻今公子亦振振然信厚與禮相應言公子信厚似於麟獸也即歎而美之故。于嗟乎歎今公子信厚如麟兮言似古致麟之時兮雖時不致麟而信與之等反覆嗟歎所以深美之也○傳麟信至信厚○正義曰傳解四靈多矣獨以麟為興意以麟於五常屬信為瑞則應禮故以喻公子信厚而與禮相應也此直以麟比公子耳而必言趾者以麟是行獸以足而至故言麟之趾也言信而應禮則與左氏說同而以為脩母致子也哀十四年左傳服虔注云視明禮脩而麟至思睿信立白虎擾言從。乂成則神龜在沼聽聰知正而名山出龍貌恭。體仁則鳳皇來儀騶虞傳云有至信之德則應之是與左傳說同也說者又云人臣則脩母致子應以昭二十九年左傳云水官不脩則龍不至故也人君則當方來應是以駁異義云玄之聞也洪範五事一曰言於五行屬金孔子時周道衰於是作春秋以見志其言可從故天應以金獸之瑞是其義也箋公子信厚與禮相應有似於麟申述傳文亦以麟為信以獸駁異義以為西方毛蟲更為別說○傳于嗟歎辭○正義曰此承上信厚歎信厚也故射義注云于嗟乎騶虞歎仁人也明此歎信厚可知

麟之定振振公姓

定題也公姓公同姓○定都佞反字書作題音同題徒兮反郭璞注爾雅題題也本作顛誤

于嗟麟兮

疏傳定題○正義曰釋言文○郭璞曰謂額也傳或作顛釋畜云的顙白顛顛亦額也故因此而誤定本作題○傳公姓公同姓○正義曰言同姓疎於同祖上云公子為最親下云公族傳云公族公同祖則謂與公同高祖有廟屬之親此同姓則五服以外故大傳云五世祖免殺同姓是也大傳注又云外高祖為庶姓是同高祖為一節也此有公子公族公姓對例為然案杕杜云不如我同父又曰不如我同姓傳曰同姓同祖此同姓同祖為異彼為一者以彼上云同父即云同姓同父之外次同祖更無異稱故為一也且皆對他人異姓不限遠近直舉祖父之同為親耳襄十二年左傳曰同姓於宗廟同宗於祖廟同族於禰廟又曰魯為諸姬臨於周廟謂同

姓於文王爲宗廟也邢凡蔣茅胙祭臨於周公之廟是同宗於祖廟也同族謂五服之內彼自以五服之外遠近爲宗姓與此又異此皆君新非異國也要皆同姓以對異姓異姓最爲疎也

麟之角振振公族麟角所以表其德也公族公同祖也箋云麟角之末有肉示有武而不用○示有武一本示作象

于嗟麟兮

疏傳麟角箋至不用○正義曰有角示有武有肉示不用有武而不用是其德也箋申說傳文也釋獸云麟麕身牛尾一角京房易傳曰麟麕身牛尾馬蹄有五彩腹下黃高丈二陸機疏麟麕身牛尾馬足黃色員蹄一角角端有肉音中鍾呂行中規矩遊必擇地詳而後處不履生蟲不踐生草不羣居不侶行不入陷穽不罹羅網王者至仁則出今幷州界有麟大小如鹿非瑞應麟也故司馬相如賦曰射麋脚麟謂此麟也

麟之趾三章章三句

周南之國十一篇三十六章百五十九句

召南鵲巢詁訓傳第二

鵲巢夫人之德也國君積行累功以致爵位夫人起家而居有之德如鳲鳩乃可以配焉起家而居有之謂嫁於諸侯也夫人有均壹之德如鳲鳩然而後可配國君○鵲七略反字林作䧿行下孟反下注同尸鳩本又作鳲音同爾雅云鳲鳩鴶鵴也郭璞云今布穀也江東呼穫穀草木疏云一名擊穀案尸鳩有均一之德飼其子旦從上而下暮從下而上平均如一楊雄云戴勝也

疏鵲巢三章章四句至配焉○正義曰作鵲巢詩者言夫人之德也言國君積脩其行累其功德以致此諸侯之爵位今夫人起自父母之家而來居處共有之由其德如鳲鳩乃可以配國君焉是夫人之德也經三章皆言起家而來居之文王之迎大姒未爲諸侯而言國君者召南諸侯之風故以夫人國君言

之文王繼世爲諸侯而云積行累功以致爵位者言爵位致之爲難夫人起家而居有之所以顯夫人之德非謂文王之身始有爵位也

維鵲有巢維鳩居之興也鳩鳲鳩秸鞠也鳲鳩不自爲巢居鵲之成巢箋云鵲之作巢冬至。架。之至春乃成猶國君積行累功故以興焉興者鳲鳩因鵲成巢而居有之而有均。壹之德猶國君夫人來嫁居君子之室德亦然室燕寢也○秸古八反又音吉爾雅作鴶鞠音菊爾雅作鵴架音嫁俗本或作加功

之子于歸百兩御之百兩百乘也諸侯之子嫁於諸侯送。御皆百乘箋云之子是子也御迎也是如鳲鳩之子其往嫁也家人送之良人迎之車皆百乘象有百官之盛○御五嫁反本亦作訝又作迓同王肅魚據反云待也乘繩證反下同送御五嫁反一本作迎

疏維鵲至御之○正義曰言維鵲自冬歷春功著乃有此巢窠鳲鳩往居之以興國君積行累功勤勞乃有此爵位維夫人往處之今鳲鳩居鵲之巢有均壹之德以興夫人亦有均一之德故可以配國君又本其所起之事是子有鳲鳩之德其往嫁之時則夫家以百兩之車往迎之言夫人有德禮迎具備○傳鳲鳩秸鞠○正義曰序云德如鳲鳩也釋鳥云鳲鳩秸鞠郭氏曰今布穀也江東呼穫穀爯倉云鵲鶵方言云戴勝謝氏云布穀類也諸說皆未詳布穀者近得之○箋鵲之至燕寢○正義曰推度災曰鵲以復至之月始作室家鳲鳩因成事天性如此也復於消息十一月卦故知冬至加功也月令十二月鵲始巢則季冬猶未成也故云至春乃成也此與月令不同者大率記國中之候不能不有早晚詩緯主以釋此故依而說焉此以巢比爵位則鳲鳩居巢猶夫人居爵位然有爵者必居其室不謂以室比巢燕寢夫人所居故云室者燕寢下傳言旋歸謂反燕寢亦是也○傳百兩至百乘○正義曰書序云武王戎車三百兩皆以一乘爲一兩謂之兩者風俗通以爲車有兩輪馬有四匹故車稱兩馬稱匹言諸侯之女嫁於諸侯送迎皆百乘者探解下章將之明此諸侯之禮嫁女於諸侯故迎之百乘諸侯之女故送亦百乘若大夫之女雖爲夫人其送不得百乘各由其家之所有爲禮也此夫人斥大姒也大明云纘女維莘莘國長女實是諸侯之子故得百乘將之○

箋家人至盛○正義曰此申說傳送迎百乘之事家人謂父母家人也左傳曰凡公女嫁於敵國姊妹則上卿送之公子則下卿送之於大國雖公子亦上卿送之言大姒自莘適周必上卿送之良人謂夫也昏禮曰衽良席在東注云婦人稱夫曰良人孟子曰吾將瞯良人所之小戎曰厭厭良人皆婦人之稱夫也綢繆傳曰良人美室者以其文對粲者粲是三女故良人爲美室也百乘象百官者昏禮人倫之本以象國君有百官之盛諸侯禮亡官屬不可盡知唯王制云三卿五大夫二十七士是舉全數故云百官也士昏禮從車二乘其天子與大夫送迎則無文以言夫人之嫁自乘家車故鄭箴膏肓引士昏禮曰主人爵弁纁裳從車二乘婦車亦如之有供則士妻始嫁乘夫家之車也又引此詩乃云此國君之禮夫人自乘其家之車也然宣五年齊高固及子叔姬來反馬何彼襛矣美王姬之車故鄭箴膏肓又云禮雖散亡以詩義論之天子以至大夫皆有留車反馬之禮故泉水云還車言邁箋云還車者嫁時乘來今思乘以歸是其義也知夫人自乘家車也言迓之者夫自以其車迎之送之則其家以車送之故知壻車在百兩迎之中婦車在百兩將之中明矣

維鵲有巢維鳩方之方有之也○方有之也一本無之字之子于歸百兩將之將送也○將如字沈七羊反

維鵲有巢維鳩盈之盈滿也箋云滿者言衆媵姪娣之多○媵音孕又繩證反國君夫人有左右媵姪待結反字林丈一反兄女曰姪謂吾姑者吾謂之姪娣徒帝反女弟也之子于歸百兩成之能成百兩之禮也箋云是子有鳲鳩之德宜配國君故以百兩之禮送迎成之

疏箋滿者至之多正義曰公羊傳曰諸侯一娶九女二國往媵之以姪娣從凡有八人是其多也又曰姪者何兄之子娣者何女弟也○傳能成百兩之禮正義曰傳言夫人有鳲鳩之德故能成此百兩迎之禮箋以迓爲迎夫人將之謂送夫人成之謂成夫人故易以百兩之禮送迎成之

鵲巢三章章四句

采蘩夫人不失職也夫人可以奉祭祀則不失職矣奉祭祀者采蘩之事也不失職者夙夜在公也○蘩音煩本亦作蘩

于以采蘩于沼于沚蘩皤蒿也于於沼沚沚渚也公侯夫人執蘩菜以助祭神饗德與信不求備焉沼沚谿澗之草猶可以薦王后則荇菜也箋云于以猶言往以也執蘩菜者以豆薦蘩菹○沼之紹反沚音止皤薄波反白也蒿好羔反谿苦兮反杜預云澗也

于以用之公侯之事之事祭事也箋云言夫人於君祭祀而薦此豆也

【疏】于以至之事○正義曰言夫人往何處采此蘩菜乎於沼沚於沚渚之傍采之也既采之為菹夫人往何處用之乎於公侯之宮祭事夫人當薦之也此章言其采取故卒章論其祭事○傳蘩皤蒿○正義曰釋草文孫炎曰白蒿也然則非水菜此言沼沚者謂於其傍采之也下于澗之中亦謂於曲內非水中也○傳公侯至荇菜正義曰言執蘩菜以助祭者以采之本為祭用既言公侯夫人執蘩菹嫌王后尊不可親事故因明王后則親執荇菜也言不求備者據詩舉荇菜非其備者其實祭則備物故關雎傳云備庶物以事宗廟是也左傳曰苟有明德澗谿沼沚之毛可薦於鬼神彼言芼此傳言草皆菜也○箋于以至蘩菹正義曰經有三于傳訓為於不辨上下箋明下二于為於上于為往故疊經以訓之言往足矣兼言往以者嫌于以共訓為往故明之又言以豆薦蘩菹者醢人云四豆之實皆有菹菹在豆故知以豆薦蘩菹也特牲云主婦設兩敦黍稷于菹南西上及兩鉶鉶芼設于豆南南陳即主婦亦設羹矣知蘩不為羹者祭統云夫人薦豆九嬪職云贊后薦徹豆籩即王后夫人以豆為重故關雎箋云后妃供荇菜之菹亦不為羹采蘋知為羹者以教成之祭牲用魚芼之以蘋藻故知為羹且使季女設之不以薦事為重與此異也○傳之事祭事○正義曰序云可以奉祭祀故知祭事祭必於宗廟故下云宮互見其義也

于以采蘩于澗之中山夾水曰澗○澗古晏反夾古洽反一音古協反

于以用之公侯之宮宮廟也

被之僮僮夙夜在公被首飾也僮僮竦敬也夙早也箋云

公事也早夜在事謂視濯溉饎爨之事禮記主婦髲髢○被皮寄反注及下同僮音同蚤音早本多作早下同濯直角反溉古愛反饎昌志反酒食也爨七亂反髲皮寄反鄭音髮鬄本亦作髢徒帝反劉昌宗吐歷反沈湯帝反鄭注少牢禮云古者或剔賤者刑人之髮以被婦人之紒因以名焉春秋以爲呂姜髢是也紒音計

被之祁祁薄言還歸

祁祁舒遲也去事有儀也箋云言我也祭事畢夫人釋祭服而去髲髢其威儀祁祁然而安舒無罷倦之失我還歸者自廟反其燕寢○祁巨私反罷音皮本或作疲

疏被之至還歸○正義曰言夫人首服被髲之飾僮僮然甚竦敬乎何時爲此竦敬謂先祭之時早夜在事當視濯溉饎爨之時甚竦敬矣至於祭畢釋祭服又首服被髲之釋祁祁然有威儀何時爲此威儀乎謂祭事既畢夫人云薄欲還歸反其燕寢之時明有威儀矣○傳被首飾○正義曰被者首服之名在首故曰首飾箋引少牢之文云主婦髲鬄與此被一也案少牢作被裼注云被裼讀爲髲鬄古者或剔賤者刑者之髮以被婦人之紒爲飾因名髲鬄焉此周禮所謂次也又追師掌爲副編次注云次次第髮長短爲之所謂髲髢即與次一也知者特牲云主婦纚笄少牢云被錫纚笄笄上有次而已故知是周禮之次也此言被與髲鬄之文同故知被是少牢之髲鬄同物而異名耳少牢注讀被錫爲髲鬄者以剔是翦髮之名直云被錫於用髮之理未見故讀爲髲鬄鬄剔髮以被首也少牢既正其讀故此及追師引經之言髲鬄也定本作髲髢與俗本不同少牢云主婦衣侈袂注云衣綃衣而侈其袂耳侈者蓋半士妻之袂以益之衣三尺三寸袪尺八寸此夫人首服與之同其衣即異何者夫人於其國與王后同展衣以見君褖衣御序於君此雖非正祭亦爲祭事宜與見君相似故綃衣士視壺濯猶爵弁則此夫人視濯溉蓋展衣否則褖衣也知非祭服者郊特牲曰王皮弁以聽祭報又曰祭之日王被袞以象天王非正祭不服袞夫人非正祭不服狄衣明矣且狄首服副非被所當配耳故下箋云夫人祭畢釋祭服而去是也少牢注侈綃衣之袂追師注引少牢衣侈袂以爲侈褖衣之袂不同者鄭以特牲禮士妻綃衣大夫妻言侈袂對士而言故侈綃衣之袂以無明文故追師

之注更別立說見士祭玄端其妻綃衣大夫祭朝服其妻亦宜與士異故爲後褖衣之袂也知非助祭自祭爲異者以助祭中上服卿妻鞠衣大夫妻展衣不得後褖衣之袂此主婦髲鬄在少牢之經箋云禮記曰者誤也○傳僮僮竦敬○正義曰知僮僮不爲被服者以下祁祁據夫人之安舒故此爲竦懼而恭敬也○箋早夜至之事○正義曰早謂祭日之晨夜謂祭祀之先夕之期也先夙後夜便文耳夜在事謂視濯溉饎爨在事謂朝視饎爨在事者存在於此視濯溉饎爨之事所謂不失其職也鄭何知非當祭之日自早至夜而以爲視濯者以被之祁祁薄言還歸據祭畢即此被之僮僮爲祭前矣若爲自夙至夜則文兼祭末下不宜復言祭末之事故鄭引髲鬄與被爲一非祭時所服解在公爲視濯非正祭之時也經言夙夜在公知是視濯溉饎爨者諸侯之祭禮亡正以言夙夜是祭前之事案特牲夕陳鼎於門外宗人升自西階視壺濯及籩豆即此所云夜也又云夙興主婦親視饎爨於西堂下即此所云夙也以其夙夜之事同故約之以爲濯溉饎爨之事也特牲言濯不言溉注云濯溉也即濯溉一也鄭幷言耳特牲宗人視濯非主婦此引之者諸侯與士不必盡同以凡夙夜文。王夫人故約彼夙夜所爲之事以明之不約少牢者以少牢先夕無事所以下人君祭之日朝乃饔人溉鼎廩人溉甑無主婦所視無饎爨之文故鄭不約之士妻得與夫人同者士卑不嫌也○此諸侯禮故夫人視濯天子則大宗伯視滌濯王后不視矣○傳祁祁至有儀○正義曰言去事有儀者謂祭畢去其事之時有威儀故箋云祭畢釋祭服而去是去事也髲鬄其威儀祁祁然而安舒是有儀也定本云祭事畢夫人釋祭服而髲。髲無去字知祭畢釋祭服者以其文言被與上同若祭服即副矣故知祭畢皆釋祭服矣○箋我還至燕寢○正義曰言此者以廟寢同宮嫌不得言歸故明之燕寢夫人常居之處

采蘩三章章四句

附釋音毛詩注疏卷第一〔一之三〕

阮元撰盧宣旬摘錄

○兎罝

有武力可任爲將帥之德 小字本相臺本同案盧文弨云釋文無可字非也釋文上出任爲下出可任其任爲上有可字與否不能知也考文古本乃無可字耳

此兎罝之人敵國有來侵伐者 小字本相臺本兎罝作罝兎案罝兎是也箋三章皆云此罝兎之人不應一章獨倒序正義云箋云罝兎之人首章正義云言此罝兎之人卒章正義云鄭以爲此罝兎之人皆順箋文也其云故兎罝之人又經直陳兎罝之人賢又毛以爲兎罝之人者不主說箋故順經文也閩本明監本毛本於正義中盡改爲兎罝之人失之甚矣考文古本首章箋作此兎罝之人閩本明監本毛本此章及下章箋作此兎罝之人皆誤

使之慮事 閩本同小字本相臺本事作無明監本毛本亦作無考文古本同山井鼎云一本作事考疏作無爲是是也

○芣苢

卒章言所成之處 閩本明監本毛本同案浦鏜云成當威字誤是也

宜懷任焉 小字本相臺本同閩本明監本毛本任誤妊案妊身字作任者假借也又見閟宮箋漢書外戚傳云任身十四月迺生亦可證不知者改之耳閩本明監本毛本正義中亦誤妊

可鷩作茹〔補〕案陸疏鷩皆作鷩下凡引陸疏作鷩皆誤

袺執衽也　毛本誤以釋文衣際也三字入注明監本以上皆不誤

薄言襭之　唐石經小字本相臺本同案釋文云擷一本作襭同正義標起止云傳袺執至曰襭卽一作本也考文古本作擷采釋文考說文衣部襭擷文重寶一字耳考文古本采釋文兼及字畫之異如兕作兇饒作饋之類并取諸一作又作或作本如亨本又作亯之類此皆非有異字故亦不復悉出

○漢廣

先受文王之教化　小字本相臺本同案此定本也正義本作先被考序云文王之道被于南國當以正義本爲長

不可休息　唐石經小字本相臺本同案釋文云舊本皆爾本或作休思此以意改耳正義云詩之大體韻在辭上疑休求字爲韻二字俱作思但未見如此之本不敢輒改耳正義之說是也此爲字之誤惠棟九經古義以爲思息通非

漢有游女　小字本相臺本同唐石經鈹案此正義本也定本游作遊以出遊字從辵泳游字從氵爲區別也考游古文作逕隸變作遊說文云旗流者正訓也出游泳游皆假借經出游之字多作遊或亦作游非有區別當以正義本爲長

喻賢女雖出游流水之上　小字本相臺本同案釋文云流水本或作漢水正義本今無可考

方泭也　小字本相臺本同案釋文云泭或作柎樊光爾雅本作柎考文古本作柎采釋文或作本○按依說文作泭是

定本遊女作游　閩本明監本毛本同案十行本遊至游剜添者一字是女字衍也此當云定本游作遊正義說經傳箋字皆作游是

其本作游特著定本作遊之不同上游下遊誤互易其字

編竹木曰桃　明監本毛本曰上有大字閩本剜入是也

方之舟者　明監本毛本舟下有之字閩本剜入是也

我又欲取其尤高絜者　小字本相臺本同案釋文云一本無絜字正義標起止云至絜者是正義本有考此箋尤高者說以楚爲喻之意也不應有絜字當以一本爲長

至意焉釋訓云　明監本毛本焉下有○又有正義曰三字閩本剜入是也

○汝墳

釋水云汝爲墳　閩本明監本毛本同案浦鏜云墳當依爾雅作濆下詩云遵彼汝墳同是也○按說文曰濆水厓墳者墓也

○漸而復生曰肄　補　毛本漸作斬案斬字是也

已見君子君子反也于已反得見之　小字本同閩本明監本毛本亦同相臺本于作於案於字是也正義作於此箋皆定本也正義云俗本多不然今無可考

故下章而勉之　小字本相臺本同閩本同明監本剜去而字毛本無案因正義云故下章勉之遂誤刪不知正義自爲文每不盡與注相應也考文古本亦無而字采正義而誤

辟此勤勞之處 小字本相臺本同案釋文辟此一本作辭此正義本是辟字

無得逃避若其避之 閩本明監本毛本同案注作辟正義作避辟避古今字易而說之也例見前餘同此

憂思昔在於情性 閩本明監本同毛本昔作皆案皆字是也

○麟之趾

麟之趾關雎之應也 唐石經小字本相臺本同案釋文云序本或直云麟止無之字考正義云此麟趾處末者是正義本無之字標起止云麟之趾三章衍也○補案或直云麟止止字此誤作趾

故于嗟乎歎今公子 閩本明監本毛本同案于當作吁于吁古今字注作于正義作吁易字之例如此不知者乃改之擊鼓權輿正義亦誤氓正義不誤

言從乂成 閩本明監本毛本乂作义案皆誤也當作義此句說脩義毋下句則神龜在沼說致智子與洪範從作乂初不相涉但當時俗字或以乂為義耳禮運正義亦誤作乂

貌恭躰仁 閩本明監本躰作體毛本誤作禮案體字是也躰卽當時俗字

爾雅頫也 補釋文校勘通志堂本同盧本頫作頞案所改是也

此皆君新 補毛本新作親案親字是也上下文皆可證

○鵲巢

冬至架之功　小字本相臺本同案此釋文本也釋文云架之音嫁俗本或作加功考正義本當作加功正義云故知冬至加功也是其證定本當亦作加功故正義不言有異也定本出於顏師古其匡謬正俗有論此一條云始起冬至加功力爲巢也是其證顏又引劉昌宗周續等音加爲架而駮其不應言架功其說誤也劉周二本皆作加之故音架而以横架爲義與釋文作架之者實一本也自不作功字不得以架之功駮之當以釋文本爲長

而有均壹之德　閩本明監本毛本同小字本相臺本壹作一案壹字是也均壹字當作壹一二字乃作一經中所用有互通者假借也注及正義自爲文則皆用本字矣序下注及正義皆不作一可證也此正義中又有作一字者乃寫者取省所亂餘同此

送御皆百乘　小字本相臺本同案釋文送御五嫁反一本作迎正義本是御字考經御之釋文云王肅魚據反云待也其述毛此傳自不當仍云送御則一本或出於王肅也

婦車亦如之有供　閩本明監本毛本同案浦鏜云裧誤供以士昏禮考之浦校是也

言迓之者　閩本明監本毛本同案箋及經傳皆作御此作迓御迓古今字易而說之也例見前標起止仍云至御之可證也釋文御之本亦作訝又作迓同非正義本

方有之也　小字本相臺本同案釋文云方有之也一本無之字正義本今無可者段玉裁云一本誤傳當云方之方有之也下傳當云成之能成百兩之禮也皆引經附傳時所刪

○采蘩

苟有明德　閩本明監本毛本同案浦鏜云信誤德是也采蘋正義引作信

彼言芼　閩本明監本同毛本芼作毛案毛字是也

于葅南西上也　閩本明監本毛本同案浦鏜云俎誤葅以特牲者之浦校是

主婦髲鬄　小字本相臺本同案此定本也正義本髢作鬄釋文云鬄本亦作髢徒帝反劉昌宗吐歷反段玉裁云考此字當作鬀五經文字云鬀聽亦反見詩風注謂此也劉音吐歷反可見其字作鬀說文鬀鬄髮也鄭少牢注古者或剔賤者刑者之髮以剔解鬀所謂詁訓之法也其徒帝反者鬄與髢爲一字說文五經文字與鬀字皆別見卽髲也不得重在髮下定本正義本釋文本皆誤所當正也鄭少牢及追師二注本皆與此注同作鬀今少牢亦一誤而爲鬄追師亦再誤而爲髢也

夫人釋祭服而去髲鬄　小字本相臺本同案此正義本也定本無去字正義於去字斷句定本於髲鬄斷句也惠棟云當依定本刪去字

又首服被鬄之釋　閩本明監本毛本同案浦鏜云釋當飾字誤是也

案少牢作被裼注云被裼　閩本明監本毛本同案裼當作錫形近之譌

少牢云被錫纚笄　閩本明監本毛本錫誤裼案少牢作錫正義所引正作錫字明監本毛本因上文譌作裼幷盡改其未譌者誤

甚下同

文王夫人 閩本明監本毛本同案浦鏜云王當主字誤是也

而髮髢無去字 明監本毛本髢誤鬄閩本不誤案此述定本當用髢不用鬄

毛詩國風　鄭氏箋　孔穎達疏

草蟲大夫妻能以禮自防也○蟲直忠反本或作虫非也虫音許鬼反草木疏云一名負蠜大小長短如蝗而青也[疏]草蟲三章章七句至自防○正義曰作草蟲詩者言大夫妻能以禮自防也經言在室則夫唱乃隨既嫁則憂不當其禮皆是以禮自防之事

喓喓草蟲趯趯阜螽興也喓喓聲也草蟲常羊也趯趯躍也阜螽蠜也卿大夫之妻待禮而行隨從君子箋云草蟲鳴阜螽躍而從之異種同類猶男女嘉時以禮相求呼○喓於遙反趯託歷反阜音婦螽音終李巡云蝗子也草木疏云今人謂蝗子為螽躍音藥蠜音煩種章勇反未見君子憂心忡忡忡忡猶衝衝也婦人雖適人有歸宗之義箋云未見君子者謂在塗時也在塗而憂憂不當君子無以寧父母故心衝衝然是其不自絕於其族之情○忡敕中反當丁浪反下同亦既見止亦既覯止我心則降止辭也覯遇降下也箋云既見謂已同牢而食也既覯謂已昏也始者憂於不當今君子待己以禮庶自此可以寧父母故心下也易曰男女覯精萬物化生○覯古豆反降戶江反[疏]喓喓至則降○正義曰言喓喓然鳴而相呼者草蟲也趯趯然躍而從之者阜螽也以興以禮求女者大夫隨從君子者其妻也此阜螽乃待草蟲鳴而後從之而與相隨也以與大夫之妻必待大夫呼己而後從之與俱去也既已隨從君子行嫁在塗未見君子之時父母憂己恐其見棄己亦恐不當君子無以寧父母之意故憂心衝衝然亦既見君子與之同牢而食亦既遇君子與之臥息於寢知其待己以禮庶可以安父母故我心之憂即降下也○傳草蟲至螽蠜○正義曰釋蟲云草蟲負蠜郭璞曰常羊也陸機云小大長短如蝗也奇音青色好在茅草中釋蟲又云阜螽蠜李巡曰蝗子也陸機云今人謂蝗子為螽子兗州人謂之螣許慎云蝗螽也

蔡邕云螽蝗也明一物定本云阜螽蠜依爾雅云則俗本云蠜螽者衍字也○
箋草蟲至求呼○正義曰言異種同類者以爾雅別文而釋故知異種今聞聲
而相從故知同類也以其種類大同故聞其聲跳躍而相從猶男女嘉時以禮
相求呼也嘉時者謂嘉善之時鄭爲仲春之月也以此善時相求呼不爲草蟲
而記時也出車箋云草蟲鳴晚秋之時○傳婦人至之義○正義曰婦人雖適
人若不當夫氏爲夫所出還來歸宗。謂被出也○箋未見至塗時○正義曰知
者以上文說待禮而行隨從君子則已去父母之家矣下文亦既見止謂同牢
而食則已至夫家矣此未見之文居其中故知在塗時也此章首已論行嫁之
事故下采蕨采薇皆爲在塗所見文在未見之前尚爲在塗則未見之言在塗
明矣案昏義云壻親受之於父母則在家已見矣今在塗言未見者謂不見君
子接待之禮而心憂非謂未見其面目而已○箋憂不至子也○正義曰知憂不
當君子者以未見而心憂既見卽心下故知憂不當君子也又情知憂無以寧父
母者此大夫之妻能以禮自防者也必不苟求親愛斯干曰無父母貽罹明父
母以見棄爲憂己緣父母之心憂不當君子無以寧父母也又申說傳歸宗之
義憂不當夫意慮反宗族是其不自絕於族親之情也○箋既見至化生○正
義曰知既見謂同牢而食者以文在既覯之上案昏禮婦至主人揖婦以入席
于奧卽陳同牢之饌三飯卒食乃云御衽席於奧媵衽良席在東皆有枕北趾
主人入親脫婦纓燭出注云昏禮畢將臥息是先同牢後與夫相遇也遇與夫
爲禮卽見非直空見也故知據同牢而食亦與夫爲禮也言既覯謂已昏者謂
已經一昏得君子遇接之故也所以既見既覯竝言乃云我心卽降者以同牢
初見君子待己顏色之和己雖少慰君子之心尚未可知至於既遇情親知君
子之於己厚庶幾從此以往稍得夫意其可以寧父母故心下二者相因故竝
言之謂之遇者男女精氣相覯遇故引易以明之所引者下繫文也彼注云
覯合也男女以陰陽合其精氣以覯爲合此云遇者言精氣亦是相遇也　陟

彼南山言采其蕨。南山周南山也蕨鼈也箋云言我也我采者在塗而見采鼈采者得其所欲得猶已今之行者欲得禮以自喻也○蕨居

月反草木疏云周秦曰蕨齊魯曰虌虌卑滅反本又作鼈俗云其初生似虌脚故名焉 疏 陟彼至其蕨○毛以爲言有人升彼南山之上云我欲采其鼈菜然此采鼈者欲得此鼈以與己在塗路之上欲歸於夫家然我今歸嫁亦欲得夫待己以禮也己嫁之欲禮似采菜之人欲得鼈○鄭唯以在塗之時因見采鼈爲異耳毛以秋冬爲正昏不得有在塗因見之義故也○傳南山至蕨鼈○正義曰序云大夫妻能以禮自防在羔羊之致前則朝廷之妻大夫不越境迎女婦人自所見明在周也故云周南山知非召地者周總百里雖召地亦屬周不分別采地之周召也蕨鼈釋草文舍人曰蕨一名鼈郭璞曰初生無葉可食○箋言我至采鼈○正義曰此婦人歸嫁必不自采鼈故以在塗見之因與知者以大夫之妻待禮而嫁明及仲春采蕨之時故也

未見君子憂心惙惙惙惙憂也惙張劣反○亦既見止亦既覯止我心則說說服也○說音悅註同

陟彼南山言采其薇薇菜也○薇音微草也亦可食 疏 傳薇菜○正義曰陸機云山菜也莖葉皆似小豆蔓生其味亦如小豆藿可作羹亦可生食今官園種之以供宗廟祭祀定本云薇草也

未見君子我心傷悲嫁女之家不息火三日思相離也箋云維父母思己故己亦傷悲○離力智反 疏 傳嫁女至相離○正義曰解所以傷悲之意由父母思己故己悲耳曾子問曰嫁女之家三夜不息燭思相離注云親骨肉是爲思與女相離也亦

既見止亦既覯止我心則夷夷平也

草蟲三章章七句

采蘋大夫妻能循法度也能循法度則可以承先祖共祭祀矣女子十年不出姆教婉娩聽從執麻枲治絲繭織紝組紃學女事以共衣服觀於祭祀納酒漿籩豆菹醢禮相助奠十有五而笄二十而嫁此言能循法度者今既嫁爲大夫妻能循其爲女

之時所學所觀之事以爲法度○蘋符申反韓詩云沈者曰蘋浮者曰藻共音恭本或作供注同姆莫豆反字林亡甫反云女師也鄭云婦人五十無子出不復嫁以婦道教人若今時乳母也婉怨遠反娩音晚枲絲似反繭古顯反本亦作蠒紝女金反何如鴆反繒帛之屬組音祖綫也紃音旬絛也漿子詳反醢音海相息亮反笄古兮反

【疏】采蘋三章章四句至祭祀矣○正義曰作采蘋詩者言大夫妻能循法度也謂爲女之時所學所觀之法度今既嫁爲大夫妻能循之以爲法度也言既能循法度卽可以承事夫之先祖供奉夫家祭祀矣此謂已嫁爲大夫妻能循其爲女時事也經所陳在父母之家作教成之祭經序轉互相明也○箋云子至法度○正義曰從二十而嫁以上皆內則文也言女子十年不出者對男子十年出就外傅也內則注云婉謂言語也娩之言媚也媚謂容貌也則婉謂婦言娩謂婦容聽從者聽受順從於人所謂婦德也執麻枲者執治組績之事枲麻也釋草云枲麻孫炎曰麻一名枲是也治絲繭者繭則繅之絲則絡之織紝組紃者紝也組也紃也三者皆織之服虔注左傳曰織紝治繒帛者則紝謂繒帛也內則注云紃絛也組亦絛之類大同小異耳學女事者謂治葛縫線之事皆學之所以供衣服是謂婦功也此已上謂女所學四德之事又觀於父母之家祭祀之事納酒漿籩豆菹醢之禮酒漿及籩豆皆連上納文謂當薦獻之節紩以進尸虞夏傳曰紩以教成鄭云謂薦獻時引此納酒漿以下證之鄭知納謂薦獻者內則云納酒漿與納以教成文同菹醢以薦酒漿以獻納者進名故知薦獻之時也獻無漿而言之者所以協句也籩豆菹醢菹醢在豆籩盛脯羞皆薦所用也籩不言所盛文不備耳少牢特牲皆先薦後獻故鄭亦云薦獻時此先酒後菹醢者便文言之禮相助奠者言非直觀薦獻又觀祭祀之相佐助奠設器物也觀之皆爲婦當知之此上謂所觀之事也十五許嫁故笄未許嫁二十而笄二十而嫁歸於夫家也鄭引此者序言能循法度明先有法度今更循之故引此是先有法度之事乃言所循之時故疊序云能循法度者爲今嫁爲大夫妻能循其爲女之時所學所觀之事以爲法度也此女之四德十年以後傅姆當教至於先嫁三月又重教之此引內則論

十年之後下箋引昬義論三月之前皆是爲女之時法度二注乃具也鄭知經
非正祭者以昬義教成之祭言芼之以蘋藻此亦言蘋藻故知爲教成祭也定
本云姆教婉娩聽禮本亦然今俗云傅姆教之者誤也又十有五而笄上無女子二字有者亦非
于以采蘋南澗之濱于以采藻
于彼行潦蘋大蓱也濱涯也藻聚藻也行潦流潦也箋云古者婦人先嫁三月祖廟未毀教于公宮祖廟既毀教于宗室教以婦德婦言婦容婦功
教成之祭牲用魚芼用蘋藻所以成婦順也此祭女所出祖也法度莫大於四
教是又祭以成之故舉以言焉蘋之言賓也藻之言澡也婦人之行尚柔順自
絜清故取名以爲戒○濱音賓涯也藻音早水菜也潦音老蓱本又作萍薄經
反一本作苹音平涯本亦作厓五佳反先蘇遍反芼莫報反沈音毛澡音早行
下孟反清如字又音淨
于以盛之維筐及筥于以湘之維錡及釜方曰筐圓曰筥湘亨也錡釜屬有足曰錡無足
曰釜箋云亨蘋藻者於魚湆之中是鉶羹之芼○盛音成筐音匡筥居呂反湘
息良反錡其綺反三足釜也玉篇宜綺反釜符甫反亨本又作烹同普更反羹
也湆去急反汁也鉶本或作銒音形鄭云三足兩
耳有蓋和羹之器羹音庚劉昌宗音儀禮音衡
于以奠之宗室牖下奠置也宗室大
宗之廟也大夫士祭於宗廟奠於牖下箋云牖下戶牖閒之前祭不於室中者
凡昬事於女禮設几筵於戶外此其義也與宗子主此祭維君使有司爲之○
牖音酉下如字協韻則音戶後皆倣此與音餘
誰其尸之有齊季女尸主齊敬季少也蘋藻薄物也澗潦至質也筐筥錡釜陋器也少女
微主也古之將嫁女者必先禮之於宗室牲用魚芼之以蘋藻箋云主設羹者
季女則非禮也女將行父禮之而俟迎者蓋母薦之無祭事也祭事主婦設羹
教成之祭更使季女者成其婦禮也季女不主魚魚俎實男子設之其粢盛蓋
以黍稷○齊本亦作齋同側皆反少詩照反下同迎宜敬反俎側所反粢音資本或作粢
疏于以采蘋至季女○正義曰三章勢連須通解之也大夫之妻將行嫁欲爲教成之祭言往何處采此蘋菜於彼南澗之厓采之往何處采此

藻菜於彼流潦之中采之南澗言濱行潦言彼互言也既得此菜往何器盛之維筐及筥盛之既盛此菜而還往何器烹煑之維錡及釜之中煑之也既煑之爲虀往何處置設之於宗子之室戶外牖下設之當設置之時使誰主之有齊莊之德少女主設之○傳蘋大至流潦○正義曰釋草云苹萍其大者蘋舍人曰苹一名萍郭璞曰今水上浮蓱也江東謂之薸音瓢左傳曰蘋蘩薀藻之菜薀聚也故言藻聚藻陸機云藻水草也生水底有二種其一種葉如雞蘇莖大如箸長四五尺其一種莖大如釵股葉如蓬蒿謂之聚藻然則藻聚生故謂之聚藻也行者道也說文云潦雨水也然則行潦道路之上流行之水○箋古者至爲戒○正義曰成婦順於上皆昏義文引之者以此經陳教成之祭以昏義亦爲教成之祭故引之欲明教之早晚及其處所故先言先嫁三月祖廟未毀教於公宮祖廟既毀教於宗室既言其處又說所教之事故言教以婦德婦言婦容婦功既教之三月教成則設祭故言教成之祭牲用魚芼之以蘋藻爲此祭所以成婦順也事次皆爲教成之祭故具引之必先嫁三月更教之以四德以法度之大就尊者之宮教之三月一時天氣變女德大成也教之在宮祭乃在廟也知此祭祭女所出祖者以其言祖廟既毀明未毀祭其廟也與天子諸侯同高祖祭高祖廟同曾祖祭曾祖廟言祖故昏義注云祖廟女所出之祖也宗室宗子之家也然則大宗之家百世皆往宗子尊不過卿大夫立三廟二廟而已雖同曾高無廟可祭則五屬之外同告於壇故昏義注云若其祖廟已毀則爲壇而告焉是也以魚爲牲者鄭云魚爲俎實蘋藻爲羹菜祭無牲牢告事耳非正祭也又解此大夫妻能循法度獨言教成之祭者以法度莫大於四教四德既就是又祭以成之法度之大者故詩人舉以言焉又解祭不以餘菜獨以蘋藻者蘋之言賓賓服也欲使婦人柔順服從藻之言澡澡浴也欲使婦人自絜清故云婦人之行尚柔順自絜清故取名以爲戒左傳曰女贄不過榛栗棗脩以告虔言以告虔取早起戰栗脩治法度虔敬之義也則此亦取名爲戒明矣昏義注云魚蘋藻皆水物陰類者義得兩通○傳方曰筐至曰釜○正義曰此皆爾雅無文傳以當時驗之以錡與釜連文故知釜屬說文曰江淮之間謂釜曰

錡定本有足曰錡下更無傳俗本錡下又云無足曰釜○箋亨蘋至之芼○正義曰少牢禮用羊豕也經云上利執羊俎下利執豕俎下乃云上佐食羞兩鉶取一羊鉶於房中下佐食又取一豕鉶於房中皆芼注云芼菜也羊用苦豕用薇皆有滑牲體在俎下乃設羊鉶豕鉶云皆芼湇於所亨之湇始盛之鉶器也故特牲注云鉶肉味之有菜和者今教成祭牲用魚芼之以蘋藻則魚體亦在俎蘋藻亨於魚湇之中矣故鄭云魚爲俎實蘋藻爲羹菜以準少牢之禮故知在鉶中爲鉶羹之芼知非大羹盛在鐙者以大羹不和貴其質也此有菜和不得爲大羹矣魯頌曰毛炰胾羹傳曰羹大羹鉶羹也以經單言羹故得兼二也特牲禮云設大羹湆於醢北注云大羹湆煑肉汁也○傳宗室至牖下○正義曰傳以昏義云教於宗室是大宗之家此言牖下又非於壇故知是大宗之廟宗子有廟則亦爲大夫士矣言大夫士祭於宗室謂祖廟已毀或非君同姓故祭大宗之家也知非宗子之女自祭家廟者經言于以奠之宗室牖下若宗子之女自祭家廟何須言於宗室乎定本集注皆云大夫士祭於宗廟不作室字○箋牖下至爲之○正義曰箋知牖下戶牖閒之前者以其正祭在奧西南隅不直繼牖言之今此云牖下故爲戶牖閒之前戶西牖東去牖近故云牖下又解正祭在室此所以不於室中者以其凡昏事皆爲於女行禮設几筵於戶外取外成之義今教成之祭於戶外設奠此外成之義與是語助也昏禮云納采主人筵於戶西西上右几問名納吉納徵請期皆如初昏禮又云主人筵於戶西西上右几是其禮皆言戶外設几筵也知宗子主此祭者以其就宗子家明告神宗子所主引昏義兼言天子諸侯故又解其言唯君使有司爲之知者以教成之祭告事而已無牲牢君尊明使有司爲之○傳少女至蘋藻○正義曰季者少也以將嫁故以少言之未必伯仲處小也襄二十八年左傳濟澤之阿行潦之蘋藻寘諸宗室季蘭尸之敬也隱三年左傳曰苟有明信澗谿沼沚之毛蘋蘩蘊藻之菜筐筥錡釜之器潢汙行潦之水可薦於鬼神可羞於王公風有采蘩采蘋雅有行葦泂酌昭忠信也二者皆取此篇之義以爲說故傳歷言之又言古之將嫁女者必先禮之於宗室者毛意以禮女與教成之祭爲

一事也言古之將嫁女者必先禮之於大宗之室以俟迎者其牲用魚芼之以蘋藻卽所設教成之祭也以此篇說教成之祭事終故於此總之毛意以教成之祭與禮女爲一者蓋見昏禮記將嫁女之日父醴女而俟迎者更不見有教成之祭故謂與禮一女爲一也父醴女以醴酒禮之今毛傳作禮儀之禮者司儀注云上於下曰禮故聘禮用醴酒禮賓作禮儀之禮定本禮作醴○箋主設至黍稷○正義曰自無祭事以上難毛之辭也言父禮女無祭事不得有羹今經陳采蘋藻爲羹使季女尸之主設羹者季女則非禮女也案昏禮女將行嫁父醴女而俟迎者其時蓋母薦之更無祭事不得有羹矣今經陳季女設羹正得爲教成之祭不得爲禮女傳以教成之祭與禮女爲一是毛氏之誤故非之也蓋母薦之者以士昏禮云饗婦姑薦鄭注云舅獻爵姑薦脯醢舅饗婦既姑薦明父禮女母薦之可知故昏禮記父醴女注云父醴之於房中南面蓋母薦焉重昏禮是也以無正文故云蓋知醴之於房中者以母在房外故知父禮之在房中也正祭之禮主婦設羹此教成之祭更使季女設羹者以三月已來教之以法度今爲此祭所以教成其婦禮故使季女自設其羹也祭禮主婦設羹謂特牲云主婦。人及兩鉶鉶芼設於豆南是也少牢無主婦設羹之事此宗子或爲大夫其妻不必設羹要非此祭不得使季女設羹因特牲有主婦設羹之義故據以言之又解不言魚者季女不主魚魚俎實男子設之故經不言焉知俎實男子設之者以特牲少牢俎皆男子主之故也又魚菜不可空祭必有其饌而食事不見故因約之其粢盛蓋以黍稷耳知者以特牲少牢止用黍稷此不得過也或不用稷故兼言之王肅以爲此篇所陳皆是大夫妻助夫氏之祭采蘋藻以爲葅設之於奧奧卽牖下又解毛傳禮之宗室謂教之以禮於宗室本之季女取微主也其毛傳所云牲用魚芼之以蘋藻亦謂教成之祭非經文之蘋藻也自云述毛非傳旨也何則傳稱古之將嫁女者必先禮之於宗室既言禮之卽云牲用魚芼之以蘋藻是魚與蘋藻爲禮之物若禮之爲以禮教之則牲用魚芼之以蘋藻何所施乎明毛以禮女與教成之祭爲一魚爲所用若非矣而云以禮教之非傳意也又上傳云宗室大宗之廟大夫士祭於宗室之牲教成之祭則大夫之妻自祭夫氏何故云大宗之廟大夫豈皆爲宗子也且大夫之妻助大夫之祭則無士矣傳何爲兼言大夫士祭於宗室乎又經典未有以奠爲牖下者矣據傳禮之宗室與大夫士祭於宗室文同芼之以蘋藻與經采蘋采藻文協是毛實以此篇所陳爲教成之祭矣孫毓以王爲長謬矣

采蘋三章章四句

甘棠美召伯也召伯之教明於南國召伯姬姓名奭食采於召作上公爲二伯後封于燕此美其爲伯之功故言伯云○伯甘棠草木疏云今棠。黎召時照反奭音釋召康公名也燕世家云與周同姓孔安國及鄭皆云爾皇甫謐云文王之庶子案左傳富辰言文之昭十六國無燕也未知士安之言何所。憑據燕烏賢反國名在周禮幽州之域今涿郡薊縣是也

[疏]甘棠三章章三句至南國正義曰謂武王之時召公爲西伯行政於南土決訟於小棠之下其教著明於南國愛結於民心故作是詩以美之經三章皆言國人愛召伯而敬其樹是爲美之也諸風雅正經皆不言美此云美召伯者二南文王之風唯不得言美文王耳召伯臣子故可言美也芣苢言后妃之美謂説后妃之美行非美后妃也皇矣言美周不斥文王也至於變詩美刺各於其時故善者言美惡者言刺豳亦變風故有美周公○箋召伯至伯云○正義曰燕世家云召伯奭與周同姓是姬姓名奭也皇甫謐以爲文王庶子未知何所據也言作上公爲二伯故云召伯典命職云上公九命爲伯然則二伯卽上公故言作上公爲二伯也食采文王時爲伯武王時故樂記曰武王伐紂五成而分陜周公左召公右是也食采爲伯異時連言者以經召與伯幷言故連解之言後封於燕者世家云武王滅紂封召公於北燕是也必歷言其官者解經唯言召伯之意不舉餘言獨稱召伯者美其爲伯之功故言伯云故鄭志張逸以行露箋云當文王與紂之時謂此甘棠之詩亦文王時事故問之云詩傳及樂記武王卽位乃分周公左召公右爲二伯文王之時不審召公何得爲伯答曰甘棠之詩召伯自明誰云文王與紂之時乎是鄭以此篇所陳巡民決

訟皆是武王伐紂之後爲伯時事鄭知然者以經云召伯卽此詩召公爲伯時作也序言召伯文與經同明所美亦是爲伯時也若文王時與周公共行王化
有美卽歸之於王行露直言召伯聽訟不言美也詩人何得感文王之化而曲美召公哉武王之時召公爲王官之伯故得美之不得繫之於王因詩繫召公
故錄之在召南論卷則總歸文王指篇卽專美召伯也爲伯分陝當云西國言南者以篇在召南爲正耳

蔽芾甘棠勿翦勿伐召伯所茇

蔽芾小貌甘棠杜也翦去伐擊也。箋。云茇草舍也召伯聽男女之訟不重煩勞百姓止舍小棠之下而聽斷焉國人被其德說其化思其人敬其樹
○蔽必袂反徐方四反又方計反沈又音必芾非貴反徐方蓋反翦子踐反韓詩作箋初簡反茇蒲曷反徐又扶蓋反說文作废去羌呂反斷丁亂反被皮寄反說音悅

疏 蔽芾至所茇○正義曰國人見召伯止舍棠下決男女之訟今雖身去尙敬其樹言蔽芾然之小甘棠勿得翦去勿得伐擊由此樹召伯所嘗舍於其下故也○傳蔽芾至草舍○正義曰此比於大木爲小故其下可息我行其野云蔽芾其樗箋云樗之蔽芾始生謂樗葉之始生形亦小也釋木云杜甘棠郭璞曰今之杜梨又曰杜赤棠白者棠舍人曰杜赤色名赤棠白者亦名棠然則其白者爲棠其赤者爲杜杕杜傳曰杜赤棠是也茇草舍者周禮仲夏教茇舍注云舍草止也軍有草止之法然則茇者草也草中止舍故云茇舍載馳傳曰草行曰跋以其對涉是水行故以跋爲草行且跋字從足與此異也○箋召伯至其樹○正義曰定本集注於注內並無箋云知聽男女訟者以此舍於棠下明有決斷若餘國政不必於棠下斷之故大車刺周大夫言古者大夫出聽男女之訟明王朝之官有出聽男女獄訟之理也且下行露亦召伯聽訟男女之訟以此類之亦男女之訟可知武王時猶未刑措寧能無男女之訟

蔽芾甘棠勿翦勿敗召伯所憩。

憩息也○敗必邁反又如字憩本又作愒起例反徐許罽反

蔽芾甘棠勿翦勿拜召伯所說

說舍也箋云拜之言拔也○說本或作稅又作脫同始銳反舍也拔蒲八反

甘棠三章章三句

行露召伯聽訟也衰亂之俗微貞信之教興彊暴之男不能侵陵貞女也衰亂之俗微貞信之教興者此殷之末世周之盛德當文王與紂之時【疏】行露三章一章三句二章章六句至貞女○正義曰作行露詩者言召伯聽斷男女室家之訟也由文王之時被化日久衰亂之俗已微貞信之教乃興是故彊暴之男不能侵陵貞女也男雖侵陵貞女貞女不從是以貞女被訟而召伯聽斷之鄭志張逸問行露召伯聽訟察民之意化耳何訟乎答曰實訟之辭也民被化久矣故能有訟問者見貞信之教興怪不當有訟故云察民之意而化之何使至於訟乎答曰此篇實是訟之辭也由時民被化日久貞女不從男女故相與訟如是民被化日久所以得有彊暴者紂俗難革故也言彊暴者謂彊行無禮而陵暴於人經三章下二章陳男女對訟之辭首章言所以有訟由女不從男亦是聽訟之事也○箋衰亂至之時○正義曰殷之末世故有衰亂之俗周之盛德故有貞信之教指其人當文王與紂之時也易曰易之興也當殷之末世周之盛德邪當文王與紂之事此其文也

厭浥行露豈不夙夜謂行多露興也厭浥濕意也行道也豈不言有是也箋云夙早也厭浥然濕道中始有露謂二月中嫁取時也言我豈不知當早夜成昏禮與謂道中之露大多故不行耳今彊暴之男以此多露之時禮不足而彊來不度時之可否故云然周禮仲春之月令會男女之無夫家者行事必以昏昕○厭於葉反徐於十反又於立反沈又於占反浥本又作挹同於及反又於脅反莫本又作暮同忙故反又亡博反小星詩同與音餘大音泰舊吐賀反彊其丈反下強委同沈其常反度待洛反否方九反令力政反後不音者放此昏昕許巾反至禮用昕親迎用昏【疏】厭浥至多露○毛以爲厭浥然而濕道中有露之時行人豈不欲早夜而行也有是可以早夜而行之道所以不行者以爲道中之露多懼早夜之濡己故不行耳以與彊暴之男今來求己我豈不欲與汝爲室

家乎有是欲與汝爲室家之道所以不爲者室家之禮不足懼違禮之汙身故不爲耳似行人之懼露喻貞女之畏禮〇鄭以爲昏用仲春之月多露之時而來謂三月四月之中既失時而禮不足故貞女不從〇傳豈不言有是〇正義曰傳解詩人之言豈不欲夙夜即是有夙夜之意故云豈不言有是也〇箋道中至昏昕〇正義曰知始有露二月中者以二月八月春秋分陰陽中也禮九月霜始降八月仍有露也則二月始有露矣詩云蒹葭蒼蒼白露爲霜是草既成露爲霜則二月草始生霜爲露可知野有蔓草箋云仲春草始生霜爲露是也此述女之辭言汝以二月道中始有露之時以禮而來我豈不知早夜而與汝成昏禮與今我謂道中之露大多故不行從汝耳言多露者謂三月四月也汝彊暴之男不以禮來雖二月來亦不可矣女因過時假多露以拒耳知禮不足霜彊來者下云室家不足明禮亦不足以女不從故以彊來也引周禮者地官媒氏職云仲春之月令會男女又曰司男女之無夫家者而會之彼無夫家與令會男女文不相連此幷引之者周禮云令會男女謂初昏者也司男女之無夫家者而會之謂矜寡者也以二者不同故別其文其實初昏及矜寡皆是男女之無夫家者此及野有蔓草箋云周禮者引其事不全用其文故幷無夫家者引之是男無家女無夫男女相對男得夫女稱家以男女所以成家周禮云夫家之衆寡是也此引周禮者辨女令男以始有露之時來之意由此始有露會無夫家者故也行事必以昏昕儀禮文也彼注云用昕女也用昏壻也貌有苦葉箋云納采至請期用昕明其女也親迎用昏明是壻也經言夙即昕也夜即昏也箋經所以夙夜兼言者此彊暴之男以多露之時禮不足而彊來則是先未行禮今以俱來雖則一時當使女致其禮以昕壻親迎以昏今行多露失時也禮不足而來彊暴故貞女拒之云汝若仲春以禮而來我豈不旦受爾禮夕受爾迎何故不度時之可否今始來乎既不受其禮亦不受其迎故夙夜兼言之

誰謂雀無角何以穿我屋誰謂女無家何以速我獄

不思物變而推其類雀之穿屋似有角者速召獄埆也箋云女女彊暴之男變異也人皆謂雀之穿屋似有。角彊暴之男召我而獄似有室家之道於我也物有似而不同雀之穿屋不以角乃以咮今彊暴之男召我而獄不以室家之道於我乃以侵陵物與事有似而非者士師所當審也〇穿本亦作穿音川女音汝下皆同獄音玉埆音角又戶角反盧植云相質觳爭訟者也崔云埆者埆正之義一云獄名咮本亦作噣郭張救反何都豆反鳥口也

雖速我獄室家不足

昬禮純帛不過五兩箋云幣可備也室家不足謂媒妁之言不和六禮之來彊委之〇紂帛側基反依字糸旁才後人遂以才為屯因作純字兩音諒媒音梅謀也妁時酌反又音酌廣雅云妁酌也

疏 雖謂至不足〇正義曰此彊暴之男侵陵貞女女不肯從為男所訟故貞女與對此陳其辭也言人誰謂雀無角乎以其雀若無角何以得穿我屋乎以雀之穿屋似有角故謂雀之有角以言人誰謂汝於我無室家乎以其汝若於我無室家何以故召我而獄也見召我而獄似有室家之道於我故謂之有室家之道然事有相似而不同雀之穿屋不以角乃以咮召我而獄不以室家之道於我乃以侵陵穿屋之物速獄之事二者皆有似而實非士師今日當審察之何者此彊暴之男雖召我來至與我埆實其情而室家之道不足己終不從之〇傳不思至獄埆〇正義曰不思物有變彊暴之人見屋之穿而推其類謂雀有角所以謂雀有角者見雀之穿屋似有角故也下傳曰視牆之穿而推其類可謂鼠有牙明此亦見穿屋室而推其類可謂雀有角此是不思物變之人獄埆者鄭異義駮云獄者埆也因證於埆核之處周禮之圜土然則獄者核實道理之名皋陶造獄謂此也既囚證未定獄事未決繫之於圜土因謂圜土亦為獄此章言獄下章言訟司寇職云兩造禁民訟兩劑禁民獄對文則獄訟異也故彼注云訟謂以財貨相告者獄謂相告以罪名是其對例也散則通也此詩亦無財罪之異重章變其文耳故序云聽訟以總之〇箋物與至當審〇正義曰物謂雀穿屋事謂速我獄二者皆有似也穿屋似用角速獄似有室家也而非者穿乃用咮獄乃侵陵士師當審察之此召伯謂之士師者以其聽訟故以獄官言之士師注云士察也主審察獄訟之事者其職曰察獄訟之辭以詔司寇鄭以士師有察獄之事因言士師所當察非召伯即為士

師也大車云古者大夫出聽男女之訟則王朝之官皆得出外聽訟不必要爲
士師矣且士師司寇之屬佐成司寇者也寧召伯公卿所當爲乎○傳昏禮至
五兩正義曰此媒氏文也引之者解經言不足不足之意以禮言純帛不過五兩多
不過之則少有所降耳明雖少而不爲不足不足者謂事不和同彊暴之謂故
箋申傳意乘其文而爲之說云幣可備也室家不足謂媒妁之言不和六禮之
來彊委之是非謂幣不足也媒氏注云純實緇字也古緇以才爲聲納幣用緇
婦人陰也凡於娶禮必用其類五兩十端也必言兩者欲得其配合之名十者
象五行十日相成也士大夫乃以玄纁束帛天子加以穀圭諸侯加以大璋雜
記曰納幣一束束五兩兩五尋注云十箇爲束貴成數也禮尚儉兩兩合其卷
是謂五兩八尺曰尋一兩兩五尋則每卷二丈合爲四十尺今謂之匹猶匹耦之
云與則純帛亦緇也傳取媒氏以故合其字定本作紂字此五兩庶人禮也故
士昏禮用玄纁束帛注云用玄纁者象陰陽備也然則庶人卑故直取陰類而
已大夫用幣無文準士昏而言玉人曰穀圭天子以娉女大璋諸侯以娉女是
天子諸侯加圭璋之文也○箋幣可至委之正義曰知不爲幣不足者以男速
女而獄幣若不備不得訟也以訟拒之明女不肯受男子彊委其禮然後訟之
言女受己幣之禮而不從己故知幣可備而云不足明男女賢與不肯各有其耦
女所不從男子彊來故云媒妁之言不和六禮之來彊委之是其室家不足也
野有死麕箋云不由媒妁知此有媒妁者以此相訟明其使媒但不和而致訟
耳野有死麕以亂世民貧思麕肉爲禮明無媒可知箋云劫脅以成昏與此不
同也言媒妁者說文云媒謀也謀合二姓妁酌也斟酌二姓六禮之來彊委之
者謂以鴈幣女雖不受彊留委置之故左傳昭元年云徐吾犯之妹美公孫楚
娉之矣公孫黑又使彊委禽焉是也此貞女不從明亦以六禮委之也六禮者
納采至親迎女既不受可彊委之納采之鴈則女不告名無所卜無問名納吉
之禮納徵之幣可彊委不和不得請期期不從不得親迎言六禮之來彊委者
以方爲昏必行六禮故以六禮言之其實時所委者無六禮也不過鴈以納采
幣以納徵耳女爲父母所嫁媒妁和否不由於己而經皆陳女與男訟之辭者

以文王之教女皆貞信非禮不動故能拒彊暴之男與之爭訟詩人假其事而爲之辭耳誰謂鼠無牙何以穿我墉誰謂女無家何以速我訟○墉牆也視牆之穿推其類可謂鼠有牙墉音容訟如字徐取韻音才容反疏傳墉牆○正義曰釋宮云牆謂之墉李巡曰謂垣牆也郊特牲曰君南嚮於北墉下注云社內北牆是也亦爲城王制注云小城曰墉皇矣云以伐崇墉義得兩通也雖速我訟亦不女從不從終不棄禮而隨此彊暴之男

行露三章一章三句二章章六句

羔羊鵲巢之功致也召南之國化文王之政在位皆節儉正直德如羔羊也鵲巢之君積行累功以致此羔羊之化在位卿大夫競相切化皆如此羔羊之人○行下孟反疏羔羊三章章四句至羔羊之○正義曰作羔羊詩者言鵲巢之功所致也召南之國化文王之政故在位之卿大夫皆居身節儉爲行正直德如羔羊然大夫有德由君之功是鵲巢之功所致也定本致上無所字言南者總謂六州也以篇在召南故連言召耳云德如羔羊者麟趾序云如麟趾之時騶虞序云仁如騶虞皆如其經則此德如羔羊亦如經中之羔羊也經陳大夫爲裘用羔羊之皮此云德如羔羊者詩人因事託意見在位者裘得其制德稱其服故說羔羊之裘以明在位之德敘達其意故云如羔羊焉不然則衣服多矣何以獨言羔羊裘宗伯注云羔取其羣而不失其類士相見注云羔取其羣而不黨公羊傳何休云羔取其贄之不鳴殺之不號乳必跪而受之死義生禮者此羔羊之德也然則今大夫亦能羣不失類行不阿黨死義生禮故皆節儉正直是德如羔羊也毛以儉素由於心服制形於外章首二句言裘得其制是節儉也無私存於情得失表於行下二句言行可蹤迹是正直也鄭以退食爲節儉自公爲正直羔裘言德能稱之委蛇者自得之貌皆亦節儉正直之事也經

先言羔羊以服乃行事故先說其皮序後言羔羊舉其成功乃可以化物各自為文勢之便也〇箋鵲巢至之人〇正義曰以篇首有鵲巢以比國君故云鵲巢之君也上言積行累功以致爵位則化及南國亦積行累功而致之故言積行累功以釋鵲巢之功所致之意言由國君積行累功以化天下故天下化之皆如羔羊以致此羔羊之化也知在位是卿大夫者以經陳羔裘卿大夫之服故傳曰大夫羔裘以居是也言競相切化謂競相切磋以善化皆如羔羊之人謂人德如羔羊也

羔羊之皮素絲五紽小曰羔大曰羊素白也紽數也古者素絲以英裘不失其制大夫羔裘以居〇宅本又作佗同徒何反宅數也本或作紽數所具反後不音者同英沈音映又如字

退食自公委蛇委蛇公公門也委蛇行可從迹也箋云退食謂減膳也自從也從於公謂正直順於事也委蛇委曲自得之貌節儉而順心志定故可自得也〇委於危反蛇本又作虵同音移讀此兩句當云委蛇委蛇沈讀作委委蛇蛇韓詩作逶迤云公正貌行下孟反崔如字從迹足容反字亦作蹤迹又作跡

疏 羔裘至委蛇〇毛以為召南大夫皆正直節儉言用羔羊之皮以為裘縫殺得制素絲為英飾其紽數有五既外服羔羊之裘內有羔羊之德故退朝而食從公門入私門布德施行皆委蛇然動而有法可使人蹤迹而效之言其行服相稱內外得宜此章言羔羊之皮卒章言羔羊之縫互見其用皮為裘縫殺得制也〇鄭唯下二句為異言大夫減退膳食順從於事心志自得委蛇然〇傳小曰羔至以居〇正義曰小羔大羊對文為異此說大夫之裘宜直言羔而已兼言羊者以羔亦是羊故連言以協句傳以羔羊並言故以大小釋之此言紽數下言總數謂紽總之數有五非訓紽總為數也二章傳云緎縫者釋訓云緎羔羊之縫孫炎曰緎之為界。緎然則縫合羔羊皮為裘縫即皮之界。緎因名裘縫云緎五緎既為縫則五紽五總亦為縫也視之見其五故皆云五焉傳於首章先言紽數者以經云五紽先解五之意故紽數有五也首章既解其數故二章解其體言緎縫也且因爾雅之文爾雅獨解緎者蓋舉中言之二章既解其體恐人以為紽自數也緎自縫也故於卒章又言總數有五以明緎數亦五緎言縫則紽總亦縫可知傳互言也古者素絲所以得英裘者織素絲爲組紃以英飾裘之縫中清人傳曰矛有英飾閟宮傳云朱英爲飾則此英亦爲飾可知素絲爲飾維組紃耳若爲線則所以縫裘非飾也故干旄曰素絲組之傳曰總以素絲而成組也紃亦組之類則素絲可以爲組紃矣既云素絲即云五紽五緎是裘縫明矣又明素絲爲組紃而施於縫中故下雜記注云紃施諸縫若今之條是有組紃而施於縫中之驗傳知素絲不爲線而得爲飾者若線則凡衣皆用非可美故素絲以英裘非線也言大夫羔裘以居者由大夫服之以居故詩人見而稱之也謂居於朝廷非居於家也論語曰狐貉之厚以居注云在家所以接賓客則在家不服羔裘矣論語注又云緇衣羔裘諸侯視朝之服卿大夫朝服亦羔裘唯豹袪與君異耳明此爲朝服之裘非居家也○傳公公至從迹○正義曰傳以言退者自朝之辭故知公謂公門少儀云朝廷曰退是也行可蹤迹者謂出言立行有始有終可蹤迹倣效也○箋退食至之貌○正義曰減膳食者大夫常膳日特豚朔月少牢今爲節儉減之也王肅云自減膳食聖人有逼下之譏孫毓云自非天災無減膳之制所以得減膳食者以序云節儉明其減於常禮經言退食是減膳可知禮者苦人之奢制其中法若車服之文物祭祀之犧牲不可逼下是故此論羔裘美其得制至於奉養己食容得減退故趙盾食魚飧公孫弘脫粟之飯前史以爲美談經云自公鄭訓自爲從公爲事故云從從於公謂正直順於事也委曲自得者心志既定擧無不中神氣自若事事皆然故云委蛇委曲自得之貌也定本退謂減膳更無食字

羔羊之革素絲五緎○革猶皮也緎縫也緎徐音域又于域反孫炎云緎縫之界域緎縫爾雅云緎羔裘之縫也音符用反一本作緎猶縫也則當音符龍反

疏傳革猶皮○正義曰對文則皮革異故掌皮云秋斂皮冬斂革異時斂之明其別也許氏說文曰獸皮治去其毛曰革革更也對文言之異散文則皮革通司裘曰大喪飾皮車謂革輅也去毛得稱皮明是有毛得稱革故攻皮之工有函鮑韗韋裘是皮革通言也此以爲裘明非去毛故云革猶皮也依月令孟冬始裘天子祭天則大裘而冕故司服云王祀昊天上帝

則服大裘而冕祀五帝亦如之鄭注大裘黑羔裘是也其五冕之裘亦同黑羔裘知者司裘職云掌爲大裘以供王祀天之服更不別言衮冕已下之裘明六冕與爵弁同用黑羔裘若天子視朝及諸侯朝天子皆以狐白裘知者以玉藻云君衣狐白裘錦衣以裼之又秦詩曰君子至止錦衣狐裘以裘象衣色皮弁服白布衣故也其卿大夫在朝及聘問亦衣狐白裘知者玉藻云士不衣狐白故也其裼蓋用素衣知者以鄭注玉藻云非諸侯則不用素錦爲裼故也士則麛裘青豻褎以狐白之外唯麑裘素也其諸侯視朝及卿大夫等同用黑羔裘以玉藻云羔裘緇衣以裼之麑鄭注論語云緇衣羔裘諸侯視朝之服是也若諸侯視朝君臣用麑裘知者鄭注論語云素衣麑裘諸侯視朝之服其臣則青豻褎絞衣爲裼若兵事既用韎韋衣則用黃衣狐裘及貍裘象衣色故也又襄四年傳云臧之狐裘敗我於狐駘又定九年傳云晳幘而衣貍製是也若天子以下田獵則羔裘緇衣以裼之知者司服云凡田冠弁服注云冠弁委貌則諸侯朝服故也其天子諸侯燕居同服玄端則亦同服羔裘矣凡裘人君則用全其臣則褎飾爲異故唐詩云羔裘豹袪鄭云卿大夫之服是也若崔靈恩等以天子諸侯朝祭之服先著明衣又加中衣又加裘裘外又加裼衣裼之上乃加朝祭之服其二劉等則以玉藻云君衣狐白裘錦衣以裼之又云以帛裏布非禮也鄭注云冕服中衣用素朝服中衣用布若皮弁服之下即次錦衣爲裼便是以帛裏布故知中衣在裼衣之上明矣又以司服職云王祀昊天上帝則服大裘而冕以下冕不復云裘司裘職云掌爲大裘以供王祀天之服亦不別言衮冕以下之裘明六冕與爵弁同用大裘之羔裘矣案玉藻云君子狐青裘豹褎玄綃衣以裼之注云君子大夫士狐青裘蓋玄衣之裘然衮冕與衣玄知不用狐青裘者以司裘職云季秋獻功裘以待頒賜注云功裘人功微麤謂狐青麛裘之屬鄭以功裘以待頒賜大夫士明非冕服之裘矣

委蛇委蛇自公退食箋云自公退食猶退食自公

羔羊之縫素絲五總縫言縫殺之大小得其制總數也○縫符龍反注同注縫殺之字又音符用反總子公反殺所界反徐所例反委蛇委蛇退食

自公

羔羊三章章四句

殷其靁勸以義也召南之大夫遠行從政不遑寧處其室家能閔其勤勞勸以義也召南大夫召伯之屬遠行謂使出邦畿○殷音隱下同靁亦作雷力回反勸以義也本或無以字下句始有遑本或作偟音黃暇也使所吏反

疏殷其靁三章章六句至勸以義○正義曰作殷其靁詩者言大夫之妻勸夫以爲臣之義召南之大夫遠行從政施王命於天下不得遑暇而安處其室家見其如此能閔念其夫之勤勞而勸以爲臣之義言雖勞而未可得歸是勸以義之事也定本能閔其勤無勞字召南之大夫遠行從政經三章章首二句是也不遑寧處其室家閔其勤勞次二句是也詩本美其勸以義即具陳所勸之由故先言從政勤勞。室家之事爲勸以義而施經序皆得其次○箋召南至之屬正義曰此解大夫即是王朝之臣而謂之召南者以其是召伯之屬故言召南之大夫也文王未稱王召伯爲諸侯之臣其下不得有大夫此言召南大夫則是文王都豐召伯受采之後也言召伯之屬者召伯爲王者之卿士周禮六卿其下皆有大夫各屬其卿故云之屬左傳曰伯輿之大夫瑕禽亦此之類也知非六州諸侯之大夫者以序云遠行從政遠行出境之辭經云殷其靁以喻號令則此遠出封畿行號令者也若六州大夫不得有出境行令之事知非聘問者聘問結好非殷靁之取喻有時而歸非室家所當閔念言遠行從政無期以反室家閔之明是召伯之屬從行化於南國也時未爲伯箋因行露之序從後言之耳

殷其靁在南山之陽殷靁聲也山南曰陽靁出地奮震驚百里山出雲雨以潤天下箋云靁以喻號令於南山之陽又喻其在外也召南大夫以王命施號令於四方猶靁殷殷然發聲於山之陽何斯違斯莫敢或遑何此君子也斯此違去遑暇也箋云何乎此君

子適居此復去此轉行遠從事於王所命之方無敢或閒暇時閔其勤勞○復符福反閒音閑

振振君子歸哉歸哉

振振信厚也箋云大夫信厚之君子爲君使功未成歸哉歸哉勸以爲臣之義未得歸也○振音真爲君于僞反或如字使所吏反或如字

【疏】殷其至歸哉○正義曰言殷殷然靁聲在南山之陽以喻君子行號令在彼遠方之國既言君子行王政於遠方故因而閔之云何乎我此君子既行王命於彼遠方謂適居此一處今復乃去此更轉遠於餘方而無敢或閒暇之時何爲勤勞如此既閔念之又因勸之言振振然信厚之君子今爲君出使功未成可得歸哉勸以爲臣之義未得歸也○傳殷靁至天下○正義曰此靁比號令則雨靁之聲故云山出雲雨以潤天下雲漢傳曰隆隆而雷非雨靁也箋云雨靁之聲尚殷殷然是也靁出地奮豫卦象辭也彼注云奮動也靁動於地上而萬物豫也震驚百里震卦彖辭也注云震爲靁靁動物之氣也靁之發聲猶人君出政教以動國中之人故謂之震驚之言警戒也靁發聲百里古者諸侯之象諸侯之出教令警戒其國疆之內是其義也此二卦皆有靁事義相接故并引之以證靁喻號令之義也靁之發聲止聞百里文王之化非唯一國直取喻號令耳山出雲雨者公羊傳曰觸石而出膚寸而合不崇朝而雨天下者其唯泰山乎是山出雲雨之事○傳何此君子至箋復去此○正義曰傳言何此君子解何字何爲我此君子乃然此非經中之斯故傳先言何此君子乃訓斯爲此箋何乎此君子亦謂傳中何此君子亦非經中之斯言適居此此經中何斯之此言我君子行於遠方適居此處今乃復去離此轉向餘國去此者經中違斯之此也集注有箋云定本於此無箋云誤也

殷其靁在南山之側

亦在其陰與左右也

【疏】傳亦在至左右○正義曰上陽直云山南此云側不復爲山南三方皆是陰謂山北左謂東右謂西也

何斯違斯莫敢遑息

息止也

振振君子歸哉歸哉

殷其靁在南山之下

或在其下箋云下謂山足

何斯違斯莫或遑處

處居也○處尺貴反

振振君子歸哉歸哉

殷其靁三章章六句

附釋音毛詩注疏卷第一（一之四）

阮元撰盧宣旬摘錄

○草蟲

還來歸宗謂被出也　閩本明監本毛本謂上衍有此之義故己所以憂歸宗十一字

蕨鱉也　相臺本鱉作鼈閩本明監本毛本同小字本作鱉案釋文鼈本又作鱉小字本依釋文又作也釋文舊或誤今正

言我也我采者　小字本相臺本同案此與雄雉箋爾女也女衆君子之屬爲一例與卷耳箋我我君也我我使臣也之屬不相同因蒙上句不煩更出也考文古本作言我也我我采者也仍更出我字非箋例也其雄雉箋作爾女也女女衆君子亦非餘同此

在塗而見采鱉采者得其所欲得　閩本明監本毛本同小字本相臺本下采字作菜案菜字非也考文古本亦作菜山井鼎云屬上讀考正義標起止云言我至采鱉是正義本作采讀以采者得其所欲得七字爲一句采譌爲菜幷改其讀失之矣

○采蘋

此祭女所出祖也　閩本明監本毛本同小字本相臺本重祭字考文古本同案重者是也正義云知此祭祭女所出祖者可證

無足曰釜　小字本相臺本同案正義標起止云傳方曰筐至曰釜又云定本有足曰錡下更無傳俗本錡下又有無足曰釜是正義本與俗本同也此傳錡釜屬有足曰錡互文見意不更言無足曰釜矣當以定本爲長

大夫士祭於宗廟　小字本相臺本同案正義云言大夫士祭於宗室又云定本集注大夫士祭於宗廟不作室字考下傳云必先禮之

於宗室是大宗之廟但稱宗室不稱宗廟也當以正義本爲長

則非禮也小字本相臺本同案惠棟於禮下添女字非也箋說傳必先禮之之禮不更言禮女其爲禮女自明矣正義云則非禮女也乃正義自爲文不可據以改箋凡正義自爲文其於注有足成亦有檃栝皆取詞旨通暢不必盡與注相應

祭事主婦設羹閩本明監本毛本同小字本相臺本事作禮考文古本同案禮字是也正義可證

江東謂之薸音瓢閩本明監本毛本同案音瓢二字當旁行細字正義於自作音者例如此也○今按音瓢二字亦是郭注郭注不特經內字爲音即自注內難識之字亦多爲音凡古本注內云音某者俗本多刪之或刪之而僅有存者詳見爾雅校勘記舊於此云正義自作音非也

主婦人及兩鉶鉶芼閩本明監本毛本同案浦鏜云衍人字以特牲考之浦校是也

○甘棠

今棠黎補黎當作梨

何所慾據補慾當作憑

箋云茇草舍也小字本相臺本同閩本同明監本毛本箋云在茇草舍也下案正義標起止云傳蔽芾至草舍箋召伯至其樹明監本毛本本依此所改也考文古本同亦采正義又正義云定本集注於注內並無箋云是其本自茇草舍也至敬其樹凡四十一字皆爲傳也段玉裁以定本集

注爲是

召伯所憩唐石經小字本相臺本同案惠棟云說文無憩字當作愒今考釋文云憩本又作愒小雅菀柳大雅民勞經皆作愒憩但愒之俗字耳釋文舊有誤今訂正

〇行露

箋云夙早也小字本相臺本同案釋文此箋有夜莫二字云小星箋同今考此及小星箋各本皆無夜莫二字與釋文本不同也下箋云我豈不知當早夜成昏禮與小星箋云或早或夜皆不言莫當以無者爲長我將昊天有成命箋亦但云早夜陟岵烝民箋有夜莫者皆釋文本耳盧文弨欲依蜀石經補此非也考文古本有夜莫也采釋文〇按舊校非也依說文夕者莫也莫者日且冥也夜者舍也天下休舍也古夕與莫不同義夜與莫不同義莫謂日冥夜則該日冥至將旦言之是以穀梁春秋辛卯昔恆星不見夜中星隕如雨昔卽夕字此夕與夜分別之證也然對文則別散文則莫亦爲夜鄭云夜莫也者散文之義也別之也曷爲別之嫌讀者謂此夜爲終夜也箋有夜莫二字者是

禮不足而彊來小字本相臺本同案正義云禮不足而來彊暴是正義本此彊來及下彊委皆當與序彊暴字同讀作巨良反釋文而強來其丈反下强委同五經文字云彊强並巨良反云云又其兩反則皆用下字釋文與正義不同也考下箋强委之乃左昭元年傳文當以釋文本爲長考文古本下彊委之作强采釋文

人皆謂雀之穿屋似有角小字本相臺本同閩本明監本毛本亦同案考文古本下有者字云宋板同誤以傳文似有角者爲

箋文也

純帛不過五兩小字本相臺本同案此正義本也正義云此媒氏文也又云媒氏注純實緇字也古緇以才為聲又云則純帛亦緇也傳取媒氏以故合其字定本作紂字言合其字者媒氏作純傳亦作純於字為合也考媒氏純字至鄭始正其讀是此傳舊但作純當以正義本為長釋文紂側基反依字糸旁才後人遂以才為屯因作純字與定本同也考文古本作純采正義釋文閩本明監本毛本作紂亦依定本改耳

天子以娉女閩本明監本毛本娉誤聘下同

○羔羊

羔取其贄之不鳴閩本明監本毛本同案浦鏜云執誤贄以公羊注考之浦校是也

退食謂減膳也小字本相臺本同案正義云定本退謂減膳更無食字考文古本膳下有食字采正義

孫炎曰緎之為界緎閩本明監本毛本同案下緎字當作域釋文引作域下界緎同

因名裘縫云緎閩本明監本毛本云誤為

維組紃耳補維當作唯閩本明監本毛本並誤

行可蹤迹者閩本明監本毛本同案傳作從正義作蹤從蹤古今字易而說之也例見前標起止仍云至從迹可證也釋文從字亦作蹤非是義本

唯麑裘素也閩本明監本毛本麑誤麛案山井鼎云上麛字同今本考此上依玉藻字下依論語字故不同也鄭玉藻注引論語亦作麛麛是正字麑是假借魚麗傳不麛本或作麑同

若諸侯視朝君臣用麑裘閩本明監本毛本同案浦鏜云朔誤朝下素衣麑裘諸侯視朝之服同是也終南正義可證

然衮冕與衣元知不用狐青裘者閩本明監本毛本同案十行本衣至青剜添者一字是知字衍也

○殷其靁

勸以義也唐石經小字本相臺本同案釋文云本或無以字下句始有考正義本云勸夫以爲臣之義下句正義云而勸以爲臣之義是其本此句當亦有以字

故先言從政勤勞室家之事閩本明監本毛本同案此不誤浦鏜云室家當王家誤非也勤勞句絕室家之事別爲句與下連文

非兩靁也箋云閩本明監本毛本同案箋云二字當在非兩靁也之上不知者誤移於下耳

毛詩國風　鄭氏箋　孔穎達疏

摽有梅男女及時也召南之國被文王之化男女得以及時也○摽婢小反徐符表反梅木名也韓詩作楳說文楳亦梅字男女及時也本或作得以及時者從下而誤被皮寄反

疏摽有梅三章章四句至及時○正義曰作摽有梅詩者言男女及時也召南之國被文王之化故男女皆得以及時謂紂時俗衰政亂男女喪其配耦嫁娶多不以時今被文王之化故男女皆得以及時俗本男女下有得以二字者誤也毛以卒章云三十之男二十之女爲蕃育法二章爲男年二十八九女年十八九首章謂男年二十六七女年十六七以梅落喻男女年衰則未落宜據男年二十五女年十五矣則毛以上二章陳年盛正昏之時卒章蕃育法雖在期盡亦是及時東門之楊傳云不逮秋冬則毛意以秋冬皆得成昬孫卿曰霜降逆女冰泮殺。止霜降九月也冰泮正月也孫卿毛氏之師明毛亦然以九月至正月皆可爲昏也又家語曰霜降而婦功成而嫁娶者行焉冰泮農業起昬禮殺於此又云冬合男女春班爵位邶詩曰士如歸妻迨冰未泮是其事也其周禮言仲春夏小正言二月者皆爲期盡蕃育之法禮記云二十曰弱冠又曰冠成人之道成人乃可爲人父矣喪服傳曰十九至十六爲長殤禮子不殤父明男二十爲初娶之端又禮記曰女子十五許嫁而笄以十五爲成人許嫁不爲殤明女十五爲初昏之端矣王肅述毛曰前賢有言丈夫二十不敢不有室女子十五不敢不事人譙周亦云是故男自二十以及三十女自十五以至二十皆得以嫁娶先是則速後是則晚矣凡人嫁娶或以賢淑或以方類豈但年數而已此皆取說於毛氏矣然則男。自二十九女自十五以至十九皆爲盛年其昬自季秋至於孟春惟其所用不限其月若男三十女二十爲期盡蕃育雖仲春猶可行卽此卒章是也又男女之昬爲賢淑與方類但男年二十以後女年十五以後隨任所當嘉好則成不必要以十五六女配二十一二男也雖二十女配二十之男三十之男配十五之女亦可也傳言三十之男二十之女據其並期盡者依周禮文爲正鄭據周禮仲春爲昏是其正此序云男女得以及時言及者汲汲之辭故三章皆爲蕃育之法非仲春也上二章陳及夏行嫁卒章言夏晚大衰不復得嫁待明年仲春亦是及時也以梅實喻時之盛衰不以喻年若梅實未落十分皆在喻時未有衰卽仲春之月是也此經所不陳既以仲春之月爲正去之彌遠則時益衰近則衰少衰少則梅落少衰多則似梅落多時不可爲昏則似梅落盡首章其實七兮謂在樹者七梅落仍少以喻衰猶少謂孟夏也以去春近仍爲善時故下句言迨其吉兮欲及其善時也二章言其實三兮謂在者唯三梅落益多謂仲夏也過此則不復可嫁故云迨其今兮今急辭恐其過此故急也又卒章頃筐塈之謂梅十分皆落梅實既盡喻去春光遠善亦盡矣謂季夏也不可復昏待至明年仲春故下句云迨其謂之箋云女年二十而無嫁端則有勤望之憂明年仲春不待以禮會之時禮雖不備相奔不禁由季夏時盡故至明年也季春亦非正時箋不以首章當之者以四月五月與春接連猶可以嫁三月則可以嫁明矣六月則爲晚此篇三章不宜一章興一月故以首章爲初夏二三章爲向晚此得以及時宜舉末以言之故以爲季春也所以於五月得爲昏至六月則不可者以四月五月去春末一時故可強嫁故季夏去春遠矣故不得爲昏知待至明年春者周禮媒氏仲春之月奔者不禁故知明年得行也鄭以仲春爲昏月故行露野有蔓草皆引周禮仲春之月令會男女之無夫家者又夏小正二月綏多女士下云有女懷春故以仲春爲昏月也此首章箋云女年二十則依周禮書傳穀梁禮記皆言男三十而娶女二十而嫁故不從毛傳且女子十五正言許嫁不言卽嫁也越語曰女子十七不嫁丈夫二十不娶父母有罪越王謂欲報吳之故特下此令又若女年皆十五而嫁越王欲速爲昏何由乃下十七之期乎又諸經傳所以皆云三十二十都不言正嫁娶之年而皆爲期盡也孫卿家語未可據信故據周禮三十之男二十之女昏用仲春也案異義人君年幾而娶今大戴禮說男子三

十而娶女子二十而嫁天子已下及庶人同禮又左傳說人君十五生子禮三十而娶庶人禮也謹案舜生三十不娶謂之鰥。禮文王世子曰文王十五生武王武王有兄伯邑考故知人君早昏所以重繼嗣鄭玄不駮明知天子諸侯十二而冠冠而生子大夫以下明從庶人法也行露之篇女以多露拒男此四月五月而云猶可嫁者鄭志答張逸云行露以正言也摽有梅以蕃育人民然則行露為不從男故以禮拒之此為有故不及正時許之所以蕃育人民故也綢繆首章三星在天箋云三月之末四月之中二章三星在隅箋云四月之末五月之中卒章三星在戶箋云五月之末六月之中與此三章之喻大同彼云不得其時此云及時者此文王之化有故不得以仲春者許之所以蕃育人民彼正時不行故為違禮事同意異故美刺有殊

摽有梅其實七兮

興也摽落也盛極則墮落者梅也尙在樹者七箋云興者梅實尙餘七未落喻始衰也謂女二十春盛而不嫁至夏則衰○墮追果反又徒火反

求我庶士迨其吉兮

吉善也箋云我我當嫁者庶衆迨及也求女之當嫁者之衆士宜及其善時善時謂年二十雖夏未大衰○迨音待韓詩云顧也

[疏]摽有至吉兮○毛以為墮落者是有梅此梅雖落其實十分之中尙在樹者七其三始落是梅始衰興女年十六七亦女年始衰求女之當嫁者之衆士宜及其此善時以為昏比十五為衰對十八九故為善此同興男女年舉女年則男年可知矣○鄭以梅落興時衰為異言墮落者是有梅此梅雖落其實十分之中尙七未落已三分落矣而在者衆以興漸衰者善時此時雖衰其十分之中尙七分未衰唯已三分衰耳而善者猶多以謂孟夏之月初承春後仍為善時求我當嫁者之衆士宜及孟夏善時以承昏事○箋梅實至始衰○正義曰箋知不以梅記時者以序云男女得以及時而經有三章宜一章喻一月若為記時則梅已有落不久則盡其實七兮與頃筐塈之正同一月非本歷陳及時之意故為喻也○箋我我當嫁者○正義曰言此者以女被文王之化貞信之教興必不自呼其夫令及時之取己鄭恐有女自我之嫌故辨之言我者詩人我此女之當嫁者亦非女自我

摽有梅其實三兮

在者三也箋云此夏鄉晚梅之隋落差多在者餘三耳○鄉本亦作嚮又作向同許亮反差初賣反

求我庶士迨其今兮今急辭也摽

有梅頃筐塈之塈取也箋云頃筐取之謂夏已晚頃筐取之於地○頃音傾塈許器反

求我庶士迨其謂之不待備禮也三十之男二十之女禮未備則不待禮會而行之者所以蕃育民人也箋云謂勤也女年二十而無嫁端則有勤望之憂不待禮會而行之者謂明年仲春不待以禮會之也時禮雖不備相奔不禁○蕃音煩禁居鴆反一音金

疏摽有至謂之○毛以為隋落者是有梅此梅落盡故以頃筐取之以與女年二十顏色甚衰而用蕃育之禮以取之求我當嫁者之衆士宜及其此時而謂之以成昏謂者以言謂女而取之不待備禮○鄭以隋落者是梅此梅。落故頃筐取之於地以興漸衰者善時此善時已盡故待至明年仲春以時已過不可復昏故也求我當嫁者之衆士宜及明年仲春女勤望之時謂女年二十而不嫁至明年仲春則有勤望之憂宜及此時取之○傳不待至民人○正義曰傳先言不待備禮者解謂之之意所以得謂之而成昏者由不待備禮故也又解不待備禮之意言三十之男二十之女禮雖未備年期既滿則不待禮會而行之所以蕃育民人也謂多得成昏令其有子所以蕃息生育人民使之衆多○箋不待至不禁○正義曰傳意三十之男二十之女其年仲春即不待禮會而行之故鄭易之言不待禮會而行之謂明年仲春。如不待禮會之也又稱不待禮者禮雖不備相奔不禁即周禮仲春之月令會男女於是時也相奔者不禁是也

摽有梅三章章四句

小星惠及下也夫人無妬忌之行惠及賤妾進御於君知其命有貴賤能盡其心矣以色曰妬以行曰忌命謂禮命貴賤○行下孟反注同盡津忍反後放此

疏小星二章章五句至其心矣○正義曰作小星詩者言夫人以恩惠

及其下賤妾也由夫人無妒忌之行能以恩惠及賤妾令得進御於君故賤妾亦自知其禮命與夫人貴賤不同能盡其心以事夫人焉言夫人惠及賤妾使進御於君經二章上二句是也眾妾自知卑賤故抱衾而往御不當夕下三句是也既荷恩惠故能盡心述夫人惠下之美於經無所當也此賤妾對夫人而言則總指眾妾媵與姪娣皆為賤妾也曲禮下云公侯有妾謂在九女之外若內司服女御注以衣服進者彼暫時之事不得次序進御明不在此賤妾之中○箋命謂禮命貴賤○正義曰命謂貴賤者夫人禮命貴與君同故稱曰小君眾妾則賤故喪服注云貴者視卿賤者視大夫也妾之貴者夫人姪娣也卽喪服所謂貴臣。賤妾也左氏皆言以夫人之姪娣為繼室明其貴也何休云夫人無子立右媵右媵無子立左媵左媵之子以二媵為貴與禮不合故韓奕箋獨言娣舉其貴者是姪娣貴於媵之義

嘒彼小星三五在東

嘒微貌小星眾無名者三心五噣四時更見箋云眾無名之星隨心噣在天猶諸妾隨夫人以次序進御於君也心在東方三月時也噣在東方正月時也如是終歲列宿更見○嘒呼惠反噣張救反又都豆反爾雅云噣謂之柳更音庚下同見賢遍反下同宿音秀

肅肅宵征夙夜在公寔命不同

肅肅疾貌宵夜征行寔是也命不得同於列位也箋云夙早也謂諸妾肅肅然夜行或早或夜在於君所以次序進御者是其禮命之數不同也凡妾御於君不當夕○寔時職反韓詩作實云有也

疏嘒彼至不同○正義曰言嘒然微者彼小星此星雖微亦隨三星之心五星之噣以次列在天見於東方以興禮。雖卑者是彼賤妾雖卑亦隨夫人以次序進御於君所由夫人不妒忌惠及故也眾妾自知己賤不敢同於夫人故肅肅然夜行或早或夜在於君所夜來早往或夜往而早來不敢當夕是禮命之數不得同於夫人故也○傳嘒彼至更見○正義曰此言小星故為微貌雲漢傳曰嘒星貌者以宣王仰視不止小星故直言星貌兼大星皆在也嘒之為貌不甚大明比於日月為小故大星小星皆得為小貌知三為。星者下章云維參與昴昴不五星則五非下章之昴也五既非昴則三亦非參列宿之大房心參伐三既非參而心亦

三星故知三謂心也綢繆傳曰三星參也者以其刺昏姻不得其時舉正時以刺之冬日之昏在天在戶唯參爲然故知非心也三星在罶皆爲心心實三星而傳不明說蓋從此爲心以其心稱三爲正故此稱三以對參也箋則三皆爲心以其心實三星而列宿之尊故元命苞曰心爲天王公羊又云心爲大辰故言三星此及綢繆苕之華皆云心也知五是噣者元命苞云柳五星釋天云咮謂之柳天文志曰柳謂鳥喙則云喙者柳星也以其爲鳥星之口故謂之喙心東方之宿柳南方之宿著明者故以比夫人也言四時更見者見連言在東恐其俱時在東故云四時之中更迭見之〇箋衆無至更見〇正義曰經言在東箋云在天者在東據初見之方此不取所見之方爲義直取星之在天似婦人之進於夫故變言在天綢繆言三星在天傳曰見於東方者彼取記候須所在之方爲義故變言在東經取其韻注說其義故皆反其經也又心在東方三月時喙在東方正月時是不同時見也二者同在春見但異月耳云四時者如是終歲列宿更見因明二十八宿更迭而見不止於心喙也〇傳命不得同於列位〇正義曰雖同事於君夫人貴而妾賤禮命之數不得同於行列等位〇箋諸妾至當夕〇正義曰書傳曰古者后夫人將侍君前息燭後舉獨至於房中釋朝服襲燕服然後入御於君雞鳴大師奏雞鳴於階下然後夫人鳴佩玉於房中告去由此言之夫人往來舒而有儀諸妾則肅肅然夜而疾行是其異也言或早或夜在於君所者謂諸妾夜晚始往及早來也亦異於夫人也或以爲早謂夜初妾有貴賤往有早晚知不然者以其詩言夙夜者皆記一晝爲夜晨初爲早未有以初昏爲夙者又序云知其命有貴賤與此寔命不同一也明此亦不同於夫人非妾中自不同也言凡妾御於君不當夕者解所以夜晚乃往之意由妾御於君不當夕故也內則云妻不在妾御莫敢當夕注云避女君之御日與此不同者彼妻不在妾不往御此自往御之時不敢當夕而往文取於彼義隨所證亦斷章之義也

嘒彼小星維參與昴參伐也昴留也箋云此言衆無名之星亦隨伐留在天〇參所林反星名也一名伐昴音卯徐又音茅一名留二星皆西方宿也留如字又音柳下同

疏傳參伐昴

留○正義曰天文志云參白虎宿三星直下有三星旒曰伐其外四星左右肩股也則參實三星故綢繆傳曰三星參也以伐與參連體參爲列宿統名之若同一宿然但伐亦爲大星與參互見皆得相統故周禮熊旒六旒以象伐注云伐屬白虎宿與參連體而六星言六旒以象伐明伐得統參也是以演孔圖云參以斬伐公羊傳曰伐爲大辰皆互舉相見之文也故言參伐一也見同體之義元命苞云昴六星昴之爲言留言物成就繫留是也彼昴留爲一則參伐明亦爲一也

肅肅宵征抱衾與裯。寔命不猶 衾被也裯禪被也猶若也箋云裯牀帳也諸妾夜行抱。衾與牀帳待進御之次序不若亦言尊卑異也○衾起金反裯直留反徐云鄭音直俱反帳張仗反

疏傳衾被裯禪被○正義曰葛生曰錦衾爛兮是衾爲臥物故知爲被也今名曰被古者曰衾論語謂之寢衣也以衾既是被裯亦宜爲臥物故爲禪被也○箋裯牀帳○正義曰鄭以衾既爲被不宜復云禪被也漢世名帳爲裯蓋因於古故以爲牀帳鄭志張逸問此箋不知何以易傳又諸妾抱帳進御於君有常寢何其碎答曰今人名帳爲裯雖古無名被爲裯諸妾何必人抱一帳施者因之如今漢抱帳也是鄭之改傳之意云施者因之內則注云諸侯取九女姪娣兩兩而御則三日也次兩媵則四日也次夫人。連夜則五日也是五日之中一夜夫人四夜媵妾夫人御後之夜則次御者抱衾而往其後三夜御者因之不復抱也四夜既滿其來者又抱之而還以後夜夫人所專不須帳也所施帳者爲二人一共侍於君有須在帳者妾往必二人俱往不然不須帳故天子九嬪以下九人一夜明九人更迭而往來矣其御望前先卑望後先尊宜二媵下姪娣畢次二媵次夫人下姪娣次夫人望後乃反之則望前最賤妾抱帳往貴者抱之還望後貴者抱之往賤者抱之還帳爲諸妾而有異於夫人也

小星二章章五句

江有汜美媵也勤而無怨嫡能悔過也文王之時江沱之閒有嫡不以其媵備

數媵遇勞而無怨嫡亦自悔也勤者以己宜媵而不得心望之○汜音祀江水名媵音孕又繩證反古者諸侯娶夫人則同姓
二國媵之嫡都狄反正夫人也下同沱徒何反江水之別也篇內同
疏江有汜三章章五句至自悔○正義曰作江有汜詩者言美媵也美其勤而不怨謂
宜爲媵而不得行心雖勤勞而不怨於嫡故嫡亦能自悔過謂悔其不與俱行也當文王之時江沱之閒有嫡不以其媵備妾御之數媵遇憂思之勞而無所
怨而嫡有所思亦能自悔過也此本爲美媵之不怨因言嫡之能自悔故美媵而後兼嫡也嫡謂妻也媵謂妾也謂之媵者以其從嫡以送爲名故士昏禮注
云媵送也古者女嫁必姪娣從謂之媵也士昏禮云雖無娣媵先言姪若無姪娣猶先媵是士有娣娣但不必備耳喪大記大夫撫姪娣是大夫有姪娣矣公
羊傳曰諸侯一取九女二國媵之所從皆名媵獨言二國者異國主爲媵故特名之其實雖夫人姪娣亦爲媵也此言嫡媵不指其諸侯大夫及士庶雖文得
兼施若夫人宜與小星同言夫人此直云有嫡似大夫以下但無一文以明之媵之行否所由嫡者嫡尊專妬抑之而不得行後思之而悔也勤勞一也勤者心
企望之望之而不得所以成勞故云遇勞也不以其媵備數經三章次二句是也嫡亦自悔皆卒句是也首章一句爲下而設遇勞不怨經無所當稱美媵之
本心耳

江有汜與也決復入爲汜箋云與者喻江水大汜水小然而並流似嫡媵宜俱行○決古穴反又音穴復扶福反並白猛反又步頂反之子歸不我以不我以其後也悔嫡能自悔也箋云之子是子也是子謂嫡也婦人謂嫁曰歸以猶與也

疏江有至也悔○正義曰江水大似嫡汜水小似媵言江之有汜得並流以與嫡之有媵宜俱行言是子嫡妻往歸之時不共我以俱行由不以我俱去故其後也悔○傳決復
入爲汜正義曰釋水文也此毛解汜之狀其興與鄭同知毛不以興夫人初過而後悔者以後悔之文下章自見故不解

江有渚渚小洲也水岐成渚箋云江水流而渚留是嫡與己異心使己獨留不行○渚諸呂反韓詩云一溢一否曰渚渚小洲也本或無此注水岐如字何音其宜反又音祇之子

歸不我與不我與其後也處處止也箋云嫡悔過自止江有沱沱江之別者箋云岷山道江東別爲沱○岷本又作嶓武巾反山名在蜀道徒報反本亦作導下篇注同之子歸不我過不我過其嘯也歌箋云嘯蹙口而出聲嫡有所思而爲之既覺自悔而歌歌者言其悔過以自解說也○過音戈下文同嘯蕭叫反沈蕭妙反蹙子六反本亦作蹴解革買反又閑買反說始拙反又音悅

江有汜三章章五句

野有死麕惡無禮也天下大亂彊暴相陵遂成淫風被文王之化雖當亂世猶惡無禮也無禮者爲不由媒妁鴈幣不至劫脅以成昏謂紂之世○麕本亦作麕又作麇俱倫反麕獸名也草木疏云麕麞也青州人謂之麞惡烏路反下同被皮寄反劫脅上居業反下許業反【疏】野有死麕三章二章章四句一章三句至惡無禮○正義曰作野有死麕詩者言惡無禮謂當紂之世天下大亂彊暴相陵遂成淫風之俗被文王之化雖當亂世其貞女猶惡其無禮經三章皆惡無禮之辭也○箋無禮至紂之世○正義曰經言吉士誘之女思媒氏導之故知不由媒妁也思其麕肉爲禮故知鴈幣不至也欲令舒而脫脫兮故知劫脅以成昏也箋反經爲說而先媒後幣與經倒者便文見昏禮先媒經主惡無禮故先思所持之物也或有俗本以天下大亂以下同爲鄭注者誤定本集注皆不然

野有死麕白茅包。之郊外曰野包裹也凶荒則殺禮猶有以將之野有死麕羣田之獲而分其肉白茅取絜清也箋云亂世之民貧而彊暴之男多行無禮故貞女之情欲令人以白茅裹束野中田者所分麕肉爲禮而來○包逋茅反裹音果殺所戒反徐所例反清如字沈音淨令力呈反有女懷春吉士誘之懷思也春不暇待秋也誘道也箋云有貞女思仲春以禮與男會吉士使媒人道成之疾時無禮而言然○誘音酉【疏】野有至誘之○毛以爲皆惡無禮之辭也言凶荒則殺禮猶須禮以將之故貞女欲男於野田中有死麕之肉以白茅裹之爲禮而來也既欲其禮又欲其及時故有貞女思開春以禮與男會不欲過時也又欲令此吉士先使媒人。導成之不欲無媒妁而自行也○鄭唯懷春爲異言思仲春正昏之時以禮與男會也餘與毛同言春據成昏之時吉士誘之乃於納采之先在春前矣但以昏時爲重故先言懷春也此詩所陳皆是女之所欲計有女懷春之文應最在上但昏禮主於交接春是合昏之時故以女懷配春爲句見春是所思之主其實裹束麕肉亦是女之所思故箋云貞女之情欲令以白茅裹束死麕肉爲禮而來是也○傳凶荒至絜清○正義曰解以死麕之意昏禮五禮用鴈唯納徵用幣無麕鹿之肉言死麕者凶荒則殺禮謂減殺其禮不如豐年也禮雖殺猶須有物以將行之故欲得用麕肉也此由世亂民貧故思以麕肉當鴈幣也故有狐序曰古者凶荒則殺禮多昏司徒以荒政十有二聚萬民十曰多昏鄭司農云多昏不備禮而昏娶者多是也傳文解野中所以有死麕者由羣聚於田獵之中獲而分得其肉纘人注云齊人謂麕爲獐則麕是獐也必以白茅包之者由取其絜清也易曰藉用白茅无咎傳曰爾貢包茅不入王祭不供無以縮酒以供祭祀明其絜清○傳春不暇待秋正義曰傳以秋冬爲正昏此云春者此女年二十期已盡不暇待秋也此思春思開春欲其以禮來若仲春則不待禮會而行之無爲思麕肉矣此女惡其無禮恐其過晚故舉春而言其實往歲之秋冬亦可以爲昏矣釋詁云誘進也曲禮注進客謂導之明進導一也故以誘爲導也○箋有貞至言然正義曰箋以仲春爲昏時故知貞女思仲春之月以禮與男會也言吉士誘之者女欲令吉士使媒人導達成昏禮也疾時無媒故言然也言懷春自思及時與男會也言誘之自吉士遣媒也非謂仲春之月始思遣媒何者女十五許嫁已遣媒以納采二十仲春始親迎故知非仲春月始思媒也吉士者善士也述女稱男之意故以善士言之士如歸妻求我庶士皆非女所稱故不言吉卷阿云用吉士謂朝廷之善士有善德故稱吉士也

林有樸樕野有死鹿白茅純束樸樕小木也野有死鹿廣物也純束猶包之也箋云樸樕之中及野有死鹿皆可以

白茅。包裹束以爲禮廣可用之物非獨麕也純讀如屯○樸蒲木反又音僕樕音速純徒本反沈云鄭徒尊反屯舊徒本反沈徒尊反云屯聚也

有女如玉德如玉也箋云如玉者取其堅而絜白

【疏】林有至如玉○正義曰言凶荒殺禮非直麕肉可用貞女又欲男子於林中有樸樕小木之處及野之中有羣田所分死鹿之肉以白茅純束而裹之以爲禮而來也由有貞女堅而絜白德如玉然故惡此無禮欲有以將之○傳樸樕小木○正義曰釋木云樸樕心某氏曰樸樕斛樕也有心能濕江河間以作柱孫炎曰樸樕一名心是樸樕爲木名也言小木者以林有此木故言小木也林有樸樕謂林中有樸樕之木也故箋云樸樕之中及野有死鹿不言林者則林與樸樕爲一也知不別者以樸樕木名若一木之不得有死鹿若木衆即是林矣不得林與樸樕竝言也且下云有死鹿言有足得蒙林林下之有不爲鹿施明是林中有樸樕之處也樸樕與林不別正月箋云林中大木之處此小木得爲林者謂林中有此小木非小木獨爲林也此宜云林中小木之處○箋純讀如屯○正義曰純讀爲屯者以純非束之義讀爲屯取肉而裹束之故傳云純束猶包之○箋如玉至絜白○正義曰此皆比白玉故言堅而絜白弁師云五采玉則非一色獨以白玉比之者比其堅而絜白不可汙以無禮小戎箋云。玉。有。五德不云堅而絜白者以男子百行不可止貞絜故也

舒而脫脫兮舒徐也脫脫舒。遲也箋云貞女欲吉士以禮來脫脫然舒也又疾時無禮彊暴之男相劫脅○脫敕外反注同

無感我帨兮○感動也帨佩巾也箋云奔走失節動其佩飾○感如字又胡坎反帨始銳反沈始悅反

無使尨也吠尨狗也非禮相陵則狗吠○尨美邦反吠符廢反

【疏】舒而至也吠○正義曰此貞女思以禮來惡其劫脅言吉士當以禮而來其威儀舒遲而脫脫兮無動我之佩巾兮又無令狗也吠但以禮來我則從之疾時劫脅成昏不得安舒奔走失節動其佩巾其使尨也吠已所以惡之是謂惡無禮也○傳脫脫舒遲○正義曰脫脫舒遲之貌不言貌者略之采蘩傳曰僮僮竦敬祁祁舒遲亦略而不言貌定本脫脫舒貌有貌字與俗本異○傳帨佩巾○正義曰內則云子事父

母婦事舅姑皆云左佩紛帨注云帨拭物之巾又曰女子設帨於門右然則帨者是巾爲拭物名之曰帨紛其自佩之故曰佩巾○傳尨狗至狗吠○正義曰尨狗釋畜文李巡曰尨一名狗非禮相陵主不迎客則有狗吠此女願其禮來不用驚狗故鄭志答張逸云正行昏禮不得有狗吠是也

野有死麕三章二章四句一章三句

何彼襛矣美王姬也雖則王姬亦下嫁於諸侯車服不繫其夫下王后一等猶執婦道以成肅雝之德也下王后一等謂車乘厭翟勒面繢總服則褕翟○襛如容反韓詩作莪莪音戎說文云衣厚貌王姬音基王姬武王女姬周姓也杜預云王姬以上爲尊雖王姬一本作雖則王姬車音居他皆放此釋名云古者曰車聲如居所以居人也今曰車音尺奢反云舍也章昭曰古皆音尺奢反從漢以來始有居音繫本或作繼下王遐嫁反注同厭於葉反翟庭歷反厭翟王后五路之第二者也翟雉也次其羽相迫故曰厭也繪本又作繢戶妹反畫文也總作孔反褕翟音遙翟或作狄王后六服之第二也【疏】何彼襛矣三章章四句至之德○正義曰作何彼襛矣詩者美王姬也以其雖則王姬天子之女亦下嫁於諸侯其所乘之車所衣之服皆不繫其夫爲尊卑下王后一等而已其尊如是猶能執持婦道以成肅敬雝和之德不以己尊而慢人此王姬之美即經云曷不肅雝王姬之車是也定本雖王姬無則字此詩主美肅雝之德因言顏色之美以善道相求之事敘者本其作意略不言耳王姬者王女而姬姓春秋築王姬之館于外杜預云不稱字以王爲尊是也言雖則王姬亦下嫁於諸侯者以諸侯之女嫁於諸侯是其常今雖則王姬之尊亦下嫁於諸侯亦謂諸侯主也然土無二王王姬必當嫁於諸侯言雖則者欲美其能執婦道故言雖則爲屈尊之辭言下嫁於諸侯雖嫁於王者之後亦是也禮記注云周女因魯嫁卒服之如內女天子爲之無服嫁於王者之後乃服之則王姬嫁於王者之後似非下嫁言王姬必下嫁者必二王之後通天

三統自行正朔有與天子敵義其實列土諸侯不得純敵天子亦為下嫁也因姑姊妹女子有恩二王後有敵義故服之非實敵也若二王之後嫁女於諸侯
爵雖尊非下嫁也故魯之孝惠娶於商及宋人來媵皆無異於諸侯也然得行禮樂唯祭為然也此王姬體王之尊故下王后一等不繫夫之尊卑唯二王後
之夫人得與王后同亦降一等不繫於夫也此時齊侯子未為諸侯若為諸侯其夫人車服自當下王后一等要本王姬車服不為繫於夫也天子尊無二上
故其女可下王后一等若諸侯之女下嫁則各從夫之爵不得下其母一等也何休云天子嫁女於諸侯備姪娣如諸侯禮義不可以天子之尊絕人繼嗣之
路皇甫謐云武王五男二女元女妻胡公王姬宜為媵今何得適齊侯之子何休事無所出未可據信也或以尊故命同族為媵○箋下王后至褕翟○正義
曰王后五路重翟為上厭翟次之六服褘衣為上褕翟次之今言下王后一等故知車乘厭翟服則褕翟也巾車職云王后之五路重翟錫面朱總厭翟勒面
繢總安車彫面鷖總皆有容蓋注云重翟重翟雉之羽也厭翟次其羽使相迫也勒面謂以如玉龍勒之韋為當面飾也彫者畫之不龍其韋安車坐乘車凡
婦人車皆坐乘鄭司農云錫馬面錫也鷖總者青黑色以繒為之總著馬勒直兩耳與兩鑣容謂幨車山東謂之裳幃或曰潼容玄謂朱總繢總其施之如鷖
總車衡輨亦宜有焉繢畫文也蓋如今小車蓋也皆有容有蓋則重翟厭翟謂蔽也重翟后從王祭祀所乘厭翟后從王賓饗諸侯所乘安車無蔽后朝見於
王所乘謂去飾也詩國風碩人曰翟茀以朝謂諸侯夫人始來乘翟蔽之車以朝見於君以盛之也此翟蔽蓋厭翟也然則王后始來乘重翟矣巾車又云翟
車貝面組總有握輦車組挽有翣羽蓋注云翟車以出桑輦車宮中所乘此王后五等車所用也其諸侯之夫人始嫁及常乘之車則無文說者各為其見崔
靈恩以為二王之後夫人各乘本國先王之上車魯之夫人乘重翟知者以魯夫人服褘衣與王后同故知車亦同也其同姓異姓侯伯夫人皆乘厭翟子男
夫人乘翟車所用助祭饗賓朝見各依差次其初嫁之時侯伯以下夫人所乘車皆上攝一等知者以士妻乘墨車上攝大夫之車故也崔又一解云諸侯夫

人初嫁不得上攝以其逼王后故也卿大夫之妻得上攝與鄭注一等案鄭注巾車引詩翟茀以朝謂厭翟也衞是侯爵故厭翟崔氏後解與鄭注同旣不上攝鄭注巾車云乘翟茀之車以盛之者以乘祭祀之車故言盛也二劉以五等諸侯夫人初嫁皆乘厭翟與鄭不合其三公之妻與子男同其孤妻夏篆卿妻夏縵大夫墨車士乘棧車初嫁皆上攝一等。始。嫁。其嫁之衣皆以祭服加以纁袡約士昏禮女次純衣纁袡故也其諸侯夫人用自祭之服卿大夫之妻用助祭之服此序以經有王姬之車故因言車服謂嫁時之車服耳若其在國則繫於其夫各從其爵也

何彼襛矣唐棣之華興也襛猶戎戎也唐棣移也箋云何乎彼戎戎者乃移之華興者喻王姬顏色之美盛○棣徒帝反字林大內反華如字移音移一音是兮反郭璞云今白移也似白楊江東呼夫移

曷不肅雝王姬之車肅敬雝和箋云曷何之往也何不敬和乎王姬往乘車也言其嫁時始乘車則已敬和○車協韻尺奢反又音居或云古讀華爲敷與居爲韻後放此

【疏】何彼至之車○正義曰何乎彼戎戎者乃唐棣之華以興王姬之顏色亦如此華然王姬非直顏色之美又能執持婦道何事不敬和乎王姬往乘車時則已敬和矣以其尊而適卑恐有傲慢今初乘車時已能敬和則每事皆敬和矣○傳襛猶戎戎○正義曰以戎戎者華形貌故重言之猶柏舟以汎爲汎汎之義言戎戎者毛以華狀物色言之不必有文○傳唐棣移○正義曰釋木文舍人曰唐棣一名移郭璞曰今白移也似白楊江東呼夫移○箋何不至敬和○正義曰詩美王姬肅雝非云何事不敬和乎言事事皆敬和王姬始乘車則已敬和後至齊侯之家自然敬和故樂記云肅肅敬也雝雝和也夫敬與和何事不行也

何彼襛矣華如桃李平王之孫齊侯之子平正也武王女文王孫適齊侯之子箋云華如桃李者興王姬與齊侯之子顏色俱盛正王者德能正天下之王

【疏】何彼至之子○正義曰言何乎彼戎戎者其華之色如桃李華也以興王姬顏色之盛與齊侯之子誰能有此顏色者是平王之孫與齊侯之子耳上章言唐棣之華此章不言木名直言華如桃李則唐棣之華如桃

李之華也以王姬顏色如齊侯之子顏色故舉二木也箋云華如桃李者興王姬與齊侯之子顏色俱盛是以華比華然後爲興○傳平正也箋。正者德能正天下之王○正義曰此文王也文者謚之正名也稱之則隨德不一故以德能正天下則稱平王鄭志張逸問箋云德能正天下之王然則不必要文王也答曰德能平正天下則稱爲平故以號文王焉又大誥注受命曰寧王承平曰平王故君奭云割申勸寧王之德是文王也又洛誥云。平來毖殷乃命寧卽云予以秬鬯二卣曰明禋文王騂牛一武王騂牛一則乃命寧兼文武矣故注云周公謂文王爲寧王成王亦謂武王爲寧王此一名二人兼之武王亦受命故亦稱寧王理亦得稱平王但無文耳

其釣維何維絲伊緡齊侯之子平王之孫伊維緡綸也箋云釣者以此有求於彼何以爲之乎以絲。之。爲綸則是善釣也以言王姬與齊侯之子以善道相求○緡亡貧反綸音倫繩也

疏其釣至之孫○正義曰其釣魚之法維何以爲乎維以絲爲繩則是善釣以興其娶妻之法亦何以爲之乎維以禮爲之則是善娶釣者以此有求於彼執絲綸以求魚娶者以己有求於人用善道而相呼誰能以善道相求呼者乃齊侯之子求平王之孫上章主美王姬適齊侯之子故先言平王之孫此章主說齊侯之子以善道求王姬故先言齊侯之子○傳緡綸○正義曰釋言文孫炎曰皆繩名也故采綠箋云綸釣繳抑又云言緡之絲傳曰緡被者以荏染柔木宜被之以弦故云緡被謂被絲爲弦也綸禮記云王言如絲其出如綸謂嗇夫所佩與此別

何彼襛矣三章章四句

騶虞鵲巢之應也鵲巢之化行人倫既正朝廷既治天下純被文王之化則庶類蕃殖蒐田以時仁如騶虞則王道成也應者應德自遠而至○騶側留反周書王會草木疏竝同又云尾長於身

不履生草尚書大傳云尾倍於身應應對之應注皆同朝直遙反治直吏反被皮寄反蕃音煩多也蒐所留反春獵爲蒐田獵也杜預云蒐索擇取不孕者也穀梁傳云四時之田春曰田夏曰苗秋曰蒐冬曰狩【疏】騶虞二章章三句至道成○正義曰以騶虞處末者見鵲巢之應也言鵲巢之化行則人倫夫婦既已得正朝廷既治天下純被文王之化則庶類皆蕃息而殖長故國君蒐田以時其仁恩之心不忍盡殺如騶虞然則王道成矣鵲巢之化謂國君之化行於天下也人倫既正謂夫人均一不失其職是也朝廷既治謂以禮自防聽訟決事是也天下純被文王之化謂羔羊以下也此處騶虞於末以爲鵲巢之應以故歷序鵲巢以下然後言騶虞當篇之義由文王之化被於天下也故得庶類蕃殖即豝豵是也國君蒐田以時即章首一句是也仁如騶虞下二句是也言王道成者以此篇處末故總之言天下純被文王之化庶類又蒙其澤仁心能如騶虞則王化之道成矣所謂周南召南王化之基也○箋應者至正義曰敘解德爲應之意故箋解應者應國君之德若自遠而至然非實至也

彼茁者葭茁出也葭蘆也箋云記蘆始出者著春田之早晚○茁側劣側刷二反葭音加蘆音盧草也著張慮反後不音者放此**壹發五豝**豕牝曰豝虞人翼五豝以待公之發箋云君射一發而翼五豬者戰禽獸之命必戰之者仁心之至○發如字徐音廢豝百加反牝頻忍反徐扶死反射食亦反**于嗟乎騶虞**騶虞義獸也白虎黑文不食生物有至信之德則應之箋云于嗟者美之也【疏】彼茁至騶虞○正義曰言彼茁茁然出而始生者葭草也國君於此草生之時出田獵壹發矢而射五豝獸五豝唯壹發者不忍盡殺仁心如是故于嗟乎歎之歎國君仁心如騶虞騶虞義獸不食生物有仁心國君亦有仁心故比之○傳茁出葭蘆○正義曰謂草生茁茁然出故云茁茁也非訓爲出葭蘆釋草文李巡曰葦初生○傳豕牝至之發○正義曰豕牝曰豝釋獸文又解君射一發而翼五豝者由虞人翼驅五豝以待公之發矢故也多士云敢翼殷命注云翼驅也則此翼亦爲驅也知有驅之者吉日云漆沮之從天子之所傳曰驅禽而至天子之所又曰悉率左右以燕天子傳

曰驅禽之左右以安待天子之射又易曰王用三驅失前禽也故知田獵有使人驅禽之義知虞人驅之者以田獵則虞人之事故山虞云若大田獵則萊山田之野澤虞云若大田獵則萊澤野天子田獵使虞人則諸侯亦然故駟驖箋云奉是時牡者謂虞人田僕云設驅逆之車則僕人設車虞人乘之以驅禽也言驅逆則驅之逆之皆爲驅也○箋君射至之至正義曰解云君止一發必翼五豝者戰禽獸之命必云戰之者不忍盡殺令五豝止一發中則殺一而已亦不盡殺之猶如戰然故云戰禽獸之命也而必云戰之者仁心之至不忍盡殺故也○傳騶虞至應之○正義曰白虎西方毛蟲故云義獸鄭志張逸問傳曰白虎黑文又禮記曰樂官備何謂答曰白虎黑文周史王會云備者取其一發五豝言多賢也射注及答志皆喻得賢多引詩斷章也言不食生物者解其仁心故序云仁如騶虞云有至信之德則應之者騶虞之爲瑞應至信之德也陸機云騶虞白虎黑文尾長於驅不食生物不履生草應信而至者也

彼茁者蓬蓬草名也○蓬蒲東反壹發五豵一歲曰豵箋云豕生三曰豵○豵子公反徐又在容反字又作縱同于嗟乎騶虞【疏】傳一歲曰豵○正義曰傳以七月云言私其豵獻豜於公大司馬云大獸公之小獸私之豜言私明其小故彼亦云一歲曰豵獻豜於公明其大故彼與還傳皆云三歲曰豜伐檀傳曰三歲曰特蓋異獸別名故三歲者有二名也大司馬職注云一歲爲豵二歲爲豝三歲爲特四歲爲肩五歲爲愼其說與毛或異或同不知所據○箋豕生三曰豵○正義曰箋以豵者豕生之數非大小之名故釋獸云豕生三豵二師一特郭璞曰豬生子常多故別其少者鄭志張逸問豕生三曰豵不知母豕也豚也答曰豚也過三以往猶謂之豵以自三以上更無名也故知過三亦爲豵一解雖生數之名大小皆得名之言私其豵謂小時此國君蒐田所射未必小也釋獸麕鹿皆云絕有力者麛則有懸特謂豕生一名獻豜從兩肩爲麕麕鹿也絕有力者非三歲矣肩麛字雖異音實同也

騶虞二章章三句

召南之國十四篇四十章百七十七句

附釋音毛詩注疏卷第一（一之五）

毛詩注疏挍勘記（一之五）

阮元撰盧宣旬摘錄

〇摽有梅

男女及時也　唐石經小字本相臺本同案釋文云本或作得以及時者從下而誤正義云俗本男女下有得以二字者誤也亦謂此句非謂下句也

冰泮殺止　閩本明監本毛本同案此不誤浦鏜云內誤止非也考周禮疏載王肅引此亦作止又云韓詩傳亦曰古者霜降送女冰泮殺止是荀卿本作止楊倞所注作內而連下文十日一御爲解其說非是不當據以改正義所引也東門之楊正義引亦作止

冰泮農業起　閩本明監本毛本同案此不誤浦鏜云桑誤業非也考東門之楊正義引正作業又周禮疏載王肅引亦作業與今家語不同不當據改也

然則男自二十九　閩本明監本同毛本然則男下剜添作自二十以及二十九案所補是也此二十複出而脫耳浦鏜云至誤及是也

衰少則梅落少　閩本明監本同毛本則下有似字案所補是也

喻去春光遠　補　毛本光作尤

故季夏去春遠矣　閩本明監本毛本同案浦鏜云故疑至字誤是也

二月綏多女士　閩本明監本毛本女士誤士女案山井鼎云檢夏小正宋板爲是是也士冠禮媒氏兩疏引皆作士女所見本不同耳

禮文王世子曰　閩本明監本毛本同案此不誤浦鏜云六字衍從昏義疏校非也昏義疏引之不備耳異義所據大戴禮文王世子篇也豳譜及大明正義皆有明文可證

興者梅實尚餘七未落喻始衰也　小字本相臺本同案螽斯正義引摽有梅云興者喻乃檃括此箋而非箋成文也考文古本者下有喻字采螽斯正義而誤

所以蕃育民人也　小字本相臺本同閩本明監本毛本民人誤人民案正義標起止云至民人又云所以蕃育民人也皆可證其序下及後正義有作人民者卽自爲文故不與注相應

此梅落故頃筐取之於地也　明監本毛本落下有盡字閩本剜入案所補是也

如不待禮　補　毛本如作始案始字是也

○小星

卽喪服所謂貴臣賤妾也　閩本明監本毛本同案浦鏜云貴妾誤賤妾是也

以興禮雖卑者　閩本明監本毛本雖作命案所改是也

知三爲星者閩本明監本毛本同案浦鏜云心誤星是也

前息燭後舉獨閩本明監本毛本獨作燭案所改是也

抱衾與裯小字本相臺本同唐石經初刻稠後改裯案初刻誤也

抱衾與牀帳閩本明監本毛本同小字本相臺本衾作被考文古本同案被字是也箋承傳衾被也之文非取經衾字

次夫人連夜閩毛本連作專案專字是也下以後夜夫人所專可證

○江有汜

言姪若無姪娣猶先媵閩本明監本毛本同案此當作言若或無娣猶先姪媵用鄭士昏禮注也

然而並流小字本相臺本同考文古本同閩本明監本毛本而誤得案正義云言江之有汜得並流此正義自爲文不當據改

渚小洲也小字本相臺本同案釋文云本或無此注考關雎正義云江有汜傳曰渚小洲也是正義本有

水岐成渚小字本相臺本同案岐當作枝釋文枝如字何音其宜反又音祇考此讀如字者是也水枝謂水之分流如木之分枝耳穆天子傳所謂枝詩讀爲其宜反又音祇義亦無大異不當遂作岐字○按江賦曰因岐成渚字作岐亦同

○野有死麕

白茅包之唐石經小字本相臺本同案釋文云苞逋茆反段玉裁詩經小學云苞苴字皆從艸曲禮注云苞苴裹魚肉或以葦或以茅木瓜箋云以

果實相遺者必苞苴之引書厥苞橘柚今書作包譌今考木瓜正義引此經作苞是正義本當亦是苞字與釋文本同此正義作包者南宋合併時依經注本改之也

先使媒人導成之　閩本明監本毛本導誤道案注作道正義作導道導古今字易而說之也例見前釋文誘下云導也亦是改用今字非釋文本毛傳作導也考文古本傳作導采正義釋文而誤

皆可以白茅包裹束以爲禮　閩本明監本毛本同小字本相臺本無包字考文古本同案無者是也

玉有五德　閩本明監本毛本同案十行本玉有五剜添者一字

脫脫舒遲也　小字本相臺本同案此正義本也標起止云傳脫脫舒遲是其證正義又云定本脫脫舒貌有貌字與俗本異釋文脫脫下亦云舒貌皆不與正義本同考文古本作舒遲貌也采正義釋文合而一之也又云宋板同者誤

○何彼襛矣

雝則王姬　唐石經小字本相臺本同案此正義本也正義云定本雝王姬無則字釋文云雝王姬一本作雝則王姬釋文本與定本同○按雝則王姬亦下嫁於諸侯十字爲一句或以王姬句絕則語病矣

謂以如玉龍勒之韋　閩本明監本毛本同案浦鏜云王誤玉以巾車注考之浦挍是也

始嫁其嫁之衣　閩本明監本毛本作其始嫁之衣案所改是也十行本此行剜添者一字因行末衍下嫁字故也其字錯在下亦誤

箋正者 閩本明監本毛本正誤王案正下當脫王字

又洛誥云平來毖殷乃命寧 補 各本注疏及尚書平皆作伻案羣經音辨引洛誥平來以圖正作平字唐石經作伻衞包所改今本釋文作伻陳鄂所改集韻拼使也或作伻古作平苹尚書平秩馬融本作苹曰使也周禮春官車僕苹車故書作平十行本葢出于晉本故此猶存其古

以絲之爲綸 閩本明監本毛本同小字本相臺本之爲作爲之考文古本同案爲之是也

○騶虞

虞人翼五豝 小字本相臺本同案山井鼎云古本翼字後人旁記異本作驅不知據何本今考此采正義云則此翼亦爲驅也之解而爲之耳非有本也

故云茁茁也 閩本明監本毛本同案下茁字浦鏜云出誤是也

多士云敢翼殷命 閩本明監本毛本同案此不誤浦鏜云翼今書作弋非也考尚書馬本作翼見釋文鄭王本作翼見正義卽此正義所引也

射注 補 毛本射下有義字

尾長於驅 補 毛本驅作軀案軀字是也

應信而至者也閩本明監本毛本同案此不誤浦鏜云德誤信非也陸機卽用毛說謂信爲母義爲子也應者脩而致之

獻豣從兩肩爲麢閩本明監本毛本同案麢當作麙下云肩麙字雖異音實同也可證

附釋音毛詩注疏卷第二（二之一）〔六〕

邶柏舟詁訓傳第三○陸曰鄭云邶鄘衛者殷紂畿內地名屬古冀州自紂城而北曰邶南曰鄘東曰衛衛在汲郡朝歌縣時康叔正封于衛其末子孫稍并兼彼二國混其地而名之作者各有所傷從其本國而異之故有邶鄘衛之詩王肅同從此說豳七月十二國並變風也邶蒲對反本又作鄘字林方代反柏音百字又作栢

毛詩國風　　鄭氏箋　　孔穎達疏

邶鄘衛譜

邶鄘衛者商紂畿內方千里之地○正義曰地理志云河內本殷之舊都周既滅殷分其畿內爲三國詩風邶鄘衛是也知志之言故知畿內以畿內故知方千里也○其封域在禹貢冀州大行之東○正義曰案禹貢大行屬冀州地理志云大行在河內山陽縣西北以詩言楚丘桑中淇水漕浚皆在山東故皆云在大行之東大行屬河內河內即紂都而西不踰大行者蓋其都近西也○北踰衡漳○正義曰鄭注禹貢云衡漳者漳水橫流地理志云漳水在上黨沾縣大黽谷東北至安平阜城入河以漳水自上黨而過鄴城之北南距紂都百餘里耳故知踰之○東及兗州桑土之野○正義曰禹貢兗州云桑土既蠶注云其地尤宜蠶桑因以名之今濮水之上地有桑間者僖三十一年衛遷于帝丘杜預云帝丘今東郡濮陽縣也濮陽在濮水之北是有桑土明矣○周武王伐紂以其京師封紂子武庚爲殷後正義曰此皆史記衛世家文○庶殷頑民被紂化日久未可以建諸侯乃三分其地置三監使管叔蔡叔霍叔尹而教之○正義曰地理志云邶以封紂子武庚鄘管叔尹之衛蔡叔尹之以監殷民謂之三監則三監者武庚爲其一無霍叔矣鄭王肅服虔皆依志爲說鄭不然者以書傳曰武王殺紂立武庚繼公子祿父使管叔蔡叔監祿父祿父及三監叛言使管蔡監祿父祿父不自監也言祿父及三監叛則祿父也外

更有三人爲監祿父非一監矣古文尚書蔡仲之命曰惟周公位冢宰正百工羣叔流言乃致辟管叔于商囚蔡叔于郭鄰降霍叔于庶人三年不齒則以管蔡霍三叔爲三監明矣孫毓亦云三監當有霍叔鄭義爲長然則書序唯言伐管叔蔡叔不言霍叔者鄭云蓋赦之也王制使大夫監於方伯之國國三人謂使大夫三人監州長也此爲殷民難化且使監之武庚又非方伯不與王制同也史記云武王爲武庚未集恐其有賊心乃令弟管叔蔡叔傅相之三分其地置三監則三叔各監一國不知所監之國爲誰也地理志雖云管叔尹鄘蔡叔尹衛以武庚在三監之中未可據信則管蔡所監不足明矣故鄭不指言之監者且令監之非所封也封卽管蔡霍是也○自紂城而北謂之邶南謂之鄘東謂之衛○正義曰此無文也以詩人之作自歌土風驗其水土之名知其國之所在衛曰送子涉淇至于頓丘頓丘今爲。郡名在朝歌紂都之東也紂都河北而鄘曰在彼中河鄘境在南明矣都既近西明不分國故以爲之邶在北三國之境地相連接故邶曰亦流于淇鄘曰送我乎淇之上矣衛曰瞻彼淇奧是以三國皆言淇也戴公東徙渡河野處漕邑則漕地在鄘也而邶曰土國城漕是國人所築之城也思須與漕衛女所經之邑也河水瀰瀰宣公作臺之處也此詩人本述其事作爲自歌其土也王肅服虔以爲鄘在紂都之西孫毓云據鄘風定之方中楚丘之歌鄘在紂都之南相證自明而城以西無驗其城之西迫於西山南附洛邑檀伯之封温原樊州皆爲列國鄘風所與不出于此鄭義爲長○武王既喪管叔及其羣弟見周公將攝政乃流言於國曰公將不利於孺子○正義曰此皆金縢之文唯見周公將攝政一句非耳彼注云管國名叔字周公兄武王弟封於管羣弟蔡叔霍叔武王崩周公免喪欲居攝小人不知天命而非之故流公將不利於孺子之言於京師孺子謂成王也知管叔周公之兄者孟子文也○周公避之居東都二年秋大熟未穫有雷電疾風之異乃後成王悅而迎之反而遂居攝○正義曰知者準的金縢之文如鄭注金縢周公初出成王年十三避居二年成王年十四秋大熟遭雷風成王迎而反之是成王年十五避居三年云二年者不數初出之年故也○三監導武庚叛○正義曰書序云武王崩三監及淮夷叛注云周公還攝政懼誅因開導淮夷與俱叛居攝一年之時繫之武王崩者其惡之初自崩始也又書傳曰使管叔蔡叔監祿父武王死成王幼管蔡疑周公而流言奄君蒲姑謂祿父曰武王既死矣。成王尚幼矣周公見疑矣此百世之時也請舉事然後祿父及三監叛奄君導之祿父遂與三監叛則三監亦導之矣故左傳曰管蔡啓商基間王室是也○成王既黜殷命殺武庚復伐三監○正義曰成王既黜殷命殺武庚書序文也彼注云黜殷命謂誅武庚是也既殺武庚復伐三監爲異時伐者以書序黜殷命伐管蔡別文言之明非一時也殺武庚伐三監皆在攝政二年故書傳曰二年克殷注云誅管蔡及祿父等也○更於此三國建諸侯以殷餘民封康叔於衛使爲之長○正義曰以未可建諸侯故置三監今既伐三監明於此建諸侯矣書序曰成王既伐管叔蔡叔以殷餘民封康叔作康誥注云攝政二年伐管蔡四年建侯於衛則伐管蔡封康叔異年而書序連言之者注云言伐管蔡者爲因其國也王肅康誥注云康國名在千里之畿內既滅管蔡更封爲衛侯鄭無明說義或當然或者康謚也言爲之長者以周公建國不過五百里明不以千里之地盡封康叔故知更建諸侯也妹邦於諸國屬鄘酒誥命康叔云明大命于妹邦注云妹邦者紂都所處其民尤化紂嗜酒今祿父見誅康叔爲其連屬之監是康叔幷監鄘也又季札見歌邶鄘衛言康叔武公之德如是故知爲之長○後世子孫稍幷彼二國混而名之○正義曰以康叔不得二國故知後世子孫也頃公之惡邶人刺之則頃公以前已兼邶鄘或亦然矣周自昭王以後政教陵遲諸侯或強弱相陵故得兼彼二國混一其境同名曰衛也此殷王畿千里不必邶鄘之地止建二國也或多建國數漸以幷於衛不必一時滅之故云稍幷兼之也地理志云武王崩三監叛周公誅之盡以其地封弟康叔號曰孟侯遷邶鄘之民於洛邑故邶鄘衛三國之詩相與同風如志之言則康叔初即兼彼二國非子孫矣服虔依以爲說鄭不然者以周之大國不過五百里王畿千里康叔與之同反過周公非其制也○七世至頃侯當周夷王時衛國政衰變風始作○正義曰衛世家云康叔卒子康伯立卒子。孝伯立卒子嗣伯立卒子疌伯立卒子靖伯立卒子貞伯立卒子頃侯立除頃侯故七世也又曰頃侯厚賂周夷王夷王命爲衞侯故知當夷王時此鄭數君世諸國不同齊陳幷數有詩之君此及曹不數頃公共公又不數及魯則幷數此皆隨便而言不爲例也故作者各有所傷從其國本而異之爲邶鄘衞之詩焉○正義曰緑衣日月終風燕燕柏舟河廣泉水竹竿述夫人衞女之事而得分屬三國者如此譜説定是三國之人所作非夫人衞女自作矣泉水竹竿俱述思歸之女而分在異國明是二國之人作矣女在他國衞人得爲作詩者蓋大夫聘問往來見其思歸之狀而爲之作歌也唯載馳一篇序云許穆夫人作也左傳曰許穆夫人賦載馳列女傳稱夫人所親作或是自作之也若許穆夫人所作而得入鄘風者蓋以於時國在鄘地故使其詩屬鄘也木瓜美齊猗嗟刺魯各從所作之風不入所述之國許穆夫人之詩得在衞國者以夫人身是衞女辭爲衞發故使其詩歸衞也宋襄之母則身已歸宋非復宋婦其詩不必親作故在衞焉幷邶鄘分爲三國鄭幷十邑不分之者以鄭在西都十邑之中無鄭名又皆國小土風不異不似邶鄘之地大與衞同又先有衞名故分之也雖分從邶鄘其實衞也故序每篇言衞明是衞詩猶唐實是晉故序亦每篇言晉也其秦仲陳佗皆以字配國當謚號之稱舜爲國名而施也若異國之君必以國配謚恐與其君相亂若河廣宋襄木瓜齊桓猗嗟魯莊公之輩是也三國如此次者以君世之首在前者爲先故世家頃侯卒子釐侯立四十二年卒子共伯餘立爲君共伯弟和襲攻共伯於墓上共伯自殺衞人立和爲衞侯是爲武公以頃公三國詩之最先故邶在前也鄘柏舟與淇奧雖同是武公之詩共姜守義事在武公政美入相之前故鄘次之衞爲後也凡編詩以君世爲次此三國當其君之時或作或否其有詩者各於其國以君世爲次也世家曰武公即位脩康叔政百姓和集五十年卒子莊公楊立二十三年卒太子完立是爲桓公二年弟州吁驕奢桓公黜之十六年州吁襲殺桓公而自立九月殺州吁于濮迎桓公子晉於邢而立之是爲宣公十九年卒太子朔立是爲惠公四年奔齊立公子黔牟黔牟立八年惠公復入三十三年卒子懿公赤立九年爲狄所滅立昭伯頑之子申爲戴公元年

卒立弟燬是爲文公此其君次也序者或以事明主或言其謚或終始備言或與初見末義相發明要在理著而已若一君止一篇者明言號謚多則文有詳略邶柏舟云頃公之時則頃公詩也綠衣莊姜傷己妾上僭當莊公時則莊公詩也詩述莊姜而作故序不言莊公也燕燕云莊姜送歸妾也妾非夫人所當出出不當夫人送今云送歸妾明子死乃送之是州吁詩也日月終風擊鼓序皆云州吁凱風從上明之皆州吁詩也雄雉匏有苦葉序言宣公舉其始新臺二子乘舟復言宣公詳其終則谷風式微旄丘簡兮泉水北門北風靜女在其間皆宣公詩也鄘柏舟云共伯蚤死其妻守義明武公時作則武公詩也牆有茨公子頑通於君母君母則惠公詩也鶉之奔奔云宣姜亦是惠公之母則君子偕老桑中在其間亦皆惠公詩也定之方中蝃蝀相鼠干旄序皆云文公文公詩可知載馳序云懿公爲狄人所滅露於漕邑則戴公詩也在文公下者後人不能盡得其次第爛於下耳衛淇奧云美武公則武公詩矣考槃碩人序皆云莊公則莊公詩也氓云宣公之時則宣公詩也竹竿從上言之亦宣公詩也芄蘭刺惠公則惠公詩也河廣云宋襄公母歸于衛母雖父所出而文繫於襄公明襄公卽位乃作襄公以魯僖十年卽位二十一年卒終始當衛文公則文公詩矣伯兮云爲王前驅有狐序云衛之男女失時皆不言謚在河廣木瓜之間則似文公詩矣但文公惠公之時無從王征伐之事惟桓五年秋蔡人衛人陳人從王伐鄭當宣公時則伯兮宣公詩也伯兮既爲宣公詩則有狐亦非文公詩也文公滅而復興詩無刺者不得有男女失時之歌則有狐亦宣公詩也與伯兮俱爛於此本在芄蘭之上序者於氓舉國以明下故不復言宣公耳推此則換爛在作序之後故舉上明下若本第於此則伯兮宜言謚以辨嫌不宜越芄蘭河廣而蒙氓詩之序也木瓜云齊桓公救而封之則文公詩也故鄭於左方中皆以此知之也然鄭於其君之下云某篇某作者準其時之事而言其作未必卽此君之世作也何則文王之詩有在成王時作者是不必其時卽作也春秋之義未踰年不成君而州吁以春弒君九月死於濮不成君而得有詩者以其已在君位百姓蒙其惡故得作詩以刺之也柏舟共姜自

誓不爲共伯詩者以共伯已死其妻守義當武公之時非共伯政教之所及所以爲武公詩也諸變詩一君有數篇者大率以事之先後爲次故衛宣公先蒸於夷姜後納伋妻邶詩先匏有苦葉後次新臺是以事先後爲次也舉此而言則其餘皆以事次也牆有茨鶉之奔奔皆刺宣姜其篇不次而使桑中間之則編篇之意或以事義相類或以先後相次序注無其明說難以言之

柏舟言仁而不遇也衛頃公之時仁人不遇小人在側不遇者君不受己之志也君近小人則賢者見侵害○柏木名頃音傾近附近之近【疏】柏舟五章章六句○不遇至侵害○正義曰箋以仁人不遇嫌其不得進仕故言不遇者君不受己之志以言亦汎其流明與小人並列也言不能奮飛是在位不忍去也穀梁傳曰遇者何志相得是不得君志亦爲不遇也二章云薄言往愬逢彼之怒是君不受己之志也四章云覯閔既多受侮不少是賢者見侵害也

汎彼柏舟亦汎其流興也汎汎流貌柏木所以宜爲舟也亦汎汎其流不以濟度也箋云舟載渡物者今不用而與衆物汎汎然俱流水中興者喻仁人之不見用而與羣小人並列亦猶是也○汎敷劍反汎汎流貌本或作汎汎流貌者此從王肅注加○耿耿不寐如有隱憂耿耿猶儆儆也隱痛也箋云仁人既不遇憂在見侵害○耿古幸反儆音景微我無酒以敖以遊非我無酒可以敖遊忘憂也○敖本亦作遨五羔反【疏】汎彼至以遊○正義曰言汎然而流者是彼柏木之舟此柏木之舟宜用濟渡今而不用亦汎汎然其與衆物俱流水中而已以興在列位者是彼仁德之人此仁德之人宜用輔佐今乃不用亦與衆小人並列於朝而已仁人既與小人並列恐其害於己故夜儆儆然不能寐如人有痛疾之憂言憂之甚也非我無酒可以敖遊而忘此憂但此憂之深非敖遊可釋也○汎流至濟渡○正義曰竹竿云檜楫松舟菁菁者莪云汎汎楊舟則松楊皆可爲舟言柏木所以宜爲舟者解以舟喻仁人之意言柏木所以宜爲舟猶仁人所以宜爲官非謂餘木不宜也○

我心匪鑒不可以茹 鑒所以察形也茹度也箋云鑒之察形但知方圓白黑不能度其眞僞我心非如是鑒我於衆人之善惡外內心度知之○監本又作鑒甲暫反鏡也茹如預反徐音如庶反度待洛反下同 亦有兄弟不可以據 據依也箋云兄弟至親當相據依言亦有不相據依以爲是者希耳責之以兄弟之道謂同姓臣也 薄言往愬逢彼之怒 彼彼兄弟○愬蘇路反怒協韻乃路反○疏我心至之怒○正義曰仁人不遇故自稱己德宜所親用言我心非如鑒然不可以茹也我心則可以茹何者鑒之察形但能知外之方圓白黑不能度知內之善惡眞僞我心則可以度知內之善惡非徒如鑒然言能照察物者莫明於鑒今己德則踰之又與君同姓當相據依天下時亦有兄弟不可以據依者猶尚希耳庶君應不然何由亦不可以據乎我既有德又與君至親而不遇我薄往愬君之反逢彼君之恚怒不受己志也○箋責之至姓臣○正義曰此責君而言兄弟者此仁人與君同姓故以兄弟之道責之言兄弟者正謂君與己爲兄弟者也故逢彼之怒傳曰彼彼兄弟正謂逢遇君之怒以君爲兄弟也 我心匪石不可轉也我心匪席不可卷也 石雖堅尚可轉席雖平尚可卷箋云言己心志堅平過於石席○卷眷勉反注同○ 威儀棣棣不可選也 君子望之儼然可畏禮容俯仰各有威儀耳棣棣富而閑習也物有其容不可數也箋云稱己威儀如此者言己德備而不遇所以慍也○棣本或作逮同徒帝反又音代○選雪兗反選也儼魚檢反本或作嚴音同數色主反○疏我心至可選○正義曰仁人既不遇故又陳己德以怨於君言我心非如石然石雖堅尚可轉我心堅不可轉也我心又非如席然席雖平尚可卷我心平不可卷也非有心志堅平過於石席又有儼然之威俯仰之儀棣棣然富備其容狀不可具數內外之稱其德如此今不見用故己所以怨○傳君子至可數○正義曰此言君子望之儼然可畏解經之威也禮容俯仰各有宜耳解經之儀也論語曰君子正其衣冠尊其瞻視儼然人望而畏之左傳曰有威而可畏謂之威有儀而可象謂之儀是也言威儀棣棣然

富備而閑曉貫習爲之又解不可選者物各有其容遭時制宜不可數昭九年左傳曰服以旌禮禮以行事事有其物物有其容是也○憂心悄悄慍于羣小慍。怒也悄悄憂貌箋云羣小衆小人在君側者○悄七小反慍憂運反○覯閔既多受侮不少閔病也○遘古豆反本或作覯侮音武徐又音茂○靜言思之寤辟有摽靜安也辟拊心也摽拊心貌箋云言我也辟本又作擘避亦反摽符小反拊音撫

【疏】憂心至有摽○正義曰言仁人憂心悄悄然而怨此羣小人在於君側者也又小人見困病於我既多又我受小人侵侮不少故怨之也既不勝小人所侵害故我於夜中安靜而思念之則寤覺之中拊心而摽然言怨此小人之極也覯閔既多受侮不少言覯自彼加我之辭言受從己受彼之稱耳○傳摽拊心貌○正義曰辟既爲拊心卽云有摽故知摽拊心貌謂拊心之時其手摽然

日居月諸胡迭而微箋云日君象也月臣象也微謂虧傷也君道當常明如日而月有虧盈今君失道而任小人大臣專恣則日如月然○迭待結反韓詩作𢧜音同云𢧜常也○心之憂矣如匪澣衣如衣之不澣矣箋云衣之不澣則憒辱無照察○澣戶管反憒古對反○靜言思之不能奮飛不能如鳥奮翼而飛去箋云臣不遇於君猶不忍去厚之至也

【疏】日居至奮飛○正義曰日當常明月卽有虧今日何爲與月更迭而虧傷乎猶君何爲與臣更迭而屈伸乎日實無虧傷但以日比君假以言之耳君既失道小人縱恣仁人不遇故心之憂矣如不澣之衣衣不澣憒辱無照察似己之憂煩憒無容樂仁人憂不自勝言我安靜而思君惡如是意欲逃亡但以君臣之故不能如鳥奮翼而飛去鳥能擇木故取譬焉○箋日居至月然○正義曰禮器曰大明生於東月生於西陰陽之分夫婦之位則日月喻夫婦也孝經讖曰兄日。姊。月又喻兄姊以其陰陽之象故隨尊卑爲喻居諸者語助也故日月傳曰日乎月乎不言居諸也檀弓云何居我未之前聞也注云居語助也左傳曰皐陶庭堅不祀忽諸服虔云諸辭是居諸皆不爲義也微謂虧傷者禮運云三五而盈三五而闕注云一盈一闕屈伸之義

是也十月之交云彼月而微此日而微箋云微謂不明也以為日月之食知此微非食者以經責日云何迭而微是日不當微也若食則日月同有何責云胡迭而微故知謂虧傷也彼十月之交陳食事故微謂食與此別○箋臣不至之至○正義曰此仁人以兄弟之道責君則同姓之臣故恩厚之至不忍去也以箴膏肓云楚鬻拳同姓有不去之恩論語注云箕子比干不忍去皆是同姓之臣有親屬之恩君雖無道不忍去之也然君臣義合道終不行雖同姓有去之理故微子去之與箕子比干同稱三仁明同姓之臣有得去之道也

柏舟五章章六句

綠衣衛莊姜傷己也妾上僭夫人失位而作是詩也綠當為褖故作褖轉作綠字之誤也莊姜莊公夫人齊女姓姜氏妾上僭者謂公子州吁之母母嬖而州吁驕○綠毛如字綠東方之間色也鄭改作褖吐亂反篇內各同妾上時掌反注上僭皆同僭牋念反吁況于反嬖補計反謚法云賤而得愛曰嬖嬖卑也媟也○疏綠衣四章章四句至是詩○正義曰作綠衣詩者言衛莊姜傷己也由賤妾為君所嬖而上僭夫人失位而幽微傷己不被寵遇是故而作是詩也四章皆傷辭此言而作是詩及故作是詩皆序作詩之由不必即其人自作也故清人序云危國亡師之本故作是詩非高克自作也雲漢云百姓見憂故作是詩非百姓作之也若新臺云國人惡之而作是詩碩人云國人憂之而作是詩即是國人作之各因文勢言之非一端不得為例也○箋綠當至吁驕○正義曰必知綠誤而褖是者此綠衣與內司服綠衣字同內司服掌王后之六服五服不言色唯綠衣言色明其誤也內司服注引雜記曰夫人復稅衣揄翟又喪大記曰士妻以褖衣言褖衣者甚衆字或作稅此綠衣者實作褖衣也以此言之內司服無褖衣而禮記有之則褖衣是正也彼綠衣宜為褖衣故此綠衣亦為褖衣也詩者詠歌宜因其所有之服而言不宜舉實無之綠衣以為喻故知當作褖也隱三年左傳

曰衛莊公娶於齊東宮得臣之妹曰莊姜是齊女姓姜氏也又曰公子州吁嬖人之子是州吁之母嬖也又曰有寵而好兵石碏諫曰寵而不驕鮮矣是州吁驕也定本妾上僭者謂公子州吁驕州吁之母也母嬖而州吁驕

綠兮衣兮綠衣黃裏興也綠間色黃正色箋云褖兮衣兮者言褖衣自有禮制也諸侯夫人祭服之下鞠衣為上展衣次之褖衣次之次之者眾妾亦以貴賤之等服之鞠衣黃展衣白褖衣黑皆以素紗為裏今褖衣反以黃為裏非其禮制也故以喻妾上僭○裏音里間間廁之間鞠居六反言如菊花之色也又去六反言如麴塵之色王后之服四曰鞠衣色黃也展知彥反字亦作襢音同王后之服五曰襢衣毛氏云融皆云色赤鄭云色白紗音沙

心之憂矣曷維其已憂雖欲自止何時能止也

疏綠兮至其已○毛以間色之綠不當為衣猶不正之妾不宜嬖寵今綠兮乃為衣兮間色之綠今為衣而見正色之黃反為裏而隱以興今妾兮乃蒙寵兮不正之妾今蒙寵而顯正嫡夫人反見疏而微綠衣以邪干正猶妾以賤陵貴夫人既見疏遠故心之憂矣何時其可以止也○鄭以為婦人之服有褖衣今見妾上僭因以褖衣失制喻嫡妾之亂言褖兮衣兮褖衣自有禮制當以素紗為裏今褖衣反以黃為裏非其制也以喻賤兮妾兮賤妾自有定分當以謙恭為事今賤妾反以驕僭為事亦非其宜妾之不可陵尊猶衣之不可亂制汝賤妾何為上僭乎餘同○傳綠間色黃正色○正義曰綠蒼黃之間色黃中央之正色故云綠間色黃正色言間正者見衣正色不當用間故玉藻云衣正色裳間色王肅云夫人正嫡而幽微妾不正而尊顯是也○箋褖兮至上僭○正義曰褖衣黃裏為非制明褖兮衣兮言其自有禮制也禮制者素紗為裏是也又言諸侯夫人祭服以下至褖衣黑者解以褖衣為喻之意由諸侯之妾有褖衣故假失制以喻僭也內司服掌王后之六服褘衣褕翟闕翟鞠衣展衣褖衣素紗注云后從王祭先王則服褘衣祀先公則服褕翟祭羣小祀則服闕翟后以三翟為祭服夫人於其國衣服與王后同亦三翟為祭服眾妾不得服之故鞠衣以下眾妾以貴賤之等服之也內司服又曰辨外內命婦之服鞠衣展衣褖衣素紗注云內命婦之服鞠

衣九嬪也展衣世婦也褖衣女御也鄭以經稱命婦之服王之三夫人與諸侯夫人名同則不在命婦之中矣故注云三夫人其闕翟以下乎自九嬪以下三
等故爲此次也夫人於其國與王后同明鞠衣以下衆妾各以其等服之可知也此服既有三則衆妾亦分爲三等蓋夫人下姪娣鞠衣二媵展衣其餘褖衣
也知鞠衣黃展衣白褖衣黑者以士冠禮陳服於房中爵弁服皮弁服玄端及士喪禮陳襲事於房中爵弁服皮弁服褖衣以褖衣當玄端玄端黑則褖衣亦
黑也故。內服注以男子之褖衣黑則知婦人之褖衣亦黑也又子羔之襲褖衣纁袡袡用纁則衣用黑明矣褖衣既黑以四方之色逆而差之則展衣白鞠衣
黃可知皆以素紗爲裏者以周禮六服之外別言素紗明皆以素紗爲裏也今褖衣反以黃爲裏非其制故以喻妾上僭也然則鞠衣展衣亦不得以黃爲裏
獨舉褖衣者詩人意所偶言無義例也○綠兮衣兮綠衣黃裳。上曰衣下曰裳箋云婦人之服不殊衣裳上下同色今衣黑而裳黃喻亂
嫡妾之禮○嫡本亦作適同丁歷反【疏】綠衣黃裳○毛以爲間色之綠今爲衣而在上正色之黃反爲裳而處下以興不正之妾今蒙寵而尊正嫡夫人反
見疏而卑前以表裏與幽顯則此以上下喻尊卑雖嫡妾之位不易而莊公禮遇有薄厚也鄭以婦人之服不殊裳褖衣當以黑爲裳今反以黃爲裳非其制
以喻賤妾當以謙恭爲事今反上僭爲事亦非其宜○箋婦人至同色○正義曰言不殊裳者謂衣裳連連則色同故云上下同色也定本集注皆云不殊衣
裳喪服云女子子在室爲父布總箭笄髽衰三年直言衰不言裳則裳與衰連故注云不言裳者婦人之服不殊裳是也知非吉凶異者士昏禮云女次純衣
及禮記子羔之襲褖衣纁袡爲一稱譏襲婦服皆不言裳是吉服亦不殊裳也若男子朝服則緇衣素裳喪服則斬衰素裳吉凶皆殊衣裳也心之憂
矣曷維其亡箋云亡之言忘也○綠兮絲兮女所治兮綠末也絲本也箋云女女妾上僭者先染絲後。製衣皆女之所治爲
也而女反亂之亦喻亂嫡妾之禮責以本末之行禮大夫以上衣織故本於絲也○女崔云毛如字鄭音汝行下孟反下同以上時掌反衣織於既反下音志

我思古人俾無訧兮俾使訧過也箋云古人謂制禮者我思此人定尊卑使人無過差之行心善之也○俾卑爾反沈必履反訧音尤本或作尤差初賣反又初佳反○疏綠兮至訧兮○毛以為言綠兮而由於絲兮此女人之所治以興使妾兮而承於嫡兮此莊公之所治由絲以為綠即綠為末絲為本猶承嫡而使妾則妾為卑而嫡為尊公定尊卑不可亂猶女治絲本末不可易今公何為使妾上僭而令尊卑亂乎莊姜既見公不能定尊卑使己微而妾顯故云我思古之君子妻妾有序自使其行無過差者以莊公不能然故思之○鄭言為褖衣兮當先染絲而後製衣是汝婦人之所為兮汝何故亂之先製衣而後染使失制度也以興嫡在先而尊貴妾在後而卑賤是汝賤妾之所為汝何故亂令妾在先而尊嫡在後而卑是亂嫡妾之禮失本末之行莊姜既見此妾上僭違於禮制故我思古制禮之人定尊卑使人無過差之行者禮令下不僭上故思之○傳綠末絲本○正義曰織絲而為繒染之以成綠故云綠末絲本以喻妾卑嫡尊也上章言其反幽顯此章責公亂尊卑○箋女妾至於絲○正義曰以此詩傷妾之僭己故知汝汝妾之上僭者大夫以上衣織故知先染絲後製衣染絲製衣是婦人之事故言汝所治為也此衣非上僭之妾所自治但衣者婦人所作假言衣之失製以喻妾之上僭耳故汝上僭之妾言汝反亂之喻亂嫡妾之禮也云亂嫡妾之禮責之以本末之行本末者以先染絲為本後製衣為末大意與毛同但毛以染綠為末箋以製衣為末耳箋亦以本喻嫡以末喻妾故云亂嫡妾之禮責之以本末之行又解本絲之意由大夫以上衣織故本之知者玉藻云士不衣織士不得明大夫以上得也染人掌染絲帛染絲謂衣織者也

絺兮綌兮淒其以風淒寒風也箋云絺綌所以當暑今以待寒喻其失所也○淒七西反我思古人實獲我心古之君子實得我之心也箋云古之聖人制禮者使夫婦有道妻妾貴賤各有次序疏絺兮至我心○毛以為絺兮綌兮當服之以暑時今用之於淒其以風之月非其宜也以興嫡兮妾兮當節之以禮今使之黜然以亂之亦非其宜也言絺綌不以當暑猶嫡妾不以其禮故莊姜云我

思古之君子定尊卑實得我之心○鄭以爲言絺兮綌兮不當暑今以待凄然寒風失其所以與賤兮妾兮所以守○職今以上僭於尊位亦失其所故思古之人制禮使妻妾貴賤有次序令妾不得上僭者實得我之心也○傳凄寒風○正義曰四月云秋日凄凄凄涼之名也此連云以風故云寒風也○傳古之君子○正義曰傳以章首二句皆責莊公不能定其嫡妾之禮故以爲思古之君子謂能定尊卑使妻妾次序者也○箋古之聖人制禮者○正義曰箋以上二句皆責妾之上僭故以爲思古之聖人制禮者使貴賤有序則妾不得上僭故思之

綠衣四章章四句

燕燕衛莊姜送歸妾也

莊姜無子陳女戴嬀生子名完莊姜以爲己子莊公薨完立而州吁殺之戴嬀於是大歸莊姜遠送之于野作詩見己志○燕於見反戴嬀居危反戴謚也嬀陳姓也完字又作皃俗音丸卽衛桓公也殺如字又申志反見賢遍反○疏燕燕四章章六句至歸妾○正義曰作燕燕詩者言衛莊姜送歸妾也謂戴嬀大歸莊姜送之經所陳皆訣別之後述其送之之事也○箋莊姜至己志○正義曰隱三年左傳曰衛莊公娶于齊東宮得臣之妹曰莊姜美而無子又娶于陳曰厲嬀生孝伯早死其娣戴嬀生桓公莊姜以爲己子四年春州吁殺桓公經書弒其君完是莊姜無子完立州吁殺之之事也由其子見殺故戴嬀於是大歸莊姜養其子與之相善故越禮遠送於野作此詩以見莊姜之志也知歸是戴嬀者經云先君之思則莊公薨矣桓公之時母不當輒歸雖非莊姜所當送歸明桓公死後其母見子之殺故歸莊姜養其子同傷桓公之死故泣涕而送之也言大歸者不反之辭故文十八年夫人姜氏歸於齊左傳曰大歸也以歸寧者有時而反此卽歸不復來故謂之大歸也衛世家云莊公娶齊女爲夫人而無子又娶陳女爲夫人生子早死陳女女娣亦幸於莊公而生子完完母死莊公命夫人齊女子之立爲太子禮諸侯不再娶且莊姜仍在左傳唯言又娶於陳不言爲夫人世家云

又娶陳女爲夫人非也左傳唯言戴嬀生桓公莊姜養之以爲己子不言其死云完母死亦非也然傳言又娶者蓋謂媵也左傳曰同姓媵之異姓則否此陳其得媵莊姜者春秋之世不能如禮

燕燕于飛差池其羽燕燕鳦也燕之于飛必差池其羽箋云差池其羽謂張舒其尾翼興戴嬀將歸顧視其衣服○差楚佳反又楚宜反池如字鳦音乙本又作乙郭烏拔反

之子于歸遠送于野之子去者也歸歸宗也遠送過禮于於也郊外曰野箋云婦人之禮送迎不出門今我送是子乃至于野者舒己憤盡己情○野如字協韻羊汝反沈云協句宜音時預反後放此憤符粉反

瞻望弗及泣涕如雨瞻視也○涕他禮反徐又音弟

疏燕燕至如雨○正義曰燕燕往飛之時必舒張其尾翼以興戴嬀將歸之時亦顧視其衣服既視其衣服從此而去是此去之子往歸於國我莊姜遠送至於郊外之野既至於野與之訣別己留而彼去稍稍更遠瞻望之不復能及故念之泣涕如雨然也上二句謂其將行次二句言己在路下二句言既訣之後○傳燕燕鳦○正義曰釋鳥巂周燕燕鳦孫炎曰別三名舍人曰巂周名燕燕又名鳦郭璞曰一名玄鳥齊人呼鳦此燕即今之燕也古人重言之漢書童謠云燕燕尾涏涏是也鳦乙字異音義同郭氏一音烏拔反○箋差池至衣服○正義曰差池者往飛之貌故云舒張其尾翼實翼也而兼言尾者以飛時尾亦舒張故也爲有羽翼猶人有衣服故知以羽之差池喻顧視衣服既飛而有上下故以頡之頡之頏之喻出入前却既上下而有音聲故以上下其音喻言語大小取譬連類各以其次○箋婦人送迎不出門○正義曰僖二十二年左傳文○

燕燕于飛頡之頏之飛而上曰頡飛而下曰頏箋云頡頏興戴嬀將歸出入前却○頡戶結反頏戶郎反上時掌反篇內皆同

疏傳飛而至曰頏○正義曰此及下傳上音下音皆無文以經言往飛之時頡之頏之明頡頏非一也故知上曰頡下曰頏下經言下上其音音無上下唯飛有上下耳知飛而上爲音曰上音飛而下爲音曰下音也○

之子于歸遠于將之將行也箋云將亦送也

瞻望弗及佇立以泣佇立

久立也○佇直呂反燕燕于飛下上其音飛而上曰上音飛而下曰下音箋云下上其音興戴嬀將歸言語感激聲有。小。大○激經歷反之子于歸遠送于南陳在衞南○南如字沈云協句宜乃林反今謂古人韻緩不煩改字瞻望弗及實勞我心。○實是也本亦作寔仲氏任只其心塞淵仲戴嬀字也任大塞。瘞淵深也箋云任者以恩相親信也周禮六行孝友睦。婣任恤○任入林反沈云鄭而鴆反塞瘞於例反崔集注本作實行下孟反下篇同終溫且惠淑慎其身惠順也箋云溫謂顏色和也淑善也先君之思以勗寡人勗勉也箋云戴嬀思先君莊公之故故將歸猶勸勉寡人以禮義寡人莊姜自謂也○勗凶玉反徐又況目反

【疏】仲氏至寡人○正義曰莊姜既送戴嬀而思其德行及其言語乃稱其字言仲氏有大德行也既其心誠實而深遠也又終當顏色溫和且能恭順善自謹慎其身內外之德既如此又於將歸之時思先君之故勸勉寡人以禮義也○鄭唯任字為異言仲氏有任之德能以恩相親信也○傳仲戴至任大○正義曰婦人不以名行今稱仲氏明是其字禮記男女異長注云各自為伯季故婦人稱仲氏也任大釋詁文也定本任大之下云塞瘞也俗本塞實也○箋任者至任恤○正義曰箋以此二句說戴嬀之操行故知為任恤言其能以恩相親信也故引六行之任以證之周禮注云善於父母為孝善於兄弟為友睦親於九族婣親於外親任信於友道恤振於憂貧○箋戴嬀至禮義○正義曰以勸勉之故知是禮義也坊記引此詩注以為夫人定姜之詩不同者鄭志答炅模云為記注時就盧君先師亦然後乃得毛公傳。記古書義又。且然記注已行不復改之

燕燕四章章六句

日月衞莊姜傷己也遭州吁之難傷己不見答於先君以至困窮之詩也。○難乃旦

反以至困窮之詩也舊本皆爾俗本或作以至困窮而作是詩也誤【疏】日月四章章六句至困窮○正義曰俗本作以致困窮之詩者誤也

日居月諸照臨下土日乎月乎照臨之也箋云日月喻國君與夫人也當同德齊意以治國者常道也乃如之人兮逝不古處逝逮古故也箋云之人是人也謂莊公也其所以接及我者不以故處甚違其初時○處昌慮反又昌呂反胡能有定寧不我顧胡何定止也箋云寧猶曾也君之行如是何能有所定乎曾不顧念我之言是其所以不能定完也○顧本又作頋如字徐音古此亦協韻也後放此○【疏】日居至我顧○正義曰言日乎以照晝月乎月以照夜故得同曜齊明而照臨下土以與國君也夫人也國君視外治夫人視內政當亦同德齊意以治理國事如此是其常道今乃如是人莊公其所接及我夫人不以古時恩意處遇之是不與之同德齊意失月配日之義也公於夫婦尚不得所於衆事亦何能有所定乎適會不顧念我之言而已無能有所定也○傳逝逮○正義曰釋言文也又曰逮及也故箋云其所以接及我者下章傳云不及我以相好皆爲及也顧下章傳亦宜倒讀云不及我以故處也雖倒義與鄭同但鄭順經文故似與傳異耳○箋是其至定完○正義曰此本傷君不答於己言夫婦之道尚如是於衆事何能有所定乎然則莊公是不能定事之人鄭引不能定事之驗謂莊公不能定完者隱三年左傳曰公子州吁有寵而好兵公不禁石碏諫曰將立州吁乃定之矣若猶未也階之爲禍是公有欲立州吁之意故杜預云完雖爲莊姜子然太子之位未定是完不爲太子也左傳唯言莊姜以爲己子不言爲太子而世家云命夫人齊女子之立爲太子非也○

日居月諸下土是冒冒覆也箋云覆猶照臨也乃如之人兮逝不相好不及我以相好箋云其所以接及我者不以相好之恩情甚於己薄也○好呼報反注同王崔申毛如字胡能有定寧不我報盡婦道而不得報○

日居月諸出自東方日始月盛皆出東方箋云自從也言夫人當盛之時與君同位乃如之人兮德音

無良音聲良善也箋云無善恩意之聲語於我也○語魚據反胡能有定俾也可忘此箋云俾使也君之行如何能有所定使是無良可忘也疏日居至可忘○正義曰言日乎月乎日之始照月之盛望皆出東方言月盛之時有與日同以與國君也夫人也國君之平常夫人之隆盛皆秉其國事夫人之盛時亦當與君同如此是其常今乃如之人莊公曾無良善之德音以處語夫人是疏遠己不與之同位失月配日之義君之行如是何能有所定使是無良之行可忘也○傳日始至東方○正義曰日月雖分照晝夜而日恆明月則有盈有闕不常盛盛則與日皆出東方猶君與夫人雖各聽內外而君恆伸夫人有屈有伸伸則與君同居尊位故箋云夫人當盛之時與君同位○箋無善至于我○正義曰如箋所云則當倒讀云無良德音謂無善恩意之音聲處語我夫人也

日居月諸東方自出父兮母兮畜我不卒箋云畜養卒終也父兮母兮者言己尊之如父又親之如母乃反養遇我不終也○胡能有定報我不述述循也箋云不循不循禮也○述本亦作術

日月四章章六句

終風衛莊姜傷己也遭州吁之暴見侮慢而不能正也正猶止也疏終風四章章四句至不能正○正義曰暴與難一也遭困窮是厄難之事故上篇言難見侮慢是暴戾之事故此篇言暴此經皆是暴戾見侮慢之事

終風且暴顧我則笑與也終日風為終風暴疾也笑侮之也箋云既竟日風矣而又暴疾興者喻州吁之為不善如終風之無休止而其間又有甚惡其在莊姜之旁視莊姜則反笑之是無敬心之甚○終風韓詩云西風也○謔浪笑敖言戲謔不敬○謔許約反浪力葬反韓詩云起也笑本又作咲俗字也悉妙反敖五報反中心是悼箋云悼者傷其如是然而己不能得而止之○疏終風至是悼○正義曰言天既終日風且其間有暴疾以興州吁既不善而其

間又有甚惡在我莊姜之傍顧視我則反笑之又戲謔調笑而敖慢己莊姜無如之何中心以是慆傷傷其不能止之○傳暴疾○正義曰釋天云日出而風爲暴孫炎曰陰雲不興而大風暴起然則爲風之暴疾故云疾也○傳言戲謔不敬○正義曰釋詁云謔浪笑敖戲謔也舍人曰謔戲謔也浪意明也笑心樂也敖意舒也戲笑邪戲也謔笑之貌也郭璞曰謂調戲也此連云笑敖故爲不敬淇奧云善戲謔兮明非不敬也○

終風且霾

○霾雨土也霾亡皆反徐又莫戒反雨于付反風而雨土爲霾

惠然肯來

言時有順心也箋云肯可也有順心然後可以來至我旁不欲見其戲謔○肯來如字古協思韻多音梨他皆放此

莫往莫來悠悠我思

人無子道以來事己己亦不得以母道往加之箋云我思其如是心悠悠然○我思如字

疏

終風至我思○毛以爲天既終日風且又有暴甚雨土之時以興州吁常爲不善又有甚惡恚怒之時州吁之暴既如是又不肯數見莊姜時有順心然後肯來雖來復侮慢之與上互也州吁既然則無子道以來事己是莫來也由此己不得以母道往加之是莫往也今既莫往莫來母子恩絕悠悠然我心思之言思其如是則悠悠然也○鄭唯惠然肯來爲異以上云顧我則笑是其來無順心明莊姜不欲其來且州吁之暴非有順心肯來也故以爲若有順心則可來我傍既無順心不欲見其來而戲謔也○傳霾雨土○正義曰釋天云風而雨土爲霾孫炎曰大風揚塵土從上下也○傳人無至加之○正義曰以本由子不事己己乃不得以母道往加之故先解莫來後解莫往經先言莫往者蓋取便文也○

終風且曀不日有曀

陰而風曰曀箋云有又也既竟日風且復曀不見日矣而又曀者喻州吁闇亂甚也○曀於計反復扶富反○

寤言不寐願言則嚏。

○嚏跲也箋云言我願思也嚏讀當爲不敢嚏咳之嚏我其憂悼而不能寐汝思我心如是我則嚏也今俗人嚏云人道我此古之遺語也○疐本又作嚏又作疐舊竹利反又丁四反又豬吏反或竹季反劫也鄭作嚏音都麗反劫也居業反本又作跲音同又渠業反孫毓同崔云毛訓疐爲跲今俗人云欠欠款款是也不作劫字人體倦則伸志倦

則欸案音丘據反玉篇云欸欠張口也咳開愛反○**疏**終風至則嚏○毛以爲天既終日風且復陰而曀不見日光矣而又曀以與州吁既常不善且復怒而甚不見喜悅矣而又甚州吁既暴如是矣莊姜言我寤覺而不能寐願以母道往加之我則嚏跲而不行○鄭唯下一句爲異具在箋○傳陰而風曰曀○正義曰釋天文孫炎曰雲風曀日光○箋既竟至亂甚○正義曰此州吁暴益甚故見其漸也言且曀者且陰往曀日其陰尚薄不見日則曰曀也復云曀則陰雲益甚天氣彌闇故云喻州吁之闇亂甚也以且曀已喻其闇又曀彌益其闇故云甚也○傳嚏跲○正義曰王肅云願以母道往加之則嚏劫而不行跲與劫音義同也定本集注並同○箋嚏讀至遺語○正義曰內則云子在父母之所不敢噦噫嚏咳此讀如之也言汝思我心如是解經之願也言我則嚏解經言則嚏也稱俗人云者以俗之所傳有驗於事可以取之左傳每引諺曰詩稱人亦有言是古有用俗之驗

曀曀其陰如常陰曀曀然**虺虺其靁**暴若震靁之聲虺虺然○**寤。言不寐。願言則懷**懷傷也○箋云懷安也女思我心如是我則安也○女音汝下同後可以意求之疑者更出虺虛鬼反**疏**曀曀至則懷○毛以爲天既曀曀然其常陰又虺虺然其震雷也以興州吁之暴如是故莊姜言我夜覺常不寐願以母道往加之我則傷心○鄭唯下句爲異言汝州吁思我心如是我則安○傳如常陰曀曀然○正義曰上終風且曀且其閒有曀時不常陰此重言曀曀連云其陰故云常陰也言曀復曀則陰曀之甚也爾雅云陰而風爲曀則此曀亦有風但前風有不陰故曀連終風此則常陰故直云曀有風可知也○傳暴若至虺然○正義曰雨雷則殷殷然此喻州吁之暴故以爲震雷奮擊之聲虺虺然十月之交曰爗爗震電皆此類也

終風四章章四句

擊鼓怨州吁也衛州吁用兵暴亂使公孫文仲將而平陳與宋國人怨其勇而

無禮也將者將兵以伐鄭也平成也將伐鄭先告陳與宋以成其伐事春秋傳曰宋殤公之即位也公子馮出奔鄭鄭人欲納之及衛州吁立將修先君之怨於鄭而求寵於諸侯以和其民使告於宋曰君若伐鄭以除君害君爲主敝邑以賦與陳蔡從則衛國之願也宋人許之於是陳蔡方睦於衛故宋公陳侯蔡人衛人伐鄭是也伐鄭在魯隱四年○將子亮反注將者同殤音傷馮本亦作憑同皮冰反蔡從才用反下陳蔡從同

疏擊鼓五章章四句至無禮○正義曰作擊鼓詩者怨州吁也由衛州吁用兵暴亂乃使其大夫公孫文仲爲將而與兵伐鄭又欲成其伐事先告陳及宋與之俱行故國人怨其勇而無禮怨與刺皆自下怨上之辭怨者情所恚恨刺者責其愆咎大同小異耳故論語注云怨謂刺上政譜云刺怨相尋是也言用兵暴亂者阻兵而安忍暴虐而禍亂也古者謂戰器爲兵左傳曰鄭伯朝於楚楚子賜之金曰無以鑄兵兵者人所執因號人亦曰兵左傳曰敗鄭徒兵此箋云將者將兵是也然則此序云用兵者謂用人兵也經云踊躍用兵謂兵器也國人怨其勇而無禮經五章皆陳兵役之怨辭○箋將者至隱四年○正義曰知將兵伐鄭者州吁以隱四年春弒君至九月被殺其中唯夏秋再有伐鄭之事此言州吁用兵暴亂是伐鄭可知時無伐陳宋之事而經序云平陳與宋傳有告宋使除君害之事陳侯又從之伐鄭故訓平爲成也告陳與宋成其伐事也春秋曰以下皆隱四年左傳文也引之以證州吁有伐鄭先告陳之事也末言在魯隱四年者以州吁之立不終此年唯有此伐鄭之事上直引傳曰其年不明故又詳之也宋殤公之即位公子馮所以出奔鄭者殤公宋穆公之兄子公子馮則其子也穆公致位於殤公使馮避之出居於鄭也鄭人欲納之欲納於宋以爲君也先君之怨服杜皆云隱二年鄭人伐衛是也譜依世家以桓公爲平王三十七年即位則鄭以先君爲桓公矣服虔云莊公非也言求寵於諸侯者杜預云諸侯雖篡弒而立既列於會則不得復討欲求此寵也言以除君害者服虔云公子馮將爲君之害言以賦與陳蔡從者服虔云賦兵也以田賦出兵故謂之賦正謂以兵從也傳又說衛州吁欲和其民宋殤公欲除其害故二國伐鄭所以陳蔡亦從者是

時陳蔡方親睦於衛故宋公陳侯蔡人衛人伐鄭春秋之例首兵者爲主今伐鄭之謀。則吁爲首所以衛故宋人敘於陳蔡之下者服虔云衛使宋爲主使大夫將故敘衛於陳蔡下傳唯云告宋使爲主此箋先言告陳與宋者以陳亦從之衛告可知但傳見使宋爲主故不言告陳之事此言平陳與宋故箋兼言告陳也

擊鼓其鏜踊躍用兵鏜然擊鼓聲也使衆皆踊躍用兵也箋云此用兵謂治兵時○鏜吐當反土國城漕我獨南行漕衛邑也箋云此言衆民皆勞苦也或役土功於國或脩理漕城而我獨見使從軍南行伐鄭是尤勞苦之甚○漕音曹

疏擊鼓至南行○正義曰言州吁初治兵出國命士衆將行則擊此鼓其聲鏜然使士衆皆踊躍用兵也軍士將行以征伐爲苦言今國人或役土功於國或修理漕城而我獨見使南行不得在國也○傳鏜然至用兵○正義曰司馬法云鼓聲不過閶字雖異音實同也左傳曰夫戰勇氣也一鼓作氣又曰金鼓以聲氣故先擊其鼓而衆皆踊躍用兵也○箋此用兵謂治兵時○正義曰以下始○云從孫子仲在路之事故知此謂治兵時穀梁傳曰出曰治兵入曰振旅是也○傳漕衛邑○正義曰定之方中序云野處漕邑載馳序云露於漕邑是也○箋此言至之甚○正義曰州吁虐用其民此言衆民雖勞苦猶得在國已從征役故爲尤苦也禮記曰五十不從力政六十不與服戎注云力政城郭道渠之役則戎事六十始免輕於土功而言尤苦者以州吁用兵暴亂從軍出國恐有死傷故爲尤苦土國城漕雖用力勞苦無死傷之患故優於兵事也若力政之役則二十受之五十免之故韓詩說二十從役王制云五十不從力政是也戎事則韓詩說曰三十受兵六十還兵王制云六十不與服戎是也蓋力政用力故取丁壯之時五十年力始衰故早役之早捨之戎事當須閑習三十乃始從役未六十年力雖衰戎事希簡猶可以從軍故受之既晚捨之亦晚戎事非輕於力役

從孫子仲平陳與宋孫子仲謂公孫文仲也平陳於宋箋云子仲字也平陳於宋謂使告宋曰君爲主敝邑以賦與陳蔡從○不我以歸憂心有忡憂心忡忡然箋云以猶與也與我南行不與我歸期兵凶事懼不得

歸豫憂之〇忡勑忠反〇疏從孫至有忡〇正義曰國人從軍之士云我獨南行從孫子仲成伐事於陳與宋成伐事者先告陳使從於宋與之俱行也當往之時不於我以告歸期不知早晚得還故我憂心忡忡然豫憂不得歸也〇傳孫子至文仲〇正義曰經敘國人之辭既言從於文不得言公孫也箋云子仲字仲長幼之稱故知是字則文是謚也國人所言時未死不言謚序從後言之故以謚配字也〇傳憂心忡忡然〇正義曰傳重言忡忡者以忡爲憂之意宜重言之出車云憂心忡忡是也〇箋與我至豫憂之〇正義曰采薇云曰歸曰歸歲亦莫止是與之歸期也故云兵凶事懼不得歸豫憂之解言不得歸期之意也言兵凶事者戰有必死之志故云凶也

爰居爰處爰喪其馬

有不還者有亡其馬者箋云爰於也不還謂死也傷也病也今於何居乎於何處乎於何喪其馬乎〇喪息浪反注同

于以求之于林之下

山木曰林箋云于於也求不還者及亡其馬者當於山林之下軍行必依山林求其故處近得之〇處昌慮反近附近之近〇疏爰居至之下〇正義曰從軍之士懼不得歸言我等從軍或有死者病者有亡其馬者則於何居乎於何處乎於何喪其馬乎若我家人於後求我往於何處求之當於山林之下以軍行必依山林死傷病亡當在其下故令家人於林下求之也〇傳有不至馬者〇正義曰此解從軍之人所以言爰居爰處者由恐有不還者也言爰喪其馬者恐有亡其馬者故也〇箋不還至馬乎〇正義曰古者兵車十乘甲士三人步卒七十二人則死傷及病兼步卒亡其馬唯甲士耳〇箋軍行至得之〇正義曰以軍行爲所取給易必依險阻故於山林也是以肆師云祭兵於山川注云蓋軍之所依止也求其故處謂求其所依止之處近於得之〇

死生契闊與子成說

契闊勤苦也說數也箋云從軍之士與其伍約死也生也相與處勤苦之中我與子成相說愛之恩志在相存救也〇契本亦作挈同苦結反闊苦活反韓詩云約束也說音悅數色主反

執子之手與子偕老

偕俱也箋云執其手與之約誓示信也言俱老者庶幾俱免於難〇偕音皆與之約如字又於妙反下同一本作與之約

誓難乃旦反【疏】死生至偕老〇毛以爲從軍之士與其伍約云我今死也生也共處契闊勤苦之中親莫是過當與子危難相救成其軍伍之數勿得相背使非理死亡也於是執子之手殷勤約誓庶幾與子俱得保命以至於老不在軍陳而死王肅云言國人室家之志欲相與從生死契闊勤苦而不相離相與成男女之數相扶持俱老此似述毛非毛旨也卒章傳曰不與我生活言與是軍伍相約之辭則此爲軍伍相約非室家之謂也〇鄭唯成說爲異言我與汝共受勤苦之中皆相說愛故當與子成此相悅愛之恩志在相救餘同〇傳契闊勤苦〇正義曰此敘士衆之辭連云死生明爲從軍勤苦之義則契闊勤苦之狀〇箋從軍至伍約〇正義曰大司馬云五人爲伍謂與其伍中之人約束也軍法有兩卒師旅其約亦可相及獨言伍者以執手相約必與親近故昭二十一年左傳曰不死伍乘軍之大刑也是同伍相救故舉以言之

于嗟闊兮不我活兮

不與我生活也箋云州吁阻兵安忍阻兵無衆安忍無親衆叛親離軍士棄其約離散相遠故吁。嗟歎之闊兮女不與我相救活傷之〇遠于萬反

于嗟洵兮不我信兮

洵遠信極也箋云歎其棄約不與我相親信亦傷之〇洵呼縣反本或作詢誤也詢音荀韓詩作夐夐亦遠也信毛音申案信即古伸字也鄭如字【疏】于嗟至信兮〇毛以爲既臨伐鄭軍士棄約而乖散故其在軍之人歎而傷之云于嗟乎此軍伍之人今日與我乖闊兮不與我相存救而生活兮又重言之云于嗟乎此軍伍之人與我相疏遠兮不與我相存救使性命得申極兮乖闊疏遠及性命不得申極與不得相生活兮一也下句配成上句耳〇鄭唯信兮爲異言從軍之人與我疏遠不復與我相親信由不親信故不與己相救活義相接成也〇箋州吁至傷之〇正義曰隱四年左傳曰夫州吁阻兵而安忍阻兵無衆安忍無親衆叛親離難以濟矣杜預云恃兵則民殘民殘則衆叛安忍則刑過刑過則親離然則以州吁恃兵安忍故衆叛親離由是軍士棄其約散而相遠是以在軍之人傷其不相救活也時州吁不自行言州吁阻兵安忍者以伐鄭之謀州吁之由州吁暴虐民不得用故衆叛親離棄其約束不必要州吁自行乃致此也案左

傳伐鄭圍其東門五日而還則不戰矣而軍士離散者以其民不得用雖未對敵亦有離心故有闊兮洵兮之歎也○傳信極○正義曰信古伸字故易曰引而信之伸即終極之義故云信極也

擊鼓五章章四句

附釋音毛詩注疏卷第二（二之一）

毛詩注疏挍勘記(三之一)

阮元撰盧宣旬摘錄

邶鄘衛譜

在上黨沾縣大黽谷也 閩本明監本毛本沾誤沽案盧文弨云在當作出是也

則祿父也外 補 毛本也作已案已字是也

頓丘今爲郡名 閩本明監本毛本同案浦鏜云郡名當縣名引證唐志是也

成王尚幼矣 閩本明監本毛本同案此不誤浦鏜云成原文作今非也考段玉裁謂成王生時之稱乃今文家之說見酒誥釋文然則書傳當本是成字破斧正義引書傳成王幼亦可證

子孝伯立 閩本明監本毛本同案浦鏜云孝誤考是也

則身已歸宋 補 宋當作衛

舜爲國名而施也 閩本明監本同毛本舜作非案所改是也

五十年卒 閩本明監本毛本同案十下浦鏜云脫五字是也鄘柏舟正義所引有

迎桓公子晉於邢 閩本明監本毛本同案浦鏜云弟誤子是也

惠公復入三十三年卒 閩本明監本毛本同案下三字浦鏜云一誤考史記是也

二十一年卒閩本明監本毛本同案浦鏜云依年表當作二十三年是也

故鄭於左方中閩本明監本毛本左誤定案山井鼎云譜疏比比有之恐鄭所著書名也其說非是左方者卽譜之篇名君世也以旁行斜上而列於左方故正義謂之爲左方非鄭別有所著書以左方爲名也考正義原書備鄭譜於卷首其篇名君世在左方悉如鄭之舊故得指而言之今左方無之者南宋合併時所去耳

先蒸於夷姜閩本同明監本同毛本蒸作烝案所改是也

○柏舟

汎汎流貌小字本相臺本同案此當衍一汎字正義云言泛然而流者標起止云汎流是正義本不重泛字釋文云汎流貌本或作汎汎流貌者此從王肅注加各本皆誤當依正義釋文正之

今不用而與物汎汎然閩本明監本毛本與下衍衆字小字本無十行本初刻無後剜添相臺本有衆字無而字案箋上云舟載渡物者下云今不用而與物汎汎然二物字相承不應有衆字正義云亦汎汎然其與衆物俱流水中而已乃正義自爲文不可據添岳氏沿革例云閑有難曉解者以疏中字微足其義謂此類也然其所足要未有當者

各有威儀耳小字本相臺本同案威儀二字當作宜考正義云此言君子望之儼然可畏解經之威也禮容俯仰各有宜耳解經之儀也是正義本作各有宜耳也傳以畏解威以宜解儀所謂詁訓之法不知者改宜字作威儀於是此傳既威儀二字分解者而威字乃互見儀字解中矣毛氏

以宜解儀之詁訓遂不復可見失之甚者也當依正義所述毛傳改正之○按舊挍非也左傳威儀有分解處而大意不分毛傳皆有威儀正用左傳北宮文子言君臣父子兄弟內外大小皆有威儀也之文正義改作各有宜非也上文儼然可畏非專釋威說文義字下曰己之威儀也不專以儀釋義必連威言之凡有似分而合者如規矩亦不可分說文巨下云規巨也可證

慍怒也小字本相臺本同案釋文慍下云怒也是釋文本此傳作怒也正義云言仁人憂心悄悄然而怨此羣小人在於君側者也正義本怒字當是怨字緜傳云慍恚正義云說文慍怨也恚怒也有怨必怒之所引說文作慍怨也亦其一證

孝經讖曰兄曰姊閩本明監本毛本同案姊下當有月字

日月又喻兄姊明監本毛本無日字閩本剜去案此六字爲一句刪去日字改讀月字屬上誤也

○綠衣

妾上僭者謂公子州吁之母母嬖而州吁驕小字本相臺本同案此即定本也正義云是公子州吁之母母嬖也又云是州吁驕也定本妾上僭者謂公子州吁之母也母嬖而州吁唯多一也字耳正義本當不重母字以嬖上屬讀爲句與定本不同考文一本有也字采正義

故內服注以男子之褖衣黑閩本明監本毛本同案內下浦鏜云脫司字是也

不殊衣裳小字本相臺本同案此定本集注也正義本無衣字考不殊裳鄭喪服注文此正義引以爲說然喪服注意但說裳此箋意兼說衣

裳故其文不同當以定本集注爲長

先染絲後製衣閩本明監本毛本同小字本相臺本製作制案制字是也正義云當先染絲而後製衣以下盡作製字者制製古今字正義易制爲製而說之其例見前非正義本箋作製字也當由不知者以正義改箋耳

鄭以爲言絺兮綌兮不當暑明監本毛本不下衍以字閩本剜入案不當作本形近之譌耳補以字者非

○燕燕

陳女女娣閩本明監本毛本同案此不誤浦鏜云弟誤娣非也正義所引世家字如此耳

箋云差池其羽小字本相臺本同案考文古本差池其羽上有于往也三字考正義經三于字上二于爲往下一于爲於傳但在遠送過禮下著于於也一訓因之于于歸于往也桃夭已有傳而于飛所以與于歸其同爲往自可知也箋意亦如此正義上本桃夭傳而訓爲往耳非箋有于往也一訓也考文古本采正義而誤

此燕卽今之燕也閩本明監本毛本同案此燕下浦鏜云脫一燕字是也爾雅疏卽取此正重燕字

尾涏涏是也閩本明監本毛本同案涏當作涎形近之譌○按漢書及諸韻書皆作涎以韻言則霆電亦音之轉

往飛之之貌明監本毛本不重之字閩本剜去案上之字乃時字之誤正義上下文可證輒刪者非也

聲有小大小字本相臺本同閩本明監本毛本小大作大小誤也案上正義云故以上下其音喻言語大小者以自爲文故與經下上箋小大

皆倒也不當據改又雄雉箋亦作小大可證

實勞我心也相臺本下有實是也乃釋文誤遺○耳餘本皆不誤考文古本有非

塞瘞小字本相臺本同案正義云定本任大之下云塞瘞也俗本塞實也正義本從俗本故云其心誠實而深遠也不更說瘞字釋文云瘞崔集注本作實考定之方中塞字無傳而箋云塞充實也常武箋云自實滿本此傳也當以集注正義本為長定本釋文本作瘞者即說文之瘱字○段玉裁云瘞者幽瘞也與充實義正同非有二訓也謂即心部瘱字非是瘱者靜也義同

孝友睦姻任恤也小字本同閩本明監本同相臺本姻作婣毛本同案姻字是也此箋用漢時今字與周禮經古字不同也相臺本毛本所改皆非是

記古書義又且然也閩本明監本毛本同案浦鏜云既誤記考南陔正義是也且當作宜南陔正義引作當

○日月

以至困窮之詩也唐石經小字本相臺本同案此釋文本也正義云俗本作以致困窮之詩者誤也釋文云以至困窮之詩也舊本皆爾俗本或作以至困窮而作是詩也誤正義釋文所說相反正義本標起止云至困窮與各本不同今無可考考文古本作以至困窮之故作是詩也采釋文或作本而有誤

言日乎以照晝閩本明監本毛本乎下有日字案所補是也

不循不循禮也　小字本相臺本同考文古本同閩本明監本毛本上循字作述案山井鼎云箋申毛傳作循似是考凡鄭箋皆箋傳而非箋經循字是矣

○終風

在我莊姜之傍　閩本明監本毛本同案注作旁正義作傍旁傍古今字易而說之也例見前餘同此

中心是以惱傷　閩本明監本毛本惱作悼案所改是也

浪意明也　閩本明監本毛本明誤萌案爾雅疏郎取此正作明○按此當作萌爲是舍人意浪讀爲蒼筤竹之筤易正義曰竹初生之時色蒼筤取其春生之美也凡意蕊心花初生時似此故舍人曰浪意萌也作明者誤韓詩云起也正是意萌之訓謂如波之起也

願言則嚏　唐石經小字本相臺本同案釋文云疐本又作嚔又作嚏又作疐舊作利反又丁四反又豬吏反或竹季反劫也鄭作嚏音都麗反段玉裁云毛作疐跲也鄭云疐讀爲不敢嚏咳之嚏此鄭改字唐石經以下經傳皆從口是用鄭廢毛嚏不得訓跲明矣今考正義本傳是跲也則其經當是疐字釋文疐卽嚏之變體狼跋釋文疐本又作疐可證也與說文止部之疐字迥不相涉若經字作止部之疐鄭不得讀爲嚏釋文亦不當作竹利等反矣經義雜記云案釋文知崔靈恩集注作疐陸氏從之正義則從王肅作疐釋文云一作疐者卽王本也其說非是由誤讀釋文爲從止之疐所致也

嚏跲也　小字本相臺本同案嚏當作疐又此正義本也正義云王肅云願以母道往加之則嚏劫而不行跲與劫音義同也定本集注並同釋文云劫也本又作跲孫毓同崔云毛訓疐爲故今俗人云欠欠故故是也不作劫字人體倦則伸志倦則故考此傳本與狼跋同王肅孫毓作劫崔靈恩作

攷皆非是當以正義本爲長

終風至則嚏閩本明監本毛本同案此標起止及下云我則嚏跲而不行又標起止云傳嚏跲又云嚏劫而不行凡四嚏字皆當作疐正義舊是疐字不知者以箋嚏字亂之耳

寤言不寐小字本相臺本同唐石經初刻寐言不寤後改同今本案初刻非也

則吁爲首閩本明監本同毛本則作州案州字是也

兵車十乘補案下文甲士三人步卒七十二人此十乘是一乘之譌

故吁嗟歎之小字本相臺本同閩本明監本毛本亦同案吁當作于騶虞氓兩箋皆作于是其證也

附釋音毛詩注疏卷第二〔二之二〕

〔七〕

毛詩國風　鄭氏箋　孔穎達疏

凱風美孝子也衛之淫風流行雖有七子之母猶不能安其室故美七子能盡其孝道以慰其母心而成其志爾。不安其室欲去嫁也成其志者成言孝子自責之意○凱開在反【疏】凱風四章章四句至志爾○正義曰作凱風詩者美孝子也當時衛之淫風流行雖有七子之母猶不能安其夫室而欲去嫁故美七子能自盡其孝順之道以安慰其母之心作此詩而成其孝子自責之志也此與孝子之美以惡母之欲嫁故云雖有七子之母猶不能安其室則無子者不能安室可知也此敘其自責之由經皆自責之辭將欲自責先說母之勞苦故首章二章上二句皆言母氏之養己以下自責耳俗本作以成其志以字誤也定本而成其志○箋不安至之意正義曰以序云不安其室不言己嫁則仍在室但心不安耳故知欲去嫁也此母欲有嫁之志孝子自責己無令人不得安母之心母遂不嫁故美孝子能慰其母心也以美其能慰母心故知成其志者成言孝子自責之意也

凱風自南吹彼棘心興也南風謂之凱風樂夏之長養者箋云興者以凱風喻寬仁之母棘猶七子也○棘居力反俗作棘樂音洛或一音岳長丁丈反下皆同

棘心夭夭母氏劬勞夭夭盛貌劬勞病苦也箋云夭夭以喻七子少長母養之病苦也○夭於驕反劬其俱反少詩照反【疏】凱風至劬勞○正義曰言凱樂之風從南長養之方而來吹彼棘木之心故棘心夭夭然得盛長以興寬仁之母以己慈愛之情養我七子之身故七子皆得少長然棘木之難長者凱風吹而漸大猶七子亦難養者慈母養之以成長我母氏實亦劬勞病苦也○傳南風至長養○正義曰南風謂之凱風釋天文李巡曰南風長養萬物萬物喜樂故曰凱風凱樂也傳以風性樂養萬物又從南

方而來故云樂夏之長養也又言棘難長養者言母性寬仁似凱風己難長養似棘故箋云凱風喻寬仁之母棘猶七子也凱風自南吹彼棘薪棘薪其成就者母氏聖善我無令人聖叡也箋云叡作聖令善也母乃有叡知之善德我七子無善人能報之者故母不安我室欲去嫁也○叡悦歲反下同知音智本亦作智

疏凱風至令人○正義曰言凱風樂夏之風從南長養之方而來吹彼棘木使得成薪以興寬仁之母能以己慈愛之情養我七子皆得長成然風吹難養之棘以成就猶母長養七子以成人則我之母氏有叡。智之善德但我七子無善人之行以報之故母不安而欲嫁也○傳棘薪其成就者○正義曰上章言棘心夭夭是棘之初生風長之也此不言長之狀而言棘薪則棘長已成薪矣月令注云大者可析謂之薪是薪者木成就○傳聖叡○正義曰聖者通智之名故言叡也箋申說所以得為叡之意故引洪範以證之由叡作聖故得為叡也洪範云思曰叡注云叡通於政事又曰叡作聖注云君思叡則臣賢智是也然則彼叡謂君也聖謂臣也所以得為一者以彼五行各以事類相感由君叡而致臣聖則叡聖義同此母氏聖善人之齊聖皆以明智言之非必要如周孔也

爰有寒泉在浚之下浚衛邑也在浚之下言有益於浚箋云爰曰也曰有寒泉者在浚之下浸潤之使浚之民逸樂以興七子不能如也○浚音峻浸子鴆反樂音洛有子七人母氏勞苦

疏爰有至勞苦○正義曰此孝子自責無益於母使母不安也言曰有寒泉在浚邑之下以喻七子在母之前寒泉有益於浚浸潤浚民使得逸樂以興七子無益於母不能事母使母勞苦乃寒泉之不如又自責云母無子者容可勞苦今乃有子七人而使母氏勞苦思欲去嫁是其七子之咎也母欲嫁者本為淫風流行但七子不可斥言母淫故言母為勞苦而思嫁也上章言母氏劬勞謂少長七子實劬勞也此言母氏勞苦謂母今日勞苦而思嫁與上不同也○傳浚衛邑○正義曰干旄云在浚之都傳曰下邑曰都是衛邑也○箋爰曰至不能如○正義曰爰曰釋詁文知不以寒泉興母之長養己而云喻七子不能如者以上棘薪為喻則子

已成長矣此及下章皆云有子七人則以寒泉黃鳥喻七子可知也

睍睆黃鳥，載好其音。睍睆好貌箋云睍睆以興顏色說也好其音者興其辭令順也以言七子不能如也○睍胡顯反睆華板反說音悅下篇註同

有子七人，莫慰母心。慰安也

疏睍睆至母心○正義曰言黃鳥有睍睆之容貌則又和好其音聲以興孝子當和其顏色順其辭令也今有子七人皆莫能慰母之心使有去嫁之志言母之欲嫁由顏色不悅辭令令不順故也自責言黃鳥之不如也○箋睍睆至令順○正義曰與必以類睍睆是好貌故興顏色也音聲猶言語故興辭令也論語曰色難注云和顏悅色是爲難也又內則云父母之所下氣怡聲是孝子當和顏色順辭令也

凱風四章章四句

雄雉，刺衛宣公也。淫亂不恤國事，軍旅數起，大夫久役，男女怨曠，國人患之而作是詩。淫亂者荒放於妻妾烝於夷姜之等國人久處軍役之事故男多曠女多怨也男曠而苦其事女怨而望其君子○刺俗作刺同七賜反詩內多此音更不重出恤本亦作卹數色角反烝之升反

疏雄雉四章章四句至是詩○正義曰男既從役於外女則在家思之故云男女怨曠上二章男曠之辭下二章女怨之辭○箋淫亂至君子○正義曰淫謂色欲過度亂謂犯悖人倫故言荒放於妻妾以解淫也烝於夷姜以解亂也大司馬職曰外內亂鳥獸行則滅之注引王霸記曰悖人倫外內無以異于禽獸然則宣公由上烝父妾悖亂人倫故謂之亂也君子偕老桑中皆云淫亂者謂宣公上烝夷姜下納宣姜公子頑通於君母故皆爲亂也南山刺襄公鳥獸之行淫於其妹不言亂者言爲獸之行則亂可知文勢不可言亂於其妹故言淫耳若非其匹配與疎遠私通者直謂之淫故澤陂云靈公君臣淫於其國株林云淫於夏姬不言亂是也言荒放者放恣情欲荒廢政事故雞鳴云荒淫怠慢五子之歌云內作色荒

外作禽荒是也言烝者服虔云上淫曰烝則烝進也自進上而與之淫也左傳曰文姜如齊齊侯通焉服虔云傍淫曰通言傍者非其妻妾傍與之淫上下通名也牆有茨云公子頑通於君母左傳曰孔悝之母與其豎渾良夫通皆上淫也齊莊公通於崔杼之妻蔡景侯爲大子般娶於楚通焉皆下淫也以此知通者總名故服虔又云凡淫曰通是也又宣公三年傳曰文公報鄭子之妃服虔曰鄭子文公叔父子儀也報復也淫親屬之妻曰報漢律淫季父之妻曰報則報與亂爲類亦鳥獸之行也宣公納伋之妻亦是淫亂箋於此不言者是時宣公或未納之也故匏有苦葉譏雉鳴求其牡夫人爲夷姜則此亦爲夷姜明矣由國人久處軍役之事故男多曠女多怨也序直云男女怨曠知男曠女怨者以書傳云外無曠夫內無怨女故謂男爲曠女爲怨曠空也謂空無室家故苦其事書傳曠夫謂未有室家者此男雖有室家久從軍役過時不歸與無不異猶何草不黃云何人不矜也此相對故爲男曠女怨散則通言也故采綠刺怨曠經無男子則總謂婦人也大司徒云以陰禮教親則民不怨怨者男女俱兼是其通也此男女怨曠不違於禮故舉以刺宣公采綠婦人不但憂思而已乃欲從君子於外非禮故弁刺婦人也

雄雉于飛泄泄其羽興也雄雉見雌雉飛而鼓其翼泄泄然箋云興者喻宣公整其衣服而起奮訊其形貌志在婦人而已不恤國之政事泄移世反訊音信又音峻字又作迅同○我之懷矣自詒伊阻詒遺伊維阻難也箋云懷安也伊當作繄繄猶是也君之行如是我安其朝而不去今從軍旅久役不得歸此自遺以是患難○貽本亦作詒以之反遺維季反沈羊類反難乃旦反下同繄烏兮反行下孟反下君之行同朝直遙反

疏雄雉至伊阻○正義曰毛言雄雉往飛向雌雉之時則泄泄然鼓動其羽翼以興宣公往起就婦人之時則奮訊其衣服言志在婦人而已不恤國之政事也又數起軍旅使大夫久役大夫傷本見君之行如是志在婦人之時即應去之我之安其朝而不去矣今見使從軍久不得歸自遺此患難也既處患難自悔以怨君伊訓爲維毛爲語助也鄭唯以伊字爲異義勢同也○箋伊當至患難○正義曰箋以宣二年左傳趙

宣子曰嗚呼我之懷矣自詒。伊慼小明云自詒伊慼爲義既同明伊有義爲繄者故此及蒹葭東山白駒各以伊爲繄小明不易者以伊慼之文與傳正同爲繄可知此云自詒伊阻小明云心之憂矣宣子所引並與此不同者杜預云逸詩也故文與此異也

雄雉于飛下上其音

箋云下上其音興宣公小大其聲怡悅婦人○上時掌反

展矣君子實勞我心

展誠也箋云誠矣君子愬於君子也君之行如是實使我心勞矣君若不然則我無軍役之事

疏雄雉至我心○正義曰言雄雉飛之時下上其音聲以怡悅雌雉以興宣公小大其言語心怡悅婦人宣公既志在婦人不恤政事大夫憂之故以君行訴於君子言君之誠如是志在婦人矣君子聞君行如此實所以病勞我心也此大夫身既從役乃追傷君行者以君若不然則無今日之役故也

瞻彼日月悠悠我思

瞻視也箋云。日月之行迭往迭來今君子獨久行役而不來使我心悠悠然思之女怨之辭○女怨如字下女怨同

道之云遠曷云能來

箋云曷何也何時能來望之也

疏瞻彼至能來○正義曰大夫久役其妻思之言我視彼日月之行迭往迭來今君子獨行役而不來故悠悠然我心思之道路之遙亦云遠矣我之君子何時可云能來使我望之也

百爾君子不知德行

箋云爾女也女衆君子我不知人之德行何如者可謂爲德行。事君或有所留女怨故問此焉○行下孟反下注皆同

不忮不求何用不臧

忮害臧善也箋云我君子之行不疾害不求備於一人其行何用爲不善而君獨遠使之在外不得來歸亦女怨之辭○忮之。跂反字書云很也韋昭音洎臧子郎反

疏百爾至不臧○正義曰婦人念夫心不能已見大夫或有在朝者而己君子從征故問之云汝爲衆之君子我不知人何者謂爲德行若言我夫無德而從征也則我之君子不疾害人又不求備於一人其行如是何用爲不善而君獨使之在外乎

雄雉四章章四句

匏有苦葉刺衛宣公也公與夫人並爲淫亂夫人謂夷姜疏匏有苦葉四章章四句至淫亂○正義曰並爲淫亂亦應刺夫人獨言宣公者以詩者主爲規諫君故舉君言之其實亦刺夫人也故經首章三章責公不依禮以娶二章卒章責夫人犯禮求公是並刺之○箋夫人謂夷姜○正義曰知非宣姜者以宣姜本適伋子但爲公所要故有魚網離鴻之刺此責夫人云雉鳴求其牡非宣姜之所爲明是夷姜求宣公故云並爲淫亂

匏有苦葉濟有深涉。興也匏謂之瓠瓠葉苦不可食也濟渡也由膝以上爲涉箋云瓠葉苦而渡處深謂八月之時陰陽交會始可以爲昏禮納采問名○匏音薄交反瓠戶故反上時掌反下皆同處昌慮反

深則厲淺則揭以衣涉水爲厲謂由帶以上也揭褰衣也遭時制宜如遇水深則厲淺則揭矣男女之際安可以無禮義將無以自濟也箋云既以深淺記時因以水深淺喻男女之才性賢與不肖及長幼也各順其人之宜爲之求妃耦○厲力滯反韓詩云至心曰厲說文作砅云履一石渡水也音力智反又音例則揭苦例反褰衣渡水也揭揭衣並苦例反下同一云下揭字音起列反一本作揭褰衣長張丈反爲之于僞反求妃音配本亦作配下同疏匏有至則揭○毛以爲匏有苦葉不可食濟有深涉不可渡以興禮有禁法不可越又云若過深水則厲淺水則褰衣過水隨宜期之必渡以興用禮當隨豐儉之異若時豐則禮隆時儉則禮殺遭時制宜不可無禮若其無禮將無以自濟故雖貧儉尚不可廢禮君何爲不以正禮娶夫人而與夷姜淫亂乎○鄭以爲匏葉先不苦今有苦葉濟處先不深今有深涉此人匏葉苦渡處深謂當八月之中時陰陽交會之月可爲昏禮之始行納采問名之禮也行納采之法如過水深則厲淺則揭各隨深淺之宜以興男女相配男賢則娶賢女男愚則娶愚女各順長幼之序以求昏君何不八月行納采之禮取列國之女與之相配而反犯禮而烝於夷姜乎○傳匏謂至可食○正義曰陸機云匏葉少時可爲羹又可淹煑極美故詩曰幡幡瓠葉采之烹之今河南及揚州人恆食之八月中堅强不可食故云苦葉瓠匏一也故云謂之瓠言葉苦不可食似禮

禁不可越也傳以二事爲一與詩有此例多矣涉言深不可渡似葉之苦不可食外傳魯語曰諸侯伐秦及涇不濟叔向見叔孫穆子穆子曰豹之業及匏有苦葉矣叔向曰苦葉不材於人供濟而已韋昭注云不材於人言不可食供濟而已佩匏可以渡水也彼云取匏供濟與此傳不同者賦詩斷章也○傳由膝以上爲涉後傳以衣涉水爲厲謂由帶以上揭褰衣○正義曰今定本如此釋水云濟有深涉深則厲淺則揭揭者褰衣也以衣涉水爲厲由膝以上爲涉由帶以上爲厲孫炎曰揭衣褰裳也衣涉濡褌也爾雅既引此詩因揭在下自人體以上釋之故先揭次涉次厲也傳依此經先後故引爾雅不次耳然傳不引爾雅由膝以下爲揭者略耳涉者渡水之名非深淺之限故易曰利涉大川謂乘舟也褰裳涉洧謂膝下也深淺者各有所對谷風云就其淺矣泳之游之言泳則深於厲矣但對方之舟之則爲淺耳此深涉不可渡則深於厲矣厲言深者對揭之淺耳爾雅以深淺無限故引詩以由帶以上由膝以下釋之明過此不可厲深淺異於餘文也揭者褰衣止得由膝以下若以上則褰衣不得渡當須以衣涉爲厲也見水不没人可以衣渡故言由帶以上其實以由膝以上亦爲厲因文有三等故曰由膝以上爲涉傳因爾雅成文而言之耳非解此經之深涉也鄭注論語及服注左傳皆云由膝以上爲厲者以揭衣褰衣止由膝以下明膝以上至由帶以上總名厲也鄭以此深涉謂以深於先時則隨先時深淺至八月水長深於本故云深涉涉厲亦非深淺之名既以深淺記時故又假水深淺以喻下深字亦不與深涉同也○箋匏葉至問名○正義曰二至寒暑極二分溫涼中春分則陰往陽來秋分則陰來陽往故言八月之時陰陽交會也以昏禮者令會男女命其事必順其時故昏禮目錄云必以昏時者取陽往陰來之義然則二月陰陽交會禮云令會男女則八月亦陰陽交會可以納采問名明矣以此月則匏葉苦渡處深爲記八月之時也故下章雝雝鳴鴈旭日始旦陳納采之禮此記其時下言其用義相接也納采者昬禮之始親迎者昬禮之終故皆用陰陽交會之月昏禮納采用鴈賓既致命降出。賓者出請賓執雁請問名則納采問名同日行事矣故此納采問名連言之也其納吉納徵無常時月問名以後請期以前皆可也請期在親迎之前亦無常月當近親迎乃行故下箋云歸妻謂請期冰未散正月中以前也二月可以爲昏禮以二月當成昏則正月中當請期故云迨冰未泮則冰之未散皆可爲之以言及故云正月中非謂唯正月可行此禮云女年十五已得受納采至二十始親迎然則女未二十納采之禮雖仲春亦得行之不必要八月也何者仲春亦陰陽交會之月尙得親迎何爲不可納采乎此云八月之時得行納采非謂納采之禮必用八月也○傳遭時至自濟○正義曰此以貧賤責尊貴之辭言遭所遇之時而制其所宜隨時而用禮如遇水之必渡也男女之際謂昏姻之始故禮記大傳曰異姓主名治際會注云名謂母與婦之名際會謂昏禮交接之會是也言遭時制宜不可無禮況昏姻人道之始安可以無禮義乎禮者人所以立身行禮乃可度世難。無禮將無以自濟上言公之無禮必遇禍患也○箋既以至妃耦○正義曰箋解上爲記時此爲喻意濟上既以深涉記時此因以深淺爲喻則上非喻此非記時也男女才性賢與不肖者若大明云天作之合傳曰賢女妃聖人得禮之宜言長幼者禮女年十五得許嫁男年長於女十年則女十五男二十五女二十男三十各以長幼相敵以才性長幼而相求是各順其人之宜爲之求妃耦

有瀰濟盈有鷕雉鳴

瀰深水也盈滿也深水人之所難也鷕雌雉聲也衛夫人有淫佚之志授人以色假人以辭不顧禮義之難至使宣公有淫昏之行箋云有瀰濟盈謂過於厲喻犯禮深也○瀰彌爾反鷕以小反沈耀皎反雌雉聲或一音戶了反說文以水反字林于水反難乃旦反下同泆音逸行下孟反

濟盈不濡軌。雉鳴求其牡

濡漬也由輈以上爲軌。違禮義不由其道猶雉鳴而求其牡矣飛曰雌雄走曰牝牡箋云渡深水者必濡其軌言不濡者喻夫人犯禮而不自知雉鳴反求其牡喻夫人所求非所求○濡而朱反軌舊龜美反謂車轊頭也依傳意直音犯案說文云軌車轍也從車九聲龜美反軓車軾前也從車凡聲音犯車轊頭所謂軓也相亂故具論之牡茂后反輈竹留反車轅也

【疏】有瀰至其牡○正義曰言有瀰然深水者人所畏難今有人濟此盈滿之水不避其難以興有儼然禮義者人所防

閑今夫人犯防閑之禮不顧其難又言夫人犯禮猶有鷕雉鳴也有鷕然求其妃耦之聲者雌雉之鳴以興有求爲淫亂之辭者是夫人之聲此以辭色媚悅
於公是不顧禮義之難又言夫人犯禮既深而不自知言濟盈者必濡其軌今言不濡軌是濟者不自知以興淫亂者必違禮義今云不違禮是夫人不自知
夫人違禮淫亂不由其道猶雉鳴求其牡也今雌雉鳴也乃鳴求其走獸之牡非其道以興夷姜母也乃媚悅爲子之公非所求也夫人非所當求而求之是
犯禮不自知也○傳瀰深至之行○正義曰下言雉求其牡則非雄故知鷕雌雉聲也又小弁云雉之朝雊尚求其雌則雄雉之鳴曰雊也言衞夫人有淫
佚之志授人以色假人以辭解有鷕雉鳴也不顧禮義之難解有瀰濟盈也致使公有淫昏之行解所以責夫人之意也以經上句喻夫人不顧禮義之難卽
下句言其事故傳反而覆之也言授人以色假人以辭謂以顏色言辭怡悅於人令人啓發其心使有淫佚之志雌雉之鳴以假人以辭弁言授人以色者以
爲辭必怡悅顏色故連言之○箋有瀰至禮深○正義曰前厲衣可渡非人所難以深不可渡而人濟之故知過於厲以喻犯禮深○傳由輈至牝牡○正義
曰說文云軌車轍也軌車軾前也然則軾前謂之軌也非軌也但軌聲九軌聲凡於文易爲誤寫者亂之也少儀云祭左右軌范乃飲注云周禮大馭祭兩軹
祭軌乃飲軌與軹於車同謂轊頭也軌與范聲同謂軾前也輈人云軌前十尺而策半之鄭司農云軌謂軾前也書或作軌玄謂軌是軌法也謂與下三面之
材輢軾之所樹持車正者大馭云祭兩軹祭軌乃飲注云古書軹爲軒軌爲範杜子春云文當如此又云軒當作軹軹謂兩轊範當爲軌軌車軾前鄭不易之
是依杜子春軌爲正也然則諸言軾前皆謂軌也小戎傳曰陰揜軌也箋揜軌在軾前垂輈上文亦作軌非軌也軌自車轍耳中庸云車同軌匠人云經途九
軌注云軌謂轍廣是也說文又云軹輪小穿也轊車軸端也考功記注鄭司農云軹轊也又云軹小穿也玄謂軹轂末也然則轂末軸端共在一處而有軹轊
二名亦非軌也少儀注云軌與軹於車同謂轊頭者以少儀與大馭之文事同而字異以范當大馭之軌軌當大馭之軹故並其文而解其義不復言其字誤

耳其實少儀軌字誤當爲軓也此經皆上句責夫人之犯禮下句言犯禮之事故傳釋之言違禮義不由其道猶雌雉鳴求牡也違禮義者卽濟盈也不由其道者猶雉鳴求其牡也釋鳥云鳥之雌雄不可別者以翼右掩左雄左掩右雌是飛曰雌雄也釋獸云麋牡麔牝麎是走曰牝牡也此其定例耳若散則通故書曰牝雞之晨傳曰獲其雄狐是也鄭志荅張逸云雌雉求牡非其耦故喻宣公與夫人言夫人與公非其耦故以飛雌求走牡爲喻傳所以弁解之也

雝雝鳴鴈旭日始旦雝雝鴈聲和也納采用鴈旭日始出謂大昕之時箋云鴈者隨陽而處似婦人從夫故昏禮用焉自納采至請期用昕親迎用昏○旭許玉反徐又許袁反說文讀若好字林呼老反昕許巾反請音情又七井反下同迎魚敬反

士如歸妻迨冰未泮迨及泮散也箋云歸妻使之來歸於己謂請期也冰未散正月中以前也二月可以昏矣○迨音殆泮普半反

疏雝雝至未泮○毛以爲宣公淫亂不娶夫人故陳正禮以責之言此雝雝然聲和之鳴鴈當於旭然日始旦之時以行納采之禮既行納采之等禮成又須及時迎之言士如使妻來歸於己當及冰之未散正月以前迎之君何故不用正禮及時而娶乃烝父妾乎○鄭唯下二句及冰未散請期爲異○傳雝雝至之時○正義曰鴈生執之以行禮故言鴈聲舜典云二生注云謂羔鴈也言納采者謂始相采擇舉其始其實六禮唯納徵用幣餘皆用鴈也親迎雖用鴈非昕時則此鴈不兼親迎前經謂納采下經謂親迎總終始其餘可知也旭者明著之名故爲日出昕者明也日未出已名爲昕生至日出益明故言大昕也禮記注大昕謂朔日者以言大昕之朝奉種浴於川若非朔日恆日出皆可無爲特言大昕之朝故知朔日與此不同○箋鴈者至用昏○正義曰此皆陰陽並言禹貢注云陽鳥鴻鴈之屬隨陽氣南北不言陰者以其彭蠡之澤近南恆暖鴻鴈之屬避寒隨陽而往居之故經云陽鳥攸居注釋其名曰陽鳥之意故不言陰耳定本木鴈隨陽無陰字又言納采至請期用昕親迎用昏者因此旭日用鴈非徒納采而已唯納徵不用鴈亦用昕此總言其禮耳下歸妻謂請期則鄭於此文不兼親迎日用昕者君子行禮貴其始親

迎用昏鄭云取陽往陰來之義然男女之家或有遠近其近者即夜而至於夫家遠者則宜昏受其女明發而行其入蓋亦以昏時也儀禮士昏禮執燭而往婦家其夜即至夫氏蓋同城郭者也○箋歸妻至昏矣○正義曰以冰未散未二月非親迎之時故爲使之來歸於己謂請期也以正月尙有魚上負冰故知冰未散正月中以前也所以正月以前請期者二月可以爲昏故也正月冰未散而月令孟春云東風解凍出車云雨雪載塗謂陸地也其冰必二月乃散故溱洧箋云仲春之時冰始散其水渙渙然是也

招招舟子人涉卬否 招招號召之貌舟子舟人主濟渡者卬我也箋云舟人之子號召當渡者猶媒人之會男女無夫家者使之爲妃匹人皆從之而渡我獨否○招照遙反王逸云以手曰招以言曰召韓詩云招招聲也卬五郎反我也本或作仰音同號戶羔反

人涉卬否卬須我友 人皆涉我友未至我獨待之而不涉以言室家之道非得所適貞女不行非得禮義昏姻不成

疏 招招至我友○正義曰言招招然號召當渡者是舟人之子人見號召皆從渡而我獨否所以人皆涉我獨否者由我待我友我友未至故不渡耳以與招招然欲會合當嫁者是爲媒之人女見會合餘皆從嫁而我貞女獨否者由我待我匹我匹未得故不嫁耳此則非得所適貞女不行非得禮義昏姻不成耳夫人何以不由禮而與公淫乎○傳招招號召之貌○正義曰號召必手招之故云之貌是以王逸云以手曰招以口曰召是也

匏有苦葉四章章四句

谷風刺夫婦失道也衛人化其上淫於新昏而棄其舊室夫婦離絕國俗傷敗焉 新昏者新所與爲昏禮○谷古木反

疏 谷風六章章八句至敗焉○正義曰作谷風詩者刺夫婦失其相與之道以至於離絕言衛人由化效其上故淫於新昏而棄其舊室是夫婦離絕致令國俗傷敗焉此指刺夫接其婦不以禮是夫婦失道非謂夫婦並刺也其婦既與夫絕乃陳夫之棄己見遇非道淫

於新昏之事六章皆是習習谷風以陰以雨興也習習和舒貌東風謂之谷風陰陽和而谷風至夫婦和則室家成室家成而繼嗣生
黽勉同心不宜有怒言黽勉者思與君子同心也箋云所以黽勉者以為見譴怒者非夫婦之宜○黽勉本亦作僶莫尹反黽勉猶勉勉
也譴遣戰反采葑采菲無以下體葑須也菲芴也下體根莖也箋云此二菜者蔓菁與葍之類也皆上下可食然而其根有美時有惡
時采之者不可以根惡時并棄其葉喻夫婦以禮義合顏色相親亦不可以顏色衰棄其相與之禮○葑孚容反徐音豐字書作蘴孚容反草木疏云蕪菁也
郭璞云今菘菜也案江南有菘江北有蔓菁相似而異菘音嵩菲妃鬼反芴音勿爾雅云菲芴又云菲息菜郭以菲芴為土瓜解息菜云似蕪菁華紫赤色可
食莖可耕反蔓音万本又作蕪音無菁音精又子零反葍音福本又作葍音富爾雅葍葍郭云大葉白華根如指色白可食幷俾政反又如字德音莫
違及爾同死箋云莫無及與也夫婦之言無相違者則可與女長相與處至死顏色斯須之有

疏習習至同死○正義曰習習然和舒之谷風以陰以雨而潤澤行百物生矣以興夫婦和而室家成繼嗣生矣言己黽勉然勉力思與君子同心以為夫婦之道不宜有譴怒故也言采葑菲之菜者無以下體根莖之惡并棄其葉以興為室家之法無以其妻顏色之衰并棄其德何者夫婦之法要道德之音無相違即可與爾君子俱至於死何必顏色斯須之有乎我之君子何故以顏色衰而棄我乎○傳東風至嗣生○正義曰東風謂之谷風釋天文也孫炎曰谷之言穀穀生也谷風者生長之風陰陽不和即風雨無節故陰陽和乃谷風至此喻夫婦故取於生物小雅谷風以喻朋友故直云潤澤行恩愛成而已○傳葑須菲芴箋此二菜至之類○正義曰釋草云須葑蓯孫炎曰須一名葑蓯坊記注云葑蔓菁也陳宋之閒謂之葑陸機云葑蕪菁幽州人或謂之芥方言云蘴蕘蕪菁也陳楚謂之蘴齊魯謂之蕘關西謂之蕪菁趙魏之部謂之大芥蘴與葑字雖異音實同即葑也須也蕪菁也蔓菁也葑蓯也蕘也芥也七者一物也釋草又云菲芴也郭璞曰土瓜也孫炎曰

葍類也釋草又云菲蒠菜郭璞曰菲草生下溼地似蕪菁華紫赤色可食陸機云菲似葍莖麤葉厚而長有毛三月中烝鬻爲茹滑美可作羹幽州人謂之芴爾雅謂之蒠菜今河內人謂之宿菜爾雅菲芴與蒠菜異釋郭注似是別草如陸機之言又是一物某氏注爾雅二處引此詩即菲也芴也蒠菜也土瓜也宿菜也五者一物也其狀似葍而非葍故云葍類也箋云此二菜者蔓菁與葍之類者蔓菁謂葑也葍類謂菲也○箋皆上下至之禮○正義曰坊記引此詩證君子不盡利於人故注云無以其根美則幷取之與此異也

行道遲遲中心有違遲遲舒行貌違離也箋云徘徊也行於道路之人至將於別尙舒行其心徘徊然喻君子於己不能如也○違如字韓詩云違很也不遠伊邇薄送我畿畿門內也箋云邇近也言君子與己訣別不能遠維近耳送我裁於門內無恩之甚○畿音祈訣音決本或作決裁於門內一本作裁至於門又一本作裁至於門內誰謂荼苦其甘如薺荼苦菜也箋云荼誠苦矣而君子於己之苦毒又甚於荼比方之荼則甘如薺○荼音徒薺音齊禮反宴爾新昏如兄如弟宴安也○宴本又作燕徐於顯反又烟見反

疏行道至如弟○毛以爲婦人既已被棄追怨見薄言相與行於道路之人至將離別尙遲遲舒行心中猶有乖離之志不忍即別況己與君子猶是夫婦今棄己訣別之時送我不遠維近耳薄送我於門內而已是恩意不如行路之人也又說遇己之苦言人誰謂荼苦乎以君子遇我之苦毒比之荼即其甘如薺君子苦己猶得新昏故又言安愛汝之新昏其恩如兄弟也以夫婦坐圖可否有兄弟之道故以兄弟言之○鄭唯有違爲異以傳訓爲離無眷戀之狀於文不足故以違爲徘徊也○傳畿門內正義曰以言畿者期限之名故周禮九畿及王畿千里皆期限之義故楚茨傳曰畿期也經云不遠言至有限之處故知是門內

涇以渭濁湜湜其沚涇渭相入而清濁異箋云小渚曰沚涇水以有渭故見渭濁湜湜持正貌喻君子得新昏故謂己惡也己之持正守初如沚然不動搖此絕去所經見因取以自喻焉○涇音經濁水也渭音謂清水也湜音殖說

文云水清見底沚音止故見渭濁舊本如此一本渭作謂後人改耳搖餘招反又餘照反宴爾新昬不我屑以屑絜也箋云以用也言君
子不復絜用我當室家○屑素節反復扶富反毋逝我梁毋發我笱逝之也梁魚梁笱所以捕魚也箋云毋者諭禁新昬也女毋之我家
取我爲室家之道○笱古口反捕魚器韓詩云發亂也捕音步我躬不閱遑恤我後閱容也箋云躬身遑暇恤憂也我身尚不能自容何
暇憂我後所生子孫也○閱音悦【疏】涇以至我後○正義曰婦人既言君子苦己又本己見薄之由言涇水以有渭水清故見涇水濁以興舊室以有新
昬美故見舊室惡本涇水雖濁未有彰見由涇渭水相入而清濁異言己顏色雖衰未至醜惡由新舊並而善惡別新昬既駮己爲惡君子益憎惡於己己雖
爲君子所惡尚湜湜然持正守初其狀如沚然不動搖可用爲室家矣君子何爲安樂汝所之新昬則不復絜飾用我已不被絜用事由新昬故本而禁之言人
無之我魚梁無發我魚笱以之人梁發人笱當有盜魚之罪以興禁新昬汝無之我夫家無取我婦事以之我夫家取我婦事必有盜竊之過然雖禁新昬夫
卒惡己至於見出心念所生己去必困又追傷遇己之薄即自訣言我身尚不能自容何暇憂我後所生之子孫乎母子至親當相憂念言己無暇所以自怨
痛之極也○傳涇渭至濁異○正義曰禹貢云涇屬渭汭注云涇水渭水發源皆幾二千里然而涇小渭大屬於渭而入於河又引地理志云涇水出今安定
涇陽西开頭山東南至京兆陵陽行千六百里入渭即涇水入渭也此以涇濁喻舊至以渭清喻新昬取相入而清濁異似新舊相並而善惡別故云涇渭相
入不言渭水入涇也○箋涇水至喻焉○正義曰此婦人以涇比己箋將述婦人之心故先述涇水之意涇水言以有渭故人見謂己濁猶婦人言己以有新昬故
君子見謂己惡也見渭濁言人見渭己涇之濁由與清濁相入故也定本涇水以有渭故見其濁漢書溝洫志云涇水一碩其泥數斗潘岳西征賦云清渭濁
涇是也此已絶去所經見涇渭之水因取以自喻也鄭志張逸問何言絶去答曰衛在東河涇在西河故知絶去不復還意以涇不在衛境作詩宜歌土風故

信絕去此婦人既絕至涇而自比己志邶人爲詩得言者蓋從送者言其事故詩人得述其意也禮臣無境外之交此詩所述似是庶人得越國而昏者左傳曰大夫越境逆女非禮卽士以下不禁故士昏禮云若異邦則贈丈夫送者以束錦是士得外娶卽庶人得越國娶明矣○傳屑絜○正義曰絜者飾也謂不絜飾而用己也○傳梁魚至捕魚○正義曰此與小弁及敝笱在梁皆云笱笱者捕魚之器卽梁爲魚梁明矣何人斯云胡逝我梁我者己所自專之辭卽亦爲魚梁也有狐云在彼淇梁傳曰石絕水曰梁候人云維鵜在梁傳曰梁水中之梁鴛鴦云鴛鴦在梁箋云石絕水之梁白華亦云有鶖在梁又云鴛鴦在梁皆鳥獸所在非人所往還之處卽皆非橋梁矣故以石絕水解之此石絕水之梁亦是魚梁故王制云獺祭魚然後虞人入澤梁注云梁絕水取魚者白華箋云鶖也鵜也皆以魚爲美食者也鶖之性貪惡而今在梁表記注云鵜洿澤善居泥水之中在魚梁是梁皆魚梁明矣其制獻人掌以時獻爲梁鄭司農云梁水堰堰水而爲關空以笱承其空然則梁者爲堰以鄣水空中央承之以笱故云笱所以捕魚也然則水不絕云絕水者謂兩邊之堰是絕水堰則以土皆云石者蓋因山石之處亦爲梁以取魚也月令孟冬謹關梁大明云造舟爲梁之類皆謂橋梁非絕水故月令注云梁橫橋是也○箋毋者喻禁新昏○正義曰以毋禁辭禁人無逝我梁是喻禁新昏無乃之我家也故角弓箋云毋禁辭說文云毋從女象有奸之者禁令勿奸故毋爲禁辭○箋我身至子孫○正義曰以此婦人去夫故知憂所生之子孫也時未必有孫言之協句耳小弁云大子身被放逐明恐身死之後憂其父更受讒故文同而義異

就其深矣方之舟之就其淺矣泳之游之舟船也箋云方附也潛行爲泳言深淺者喻君子之家事無難易吾皆爲之○泳音詠附音孚易夷豉反下同

何有何亡黽勉求之有謂富也亡謂貧也箋云君子何所有乎何所亡乎吾其黽勉勤力爲求之有求多亡求有○爲于僞反

凡民有喪匍匐救之箋云匍匐言盡力也凡於民有凶禍之事鄰里尙盡力往救之況我於君子家之事難易乎固當黽勉以疏喻

親也○餔音蒲又音扶匐蒲北反一音服【疏】就其至救之○毛以爲婦人既怨君子棄己反追說己本勤勞之事如人之渡水若就其深矣則方之舟之若就其淺矣則泳之游之隨水深淺期於必渡以與己於君子之家事若値其難也則勤之勞之若値其易也卽優之游之隨事難易期於必成匪直於君子之家事無難易又於君子之家財業何所富有乎何所貧。無乎不問貧富吾皆勉力求之所以君子家事己皆勉力者以其凡民於有喪禍之事其鄰里尙盡力以救之鄰里之疏猶能如是況我於君子家事難易何得避之故己所以盡力也而君子棄己故怨之○鄭唯何有何亡爲小異○傳舟船○正義曰舟者古名也今名船易曰利涉大川乘木舟虛注云舟謂集板如今。自空大木爲之曰虛卽古又名曰虛總名皆曰舟○傳有謂富亡謂貧○正義曰以有謂有財故云富亡謂無財故曰貧言不問貧富皆勉力求之○箋有求多亡求有○正義曰以有無謂於一物之上有此物無此物故言有求多亡求有也以求財業宜於一事爲有亡故易傳○箋匍匐言盡力○正義曰以其救恤凶禍故知宜爲盡力生民云誕寘匍匐謂后稷之生爲小兒匍匐與此不同也問喪注云匍匐猶顛蹷然則匍匐者以本小兒未行之狀其盡力顛蹷似之故取名焉凡民有凶禍之事鄰里尙盡力往救之謂營護凶事若有賵贈也

不我能慉。反以我爲讎。慉。養也箋云慉驕也君子不能以恩驕樂我反憎惡我慉許六反毛興也說文起也樂音洛惡烏路反下皆同○

既阻我德。賈用不售。阻難云箋云既難卻我隱蔽我之善我脩婦道而事之覬其察己猶見疏外如賣物之不售○賈音古市也售市救反難乃旦反下難卻同一音如字覬音冀

昔育恐育鞫。及爾顛覆。育長鞫窮也箋云昔育育稚也及與也昔幼稚之時恐至長老窮匱故與女顛覆盡力於衆事難易無所辟○鞫本亦作詾居六反覆芳服反注同長張文反下皆同稚本亦作穉直吏反匱求位反乏也辟音避本亦作避

既生既育。比予于毒。箋云生謂財業也育謂長老也于於也既有財業矣又既長老矣其視我如毒螫言惡己甚也○螫失石反惡烏洛反【疏】不我至于

毒○毛以爲婦人云君子假不能以善道養我何故反以我爲讎乎既不被恩遇又爲善不報故言既難却我而隱蔽我之善德謂先有善德已被隱蔽矣今我更修婦道以事之覬其察己而猶見疏外似賣物之不售又追說己本勤勞以責之言我昔日幼稚之時恐至長而困窮故我與汝顛覆盡力於家事難易無所避今日既生有財業矣又既長老矣汝何爲視我如蟲之毒螫乎言惡己至甚不我能慉當倒之云不能慉我鄭唯不我能慉爲異○傳慉養箋慉驕至惡我○正義曰徧檢諸本皆云慉養孫毓引傳云慉興非也爾雅不訓慉爲驕由養之以至於驕故箋訓爲驕驕者至恩之辭讎者至怨之稱君子遇己至薄怨切至痛故舉至愛以駁至惡○箋昔育至所辟○正義曰以育得兩說故釋言爲稚釋詁爲長以經有二育故辨之云昔育者育稚也以下云既生謂財業又以黽勉匍匐類之故顛覆爲盡力若黍離云閔周室之顛覆抑云顛覆厥德各隨其義不與此同○箋生謂財業○正義曰以上云昔年稚恐窮以生對窮故爲財業以財由人而生之故大學曰生財有大道生之者衆食之者寡是也

我有旨蓄亦以御冬旨美御禦也箋云蓄聚美菜者以禦冬月乏無時也○蓄本亦作畜勑六反御魚據反下同禦也徐魚舉反一本下句即作禦字

宴爾新昏以我御窮箋云君子亦但以我御窮苦之時至於富貴則棄我如旨蓄

有洸有潰既詒我肄洸洸武也潰潰怒也肄勞也箋云詒遺也君子洸洸然潰潰然無溫潤之色而盡遺我以勞苦之事欲窮困我○洸音光潰戶對反韓詩云潰潰不善之貌詒音怡肄以世反徐以自反爾雅作勩以世反遺唯季反下同

不念昔者伊余來塈塈息也箋云君子忘舊不念往昔年稚我始來之時安息我○塈許器反

疏我有至來塈○正義曰婦人怨其惡己得新昏而見棄故稱人言我有美菜蓄之亦以禦冬月乏無之時猶君子安樂汝之新昏本亦但以我禦窮苦之時而已然窮苦取我至於富貴而見棄似冬月蓄菜至於春夏則見遺也君子既欲棄己故有洸洸然威武之容有潰潰然恚怒之色於我又盡道我以勞苦之事不復念昔者我幼稚始來之時安息我也由無

恩如此所以見出故追而怨之亦以禦冬言亦者因亦己之禦窮伊辭也○箋君子至旨蓄○正義曰上經與此互相見以舊。至比旨蓄新昬以比新菜此云宴爾新昬則上宜云得爾新菜上言我有旨蓄此宜云爾有舊室得新菜而棄旨蓄猶得新昬而棄己又言己爲之生有財業故云至於富貴也已言爲致富耳言賁者協句也○傳肄勞○正義曰釋詁文爾雅或作勩孫炎曰習事之勞也

谷風六章章八句

式微黎侯寓于衛其臣勸以歸也寓寄也黎侯爲狄人所逐棄其國而寄於衛衛處之以二邑因安之可以歸而不歸故其臣勸之○黎力兮反國名杜預云在上黨壺關縣寓于音遇于又作乎

疏式微二章章四句至勸以歸○正義曰此經二章皆臣勸以歸之辭此及旄丘皆陳黎臣之辭而在邶風者蓋邶人述其意而作亦所以刺衛君也○箋黎侯至勸之○正義曰以旄丘之敘故知爲狄人所逐以經云中露泥中知處之以二邑勸之云胡不歸知可以歸而不歸此被狄所逐而云寄者若春秋出奔之君所在亦曰寄故左傳曰齊以。郲寄衛侯是也喪服傳曰寄公者何失地之君也謂削地盡者與此别

式微式微胡不歸式用也箋云式微式微者微乎微者也君何不歸乎禁君留止於此之辭式發聲也微君之故胡爲乎中露微無也中露衛邑也箋云我若無君何爲處此乎臣又極諫之辭

疏式微至中露○毛以爲黎之臣子責君久居於衛言君用在此而益微用此而益微君何不歸乎我等若無君在此之故何爲久處於此中露鄭以式爲發聲言微乎微者言君今在此皆甚至微君何不歸乎餘同○傳式用○正義曰釋言文左傳曰榮成伯賦式微服虔云言君用中國之道微亦以式爲用此勸君歸國以爲君用中國之道微未若君用在此微爲密也○箋式微至發聲○正義曰式微式微者微乎微者也釋訓文郭璞曰言至微也以君被逐既微又見卑賤是至微也不取式爲義故云發聲也○傳

中露衛邑〇正義曰以寄於衛所處之下又責其不來迎我君明非衛都故知中露泥中皆衛邑也〇箋我若至之辭〇正義曰主憂臣勞主辱臣死固當不憚淹恤今言我若無君何爲處此自言己勞以勸君歸是極諫之辭

式微式微胡不歸微君之躬胡爲乎泥中 泥中衛邑也

式微二章章四句

旄丘責衛伯也狄人迫逐黎侯黎侯寓于衛衛不能脩方伯連率之職黎之臣子以責於衛也 衛康叔之封爵稱侯今曰伯者時爲州伯也周之制使伯佐牧春秋傳曰五侯九伯侯爲牧也〇旄丘音毛丘或作古。丠字前高後下曰旄丘字林作堥云堥丘也亡周反又音毛山部又有堥字亦云堥丘亡付反又音旄率所類反禮記云十國以爲連連有率佐牧州牧之。牧

疏 旄丘四章章四句至於衛〇正義曰作旄丘詩者責衛伯也所以責之者以狄人迫逐黎侯故黎侯出奔來寄於衛以衛爲州伯當脩連率之職以救於己故奔之今衛侯不能脩方伯連率之職不救於己故黎侯之臣子以此言責衛而作此詩也狄者北夷之號此不斥其國宣十五年左傳伯宗數赤狄路氏之罪云奪黎氏地三也服虔曰黎侯之國此詩之作責衛宣公宣公以魯桓二年卒至魯宣十五年百有餘歲卽此時雖爲狄所逐後更復其國至宣公之世乃赤狄奪其地耳與此不同彼奪地是赤狄此唯言狄人迫逐不必是赤狄也言方伯連率者王制云五國以爲屬屬有長十國以爲連連有帥三十國以爲卒卒有正二百一十國以爲州州有伯注云凡長皆因賢侯爲之殷之州長曰伯虞夏及周皆曰牧又曰千里之外設方伯公羊傳曰上無明天子下無賢方伯方伯皆謂州長則此方伯亦州長矣周謂之牧而云方伯者以一州之中爲長故云方伯若牧下二伯不得云方伯也連率者卽十國以爲連連有帥是也不言

屬卒者舉其中也王制雖殷法周諸侯之數與殷同明亦十國爲連此詩周事有連率之文左傳曰晉侯享公公請屬鄫是周亦有連屬此宣公爲二伯非方伯又非連率而責不能脩之者以連帥屬方伯若諸侯有被侵伐者使其連屬救之又宣公爲州伯佐方伯今黎侯來奔之不使連率救己是不能脩方伯連率之職也此敘其責衛伯之由經皆責衛之辭也經言叔伯則責衛臣矣言責衛伯者以衛爲方伯故責其諸臣之廢事由君之不使亦是責衛伯也○箋衛康至爲牧○正義曰此解言衛伯之意故云衛康叔之封爵稱侯今曰伯者時爲州伯也周之制使伯佐牧牧是州牧伯佐之是州伯也知者以春秋傳曰五侯九伯是侯爲牧伯佐之也宣公爲侯爵見於春秋明矣今而本之康叔者以諸侯之爵皆因始封之君故本康叔也顧命云乃同召太保奭畢公衛侯是爵稱侯也案世家自康叔至貞伯不稱侯頃侯賂夷王始爲侯又平王命武公爲公不恆以康叔言康叔之封者以康叔之後自爲時王所黜頃侯因康叔本侯故賂夷王而復之命武公爲公謂爲三公爵仍侯也此云責衛伯何以知宣公非州牧爲方伯而以爲牧下二伯者以周之州長曰牧以長一方言之以得謂之方伯未有謂之州伯者此若是牧當言責衛牧今言責衛伯明非牧也故知爲二伯言周之制使伯佐牧者以左傳所論周世之事前代必不然知指言周也此方伯連率皆是諸侯之身相爲長耳王制云使大夫監於方伯之國國三人注云使佐方伯領諸侯者謂天子命人爲方伯國內大夫監之非此牧伯之類王制雖是殷法於周亦當然故燕禮注云諸公者容牧有三監是鄭言周之牧國亦有三監也一解云蓋牧國在先王之墟有舊法者聖王因而不改周之牧國則無三監矣太宰職云建其牧立其監注云監謂公侯伯子男各監一國又非牧下三監也所引春秋傳曰僖四年管仲對楚辭也曰昔召康公命我先君太公五侯九伯汝實征之以夾輔周室服虔云五侯公侯伯子男九伯九州之長太公爲王官之伯掌司馬職以九伐之法征討邦國故得征之鄭不然者以司馬征伐由王命乃行不得云汝實征之且夾輔者左右之辭也故因漢張逸受春秋異讀鄭云五侯侯爲州牧也九伯伯爲州伯也一州一牧二伯佐之太

公爲王官之伯二人共分陝而治自陝以東當四侯半一侯不可分故言五侯九伯則九人若主五等諸侯九州之伯是天子何異。乎。云夾輔之有也知侯爲牧伯者周禮上公九命作伯則東西。大伯上公爲之八命作牧非上公也公下唯侯耳且傳當言五牧而云五侯明牧於外曰侯是牧本侯爵故曲禮下云九州之長入天子之國曰牧於外曰侯是牧本侯爵也侯既爲牧其佐自然伯矣此衞侯爵而爲伯者鄭志答張逸云實當用伯而侯德適任之何嫌不可命人位以德古亦然也以此言則宣公德適任伯故爲伯下泉序云思明王賢伯經云四國有王郇伯勞之傳曰郇伯郇侯箋云文王之子爲州伯則郇侯侯爵而有賢德亦爲伯者蓋其時多賢故郇侯亦爲伯爲伯言其正法耳亦有侯爲伯伯爲牧者故周禮八命作牧注云謂侯伯有功德者加命得專征伐謂侯與伯皆得爲牧也是以雜問志云五侯九伯選州中諸侯以爲牧以二伯爲之佐此正法也若一州之中無賢侯選伯之賢者以爲牧是也

旄丘之葛兮何誕之節兮。興也前高後下曰旄丘諸侯以國相連屬憂患相及如葛之。蔓延相連及也誕闊也箋云土氣緩則葛生闊節興者喩此時衞伯不恤其職故其臣於君事亦疏廢也○蔓莚以戰反又音延**叔兮伯兮何多日也**日月以逝而不我憂箋云叔伯字也呼衞之諸臣叔與伯與女期迎我君而復之可來而不來女日數何其多也先叔後伯臣之命不以齒

疏旄丘至多日也○毛以爲言旄丘之葛兮何爲闊之節兮以當蔓延相及以興方伯之國兮何爲使之連屬兮亦當憂患相及今衞伯何爲不使連屬救己而同其憂患乎又責其諸臣久不憂己言叔兮伯兮我處衞邑已久汝當早迎我而復之何故多日而不憂我哉○鄭以爲言旄丘之葛兮何由誕之節兮由旄丘之土其氣和緩故其葛之生長皆闊節以興衞伯之臣兮何由廢其事兮由衞伯不恤其職故其臣於君事亦疏廢臣既廢事故責之云叔兮伯兮汝事所期來迎我君而復之可來而不來何其多日數也○傳前高至誕闊○正義曰釋丘云前高旄丘李巡云謂前高後卑下以前高後必卑下故傳亦言後下傳以序云責衞不脩方伯連率之職故以旄丘之葛闊節延蔓相及

猶諸侯之國連屬憂患相及所以爲喻也又解言誕節者誕闊也謂葛節之間長闊故得異葛延蔓而相連也○箋土氣至疏廢○正義曰箋以自此而下皆責諸臣將由疏廢而責之故以此土氣和緩生物能殖故葛生闊節以喻君政解緩不恤其職故臣亦疏廢君不恤職臣廢其事是不能脩方伯連率之職也凡與者取一邊相似耳不須以美地喻惡君爲難也○傳日月至我憂○正義曰傳以黎臣責衛稱己來之久言日月以往矣而衛之諸臣不憂我故責之云何多日而不憂我○箋叔伯至以齒○正義曰鄭以呼爲叔伯是責諸臣之辭以黎侯奔衛必至即求復矣衛且處之二邑許將迎而復之卒違其言故責衛之諸臣汝期來迎我君而復之可來而不來汝之日數何其多也臣之爵命自有高下不以年齒長幼定尊卑也故先叔後伯

何其處也必有與也言與仁義也箋云我君何以處於此乎必以衛有仁義之道故也責衛今不行仁義

何其久也必有以也必以有功德箋云我君何以久留於此乎必以衛有功德故也又責衛今不務功德也

疏何其至有以也○正義曰黎之臣子既責衛之諸臣故又本己之情而責之言我何其久處於此也必以衛有仁義之道與我何其久留於此也必以衛有功德與我故也汝今何爲不行仁義不務功德而迎我復之乎○傳言與仁義又曰必以有功德○正義曰此言必有與下言必有以二者別設其文故分爲仁義與功德言仁義者謂迎己復國是有仁恩且爲義事己得復國由衛之功是衛之德則仁義功德一也據其心爲仁義據其事爲功德心先發而事後見故先言仁義後言功德也言與言以者互文以者自己於彼之辭與者從彼於我之稱己望彼以事與己唯仁義功德耳故傳此言與仁義不云必由與自彼來下云必以有功德是自己情故云必也

狐裘蒙戎匪車不東大夫狐蒼裘蒙戎以言亂也不東言不來東也箋云刺衛諸臣形貌蒙戎然但爲昏亂之行女非有戎車乎何不來東迎我君而復之黎國在衛西今所寓在衛東○蒙如字徐武邦反戎如字徐而容反蒙戎亂貌案徐此音是依左傳讀作尨茸而行下孟反下同

叔兮伯兮靡所與同無救患恤

同也箋云衛之諸臣行如是不與諸伯之臣同言其非之特甚【疏】狐裘至與同○毛以爲黎之臣子責衛諸臣服此狐裘其形貌蒙戎然但爲昏亂之行而臣不務行仁義也豈非有戎車乎何爲不來東迎我君而復之乎言實有戎車不肯迎己故又責之言叔兮伯兮爾無救患恤同之心迎我也○鄭唯下二句爲異○傳大夫至來東○正義曰以責衛諸臣不當及士故傳云大夫也玉藻云君子狐青裘豹褎玄綃衣以裼之青蒼色同與此一也大夫息民之服有黃衣狐裘又狐貉之厚以居在家之服傳以此刺其徒服其服明非蜡祭與在家之服知爲狐蒼裘也蒼裘所施禮無明文唯玉藻注云蓋玄衣之裘禮無玄衣之名鄭見玄綃衣以裼之因言蓋玄衣之裘兼無明說蓋大夫士玄端之裘也大夫士玄端裳雖異衣皆玄裘象衣色故皆用狐青是以玉藻注云君子大夫士也此傳亦云大夫當是大夫玄端之裘也以蒙戎者亂之貌故云蒙戎以言亂也左傳曰士蔿賦詩云狐裘蒙戎杜預云蒙戎亂貌以此傳爲說不東者言不來東迎我也故箋申之云黎國在衛西今所寓在衛東者杜預云黎侯國上黨壺關縣有黎亭是在衛之西也

瑣兮尾兮流離之子

瑣尾少好之貌流離鳥也少好長醜始而愉樂終以微弱箋云衛之諸臣初有小善終無成功似流離也○瑣依字作瑣素果反流音留本又作鶹離如字爾雅云鳥少美而長醜爲鶹鷅草木疏云梟也關西謂之流離則食其母少詩照反下同長張丈反愉以朱反樂音洛

大叔兮伯兮褎如充耳

褎盛服也充耳盛飾也大夫褎然有尊盛之服而不能稱也箋云充耳塞耳也言衛之諸臣顏色褎然如見塞耳無聞知也人之耳聾恆多笑而已○褎本亦作褎由救反又在秀反鄭笑貌稱尺證反聾魯工反【疏】瑣兮至充耳○毛以爲黎之臣子責衛諸臣言瑣兮而少尾兮而好者乃流離之子也此流離之子少而美好長即醜惡以與衛之諸臣始而愉樂終以微弱言無德自將不能常爲樂也故又責之言叔兮伯兮汝徒衣褎然之盛服汝有充耳之盛飾而無德以稱之也○鄭以爲衛之諸臣初許迎黎侯而復之終而不能故責之言流離之子少而美好長即醜惡以與衛之臣子初有小善終無成功言初許迎我終

不能復之故又疾而言之叔兮伯兮汝顔色褎褎然如似塞其耳無所聞知也恨其不納己故深責之○傳瑣尾至微弱○正義曰瑣者小貌尾者好貌故弁言小好之貌釋訓云瑣瑣小也釋鳥云鳥少美長醜爲鸜鷅陸機云流離梟也自關西謂梟爲流離其子適長大還食其母故張奐云鸜鷅食母許慎云梟不孝鳥是也流與鸜蓋古今之字爾雅離或作栗傳以上三章皆責衛不納己之辭故以此章爲黎之臣惡衛之諸臣言汝等今好而苟且爲樂不圖納我爾無德以治國家終必微弱也定本偷樂作愉樂

旄丘四章章四句

附釋音毛詩注疏卷第二（二之二）

阮元撰盧宣旬摘錄

○凱風

而成其志爾　唐石經小字本相臺本同案正義云俗本作以成其志以字誤也定本而成其志考文古本作以采正義

樂夏之長養者　補長養下當更有棘難長養四字下正義云又言棘難長養者可證又段玉裁云棘下當有心字棘心棘之初生者故難長養長養下章云棘薪則其成就者矣語勢正相對也

有叡智之善德　閩本明監本毛本同案注作知正義作智知智古今字易而說之也例見前釋文知本亦作智非正義本餘同此

○雄雉

而作是詩　小字本相臺本同唐石經初刻無此四字後改有案有者是也正義標起止云至是詩可證○按據標起止爲證乃是正義所據本耳他本之有不同者不必皆正義取據也全書以此例之

我之懷矣自詒伊慼　閩本明監本毛本同案伊當作繄正義引此傳之繄及小明之伊以明鄭所以易伊爲繄也作伊則與下小明無別不知者所改耳

箋云日月之行也　閩本明監本毛本同小字本相臺本日上有視字案有者是也正義云言我視彼日月之行即本箋爲說也考文古本有我視二字采正義而有誤

事君或有所留 閩本明監本毛本同小字本相臺本事作而案而字是也

忮之跂反 補 釋文跂作跋通志堂本盧本跋作跂案跂字是也小字本所附是跂字○釋文挍勘記案釋文凡忮字皆云之豉反作跂亦是譌字雖寘韻有跂字去智切而不爲忮之反語

○匏有苦葉

由膝以上爲涉 小字本相臺本同案正義標起止同云今定本如此是舊本不如此今無可考釋文以上時掌反下皆同謂由帶以上由膝以上也其與定本同異亦無可考

以衣涉水爲厲謂由帶以上也 小字本相臺本同案正義標起止同云今定本如此是舊本不如此今無可考段玉裁云定本出於小顏恐屬肊改當作以衣涉水爲厲由帶以上爲厲爾雅不爲一訓毛並存之

賓者出請 補 毛本賓者作擯者案擯字是也

行禮乃可度世難無禮將無以自濟 閩本鋟難無二字明監本毛本誤不行案此讀當於難字斷句無字下屬明監本毛本以意補非也

傳曰賢女妃聖人 閩本明監本毛本同案浦鏜云箋誤傳是也此自正義誤以箋爲傳耳非字誤也

濟盈不濡軌 小字本同相臺本軌作軌閩本明監本毛本同唐石經作軌案釋文云軌舊龜美反謂車轊頭也依傳意宜音犯案說文云軌車轍

也從車九聲龜美反軌車軾前也從車凡聲音犯車轄頭所謂軹也相亂故具論之是釋文本字作軌但以爲宜作音犯字正義云說文云軌車轍也軌車軾前也然則軾前謂之軌也非軌也但軌聲九軌聲凡於文易爲誤寫者亂之也是正義本字亦作軌但以爲寫者亂之故不從軌而從軌以爲說由此考之唐石經以前經字未有直作軌者也戴震毛鄭詩考正依韻定從軌字段玉裁同詳見下相臺本依釋文小字本及此十行本皆然其作軌者卽軌字非軌字乃當時俗體也釋文軹字舊誤今訂正詳後考證

由輈以上爲軌　小字本同相臺本作軌見上餘同案段玉裁云古者輿之下兩輪之閒方空處謂之軌高誘注呂氏春秋云兩輪閒曰軌此以廣狹言之凡言度餘以軌謂此毛傳曰由輈以下爲軌此以高下言之凡言濡軌滅軌謂此穀梁傳曰車軌塵謂以軌之高廣節塵之高廣中庸車同軌亦謂車制高廣不差軌亦云轍轍者通也其中通也近人專以在地之迹謂之軌轍古經不可解矣不云由輿以下者水深至於輿下軸上之輈則必入輿矣故以輿下之輈爲高下之節喻禮義之不可過也自下譌爲上乃議改軌爲軌釋文舊龜美反則唐以前本不誤也今考釋文本已誤作上讀時掌反見前由膝句以上字音中

必濡其軌今言不濡軌　閩本明監本毛本二軌字作軌案此二字皆當作軌正義從軌字以爲說故自爲文直改云軌也

今雌雉鳴也　閩本明監本毛本同案浦鏜云鳴當鳥誤是也

以假人以辭　閩本明監本毛本上以字作似案似是也

軌車軾前也　閩本明監本毛本軌作軌案所改是也以下軌字同不更出

祭左右軌范乃飲　閩本明監本毛本軌作軌案所改非也下軌與軹又少儀注云軌與軹又軌當大馭之軹及此凡四字皆當作軌閩本以下一例改爲軌失之又下其實少儀軌字一處閩本明監本作軌是毛本作軌非

書或爲軌元謂軌是軌法也　閩本明監本毛本三字皆作軌案此當作書或爲軓元謂軌是軓法也各本皆誤今周禮注下軓字亦作軌依段玉裁漢讀考訂

謂與下三面之材　閩本明監本毛本同案浦鏜云輿誤與以周禮注考之是也

考功記注　閩本明監本毛本同案浦鏜云工誤功是也

鴈者隨陽而處　小字本相臺本同案此定本也正義云定本云鴈隨陽無陰字是正義本有陰字作鴈者陰隨陽而處考箋下云似婦人之從夫正義云此皆陰陽並言謂下句並言婦人與夫上句宜並言陰隨陽也當以正義本爲長

故爲爲日出　閩本同明監本毛本故誤大爲誤昕案此當作故爲日始出

日未出已名爲昕生　閩本明監本毛本同案生當作矣形近之譌

定本木鴈隨陽　閩本明監本毛本同案木當作云形近之譌

○谷風

趙魏之部　閩本明監本毛本同案浦鏜云郊誤部考方言是也

箋云徘徊也閩本明監本毛本同小字本相臺本云下有違字考文古本違字亦同案有者是也

言君子與己訣別小字本同閩本明監本毛本亦同相臺本訣作⿰言夌案釋文云訣本或作決相臺本依改以爲⿰言夌正訣俗也考訣字說文在新附而文選注引通俗文已有之可不煩改相臺本非也

送我裁於門內小字本相臺本同案釋文云裁於門內一本作裁至於門又一本作裁至於門內正義本今無可考山井鼎云古本一本於上補至字不知據何本者卽采釋文

宴爾新昏唐石經小字本相臺本同案釋文云宴爾本又作燕考文一本作燕下同采釋文又作本

湜湜其沚唐石經小字本相臺本同案釋文云其沚者止正義本未有明文說文水部湜下引詩曰湜湜其止段玉裁云毛作止鄭作沚今考鄭箋但義從沚耳其經字不作沚也釋文唐石經及各本皆誤見下

小渚曰沚小字本相臺本同案此鄭以經止字爲沚字之假借不云讀爲而於訓釋中直改其字以顯之也例見關雎怨耦曰仇下此實漢代注經之常例而後來往往有依注改經者此經釋文本已誤矣經義雜記云以止爲沚起於北宋又云此因經誤作沚又於箋首增小渚曰沚四字於釋文加其沚音止四字其說皆非也關正正義引此箋小渚曰沚安得以爲增乎因不得箋改字之例而誤也今訂睢

故見渭濁小字本相臺本同案釋文云舊本如此一本渭作謂後人改耳考此箋云故見謂濁下云故謂己惡也二謂字義同正義云涇水言以有渭故人見謂己濁猶婦人言以有新昏故君子見謂己惡也見謂濁言人見謂己涇之濁是正義本亦作謂當以一本爲長又云定本涇水以有渭

故見其濁此定本之誤正義所不從而毛居正六經正誤反以爲是失之矣考文古本作其采正義一本作見其清濁則更誤正義見謂字凡四下二謂字譌作渭今改而正之見下

毋發我笱唐石經小字本相臺本同案釋文以無發我笱作音考正義引角弓箋及說文毋字爲說是正義本作毋也考唐石經小弁經作無乃是經中用字不畫一當以正義本爲長○按以儀禮古文作無今文作毋例之毛詩多古文則作無是也正義本作毋未是

諭禁新昏也小字本同閩本明監本同相臺本諭作喻毛本同案喻字是也正義云是喻禁新昏無乃之我家也上文又云以與禁新昏汝無之我家喻卽與也諭字形近之譌耳考文一本采此而改上文喻皆作諭其餘亦二字不別誤

言人無之我魚梁閩本明監本毛本同案經作毋注同正義作無毋無古今字易而說之也例見前餘同此○按謂無毋古今字可也謂毋無古今字不可

東南至京兆陵陽也閩本明監本毛本同案浦鏜云陽陵字誤倒考漢志是也

此以涇濁喻舊至閩本明監本同毛本至作室案室字是也六經正誤引作室

見渭濁言人見渭已涇之濁閩本明監本毛本同案浦鏜云謂並誤渭是也六經正誤引作謂

象有姧之者禁令勿姧明監本毛本姧誤姦閩本不誤案說文毋下作奸是也五經文字毋下作姦非奸犯也○按段玉裁云依說文厶者姦也姦者厶也毋下云从女有姦之者大禹謨正義引不誤若奸訓犯婬也與姦義有別

況我於君子家之事難易乎小字本相臺本同閩本同明監本毛本家之作之家案所改是也考文古本作家事之一本亦作家之事

何所貧無乎閩本明監本毛本同案經傳箋皆作亡正義作無亡無古今字易而說之也例見前

注云舟謂集板如今自閩本明監本毛本同案自當作舩易注本如此故正義引以說今日舩也王應麟輯鄭易即采此其誤亦同

慉養也小字本相臺本同案正義云偏檢諸本皆云慉養孫毓引傳云慉興非也釋文云毛興也鄭驕也王肅養也說文起也據此則養也是王肅本也段玉裁云說文起卽興正義從養非

賈用不售小字本相臺本同唐石經售字磨改案錢大昕唐石經考異云蓋本作讎段玉裁云讎正字售俗字史記漢書尙多用讎今考釋文售布救反是釋文本作售石經磨改所從也

昔育恐育鞫唐石經小字本相臺本同閩本明監本毛本亦同案詩經小學云顧寧人曰唐石經自采芑節南山蓼莪之外並作鞫今但公劉瞻卬二詩從之餘多俗作鞫段玉裁案采芑節南山蓼莪其字皆當作鞫今考經中用字例不畫一其用蹋鞫字者假借也仍以唐石經爲正又案此經蜀石經無下育字誤也以傳箋正義考之皆當有蜀石經之不可信每類此

又盡道我以勞苦之事閩道字上箋文作遺形近之譌也

以舊至比旨蓄【補】至當作室此與上以涇濁喻舊至誤同

○式微

齊以郲寄衞侯【補】案左傳郲當作郲

○旄丘

或作古北字【補】案釋文校勘通志堂本同盧本北作丠案六經正誤云丘或作古北字作北誤是也集韻十八尤載北𠀉丘呈四形可證盧文弨所改者誤

州牧之牧【補】毛本作州牧之佐案佐字是也

宣公以魯桓二年卒閩本明監本毛本同案二上浦鏜云脫十字是也

是天子何異乎云夾輔之有也閩本明監本毛本同案浦鏜云乎當何字誤是也

則東西大伯【補】監本毛本大伯作二伯案二字是也

如葛之蔓延相連及也相臺本同閩本明監本毛本亦同小字本延作莚案釋文蔓莚以戰反又音延小字本依釋文也考毛葛覃野有蔓艸葛生傳延字皆不從艸此傳當同鄭葛覃箋及旱麓箋亦然釋文延字皆無音唯此有是其本此延字誤加艸也此正義有三延字皆不從艸是正義本作延延字是矣考文古本作莚采釋文又考蔓字亦當衍葛覃傳云覃延也葛生傳云葛生延而蒙楚皆單言延野有蔓草傳釋蔓云延也

是蔓即延故不重言也鄭箋有延蔓而蔓在延下芄蘭箋今本有蔓莚依釋文是後人輒加然則此傳亦後人輒加也正義三言延蔓乃自爲文凡單注言延及單言蔓者正義皆得重言延蔓而說之

以當蔓延相及 閩本明監本毛本同案此當作延蔓誤倒之耳下文二延蔓可證

讀作尨若而 補案尨若而當厖茸字之譌

狐裘蒙戎杜預云蒙戎亂貌 閩本明監本毛本同案此不誤浦鏜云傳作厖茸非也凡正義引羣籍有順經注爲文不與本書同者此類是矣當各仍其舊

上黨壼關縣有黎亭 明監本毛本壼作壺案壺字是也

始而愉樂 小字本相臺本同案此定本也正義云定本偷樂作愉樂上文云言汝等今好而苟且爲樂以苟且訓偷其正義本作偷也又上文云以與衞之諸臣始而偷樂今作愉者誤釋文愉以朱反與定本同此傳愉樂與微弱對文愉樂主言好不取苟且爲義正義本非是

本亦作裒 補案釋文挍勘裒當作褎六經正誤云亦作裒中从由或作褎从臼从臼誤羣經音辨衣部云褎盛服也集韻四十九宥載褏褎二形云或从由皆可證也

毛詩國風　鄭氏箋　孔穎達疏

簡兮刺不用賢也衛之賢者仕於伶官皆可以承事王者也伶官樂官也伶氏世掌樂官而善焉故後世多號樂官為伶官○簡居限反字從竹或作蕑是草名非也泠音零字從水亦作伶

疏正義曰作簡兮詩者刺不能用賢也衛之賢者仕於伶官之賤職其德皆可以承事王者堪為王臣故刺之伶官者樂官之總名經言公庭萬舞即此仕於伶官在舞職者也周禮掌舞之官有舞師籥師旄人韎師也舞師云凡野舞則皆教之不教國子下傳曰教國子弟則非舞師也籥師掌教國子舞羽吹籥則不教萬舞經言公庭万舞則非籥師也旄人韎師皆教夷樂非萬舞又不教國子且夷狄之樂諸侯所無非賢者所得為也唯大司樂云以樂教國子樂師云以教國子小舞其用人則大司樂中大夫二人樂師下大夫四人上士八人下士十有六人此乃天子之官也諸侯之禮亡其官屬不可得而知燕禮注云樂正于天子為樂師也則諸侯有樂正之屬乎首章傳曰非但在四方親在宗廟公庭二章傳曰祭有畀煇胞翟閽寺者惠下之道禮記云翟者樂吏之賤者也則此賢者身在舞位在賤吏之列必非樂正也又刺衛不用賢而箋云擇人擇人則君所置用又非府史也若府史則官長所自辟除非君所擇也祭統曰尸飲九以散爵獻士下言祭之末乃賜之一爵又非士也蓋為樂正之屬祭廟教國子皆在舞位則為舞人也若周官旄人舞者衆寡無數韎師舞者十有六人之類也周官司樂樂師其下無舞人此蓋諸侯官而有之然則此非府史而言樂吏者以賤故以吏言之故韗胞閽寺悉非府史皆以吏言之也言皆可以者見不用者非一或在其餘賤職故言皆也時周室卑微非能用賢而言可以承事王者見碩人德大堪為王臣而衛不用非要周室所能任也仕於伶官首章是也二章言多才多藝卒章言

宜爲王臣是可以承事王者之事也○箋伶官至爲伶官○正義曰左傳鍾儀對晉侯曰伶人也使與之琴操南音周語曰周景王鍾成伶人告。縣魯語云伶蕭詠歌及鹿鳴之三此云仕於伶官以伶氏世掌樂官而善焉故後世多號樂官爲伶官呂氏春秋及律歷志云黃帝使伶倫氏自大夏之西崐崘之陰取竹斷兩節間而吹之爲黃鍾之宮周語景王鑄無射而問於伶州鳩是伶氏世掌樂官

簡兮簡兮方將萬舞簡大也方四方也將行也以干羽爲萬舞用之宗廟山川故言於四方箋云簡擇將且也擇兮擇兮者爲且祭祀當萬舞也萬舞干。羽也○爲于僞反

日之方中在前上處教國子弟以日中爲期箋云在前上處者在前列上頭也周禮大胥掌學士之版以待致諸子春入學舍采合舞○胥思徐反版音板舍音釋下篇舍軷同采音菜

碩人俁俁公庭萬舞碩人大德也俁俁容貌大也萬舞非但在四方親在宗廟公庭○俁疑矩反韓詩在扈扈云美貌

【疏】簡兮至萬舞○毛以爲言衛不用賢有大德之人兮大德之人兮祭山川之時乃使之於四方行在萬舞之位又至於日之方中教國子弟習樂之時又使之在舞位之前行而處上頭親爲舞事以教之此賢者既有大德復容貌美大俁俁然而君又使之在宗廟公庭親爲萬舞是大失其所也○鄭以爲衛君擇人兮擇人兮爲有方且祭祀之時使之當爲萬舞又日之方中仲春之時使之在前列上頭而教國子弟習樂爲此賤事不當用賢而使大德之人容貌俁俁然者於祭祀之時親在宗廟公庭而萬舞言擇大德之人使爲樂吏是不用賢也○傳以干羽至四方○正義曰萬舞名也謂之万者何休云象武王以萬人定天下民樂之故名之耳商頌曰萬舞有奕殷亦以武定天下蓋象湯之伐桀也何休指解周舞故以武王言之万舞之名未必始自武王也以萬者舞之總名干戚與羽籥皆是故云以干羽爲万舞以祭山川宗廟宜干羽並有故云用之宗廟山川由山川在外故云於四方解所以言四方之意也周禮舞師教羽舞帥而舞四方之祭祀教兵舞帥而舞山川之祭祀則山川與四方別此言山川而云四方者以周禮言天子法四方爲四望故注云四方之祭祀謂四望也大

司樂注云四望謂五嶽四鎮四瀆然則除此以外乃是山川也故山川與四方別舞諸侯之祭山川其在封內則祭之非其地則不祭無嶽瀆之異唯祭山川而已故以山川對宗廟在內為四方也此傳干羽為萬舞宗廟山川同用之而樂師注云宗廟以人山川以干皆非羽舞宗廟山川又不同此得同者天子之禮大故可為之節文別祀別舞諸侯唯有時王之樂禮數少其舞可以同也○箋簡擇至干舞○正義曰以下云公言錫爵當祭末則公庭萬舞是祭時此方論擇人為萬舞故為且祭祀也傳亦以此推之故用之宗廟山川為祭也知萬舞為干舞不兼羽籥者以春秋云萬入去籥別文公羊傳曰籥者何籥舞萬者何干舞言干則有戚矣禮記云朱干玉戚冕而舞大武言籥則有羽矣籥師曰教國子舞羽吹籥羽籥相配之物則羽為籥舞不得為万也以干戚武事故以萬言之羽籥文事故指體言籥耳是以文王世子云春夏學干戈秋冬學羽籥注云干戈萬舞象武也羽籥籥舞象文也是干羽之異也且此萬舞幷兼羽籥則碩人故能籥舞也下二章論碩人之才藝無為復言左手執籥右手秉翟也明此言干戚舞下說羽籥舞也以此人知萬舞唯干無羽也孫毓亦云萬舞干戚也羽舞翟之舞也傳以干羽為萬舞失之矣○傳教國至為期○正義曰知教國子弟者以言在前上處在前列上頭唯教者為然祭祀之禮旦明而行事非至日之方中始在前上處也此既為樂官明其所教者國子也國子謂諸侯大夫士之適子言弟容諸侯之庶子於適子為弟故王制云王太子王子群后之太子卿大夫元士之適子彼雖天子之法推此諸侯亦有庶子在國學故言國子弟也傳言日中為期則謂一日之中非春秋日夜中也若春秋言不當為期也故王肅云教國子弟以日中為期欲其偏至是也○箋在前至合舞○正義曰公羊傳曰諸侯四佾則舞者為四列使此碩人居前列上頭所以教國子諸子學舞者令法於己也周禮者皆春官大胥職文也彼注云學士謂卿大夫諸子學舞者版籍也大胥主此版籍以待當召聚學舞者卿大夫之諸子則案此籍以召之又云春入學者註云春始以學士入學宮而學之合舞等其進退使應節奏月令仲春之月命樂正習舞入學者必釋菜以禮先師謂蘋藻之屬也

此賢者非爲大胥也引此者以證此日之方中即彼春入學是矣謂二月日夜中也尚書云日中星鳥左傳曰馬日中而出皆與此同也○傳碩人至公庭○正義曰碩者美大之稱故諸言碩人者傳皆以爲大德唯白華碩人傳不訓此及考槃傳意類之則亦爲大德也故王肅云碩人謂申后此刺不用賢則箋意亦以碩人爲大德其餘則隨義而釋不與此同故白華碩人爲妖大之人謂褒姒也碩既爲大德故俁俁爲容貌大也上亦教國子此直云非但在四方不並言教國子者以在前上處文無舞故據万舞言也

有力如虎執轡如組

組織組也武力比於虎可以御亂御衆有文章言能治衆動於近成於遠也箋云碩人有御亂御衆之德可任爲王臣○轡悲位反組音祖任音壬

左手執籥右手秉翟

籥六孔翟翟羽也箋云碩人多才多藝又能籥舞言文武道備○籥餘若反以竹爲之長三尺執之以舞鄭注禮云三孔郭璞同云形似笛而小廣雅云七孔翟亭歷反

赫如渥赭公言錫爵

赫赤貌渥厚漬也祭有畀煇胞翟閽寺者惠下之道見惠不過一散箋云碩人容色赫然如厚傅丹君徒賜其一爵而已不知其賢而進用之散受五升

【疏】有力至錫爵○正義曰言碩人既有武力比如虎可以能御亂矣又有文德能治民如御馬之執轡使之有文章如織組矣以御者執轡於此使馬騁於彼織組者總紕於此而成文於彼皆動於近成於遠以與碩人能治衆施化於己而有文章在民亦動於近成於遠矣碩人既有御衆御亂之德又有多才多藝之伎能左手執管籥右手秉翟羽而舞復能爲文舞矣且其顏色赫然而赤如厚漬之丹赭德能容貌若是而君不用至於祭祀之末公唯言賜一爵而已是不用賢人也○傳組織至於遠○正義曰以義取動近成遠故知爲織組非直如組也武力比於虎故可以御亂也御治也謂有侵伐之亂武力可以治之定本作御字又言御衆有文章者御衆似執轡有文章似織組又云言能治衆動於近成於遠者又總解御衆有文章之事也以執轡及於如組與治衆三者皆動於近成於遠也此治民似執轡執轡又似織組轉相如故經直云執轡如組以喻御衆有文章也大叔于田云執轡如組謂段之能御車

以御車似織組知此不然者以彼說段之田獵之伎故知爲實御此碩人堪爲王臣言有力如虎是武也故知執轡如組比其文德不宜但爲御矣○傳籥六孔翟翟羽○正義曰釋樂云大籥謂之產郭璞曰籥如笛三孔而短小廣雅云七孔鄭於周禮笙師及少儀明堂位注皆云籥如笛三孔此傳云六孔與鄭不同蓋以無正文故不復改傳翟翟羽謂雉之羽也故異義公羊說樂萬舞以鴻羽取其勁輕一舉千里詩毛說萬以翟羽韓詩說以夷狄大鳥羽謹案詩云右手秉翟爾雅說翟鳥名雉屬也知翟羽舞也○箋碩人至道備○正義曰籥雖吹器舞時與羽並執故得舞名是以賓之初筵云籥舞笙鼓公羊傳曰籥者何籥舞是也首章云公庭萬舞是能武舞今又說其籥舞是又能爲文舞也碩人有多才多藝又能爲此籥舞言文武備也言其能而已非謂碩人實爲之也何者此章主美其文德不論其在職之事○傳渥厚至一散○正義曰渥者浸潤之名故信南山曰益之以霡霂既優既渥是也故此及終南皆云渥厚漬也言漬之久厚則有光澤故以與顏色之潤是以終南箋云如厚漬之丹言赤而澤是也定本渥厚也無漬字祭有畀。煇胞翟閽寺者惠下之道皆祭統文彼又云畀之爲言與也能以其餘畀於下也煇者甲吏之賤者胞者肉吏之賤者翟者樂吏之賤者閽者守門之賤者注云煇周禮作韗蓋謂磔皮革之官周禮韗人爲鼓鮑人爲甲禮記是諸侯兼官故韗爲甲吏也胞即周禮庖人故注云庖之言苞也裹肉曰苞苴其職供王之膳羞是肉吏是也其官次於韗人周禮韗人亡庖人中士四人下士八人閽人王宮每門四人寺人王之正內五人以庖人類之則皆非府史不在獻又非士庖人於天子爲士於諸侯故亦非士引之證此碩人亦樂吏故於祭末乃是賜也知此亦是樂吏者以經云錫爵若士則尸飲九而獻之不得既祭乃賜之故知在惠下之中經云爵傳言散者禮器云禮有以小爲貴者貴者獻以爵賤者獻以散祭統云尸飲九以散爵獻士士猶以散獻爵賤無過散故知不過一散散謂之爵爵總名也

山有榛隰有苓榛木名下濕曰隰苓大苦箋云榛也苓也生各得其所以言碩人處非其位○榛本亦作蓁同側巾反子可食苓音零本草云甘草云誰之

思西方美人箋云我誰思乎思周室之賢者以其宜薦碩人與在王位○與音預或如字彼美人兮西方之人兮乃宜在王室箋云彼美人謂碩人也疏山有至人兮○正義曰山之有榛木隰之有苓草各得其所以興衛之有碩人而在賤職可謂處非其位乃榛苓之不如碩人既不寵用故令我云誰思之乎思西方周室之美人若得彼美人當薦此碩人使在王朝也彼美好之碩人兮乃宜在王朝爲西方之人兮但無人薦之耳○傳榛木名苓大苦○正義曰陸機云栗屬其子小似柹子表皮黑味如栗是也榛字或作蓁蓋一木也釋草云蘦大苦孫炎曰本草云蘦今甘草是也蔓延生葉似荷青黄其莖赤有節節有枝相當或云蘦似地黄○箋彼美人謂碩人正義曰上言西方之美人謂周室之賢人以薦此碩人故知彼美人謂碩人西方之人謂宜爲西方之人故傳曰乃宜在王位言宜在王朝之位爲王臣也

簡兮三章章六句

泉水衛女思歸也嫁於諸侯父母終思歸寧而不得故作是詩以自見也以自見者見己志也國君夫人父母在則歸寧沒則使大夫寧於兄弟衛女之思歸雖非禮思之至也○見賢遍反上同思之至一本思作恩疏泉水四章章六句至以自見○正義曰此時宣公之世宣父莊兄桓此言父母已終未知何君之女也言嫁於諸侯必爲夫人亦不知所適何國蓋時簡札不記故序不斥言也四章皆思歸寧之事○箋衛女至之至○正義曰以之衛女思歸雖非禮而思之至極也君子善其思故録之也定本作思字

毖彼泉水亦流于淇興也泉水始出毖然流也淇水名也箋云泉水流而入淇猶婦人出嫁於異國○毖悲位反韓詩作祕說文作䀝云直視也淇音其有懷于衛靡日不思箋云懷至靡無也以言我有所至念於衛我無日不思也所至念者謂諸姬諸姑伯姊孌彼諸姬聊與之謀

孌好貌諸姬同姓之女聊願也箋云聊且略之辭諸姬者未嫁之女我且欲略與之謀婦人之禮觀其志意親親之恩也○孌力轉反下篇同疏毖彼至之謀○毛以爲毖彼然而流者是泉水亦流入於淇水以興行嫁者是我婦人我婦人亦嫁於異國故我有所至念於衛無一日而不思念之也我所思念者念孌然彼諸姬未嫁之女願欲與之謀婦人之禮○鄭唯以聊爲且略之謀爲異餘同○傳泉水始出毖然流○正義曰以此連云泉水知爲始出毖然流也是以衛門傳亦云泌泉水也言亦流于淇者以本敘衛女之情故言亦亦己也○箋懷至至伯姊○正義曰以下云靡日不思此懷不宜復爲思故以爲至念於衛以下文言之知至念者諸姬伯姊○箋聊且至之恩○正義曰言且者意不盡故言略之辭以言諸姬是未嫁之辭又嚮衛所見宜據未嫁者傳言同姓之女亦謂未嫁也言諸姬容兄弟之女及五服之親故言同姓以廣之所以先言諸姬後姑姊者便文互見以諸姬總辭又卑欲與謀婦人之禮也姑姊尊故云問明亦與謀婦人之禮此衛女思歸但當思見諸姬而已思與謀婦禮觀其志意是親親之恩也

出宿于泲飲餞于禰

泲地名祖而舍軷飲酒於其側曰餞重始有事於道也禰地名箋云泲禰者所嫁國適衛之道所經故思宿餞○泲子禮反餞音踐徐又才箭反送行飲酒也禰乃禮反地名韓詩作坭音同軷蒲末反道祭也

女子有行遠父母兄弟

箋云行道也婦人有出嫁之道遠於親親故禮緣人情使得歸寧○遠于萬反注同

問我諸姑遂及伯姊

父之姊妹稱姑先生曰姊箋云寧則又問姑及姊親其類也先姑後姊尊姑也疏出宿至伯姊○正義曰衛女思歸言我思欲出宿於泲先飲餞於禰而出宿以嚮衛國而以父母既沒不得歸寧故言女子生而有適人之道遠於父母兄弟之親故禮緣人情使得歸寧今何爲不聽我乎我之嚮衛爲觀問諸姑遂及伯姊而已豈爲犯禮也哉而止我也○傳泲地名至禰地名○正義曰言祖而舍軷飲酒於其側者謂爲祖道之祭當釋酒脯於軷舍軷即釋軷也於時送者遂飲酒於祖側曰餞餞送也所以爲祖祭者重己方始有事於道故祭道之神也聘禮記曰出祖

釋軷祭酒脯乃飲酒於其側注云祖始也既受聘享之禮行出國門止陳車騎
釋酒脯之奠於軷爲行始詩傳曰軷道祭謂祭道路之神春秋傳曰軷涉山川
然則軷山行之道之名也道路以阻險爲難是以委土爲山或伏牲其上使者爲
軷祭酒脯祈告卿大夫處者於是餞之飲酒於其側禮畢乘車轢之而遂行舍
於近郊矣其牲犬羊可也大馭掌馭玉輅及犯軷遂驅之注云封土爲山象以
菩芻棘柏爲神主既祭之以車轢之而去喻無險難也以此注言之軷者本山行
之名以祭道路之神求無險難故取名焉知出國而爲之者以聘禮烝民韓奕
皆言出祖則不在國內以祖爲行道之始則不得至郊故知在國門外也以軷
者軷壤之名與中霤行神之位同知委土爲山言或伏牲其上者據天子諸侯
有牲卿大夫用酒脯而已犬人云伏瘞亦如之明天子以犬伏於軷上羊人無
伏祭之事則天子不用羊詩云取羝以軷謂諸侯也故云其有牲則犬羊耳謂
天子以犬諸侯以羊尊卑異禮也以大馭云犯軷即云遂驅之故知禮畢乘車
轢之也以聘禮上文既受聘享之禮云遂行舍於郊故知轢之而遂行舍於郊
也卿大夫之聘出國則釋軷聘禮於家云又釋幣於行注云告將行也行者之先
其古人之名未聞天子諸侯有常祀在冬大夫三祀曰門曰行曰厲喪禮有
毀宗躐行出于大門則行神之位在廟門外西方今時民春秋祭祀有行神古
之遺禮是在家釋幣告將行出國門之用酒脯以祈告故二處不同也月令冬其
祀行注依中霤之禮云行在廟門外之西爲軷壤厚二寸廣五尺輪四尺有主
有尸用特牲是天子諸侯常祀在冬與軷異也軷祭則天子諸侯卿大夫皆於
國外爲之大馭云犯軷詩云取羝以軷聘禮云釋軷是也又名祖聘禮及詩云
出祖是也又名道曾子問云道而出是也以其爲犯軷祭道路之神爲行道之
始故一祭而三名也皆先軷而飲餞乃後出宿此先言出宿者見飲餞爲出宿
而設故先言以致其意韓奕云韓侯出祖出宿于屠既祖即當出宿故彼箋云
祖於國外畢乃出宿者示行不留於是也欲先明祖必出宿故皆先言出宿後
言飲餞也聘禮遂行舍於郊則此出宿當在郊而傳云泲地名不言郊者與下
傳互也下干云所適國郊則此泲亦在郊也此泲云地名則干亦地名矣正以

聘禮遂行舍於郊則此衛女思宿焉明亦在郊也干沸思宿焉傳以爲在郊則言禰思餞焉差近在國外耳計宿餞當各在一處而已而此云沸禰下云干言別地者下箋云干言猶沸禰未聞遠近同異要是衛女所嫁國適衛之道所經見所思之耳下傳或兼云干言所適國郊者一郊不得二地宿餞不得同處言衍字耳定本集注皆云干所適國郊○箋婦人至歸寧○正義曰此與蝃蝀竹竿文同而義異者以此篇不得歸寧而自傷故爲由遠親而望歸寧蝃蝀刺其淫奔故爲禮自得嫁何爲淫奔竹竿以不見答思而能以禮故爲出嫁爲常不可違禮詩者各本其意故爲義不同○傳父之至曰姊正義曰釋親文孫炎曰姑之言古尊老之名也然則姑姊尊長則當已嫁父母既沒當不得歸所以得問之者諸侯之女有嫁於卿大夫者去歸則見之○箋寧則至尊姑○正義曰以上章思與諸姬謀今復問姑及姊故言又也不問兄弟宗族而問姑及姊由親其類也

出宿于干飲餞于言

干言所適國郊也箋云干言猶沸禰未聞遠近同異

載脂載舝還車言邁

脂舝其車以還我行也箋云言還車者嫁時乘來今思乘以歸○舝胡瞎反車軸頭金也還音旋此字例同音更不重出

遄臻于衛不瑕有害

遄疾臻至瑕遠也箋云瑕猶過也害何也我還車疾至於衛而返於行無過差有何不可而止我○遄市專反瑕音遐害毛如字鄭音曷行下孟反差初懈反又初加反卷末注同【疏】出宿至有害○毛以爲我思欲出宿於干先飲餞於言而歸衛國耳則爲我脂車則爲我設舝而還迴其車我則乘之以行而欲疾至衛而不得爲違禮遠義之害何故不使我歸寧乎傳以瑕爲遠王肅云言願疾至於衛不遠禮義之害是也○鄭唯不瑕有害爲異○傳脂舝至我行○正義曰古者車不駕則脫其舝故車舝云間關車之舝兮傳曰間關設舝貌是也今將行既脂其車又設其舝故云脂舝其車云還者本乘來今欲乘以還故箋云言還車者嫁時乘來今思乘以歸

我思肥泉茲之永歎

所出同所歸異爲肥泉箋云茲此也自衛而來所渡水故思此而長歎○肥字或作淝音同【疏】傳所出同所歸異爲肥泉○正義曰釋水云泉歸異出同

流肥○箋自衛至渡水○正義曰以下須漕是衛邑故知此肥泉是衛水也思須與漕我心悠悠須漕衛邑也箋云自衛而來所經邑故又思之○漕音曹【疏】傳須漕衛○正義曰鄘云以廬於漕漕是衛邑須與漕連明亦衛邑駕言出遊以寫我憂寫除也箋云既不得歸寧且欲乘車出遊以除我憂【疏】箋既不至我憂○正義曰以此不得歸寧而出遊不過出國故言且出遊竹竿不見答故以出遊爲歸是以彼箋云適異國而不見答其除此憂維有歸耳

泉水四章章六句

北門刺仕。不得志也言衛之忠臣不得其志爾不得其志者君不知己志而遇困苦【疏】北門三章章七句至志爾○正義曰謂衛君之闇不知士有才能不與厚祿使之困苦不得其志故刺之也經三章皆不得志之事也言士者有德行之稱其仕爲官尊卑不明也

出自北門憂心殷殷興也北門背明鄉陰箋云自從也興者喻己仕於闇君猶行而出北門心爲之憂殷殷然○殷本又作慇同於巾反沈於文反又音隱爾雅云憂也背蒲對反鄉本又作嚮同許亮反爲于僞反終窶且貧莫知我艱窶者無禮也貧者困於財箋云艱難也君於己祿薄終不足以爲禮又近困於財無知己以此爲難者言君既然矣諸臣亦如之○窶其矩反無禮也爾雅云貧也案謂貧無可爲禮已焉哉天實爲之謂之何哉箋云謂勤也詩人事君無二志故自決歸之於天我勤身以事君何哉忠之至【疏】出自至何。出哉○正義曰衛之忠臣不得其志言人出自北門者背明鄉陰而行猶己仕於亂世鄉於闇君而仕由君之闇己則爲之憂心殷殷然所以憂者以君於己祿薄使己終當窶陋無財爲禮又且貧困無資充用而衆臣又莫知我貧窶之艱難者君於己雖祿薄己又不忍去之止得守此貧困故自決云已焉哉我之困苦天實爲之

使我遭此君我止當勤以事之知復奈何哉○傳北門背明鄉陰○正義曰本取人鄉陰行似己仕闇君故以出自北門爲喻傳以鄉陰者必背明耳不取背明爲義何者此人既仕闇君雖困不去非恨本不擇君故知不以背明爲喻也○傳窶者至於財○正義曰釋言云窶貧也則貧窶爲一也傳此經云終窶且貧爲二事之辭故爲窶與貧別窶謂無財可以爲禮故言窶者無禮貧謂無財可以自給故言貧者困於財是以箋云祿薄終不足以爲禮是終窶也又近困於財是且貧也言近者己所資給故言近對以之爲禮者爲遠也無財謂之貧此二財者皆無財之事故爾雅貧窶通也終窶且貧言君於己祿薄是君既然矣莫知我艱總謂人無知己是諸臣亦知之以須祿由君故怨己貧窶祿薄不由諸臣故但恨其不知己也○箋詩人至之至○正義曰此詩人敘仕者之意故謂之詩人事君不知己而不去是無二志也己困苦應去而不去是終當貧困故言已焉哉是自決也此實不由君言天實爲之是歸之於天也君臣義合道不行則去今君於己薄矣猶云勤身以事之知復何哉無去心是忠之至也

王事適我政事一埤益我適之埤厚也箋云國有王命役使之事則不以之彼必來之我有賦稅之事則減彼一而以益我言君政偏己兼其苦○有埤避支反偏音篇

我入自外室人交徧讁我讁責也箋云我從外而入在室之人更迭遍來責我使己去也言室人亦不知己志○偏古遍字往及下同凡偏字從行偏字從人後皆放此讁直革反玉篇知革反更音庚迭待結反

【疏】王事至讁我○正義曰此仕者言君既昏闇非直使己貧窶又若國有王命役使之事則不以之彼必來之我使己勞於行役若有賦稅之事則減彼一而厚益我使己困於資財君既政偏己兼其苦而我入自外而歸則室家之人更迭而偏來責我言君既政偏爾何不去此忠臣不忍去而室人不知以責己外爲君所困內爲家人不知故下又自決歸天○傳埤厚○正義曰謂減彼一以厚益己使己厚出賦稅之事是也○箋國有至其苦○正義曰政事云一埤益我有可減一則爲賦稅之事政事是賦稅則王事是役使可知役使之事不之彼而之我使我勞而彼逸賦稅之事減彼一

而益我使彼少而我多此王事不必天子事直以戰伐行役皆王家之事猶摀羽云王事靡盬於時甚亂非王命之事也○箋我從至己志○正義曰禮君臣有合離之義今遭困窮而室人責之故知使之去也此士雖困志不去君而家人使之去是不知己志上言諸臣莫知我艱故云室人亦不知己志已焉哉天實爲之謂之何哉王事敦我政事一埤遺我敦厚遺加也箋云敦猶投擲也○敦毛如字韓詩云敦迫鄭都回反投擿也遺唯季反擿呈釋反與擲同本或作擿非【疏】傳敦厚箋敦猶投擲○正義曰箋以役事與之無所爲厚也且上云適我此亦宜爲之己之義故易傳以爲投擲於己也我入自外室人交徧摧我摧。沮也箋云摧者刺譏之言○摧徂回反或作催音同韓詩作誰音千隹子隹二反就也沮在呂反何音阻【疏】傳摧沮箋摧者刺譏之言○正義曰毛以爲室人更責則乖沮己志定本集注皆云摧沮也箋以上章類之言讁己者是室人責己故以爲。摧爲刺譏己也已焉哉天實爲之謂之何哉

北門三章章七句

北風刺虐也衛國並爲威虐百姓不親莫不相攜持而去焉○攜穴圭反【疏】北風三章章六句至去焉○正義曰作北風詩者刺虐也言衛國君臣並爲威虐使國民百姓不親附之莫不相攜持而去之歸於有道也此主刺君虐故首章二章上二句皆獨言君政酷暴卒章上二句乃君臣並言也三章次二句皆言攜持去之下二句言去之意也北風其涼雨雪其雱興也北風寒涼之風雱盛貌箋云寒涼之風病害萬物興者喻君政教酷暴使民散亂○涼音良雨于付反又如字下同雱普康反酷苦毒反惠而好我攜手同行惠愛行道也箋云性仁愛而又好我者與我相攜持同道而去疾時政也○好呼報反下及注同行音衡其虛其邪既亟只且

虛。虛也亟急也箋云邪讀如徐言今在位之人其故威儀虛徐寬仁者今皆以爲急刻之行矣所以當去以此也疏北風至只且○正義曰言天既爲北風其寒涼矣又加之雨雪其雱然而盛由涼風盛雪病害萬物以興君政酷暴病害百姓也百姓既見病害莫不散亂故皆云彼有性仁愛而又好我者我與此人攜手同道而去欲以共歸有德我所以去之者非直爲君之酷虐而在位之臣雖先日其寬虛其舒徐威儀謙退者今莫不盡爲急刻之行故己所以去之既盡也只且語助也○箋寒涼至散亂○正義曰風雪並喻君虐而箋獨言涼風者以風非所害物但北風寒涼故害萬物與常風異是以興君政酷暴也而雪害物不言可知○性仁至而去○正義曰以經攜手之文承惠好之下則與此惠而好我者相攜手也○傳虛虛○箋正邪讀如徐○正義曰釋訓云其虛其徐威儀容止也孫炎曰虛徐威儀謙退也然則虛徐者謙虛閑徐之義故箋云威儀虛徐寬仁者也但傳質詁訓疊經文耳非訓虛爲徐此作其邪爾雅作其徐字雖異音實同故箋云邪讀如徐

北風其喈雨雪其霏喈疾貌霏甚貌喈音皆霏芳非反○惠而好我攜手同歸歸有德也其虛其邪既亟只且莫赤匪狐莫黑匪烏狐赤烏黑莫能別也箋云赤則狐也黑則烏也猶今君臣相承爲惡如一○別彼竭反疏莫赤至匪烏○正義曰衛之百姓疾其時政以狐之類皆赤烏之類皆黑人莫能分別赤以爲非狐者莫能分別黑以爲非烏者由狐赤烏黑其類相似人莫能別其同異以興今君臣爲惡如一似狐爲相類人以莫能別其同異言君惡之極臣又同之己所以攜持而去之○傳狐赤至能別○正義曰狐色皆赤烏色皆黑以喻衛之君臣皆惡也人於赤狐之羣莫能別其赤而非狐者言皆是狐於黑烏之羣莫能別其黑而非烏者言皆是烏以喻於衛君臣莫能別其非惡者言皆爲惡故箋云猶今之君臣相承爲惡如一也故序云並爲威虐經云莫赤莫黑總辭故知並刺君臣以上下皆惡故云相承也

惠而好我攜手同車攜手就車其虛其邪既亟只且

北風三章章六句

靜女刺時也衛君無道夫人無德以君及夫人無道德故陳靜女遺我以彤管之法德如是可以易之爲人君之配○遺唯季反下同

疏 靜女三章章四句至無德○正義曰道德一也異其文耳經三章皆是陳靜女之美欲以易今夫人也庶輔贊於君使之有道也此直思得靜女以易夫人非謂陳古也故經云俟我貽我皆非陳古之辭也

靜女其姝俟我於城隅靜貞靜也女德貞靜而有法度乃可說也姝美色也俟待也城隅以言高而不可踰箋云女德貞靜然後可畜美色然後可安又能服從待禮而動自防如城隅故可愛之○姝赤朱反說文作妶云好也說音悅篇末注同

愛而不見搔首踟躕言志往而行。正箋云志往謂踟躕行正謂愛之而不往見○搔蘇刀反踟直知反躕直誅反

疏 靜女至踟躕○正義曰言有貞靜之女其美色姝然又能服從君子待禮而後動自防如城隅然高而不可踰有德如是故我愛之欲爲人君之配心既愛之而不得見故搔其首而踟躕然○傳女德至可踰○正義曰言靜女女德貞靜也俟我於城隅是有法度也女德如是乃可悅愛故下云愛而不見是也姝孌皆連靜女靜既爲德故姝爲美色也東方之日傳曰姝者初昏之貌以彼論初昏之事亦是美色故箋云姝姝然美好之子干旄傳曰姝順貌以賢者告之善道不以色故爲順亦謂色美之順也○城隅高於常處以喻女之自防深故周禮王城高七雉隅九雉是高於常處也○女德至可愛○正義曰箋解本舉女靜德與美色之意言女德貞靜然後可保畜也有美色然後可安以爲匹也故德色俱言之據女爲說故云服從待禮謂待君子媒妁聘好之禮然後乃動不爲淫佚是其自防如城隅故可愛也

靜女其孌貽我彤管既有靜德又有美色又能遺我以古人之法可以配人君也古者后夫人必有女史彤管之法史不記過其罪殺之后妃羣妾以禮御於君所女史書其日月授之以環以進退之生子月辰則以金環退之當御者以銀環進之著于左手

既御著于右手事無大小記以成法箋云彤管筆赤管也○貽本又作詒音怡遺也下同下句協韻亦音以志反彤徒冬反彤赤也管筆管著知略反又直略反下同

彤管有煒說懌女美煒赤貌彤管以赤心正人也箋云說懌當作說釋赤管煒煒然女史以之說釋妃妾之德美之○煒于鬼反說本又作悅毛玉上音悅下音亦鄭說音始悅反懌作釋始亦反

【疏】靜女至女美○毛以爲言有貞靜之女其色孌然而美又遺我以彤管之法不違女史所書之事成其妃妾之美我欲易之以爲人君之妃此女史彤管能成靜女之德故嘉善此彤管之狀有煒煒然而喜樂其能成女德之美因靜女能循彤管之法故又悅美彤管之能成靜女王肅云嘉彤管之煒煒然喜樂其成女美也○鄭唯說釋女美爲異以上句既言遺我彤管之法故說彤管以有法由女史執之以筆陳說而釋此妃妾之德美有進退之法而靜女不違是遺我彤管之法也○傳既有至人君○正義曰既有靜德謂靜女也又有美色謂其孌也遺我以古人之法即貽我彤管也○傳古者至成法○正義曰傳以經云貽我彤管是女史之事故具言女史之法也周禮女史八人注云女史女奴曉書者其職云掌王后之禮職掌內治之貳以詔后治內政逆內宮書內令凡后之事以禮從夫人女史亦如之故此總云后夫人必有女史彤管之法也女史若有不記妃妾之過其罪則殺之謂殺此女史凡后妃羣妾以禮次序御於君所之時使女史書其日月使知某日某當御某日當次某也授之以環以進退之者即下句是也生子月辰謂將生子之月故內則妻將生子及月辰居側室是也此以月辰將產爲文實有娠即宜退之故生民箋云於是遂有身而肅戒不復御是也內則月辰所居側室者爲將產異其處非謂始不御也當御以銀環進之著於左手既御乃著於右手金環不言著略之此妃妾進御煩碎之事而令女史書之者事無大小記以成法也此是女史之法靜女遺我者謂遺我不違女史之法使妃妾德美也此似有成文未聞所出定本集注云女史皆作女史○傳彤管以赤心正人○正義曰必以赤者欲使女史以赤心正人謂赤心事夫人而正妃妾之次序也○箋說懌至美之○正義曰以女史執此赤管而書

記妃妾進退日月所次序使不違失宜爲書說而陳釋之成此妃妾之德美故美之也

自牧歸荑洵美且異牧田官也荑茅之始生也本之於荑取其有始有終箋云洵信也茅絜白之物也自牧田歸荑其信。美而異者可以供祭祀猶貞女在窈窕之處媒氏達之可以配人君○牧州牧之牧徐音目荑徒兮反洵本亦作詢音荀共音恭窈烏了反窕徒了反處昌慮反

匪女之爲美美人之貽非爲。荑徒說美色而已美其人能遺我法則箋云遺我者遺我以賢妃也○爲于僞反注同或如字

疏自牧至之貽○毛以爲詩人既愛靜女而不能見思有人歸之言我欲令有人自牧田之所歸我以茅荑信美好而且又異者我則供之以爲祭祀之用進之於君以與我願有人自深宮之所歸我以貞信之女信美好而又異者我則進之爲人君之妃又言我所用此女爲人君之妃者由此女之美我非徒悅其美色又美此女人之能遺我彤管之法故欲易之以配人君○鄭唯下二句爲異言若有人能遺我貞靜之女我則非此女之爲美言不美此女乃美此人之遺於我者愛而不見荑於得之故有人遺之則美其所遺之人也○傳荑茅至有終○正義曰傳以茅則可以供祭祀之用荑者茅之始生未可供用而本之於荑者欲取與女有始有終故舉茅生之名也言始爲荑終爲茅可以供祭祀以喻始爲女能貞靜終爲婦有法則可以配人君○箋茅絜至人君○正義曰箋解以茅喻之意以茅絜白之物信美而異於衆草故可以供祭祀喻靜女有德異於衆女可以配人君故言洵美且異也言供祭祀之用者祭祀之時以茅縮酒左傳曰爾貢包茅不入王祭不供無以縮酒是也定本集注云信美而異者○箋遺我至賢妃○正義曰箋以上自牧歸荑欲人貽己以美女此言非女之爲美美人之貽則非美其女美貽己之人也故易之以爲遺我以賢妃也

靜女三章章四句

新臺刺衛宣公也納伋之妻作新臺于河上而要之國人惡之而作是詩也伋宣

公之世子○新臺傒舊曰新爾雅云四方而高曰臺孔安國云。之高曰臺伋音急宣公世子名要於遙反惡烏路反[疏]新臺三章章四句至是詩○正義曰此詩伋妻蓋自齊始來未至於衛而公聞其美恐不從己故使人於河上爲新臺待其至於河而因臺所以要之耳若已至國則不須河上要之矣

新臺有泚河水瀰瀰

○泚鮮明貌瀰瀰盛貌水所以絜汙穢反于河上而爲淫昏之行泚音此徐又七禮反鮮明貌說文作玼云新色鮮也瀰莫爾反徐又莫啓反水盛也說文云水滿也汙音烏行下孟反篇註同

燕婉之求籧篨不鮮

燕安婉順也籧篨不能俯者箋云鮮善也伋之妻齊女來嫁於衛其心本求燕婉之人謂伋也反得籧篨不善謂宣公也籧篨口柔常觀人顏色而爲之辭故不能俯也○燕於典反又於見反安也婉迂阮反徐於管反籧音渠篨音儲鮮斯踐反王少也依鄭又音仙○[疏]新臺至不鮮○毛以爲衛人惡公納伋之妻故言所要之處云公新作高臺有泚然鮮明在於河水瀰瀰之處而要齊女以爲淫昏也水者所以絜汙穢反於河上作臺而爲淫昏之行是失其所也又言齊女來嫁本燕婉之人是求欲以配伋乃今爲所要反得行籧篨佞媚之行不少者之宣公是非所求也○鄭唯不鮮爲異○傳此鮮至之行○正義曰此與下傳互也臺泚言鮮明下言高峻見臺體高峻而其狀鮮明也河瀰言盛貌下言平地見河在平地而波流盛也以公作臺要齊女故須言臺又言河水者表作臺之處也言水流之盛者言水之盛流當以絜汙穢而公反於其上爲淫昏故惡之也○傳籧篨不能俯者○正義曰籧篨戚施本人疾之名故晉語云籧篨不可使俯戚施不可使仰是也但人口柔者必仰面觀人之顏色而爲辭似籧篨不能俯之人因名口柔者爲籧篨面柔者必低首下人媚以容色似戚施之人因名面柔者爲戚施故箋云籧篨口柔常觀人顏色而爲之辭故不能俯戚施面柔下人以色故不能仰也時宣公爲此二者故惡而比之非宣公實有二病故箋中傳意以爲口柔面柔也籧篨口柔戚施面柔釋訓文李巡曰籧篨巧言好辭以口饒人是謂口柔戚施和顏悅色以誘人是謂面柔也

新臺有洒河水浼浼

洒高峻也

浼浼平地也○洒七罪反韓詩作漼音同云鮮貌浼每罪反韓詩作浘浘音尾云盛貌

燕婉之求籧篨不殄殄絶也箋云殄當作腆腆善也殄毛徒典反鄭改作腆吐典反

【疏】傳殄絶○正義曰釋詁文言齊女反得籧篨之行而不絶者謂行之不止常然推此則首章鮮爲少傳不言耳故王肅亦爲少也○殄當作腆腆善○正義曰箋云籧篨口柔當不能俯言少與不絶非類也故以上章鮮爲善讀此殄爲腆腆與殄古今字之異故儀禮注云腆古文字作殄是也

魚網之設鴻則離之言所得非所求也箋云設魚網者宜得魚鴻乃鳥也反離焉猶齊女以禮來求世子而得宣公

燕婉之求得此戚施戚施不能仰者箋云戚施面柔下人以色故不能仰也○戚千歷反下遐嫁反

新臺三章章四句

二子乘舟思伋壽也衛宣公之二子爭相爲死國人傷而思之作是詩也○爲于僞反

【疏】二子乘舟二章章四句至是詩○正義曰作二子乘舟詩者思伋壽也衛宣公之二子伋與壽爭相爲死故國人哀傷而思念之而作是二子乘舟之詩也二子爭相爲死即首章二句是也國人傷而思之下二句是也

二子乘舟汎汎其景二子伋壽也宣公爲伋取於齊女而美公奪之生壽及朔朔與其母愬伋於公公令伋之齊使賊先待於隘而殺之壽知之以告伋使去之伋曰君命也不可以逃壽竊其節而先往賊殺之伋至曰君命殺我壽有何罪賊又殺之國人傷其涉危遂往如乘舟而無所薄汎汎然迅疾而不礙也○汎芳劍反景如字或音影愬蘇路反令力征反隘於賣反駛所吏反本或無駛字一本作迅疾

願言思子中心養養願每也養養然憂不知所定箋云願念也念我思此二子心爲之憂養養然

【疏】二子至養養○毛以爲二子伋壽爭相爲死赴死似歸不顧其生如乘舟之無所薄觀之汎汎然見其影之去往而不礙猶二子爭死遂往而亦不礙也

故我國人傷之每有所言思此二子則中心爲之憂養養然不知所定○鄭唯以願言思子爲念我思此二子爲異○傳二子至不礙○正義曰以序云思伋壽故知二子伋壽也傳因言二子爭死之由其言與桓十六年左傳小異大同也此言愬伋於公傳言構伋子服虔云構會其過惡亦是愬之也此言先待於隘傳言使盜待諸莘服虔云莘衞東地則莘與隘一處也此言君命不可逃也壽竊其節而先往傳言壽子告之使行不可曰棄父之命惡用子矣有無父之國則可也及行飲以酒壽子載其旌以先此文不足亦當如傳飲以酒也旌節不同蓋載旌旗以爲節信也衞世家所說與左傳略同云壽盜其白旄而先言白旄者或以白旄爲旌節也言國人傷其涉危遂往者解經以乘舟爲喻之意以二子遂往不變其死如乘舟無所薄汎汎然迅疾而不礙無所薄猶涉危也謂涉渡危難而取死下言其影以其影謂舟影覩其去而見其影義取其遂往不還故卒章云其逝傳曰逝往謂舟汎汎然其形往影形可見故言往也二

子乘舟汎汎其逝逝往也願言思子不瑕有害言二子之不遠害箋云瑕猶過也我思念此二子之事於行無過差有何不可而不去也○害毛如字鄭音曷何也遠于萬反【疏】二子至有害○正義曰下二句毛鄭別○箋我念至不去○正義曰此國人思念之至故追言其本何爲不去而取死深閔之之辭也

二子乘舟二章章四句

邶國十九篇七十一章三百六十三句

附釋音毛詩注疏卷第二（二之三）

阮元撰盧宣旬摘錄

○簡兮

仕於伶官　小字本同閩本明監本毛本同唐石經伶作泠相臺本同案釋文云泠官音零字從水樂官也字亦作伶正義標起止云箋伶官至伶官其上下文伶字盡同此箋言泠氏世掌樂官正義引伶倫氏伶州鳩以為說考左昭二十年泠州鳩釋文云泠字亦作伶漢書志泠綸及人表泠淪又呂覽同皆用從水字廣韻泠又姓此序及箋當本作泠其作伶者俗字耳正義亦當本是泠字或後人改之也五經文字云泠樂官或作伶訛亦其證

伶人告縣　閩本明監本毛本同案浦鏜云和誤縣考國語是也

萬舞干羽也　閩本明監本毛本同小字本相臺本羽作舞考文古本同案羽字誤也以干羽為萬舞是毛義萬舞為干舞籥舞為羽舞鄭所易也正義有明文又標起止云箋簡擇至干舞亦可證不知者乃順上傳改此箋耳

可以御亂　小字本相臺本同案正義云御治也謂有侵伐之亂武力可以治之定本作御字如其所言非為異本當有誤也今無可考意必求之或定本御非禦

渥厚漬也　小字本相臺本同案此正義本也云定本渥厚也無漬字考釋文渥下云厚也亦無漬字故下不為漬字作音釋文本與定本同也

祭有畀韗胞翟閽寺者　閩本明監本毛本韗誤煇案序下正義兩韗字可證依此正義本傳當作韗字釋文云煇字亦作韗者是也其引祭統乃順彼文作煇耳

其子小似柿子閩本明監本毛本同案浦鏜云橡誤柿是也○按一本作似杼子杼卽狙公賦芧字之或體非機杼也杼誤而爲柿耳芧卽橡也

○泉水

思之至也小字本相臺本同案正義云雖非禮而思之至極也君子善其思故錄之也定本作思字如其所言非爲異本當有誤也釋文云一思本思作恩或定本如此但未有明文明監本毛本作定本作恩字用釋文改耳

以之衛女思歸補毛本之作此

無日不思也小字本相臺本同閩本明監本毛本無上衍我字十行本初刻無後剜添考正義云故我有所至念於衛無一日而不思念之也是箋本無我字剜添者非也

然則軷山行道之名也閩本明監本毛本同案浦鏜云道衍字以聘禮注考之是也

士喪禮有毀宗躐行閩本明監本毛本同案浦鏜云士衍字以聘禮記注考之是也

我還車疾於衛而返小字本同相臺本疾下有至字閩本明監本毛本同十行本初刻無後剜添案無者是也此箋而返二字卽申傳至字之意若疾下有至字則而返二字無所施矣相臺本非也

○北門

刺仕不得志也唐石經小字本相臺本同案正義云不知士有才能又云言士者有德行之稱其仕爲官尊卑不明也是正義本仕當作士字

出自至何出哉補案經文出哉出字衍

摧沮也小字本相臺本同案正義云則乖沮己志定本集注皆云摧沮也標起止云傳摧沮如其所言非爲異本當有誤也今無可考意必求之或定本集注作摧阻也

○北風

故以爲摧爲刺譏己也閩本明監本毛本同案浦鏜云爲摧當摧我誤是也

虛虛也小字本相臺本同案此釋文本也釋文云虛虛也一本作虛徐也正義云但傳質詁訓疊經文耳非訓虛爲徐是正義本當是虛徐也與釋文一本同標起止云傳虛虛或合併經注正義時所改也段玉裁云經文作邪鄭始易爲徐毛意虛邪如管子之志無虛邪耳虛虛也者謂此丘虛字卽空虛字也正義本非○按古之訓詁有此一例如易大傳比者比也剝者剝也蒙者蒙也說文亦云已者已也經傳不可枚數或疑毛傳內無此因舉要之襋之傳曰要褸也毛公時安得有褸字褸本作要謂此要非人要領之要乃衣裳之要也正與此虛虛也一例古者虛本訓丘虛因之訓空虛嫌其義之不可定也故釋之曰此丘虛字其義則空虛也如易蒙者蒙也謂此蒙艸名之字其義則訓蒙覆也

○靜女

言志往而行正小字本同閩本明監本毛本亦同相臺本正作止考文古本同案正字是也終風箋云正猶止也言正足包止義不必與

往字對文相臺本非也

定本集注云女吏皆作女史閩本明監本毛本同案此云字當衍

其信美而異者小字本相臺本同案正義說箋云信美而異於衆草又云定本集注云信美而異者是正義本不與定本集注同也但未有明文今無可考考文一本美作善未見所出

非爲荑徒說美色而已小字本相臺本荑作其閩本明監本毛本亦同案其者其經女字也唯十行本作荑是誤字

○新臺

之高曰臺補毛本之作上非也當是土字之譌

○二子乘舟

汎汎然迅疾而不礙也小字本相臺本同案正義云汎汎然迅疾而不礙釋文云駛疾所吏反本或無駛字一本作迅疾正義本與一本同

見其影之去往而不礙閩本明監本毛本同案經作景正義作影景影古今字易而說之也例見前餘同此

不瑕有害小字本相臺本同唐石經初刻遐後改瑕案初刻非也此經瑕字毛遠也以瑕爲遐之假借鄭則如字讀之故易爲過也泉水經同其釋文可證也汝墳天保南山有臺等經用遐字即不畫一之例

鄘柏舟詁訓傳第四 ○陸曰鄘音容鄭云紂都以南曰鄘王云王城以西曰鄘也 〔九〕

毛詩國風　　鄭氏箋　　孔穎達疏

柏舟共姜自誓也衞世子共伯蚤死其妻守義父母欲奪而嫁之誓而弗許故作是詩以絕之。共伯僖侯之世子○共音恭下同姜居羊反共姜共伯之妻也婦人從夫謚姜姓也蚤音早僖許其反史記作釐曹大家音僖

【疏】柏舟二章章七句至以絕之○正義曰作柏舟詩者言其共姜自誓也所以自誓者衞世子共伯蚤死其妻共姜守義不嫁其父母欲奪其意而嫁之故與父母誓而不許更嫁故作是柏舟之詩以絕止父母奪己之意此誓云己至死無他心與鄭伯誓母云不及黃泉無相見皆豫為來事之約卽盟之類也言衞世子者依世家共伯之死時釐侯已葬入釐侯羨自殺則未成君故繫之父在之辭言世子以別於衆子曾子問曰君薨而世子生之類也春秋公羊之說云存稱世子君薨稱子某既葬稱子左氏之義既葬稱君與此不同此詩便文說事非史策屬辭之例也言共伯者共謚伯字以未成君故不稱爵言早死者謂早死不得為君不必年幼也世家武公和篡共伯而立五十五年卒楚語曰昔衞武公年九十有五矣猶箴儆于國則未必有死年九十五以後也則武公卽位四十一二以上共伯是其兄則又長矣其妻蓋少猶可以嫁喪服傳曰夫死妻穉子幼子無大功之親妻得與之適人是於禮得嫁但不如不嫁為善故云守義禮記云一與之齊終身不改故夫死不嫁是夫妻之義也此敘其自誓之由也自誓卽下云。至死矢靡。他是也但上四句見己所以不嫁之由下二句乃追恨父母奪己之意○箋共伯僖侯之世子○正義曰史記僖字皆作釐列女傳曰曹大家云釐音僖則古今字異而音同也

汎彼柏舟在

彼中河與也中河河中箋云舟在河中猶婦人之在夫家是其常處○汎芳劍反處昌慮反髧彼兩髦實維我儀髧兩髦之貌髦者髮至眉子事父母之飾儀匹也箋云兩髦之人謂共伯也實是我之匹故我不嫁也禮世子昧爽而朝亦櫛纚笄總拂髦冠緌纓○髧本又作紞徒坎反髦音毛說文作髳音同禮子生三月鬋髮爲鬌長大作髦以象之鬌音丁果反昧莫背反朝直遙反櫛側乙反纚色蟹反又色綺反總子孔反緌汝誰反之死矢靡它矢誓靡無之至也至己之死信無它心○它音他母也天只不諒人只諒信也母也天也尚不信我天謂父也○只音紙亮本亦作諒力尚反

疏汎彼至人只○正義曰言汎汎然者彼柏木之舟在彼中河是其常處以興婦人在夫家亦是其常處今我既在夫家矣又髧然著彼兩髦之人共伯實維是我之匹耦言其同德齊意矣其人雖死我終不嫁而父母欲奪己志故與之誓言己至死誓無變嫁之心母也父也何謂尚不信我也而欲嫁我哉○傳髦者至之飾○正義曰既夕禮云既殯主人脫髦注云兒生三月鬋髮爲鬌男角女羈否則男左女右長大猶爲之飾存之謂之髦所以順父母幼小之心至此尸柩不見喪無飾可以去之髦之形象未聞內則注云髦者用髮爲之象幼時鬌其制未聞髮至眉亦無文故鄭云其制未聞內則云子事父母總拂髦是子事父母之飾也言兩者以象幼時鬌則知鬌以挾囟故兩髦也喪大記云小斂主人脫髦注云士既殯而脫髦此云小斂蓋諸侯禮也士之既殯諸侯之小斂於死者俱三日也則脫髦諸侯小斂而脫之此共伯之死時僖侯已葬去髦久矣仍云兩髦者追本父母在之飾故箋引世子昧爽而朝明君在時事也髦者事父母之飾也若父母有先死者於死三日脫之服闋又著之若二親並沒則因去之矣玉藻云親沒不髦是也○箋兩髦至緌纓○正義曰以共伯已死不忍斥言故以兩髦言之也世子昧爽平旦而朝君初亦如是櫛髦乃櫛纚笄內則注云纚所以韜髮者也笄今之簪則著纚乃以簪約之又著總又拂髦而著之故內則注云拂髦振去塵而著之既著髦乃加冠又著緌纓然後朝君也禮世子之記曰朝夕至于寢門外朝即昧爽也

又內則云由命士以上父子皆異宮昧爽而朝世子亦是命士以上故知昧爽也文王之爲世子雞初鳴而衣服至於寢門外者鄭玄云文王之爲世子也非禮之制故不與常世子同也內則云子事父母雞初鳴端韠紳注云端玄端士服也庶人以深衣然則命士以下亦於雞鳴之時朝者命士以下當勉力從事因早起而適父母之所不主爲朝也異宮者則敬多故內則注云異宮崇敬是也但文王之爲世子加隆焉故雞初鳴而至寢門耳內則云子事父母雞初鳴咸盥漱櫛纚笄總拂髦冠緌纓端韠紳搢笏謂命士以上父子異宮昧爽而朝更不言衣服之異則纚笄以下同故云亦櫛纚笄總拂髦冠緌纓也禮記文王世子云親疾世子親齊玄冠而養蓋亦衣不端矣不笄引端韠紳搢笏者以證經之兩髦故盡首服而已士冠禮曰皮弁笄爵弁笄注云有笄者屈組爲紘無笄者纓而結其條然則此冠言緌纓則無笄矣上言纚笄者爲纚而著笄也問喪曰親始死雞斯注云雞斯當爲笄纚是著纚必須笄也○傳天謂父○正義曰序云父母欲奪而嫁之故知天謂父也先母後天者取其韻句耳

汎彼柏舟在彼河側髧彼兩髦實維我特特匹也○特如字韓詩作直云相當值也之死矢靡慝。慝邪也○慝他得反邪似嗟反母也天只不諒人只

柏舟二章章七句

牆有茨衛人刺其上也公子頑通乎君母國人疾之而不可道也宣公卒惠公幼其庶兄頑烝於惠公之母生子五人齊子戴公文公宋桓夫人許穆夫人○牆在良反茨徐資反頑五鰥反宣公庶子昭伯名也烝之升反載馳序○注同

疏牆有茨三章章六句至不可道○正義曰此注刺君故以宣姜繫於君謂之君母鶉之奔奔則主刺宣姜與頑亦所以惡公之不防閑詩人主意異也○箋宣公至夫人○正義曰左傳閔二年曰初惠公之即位也少齊人使昭伯烝於宣姜不可強之生齊子戴公文公宋桓夫人許穆夫人服虔云昭伯衞宣公之長庶伋之兄

宣姜宣公夫人惠公之母是其事也牆有茨不可埽也興也牆所以防非常茨蒺。藜也欲埽去之反傷牆也箋云國君以禮防制一國今其宮內有淫昏之行者猶牆之生蒺藜○蒺音疾藜音梨去丘呂反下同行下孟反中冓之言不可道也中冓內冓也箋云內冓之言謂宮中所冓成頑與夫人淫昏之語○冓本又作遘古候反韓詩云中冓中夜謂淫僻之言也所可道也言之醜也於君醜也【疏】牆有至醜也○正義曰言人以牆防禁一家之非常今上有蒺藜之草不可埽而去之欲埽去之反傷牆而毀家以興國君以禮防制一國之非法今宮中有淫昏之行不可滅而除之欲除而滅之反違禮而害國夫人既淫昏矣宮中所冓成此頑與夫人淫昏之語其惡不可道所可道言之於君醜也君。本何以不防閑其母至令有此淫昏○傳中冓內冓箋內冓至之語○正義曰媒氏云凡男女之陰訟聽之于勝國之社注云陰訟爭中冓之事以觸法者勝國亡國也亡國之社掩其上而棧其下使無所通就之以聽陰訟之情明不當宣露卽引此詩以證之是其冓合淫昏之事其惡不可道也牆有茨不可襄也襄除也中冓之言不可詳也詳審也○詳如字韓詩作揚揚猶道也所可詳也言之長也長惡長也牆有茨不可束也束而去之中冓之言不可讀也讀抽也箋云抽猶出也【疏】傳讀抽箋抽猶出○正義曰上云不可詳則此爲讀誦於義亦通必以爲抽者以讀誦非宜露之義傳訓爲抽箋申抽爲出也所可讀也言之辱也辱辱君也

牆有茨三章章六句

君子偕老刺衛夫人也夫人淫亂失事君子之道故陳人君之德服飾之盛宜與君子偕老也夫人宣公夫人惠公之母也人君小君也或者小字誤作人耳○偕音皆【疏】君子偕老三章首章七句二章九句卒章八句

至偕老○正義曰作君子偕老詩者刺衛夫人也以夫人淫亂失事君子之道也毛以爲由夫人失事君子之道故陳別有小君內有貞順之德外有服飾之盛德稱其服宜與君子偕老者刺今夫人有淫佚之行不能與君子偕老者謂能守義貞絜以事君子君子雖死志行不變與君子俱至於老也經陳行步之容髮膚之貌言德美盛飾之事能與君子偕老者乃然故發首言君子偕老以爲一篇之總目序則反之見內有其德外稱其服然後能與君子偕老各自爲勢所以倒也鄭以爲由夫人失事君子之道故陳此夫人既有舉動之德服飾之盛宜應與君子俱至於老反爲淫佚之行而不能與君子偕老故刺之此人君之德謂宣姜服飾之盛行止有儀不謂內有其德也○箋夫人至誤作人○正義曰以上篇公子頑通乎君母母是宣姜故知此亦爲宣公夫人惠公之母也以言刺夫人故知人君爲小君以夫妻一體婦人從夫之爵故同名曰人君頑人傳曰人君以朱纏鑣亦謂夫人也夫人雖理得稱人君而經傳無謂夫人爲人君者故箋疑之云或者小字誤作人人耳俗本亦有無此一句者定本有之

君子偕老副笄六珈

能與君子俱老乃宜居尊位服盛服也副者后夫人之首飾編髮爲之笄衡笄也珈笄飾之最盛者所以別尊卑箋云珈之言加也副既笄而加飾如今步搖上飾古之制所有未聞○副芳富反珈音加編蒲典反或必仙反別彼列反搖餘昭反

委委佗佗如山如河

委委者行可委曲蹤迹也佗佗者德平易也山無不容河無不潤○委於危反注同佗待何反註同韓詩云德之美貌行下孟反舊如字委曲如字易以豉反

象服是宜

象服尊者所以爲飾箋云象服者謂揄翟闕翟也人君之象服則舜所云予欲觀古人之象日月星辰之屬○揄音遙字又作褕狄本亦作翟王后第二服曰褕狄觀古亂反又音官

子之不淑云如之何

有子若是何謂不善乎箋云子乃服飾如是而爲不善之行於禮當如之何深疾之○行下孟反又下同

疏君子至之何○毛以爲言夫人能與君子俱至於老者首服副飾而著衡笄以六珈玉爲之飾既服此服其行委委委然行可委曲佗佗然其德平易如山之無不容如河之無

不潤德能如是以象骨飾服而著之是爲得宜此子之德與服相稱以此可謂不善云如之何乎言其宜善也今之夫人何以不善而爲淫亂不能與君子偕老乎○鄭以爲言此夫人宜與君子偕老何者今夫人既有首服副笄而著六珈又能委委佗佗如山如河象服褕翟闕翟得其宜服飾如是宜爲善以配君子今子之反爲不善之行欲云如之何乎深疾之○傳能與至尊卑○正義曰副者祭服之首飾追師掌王后之首服爲副編次註云副之言覆所以覆首爲之飾其遺象若今之步搖矣服之以從王祭祀編編列髮爲之其遺象若今假紒矣服之以告桑也次次第髮長短所謂髲髢服之以見王是也言編若今假紒者編列他髮爲之假作紒形加於首上次者亦鬄他髮與己髮相合爲紒故云所謂髲鬄是編次所以異也以此笄連副則爲副之飾是衡笄也故追師又云追衡笄註云王后之衡笄皆以玉爲之唯祭服有衡垂于副之兩傍當耳其下以紞懸瑱是也編次則無衡笄言珈者以玉珈於笄爲飾后夫人首服之尤尊故云珈笄飾之最盛者此副及衡笄與珈飾唯后夫人有之卿大夫以下則無故云所以别尊卑也○箋珈之至未聞○正義曰以珈字從玉則珈爲以笄飾謂之珈者珈之言加由副既笄而加此飾故謂之珈如漢之步搖之上飾也步搖副之遺象故可以相類也古今之制不必盡同故言古之制所有未聞以言六珈必飾之有六但所施不可知據此言六珈則侯伯夫人爲六王后則多少無文也○傳委委至不潤○正義曰傳以陳人君之德而駮人宣姜則以爲內有德也釋訓云委委佗佗美也李巡曰寬容之美也孫炎曰委委行之美佗佗長之美郭璞曰皆佳麗美豔之貌傳意陳善以駮宣姜則以爲內實有德其言行可委曲德平易李巡與孫炎略同則委委佗佗皆行步之美以內有其德外形於貌故傳互言之委委者行可委曲佗佗者德平易也由德平易故行可委曲德平易即如山如河是也鄭以論宣姜之身則或與孫郭同爲宣姜自佳麗美豔行步有儀長大而美其舉動之貌如山如河耳無取於容潤也○傳象服至爲飾○正義曰以下傳云褕翟羽飾衣則象非畫羽也言服則非揥明以象骨飾服唯尊者爲然故云尊者所以爲飾象骨飾服經傳無文但推此傳其理

當然○箋象服至之屬○正義曰箋以經言象服則非首服也以象骨飾服則畫傳之所未聞下云其之翟也明此爲褕翟闕翟也翟而言象者象鳥羽而畫之故謂之象以人君之服畫日月星辰謂之象故知畫翟羽亦爲象也故引古人之象以證之皋陶謨云帝曰予欲觀古人之象日月星辰山龍華蟲作會宗彝藻火粉米黼黻絺繡是也自日月至黼黻皆爲象獨言日月星辰者取證象服而已故略之也○傳有子至不善○正義曰傳意舉善以刺惡故反其言以激之可謂不善言其善也

玼。兮玼。兮其之翟。也

玼鮮盛貌褕翟闕翟羽飾衣也○箋云侯伯夫人之服自褕翟而下如王后焉○玼音此又且禮反說文云新色鮮也字林云鮮也音同玉篇且禮反云鮮明貌沈云毛及呂忱並作玼解王肅云顏色衣服鮮明貌本或作瑳此是後文瑳兮王肅注好美衣服絜白之貌若與此同不容重出今檢王肅本後不釋不如沈所言也然舊本皆前作玼後作瑳字鮮音仙

鬒髮如雲不屑髢也

鬒黑髮也如雲言美長也屑絜也箋云髢髲也不絜者不用髲爲善○鬒真忍反說文云髮稠也服虔註左傳云髮美爲鬒屑蘇節反髢徒帝反髲皮寄反

玉之瑱也象之揥也

瑱塞耳也揥所以摘髮也○瑱吐殿反充耳也揥勑帝反摘也摘他狄反本亦作擿音同本又作擿又作譎並非譎音丁革反音直戟反擿

揚且之晳。也

揚眉上廣晳白晳○且七也反徐子餘反下同晳星歷反

胡然而天也胡然而帝也

尊之如天審諦如帝○箋云胡何也帝五帝也何由然女見尊敬如天帝乎非由衣服之盛顏色之莊與反爲淫昏之行○諦音帝莊如字本又作壯側亮反與音餘

【疏】玼兮至如帝○毛以爲夫人能與君子偕老者故宜服此玼兮玼兮其鮮盛之翟衣也又其鬒髮如雲言其美長不用髲而自絜美也又以玉爲之瑱也又以象骨爲之揥也又其眉上揚廣且其面之色又白晳既服飾如此其德又稱之其見尊敬如天帝何由然見尊敬如天乎由其瑱。實如天何由然見尊敬如帝乎由其審諦如帝故能與君子偕老今夫人何故淫亂而不瑱。實不審諦使不可尊敬乎○鄭以指據宣姜今爲淫亂故責之言夫人何由見尊敬如天乎何由見尊敬如帝乎非由衣服之威顏色之莊與既由衣服顏色以見尊敬何故反爲淫昏之行乎○傳褕翟至飾衣○正義曰傳以翟雉名也今衣名曰翟故謂以羽飾衣猶右手秉翟卽執真翟羽鄭注周禮三翟皆刻繒爲翟雉之形而彩畫之以爲飾不用真羽孫毓云自古衣飾山龍華蟲藻火粉米及周禮六服無言以羽飾衣者羽施於旌旂蓋則可施於衣裳則否蓋附人身動則卷舒非可以羽飾故也鄭義爲長○傳鬒黑至美長○正義曰昭二十八年左傳云有仍氏生女鬒黑而甚美光可以鑒名曰玄妻服虔云髮美爲鬒詩云鬒髮如雲其言美長而黑以髮美故名玄妻是鬒爲黑髮也○箋鬒髮至爲善○正義曰髢一名髲故云髢髲也說文云髲益髮也言己髮少聚他人髮益之哀十七年左傳曰衛莊公見己氏之妻髮美使髡之以爲呂姜髢是也不絜髢者言婦人髮美不用他髮爲髲而自絜美故云不用髲爲善○傳瑱塞至摘髮○正義曰既夕記云瑱塞耳充耳是也或曰充耳淇奧云充耳琇瑩是也以象骨搔首因以爲飾名之揥故云所以摘髮葛屨云佩其象揥是也○傳尊之至如帝○正義曰傳互言之言尊之如天明德如天也言審諦如帝則亦尊之如帝故經再云胡然也運斗樞云帝之言諦夫人審諦似帝德故云如帝則如天亦然元命包云天之言瑱則此蓋亦爲瑱取其瑱實也毛不明說天帝同別不可知也二者皆取名以見德也此章論祭服言其德當神明故尊之以比天帝卒章論事君子見賓客之服故以美女言之是以內司服注引詩國風曰玼兮玼兮其之翟也下云胡然而天也胡然而帝也言其德當神明又曰瑳兮瑳兮其之展也下云展如之人兮邦之媛也言其行配君子二者之義與禮合矣鄭雖非舉一善駮惡其以類根配與傳同也○箋帝五帝至之行○正義曰天帝名雖別而一體也以此別設其文爲有帝王之嫌故云帝五帝謂五精之帝也春秋文燿句曰倉帝其名靈威仰赤帝其名赤熛怒黃帝其名含樞紐白帝其名白招拒黑帝其名汁光紀是也此責夫人之辭故言何由然而見尊敬如天帝乎非由衣服之威顏色之莊與是覆上以責之此云反爲淫昏之行卒章箋云淫昏亂之國者以下經云邦之媛也因有邦文故言亂國

瑳兮瑳

兮其之展也蒙彼縐絺是紲袢也禮有展衣者以丹縠爲衣蒙覆也絺之靡者爲縐是當暑袢延之服也箋云后妃六服之
次展衣宜白縐絺之蹙蹙者展衣夏則裏衣縐絺此以禮見於君及賓客之盛服也展衣字誤禮記作襢衣○瑳七我反說文云玉色鮮白展涉戰反註展
衣皆同沈張輦反縐側救反靡也絺勑之反紲息列反袢符袁反縠戶木反延以戰反又如字蹙子六反衣於既反著也下裏衣同裏如字舊音吏見賢遍反
於君子一本無子字襢陟戰反子之清揚揚且之顏也清視清明也○揚廣揚而顏角豐滿展如之人兮邦之媛
也展誠也美女爲媛箋云媛者邦人所依倚以爲○媛助也疾宣姜有此盛服而以淫昏亂國故云然○媛于眷反韓詩作援援取也倚於綺反疏瑳兮
至媛也○毛以爲言夫人能與君子偕老者故服此瑳兮瑳兮其鮮盛之展衣
以覆彼縐絺之上縐絺是當暑紲去袢延烝熱之服也子之夫人非直服飾之
盛又目視清明而眉上平廣且顏角豐滿而德以稱之誠如是德服相稱之人
宜配君子故爲一國之美女兮今夫人何爲淫亂失事君子之道而不爲美女
之行乎○鄭以言宣姜服飾容貌如是故一邦之人依倚以爲媛助何故反爲淫昏之行而亂國乎○傳禮有至之服○正義曰言衣服之內有名展衣者其
衣以丹縠爲之以文與縐絺相連嫌以絺爲之故辨其所用也絺者以葛爲之精曰絺麤曰綌其精尤細靡者縐也言細而縷之縐故箋申之云縐絺絺之蹙蹙
者言是當暑袢延之服者謂縐絺是紲袢之服展衣則非是也紲袢者去熱之名故言袢延袢延是熱之氣也此傳言展用丹縠餘五服傳無其說丹縠
亦不知所出而孫毓推之以爲褘衣赤褕翟青闕翟黑鞠衣黃展衣赤褖衣黑鞠名與麴同雖毛亦當色黃褖衣與男子之褖衣名同則亦宜黑然則六服逆
依方色義或如毓所言以婦人尚華飾赤爲色之著因而右行以爲次故褘衣赤褕翟青闕翟黑次鞠衣鞠衣宜白以爲疑於凶服故越取黃而展衣同赤因
西方闕其色故褖衣越青而同黑也二章傳曰褕翟闕翟羽飾衣則褘衣亦羽飾衣褘衣以翬鳥羽褕翟以搖鳥羽闕翟次褕翟則亦用搖羽矣但飾之有闕

少耳○箋后妃至禮衣○正義曰箋不同傳故云后妃六服之次展衣宜白言宜者無明文周禮之註差之以爲然也內司服掌王后之六服褘衣褕翟闕翟鞠衣展衣褖衣鄭司農云展衣白鞠衣黃褖衣黑玄謂鞠衣黃桑服也色如麴塵象桑葉始生月令三月薦鞠衣于先帝告桑事也褖者實褖衣也男子之褖衣黑則是亦黑也六服備於此矣以下推次其色則闕翟赤褕翟青褘衣玄是鄭以天地四方之色差次六服之文以士冠禮爵弁服皮弁服之下有玄端無褖衣中喪禮爵弁服皮弁服之下有褖衣無玄端則褖衣當玄端玄端當黑則褖亦黑矣以男子之褖衣黑知婦人之褖衣亦黑褖衣上有展衣鄭司農云展衣白上又有鞠衣以色如麴塵故取名焉是鞠衣黃也三服之色以見矣是從下依行運逆而爲次唯三翟之色不明故云以下推次其色闕翟赤褕翟青褘衣玄也又解展衣之裏不恆以縓而云蒙彼縐絺者衣展衣者夏則裏之以縐絺作者因舉時事而言之故云是紲袢也定本云展衣夏則裏衣縐絺俗本多云冬衣展衣蓋誤也又解展衣所用云此以禮見於君及賓客之盛服玉藻云一命襢衣喪大記曰世婦以襢衣是禮記作襢衣也定本云禮記作襢無衣字司服注以展爲襢誤從禮爲正以衣服之字宜從衣故也○傳清視至廣揚○正義曰以目視清明因名爲清故此云清視清明也揚者眉上之美名因名眉目曰揚故猗嗟云美目揚兮傳曰好目揚眉是也既名眉爲揚目爲清明因謂眉之上眉之下皆曰揚目之上目之下皆曰清故上傳曰揚眉上廣此及猗嗟傳云揚廣是眉上爲揚野有蔓草傳曰清揚眉目之間是眉之下爲揚目之上爲清猗嗟傳又曰目下爲清是目之下亦爲清也釋訓云猗嗟名兮目上爲名郭云眉眼之間是目上又爲之名也猗嗟名兮既爲目上故知美目清兮爲目下○傳美女爲媛○正義曰釋訓文孫炎曰君子之援助然然則由有美可以援助君子故云美女爲媛箋以爲貴非夫人之辭當取援助爲義故云邦人所依倚以爲援助因顏色依爲美女故知邦人依之爲援助是舉其外貴其爲內之不稱故說各殊也

君子偕老三章一章七句一章九句一章八句

桑中刺奔也衞之公室淫亂男女相奔至于世族在位相竊妻妾期於幽遠政散民流而不可止衞之公室淫亂謂宣惠之世男女相奔不待媒氏以禮會之也世族在位取姜氏弋氏庸氏者也竊盜也幽遠謂桑中之野○竊千節反弋羊識反

疏桑中三章章七句至不可止○正義曰作桑中詩者刺男女淫怨而相奔也由衞之公室淫亂之所化是故又使國中男女相奔不待禮會而行之雖至於世族在位爲官者相竊其妻妾而期於幽遠之處而與之行淫時既如此即政教荒散世俗流移淫亂成風而不可止故刺之也定本云而不可止止下有然字此男女相奔謂民庶男女世族在位者謂今卿大夫世其官族而在職位者相竊妻妾謂私竊而與之淫故云期於幽遠非爲夫婦也此經三章上二句惡衞之淫亂之主下五句言相竊妻妾期°我於桑中是期於幽遠此敘其淫亂之由經之陳其淫亂之辭言公室淫亂國中男女相奔者見衞之淫風公室所化故經先言衞都淫亂國中男女相奔及世族相竊妻妾俱是相奔之事故序總云刺奔經陳世族相奔明民庶相奔明矣經言孟姜之等爲世族之妻而兼言妾者以妻尙竊之況於妾乎故連言以協句耳謂之竊者蔽其夫而私相奸若竊盜人物不使其主知之然既上下淫亂有同亡國故序云政散民流而不可止是以樂記曰桑間濮上之音亡國之音也其政散其民流誣上行私而不可止是也○箋衞之至之野○正義曰此惠公之時兼云宣公者以其言由公°惑淫亂至於政散民流則由化者遠矣此直言公室淫亂不指其人而宣公亦淫亂故幷言之也序言相竊妻妾經陳相思之辭則孟姜之輩與世族爲妻也故知世族在位取姜氏弋氏庸氏矣

爰采唐矣沬之鄉矣爰於也唐蒙菜名沬衞邑箋云於何采唐必沬之鄉猶言欲爲淫亂者必之衞之都惡衞爲淫亂之主○沬音妹惡烏路反

云誰之思美孟姜矣姜姓也言世族在位有是惡行箋云淫亂

之人誰思乎乃思美孟姜孟姜列國之長女而思與淫亂疾世族在位有是惡行也○行下孟反箋同列國之女一本作列國之長女長音丁丈反期我乎桑中要我乎上宮送我乎淇之上矣桑中上宮所期之地淇水名也箋云此思孟姜之愛厚己也與我期於桑中而要見我於上宮其送我則於淇水之上○要於遙反注下同淇音其衛水也

【疏】爰采至上矣○正義曰人欲采唐者於何采唐菜乎必之沬之鄉矣以與人欲淫亂者於何處淫亂乎必之衛之都言沬鄉唐所生衛都淫所主故也又言衛之淫亂甚矣故雖世族在位之人相竊妻妾與之期於幽遠而行淫乃云我誰思乎乃思美好之孟姜與之爲淫亂所以思孟姜者以孟姜愛厚於我與我期往於桑中之野要見我於上宮之地又送我於淇水之上愛厚於我如此故思之也世族在位猶尚如此致使淫風大行民流政散故陳其辭以刺之○傳唐蒙菜名○正義曰釋草云唐蒙女蘿女蘿菟絲舍人曰唐蒙名女蘿女蘿又名菟絲孫炎曰別三名郭璞曰別四名則唐與蒙或幷或別故三四異也以經直言唐而傳言唐蒙也頍弁傳曰女蘿菟絲松蘿也則又名松蘿矣釋草。又云蒙。王女孫炎曰蒙唐也一名菟絲一名王女則通松蘿王女爲六名○傳沬衛邑○正義曰酒誥註云沬邦紂之都所處也於詩國屬鄘故其風有沬之鄉則沬之北沬之東朝歌也然則沬爲紂都故言沬邦後三分殷畿則紂都屬鄘譜云自紂城而南據其大率故猶云之北之東明紂城北與東猶有屬鄘者今鄘幷於衛故言衛邑紂都朝歌明朝歌即沬也○箋於何至之主○正義曰殷武傳曰鄉所也則此沬之鄉以爲沬之所矣沬邑名則采唐不於邑中但揔言於其所耳不斥其方下云之北之東則指其所在采之處矣言衛之都謂國所在也時衛之淫風流行徧於境內獨言都者淫風所行相習成俗公室所在都尤甚爲故舉都爲主國外承化淫亦可知言淫亂主者猶左傳云武王數紂之罪以告諸侯曰紂爲天下逋逃主然言淫在其都而君不禁似若爲之主然故言惡衛爲淫亂之主○箋淫亂至惡行○正義曰知孟姜列國之長女者以衛朝貴族無姓姜者故爲列國列國姜姓齊許申呂之屬不斥其國未知誰國之女也臣無境外之交得取列國女者春秋之世因聘逆妻故得取焉言孟故知長女下孟。□。□孟弋孟庸以孟類之蓋亦列國之長女但當時列國姓庸弋者無文以言之○傳桑中至之地○正義曰經桑中言期上宮言要傳并言所期者見設期而相要一也爰采麥矣沬之北矣云誰之思美孟弋矣弋姓也期我乎桑中要我乎上宮送我乎淇之上矣爰采葑矣沬之東矣箋云葑蔓菁○葑孚容反蔓音精又子形反云誰之思美孟庸矣庸姓也期我乎桑中要我乎上宮送我乎淇之上矣

桑中三章章七句

鶉之奔奔刺衛宣姜也衛人以爲宣姜鶉鵲之不若也刺宣姜者刺其與公子頑爲淫亂行不如禽鳥○鶉音純鶕鶉鳥鶕烏南反行下孟反下皆同疏鶉之奔奔二章章四句至不若○正義曰二章皆上二句刺宣姜下二句責公不防閑也頑與宣姜共爲此惡而獨爲刺宣姜者以宣姜衛之小君當母儀一國而與子淫尤爲不可故作者意有所主非謂頑不當刺也今人之無良我以爲兄亦是惡頑之亂

鶉之奔奔鵲之彊彊鶉則奔奔鵲則彊彊然箋云奔奔彊彊言。其居有常匹飛則相隨之貌刺宣姜與頑非匹。偶○彊音姜韓詩云奔奔彊彊乘匹之貌人之無良我以爲兄良善也兄謂君之兄箋云人之行無一善者我君反以爲兄君謂惠公疏鶉之至爲兄○正義曰言鶉則鶉自相隨奔奔然鵲則鵲自相隨彊彊然各有常匹不亂其類今宣姜爲母頑則爲子而與之淫亂失其常匹曾鶉鵲之不如矣又惡頑言人行無一善者我君反以爲兄而不禁之也惡頑而責惠公之辭○箋奔奔至匹耦○正義曰序云鶉鵲之不若則以奔奔彊彊爲相匹之善故爲居有常匹定本集註皆

云居有常匹則爲俱者誤也表記引此證君命逆則臣有逆命故註云彊彊奔奔爭鬬惡貌也

鶉之彊彊鶉之奔奔人之無良我以爲君君國小君箋云小君謂宣姜【疏】傳君國小君○正義曰夫人對君稱小君以夫妻一體言之亦得曰君襄九年左傳筮穆姜曰君其出乎是也

鶉之奔奔二章章四句

定之方中美衛文公也衛爲狄所滅東徙渡河野處漕邑齊桓公攘戎狄而封之文公徙居楚丘始建城市而營宮室得其時制百姓說之國家殷富焉春秋閔公二年冬狄人入衛衛懿公及狄人戰于熒澤而敗宋桓公迎衛之遺民渡河立戴公以廬於漕戴公立一年而卒魯僖公二年齊桓公城楚丘而封衛於是文公立而建國焉○定丁佞反下同定星名爾雅云營室謂之定孫炎云定正也衛爲狄所滅一本作狄人本或作衛懿公爲狄所滅非也漕音曹攘如羊反說音悅熒迴丁反廬力居反【疏】定之方中三章章七句至富焉○正義曰作定之方中詩者美衛文公也衛國爲狄人所滅君爲狄人所殺城爲狄人所入其有遺餘之民東徙渡河暴露野次處於漕邑齊桓公攘去戎狄而更封之立文公焉文公乃徙居楚丘之邑始建城使民得安處始建市使民得交易而營造宮室既得其時節又得其制度百姓喜而悅之民既富饒官亦充足致使國家殷實而富盛焉故百姓所以美之言封者衛國已滅非謂其有若新造之然故云封也言徙居楚丘即二章升墟望楚卜吉終臧是也而營宮室者而首章作于楚宮作于楚室是營宮室也建成市經無其事因徙居而始築城立市故連言之毛則定之方中揆之以日皆爲得其制既得其制則得時可知鄭則定之方中得其時揆之以日爲得其制既營室得其時樹木爲豫備雨止而命駕辭

說于桑田故百姓說之匪直也人秉心塞淵是悅之辭也國家殷富則騋牝三千是也序先言徙居楚丘者先言所徙之處乃於其處而營宮室爲事之次而經主美宮室得其時制乃追本將徙觀望之事故與序倒也國家殷富在文公末年故左傳曰元年革車三十乘季年乃三百乘明其騋牝三千亦末年之事也此詩蓋末年始作或卒後爲之〇箋春秋至國焉〇正義曰此序摠說衞事故直云。城衞不必斥懿公載馳見懿公死而戴公立夫人之唁戴公時故言懿公爲狄人所滅實滅也而木瓜序云衞國有狄人之敗者敗滅一也但此見文公滅而復興載馳見國滅而唁兄故云言滅木瓜見國之敗而救之故言敗是文勢之便也閔二年左傳曰狄人侵衞衞懿公好鶴鶴有乘軒者將戰國人受甲者皆曰使鶴鶴實有祿位余焉能戰公與石祈子玦與甯莊子矢使守曰以此贊國擇利而爲之與夫人繡衣曰聽於二子渠孔御戎子伯爲右黃夷前驅孔嬰齊殿及狄人戰于熒澤衞師敗績遂滅衞是爲狄所滅之事傳言滅經書入者賈逵云不與夷狄得志於中國杜預云君死國散經不書滅者狄不能赴衞之君臣皆盡無復文告齊桓爲之告諸侯言狄已去言衞之存故但以入爲文是春秋書入之意也詩則據實而言以時君死民散故云滅耳言東徙渡河則戰在河北也禹貢豫州熒波既豬注云沇水溢出河爲澤今塞爲平地熒陽民猶謂其處爲熒澤。其。在縣東春秋魯閔公二年衞侯及狄人戰于熒澤此其地也如禹貢之注則當在河南時衞都河北狄來伐而禦之既敗而渡河在河北明矣故杜預云此熒澤當在河北但沇水發源河北入于河乃溢爲熒則沇水所溢被河南北故河北亦有熒澤但在河南多耳故指其豬水大處則在豫州此戰於熒則在其北畔相連猶一物故云此其地也左傳又曰及敗宋桓公逆諸河。霄濟衞之遺民男女七百有三十人益之以共滕之民爲五千人立戴公以廬於漕是宋桓迎衞之遺民渡河立戴公廬於漕之事杜預云廬舍也言國都亡滅且舍於此也此渡河處漕戴公時也傳唯言戴公之立不言其卒而世家云戴公申元年卒復立其弟文公二十五年文公卒案經僖二十五年衞侯燬卒則戴公之立其年卽卒故云一年然則狄以十二月入衞懿公死其月戴公立而卒又文公立故閔二年傳說衛文公衣大布之衣大帛之冠服虔云戴公卒在於此年杜預云衛文公以此年冬立是也戴公立未踰年而成君稱謚者以衛既滅而立不繫於先君故臣子成其喪而爲之謚而爲之謚者與繫世者異也又言僖二年齊桓城楚丘而封衛者春秋僖二年春王正月城楚丘左傳曰諸侯城楚丘而封衛是也引證齊桓公攘戎狄而封之木瓜序云救而封之與此一也左傳無攘戎狄救衛之事此言攘戎狄者以衛爲狄所滅民尚畏狄閔二年傳曰齊侯使公子無虧帥車三百乘以戍漕至僖二年又帥諸侯城楚丘於是戎狄避之不復侵衛是亦攘救之事不必要與狄戰故樂緯稽耀嘉云狄人與衛戰桓公不救於其敗也然後救之宋均註云救謂使公子無虧戍之公羊傳曰以城楚丘爲力能救之則救之可也是戍漕城楚丘並是救之之事也滅衛者狄也兼言戎者戎狄同類協句而言之序自攘戎狄而封之以上總說衛事不指其君故爲狄所滅懿公時也野處漕邑戴公時也攘戎狄而封之文公時也自文公徙居楚丘以下指說文公文公建國營室得其制所以美之故箋云於是文公立而建國焉

定之方中作于。楚宮

定營室也方中昬正四方楚宮楚丘之宮也仲梁子曰初立楚宮也箋云楚宮謂宗廟也定星昬中而正於是可以營制宮室故謂之營室定昬中而正謂小雪時其體與東。壁連正四方〇

揆之以日作于楚室

揆度也度日出日入以知東西南視定北準極以正南北室猶宮也箋云楚室居室也君子將營宮室宗廟爲先廄庫爲次居室爲後〇揆葵癸反度待洛反下同視字又作眂音同廄居又反〇

樹之榛栗椅桐梓漆爰伐琴瑟

椅梓屬箋云爰曰也樹此六木於宮者曰其長大可伐以爲琴瑟言豫備也〇榛側巾反椅於宜反草木疏云梓實桐皮曰椅也梓音子漆音七長丁丈反〇

【疏】定之至琴瑟〇毛以爲言定星之昬正四方而中取則視之以正其南因準極以正其北作爲楚丘之宮也度之以日影度日出之影與日入之影以知東西以作爲楚丘之室也東西南北皆既正方乃爲宮室別言宮室異其文耳既爲宮室乃樹之以榛栗椅桐梓漆六木於其宮中曰此木長大可伐之

以爲琴瑟言公非直營室得其制又能樹木爲豫備故美之○鄭以爲文公於
定星之昏正四方而中之時謂夏之十月以此時而作爲楚丘之宮廟又度之
以日影而營表其位正其東西南北而。作楚丘之居室與宮俱於定星中而
爲之同度日影而正之各於其文互舉一事耳餘同○傳楚宮至楚宮○正
義曰鄭志張逸問楚宮今何地仲梁子何時人答曰楚丘在濟河間疑在今東
郡界。今仲梁子先師魯人當六國時在毛公前然衞本河北至懿公滅乃東徙
渡河野處漕邑則在河南矣又此二章升漕墟望楚丘楚丘與漕不甚相遠亦
河南明矣故疑在東郡界中杜預云楚丘濟陰成武縣西南屬濟陰郡猶在濟
北故云濟河間也但漢之郡境已不同鄭疑在東郡杜云濟陰也毛公魯人而
春秋時魯有仲梁懷爲毛所引故言魯人當六國時蓋承師說而然○箋定星
至四方正義曰傳雖不以方中爲記時亦以定爲營室方中爲昏正四方而箋
以爲記時故因解其名定爲營室及其方中之意釋天云營室謂之定孫炎曰
定正也天下作宮室者皆以營室中爲正。北言定星昏中而正四方於是可以
營制宮室故謂之營室是取爾雅爲說也然則毛不取記時而正名營室者爲視
其星而正南北以營宮室故謂之營室又云定星昏而正中謂小雪時小雪者
十月之中氣十二月皆有節氣有中氣十月立冬節小雪中於此時定星昏而
正中也又解中得方者由其體與東壁相成故得正四方以於列宿室與壁別
星故指室云其體又壁居南則在室東故因名東壁釋天云娵觜之口營室東
壁也孫炎曰娵觜之口。鄭則口開方營室東壁四方似口故因名云是也此定
之方中小雪時則在周十二月矣春秋正月城楚丘穀梁傳曰不言城衞衞未
遷則諸侯先爲之城其城文公乃於其中營宮室也建城在正月則作室亦正
月矣而云得時者左傳曰凡土功水昏正而。栽日至而畢則冬至以前皆爲土
功之時以歷校之僖二年閏餘十七則閏在正月之後正月之初未冬至故爲
得時也箋言定星中小雪時舉其常期耳非謂作其楚宮卽當十月也如此則
小雪以後方興土功而禮記云君子旣蜡不興功者謂不復興農功而非土功
也月令仲秋云是月也可以築城郭建都邑者秦法與周異仲冬云命有司曰

土事無作亦與左傳同然則左傳所云乃是正禮而召誥於三月之下營洛邑之事於周之三月起土功不依禮之常時者鄭志答趙商云傳所言者謂庸時也周召之作洛邑因欲觀衆殷樂之與否則由欲觀民之意故不依常時也○傳度日至南北○正義曰此度日出日入謂度其影也故公劉傳曰考於日影是也其術則匠人云水地以縣置槷以縣視以影爲規識日出之影與日入之影晝參諸日中之影夜考之極星以正朝夕注云於四角立植而縣以水望其高下高下既定乃爲位而平地於所平之地中央樹八尺之臬以縣正之視之以其影將以正四方也日出日入之影其端則東西正也又爲規以識之者爲其難審也自日出而畫其影端以至日入既則爲規測影兩端之內規之規之交乃其審也度兩交之間中屈之以指臬則南北正也日中之影最短者也極星謂北辰也是揆日瞻星以正東西南北之事也如匠人注度日出日入之影不假於視定視極而東西南北皆知之此傳度日出入以知東西視定極以正南北者考工之文止言以正朝夕無正南北之語故規影之下別言考之極星是視極乃南北正矣但鄭因屈横度之繩即可以知南北故細言之與此不爲乖也唯傳言南視定者鄭意不然何者以匠人云晝參諸日中之影不言以定星參之經傳未有以定星正南北者故上箋以定爲記時異於傳也傳以視定爲正南北則四句同言得制非記時也○傳室猶宮○正義曰釋宮云宮謂之室室謂之宮郭璞曰皆所以通古今之異語明同實而兩名故云室猶宮也○箋楚室至爲後○正義曰釋宮以宮室爲一謂通而言之其對文則異故上箋楚宮謂廟此楚室謂居室别其文以明二者不同也故引曲禮曰君子將營宮室宗廟爲先廄庫爲次居室爲後明制有先有後别設其文也縣與斯干皆述先作宗廟後營居室也○傳椅梓屬○正義曰釋木云椅梓也舍人曰梓一名椅郭璞曰即楸也湛露曰其桐其椅桐椅既爲類而梓一名椅故以椅桐爲梓屬言梓屬則椅梓别而釋木椅梓爲一者陸機云梓者楸之疏理白色而生子者爲梓梓實桐皮曰椅則大類同而小别也箋云樹此六木於宮中明其别也定本椅梓屬無桐字於理是也

升彼虛矣以望楚矣望

楚與堂景山與京虛漕虛也楚丘有堂邑者景山大山京高丘也箋云自河以東夾於濟水文公將徙登漕之虛以望楚丘觀其旁邑及其丘山審其高下所依倚乃後建國焉慎之至也○虛起居反本或作墟夾居洽反濟節禮反倚於綺反**降觀于桑**地勢宜蠶可以居民**卜云其吉終然允臧**龜曰卜允信臧善也建國必卜之故建邦能命龜田能施命作器能銘使能造命升高能賦師旅能誓山川能說喪紀能誄祭祀能語君子能此九者可謂有德音可以爲大夫○使所吏反能說如字鄭志問曰山川能說何謂也答曰兩讀或言說說者說其形勢也或曰述述者述其故事也述讀如遂事不諫之遂儡本又作讄又作誄皆力水反說文云讄禱也累功德以求福也誄謚也爲卿大夫一本無卿字○

疏 升彼至允臧○正義曰此追本欲遷之由言文公將徙先升彼漕邑之墟矣以望楚丘之地矣又望其傍堂邑及景山與京丘言其有山林之饒高丘之阻可以居處又之下漕墟而往觀於其處之桑既形勢得宜蠶桑又茂美可以居民矣人事既從乃命龜卜之云從其吉矣終然信善非直當今而已乃由地勢美而卜又吉故文公徙居楚丘而建國焉○傳虛漕至高丘○正義曰知虛漕墟者以文公自漕而徙楚丘故知升漕墟蓋地有故墟高可登之以望猶僖二十八年左傳稱晉侯登有莘之墟也升墟而望楚堂明其相近故言楚丘有堂邑楚丘本亦邑也但今以爲都故以堂繫楚丘而言之釋詁云景大也故知景山爲大山京與山相對故爲高丘釋丘云絕高爲之京郭璞曰人力所作也又云非人爲之丘郭璞曰地自然生則丘者自然而有京者人力所爲形則相類故云京高丘也公劉箋云絕高爲之京與此一也皇矣傳曰京大阜也以與我陵我阿相接類之故爲大阜○箋自河至濟水○正義曰箋解楚丘所在故云自河以東夾於濟水言楚丘在其間禹貢云道沇水東流爲濟入于河溢爲滎又出于陶丘北又東至于菏又東北會于汶是濟自河北而南入於河又出而東楚丘在於其間西有河東有濟故云夾於濟水也○傳龜曰卜至大夫○正義曰大卜曰國大遷大師則貞龜是建國必卜之緜云爰契我龜是也大遷必卜而筮人掌九筮一曰筮

更注云更謂筮遷都邑也鄭志答趙商云此都邑比於國爲小故筮之然則都
邑則用筮國都則卜也此卜云終吉而僖三十一年又遷于帝丘而言終善者
卜所以決疑衞爲狄人所滅國人分散文公徙居楚丘興復祖業國家殷富吉
莫如之後自更以時事不便而遷何害終然允臧也傳因引建邦能命龜證建
國必卜之遂言田能施命以下本有成文連引之耳建邦能命龜者命龜以遷
取吉之意若少牢史述曰假爾大筮有常孝孫某來日丁亥用薦歲事于皇祖
伯某以某妃配某氏尚饗士喪卜曰哀子某卜葬其父某甫考降無有近悔如
此之類也建邦亦言某事以命龜但辭亡也田能施命者謂於田獵而能施教
命以設誓若士師職云三曰禁用諸田役注云禁則軍禮曰無干車無自後射
其類也大司馬職云斬牲以左右徇陳曰不用命者斬之是也田所以習戰故
施命以戒衆也作器能銘者謂既作器能爲其銘若栗氏爲量其銘曰時文思
索允臻其極嘉量既成以觀四國永啓厥後茲器維則是也大戴禮說武王盤
盂几杖皆有銘此其存者也銘者名也所以因其器名而書以爲戒也使能造
命者謂隨前事應機造其辭命以對若屈完之對齊侯國佐之對晉師君無常
辭也升高能賦者謂升高有所見能爲詩賦其形狀鋪陳其事勢也師旅能誓
者謂將帥能誓戒之若鐵之戰趙鞅誓軍之類山川能說者謂行過山川能說
其形勢而陳述其狀也鄭志張逸問傳曰山川能說何謂答曰兩讀或云說者
說其形勢或云述者述其古事則鄭爲兩讀以義俱通故也喪紀能誄者謂於
喪紀之事能累列其行爲文辭以作諡若子囊之誄楚恭之類故曾子問注云
誄累也累列生時行迹以作諡是也祭祀能語者謂於祭祀能祝告鬼神而爲
言語若荀偃禱河蒯聵禱祖之類是也君子由能此上九者故可爲九德乃可
以列爲大夫定本集注皆云可謂有德。音與俗本不同獨言可以爲大夫者以
大夫事人者當賢著德盛乃得位極人臣大夫臣之最尊故責其九能天子諸侯嗣世爲君不可盡責其能此九者

靈雨既零命彼倌人星言夙駕說于桑田零落也倌人主駕者箋云靈善也星雨止星見夙早也文公於雨下命主駕者雨止爲我晨早駕欲往爲辭說于桑

田教民稼穡務農急也○倌音官徐古患反說文云小臣也星言○韓詩云星精也說毛始銳反舍也鄭如字辭說見賢遍反爲于僞反○匪直也人非徒庸君秉心塞淵秉操也箋云塞充實也淵深也○操七刀反騋牝三千馬七尺以上曰騋騋馬與牝馬也箋云國馬之制天子十有二閑馬六種三千四百五十六匹邦國六閑馬四種千二百九十六匹衛之先君兼邶鄘而有之而馬數過禮制今文公滅而復興徙而能富馬有三千雖非禮制國人美之○騋牝上音來馬六尺已上也下頻忍反徐扶死反上時掌反種章勇反下同過禮一本作過禮制復符富反○【疏】靈雨至三千○正義曰此章說政治之美言文公於善雨既落之時命彼倌人云汝於雨止星見當爲我早駕當乘之往辭說於桑田之野以教民之稼穡言文公既愛民務農如此則非直庸庸之人故秉操其心能誠實且復深遠是善人也既政行德實故能與國以致殷富騋馬與牝馬乃有三千可美之極也○傳倌人主駕者○正義曰以命之使駕故知主駕者諸侯之禮亡未聞倌人爲何官也○傳馬七尺至牝馬○正義曰七尺曰騋廋人文也定本云六尺恐誤也此三千言其總數國馬供用牝牡俱有或七尺六尺舉騋牝以互見故言騋馬與牝馬也知非直牝而七尺有三千者以諸侯之牝三千已多明不得獨言牝有三千廋人職注云國馬謂種馬戎馬齊馬道馬高八尺田馬七尺駑馬六尺此天子國馬有三等則諸侯國馬之制不齊一等明不獨七尺也乘車兵車及田車高下各有度則諸侯亦齊道高八尺田馬高七尺駑馬高六尺獨言騋馬者舉中言之○箋國馬至美之○正義曰言國馬謂君之家馬也其兵賦則左傳曰元年革車三十乘季年乃三百乘是也天子十有二閑馬六種邦國六閑馬四種皆校人文也其天子三千四百五十六匹諸侯千二百九十六匹皆推校人而計之校人又曰凡頒良馬而養乘之乘馬一師四圉三乘爲皁皁一趣馬三皁爲繫繫一馭夫六繫爲廄廄一僕夫六廄成校校有左右駑馬三良馬之數註云二耦爲乘自乘至廄其數二百一十六匹易乾爲馬此應乾之策也至校變言成者明六馬各一廄而王馬小備也校有左右則良馬一種者四百三十二匹五種合二千

一百六十四匹駑馬三之則爲千二百九十六匹五良一駑凡三千四百五十六匹然後王馬大備由此言之六廄成校校有左右則爲十二廄卽是十二閑故鄭又云每廄爲一閑明廄別一處各有閑衞故又變廄言閑也以一乘四匹三乘爲皁則十二匹三皁爲繫則三十六匹六繫成廄以六乘三十六則二百一十六匹故云自乘至廄其數二百一十六匹應乾之策謂變者爲揲蓍用四四九三十六謂一爻之數純乾六爻故二百一十六也以校有左右故倍二百一十六爲四百三十二駑馬三之又三乘此四百三十二爲千二百九十六匹此天子之制雖駑馬數言三良亦以三三駑之數共廄爲一閑諸侯言六閑馬四種則不種爲二閑明因駑三良之數而分爲三閑與上三種各一閑而六閑皆二百一十六匹以六乘之故諸侯千二百九十六匹也是以校人又云大夫四閑馬二種鄭因諸侯不種爲二閑亦分駑馬爲三故注云諸侯有齊馬道馬田馬大夫有田馬各一閑其駑皆分爲三是也故鄭志趙商問曰校人職天子十有二閑馬六種爲三千四百五十六匹邦國六閑馬四種爲二千五百九十二匹家四閑馬二種爲千七百二十八匹商案大夫食縣何由能供此馬司馬法論之一甸之田方八里有戎馬四匹長轂一乘今大夫采四甸一甸之稅以給王其餘三甸裁有十二匹。今就校人職相覺甚矣答曰邦國六閑馬四種其數適當千二百九十六匹家四閑馬二種又當八百六十四今子何術計之乎此馬皆國君之制非民之賦司馬法甸有戎馬四匹長轂一乘此謂民出軍賦無與於天子國馬之數是鄭計諸侯大夫之明數也趙商因校有左右謂二廄爲一閑故其數皆倍而誤鄭以十二廄卽十二閑數諸侯大夫閑數駑與良同故云子以何術計之鄭以諸侯之馬千二百九十六匹而此亦諸侯之國馬有三千過制明非始文公所從遠矣故本之先君言由衞之先君兼邶鄘而有之謂有此邶鄘之富而馬數過禮制故今文公過制也然則三千之數違禮者也而校人注引詩云騋牝三千王馬之大數者以三千與王馬數近相當故因言之其實此數非王馬之數也

定之方中三章章七句

附釋音毛詩注疏卷第三(三之一)

毛詩注疏挍勘記（三之一）

阮元撰盧宣旬摘錄

○柏舟

故作是詩以絕之　小字本相臺本同唐石經初刻之下有也字後磨去考文古本有案古本非據唐石經但其本每多也字而偶合

即下云至死矢靡他是也　閩本明監本毛本同案經傳作它正義作他它他古今字易而說之也例見前此不誤浦鏜云之誤至非也傳之至也至己之死信無它心正義取此

蓋亦衣不端矣　閩本明監本毛本同案浦鏜云不當元誤是也

之死矢靡慝　小字本相臺本同案盧文弨云唐石經初刻慝作匿誤後改從今本考傳慝邪也釋文慝他得反皆可證也

○牆有茨

此注刺君　閩本明監本毛本注作註案皆誤也浦鏜云註當主字誤是也

茨蒺藜也　小字本同閩本明監本毛本同相臺本藜作蔾案蔾字是也釋文蔾音棃正義今上有蒺蔾之草皆可證

君本何以不防閑其母　閩本明監本毛本本誤奈

○君子偕老

行可委曲蹤迹也　小字本相臺本同考文古本同閩本明監本毛本蹤誤縱案此傳當作從與羔羊傳字同釋文委委下云行可委曲

蹤迹也乃易爲今字耳非釋文本此傳作蹤也羔羊傳釋文云從字亦作蹤
可證

何謂不善乎閩本明監本毛本同小字本相臺本何作可案可字是也正義云可謂不善云如之何乎又云可謂不善言其善也是其證

唯祭服有衡笄閩本明監本毛本同案此不誤浦鏜云衍笄字非也陳啓源毛詩稽古編云衡笄本周禮天官追師文傳引其成語耳非合衡笄爲一物也衡垂於當耳笄橫於頭上彼注云王后之衡笄皆以玉爲之唯祭服有衡垂於副之兩旁當耳其下以紞懸瑱笄卷髮者是衡笄本二物也孔疏引之乃云唯祭服有衡笄垂於副之兩旁云云於衡下增一笄字而不引笄卷髮者是以釋衡者釋笄矣今考陳此說是也陳又云案大雅追琢其章疏引追師注衡下無笄字安知此疏非傳寫之誤其說非也此笄字是正義增之故不備引笄卷髮者所以傳合傳文也下云編次則無衡笄亦可證不得以大雅正義例之

以玉珈於笄爲飾閩本明監本毛本同案珈當作加下云珈之以言加者是也

李巡曰寬容之美也閩本明監本毛本同案浦鏜云皆誤寬是也爾雅疏卽取此正作皆

玼兮玼兮唐石經小字本相臺本同案釋文云玼音此引沈云毛及呂忱並作玼解王肅云顏色衣服鮮明貌本或作瑳此是後文瑳兮王肅注好美衣服潔白之貌若與此同不容重出今檢王肅本後不釋不如沈所言也然舊本皆前作玼後作瑳字段玉裁云玼一作瑳後人乃分別二章三章今考陸氏之意不以沈爲然但舊本皆爾故不定爲一字正義本標起止玼兮至如帝後章瑳兮至媛也與釋文本同周禮內司服釋文云玼音此劉倉我反本亦作瑳與下瑳字同倉我反此玼瑳一字之證

其之翟也唐石經小字本相臺本同案釋文揄字又作褕狄本亦作翟狄在揄下明是傳字非經字也經字無作狄者考文古本經傳皆作狄采釋文而有誤

揚且之晳也小字本同閩本同明監本毛本晳誤晳唐石經相臺本作晳案晳字是也五經文字云晳相承多從日非說文晳人色白也从白析聲皆在白部可證釋文當亦本作晳今誤

由其塡實如天閩本明監本毛本塡誤瑱案塡字是也下瑱實及言瑱爲瑱凡四字並同

其以類根配閩本明監本毛本根作相案所改是也

此以禮見於君小字本相臺本同案釋文云於君子一本無子字正義云又解展衣所用云此以禮見於君及賓客之盛服是正義本無子字也考鄭內司服注云展衣以禮見王及賓客之服此諸侯夫人故變文言君與葛覃傳進見於君子對朝事舅姑者不同或因經首君子字而誤衍當以一本爲長考文古本有子字采釋文

揚廣揚而顏角豐滿小字本相臺本同案段玉裁云傳當本作揚且之顏者廣揚而顏角豐滿自引經附傳而傳之複舉經文者往往刪去故此傳劃裂而不可通今考正義標起止云傳清視至廣揚是其本已如此讀以揚字逗廣揚句絕也卷首鄭氏箋下正義云未審此詩引經附傳是誰爲之可知毛爲詁訓與經別行者正義所不見也

以爲媛助也小字本同閩本明監本毛本同相臺本媛作援考文古本同案援字是也正義引爾雅孫炎注云君子之援助然是其證也以

援解媛所謂詁訓之法亦見説文媛字下

褖者實褖衣也閩本明監本毛本同案褖者當作緣衣者見綠衣序下正義今周禮注作褖亦誤也

中喪禮爵弁服皮弁服之下閩本明監本毛本同案浦鏜云士誤中是也

因名眉目曰揚閩本明監本毛本同案浦鏜云目疑衍字是也

既名眉爲揚目爲清明閩本明監本毛本同案浦鏜云明疑衍字是也

此及猗嗟傳云揚廣閩本明監本毛本同案廣下浦鏜云脱揚字是也

因顏色依爲美女閩本明監本毛本同案依當作已此説箋意謂卽使不言媛而顏色已爲美女故媛當爲援助也

○桑中

刺男女淫怨而相奔也閩本明監本毛本同案浦鏜云亂誤怨是也

期我於桑中閩本明監本毛本同案十行本期我於剜添者一字是我字衍也此但説期不取我字

以其言由公惑淫亂閩本明監本毛本同案浦鏜云室誤惑是也

釋草又云蒙王女閩本明監本毛本又誤文王誤玉下二王女同案今爾雅作玉者亦誤

下孟□□孟弋孟庸閩本明監本毛本作下孟弋孟庸案此十行闕二字閩本以下輒改者非

○鶉之奔奔

言其居有常匹 小字本同閩本明監本毛本同相臺本脫其字案正義云定本集注皆云居有常匹則爲俱者誤也此與定本集注同

刺宣姜與頑非匹偶也 小字本相臺本同閩本明監本毛本偶作耦案所改是正義標起止云至匹耦凡箋匹耦字皆從耒正義亦然偶字誤餘同此

○定之方中

衛爲狄所滅 唐石經小字本相臺本同案釋文云衛爲狄所滅本或作狄人一本作衛懿公爲狄所滅非也正義云是爲狄所滅之事又云故爲狄所滅懿公時也皆指序而言是正義本與釋文同其自爲文則多言狄人非其本有人字也考序於此及載馳木瓜凡三言狄人文例宜同當以有者爲長考文古本作衛懿公爲狄人所滅采釋文而合兩本爲一

戰于熒澤而敗 小字本相臺本同閩本同明監本毛本熒作滎案釋文熒迴丁反考周禮左傳與此同字皆作熒唯尙書釋文作滎滎字誤也此正義當本亦是熒字今作滎者或合併以後改之耳餘同此

建成市 〔補〕案成當作城

故直云城衛 〔補〕案城當作滅卽序衛爲狄所滅也形近之譌

其在縣東 閩本明監本毛本同案浦鏜云在其誤倒是也

宋桓公逆諸河霄濟 閩本明監本毛本同案浦鏜云宵誤霄是也考沿革例載杜昭二十年注霄從公故字與此同皆形近之譌

作于楚宮 唐石經小字本相臺本同案正義云作爲楚丘之宮也下句同考此乃正義說經之義耳非其本經字作爲也序下正義云而首章作于楚宮作于楚室可證詩經小學云案喪大記注云爲或作于聲之誤也李善文選注引作爲楚宮作爲楚室所謂以破引之考文古本作爲采正義

其體與東壁連 相臺本同小字本壁作辟閩本明監本毛本壁誤璧案辟字是也釋文辟音壁正義云由其體與東壁相成辟壁古今字易而說之也例如此耳非正義本作壁也考壁字古作辟左傳辟司徒是其證爾雅釋文云辟本又作壁此星有人居之角象宜爲壁其說非也考文古本作壁采正義而誤閩本以下正義中壁皆誤璧○按周禮注辟宿字亦作辟古多用辟

而作楚丘之居室 閩本明監本毛本同案作下脫爲字上文可證

疑在今東郡界今 閩本明監本毛本下今字作中案所改是也

北言定星(補) 案北當作此形近之譌

娵觜之口鄭則口開方 閩本明監本毛本同案鄭當作數因別體俗字鄭作鄭數作欸而譌左襄卅年正義引作娵觜之數脫口字非也孫炎娵觜之口四字複舉經文也下云人數則口開方營室東辟四方似人之開口故名娵觜之口

水昏正而裁 閩本明監本毛本同案裁當作栽形近之譌

終然允臧唐石經小字本相臺本同考文古本同閩本同明監本毛本然誤焉案正義云終然信善又云何害終然允臧也皆可證明監本毛本正義中下然字亦誤焉

可謂有德音小字本相臺本同案此定本集注也正義云君子由能此上九者故可爲九德乃可以列爲大夫定本集注皆云可謂有德音與俗本不同依此則正義本不如此也但未有明文今無可考意必求之或當是可爲九德

先升彼漕邑之墟矣閩本明監本毛本同案經注皆作虛正義作墟虛墟古今字易而說之也例見前標起止云傳虛漕可證釋文虛本或作墟非正義本

又出於陶丘北閩本明監本毛本又作東案所改是也曹譜正義引作東

可謂有德盲閩本明監本毛本盲作音案所改是也

馬七尺以上曰騋小字本相臺本同閩本明監本毛本亦同案釋文以上時掌反沿革例云諸本皆是馬七尺曰騋唯余仁仲本有以上二字以釋文考之舊有是也考正義云七尺曰騋度人文也定本云六尺恐誤也此檃栝傳及周禮耳諸本乃誤從之刪

今就校人職相覺甚矣閩本明監本毛本今誤令案矣當作異見周禮校人疏山井鼎云覺恐較誤非也盧文弨云覺即較字是也詳見其鍾山札記

毛詩國風　鄭氏箋　孔穎達疏

蝃蝀止奔也衛文公能以道化其民淫奔之恥國人不齒也不齒者不與相長稚○蝃蝀上丁計反下都動反爾雅作螮蝀音同長丁丈反

【疏】蝃蝀三章章四句至不齒○正義曰作蝃蝀詩者言能止當時之淫奔衛文公以道化其民使皆知禮法以淫奔者爲恥其有淫之恥者國人皆能惡之不與之爲齒列相長稚故人皆恥之而自止也

蝃蝀在東莫之敢指蝃蝀虹也夫婦過禮則虹氣盛君子見戒而懼諱之莫之敢指○箋云虹天氣之戒尚無敢指者況淫奔之女誰敢視之○虹音洪一音絳女子有行遠父母兄弟箋云行道也婦人生而有適人之道何憂於不嫁而爲淫奔之過乎惡之甚○遠于萬反下同惡烏路反下惡之皆同○

【疏】蝃蝀至兄弟○正義曰此惡淫奔之辭也言虹氣見於東方爲夫婦過禮之戒君子之人尚莫之敢指而視之況今淫奔之女見爲過惡我誰敢視之也既惡淫奔之女因即就而責之言女子有適人之道當自遠其父母兄弟於理當嫁何憂於不嫁而爲淫奔之過惡乎○傳蝃蝀至敢指○正義曰釋天云螮蝀謂之雩螮蝀虹也郭璞曰俗名爲美人音義云虹雙出色鮮盛者爲雄雄曰虹闇者爲雌雌曰蜺此與爾雅字小異音實同是爲虹也序云止奔而經云莫之敢指是虹爲淫戒故言夫婦過禮則虹氣盛也夫婦過禮謂不以道妄淫行夫婦之事也月令孟冬虹藏不見則十月以前當自有虹言由夫婦過禮者天垂象因事以見戒且由過禮而氣更盛不謂凡平無虹也以天見戒故君子見而懼諱自戒懼諱惡此由淫過所致不敢指而視之若指而視之則似慢天之戒不以淫爲懼諱然故莫之敢指也

朝隮于西崇朝其雨隮升崇終也從旦至食時爲終朝箋云朝有升氣於西方終其朝則雨氣應自然以言婦人生而有適人之道亦性

自然○隮子西反徐又子細反鄭註周禮云隮虹應應對之應女子有行遠兄弟父母疏朝隮至父母○正義曰言朝有升氣於西方終朝其必有雨有隮氣必有雨者是氣應自然以興女子生則必當嫁亦性自然矣故又責之言女子生有適人之道遠其兄弟父母何患於不嫁而爲淫奔乎○傳從旦至終朝○正義曰以朝者早旦之名故爾雅山東曰朝陽今言終朝故至食時矣左傳曰子文治兵終朝而畢子玉終日而畢是終朝非竟日也○箋朝有至自然○正義曰視祲注云隮虹也詩云朝隮于西則隮亦虹也言升氣者以隮升也由升氣所爲故號虹爲隮鄭司農亦云隮者升氣是也上蝃蝀虹也色青赤因雲而見此言雨徵則與彼同也視祲掌十煇之法以觀妖祥注云煇謂日光氣也則隮亦日之光氣矣蝃蝀亦日光氣但日在東則虹見西方日在西方虹見東方無在日傍之時鄭注周禮見隮與此同故引以證非謂此爲妖祥也乃如之人也懷昏姻也乃如是淫奔之人也箋云懷思也乃如是之人思昏姻之事乎言其淫奔之過惡之大大無信也不知命也不待命也箋云淫奔之女大無貞絜之信又不知昏姻當待父母之命惡之也○大音泰注同

蝃蝀三章章四句

相鼠刺無禮也衛文公能正其羣臣而刺在位承。先君之化無禮儀也○相息亮反篇內同疏相鼠三章章四句至禮儀正義曰作相鼠詩者刺無禮也由衛文公能正其羣臣使有禮儀故刺其在位有承先君之化無禮儀者由文公能化之使有禮而刺其無禮者所以美文公也凱風美孝子而反以刺君此刺無禮而反以美君作者之本意然也在位無禮儀文公不黜之者以其承先君之化弊風未革身無大罪不可廢之故也相鼠有皮人而無儀相視也無禮儀者雖居尊位猶爲闇昧之行箋云儀威儀也視鼠有皮雖處高

顯之處偷食苟得不知廉恥亦與人無威儀者同○行下孟反之處昌慮反人而無儀不死何爲箋云人以有威儀爲貴今反無之傷
化敗俗不如其死無所害也疏相鼠至何爲○正義曰文公能正其羣臣而在位猶有無禮者故刺之視鼠有皮猶人之無儀何則人有皮鼠亦有皮鼠
猶無儀故可恥也人無禮儀何異於鼠乎人以有威儀爲貴人而無儀則傷化敗俗此人不死何爲若死則無害也○箋視鼠至者同○正義曰大夫雖居尊
位爲闇昧之行無禮儀而可惡猶鼠處高顯之居偷食苟得不知廉恥鼠無廉恥與人無禮儀者同故喻焉以傳曰雖居尊位故箋言雖處高顯之居以對之
相鼠有齒人而無止止所止息也箋云止容止孝經曰容止可觀無止節韓詩止節無禮節也人而無止不死何俟
俟待也相鼠有體體支體也疏傳體支體○正義曰上云有皮有齒已指體言之明此言體非偏體也故爲支體○人而無禮人
而無禮胡不遄死遄速也○遄市專反

相鼠三章章四句

干旄美好善也衞文公臣子多好善賢者樂告以善道也賢者時處士也○旄音毛好呼報反篇內
同疏干旄三章章六句至善道○正義曰作干旄詩者美好善也衞文公臣子多好善故處士賢者樂告之以善道也毛以爲此敘其由臣子多好善故
賢者樂告以善道經三章皆陳賢者樂告以善道之事鄭以三章皆上四句言文公臣子建旄乘馬數往見賢者於浚邑是好善見其好善下二句言賢者樂
告以善道也○箋賢者時處士○正義曰以臣子好善賢者告之則賢者非臣子故云處士也士者男子之大稱言處者處家未仕爲官鄉飲酒註云賓介處
士賢者鄉大夫賓之以獻於君是未仕也孑孑干旄在浚之郊孑孑干旄之貌注旄於干首大夫之旃也浚衞邑古者臣有大功世其官

邑郊外曰野箋云周禮孤卿建旃大夫建物首皆注旄焉時有建此旄來至浚之郊卿大夫好善也○孑居熱反又居列反浚蘇俊反旃之然反通帛爲旃○

素絲紕之良馬四之紕所以織組也總紕於此成文於彼願以素絲紕組之法御四馬也箋云素絲者以爲縷以縫紕旌旗之旒縿或以維持之浚郊之賢者既識卿大夫建旄而來又識其乘善馬四之者見之數也○紕毛符至反鄭毗移反組音祖旒音留縿所銜反何沈相沾反

彼姝者子何以畀之姝順貌畀予也箋云時賢者既說此卿大夫有忠順之德又欲以善道與之心誠愛厚之至○姝赤朱反畀必寐反與也注予同說音悅

疏孑孑至畀之○毛以爲衛之臣子好善故賢者樂告之以善道言建孑孑然之干旄而食邑在於浚之郊此好善者我願告之以素絲紕組之法而御善馬四轡之數以此法而治民也織組者總紕於此成文於彼猶如御者執轡於此馬騁於彼以喻治民立化於己而德加於民使之得所有文章也賢者願以此道告之賢者既願告以御衆之德又美此臣之好善言彼姝然忠順者之子知復更何以予之言雖有所告意猶未盡也○鄭以爲浚郊處士言衛之卿大夫建此孑孑然之干旄來在浚之郊以素絲爲縷縫紕此旌旗之旒縿又以維持之而乘善馬乃四見於己也故賢者有善道樂以告之云彼姝然忠順之子好善如是我有何善道以予之言心誠愛之情無所悋○傳孑孑至曰野○正義曰謂之干旄者以注旄於干首故釋天云注旄首曰旌李巡曰旄牛尾著干首孫炎曰析五采羽注旄上也其下亦有旒縿郭璞曰載旄於竿頭如今之幢亦有旒也如是則干之首有旄有羽也故周禮序官夏采註云夏采夏翟羽色禹貢徐州貢夏翟之羽有虞氏以爲緌後世或無故染鳥羽象而用之謂之夏采其職注云緌以旄牛尾爲之綴於幢上所謂注旄於干首者也言大夫之旃者以經言干旄唯言干首有旄不言旒縿明此言干旄者乃是大夫之旃也周禮孤卿建旃衛侯無孤當是卿也大夫者總名故春秋書諸侯之卿皆曰大夫是也天子以下建旃之者干首皆注旄獨以爲卿之建旃者以臣多好善當據貴者爲言故知是卿旃也大夫得言在浚之郊則此臣子食邑於浚

也所以得食邑者由古者臣有大功世其官邑故左傳曰官有世功則有官族邑亦如之是有功之臣得世官邑也有功世邑則宜爲卿故舉旃言之三章皆言在浚則所論是一人皆卿也二章言干旟傳曰鳥隼曰旟於周禮則州里之所建若卿而得建旟者大司馬職曰百官載旟注云百官卿大夫也載旟者以其屬衛王也凡旌旗有軍衆者畫異物然則平常建旃出軍則建旟是卿有建旟之時旟亦有旄二章互文也言旄則有旒縿言旟則亦有旄矣卒章言干旌傳曰析羽爲旌於周禮則遊車載旌之所載卿而得建旌者鄉射記注云旌總名也爾雅云注旄首曰旌則干旄干旌一也既設旒縿有旃旟之稱未設旒縿空有析羽謂之旌卿建旌者設旒縿而載之遊車則空載析羽無旒縿也釋地云郊外謂之牧牧外謂之野此言郊外曰野略爾雅之文以言在浚之郊明所食邑在郊外也下言在浚之都在浚之城言於郊爲都邑相兼一也○箋周禮至好善○正義曰孤卿建旃大夫建物司常文也又曰通帛爲旃雜帛爲物注云凡九旗之帛皆用絳則通帛大赤也雜帛以白爲飾絳之側也知首皆注旄者以夏采王崩以綏復魄綏有旄牛尾也注云王祀四郊乘玉輅建太常今以之復去其旒異於。此亦因先王有徒綏是太常之干有旄也又出車云設此旐矣建彼旐矣此亦云干旄是九旗之干皆有旄矣故知旃物首皆注旄焉以序言多好善故卿大夫兼言之○傳紕所至四馬○正義曰以二章言組卒章言織故於此總解之言紕所以織組也以織組總紕於此成文於彼似御執轡於此馬驂於彼故願以素絲紕組之法御四馬也言願以者稱賢者之意欲告文公臣子以此彼道故言願以也言總紕於此成文於彼願者家語文也○箋素絲至之數○正義曰以前云干旄說旌旗而此云素絲紕之故知以素絲爲線縷所以縫紕旌旗之旒縿也縿謂縿繫於旌旗之體旒謂縿末之垂者須以縷縫之使相連釋天云纁帛縿郭璞曰衆旒所著孫炎曰爲旒于縿是也或以維持者謂旒之垂數非一故以縷相綴連之。服氏云六人維王之太常注云維之以縷王旌十二旒兩兩以縷綴連之傍三人持之禮天子旌曳地諸侯旂九旒釋天又曰練旒九維以縷孫炎曰維持以縷不欲其曳地然則諸侯以下旒數少而且短維之以否未可知也經直言紕之不言其所用故言或為疑辭前經言干旄是浚郊之賢者識卿大夫建旄而來此又云良馬是又識其乘善馬也四之者四見浚之數

孑孑干旟，在浚之都。鳥隼曰旟。下邑曰都。○箋云：周禮州里建旟，謂州長之屬。○旟音餘。隼，荀尹反。長，張丈反。○疏箋周禮至之屬○正義曰：箋以為賢者見時臣子實建旟而來，此為州長，非卿大夫。若卿大夫，則將兵乃建旟，非賢者所當見也。周禮州長中大夫，天子之州長也。鄉射目錄云：州長射於州序之禮。經曰：釋獲者執鹿中。記云：士則鹿中。是諸侯之州長士也。言之屬者，見鄉遂官非一。司常云：師都建旗，州里建旟，縣鄙建旐。注云：師都，六鄉六遂大夫也。州里縣鄙，鄉遂之官，互約言之。如鄭之意，則以鄉遂同建旗。鄉之下有州，州為第二，黨為第三，族為第四，閭為第五，比為第六。其遂之下有縣，縣為第二，鄙為第三，酇為第四，里為第五，鄰為第六。今云州里建旟，則六鄉內州長、黨正及六遂內酇長、里宰、鄰長等五人同建旟也。又云縣鄙建旐，則謂六遂內縣正、鄙師及六鄉內族師、閭胥、比長等五人同建旐，故鄭云互約言也。諸侯之鄉亦大夫，故鄉飲酒目錄云：諸侯之鄉大夫三年賓賢能之禮。是鄉為大夫，則遂亦大夫也。其縣與州長班同，則亦士也。黨正在州縣之下，或亦為士。酇族以下卑，則皆非士矣。上章朝臣言卿大夫，則此。名亦有大夫，兼鄉遂與州縣也。卿大夫以下及不命之士等，職位雖卑，皆問善道。其可互約，別圖於後。

鄉旗 州旟 黨旟 族旐 閭旐 比旐 遂旗 縣旐 鄙旐 酇旟 里旟 鄰旟

素絲組之，良馬五之。總以素絲而成組也。驂馬五轡。○箋云：以素絲縷縫組於旌旗以為之飾。五之者，亦。為五見之也。○總，子孔反。驂，七南反。○疏傳驂馬五轡○正義曰：凡馬，士駕二。既夕禮云：公賵以兩馬。是也。大夫以上駕四，四馬則八轡矣。驂馬五轡者，御車之法，驂馬內轡納於觖，唯執其外轡耳。驂馬馬執一轡，服馬則二轡俱執之，所謂六轡在手也。此經有四之、五之、六之，以御馬喻治民，馬多益難御，故先少而後多。傳稱衡多之由為說，從內而出外。上章四之，謂服馬之四轡也。此章加一驂馬，益一轡，故言五之也。下章又加一驂，更益一轡，故六之也。據上四之為服馬，此加一驂乃有五故言五轡也王肅云古者一轅之車駕三馬則五轡其大夫皆一轅車夏后氏駕兩謂之麗殷益以一騑謂之驂周人又益一騑謂之駟本從一驂而來亦謂之驂經言驂則三馬之名又孔晁云作者歷言三王之法此似述傳非毛旨也何則馬以引重左右當均一轅車以兩馬爲服傍以一馬驂之則偏而不調非人情也株林曰乘我乘駒傳曰大夫乘駒則毛以大夫亦駕四也且殷之制亦駕四故王基云商頌曰約軝錯衡八鸞鏘鏘是則殷駕四不駕三也又異義天子駕數易孟京春秋公羊說天子駕六毛詩說天子至大夫同駕四士駕二詩云四牡彭彭武王所乘龍旂承祀六轡耳耳魯僖所乘四牡騑騑周道委遲大夫所乘謹案禮王度記曰天子駕六諸侯與卿同駕四大夫駕三士駕二庶人駕一說與易春秋同。玄之聞也周禮校人掌王馬之政凡頒良馬而養乘之乘馬一師四圉四馬爲乘此一圉者養一馬而一師監之也尚書顧命諸侯入應門皆布乘黃朱言獻四黃馬朱鬣也既實周天子駕六校人則何不以馬與圉以六爲數顧命諸侯何以不獻六馬王度記曰大夫駕三經傳無所言是自古無駕三之制也○箋以素至之飾○正義曰前云孑孑干旟言旗之狀此云素絲組之爲旌旗之飾可知周禮九旂皆不言組飾釋天說龍旂云飾以組而此鄉大夫鄉遂之官亦有組則九旂皆以組爲飾故郭璞曰用綦組飾旒之邊是也

彼姝者子何以予之孑孑干旌在浚之城析羽爲旌城都城也○析星歷反素絲祝之良馬六之祝織也四馬六轡箋云祝當作屬屬著也六之者亦謂六見之也○祝毛之六反鄭之蜀反著直略反沈知略反○彼姝者子何以告之

干旄三章章六句

載馳許穆夫人作也閔其宗國顛覆自傷不能救也衛懿公爲狄人所滅國人

分散露於漕邑許穆夫人閔衛之亡傷許之小力不能救思歸唁其兄又義不得故賦是詩也滅者懿公死也君死於位曰滅露於漕邑者謂戴公也懿公死國人分散宋桓公迎衛之遺民渡河處之於漕邑而立戴公焉

戴公與許穆夫人俱公子頑烝於宣姜所生也男子先生曰兄○閔一本作愍密謹反唁音彥弔失國曰唁○

疏載馳五章首章六句二章三章四句四章六句卒章八句至是詩○正義曰此載馳詩者許穆夫人所作也閔念其宗族之國見滅自傷不能救之言由衛懿公為狄人所滅國人分散故立戴公暴露而舍於漕邑宗國敗滅君民播遷是以許穆夫人閔念衛國之亡傷己許國之小而力弱不能救故且欲歸國而唁其兄但在禮諸侯夫人父母終唯得使大夫問於兄弟有義不得歸是以許人尤之故賦是載馳之詩而見己志也定本集注皆云又義不得則為有字者非也上云許穆夫人作又云故賦是詩作賦一也以作詩所以鋪陳其志故作詩名曰賦左傳曰許穆夫人賦載馳是也此思歸唁其兄首章是也又義不得二章以下是也此實五章故左傳叔孫豹鄭子家賦載馳之四章四猶未卒明其五也然彼賦載馳義取控引大國今控于大邦乃在卒章言賦四章者杜預云并賦四章以下賦詩雖意有所主欲為首引之勢并上章而賦之也左傳服虔注載馳五章屬鄘風許夫人閔衛滅戴公失國欲馳驅而唁之故作以自痛國小力不能救在禮婦人父母既沒不得寧兄弟於是許人不嘉故賦二章以喻思不遠也許人尤之遂賦三章以卒章非許人不聽遂賦四章言我遂往無我有尤也服氏既云載馳五章下歷說唯有四章者服虔意以傳稱四章義取控於大國此卒章乃是傳之所謂四章也因以差次章數以當之首章論歸唁之事總其所思之意下四章為許人所尤而作之置首章於外以下別數為四章也言許大夫不嘉故賦二章謂除首章而更有二章即此二章三章是也凡詩之作首尾接連未有除去首章更為次第者也服氏此言無所案據正以傳有四章之言故為此釋不如杜氏并賦之說也○滅者至曰滅○正義曰君死於位曰滅公羊傳文也春秋之例滅有二義

若國被兵寇敵人入而有之其君雖存而出奔國家多喪滅則謂之滅故左傳曰凡勝國曰滅齊滅譚譚子奔莒狄滅溫溫子奔衛之類是也若本國雖存君與敵戰而死亦謂之滅故云君死於位曰滅卽昭二十三年胡子髡沈子逞滅之類是也

載馳載驅歸唁衛侯載辭也弔失國曰唁箋云載之言則也衛侯戴公也○駈字亦作驅如字協韻亦音丘○

驅馬悠悠言至于漕悠悠遠貌漕衛東邑箋云夫人願御者驅馬悠悠乎我欲至于漕○

大夫跋涉我心則憂草行曰跋水行曰涉箋云跋涉者衛大夫來告難於許時○跋蒲末反韓詩云不由蹊遂而涉曰跋涉難乃旦反

疏載馳至則憂○正義曰夫人言己欲驅馳而往歸於宗國以弔唁衛侯故願御者馳馬悠悠然而遠行我欲疾至於漕邑我所以思願如是者以衛大夫跋涉而告難於我我心則憂閔其亡傷不能救故且驅馳而唁之鄭唯載之言則爲異餘同○傳弔失國曰唁○正義曰昭二十五年公孫於齊次於陽州齊侯唁公於野井穀梁傳曰弔失國曰唁唁公不得入于魯是也此據失國言之若對弔死曰弔則弔生曰唁何人斯云不入唁我左傳曰齊人獲臧堅齊侯使夙沙衛唁之服虔云弔生曰唁以生見獲故唁之也○傳草行曰跋○正義曰左傳云跋涉之山川則跋者山行之名也言草行者跋本行草之名故傳曰反首茇舍以行山必有草故山行亦曰跋

既不我嘉不能旋反不能旋反我思也箋云既盡嘉善也言許人盡不善我欲歸唁兄○

視爾不臧我思不遠不能遠衛也箋云爾女女許人也臧善也視女不施善道救衛○臧子郎反遠于萬反注同協句如字

疏既不至不遠○正義曰夫人既欲歸唁而許大夫不聽故責之云汝許人盡不善我欲歸唁其兄然不能旋反我心中之思使不思歸也既不得去而又責之言我視汝許大夫不施善道以救衛由此故我思不遠於衛恆欲歸唁之爾既不能救何以止我也

既不我嘉不能旋濟濟止也○

視爾不臧我思不閟閟閉也○閟悲位反徐又方冀反○

陟彼阿丘言采其蝱偏高曰阿丘蝱貝母也升至偏高之丘采

其蝱者將以療疾箋云升丘采貝母猶婦人之適異國欲得力助安宗國也○蝱音盲藥名也療力照反女子善懷亦各有行行道也箋云善猶多也懷思也女子之多思者有道猶升丘采。其蝱也許人尤之眾穉且狂尤過也是乃眾幼穉且狂進取一槩之義箋云許人許大夫也過之者過夫人之欲歸唁其兄○尤本亦作訧音同穉本又作稚直吏反槩古愛反疏陟彼至且狂○正義曰夫人既為許人所止而不得歸故說己歸意以非之言有人升彼阿丘之上言欲采其蝱者欲得其蝱以療疾猶婦人適於異國亦欲得力助以安宗國然我言力助宗國似采蝱療疾是我女子之多思亦各有道理也既不能救思得暫一歸許人守禮尤我言此許人之尤過者是乃眾童穉無知且狂狷之人也唯守一槩之義不知我宗國今。人敗滅不與常同何為以常禮止我也○傳偏高至貝母○正義曰偏高阿丘釋丘文李巡曰謂丘邊高菌貝母釋草文陸機疏云蝱今藥草貝母也其葉如栝樓而細小其子在根下如芋子正白四方連累相著有分解是也○箋善猶至采蝱○正義曰夫人思衛為許所尤方宜開釋許人不宜自稱善思故箋許人尤之明嫌其多思故云善猶多也此多思有道自夫人之意言猶升丘采蝱者以經云亦各有行亦各不一之辭明采蝱與己俱有道理故云亦各也然則此與上互相明上言采蝱療疾猶己欲力助宗國此言己思有理則采蝱亦有理矣○傳是乃至之義○正義曰論語云狂者進取注云狂者進取仰法古例不顧時俗是進取一槩之義一槩者一端不曉變通以常禮為防不聽歸唁是童蒙而狂也○箋許人許大夫○正義曰下云大夫君子故許人為許大夫上章視爾不臧箋云爾汝汝許人大夫亦由此也大夫而曰人者眾辭下箋云君子國中賢者此獨云大夫者以言眾穉且狂是責大夫之辭故不及國中賢者下以己情恕而告之不必唯對國中大夫故兼言賢者焉我行其野芃芃其麥願行衛之野麥芃芃然方盛長箋云麥芃芃者言未收刈民將困也○芃薄紅反徐又符雄反長張丈反控于大邦誰因誰極控引極至也箋云今衛侯之欲求援引之力助於大國之諸侯亦誰因乎由誰至乎閔之故欲歸問之○控苦貢反引夷忍反又夷刃反援于眷反又音袁沈于萬反大夫君子無我有尤箋云君子國中賢者無我有尤無過我也百爾所思不如我所之不如我所思之篤厚也箋云爾女女衆大夫君子也疏我行至所之○正義曰夫人冀得歸唁說己往意我所以歸唁於衛者我比欲行衛之野觀其芃芃然方盛之麥時未收刈明民困苦閔其國民故欲往行之又欲問衛求援引之力助於大國之諸侯亦由誰因乎由誰至乎我之歸唁爲此而已爾許之大夫及國中君子無以我爲有過而不聽問爾之過我由不思念於衛汝百衆大夫君子縱有所思念於衛不如我所思之篤厚也由情不及己故不聽我去耳○箋欲求至誰至乎○正義曰此時宋桓公迎衛之遺民立戴公是夫人所知不須問矣又於時十二月也草木已枯野無生麥而云問所控引言欲觀麥者夫人志在唁兄思歸訪問非是全不知也又思欲嚮衛得於三月四月民飢麥盛之時出行其野不謂當今十二月也故鄭志荅趙商云狄人入衛其時明然戴公廬漕及城楚丘二者是還復其國也許夫人傷宗國之滅又閔其民欲歸行其野視其麥是時之憂思乃引日月而不得歸責以冬夏與誰因誰極未通於許夫人之意是也

載馳五章一章六句二章。四句一章六句一章八句

鄘國十篇三十章百七十六句。

衛淇奧詁訓傳第五○鄭王俱云紂都之東也

毛詩國風

鄭氏箋

孔穎達疏

淇奧美武公之德也有文章又能聽其規諫以禮自防故能入相于周美而作

是詩也○淇奧上音其下音於六反一音烏報反淇水名奧隈也草木疏云奧亦水名相息亮反[疏]淇奧三章章九句至是詩○正義曰作淇奧詩者美武公之德也既有文章又能聽臣友之規諫以禮法自防閑故能入相於周為卿士由此故美之而作是詩也沔水箋云規者正圓之器也司諫注云以義正君曰規然則方圓者度之準禮義者德之則正圓以規使依度猶正君以禮使入德故謂之規諫諫干也干君之意而告之卒章傳曰重較卿士之車則入相為卿士也賓之初筵云武公既入而作是詩也則武公當幽王之時已為卿士矣又世家云武公將兵佐周平戎甚有功平王命為公則平王之初未命為公亦為卿士矣此云入相于周不斥其時之王或幽或平未可知也若平王則為公而云卿士。而卿為典事公其兼官故顧命注公兼官以六卿為正次是也言美武公之德總敘三章之義也有文章即有斐君子是也聽其規諫以禮自防即切磋琢磨金錫圭璧是也入相於周即充耳會弁猗重較兮是也其餘皆是武公之德從可知也序先言聽諫自防乃言入相於周者以先說在國之德乃言入相經亦先言其德威聽諫後陳卿士之車服為事次也諸言美者美所施之政教此則論質美德威學問自修乃言美其身之德故敘者異其文也案世家云武公以其賂賂士以襲攻共伯而殺兄篡國得為美者美其逆取順守德流於民故美之齊桓晉文皆篡弑而立終建大功亦皆類也○瞻彼淇奧綠竹猗猗興也奧隈也綠王芻也竹。篇竹也猗猗美盛貌武公質美德盛有康叔之餘烈○綠竹並如字爾雅作菉音同韓詩竹作藩音徒沃反云藩篇筑也石經同猗於宜反隈烏迴反孫炎云水曲中也芻初俱反郭璞云今呼白脚莎莎一音蘇禾反一云即菉蓐草也蓐音辱篇竹本亦作扁四善反又音篇郭四殄反一音布典反竹音如字又敕六反韓詩作筑音同郭云似小藜赤莖節好生道旁可食又殺蟲草木疏云有草似竹高五六尺淇水側人謂之菉竹也之烈一本作之餘烈有匪君子如切如磋。如琢如磨匪文章貌治骨曰切象曰磋玉曰琢石曰磨道其學而成也聽其規諫以自修如玉石之見琢磨也○匪本又作斐同芳尾反下同韓詩作邲美貌也磋七何反琢陟角反磨本又作摩莫何反瑟兮僩兮赫兮咺兮瑟矜莊貌僩寬大也赫有明德赫赫然咺威儀容止宣著也○僩遐板反韓詩云美貌說文云武貌赫呼白反咺況晚反韓詩作宣宣顯也有匪君子終不可諼兮諼忘也○諼音況元反又音況遠反

【疏】瞻彼至諼兮○正義曰視彼淇水限曲之內則有王芻與萹竹猗猗然美盛以興視彼衛朝之上則有武公質美德盛然則王芻萹竹所以美盛者由得淇水浸潤之故武公所以德盛者由得康叔之餘烈故又言此有。斐然文章之君子謂武公能學問聽諫以禮自脩而成其德美如骨之見切如象之見磋如玉之見琢如石之見磨以成其寶器而又能瑟兮僩兮顏色矜莊僩兮容裕寬大赫兮明德外見咺兮威儀宣著有斐然文章之君子盛德之至如此故民稱之終不可以忘兮○傳奧隈至餘烈○正義曰奧隈釋丘文孫炎曰隈水曲中也又云厓內爲奧李巡曰厓內近水爲奧是也陸機云淇。奧二水名以毛云奧隈爲誤此非也爾雅所以訓此而云奧隈明非毛一誤釋草云菉王芻舍人曰菉一爲王芻某氏曰菉鹿蓐也又曰竹萹蓄李巡曰一物二名郭璞曰似小藜赤莖節好生道傍可食此作竹篇竹字異音同故孫炎某氏皆引此詩明其同也陸機云綠竹一草名其莖葉似竹青綠色高數尺今淇奧傍生此人謂此爲綠竹此說亦非也詩有終朝采綠則綠與竹別草故傳依爾雅以爲王芻與篇竹異也二章綠竹青青傳云茂盛卒章綠竹如簀傳云積也言茂盛似如積聚亦爲美盛也又云有康叔之餘烈者烈業也美武公之質美德盛有康叔之餘業卽謂以淇水比康叔以奧內比衛朝以綠竹美盛比武公質美德盛也○傳匪文章至琢磨○正義曰論語云斐然成章序曰有文章故斐爲文章貌也釋器云骨謂之切象謂之磋玉謂之琢石謂之磨孫炎曰治器之名則此謂治器加功而成之名也故論語注云切磋琢磨以成寶器是也此其對例耳白圭之玷尙可磨則玉亦得稱磨也故下箋云圭璧亦琢磨傳既云切磋琢磨之用乃云道其學而成也指解切磋之喻也又言而能聽其規諫以禮自脩飾如玉石之見琢磨則唯解琢磨無切磋矣此經文相似傳必知分爲別喻者以釋訓云如切如磋道學也郭璞曰骨象須切磋而爲器人須學問以成德又云如琢如磨自脩也郭璞曰玉石之被琢磨猶人自脩飾也禮記大學文同爾雅是其別喻可知○傳瑟矜至宣著○正義曰此四者皆言內有其德外見於貌大同而小異也瑟矜莊是外貌莊嚴也僩寬大是內心寬裕赫有明德赫然是內有其德故發見於外也咺威儀宣著皆言外有其儀明內有其德故釋訓與大學皆云瑟兮僩兮恂慄也赫兮咺兮威儀也以瑟僩者自矜持之事故云恂慄也言其嚴峻戰慄也赫咺者容儀發揚之言故言威儀也其實皆是威儀之事但其文互見故分之

瞻彼淇奧綠竹青青

青青茂盛貌○青子丁反本或作菁音同

有匪君子充耳琇瑩會。弁如星

充耳謂之瑱琇瑩美石也天子玉瑱諸侯以石。弁。皮。弁所以。會髮箋云會謂弁之縫中飾之以玉皪皪而處狀似星也天子之朝服皮弁以日視朝○琇音秀沈又音誘說文作琇云石之次玉者弋久反瑩音榮徐又音營又音瑩磨之瑩會古外反注同鄭注周禮則如字說文作䯤弁皮變反瑱天見反縫符用反皪本又作礫音歷又音洛朝直遙反下及下篇同

疏有匪至如星○毛以爲有斐然文章之君子謂武公其充耳以琇瑩之石爲之會髮之弁文駮如星言有其德而稱其服故宜入王朝而爲卿相也○鄭說在箋○傳天子至會髮○正義曰案冬官玉人職云天子用全上公用龍侯用瓚伯用將鄭注云公侯四玉一石伯子男三玉二石由此言之此傳云諸侯以石謂玉石雜也禮記云周弁殷冔夏收言收者所以收髮則此言會者所以會髮可知○箋會謂至視朝○正義曰弁師云王之皮弁會五采玉璂注云會縫中也皮弁之縫中每貫結五采玉十二以爲飾謂之綦詩云會弁如星又曰其弁伊綦是也此云武公所服非爵弁是皮弁也皮弁而言會與弁師皮弁之會同故云謂弁之縫中也弁師上云王之皮弁會五采玉璂又曰諸侯及孤卿大夫之皮弁各以其等爲之注云皮弁則侯伯璂飾七子男璂飾五玉亦三采武公本畿外諸侯入相於周自以本爵爲等則玉用三采而璂飾七故云飾之以玉皪皪而處狀似星若非外土諸侯。事王朝者則卿璂飾六大夫璂飾四及諸侯孤卿大夫各依

命數並玉用二釆其韋弁飾與皮弁同此皮弁天子視朝之服玉藻云天子皮弁以日視朝是也在朝君臣同服故言天子之朝也諸侯亦皮弁以視朝以序云。又相於周故爲在王朝之服

瑟兮僩兮赫兮咺兮有匪君子終不可諼兮瞻彼淇奧綠竹如簀

簀積也簀音責

○有匪君子如金如錫如圭如璧

金錫。練而精圭璧性有質箋云圭璧亦琢磨四者亦道其學而成也

寬兮綽兮倚。重較兮

寬能容衆綽緩也重較卿士之車箋云綽兮謂仁於施舍○綽昌若反猗於綺反依也重直恭反注同較古岳反車兩傍上出軾也施如字又詩鼓反又式氏反

善戲謔兮不爲虐兮

寬緩弘大雖則戲謔不爲虐兮箋云君子之德有張有弛故不常矜莊而時戲謔○謔香略反弛本亦作施同式氏反

疏有匪至虐兮○正義曰言有匪然文章之君子謂武公器德已成練精如金錫道業既就琢磨如圭璧又性寬容兮而情綽緩兮既外脩飾而內寬弘入相爲卿士倚此重較之車兮寶稱其德也又能善戲謔兮而不爲虐兮言其張弛得中也○傳此金錫至有質○正義曰此與首章互文首章論其學問聽諫之時言如器未成之初須琢磨此論道德既成之時故言如圭璧已成之器傳以金錫言其質故釋之言此已練而精圭璧舉已成之器故本之言性有質亦互文也言金錫有其質練之故益精圭璧有其寶琢磨乃成器故箋云圭璧亦琢磨四者亦道其學而成之○傳重較卿士之車○正義曰序云入相於周而此云猗重較兮故云卿士之車輿人注云較兩輢上出軾者則較謂車兩傍今謂之平較案大車以子男入爲大夫得乘子男車服則此重較謂侯伯之車也但周禮無重較單較之文○箋綽兮謂仁於施舍○正義曰謂有仁心於施恩惠舍勞役左傳曰喜有施舍是也俗本作人字者誤定本作仁

淇奧三章章九句

考槃刺莊公也不能繼先公之業使賢者退而窮處。窮猶終也○槃薄寒反 疏 考槃三章章四句至

窮處○正義曰作考槃詩者刺莊公也刺其不能繼其先君武公之業脩德任賢乃使賢者退而終處於澗阿故刺之言先君者雖今君之先以通於遠要則不承繼者皆指其父故晨風云忘穆公之業又曰棄先君之舊臣先君謂穆公也此刺不能繼先君之業謂武公也經三章皆是也○箋窮猶終○正義曰不以澗阿爲窮處者以經皆賢者怨君之辭而言成樂在澗成其樂之所在是終處之義故以窮爲終也

考槃在澗碩人之寬考成槃樂也山夾水曰澗箋云碩大也有窮處成樂在於此澗者形貌大人而寬然有虛乏之色○澗古晏反韓詩作干云墝埆之處也樂音洛下同夾古洽反獨寐寤言永矢弗諼箋云寤覺永長矢誓諼忘也在澗獨寐覺而獨言長自誓以不忘君之惡志在窮處故云然○覺交孝反又如字 疏 考槃至弗諼○正義曰此篇毛傳所說不明但諸言碩人者傳皆以爲大德之人卒章碩人之軸傳訓軸爲進則是大德之人進於道義也推此而言則寬薖之義皆不得與箋同矣王肅之說皆述毛傳其注云窮處山澗之間而能成其樂者以大人寬博之德故雖在山澗獨寐而覺獨言先王之道長自誓不敢忘也美君子執德弘信道篤也歌所以詠志長以道自誓不敢過差其言或得傳旨今依之以爲毛說鄭以爲成樂在於澗中而不仕者是形貌大人寬然而有虛乏之色既不爲君用飢乏退處故獨寐而覺則言長自誓不忘君之惡莊公不用賢者反使至飢困故刺之○傳山夾水曰澗○正義曰釋山文也傳以澗爲窮處下文阿陸亦爲窮處矣故釋地云大陸曰阿而下傳曰曲陵曰阿以大雅云有卷者阿則阿有曲者於隱遯爲宜釋地又云高平曰陸大陸曰阜則陸與阜類亦可以隱居也○箋成樂至之色○正義曰此經言考槃文連在澗明碩人成樂在於此澗謂成此樂而不去所謂終處也以寬薖及軸言碩人之飢狀則碩人是其形也故云形貌大人不以寬爲寬德者以卒章言軸爲病反以類此故知爲虛乏之色也不論其有德之事者以怨君不用賢有德可知故不

言也○箋在澗至云然○正義曰賢者志欲終處於此澗而不仕君朝故云然若其更有仕心則不復自誓矣考槃在阿碩人之薖曲陵曰阿薖寬大貌箋云薖。飢意○薖苦禾反韓詩作過過美貌獨寐寤歌永矢弗過箋云弗過者不復入君之朝也○過古禾反注同崔古臥反復符又反下同考槃在陸碩人之軸軸進也箋云軸病也○軸毛音迪鄭直六反疏傳軸進箋軸病正義曰傳軸爲迪釋詁云迪進也箋以與陸爲韻宜讀爲逐釋詁云逐病逐與軸蓋古今字異獨寐寤宿永矢弗告無所告語也箋云不復告君以善道○語魚據反

考槃三章章四句

碩人閔莊姜也莊公惑於嬖妾使驕上僭莊姜賢而不答終以無子國人閔而憂之。○嬖補惠反上時掌反僭作念反○疏碩人四章章七句至憂之○正義曰嬖妾謂州吁之母惑者謂心所嬖愛使情迷惑故夫人雖賢不被答偶經四章皆陳莊姜宜答而君不親幸是爲國人閔而憂之碩人其。頎衣錦褧衣頎長貌錦文衣也夫人德盛而尊嫁則錦衣加褧襜箋云碩大也言莊姜儀表長麗。俊好頎頎然褧襌也國君夫人。翟。衣而嫁今衣錦者在塗之所服也尚之以襌衣爲其文之大著○頎其機反衣錦於既反注夫人衣翟今衣錦同褧苦迥反徐又孔穎反說文作檾枲屬也襜昌占反佼本又作姣古卯反下同襌音丹爲于僞反大音泰下大子同舊音勑賀反○齊侯之子衛侯之妻東宮之妹邢侯之姨譚公維私東宮齊大子也女子後生曰妹妻之姊妹曰姨妹之夫曰私箋云陳此者言莊姜容貌既美兄弟皆正大○邢音形姬姓國譚徒南反國名疏碩人至維私○毛以爲有大德之人其貌頎頎然長美衣此文錦之

服而上加以褧襜之禪衣在塗服之以來嫁者乃是齊侯之子嫁爲衞侯之妻又是東宮太子之妹嫡夫人所生爲邢侯之姨而譚公又是其私容貌既美父母兄弟正大如此君何爲不答之也○鄭以碩人爲形貌碩大爲異○傳頎長至褧襜○正義曰猗嗟云頎而長兮。孔世家云頎然而長故爲長貌下箋云敖敖猶頎頎也與此相類故亦爲長貌以類宜重言故箋云頎頎然也王制云錦文珠玉書傳云衣文錦故知錦文衣也以碩爲大德錦衣爲在塗之服故云夫人德盛而尊嫁則錦衣經言衣錦褧衣上衣謂衣著下衣爲衣服丰云衣錦褧衣對裳錦褧裳裳非著名故箋云裳用錦與此異也襜亦禪而在上故云加之以褧襜○箋莊姜至大著○正義曰言莊姜儀容表狀乃長大而佳麗又佼壯美好頎頎然也玉藻云禪爲絅故知褧禪衣也又解國君夫人當翟衣而嫁今言錦衣非翟衣則是在塗之所服也錦衣所以加褧者爲其文之大著也故中庸云衣錦尚絅惡其文之大著是也此夫人錦衣爲在塗之服丰云錦衣錦裳庶人之妻嫁時之服非爲在塗與夫人異也士昏禮云女次。純衣纁袡士禮故不用錦衣庶人之妻得與夫人同者賤不嫌也○傳東宮至曰私○正義曰太子居東宮因以東宮表太子故左傳曰娶於東宮得臣之妹服虔云得臣齊太子名居東宮是也繫太子言之明與同母見夫人所生之貴故箋云兄弟皆正大經無弟而言弟者協句也釋親云男子謂女子先生爲姊後生爲妹妻之姊妹同出爲姨女子謂姊妹之夫爲私孫炎曰同出俱已嫁也私無正親之言然則謂吾姨者我謂之私邢侯譚公皆莊姜姊妹之夫互言之耳春秋譚子奔莒則譚子爵言公者蓋依臣子之稱便文耳

手如柔荑如荑之新生○荑徒奚反【疏】傳如荑之新生○正義曰以荑所以柔新生故也若久則不柔故知新生也

膚如凝脂如脂之凝【疏】傳如脂之凝○正義曰以脂有凝有釋散文則膏脂皆總名對例卽內則注所云脂肥凝者釋者曰膏釋器云冰脂也孫炎曰膏凝曰脂是也

領如蝤蠐領頸也蝤蠐蝎。蠹也○蝤似脩反徐音曹蠐本亦作蠐又作齊同音齊沈又音茨爾雅云蟦蠐螬蝤蠐蝎郭云蠐螬在糞土中蝎在木中蝎桑蠹是也蟦音肥分反蠹音妬蝎也音

曷或音葛【疏】傳領頸蝤蠐蝎蟲○正義曰領一名頸故禮記曰其頸五寸又名項士冠禮云緇布冠頍項是也釋蟲云蟦蠐螬蝤蠐蝎孫炎曰蠐螬謂之蟦蠐關東謂之蝤蠐梁益之間謂之蝎又曰蝎蛣蝠孫炎曰蝎木蟲也又曰蝎桑蠹孫炎曰即蛣蝠也然則蟦蠐也蠐螬也蝤蠐也蛣蝠也桑蠹也蝎也一蟲而六名也以在木中白而長故以比頸○今定本云蝤蠐蝎也無蟲字與爾雅合○**齒如瓠犀**瓠犀瓠瓣○瓠戶故反犀音西瓣補遍反又蒲莧反沈又蒲閑反○【疏】傳瓠犀瓠瓣○正義曰釋草云瓠棲瓣也今定本亦然孫炎曰棲瓠中瓣也棲與犀字異音同**螓首蛾眉**螓首顙廣而方箋云螓謂蜻蜻也○螓音秦蛾我波反顙蘇黨反蜻郭徐子盈反沈又慈性反方頭有文王肅云如蟬而小○【疏】箋螓謂蜻蜻○正義曰釋蟲云螓蜻蜻舍人曰小蟬也青青者某氏曰鳴蚻蚻者孫炎曰方言云有文者謂之螓郭氏曰如蟬而小有文是也此蟲額廣而且方此經手膚領齒舉全物以比之故言如螓首蛾眉則指其體之所似故不言如也**巧笑倩兮**倩好口輔○倩本亦作蒨七薦反韓詩云蒼白色【疏】傳倩好口輔○正義曰以言倩巧笑之狀故知好口輔也左傳曰輔車相依服虔云輔上頷車也與牙相依則是牙外之皮膚頰輔下之別名也故易云咸其輔頰舌明輔近頰也而非頰也笑之貌美在於口輔故連言之也○言**美目盼兮**盼白黑分箋云此章說莊姜容貌之美所宜親幸○盼敷莧反徐又膚諫反韓詩云黑色也字林云美目也匹間反又匹莧反**碩人敖敖說于農郊**敖敖長貌農郊近郊箋云敖敖猶頎頎也說當作襚禮春秋之襚讀皆宜同衣服曰襚今俗語然此言莊姜始來更正衣服于衛近郊○敖五刀反說本或作稅毛始銳反舍也鄭作襚音遂**四牡有驕朱幩鑣鑣翟茀以朝**驕壯貌幩飾也人君以朱纏鑣扇汗且以為飾鑣鑣盛貌翟翟車也夫人以翟羽飾車茀蔽也箋云此又言莊姜自近郊既正衣服乘是車馬以入君之朝皆用嫡夫人之正禮今而不答○驕起橋反幩孚云反又符云反說文云馬纏鑣扇汗也鑣表驕反馬銜外鐵也一名扇汗又曰排沫爾雅云鑣謂之钀钀音魚列反沫音末茀

音弗朝直遥反注皆同適丁歷反本亦作嫡○大夫夙退無使君勞大夫未退君聽朝於路寢夫人聽內事於正寢大夫退然後罷箋云莊姜始來時衛諸大夫朝夕者皆早退無使君之勞倦者以君夫人新為妃耦宜親親之故也○夙退韓詩退罷也案禮記云朝廷曰退妃曰配

【疏】碩人至君勞○毛以為言有大德之人敖敖然其形貌長美其初來嫁則說舍於衛之近郊而整其車飾則乘四牡之馬驕驕然壯健以朱飾其鑣則鑣鑣然而盛美又以翟羽為車之蔽其車馬之飾如此乃乘之以入君之朝既入朝而諸大夫聽朝者皆為早退以君與夫人新為妃耦宜相親幸無使君之勞倦此言莊姜容貌之美皆用嫡夫人之正禮君何為不答之乎○鄭以為形貌大人而佼好長麗敖敖然欲至於國舍其在塗之服而更正衣服於近郊乃馳車馬以入國餘同○傳農郊近郊○正義曰以下云翟茀以朝明此在國至近郊毛於詩皆不破字明此說為舍孫毓述毛云說之為舍常訓也○箋說當至近郊○正義曰類前章衣錦褧衣謂在塗之服明至近郊更正翟衣而入國故為襚不言聲之誤從可知士喪禮云兄弟不以襚進雜記云襚正者曰寡君使某襚此禮之襚春秋文九年秦人來歸僖公成風之襚隱元年公羊傳曰衣被曰襚穀梁傳曰衣衾曰襚此春秋之遂也襚於農郊之襚與禮及春秋之襚讀皆同也禮與春秋之襚謂之衣服曰襚贈死者故何休云襚猶遺也以衣服可以遺人因謂衣服為襚雜遺吉之衣服亦謂為襚今俗語猶然以禮文施於死者故引俗語以證之傳云衣被衾此云衣服者以夫人所更正而服之不必為衾也故云服服總名也前衣錦褧衣在塗之服則此為夫人所嫁之服所嫁之服褕翟之等也以近郊服之而入國故為更正衣服於衛近郊又以下言夫人車馬之飾明此為正其所著之正服也○傳幩飾至茀蔽○正義曰以下言朱幩朱為飾之物故幩為飾又解朱所飾之狀故言人君以朱纏鑣扇汗且因以為馬之飾此纏鑣之鑣自解飾之所施非經中之鑣也故又云鑣鑣盛貌言既以朱飾其鑣而四牡之馬鑣鑣而盛非謂唯鑣之盛清人云駟介麃麃傳曰盛貌與此同也車之所以有翟者夫人以翟羽飾車茀車蔽也婦人乘車不露見車之前後設障以

自隱蔽謂之茀因以翟羽為之飾巾車注引詩乃云此翟茀蓋厭翟也厭翟次其羽使相迫也重翟厭翟謂蔽是也○傳大夫至然後罷○正義曰釋大夫所以早退之意而兼言夫人者以君聽外治夫人聽內職事與君皆同大夫退然後罷故連言之玉藻云君日出而視朝退適路寢聽政使人視大夫大夫退然後適小寢釋服適小寢卽是罷也又昏義曰天子聽外治后聽內職夫人之於國與后同故知聽內事於正寢雞鳴箋云蟲飛薨薨所以當起者卿大夫朝者且罷歸則似早退由君者以國之政事君與大夫之所謀若君早朝事早畢若晚朝事晚畢故云卿大夫。且罷歸是早晚由君也君出視朝事畢乃之路寢以待大夫之所諮決事之多少大夫所主故使人視大夫大夫退然後罷明非由於大夫要事畢否。大夫○

河水洋洋北流活活施罛濊濊鱣鮪發發。葭菼揭揭庶姜孽孽庶士有朅

洋洋盛大也活活流也罛魚罟濊施之水中鱣鯉也鮪鮥也發發盛貌葭蘆菼亂也揭揭長也孽孽盛飾庶士齊大夫送女者朅武壯貌○箋云庶姜謂姪娣此章言齊地廣饒士女佼好禮儀之備而君何為不答夫人○洋音羊徐又音祥活古闊反又如字罛音孤濊呼活反馬云大魚網目大豁豁也韓詩云流貌說文云凝流也鱣陟連反大魚口在頷下長二三丈江南呼黃魚與鯉全異鮪于軌反似鱣大者名王鮪小者曰叔鮪沈云江淮閒曰叔伊洛曰鮪海濱曰鮥鮥發補末反馬云魚著罔尾發發然韓詩作鱍葭音加菼他覽反玉篇通敢反揭其謁反徐居謁反孽魚竭反徐五謁反韓詩作钀牛遏反長貌朅欺列反徐起謁反韓詩作桀云健也罛音孤罟音古鮥音洛蘆音盧亂五患反江東呼之烏蓲蓲音丘○

疏傳罛魚罟至送女者○正義曰釋器云魚罟謂之罛李巡曰魚罟捕魚具也鱣鯉鮪鮥謂魚有二名釋魚有鯉鱣舍人曰鯉一名鱣郭璞曰鯉今赤鯉魚也鱣大魚似鱏而短鼻口在頷下體有邪行甲無鱗肉黃大者長二三丈今江東呼為黃魚卽是也釋魚又有鰋鮎孫炎曰鰋一名鮎郭璞曰鰋今鰋額白魚鮎別名鯷江東通呼鮎為鮧舍人以鱣鯉為一魚孫以鰋鮎為一魚郭璞以四者各為一魚陸機云鱣鮪出江海三月中從河下頭

來上鱣身形似龍銳頭口在頷下背上腹下皆有甲縱廣四五尺今於盟津東石磧上釣取之大者千餘斤可烝為臛又可為鮓魚子可為醬鮪魚形似鱣而青黑頭小而尖似鐵兜鍪口亦在頷下其甲可以摩薑大者不過七八尺益州人謂之鱣鮪大者為王鮪小者為鮛鮪一名鮥肉色白味不如鱣也今東萊遼東人謂之尉魚或謂之仲明仲明者樂浪尉也溺死海中化為此魚如陸之言又以今語驗之則鯉鮪鱣鮥皆異魚也故郭璞曰先儒及毛詩訓傳皆謂此魚有兩名今此魚種類形狀有殊無緣強合之為一物是郭謂毛傳為誤也葭蘆菼薍釋草文李巡曰分別葦類之異名郭璞曰蘆葦也薍似葦而小如李巡云蘆薍共為一草如郭云則蘆薍別草大車傳曰菼騅也蘆之初生則毛意以葭菼為一草也陸機云薍或謂之荻至秋堅成則謂之萑其初生三月中其心挺出其下本大如箸上銳而細揚州人謂之馬尾以今語驗之則蘆薍別草也桓三年左傳曰凡公女嫁於敵國公子則下卿送之於時齊衛敵國莊姜齊侯之子則送者下卿也大夫卿之總名士者男子之大稱故云庶士齊大夫送女者○箋庶姜至廣饒○正義曰此為莊姜不見答而言則非曰國中之女故為姪娣二者非一故稱衆也齊所以得有河者左傳曰賜我先君之履西至於河是河在齊西北流也衛境亦有河知此是齊地者以庶姜庶士類之知不據衛之河也

碩人四章章七句

毛詩注疏挍勘記(三之二)　阮元撰盧宣旬摘錄

○相鼠

而刺在位承先君之化 小字本相臺本同唐石經承上有不字案唐石經誤也正義云故刺其在位有承先君之化無禮儀又云以其承先君之化弊風未革不當有不字

孝經曰容止可觀 閩本明監本毛本此下有注小字本相臺本無考文古本同案山井鼎云此亦釋文混入於注者也考十行本下脫圜圍山井鼎所云宋版上下相連者即此故閩本以下致誤也

韓詩止節 補 毛本作則雖居尊

○干旄

有虞氏以爲綏 閩本明監本毛本同案綏當作緌又緌以旄牛尾爲之同下文皆不誤可證

天子以下建旃之者 閩本同明監本毛本之誤旃案此之字當在建字上誤錯於此下又獨以爲卿之建旃者可證

去其旒異於此 閩本明監本毛本此作生案所改是也

服氏云六人維王之大常也 閩本明監本毛本同案服上浦鏜云脫節字是

則此名亦有大夫 閩本明監本毛本同案名當作各形近之譌

亦爲五見之也小字本同相臺本爲作謂閩本明監本毛本同案謂字是也考文一本爲謂複出者誤

互之聞也閩本明監本毛本同案浦鏜云元誤互是也

○載馳

又義不得唐石經小字本相臺本同案正義云定本集注皆云又義不得則爲有字者非也上文云有義不得歸正義本當是有字也下文云又義不得二章以下者既從定本集注卽改而說之也

爾女女許人也小字本相臺本同案考文古本作爾汝也汝汝許人也考此與草蟲雄雉等箋同例不當增加其字詳見上又注女字正義作汝乃易古字爲今字之例不當幷注而改爲汝是其采正義之誤也以後盡同

猶升丘采其䖟也閩本明監本毛本同小字本相臺本無其字案無者是也

今人敗滅閩本明監本毛本同案人當作之形近之譌

二章四句唐石經小字本相臺本作二章章四句案重者是也閩本明監本毛本亦誤不重

鄘國十篇三十章百七十六句閩本明監本毛本此下別起爲卷題毛詩注疏卷第三云云誤也案山井鼎云宋板不分卷是也

○淇奧

司諫注云以義正君曰規閩本明監本毛本同案規當作諫上引沔水箋已說規引此說諫也

而云卿士而閩本明監本毛本下而字作者案所改是也

竹篇竹也閩本明監本毛本同小字本相臺本篇作萹案萹字是也正義不誤釋文綠竹下云竹萹竹也又萹竹本又作萹考爾雅說文及其餘字書無作篇者閩本以下正義中盡誤篇釋文亦有誤者今訂正

如切如磋唐石經同小字本相臺本磋作瑳案此正義中字皆作磋釋文磋七何反爾雅釋文同考五經文字磋治也在石部瑳玉色鮮在玉部是唐人有以此字從石與瑳兮瑳兮字別者說文有瑳無磋磋本瑳之俗字耳此經及傳弁小雅谷風大雅卷阿桑柔箋皆當本是瑳字周禮禮記二釋文亦作瑳

又言此有斐然文章之君子閩本明監本毛本同案經傳作匪正義作斐匪斐古今字易而說之也例見前釋文匪本又作斐同非正義本也標起止云傳匪文章可證

陸機云淇奧二水名閩本明監本毛本奧作隩案隩字非也陸機不與傳意同無取爾雅隩字釋文云草木疏云奧亦水名可證也正義又引今淇奧傍生此亦當作奧誤作隩耳

會弁如星唐石經小字本相臺本同案釋文云會古外反注同鄭注周禮則如字說文作䯤䯤案說文䯤下引詩䯤弁如星許君稱詩當是毛氏而今毛詩不作䯤者鄭箋之本不與許同也凡說文與鄭箋本異者多矣見於釋文者如虺說文作瘣我姑說文作夃所茇說文作废姝說文作[illegible]之屬皆與此同

例悉不更出

弁皮弁所以會髮　小字本相臺本同段玉裁周禮漢讀考云疑有錯誤釋弁不當先於會一疑也據正義鄭箋乃有皮弁字毛不言皮弁二疑也云皮弁可以會髮以經釋文會弁似涉皮傳三疑也當云䯤所以會髮無弁皮弁三字爲許叔重所本今考段說是也但釋文正義皆不作䯤鄭箋本毛詩或亦用會字傳云所以會髮是毛以爲骨擿之可會髮者與說文所解合而會爲䯤之假借鄭則仍如字讀之而以弁之縫中易傳也然則此傳作會所以會髮義可通

若非外土諸侯事王朝者　閩本明監本毛本同案浦鏜云事當仕字誤也

又相於周　閩又當作入形近之譌

金錫練而精　小字本相臺本同閩本明監本毛本同案練字是也此借練爲鍊正義亦皆作練可證其不易爲鍊而說之者卽以練爲正字不以練鍊爲古今字也考文古本作鍊采正義閩本以下正義中練字盡改爲鍊誤也

倚重較兮　唐石經小字本相臺本倚作猗閩本明監本毛本同案猗字是也釋文猗於綺反正義云而此云猗重較兮序下正義云倚重較兮是也皆其證此經猗倚假借在作傳箋時人共通曉故不更說車攻兩驂不猗同節南山有實其猗傳猗滿也箋猗倚也因易傳故說之亦是謂猗倚假借也其此正義云倚此重較之車兮者易猗字爲倚字而說之正義於古今字例如此與上下文直引經文者不同例也考文古本作倚采正義而誤經義雜記引曲禮正義荀子楊注文選李注皆作倚疑從犬者譌其記非也又據釋文正義石經說文繫傳羣經音辨以爲唐人雖多引作人旁未若從犬者尤爲信而可徵得

之矣凡昔人引書或改或不改非有成例用之資證則可若以爲典要則其失多矣

○考槃

使賢者退而窮處小字本相臺本同唐石經處下有也字考文古本有亦偶合

薖飢意小字本相臺本同閩本同明監本毛本飢誤饑案五經文字云饑飢上穀不熟下餓也經典或借用下字依此則飢餓字從未有借爲饑者明監本毛本誤甚餘同此

○碩人

國人閔而憂之小字本相臺本同案盧文弨云唐石經下有故作是詩也五字刓缺猶可辨今考正義標起止云至憂之是正義本當無此五字

不被荅偶閩本明監本毛本偶誤遇案此荅偶二字出白華箋彼文偶作耦耦偶字同偶者人意相存偶也見儀禮禮記注鄭匪風箋之人偶還箋之揖耦不知者改爲遇誤甚

碩人其頎唐石經小字本相臺本同案經義雜記云玉篇頁部引作碩人頎頎據鄭箋知詩頎字本重文六朝時猶未誤其說非也考經文一字傳箋疊字者多矣如明星有爛箋云明星尚爛爛然等是也玉篇乃依箋疊字耳非六朝時經有作碩人頎頎之本也釋文云其頎其機反正義云有大德之人其貌頎頎然長美皆經文作其字之證

國君夫人翟衣而嫁今衣錦者小字本相臺本同閩本明監本毛本同案翟衣當作衣翟釋文經衣錦下云注夫人衣翟今衣錦同是釋文本作衣翟也正義云當翟衣而嫁今言錦衣非翟衣乃正義自爲文但說注意耳不取與注相應也其箋當亦是衣翟不知者用正義文改注文考文古本夫人下衣錦下共有衣字采正義釋文又誤合之也

孔世家云閩本明監本毛本同案孔下浦鏜云脫子字是也

女次紨衣纁袡閩本明監本毛本同案紨當作純因改純帛字遂幷此而誤

蝤蠐蝎蟲也小字本相臺本同案此正義本也標起止云蝤蠐蝎蟲又云今定本云蝤蠐蝎也無蟲字與爾雅合釋文蝎也音曷當以定本釋文本爲長

故禮記云其頸五寸閩本明監本毛本同案浦鏜云依投壺文當七寸誤是也

瓠犀瓠瓣小字本相臺本同案正義云釋草云瓠棲瓣也今定本亦然謂無下瓠字也釋文瓠瓣補遍反亦有當以定本爲長

舍人曰小蟬也青青者閩本明監本毛本同案此不誤浦鏜云蜻蜻誤青青非也以青青釋蜻蜻所謂詁訓之法

美目盼兮小字本相臺本同閩本明監本同唐石經盼作盻毛本同案盼字是也

朱幩鑣鑣唐石經小字本相臺本同案釋文鑣鑣表驕反馬銜外鐵也一名扇汗又曰排沫爾雅云鑣謂之钀考傳云幩飾也人君以朱纏鑣扇汗且以爲飾鑣鑣盛貌正義云此纏鑣之鑣自解飾之所施非經中之鑣也故又云鑣鑣盛貌釋文誤以傳鑣解係鑣鑣下段玉裁云玉篇引詩朱幩儦儦載驅

作儦儦考廣雅云鑣鑣威也說文引詩朱幩鑣鑣然則此經假借鑣爲儦也

麃麃傳曰威貌與此同也　閩本明監本毛本同案浦鏜云威傳作武是也與此同者謂清人之麃麃與此鑣鑣字同非謂傳同訓威也不知者改之耳

旦罷歸　閩本明監本毛本同案浦鏜云且誤旦下同是也

要事畢否大夫　閩本明監本毛本大夫上有在字案所補是也

鱣鮪發發　小字本相臺本同唐石經初刻撥後改發案初刻非也考釋文云發發補末反威貌馬云魚著罔尾發發然是初刻依馬義而改用撥字也舊唐書譏石經字體乖師法此類是也

則非曰國中之女　閩本明監本毛本同案浦鏜云曰當目字誤是也

附釋音毛詩注疏卷第三（三之三）（十一）

毛詩國風　鄭氏箋　孔穎達疏

氓刺時也宣公之時禮義消亡淫風大行男女無別遂相奔誘華落色衰復相棄背或乃困而自悔喪其妃耦故序其事以風焉美反正刺淫泆也。○氓莫耕反民也韓詩云美貌別彼列反華戶花反或音花復扶又反背音佩喪息浪反妃音配風福鳳反泆音逸【疏】氓六章章十句至淫佚○正義曰言男女無別者若外言不入於閫內言不出於閫是有別也今交見往來是無別也奔誘者謂男子誘之婦人奔之也華落色衰一也言顏色之衰如華之落也或乃困而自悔者言當時皆相誘色衰乃相棄其中或有困而自悔棄喪其妃耦者故敘此自悔之事以風刺其時焉美者美此婦人反正自悔所以刺當時之淫泆也復相棄背以上總言當時一國之事或乃困而自悔以下敘此經所陳者是困而自悔之辭也上二章說女初奔男之事下四章言困而自悔也言既遂矣至於暴矣是其困也躬自悼矣盡亦已焉哉是自悔也

氓之蚩蚩抱布貿絲氓民也蚩蚩者敦厚之貌布幣也箋云幣者所以貿買物也季春始蠶孟夏賣絲○蚩尺之反貿莫豆反匪來貿絲來即我謀箋云匪非即就也此民非來買絲但來就我欲與我謀為室家也送子涉淇至于頓丘丘一成為頓丘箋云子者男子之通稱言民誘己己乃送之涉淇水至此頓丘定室家之謀且為會期○頓都寸反稱尺證反匪我愆期子無良媒愆過也箋云良善也非我以欲過子之期子無善媒來告期時○愆起虔反字又作諐將子無怒秋以為期將願也箋云將請也民欲為近期故語之曰請子無怒秋以與子為期○將七羊反語魚據反【疏】氓之至為期○毛以為此婦人言己本見誘之

時有一民之蚩蚩然顏色敦厚抱布而來云當買絲此民於時本心非為來買絲但來就我欲謀為室家之道以買絲為辭以來誘己我時為男子所誘即
送此子涉淇水至於頓丘之地與之定謀且為會期男子欲即於夏中以為期己即謂之非我欲得過子之期但子無善媒來告其期時近恐難可會故願子
無怒於我與子秋以為期○鄭唯以將為請為異其以時對面與之言宜為請○傳氓民至布幣○正義曰氓民之一名對文則異異故遂人注云變民言。也異
內外也。甿猶懵懵無知貌是其別也其實通故下箋云言民誘己是也論語及靈臺註皆云民者冥也此婦人見棄乃追本男子誘己之時己所未識故以
悠天下之民言之不取於冥與無知既求謀己與之相識故以男子之通稱言之送子涉淇將子無怒是也既因有廉恥之心以君子所近而託號之以望復
關是也以婦人號夫為君子是其常稱故傳曰復關君子之所近又因男子告己云爾卜爾筮己亦答之云以爾車來也三章言士女者時賢者所言非男女
相謂也士者亦男子之大號因賢者所言故四章言士貳其行也以蚩蚩言民之狀故云敦厚貌謂顏色敦厚己所以悅之外府注云布泉也其藏曰泉其行
曰布取名於水泉其流行無不徧檀弓註云古者謂錢為泉布所以通布貨財泉亦為布也知此布非泉而言幣者以言抱之則宜為幣泉則不宜抱之也載
師鄭司農云里布者布參印書廣二寸長二尺以為幣貿易物引詩云抱布貿絲抱此布也司農之言事無所出故鄭易之云罰以一里二十五家之泉也此
布幣謂絲麻布帛之布幣者布帛之名故鹿鳴云實幣帛筐篚是也○箋季春至賣絲○正義曰月令季春云后妃齊戒以勸蠶事是季春始蠶孟夏云蠶事
既畢分繭稱絲是孟夏有絲賣之也欲明此婦人見誘之時節故言賣絲之早晚以男子既欲為近期女子請之至秋明近期不過夏末則賣絲是孟夏也○
傳丘一成為頓丘○正義曰釋丘云丘一成為敦丘再成為陶丘三成為崑崙丘孫炎曰形如覆敦敦器似盂郭璞曰成猶重也周禮曰為壇三成又云如覆
敦者敦丘孫炎曰丘一成之形象也郭璞曰敦盂也。音。頓與此字異音同○箋子者至會期○正義曰子者有德之名此男子非能有德直以子者男子之通

稱故謂之爲子也上云來即我謀男就女來與之謀也今此送之故知至此頓丘定室家之謀又下云匪我愆期則男子於此與之設期也故知且爲會期言且者兼二事也

乘彼垝垣以望復關 垝毀也復關君子所近也箋云前既與民以秋爲期期至故登毀垣鄉其所近而望之猶有廉恥之心故因復關以託號民云此時始秋也〇垝俱毀反垣音袁所近附近之近鄉許亮反本又作嚮

疏 傳復關君子所近〇正義曰復關者非人之名號而婦人望之故知君子所近之地箋又申之猶有廉恥之心故因其近復關以託號此民故下云不見復關既見復關皆號此民爲復關又知此時始秋者上云秋以爲期下四章桑之落矣爲季秋三章桑之未落爲仲秋故知此時始秋也

不見復關泣涕漣漣 言其有一心乎君子故能自悔箋云用心專者怨必深〇漣音連泣貌

既見復關載笑載言 箋云則笑則言喜之甚

爾卜爾筮體無咎言 龜曰卜著曰筮體兆卦之體箋云爾女也復關既見此婦人告之曰我卜女筮女宜爲室家矣兆卦之繇無凶咎之辭言其皆吉又誘定之〇筮市制反體如字卦兆之體也韓詩作履履幸也咎其九反著音尸繇直又反卦兆之辭也

疏 傳體兆卦之體箋兆卦至定之〇正義曰傳以經卜筮並言故兼云兆卦之體謂龜兆筮卦也左傳云其繇曰一薰一蕕十年尚猶有臭是龜之繇易曰困于石據于蒺藜是卦之繇也二者皆有繇辭此男子實不卜筮而言皆吉無凶咎者又誘以定之前因貿絲以誘之今復言卜筮以誘之故言又也

以爾車來以我賄遷 賄財遷徙也箋云女女復關也信其卜筮皆吉故答之曰徑以女車來迎我我以所有財遷徙就女也〇賄呼罪反徑經定反

桑之未落其葉沃若于嗟鳩兮無食桑葚。于嗟女兮無與士耽 桑女功之所起沃若猶沃沃然鳩鶻鳩也食桑葚過則醉而傷其性耽樂也女與士耽則傷禮義箋云桑之未落謂其時仲秋也於是時國之賢者刺此婦人見誘故于嗟而戒之鳩以非時食葚猶女子嫁不以禮耽非禮之樂〇沃如字徐於縛反葚本又作椹音甚桑實也

耽都南反鶻音骨樂音洛下同

士之耽兮猶可說也女之耽兮不可說也

箋云說解也士有百行可以功過相除至於婦人無外事維以貞信為節○行下孟反

疏桑之至不可說○毛以為桑之未落之時其葉則沃沃然盛以興己色未衰之時其貌亦灼灼然美君子則好樂於己己與之耽樂時賢者見己為夫所寵非禮耽樂故吁嗟而戒己言吁嗟鳩兮無食桑椹猶吁嗟女兮無與士耽然鳩食桑椹過時則醉而傷其性女與士耽過度則淫而傷禮義然耽雖士女所同而女思於男故言士之耽兮尚可解說女之耽兮則不可解說己時為夫所寵不聽其言今見棄背乃思而自悔○鄭以為男子既秋來見己己使之取車男子既去當桑之未落其葉沃若仲秋之時國之賢者刺己見誘故言吁嗟鳩兮無得非時食椹吁嗟女兮無得非禮與士耽士之耽兮尚可解說女之耽兮則不可解說己時不用其言至季秋乘車而從之故今思而自悔○傳桑女至禮義○正義曰言桑者女功之所起故此女取桑落與未落以興己色之盛衰毛氏之說詩未有為記時者明此以為興也言鳩鶻鳩者釋鳥云鶌鳩鶻鵃某氏曰春秋云鶻鳩氏司事春來冬去孫炎曰一名鳴鳩月令云鳴鳩拂其羽郭璞曰似山鵲而小短尾青黑色多聲宛彼鳴鳩亦此鳩也陸機云班鳩也爾雅鳩類非一知此是鶻鳩者以鶻鳩冬始去今秋見之以為喻故知非餘鳩也鳩食椹過時者謂食之過多故醉而傷其性經直言無食桑椹而云過時者以與士耽相對耽者過禮之樂則如食桑椹過時矣女與士耽以過禮故為傷禮義則時賢者戒女之過禮謂己為君子所寵過度不謂非禮之嫁為耽也○箋桑之至之樂○正義曰以上章初秋云以爾車來始令男子取車下章季秋云漸車帷裳謂始適夫家則桑之未落為仲秋明矣言士女則非自相謂之辭故知國之賢者刺其見誘而戒之其時仲秋則無椹賢者禁鳩食之由當時無也假有而食之為非時以非時之食椹以興非禮之行嫁故云耽非禮之樂鄭志張逸問箋云耽非禮之樂小雅云和樂且耽何謂也答曰禮樂者五聲八音之謂也小雅亦言過禮之盛和樂過禮之言也燕樂嘉賓過厚賢也不以禮耽者非禮之名故此禁女為之小雅論

燕樂言作樂過禮以見厚意故亦言耽而文連和樂也○箋士有至爲節○正義曰士有大功則掩小過故云可以功過相除齊桓晉文皆殺親戚篡國而立終能建立高勳於周世是以功除過也

桑之落矣其黃而隕自我徂爾三歲食貧淇水湯湯漸車帷裳隕。惰也湯湯水盛貌帷裳婦人之車也箋云桑之落矣謂其時季秋也復關以此此時車來迎己徂往也我自是往之女家女家乏穀食已三歲貧矣言此者明己之悔不以女今貧故也。幃裳童容也我乃渡深水至漸車童容猶冒此難而往又明己專心於女○隕韻謹反湯音傷漸子廉反註同漬也濕也帷位悲反隋字又作墮唐果反冒音墨難乃旦反

女也不爽士貳其行爽差也箋云我心於女故無差貳而復關之行有二意○行下孟反註同

士也罔極二三其德極中也

【疏】桑之至其德○毛以爲桑之落矣之時其葉黃而隕墜以與婦人年之老矣之時其色衰而彫落時君子則棄己使無自以託故追說見薄之漸言自我往爾男子之家三歲之後貧於衣食而見困苦己不得其志悔己本爲所誘涉湯湯之淇水而漸車之帷裳而往今乃見棄所以自悔也既追悔本之見誘而又怨之言我心於汝男子也不爲差貳而士棄何謂以二三其行於己也士也行無中正故二三其德及年老而棄己所以怨也○鄭以爲婦人言己本桑之落矣其黃而隕之時當季秋之月我往之爾家自我往汝家時已閒汝家三歲以來乏於穀食已貧矣我不以汝貧之故猶涉此湯湯之淇水漸車之帷裳冒難而來言己專心於汝如是今而見棄所以悔也餘同○傳帷裳婦人之車○正義曰傳以大夫之車立乘有蓋無幃裳此言帷裳者婦人之車故也傳於上章以桑爲女功所起爲興此桑落黃隕亦興也其黃而隕既興顏色之衰則食貧在已衰之後言自我徂爾三歲食貧謂至夫家三歲之後始貧乏於衣食漸車之難而來也故王肅曰言其色黃而隕墜也婦人不慎其行至於色衰無以自託我往之汝家從華落色衰以來三歲食貧矣貧者乏食飢而不充喻不得志也○箋桑之至於女○正義曰月令季秋草木黃落故知桑之落矣其黃

而隕其時季秋也上使以爾車來不見其迎之事此言漸車涉水是始往夫家故知復關以此時車來迎己也此始嚮夫家已言自我徂爾三歲食貧故以為其來耳而言穀食先貧者於時君子家貧恩意之情遇已漸薄已遭困苦所以自我往之汝家之時汝家乏穀食已三歲貧矣我猶渡水而來此婦人但當悔悔言己先知此貧而來明己之悔不以汝今貧之故直以二三其德恩意疏薄故耳幃裳一名童容故巾車云重翟厭翟安車皆有容蓋鄭司農云容謂襜車山東謂之裳幃或曰童容以幃障車之傍如裳以為容飾故或謂之幃裳或謂之童容其上有蓋四旁垂而下謂之襜故雜記曰其輤有裧注云裧謂鼈甲邊緣是也然則童容與襜別司農云謂襜車者以有童容上必有襜故謂之為襜車也此唯婦人之車飾為然故士昏禮云婦車亦如之有襜是也幃裳在傍渡水則濕言己雖知汝貧猶尚冒此深水漸車之難而來明己專心於汝故責復關有二意也

三歲為婦靡室勞矣箋云靡無也無居室之勞言不以婦事見困苦有舅姑曰婦

夙興夜寐靡有朝矣箋云無有朝者常早起夜臥非一朝然言己亦不解惰○解音懈言

既遂矣至于暴矣箋云言我也遂猶久也我既久矣謂三歲之後見遇浸薄乃至見酷暴○浸子鳩反

兄弟不知咥其笑咥咥然笑箋云兄弟在家不知我之見酷暴若其知之則咥咥然笑我○矣咥許意反又音熙笑也又一音許四反說文云大笑也虛記反又大結反

靜言思之躬自悼矣悼傷也箋云靜安躬身也我安思君子之遇己無終則身自哀傷

疏三歲至悼矣○正義曰婦人追說己初至夫家三歲為婦之時顏色未衰為夫所愛無室家之勞謂夫不以室家婦事以勞於己時夫雖如此己猶不恃寵自安常自早起夜臥無有一朝一夕而自解惰我已三歲之後在夫家久矣漸見疏薄乃至於酷暴矣我兄弟不知我之見遇如此若其知之則咥咥然其笑我矣我既本為夫所誘遇己不終安靜而思之身自哀傷矣○箋有舅姑曰婦○正義曰公羊傳曰稱婦有姑之辭傳以國君無父故云有姑其實婦亦對舅故士昏禮云贊見婦於舅姑是也

及爾偕

老老使我怨箋云及與也我欲與女俱至於老老乎汝反薄我使我怨也淇則有岸隰則有泮泮。坡也箋云泮讀爲畔畔涯也言淇與隰皆有厓岸以自拱持今君子放恣心意曾無所拘制〇泮音判坡本亦作陂北皮反澤陂詩傳云障也呂忱北髮反云陂阪也亦所以爲隰之限域也本或作破字未詳觀王述意似作破拱俱勇反本又作共音同總角之宴。言笑晏晏信誓旦旦總角結髮也晏晏和柔也信誓。旦旦。然箋云我爲童女未笄結髮宴然之時女與我言笑晏晏然而和柔我其以信相誓旦旦耳。言其懇惻款誠〇宴如字本或作丱者非旦說文作悬悬懇起很反惻本亦作㥽楚力反不思其反箋云反復也今老而使我怨曾不念復其前言反是不思亦已焉哉箋云已焉哉謂此不可奈何死生自決之辭【疏】及爾至已焉哉〇正義曰言男子本謂己云與汝爲夫婦俱至於老不相棄背何謂今我既老反薄我使我怨何不念其前言也然淇則有岸隰則有泮以自拱持今君子反薄而棄己放恣心意曾無所拘制言淇隰之不如本我總角之宴然幼穉之時君子與己言笑晏晏然和柔而相親與己爲信誓許偕至於老者旦旦然懇惻款誠如是及今老而使我怨是曾不思。念。復其前言而棄薄我我反復是君子不思前言之事則我。而已焉哉無可奈何〇箋我欲至我怨()正義曰以下云不思其反責其不念前言則男子之初與婦人有期約矣則此及爾偕老男子之辭故箋述之云我欲與汝俱至於老老乎汝反薄我使我怨也言反薄我明及爾偕老男子之言也老者以華落色衰爲老未必大老也〇傳泮坡箋泮讀至拘制〇正義曰以隰者下濕猶如澤故以泮爲陂澤陂傳云陂澤障是也箋以泮不訓爲陂故讀爲畔以申傳也但毛氏於詩無易字者故箋易之其義猶不異於傳也畔者水厓之名以經云有岸有泮明君子之無也故云今君子放恣心意曾無所拘制則非君子〇傳總角至旦旦然〇正義曰甫田云總角丱兮未幾見兮突而弁兮是男子總角未冠則婦人總角未笄也故箋云我爲童女未笄內則亦云男女未冠笄者總角衿纓以無笄直結其髮聚之爲兩角故內則注云。故髮結之甫田傳云總角聚兩髦也釋訓云晏晏柔也故此云晏晏和柔又曰晏晏旦旦悔爽忒也謂此婦人恨夫差貳其心變本言信故言此晏晏旦旦而自悔解言此之意非訓此字也定本云旦旦猶怛怛○箋我爲至款誠○正義曰箋言結髮宴然之時解經總角之宴經有作丱者因甫田總角丱兮而誤也定本作宴傳直云信誓旦旦然不解旦旦之義故箋申之言旦旦者言懇惻爲信誓以盡己款誠也○箋曾不復念其前言○正義曰今定本云曾不念復其前言俗本多誤復其前言者謂前要誓之言守而不忘使可反復今乃違棄是不思念復其前言也

氓六章章十句

竹竿衛女思歸也適異國而不見荅思而能以禮者也○籊籊竹竿以釣于淇興也籊籊長而殺也釣以得魚如婦人待禮以成爲室家○籊他歷反釣音弔殺色界反豈不爾思遠莫致之箋云我豈不思與君子爲室家乎君子疏遠己己無由致此道○遠如字又于萬反注同疏籊籊至致之○正義曰籊籊然長而殺之竹竿以釣於淇必得魚乃成爲善釣以與婦人嫁於夫必得禮乃成爲室家今君子不以禮荅己己豈不思與爾君子爲室家乎但君子疏遠於己己無由致此室家之道耳泉源在左淇水在右泉源小水之源淇水大水也箋云小水有流入大水之道猶婦人有嫁於君子之禮今水相與爲左右而已亦以喻己不見荅疏傳泉源至大水○正義曰泉源者泉水初出故云小水之源淇則衛地之川故知大水箋申說之言小水有流入大水合爲二之道猶婦人於君子有相親幸之禮今淇水與泉源左右而已不相入猶君子與己異處不相親故以喻己之不見荅女子有行遠兄弟父母箋云行道也女子有道當嫁耳不以不荅而違婦禮○遠于萬反淇水在右泉源在左巧笑之瑳佩玉之儺瑳巧笑貌儺行有節度箋云己雖不見荅

猶不惡君子美其容貌與禮儀也○瑳七可反沈又七何反儺乃可反說文云行有節也惡烏路反淇水滺滺檜楫松舟滺滺流貌檜柏葉松身楫所以櫂舟也舟楫相配得水而行男女相配得禮而備箋云此傷己今不得夫婦之禮○滺本亦作滺音由檜古活反又古會反木名楫本又作檝子葉反徐音集方言云楫謂之橈或謂之櫂釋名云楫捷也撥水舟行捷疾也橈音饒櫂直教反【疏】傳檜柏葉至而備○正義曰釋木云檜柏葉松身書作栝字禹貢云杶幹栝柏注云柏葉松身曰栝與此一也言楫所以櫂舟以喻女所以配男此不答之詩以舟楫喻男女故反而為與言舟楫相配得水而行男女相配得禮而備駕言出遊以寫我憂出遊思鄉衛之道○箋云適異國而不見答其除此憂維有歸耳○鄉本又作嚮同許亮反【疏】傳出遊思鄉衛之道○正義曰今定本思作斯或誤

竹竿四章章四句

芄蘭刺惠公也驕而無禮大夫刺之惠公以幼童即位自謂有才能而驕慢於大臣但習威儀不知為政以禮○芄音丸本亦作丸芄蘭草名【疏】芄蘭二章章六句至刺之○正義曰毛以為君子當柔潤溫良自謂無知今而不然是為驕慢故二章章首一句及第四句是也下二句言有威儀是無禮也次二句言佩觿佩韘明雖幼而行成人之事不當驕慢鄭以為幼而行成人之事當任用大臣不當驕慢上四句是也無之亦下二句是也○箋惠公至以禮○正義曰經言童子則惠公時仍幼童者未成人之稱年十九以下皆是也閔二年左傳曰初惠公之即位也少杜預云蓋年十八五六杜氏以傳言初衛宣公烝於夷姜生伋子為之娶於齊而美公娶之生壽及朔言為之娶於齊則宣公已即位也宣公以隱四年冬立假令五年即娶齊女至桓十二年見經凡十九年而朔尚有兄壽則宣公即位三四年始生惠公也故疑為十五六也且此自謂有才能則非身幼也經云能不我知是自謂有

才能刺之而言容。璲之美故知但習威儀不知爲政以禮

芄蘭之支興也芄蘭草也君子。之德當柔潤溫良箋云芄蘭柔弱恆蔓。延於地有所依緣則起興者喻幼穉之君任用大臣乃能成其政○恆蔓於地蔓音萬本或作蔓延於地者後人輒加耳

童子佩觿觿所以解結成人之佩也人君治成人之事雖童子猶佩觿早成其德○佩蒲對反依字從人或玉傍作者非觿許規反解結之器

雖則佩觿能不我知不自謂無知以驕慢人也箋云此幼稚之君雖佩觿與其才能實不如我衆臣之所知爲也惠公自謂有才能而驕慢所以見刺○與音餘下佩韘與同

容兮遂兮

垂帶悸兮容儀可觀佩玉遂遂然垂其紳帶悸悸然有節度箋云容容刀也遂瑞也言惠公佩容刀與瑞及垂紳帶三尺則悸悸然行止有節度。然其。德。不。稱。服○悸其季反韓詩作萃垂貌紳音身稱尺證反

疏芄蘭至悸兮○毛以爲言芄蘭之支性柔弱阿難以興君子之德當柔潤溫良今君之德何以不溫柔而爲驕慢以君今雖童子而佩成人之觿則當治成人之事當須溫柔何爲今雖則佩觿而才能不自謂我無知以驕慢人也君非直驕慢又不知爲政當以禮而徒善其外飾使容儀可觀兮佩玉璲璲兮垂其紳帶悸悸兮而內德不稱無禮以行之○鄭以爲言芄蘭之支以柔弱恆延蔓於地有所依緣則起以興幼稚之君以幼時恆闇昧於政有所任用乃能成其德教君今幼弱何以不任用大臣君雖童子佩成人之觿則當治成人之事君雖則佩觿欲治成人之事其才能實不如我衆臣之所知何故不任大臣而爲驕慢矣不知爲政以禮徒善其威儀佩容刀與瑞玉及垂紳帶使行止有節度悸悸兮而內無德以稱之○傳芄蘭至溫良○正義曰釋草云雚芄蘭郭璞曰蔓生斷之有白汁可啖陸機疏云一名蘿摩幽州人謂之雀瓢以此草支葉柔弱序刺君驕慢故以喻君子之德當柔潤溫良○箋芄蘭至其政○正義曰以此大夫刺之而下云能不我知則刺其驕慢自專故易傳取其有所依緣以興幼稚當須任用大臣也○傳觿所以至其德○正義曰內則云子事父母左佩小觿右佩大觿下別云男女未冠笄者故知成人之佩內則注云觿貌如錐以象骨爲之是

可以解結也又解童子而得佩成人之佩者由人君治成人之事故使得佩以早成其德故也尙書注云人君十二而冠佩爲成人則似十二以上要人君雖未十二亦治成人之事不必至冠也此解觿以成人自當佩之不必國君爲父母在乃服也下章韘亦佩時有之舉以言焉不必國君常佩○傳不自謂無知刺○正義曰傳以此直責君驕慢言君於才能不肯自謂我無知○箋此幼至見○正義曰箋以此大夫刺之云能不我知則大夫自我也以君才能不如我所知因解其見刺之意由自謂有才能而驕慢大臣故刺之○傳容儀至節度○正義曰傳以此三者皆言兮故各爲其狀孝經曰容止可觀大東云鞙鞙佩璲璲本所佩之物因爲其貌故言佩玉璲璲然帶之垂者唯有紳耳故知垂其紳帶也悸悸然有節度總三者之辭○箋容刀至不稱服○正義曰箋以容及璲與帶相類則皆指體言也故爲容刀與瑞知紳帶垂三尺者禮記玉藻云紳長制三尺是也行止有節度亦總三者之辭也定本云然其德不稱服

芄蘭之葉箋云葉猶支也童子佩韘韘玦也能射御則佩韘箋云韘之言沓所以彄沓手指○韘夫涉反玦本又作決音同沓徒答反彄苦侯反

疏傳韘玦箋韘之言沓○正義曰傳云玦者以禮及詩言決拾車攻傳曰決鉤弦也繕人注云玦挾矢時所以持弦飾也著右手巨指引士喪禮曰玦用正王棘若擇棘則天子用象骨爲之著右臂大指以鉤弦闓體大射士喪注皆然以士用棘故推以上用骨大射注諸侯亦用象骨以大夫用骨不必用象彼注云鉤弦與車攻傳同則一也拾一名遂以韋爲之著於左臂所以遂弦與玦別鄭以禮無以韘爲玦者故易之爲沓士喪禮曰纊極二注云極猶放弦也以沓指放弦令不挈也生者以朱韋爲之而三死用纊又二明不用也知生用朱韋而三者大射云朱極三注云以朱韋爲之食指將指無名指小指短不用此是彄沓手指也車攻云決拾既佽箋云手指相比次亦謂巨指既著玦左臂如拾右手指又著沓而相比次也

雖則佩韘能不我甲甲狎也箋云此君雖佩韘與其才能實不如我衆臣之所狎習○甲如字爾雅同徐胡甲反韓詩作狎狎戶甲反容兮遂兮垂帶悸兮

芄蘭二章章六句

河廣宋襄公母歸于衛思而不止故作是詩也宋桓公夫人衛文公之妹生襄公而出襄公即位夫人思宋義不可往故作詩以自止疏河廣二章章四句至是詩○正義曰作河廣詩者宋襄公母本爲夫所出而歸於衛及襄公即位思欲嚮宋而不能止以義不可往故作河廣之詩以自止也序言所思之意經二章皆言義不得往之事○箋宋桓至自止○正義曰左傳云公子頑烝於宣姜生文公及宋桓夫人故知文公之妹襄公桓公之子故知襄公之母今定本無襄公之母四字然子無出母之道故知當桓公之時生襄公而出今繫之襄公言母歸者明思而不止當襄公時故云襄公即位夫人思宋也所以義不得往者以夫人爲先君所出其子承父之重與祖爲一體母出與廟絕不可以私反故義不得也大戴禮及家語皆云婦有七出不順父母出爲逆無子出爲絕人世淫佚出爲其亂族疾妬出爲其亂家有惡疾出爲其不可供粢盛多口出爲其離親盜竊出爲其反義有三不去有所取無所歸不去與更三年喪不去前。貧後富貴不去於今令犯七出雖在三不去之中若不順父母與淫無子亦出雖古亦應然以其終不可絕嗣與勃德故也諸侯之夫人雖無子不出以嬪妾既多不爲絕嗣故易同人注云天子諸侯后夫人不出是也知者以春秋魯夫人無子多矣皆不出若犯餘六出則去故雜記有出夫人禮又春秋杞伯姬來。婦及此宋桓夫人皆是也王后犯出則廢之而已皆不出非徒無子故易鼎卦注云嫁於天子雖失禮無出道遠之而已以天子天下爲家其后無所出故也

誰謂河廣一葦杭之杭渡也箋云誰謂河水廣與一葦加之則可以渡之喻狹也今我之不渡直自不往耳非爲其廣○葦韋鬼反杭戶郎反與音餘下遠與同狹音洽爲于僞反疏箋一葦至喻狹○正義曰言一葦者謂一束也可以浮之水上而渡若桴栰然非一根葦也此假有渡者之辭非喻夫人之嚮宋渡河也何者此文公之時衛已在河南自衛適宋不渡河

誰謂宋遠跂

予望之箋云予我也誰謂宋國遠與我跂足則可以望見之。亦喻近也今我之不往直以義不往耳非爲其遠○跂丘豉反【疏】箋誰謂至亦喻近○正義曰宋去衛甚遠故杜預云宋今梁國睢陽縣也言跂足可見是喻近也言亦者以喻宋近猶喻河狹故俱言亦定本無亦字義亦通

誰謂河廣曾不容刀箋云不容刀亦喻狹小船曰刀○刀如字字書作舠說文作𦨴𦨴並音刀【疏】箋小舩曰刀○正義曰上言一葦桴栰之小此刀宜爲舟舩之小故云小舩曰刀說文作𦨴𦨴小舩也字異音同劉熙釋名云二百斛以上曰艇三百斛曰刀江南所謂短而廣安不傾危者也

誰謂宋遠曾不崇朝箋云崇終也行不終朝亦喻近

河廣二章章四句

伯兮刺時也言君子行役爲王前驅過時而不反焉衛宣公之時蔡人衛人陳人從王伐鄭伯也爲王前驅久故家人思之○爲于僞反又如字注下爲王並同從王伐鄭讀者或連下伯也爲句者非【疏】伯兮四章章四句至不反○正義曰此言過時者謂三月一時穀梁傳伐不踰時故何草不黃箋云古者師出不踰時所以厚民之性是也此敘婦人所思之由經陳所思之辭皆由行役過時之所致敘言爲王前驅雖辭出於經總敘四章非指一句也○箋衛宣至思之○正義曰蔡人衛人陳人從王伐鄭春秋桓五年經也時當宣公故云衛宣公之時服虔云言人者時陳亂無君則三國皆大夫也故稱人公羊傳曰其言從王伐鄭何從王正也鄭答臨碩引公羊之文言諸侯不得專征伐有從天子及伯者之禮然則宣公從王爲得其正以兵屬王節度不由於衛君而以過時刺宣公者諸侯從王雖正其時天子微弱不能使衛侯從己而宣公自使從之據其君子過時不反實宣公之由故主責之宣公而云刺時者也

伯兮朅兮邦之桀兮伯州伯也朅武貌桀特立也箋云伯君子字也桀英桀言賢也○朅丘列

反桀　其
列反【疏】傳伯州伯至特立○正義曰言為王前驅則非賤者今言伯兮故知
為州伯謂州里之伯若牧下州伯則諸侯也非衛人所得為諸侯之
州長也謂之伯伯者伯長也內則云州史獻諸州伯州伯命藏諸州府彼州伯對
閭史閭府亦謂州里之伯傑者俊秀之名人莫能及故云特立○箋伯君子字
○正義曰伯仲叔季長幼之字而婦人所稱云伯也宜呼其字不當言其官也
此在前驅而執兵則有勇力為車右當亦有官但不必州長為之揭為武貌則
傑為有德故云英傑
傑亦特立與傳一也
伯也執殳為王前驅
殳長丈二而無刃箋云兵車六等軫
也戈也人也殳也車戟也酋矛也皆
以四尺為差○殳市朱反長如字又直亮反【疏】傳殳長丈二而無刃○正義曰
軫本亦作輴之忍反酋在由反發聲矛音謀考工記云殳長尋有四尺尋八
尺又加四尺是丈二也冶氏為戈戟之刃不言殳刃是無刃也○箋兵車至為
差○正義曰因殳是兵車之所有故歷言六等之差考工記曰兵車六等之數
車軫四尺謂之一等戈祕六尺有六寸既建而迆崇於軫四尺謂之二等人長
八尺崇於戈四尺謂之三等殳長尋有四尺崇於人四尺謂之四等車戟常崇
於殳四尺謂之五等酋矛常有四尺崇於戟四尺謂之六等是也彼注云戈殳
戟矛皆插車輢此云執之者在車當插用則執之此據用以言也又盧人先言
戈殳車戟酋矛夷矛之長短乃云攻國之兵又云六建既備車不反覆注云六
建五兵與人也則六建於六等不數軫而數夷矛不引之者因六等自軫歷數
人殳以上為差之備故引之六等者自地以上數之其等差有六故注云法易
之三才六畫非六建也建者建於車上非車以上所建也凡兵車皆有六建故盧
人先言戈殳車戟酋矛夷矛乃云攻國之兵又云六建既備六建在車明矣但
記者因酋矛夷矛同為矛稱故自軫至矛為六等象三材之六畫故不數夷矛
其實六建與六等一也若自戈以上數為六等則人於六建不處其中故鄭云
車有天地之象人在其中焉明為由此故自軫數之以戈軫為地材人殳為人
材矛戟為天材人處地上故在殳下如此則得其象矣或以為凡兵車則六建
前驅則六等知不然者以考工記兵車六等之數鄭云此所謂兵車也明兵車

皆然非獨前驅也前驅在車之右其當有勇力以用五兵不得無夷矛也司兵云掌五兵鄭司農云五兵者戈殳戟酋矛夷矛又曰軍事建車之五兵註云車之五兵司農所云者是也步卒之五兵則無夷矛而有弓矢則前驅非步卒必有夷矛明矣知步卒五兵與在車不同者司右云凡國之勇力之士能用五兵者屬焉注云勇力之士屬焉者選右當於中司馬法云弓矢殳矛戈戟相助凡五兵長以衞短短以救長以司兵云建車之五兵則步卒五兵與車兵異矣夷矛長非步卒所宜用故以司馬法五兵弓矢殳矛戈戟當之車之五兵云建與六建文同故以司農所云戈殳戟酋矛夷矛當之勇力之士屬司右選右當於中則仍是步卒未爲右也故以步卒五兵解之步卒無夷矛數弓矢爲五兵在車則六建除人即五兵以弓矢不在建中故不數也其實兵車皆有弓矢故司弓矢云唐大利車戰野戰枉矢絜矢用諸守城車戰又檀弓注云射者在左又左傳曰前驅歜犬射而殺之是皆有弓矢也

自伯之東

疏自伯之東○正義曰此時從王伐鄭鄭在衞之西南而言東者時蔡衞陳三國從王伐鄭則兵至京師乃東行伐鄭也上云爲王前驅即云自伯之東明從王爲前驅而東行故據以言之非謂鄭在衞東

首如飛蓬婦人夫不在無容飾豈無膏沐誰適爲容適主也○適都歷反註同爲于僞反或如字

其雨其雨杲杲出日杲杲然日復出矣箋云人言其雨其雨而杲杲然日復出猶我言伯且來伯且來則復不來○杲杲右老反出如字沈推類反復扶又反下同

願言思伯甘心首疾甘厭也箋云願念也我念思伯心不能已如人心嗜欲所貪口味不能絶也我憂思以生首疾○厭於豔反下同嗜市志反憂思息嗣反

疏願言思伯甘心首疾○毛於二子乘舟傳曰願每也則此願亦爲每○言我每有所言則思念於伯思之厭足於心由此故生首疾○傳甘厭○正義曰謂思之不已乃厭足於心用是生首疾也凡人飲食口甘遂至於厭足故云甘厭也○箋如人至不能絶○正義曰箋以甘心者思之不能已如口味之甘故左傳云請受而甘心焉始欲取以甘心則甘心未得爲厭故云我念思伯心不能已如人心嗜欲

甘口不能絕甘與子同夢義亦然

焉得諼草言樹之背諼草令人忘憂背北堂也箋云憂以生疾恐將危身欲忘之○焉於虔反諼本又作萱況爰反說文作藼云令人忘憂也或作蘐背音佩沈又如字令力呈反忘亡向反又如字

願言思伯使我心痗痗病也○痗音每又音悔

疏焉得至心痗○毛以為君子既過時不反己思之至甚既生首疾恐以危身故言我憂如此何處得一忘憂之草我樹之於北堂之上冀觀之以忘憂伯也既久而不來每有所言思此伯也使我心病○鄭以願為念為異○傳諼草至北堂○正義曰諼訓為忘非草名故傳本其意言焉得諼草謂欲得令人善忘憂之草不謂諼為草名故釋訓云諼忘也孫氏引詩云焉得諼草是諼非草名也背者嚮北之義故知在北婦人欲樹草於堂上冀數見之明非遠地也婦人所常處者堂也故知北堂士昏禮云婦洗在北堂有司徹云致爵于主婦主婦北堂注皆云北堂房半以北為北堂堂者房室所居之地總謂之堂房半以北為北堂房半以南為南堂也昏禮注云洗南北直室東西東西直房戶與隅間謂在房室之內也此欲樹草蓋在房室之北堂者總名房外內背名為堂也

伯兮四章章四句

有狐刺時也衛之男女失時喪其妃耦焉古者國有凶荒則殺禮而多昏會男女之無夫家者所以育人民也育生長也○狐音胡喪息浪反下注同妃音配下注同殺所戒反又所例反所以育人民也本或作蕃育者非長張丈反

疏有狐三章章四句至人民○正義曰作有狐詩者刺時也以時君不教民隨時殺禮為昏至使衛之男女失年盛之時為昏而喪失其妃耦不得早為室家故刺之以古者國有凶荒則減殺其禮隨時而多昏會男女之無夫家者使為夫婦所以蕃育人民刺今不然男女失時謂失男

女年盛之時不得早爲室家至今久而無匹是喪其妃耦非先爲妃而相棄也與氓序文同而義異大司徒曰以荒政十有二聚萬民十曰多昬注云荒凶年也多昬不備禮而娶昬者多也是凶荒多昬之禮也序意言古者有此禮故刺衛不爲之而使男女失時非謂以此詩爲陳古也故經皆陳喪其妃耦不得匹行思爲夫婦之辭

有狐綏綏在彼淇梁興也綏綏匹行貌石絕水曰梁○綏音雖心之憂矣之子無裳之子無室家者在下曰裳所以配衣也箋云之子是子也時婦人喪其妃耦寡而憂是子無裳無爲作裳者欲與爲室家○無爲于僞反疏○有狐至無裳○正義曰有狐綏綏然匹行在彼淇水之梁而得其所以興今衛之男女皆喪妃耦不得匹行乃狐之不如故婦人言心之憂矣是子無室家己思欲與之爲室家裳之配衣猶女之配男故假言之子無裳己欲與爲作裳以喻己欲與之爲室家○傳綏綏匹行貌○正義曰序云喪其妃耦而言故知綏綏是匹行之貌○傳之子至配衣○正義曰以此稱婦人之辭言之子無裳則謂男子爲之子也故言之子無室家者直指言無裳則因事見義以喻己當配夫故云裳所以配衣二章傳曰帶所以申束衣則傳皆以衣喻夫以裳帶喻妻宜配之也故箋云是子無裳欲與爲室家之道申說傳裳所以配衣之義

有狐綏綏在彼淇厲厲深可厲之者○厲力滯反心之憂矣之子無帶帶所以申束衣

有狐綏綏在彼淇側心之憂矣之子無服言無室家若人無衣服○

有狐三章章四句

木瓜美齊桓公也衛國有狄人之敗出處于漕齊桓公救而封之遺之車馬器服焉衛人思之欲厚報之而作是詩也○瓜古花反遺唯季反下注同疏木瓜三章章四句至是詩○正義曰有狄

之敗懿公時也至戴公爲宋桓公迎而立之出處於漕後卽爲齊公子無虧所救戴公卒文公立齊桓公又城楚丘以封之則戴也文也皆爲齊所救而封之也下總言遺之車馬器服則二公皆爲齊所遺左傳齊侯使公子無虧帥車三百乘以戍漕歸公乘馬祭服五稱牛羊豕雞狗皆三百與門材歸夫人魚軒重錦三十兩是遺戴公也外傳齊語曰衛人出廬於漕桓公城楚丘以封之其畜散而。死。三。月齊桓公與之繫馬三百是遺文公也繫馬繫於廄之馬言遺其畜者也器服謂門材與祭服傳不言車文不備此不言羊豕雞狗舉其重者言欲厚報之則時實不能報也心所欲耳經三章皆欲報之辭

投我以木瓜報之以瓊琚木瓜楙木也可食之木瓊玉之美者琚佩玉名○瓊求營反說文云赤玉也琚音居徐又音渠楙音茂字亦作茂爾雅云楙木瓜也

匪報也永以爲好也箋云匪非也我非敢以瓊琚爲報木瓜之惠欲令齊長以爲玩好結己國。之恩也○爲好呼報反篇內同

疏投我至爲好○正義曰以衛人得齊桓之大功思厚報之而不能乃假小事以言設使齊投我以木瓜我則報之而不能乃假以瓊琚我猶非敢以此瓊琚報齊之木瓜欲令齊長以爲玩好結我以恩情而已今國家敗滅出處於漕齊桓救而封我如此大功知何以報之○傳木瓜至玉名○正義曰釋木云楙木瓜以下木桃木李皆可食之木則此木瓜亦美木可食故郭璞云實如小瓜。酸可食是也以言瓊琚琚是玉名則瓊非玉名故云瓊玉之美者言瓊是玉之美名非玉名也聘義注云瑜玉之美者亦謂玉中有美處謂之瑜瑜非玉名也有女同車云佩玉瓊琚故知琚佩玉名此言琚佩玉名下傳云瓊瑤美石瓊玖玉。名三者互也琚言佩玉名瑤玖亦佩玉名瑤言美石玖言玉。名明此三者皆玉石雜也故丘中有麻傳云玖石次玉是玖非全玉也

投我以木桃報之以瓊瑤瓊瑤美。玉○瑤音遙說文云美石匪報也永以爲好也

投我以木李報之以瓊玖瓊玖玉。名○玖音久書云玉黑色匪報也永以爲好也孔子曰吾於木瓜見苞苴之禮行箋云以果實相遺者必苞苴之尚書曰厥苞

橘柚〇苴子餘反橘均栗反柚餘救反

【疏】傳孔子至禮行〇正義曰孔叢云孔子讀詩自二南至於小雅喟然嘆曰吾於二南見周道之所成於柏舟見匹夫執志之不易於淇奧見學之可以爲君子於考槃見遯世之士而无悶於世於木瓜見苞苴之禮行於緇衣見好賢之至是也傳於篇末乃言之者以孔叢所言總論一篇之事故篇終言之小弁之引孟子亦然〇箋以果至橘柚〇正義曰箋解於木瓜所以得見苞苴之禮者凡以果實相遺者必苞苴之此投人以木瓜木李必苞苴而往故見苞苴之禮行知果實必苞之者尚書曰厥苞橘柚橘柚在苞明果實皆苞之曲禮注云苞苴裹魚肉不言苞之果實者注舉重而略之此苞之所通曲禮註云或以葦或以茅故既夕禮云葦苞二野有死麕白茅苞之是或葦或茅也

木瓜三章章四句

衞國十篇三十四章二百四句。

附釋音毛詩注疏卷第三（三之三）

阮元撰盧宣旬摘錄

○氓

氓刺時也　小字本相臺本同閩本明監本毛本亦同唐石經氓作甿案釋文云氓莫耕反民也正義云氓六章唐石經作甿者避民字諱而改之耳猶避世字諱改泄作洩也傳氓民也說文氓下同是毛詩此經作氓之證甿字取諸周禮遂人耳周禮釋文致甿亡耕反又五經文字田部甿莫鄧反又音盲者亦周禮字○按周禮亦本作氓唐人改甿

刺淫泆也　唐石經小字本相臺本同閩本明監本毛本亦同案釋文泆音逸正義標起止云至淫泆是釋文本正義本皆作佚唐石經改作泆者非也閩本以下正義中亦皆誤泆餘同此

蚩蚩者敦厚之貌　閩本明監本毛本同小字本相臺本無者字案有者衍也

非我以欲過子之期　閩本明監本毛本同小字本相臺本以作心案以字誤也考文古本以心複出亦誤

變民言也　閩本明監本毛本同案也當作甿載芟正義引作甿可證

甿猶懵　閩本明監本毛本甿誤氓案正義引羣籍可依其本書之字不順經注者此類是也或於下言字異音義同或不言者省耳皆不可據經注及正義上下文改之○按白帖引周禮作氓凡詩禮作甿者唐時最俗本耳孔沖遠所據周禮故作氓也

郭璞云敦盂也音頓　閩本明監本毛本同案音頓二字當旁行細字正義於自作音者例如此○按音頓二字亦景純語今俗

本爾雅删之

我以所有財遷徙就女也閩本明監本毛本同小字本相臺本遷作賄案賄字是也

無食桑葚唐石經小字本相臺本同案此釋文本也釋文云葚本又作椹音甚考正義本是椹字見下五經文字云椹詩或體以爲桑葚字亦其證泮水經作黮卽用字不畫一之例

言吁嗟鳩兮無食桑椹明監本毛本椹誤葚案正義椹字凡八見十行本皆從木閩本亦然是正義本作椹也此借椹爲葚而正義不易爲葚而說之者卽以椹爲正字不以椹葚爲古今字也考文及補遺皆不載亦如郭忠恕佩觿謂桑葚字不當用鈇椹字耳凡山井鼎物觀以爲誤者則不載其例如是

而女思於男閩本明監本毛本同案浦鏜云思當異字誤是也

隕惰也小字本相臺本惰作隋閩本明監本毛本亦同案惰是誤字考文古本隋作墜采正義其葉黃而隕墜而誤也黃而隕墜正義取王肅述毛語爲說耳非傳作墜

幃裳童容也小字本同閩本明監本毛本同相臺本幃作帷考文古本同案帷字是也經傳皆是帷字箋當同小字本傳亦足幃皆誤正義於箋引周禮注而說之則用幃字順彼文耳不當據改其說經傳自作帷標起止云傳帷裳

泮坡也相臺本同閩本明監本毛本同小字本坡作陂案釋文云坡本亦作陂考正義云故以泮爲陂澤陂傳云陂澤障是也箋以泮不訓爲陂

是其本作陂標起止云傳泮陂當誤也

總角之宴　唐石經小字本相臺本同案釋文云之宴如字本或作丱者非正義云經有作丱者因甫田總角丱兮而誤也定本作宴考羔裘傳宴鮮盛貌此義當與彼同釋文正義皆不從或本是也○按鄭羔裘作晏鮮盛貌非宴字也宴不得訓鮮盛

信誓旦旦然　小字本相臺本同案正義標起止云至旦旦然又云定本云旦旦猶怛怛考釋文云旦旦說文作𢘓𢘓說文心部怛下重文云𢘓或从心在旦下詩曰信誓𢘓𢘓是許本毛詩經字作𢘓也鄭箋之本字與許異經字作旦傳同而旦即𢘓之假借故箋云言其懇惻款誠字爲之旦義仍爲𢘓實與許未嘗不合也定本改𢘓用怛又以爲傳始有此字乃去傳然一字而以猶怛怛附益之皆誤之甚者也考文古本作信誓旦旦然猶怛怛也本作旦旦猶怛怛然無信誓二字皆采正義而又皆誤

我其以信相誓旦旦耳　小字本相臺本同案段玉裁云耳當作爾其說是也傳云旦旦然箋云旦旦爾然爾一也考文古本作爾因二字不別而偶合

曾不念復其前言　相臺本同小字本念復作復念案正義標起止箋曾不復念其前言云今定本曾不念復其前言俗本多誤

則我而已焉哉　閩本明監本毛本而作亦案所改是也

注云故髮結之　閩本明監本同毛本故作收案收字是也

變本言信　閩本明監本毛本同案言當作忘形近之譌

○竹竿

遠兄弟父母唐石經小字本同閩本明監本同相臺本作遠父母兄弟毛本初刻遠兄弟父母後改從相臺本案相臺本誤也釋文以遠兄二字作音可證段玉裁云從唐石經今本誤則非韻見六書音均表

○芄蘭

合爲二之道補毛本二作一案一字是也

無之亦下二句是也閩本明監本毛本同案浦鏜云之當禮誤非也此無字是刺之誤

刺之而言容璲之美閩本明監本毛本同案經作遂傳箋同正義作璲遂璲古今字易而說之也例見前

君子之德閩本明監本毛本同小字本相臺本之作以案以字非也正義云故以喻以與君子之德當柔潤溫良今君之德何以不溫柔又云君子之德當柔潤溫良皆其證

芄蘭柔弱恆蔓延於地小字本相臺本同案此延字衍也釋文云恆蔓於地本或作恆蔓延於地者後人輒加耳考正義云恆延蔓於地乃自爲文以延蔓說蔓非其本箋有延字也延在蔓上亦其證矣各本皆誤當正之

然其德不稱服小字本相臺本同案此定本也正義云定本云然其德不稱服正義說傳云而內德不稱說箋云而內無德以稱之是與定本不同也但未有明文今無可考意必求之或當是而內德不稱考文古本服作副下有也字未見所出

玦用正玉棘若擇棘禮本明監本毛本同案浦鏜云王誤玉釋誤襋以儀閩考之浦校是也

○河廣

前貧後富貴閩本明監本毛本同案貧下浦鏜云脫賤字以大戴禮及家語考之浦校是也

杞伯姬來婦【補】婦當作歸

亦喻近也小字本相臺本同案此正義本也正義云定本無亦字義亦通考下箋云行不終朝亦喻近乃亦此箋非此箋亦上喻狹當以定本為長

○伯兮

至不反閩本明監本毛本同案反下當有焉字唐石經以下各本皆有此字也

則傑為有德故云英傑閩本明監本毛本同案經作桀注同正義作傑桀傑古今字易而說之也例見前

戈祕六尺有六寸閩本明監本毛本同案浦鏜云柲誤祕是也

諼草令人忘憂小字本相臺本同案此當作諼草令人善忘故箋云憂以生疾恐將危身欲忘之傳不言憂箋以憂申之也若傳已云忘憂則生疾危身人所共曉何煩更箋乎釋文云令人力呈反善忘亡向反又如字爾雅釋文引詩云焉得蘐草毛傳云蘐草令人善忘是釋文本不誤也正義說傳云諼訓為忘非草名故傳本其意言焉得諼草謂欲得令人善忘憂之草此正義本忘上有善字之證其仍云忘憂者以鄭說為毛說凡正義

以為毛鄭不異者其自為文每如此非傳有憂字也正義本當亦不誤釋文諼下云說文作藼云令人忘憂也皆所以著其異耳不知者反據之幷取正義自為文者以改此傳失之甚矣各本皆誤當正之考文古本作善忘憂采釋文正義仍誤存憂字

洗南北直室東西 閩本明監本毛本同案浦鏜云隅誤西以士昏禮記注考之是也

背名為堂也 閩本明監本毛本背作皆案所改是也

○有狐

所以育人民也 唐石經小字本相臺本同案正義標起止云至人民又云所以蕃育人民釋文云所以育民人也本或作蕃育者非正義云所以以蕃育人民其本當有蕃字但未有明文耳人民以作民人為是出其東門序云民人思保其室家焉蓼莪序云民人勞苦摽有梅傳亦作民人此序當同釋文有誤作人民者今正詳後考證考文古本作民人采摽有梅傳

厲深可厲之者 小字本相臺本者作旁閩本明監本毛本亦同案旁字是也者是誤字考文一本作傍此誤采他正義所易之今字耳

○木瓜

其畜散而死三月 閩本明監本毛本死作無案今齊語作其畜散而無育浦鏜云育誤分為三月二字是也

瓊玉之美者琚佩玉名 小字本相臺本同案釋文琚下云佩玉名正義云琚是玉名又云有女同車云佩玉瓊琚故知琚佩玉名段玉裁云此傳石誤為名久矣佩玉石者佩玉納閒之石也雜佩謂之佩玉有琚瑀以納閒琚瑀皆美石也鄭風正義釋文皆引說文琚佩玉名名亦石

之誤瓊爲玉之美者故引伸凡石之美者皆謂之瓊

結己國之恩也小字本相臺本同案釋文云結己國以爲恩也一本作結己國之恩也正義本無可考考文古本作以爲采釋文

酸可食是也閩本明監本毛本酸誤酢案此依今爾雅注改耳

下傳云瓊瑤美石瓊玖玉名三者互也閩本明監本毛本同案名當作石考正義下文云琚言佩玉名瑤玖亦佩玉名瑤言美石玖言玉石明此三者皆玉石雜也故丘中有麻傳云玖石次玉則玖非全玉也據此則正義本唯琚珮玉名作名其瓊瑤美石瓊玖玉石皆作石故云三者互也互謂玉名美石玉石相互也若是瓊玖玉名則與瓊琚佩玉名同與瓊瑤美石別而三者不復互矣亦不當引傳玖石次玉而說之也今正義瓊瑤美石不誤而瓊玖玉石及玖言玉石二石字皆誤爲名所當正也

瓊瑤美玉小字本相臺本同案釋文瑤下云美玉也說文云美石正義作美石見上段玉裁云正義是也說文琨珉瑤皆石之美者玉爵瑤爵爲等差在周禮禮記

瓊玖玉名小字本相臺本同案釋文玖下云玉名字書云玉黑色段玉裁云此玉石之誤王風傳玖石次玉者說文玖石次玉黑色者玉石見楊雄蜀都賦漢書西域傳師古曰玉石石之似玉者也今考正義本作玉石見上

二百四句小字本同閩本明監本毛本同唐石經相臺本四作三案四字誤

附釋音毛詩注疏卷第四（四之一）

王黍離詁訓傳第六〇陸曰王國者周室東都王城畿內之地在豫州今之洛陽是也幽王滅平王東遷政遂微弱詩不能復雅下列稱風以王當國猶春秋稱王人（十二）

毛詩國風　鄭氏箋　孔穎達疏

王城譜王城者周東都王城畿內方六百里之地〇正義曰車攻序云復會諸侯於東都謂王城也周以鎬京爲西都故謂王城爲東都王城卽洛邑漢書地理志云初洛邑與宗周通封畿東西長南北短短長相覆千里韋昭云通在二封之地共千里也臣瓚按西周方八百里八八六十四爲方百里者六十四東周方六百里六六三十六爲方百里者三十六二都方百里者百方千里也秦譜云橫有西周畿內八百里之地是鄭以西都爲八百東都爲六百其言與瓚同也鄭志趙商問定四年左傳曰曹爲伯甸言爵爲伯服在甸案曹國實今定陶去王城六七百里甸服在二服去王城一千五百里亦復不合敢問其故答曰東都之畿方六百里半之三百里定陶去王城八百里有餘豈六七百也除畿內三百里又侯五百里定陶在外何謂之不合以子魚言爲伯甸本其始封而在甸服明東都六百初則然矣西都初則亦八百相通可知周禮每言王畿千里者制禮設法據方圓而言其實地形不可如圖也蓋以西都先王所居東都貢賦所均不可並爲二畿故通數之共爲千里〇其封域在禹貢豫州太華外方之閒〇正義曰禹貢云荊河惟豫州注云州界自荊山而至于河而王城在河南洛北是屬豫州也太華卽華山也外方卽嵩高也地理志華山在京兆華陰縣南外方在穎川嵩高縣則東都之域西距太華東至於外方故云之閒〇北得河陽漸冀州之南〇正義曰僖二十五年左傳稱襄王賜晉文公陽樊溫原之田晉於是始啓南陽杜預云在晉山南河北故曰南陽是未賜

晉時爲周之畿內故知北得河陽夏官職方氏云河內曰冀州知河北之地漸冀南境也○始武王作邑於鎬京謂之宗周是爲西都○正義曰文王有聲云宅是鎬京武王成之是武王作邑於鎬京也正月云赫赫宗周謂鎬京也後平王居洛邑亦謂洛邑爲宗周祭統云即宮于宗周謂洛邑也以洛邑爲東都故謂鎬京爲西都○周公攝政五年成王在豐欲宅洛邑使召公先相宅既成謂之王城是爲東都○今河南是也○正義曰洛誥云周公曰予惟乙卯朝至于洛師我乃卜澗水東瀍水西惟洛食我又卜瀍水東亦惟洛食注云我以乙卯日至於洛邑之衆觀召公所卜之處皆可長久居民使服田相食瀍水東既成名曰成周今洛陽縣是也召公所卜處名曰王城今河南縣是也則成周洛邑同年營矣書傳云周公攝政五年營成周則知此二邑皆五年營之也成王在豐欲宅洛邑使召公先相宅書序文彼注云欲擇土中建王國使召公在前視所居者王與周公將自後往也武王已都鎬京成王尙云在豐者豐有文王廟將行就告之故召誥云王朝步自周則至于豐注云於此從鎬京行至于豐就告文王廟是也此王城於漢時爲河南縣也○召公既相宅周公往營成周今洛陽是也○正義曰召公既相宅周公往營成周亦書序文也地理志河南郡有洛陽縣周公遷殷頑民是爲成周是也○成王居洛邑遷殷頑民於成周復還歸處西都○正義曰洛誥云戊辰王在新邑烝是成王居洛邑也書序云成周既成遷殷頑民注云此皆士也周謂之頑民民無知之稱是殷頑民於成周也周本紀云太史公曰學者皆稱周伐紂居洛邑其實不然武王營之成王使召公卜居之遷九鼎焉而周復都豐鎬是成王復還歸西都○至於夷厲政教尤衰十一世幽王嬖褒姒生伯服廢申后太子宜咎奔申○正義曰周本紀云懿王立王室遂衰郊特牲曰覲禮不下堂而見諸侯下堂而見諸侯自夷王始昭二十六年左傳曰至於厲王王心戾虐萬民弗忍居王於彘是王室之衰始於懿王至於夷厲政教尤衰也十一世者以言武王作邑因據武王數之周本紀云武王崩子成王誦立崩子康王釗立崩子昭王瑕立崩子穆王滿立崩子共王緊扈立崩子懿王囏立崩共王弟孝王辟方立崩子夷王燮立崩子厲王胡立

崩子宣王靜立崩子幽王宮皇立自武王至幽王凡十二王除孝王辟方是十一世也本紀又云幽王三年嬖褒姒生伯服幽王欲廢太子太子母申侯女而爲后幽王得褒姒愛之欲廢申后幷去太子用褒姒爲后以其子伯服爲太子鄭語云王嬖褒姒使至於爲后而生伯服王欲殺太子以成伯服必求之申是申后見廢太子奔申王欲於申求之故韋昭云太子時奔申也○申侯與犬戎攻宗周殺幽王於戲○正義曰周本紀云幽王之廢后去太子也申侯怒乃與繒西夷犬戎共攻幽王幽王舉烽火徵兵兵莫至遂殺幽王麗山下虜褒姒盡取周賂而去魯語里革對成公云幽王滅於戲孔晁曰戲西周地名史記云麗山國語言於戲則是麗山之下有地名戲皇甫謐云今京兆新豐東二十里戲亭是也潘岳西征賦述幽王之亂滅云軍敗戲水之上身死麗山之北則戲亦水名韋昭云戲山名非也○晉文侯鄭武公迎宜咎于申而立之是爲平王以亂故徙居東都王城○正義曰鄭語云晉文侯於是平定天子隱六年左傳稱周桓公言於王曰我周之東遷晉鄭焉依地理志幽王敗桓公死其子武公與平王東遷周本紀云於是諸侯乃即申侯而其立故幽王太子宜咎是爲平王地理志云幽王淫褒姒滅宗周子平王東居洛邑鄭所據之文也○於是王室之尊與諸侯無異其詩不能復雅故貶之謂之王國之變風○正義曰於時王室雖衰天命未改春秋王人之微猶尊矣言與諸侯無異者以其王爵雖在政教纔行於畿內化之所及與諸侯相似故言無異也詩者緣政而作風雅繫政廣狹故王爵雖尊猶以政狹入風此風雅之作本自有體猶而云貶之謂之風者言作爲雅頌貶之而作風非謂採得其詩乃貶之也鄭志張逸問平王微弱其詩不能復雅厲王流於彘幽王滅於戲在雅何答曰幽厲無道酷虐於民以強暴至於流滅豈如平王微弱政在諸侯威令不加於百姓乎其意言幽厲以酷虐之政被於諸侯故爲雅平桓則政教不及畿外故爲風也言王國變風者謂以王當國故服虔云尊之猶稱王猶春秋之王人稱王而列於諸侯之上在風則卑矣已此列國當言周而言王則尊之故題王以當國而敘以實應故每言閔周也周本紀云平王即位五十一年崩太子泄父早死立其子林是爲桓

王二十三年崩子莊王佗立十五年崩維此三王有詩耳黍離序云閔周室之顛覆言鎬京毀滅則平王時也君子行役及揚之水葛藟皆序云平王是平王之詩矣君子陽陽中谷有蓷居中從可知兎爰序云桓王則本在葛藟之下但簡札換處失其次耳兎爰既言桓王舉上以明下明采葛大車從可知矣采葛箋云桓王之時政事不明明大車亦桓王詩也丘中有麻序云莊王不明卽莊王詩明矣故鄭於左方中以此而知皇甫謐云平王時王室微弱詩人怨而爲刺今王風自黍離至中谷有蓷五篇是也桓王失信禮義陵遲男女淫奔讒僞並作九族不親故詩人刺之今王風自兎爰至大車四篇是也如謐此言以葛藟爲桓王之詩今葛藟序云平王則謐言非也定本葛藟序云刺桓王誤也王詩次在鄭上譜退廁下者欲近雅頌與王世相次故也

黍離閔宗周也周大夫行役至于宗周過故宗廟宮室盡爲禾黍閔周室之顛覆彷徨不忍去而作是詩也宗周鎬京也謂之西周周王城也謂之東周幽王之亂而宗周滅平王東遷政遂微弱下列於諸侯其詩不能復雅而同於國風焉○離如字說文作䅺過古臥反又古禾反覆芳服反彷蒲皇反徨音皇鎬胡老反復扶又反而同於國風焉崔集注本此下更有猶尊之故稱王也今詩本皆無

【疏】黍離三章章十句至是詩○正義曰作黍離詩者言閔宗周也周之大夫行從征役至於宗周鎬京過歷故時宗廟宮室其地民皆墾耕盡爲禾黍以先王宮室忽爲平田於是大夫閔傷周室之顛墜覆敗彷徨省視不忍速去而作黍離之詩以閔之也言過故宗廟則是有所適因過舊墟非故詣宗周也周室顛覆正謂幽王之亂王室覆滅致使東遷洛邑喪其舊都雖作在平王之時而志恨幽王之敗但主傷宮室生黍稷非是追刺幽王故爲平王詩耳又宗周喪滅非平王之咎故不刺平王也彷徨不忍去敘其作詩之意未必卽在宗周而作也言宗周宮室盡爲禾黍章首上二句是也閔周顛覆彷徨不忍去三章下八句是也言周大夫行役至於宗周敘其所傷之由於經無所當也○箋宗周至風焉○正義曰鄭先爲箋而復作譜故此箋與譜大同周語云幽王

三年西周三川皆震是鎬京謂之西周也卽知王城謂之東周也論語孔子曰如有用我者吾其爲東周乎注云據時東周則謂成周爲東周者以敬王去王城而遷於成周自是以後謂王城爲西周成周爲東周故昭二十二年王子猛入于王城公羊傳曰王城者何西周也二十六年天王入于成周公羊傳曰成周者何東周也孔子設言之時在敬王居成周之後且意取周公之教頑民故知其爲東周據時成周也此在敬王之前王城與鎬京相對故言王城謂之東周也周本紀云平王東徙洛邑避戎寇平王之時周室微弱諸侯以強幷弱齊楚秦晉始大政由方伯是平王東遷政遂微弱論語註云平王東遷政始微弱者始者從下本上之辭遂者從上嚮下之稱彼言十世希不失矣據末而本初故言始也此言天子當爲雅從是作風據盛以及衰故言遂也下列於諸侯謂化之所及纔行境內政教不加於諸侯與諸侯齊其列位故其詩不能復更作大雅小雅而與諸侯同爲國風焉○**彼黍離離彼稷之苗**彼彼宗廟宮室箋云宗廟宮室毀壞而其地盡爲禾黍我以黍離離時至稷則尙苗**行邁靡靡中心搖搖**邁行也靡靡猶遲遲也搖搖憂無所愬箋云行道也道行猶行道也○搖音遙愬蘇路反**知我者謂我心憂**箋云知我者知我之情○**不知我者謂我何求**箋云謂我何求怪我久留不去**悠悠蒼天此何人哉**悠悠遠意蒼天以體言之尊而君之則稱皇天元氣廣大則稱昊天仁覆閔下則稱旻天自上降鑒則稱上天據遠視之蒼蒼然則稱蒼天箋云遠乎蒼天仰愬欲其察己言也此亡國之君何等人哉疾之甚○蒼天本亦作倉采郎反爾雅云春爲蒼天莊子云天之蒼蒼其正色邪○昊胡老反夏爲昊天旻密巾反閔也秋爲旻天○

[疏]彼黍至人哉○正義曰鎬京宮室毀壞其地盡爲禾黍大夫行役見而傷之言彼宗廟宮室之地有黍離離而秀彼宗廟宮室之地又有稷之苗矣大夫見之在道而行不忍速去遲遲然而安舒中心憂思搖搖然而無所告訴大夫乃言人有知我之情者則謂我爲心憂不知我之情者乃謂我之何求乎見我久留不去謂我有何所求索知我者希無所告語乃訴之於天

悠悠而遠者彼蒼蒼之上天此亡國之君是何等人哉而使宗廟丘墟至此也
疾之太甚故云此何人哉○傳彼彼宗廟宮室○正義曰序云宗廟宮室盡爲
禾黍故知彼彼黍彼稷是宗廟宮室之地黍與稷也作者言彼黍彼稷正謂黍稷
爲彼彼耳傳言彼彼宗廟宮室者言彼宗廟宮室之地有此黍稷也○箋宗廟至尙
苗○正義曰言毀壞者以傳文質略嫌宗廟尙存階庭生禾黍故辨之湛露傳
曰離離垂然則黍離離亦謂秀而垂也黍言離離稷言苗則是黍秀稷未秀故
云我以黍離離時至稷則尙苗苗謂禾未秀出車云黍稷方華則二物大時相
類但以稷比黍黍差爲稙故黍秀而稷苗也詩人以黍秀時至稷則尙苗六月
時也未得還歸遂至於稷之穗七月時也又至於稷之實八月時也是故三章
歷道其所更見稷則穗實改易黍則常云離離欲記其初至故不變黍文大夫
役當有期而反但事尙未周了故也○傳邁行至所愬○正義曰邁行釋言文
靡靡行舒之意故言猶遲遲也釋訓云遲遲徐也戰國策云楚威王謂蘇秦曰
寡人心搖搖然如懸旌而無所薄然則搖搖是心憂無所附著之意故爲憂思
無所愬也○箋行道也道行猶行道○正義曰今定本文當如此傳訓經之邁
以爲行箋又訓經之行以爲道嫌相涉故又釋之云道行猶行道也○傳悠悠
至蒼天○正義曰釋詁云悠遠也故知悠悠遠意釋天云穹蒼蒼天也李巡曰古
詩人質仰視天形穹隆而高其色蒼蒼故曰穹蒼是蒼天以體言之也皇君也
故尊人而君之則稱皇天昊大貌故言其混元之氣昊昊廣大則稱昊天旻閔也
言其以仁慈之恩覆閔在下則稱旻天從上而下視萬物則稱上天據人遠而
視之其色蒼蒼然則稱蒼天然以經傳言天其號不一故因蒼天而總釋之當
有成文不知出何書釋天云春爲蒼天夏爲昊天秋爲旻天冬爲上天李巡曰
春萬物始生其色蒼蒼故曰蒼天夏萬物盛壯其氣昊大故曰昊天秋萬物成
熟皆有文章故曰旻天冬陰氣在上萬物伏藏故曰上天郭璞曰旻猶愍也愍
萬物凋落冬時無事在上臨下而已如爾雅釋天以四時異名此傳言天各用
所宜爲稱鄭君和合二說故異義天號今尙書歐陽說春曰昊天夏曰蒼天秋
曰旻天冬曰上天爾雅亦云古尙書說與毛同謹案尙書堯典羲和以昊天總

勑以四時故知昊天不獨春也左傳夏四月孔丘卒稱曰旻天不弔非秋也玄之聞也爾雅者孔子門人所作以釋六藝之言蓋不誤也春氣博施故以廣大言之夏氣高明故以遠大言之秋氣或生或殺故以閔下言之冬氣閉藏而清察故以監下言之皇天者至尊之號也六藝之中諸稱天者以情所求之耳非必於其時稱之浩浩昊天求天之博施蒼天蒼天求天之高明旻天不弔求天之生殺當得其宜上天同雲求天之所爲當順其時也此之求天猶人之說事各從其主耳若察於是則堯命羲和欽若昊天孔丘卒旻天不弔無可怪耳是鄭君和合二說之事也爾雅春爲蒼天夏爲昊天歐陽說春爲昊天夏爲蒼天鄭既言爾雅不誤當從爾雅而又從歐陽之說以春昊夏蒼者鄭爾雅與孫郭本異故許慎既載今尚書說即言爾雅亦云明見爾雅與歐陽說同雖蒼昊有春夏之殊則未知孰是要二物理相符合故鄭和而釋之○箋此亡國至之甚○正義曰正月云赫赫宗周褒姒滅之亡國之君者幽王也史記宋世家云箕子朝周過殷故墟城壞生黍箕子傷之乃作麥秀之詩以歌之其詩曰麥秀漸漸兮禾黍油油兮彼狡童兮不我好兮所謂狡童者紂也過殷墟而傷紂明此亦傷幽王但不是主刺幽王故不爲雅耳何等人猶言何物人大夫非爲不知而言何物人疾之甚也○

彼黍離離彼稷之穗穗秀也詩人自黍離見稷之穗故歷道其所更見○穗音遂更音庚○行邁靡靡中心如醉醉於憂也知我者謂我心憂不知我者謂我何求悠悠蒼天此何人哉彼黍離離彼稷之實自黍離離見稷之實行邁靡靡中心如噎噎憂不能息也知我者謂我心憂不知我者謂我何求悠悠蒼天此何人哉

【疏】傳噎憂不能息○正義曰噎者咽喉蔽塞之名而言中心如噎故知憂深不能喘息如噎之然

黍離三章章十句

君子于役刺平王也君子行役無期度大夫思其危難以風焉〇難乃旦反下注同風福鳳反

疏君子于役二章章八句至風焉〇正義曰大夫思其危難謂在家之大夫思君子僚友在外之危難君子行役無期度二章上六句是也思其危難下二句是也

君子于役不知其期曷至哉箋云曷何也君子往行役我不知其反期何時當來至哉思之甚〇曷音寒末反雞棲于塒日之夕矣羊牛下來鑿牆而棲曰塒箋云雞之將棲日則夕矣羊牛從下牧地而來言畜產出入尙使有期節至於行役者乃反不也〇棲音西時如字本亦作塒音同爾雅同玉篇時理反鑿牆以棲雞鑿在各反畜許又反君子于役如之何勿思箋云行役多危難我誠思之〇疏傳鑿牆而棲曰塒〇正義曰釋宮文也又云雞棲於杙爲桀李巡曰別雞所棲之名寒鄉鑿牆爲雞作棲曰塒

君子于役不日不月曷其有佸佸會也箋云行役反無日月何時而有來會期〇佸戶括反說文口活反韓詩至也雞棲于桀日之夕矣羊牛下括雞棲于杙爲桀括至也〇括古活反弋本亦作杙羊職反或音羊特反〇君子于役苟無飢渴箋云苟且也且得無飢渴憂其飢渴也〇

君子于役二章章八句

君子陽陽閔周也君子遭亂相招爲祿仕全身遠害而已祿仕者苟得祿而已不求道行〇遠于萬反

疏君子陽陽二章章四句至而已〇正義曰作君子陽陽之詩者閔周也君子之人遭此亂世皆畏懼罪辜招呼爲祿仕冀安全己身遠離禍害已不祿更求道行故作詩以閔傷之此敘其招呼之由二章皆言其相呼之事〇箋復仕至道行〇正義曰君子仕於朝廷欲求行己之道非爲祿食而仕今言祿

仕則是止爲求祿故知是苟得祿而已不求道行也

君子陽陽左執簧右招我由房陽陽無所用其心也簧笙也由用也國君有房中之樂箋云由從也君子祿仕在樂官左手持笙右手招我欲使我從之於房中俱在樂官也我者君子之友自謂也時在位有官職也○簧音皇其

樂只且箋云君子遭亂道不行其且樂此而已○樂音洛注且樂和樂及下章同且子徐反又作且七也反

疏君子至只且○毛以爲君子祿仕賤職招呼其友此君子之友陳其呼己之事言有君子之人陽陽然無所用心在於樂官之位左手執其笙簧右手招我用此房中樂官之位言時世衰亂道教不行其且相與樂此而已○鄭唯以由爲從爲異餘同○傳陽陽至之樂○正義曰言無所用心者史記稱晏子御擁大蓋策四馬意氣陽陽甚自得則陽陽是得志之貌賢者在賤職而亦意氣陽陽是其無所用心故不憂下傳云陶陶和樂亦是無所用心故和樂也簧者笙管之中金薄鐷也春官笙師注鄭司農云笙十三簧笙必有簧故以簧表笙傳以笙簧一器故云簧笙也月令仲夏調竽笙篪簧則簧似別器者彼於竽笙篪三器之下而別言簧者欲見三器皆有簧簧非別器也若然三器皆有簧何知此非竽篪而必以爲笙者以笙師備言樂器有笙簧鹿鳴云吹笙鼓簧言吹笙則鼓簧是簧之所用本施於笙言笙可以見簧言簧可以見笙故知簧即笙非竽篪也此執笙招友欲令在房則其人作樂在房內矣故知國君有房中之樂此實天子而言國君者以令諸侯亦有此樂舉國君以明天子譜云路寢之常樂風之正經天子以周南諸侯以召南是天子諸侯皆有房中之樂也○箋由從至官職○正義曰釋詁云由從自也俱訓爲自是由得爲從以招人必欲其從己故易傳也此君子之友說君子招己故言我君子之友自謂也此人於時在位有官職故君子得招之鄭志張逸問何知在位有官職又男子焉得在房答曰房中而招人豈遠乎故知可招者當在位也招之者樂官有祿而無言責苟免時耳路寢房中可用男子是說男子得在房招友之事也斯干箋云宗廟及路寢制如明堂則天子路寢有五室無左右房矣言路寢房中可用男子者此路寢之樂謂路寢之下小寢之內作之

非於正寢作樂也何則玉藻云君日出而視朝退適路寢聽政使人視大夫大夫退然後適小寢釋服是路寢以聽政小寢以燕息路寢非燕息之所也下箋云欲使從之於燕舞之位以燕言之明不在路寢也樂實不在路寢而譜云路寢之樂者云路寢房中者以小寢是路寢之下室繫路寢言之天官宮人掌六寢之脩注云六寢者路寢一小寢五是小寢繫於路寢之事也天子小寢如諸侯之路寢故得有左右房

君子陶陶左執翿右招我由敖陶陶和樂貌翿纛也。翳也箋云陶陶猶陽陽也翳舞者所持謂羽舞也君子左手持羽右手招我欲使我從之於燕舞之位亦俱在樂官也○陶音遙翿徒刀反敖五刀反遊也纛徒報反沈徒老反俗作纛翳於計反燕本又作宴於見反

其樂只且

疏傳翿纛也翳也○正義曰釋言云翿纛也李巡曰翿舞者所持纛也孫炎曰纛舞者所持羽也又云纛翳也郭璞云所持以自蔽翳也然則翿訓為纛也纛所以為翳故傳并引之

君子陽陽二章章四句

揚之水刺平王也不撫其民而遠屯戍于母家周人怨思焉怨平王恩澤不行於民而久令屯戍不得歸思其鄉里之處者言周人者時諸侯亦有使人戍焉平王母家申國在陳鄭之南迫近彊楚王室微弱而數見侵伐王是以戍之○揚如字或作楊木之字非屯徒門反戍東遇反守也韓詩云舍思如字沈息嗣反令力呈反近附近之近或如字數音朔○

疏揚之水三章章六句至思焉○正義曰不撫其民三章章首二句是也屯戍母家次二句是也思者下二句是也此三者皆是所怨之思俱出民心故以怨配思而總之○箋怨平王至戍之○正義曰此刺平王不嫌非是周人而特言周人者時諸侯亦有使人戍焉故言周人以別之諸侯之戍亦由於王諸侯之人所以不怨者時王政不加於諸侯諸侯自使戍耳假有所怨自怨其君故周人獨怨王也車舝白華之序亦云周人但其詩在雅天下為一此則下同列國故須辨之杜預云申今南陽宛縣是也在陳鄭之

南後竟爲楚所滅故知迫近彊楚數見侵伐是以戍之○揚之水不流束薪興也揚激揚也箋云激揚之水至湍迅而不能流移束薪興者喻平王政教煩急而恩澤之令不行于下民○薪音新激經歷反湍吐端反迅音信又蘇俊反彼其之子不與我戍申戍守也申姜姓之國平王之舅箋云之子是子也彼其是子獨處鄉里不與我來守申是思之言也其或作記或作已讀聲相似○其音記詩內皆放此或作已亦同○懷哉懷哉曷月予還歸哉箋云懷安也思鄉里處者故曰今亦安不哉安不哉何月我得歸還見之哉思之甚疏揚之水至歸哉○毛以爲激揚之水豈不能流移一束之薪乎言能流移之以興王者之尊豈不能施行恩澤於下民乎言其能施行之今平王不撫下民自不爲耳非不能也王既不撫下民又復政教煩僻彼其之子在家不與我共戍申國使我獨行偏當勞苦自我之來日月已久此在家者今日安否哉安否哉何月得還歸見之哉羨其得在家思願早歸見之久不得歸所以爲怨鄭唯上二句爲異餘同○傳興也揚激揚○正義曰激揚謂水急激而飛揚波流疾之意也此傳不言興意而鄭風亦云揚之水不流束楚文與此同傳曰激揚之水可謂不能流漂束楚乎則此亦不與鄭同明別爲興○箋懷安至之甚○正義曰釋詁云懷安止也俱訓爲止是懷得爲安此承不與我戍申之下故知思鄉里處者之安否也役人所思當思其家但既怨王政不均羨其在家處者雖託辭於處者願早歸而見之其實所思之甚在於父母妻子耳揚之水不流束楚楚木也○彼其之子不與我戍甫甫諸姜也懷哉懷哉曷月予還歸哉疏傳甫諸姜○正義曰尙書有呂刑之篇禮記引之皆作甫刑孔安國云呂侯後爲甫侯周語云祚四岳爲侯伯賜姓曰姜氏曰有呂又曰申呂雖衰齊許猶在是申與甫許同爲姜姓故傳言甫諸姜許諸姜皆爲姓與申同也平王母家申國所戍唯應戍申不戍甫許也言甫許者以其同出四岳俱爲姜姓既重章以變文因借甫許以言申其實不戍甫許也六國時秦趙皆伯益之後同爲嬴姓史記漢書多謂秦爲趙亦此類

也○揚之水不流束蒲蒲草也箋云蒲蒲柳○蒲如字孫毓云蒲草之聲不與戍許相協箋義爲長今則二蒲之音未詳其異耳彼其之子不與我戍許許諸姜也懷哉懷哉曷月予還歸哉疏箋蒲蒲柳○正義曰以首章言新下言蒲楚則蒲楚是薪之木名不宜爲草故易傳以蒲爲柳陸機疏云蒲柳有兩種皮正青者曰小楊其一種皮紅者曰大楊其葉皆長廣於柳葉皆可以爲箭幹故春秋傳曰菫澤之蒲可勝既乎今又以爲箕鑵之楊也

揚之水三章章六句

中谷有蓷閔周也夫婦日以衰薄凶年饑饉室家相棄爾○蓷吐雷反韓詩云茺蔚也廣雅又名益母飢本或作饑居疑反穀不熟饉音覲蔬不熟疏中谷有蓷三章章六句至棄爾○正義曰作中谷有蓷詩者言閔周也平王之時民人夫婦之恩日日益以衰薄雖薄未至棄絶遭遇凶年饑饉遂室家相離棄耳夫婦之重逢遇凶年薄而相棄是其風俗衰敗故作此詩以閔之夫婦日以衰薄三章章首二句是也凶年饑饉室家相棄下四句是也夫婦衰薄以凶年相棄假陸草遇水而傷以喻夫恩薄厚蓷之傷於水始則濕中則脩久而乾猶夫之於婦初已衰稍而薄久而甚甚乃至於相棄婦既見棄先舉其重然後倒本其初故章首二句先言乾次言脩後言濕見夫之遇己用凶年深淺爲薄厚也下四句言婦既被棄怨恨以漸而甚初而嘆次而歗後而泣既嘆而後乃歗艱難亦輕於不淑何嗟及矣是決絶之語故以爲篇終雖或逆或順各有次也○中谷有蓷暵其乾矣興也蓷鵻也暵菸貌陸草生於谷中傷於水箋云興者喻人居平安之世猶鵻之生於陸自然也遇衰亂凶年猶鵻之生谷中得水則病將死○暵呼但反徐音漢說文云水濡而乾也字作𤅩又作灘皆他安反鵻音隹爾雅又作萑音同菸於據反何音於說文云鬱也廣雅云臰也有女

仳離嘅其嘆矣仳別也箋云有女遇凶年而見棄與其君子別離嘅然而嘆傷己見棄其恩薄○仳仳匹指反徐符鄙反又敷姊反字林父几扶罪二反嘅口愛反嘆本亦作歎吐丹反協韻也嘅其嘆矣遇人之艱難矣艱亦難也箋云所以嘅然而嘆者自傷遇君子之窮厄○

疏中谷至難矣○正義曰言谷中之有蓷草為水浸之暵然其乾燥矣以喻凶年之有婦人其夫遇之恩情甚衰薄矣蓷草宜生高陸之地今乃生於谷中為谷水浸之故乾燥而將死喻婦人宜居平安之世今乃居於凶年為其夫薄之故情疎而將絕恩既疎薄果至分離矣有女與夫別離嘅然其長嘆矣所以長嘆者自傷逢遇人之艱難於己矣人者斥其夫艱難謂無恩情而困苦之○傳蓷離至於水○正義曰釋草云萑蓷李巡曰臭穢草也郭璞曰今茺蔚也葉似萑方莖白華華生節間又名益母陸機疏云舊說及魏博士濟陰周元明皆云菴蕳是也韓詩及三倉說悉云益母故曾子見益母而感案本草云益母茺蔚也一名益母故劉歆曰蓷臭穢臭穢即茺蔚也說文云暵燥也易曰燥萬物者莫暵乎火說文云蔫菸也然則由菸死而至於乾燥以暵為菸也釋水云水注川曰谿注谿曰谷谷是水之所注蓷處其中而乾故知以陸草傷水為喻○傳仳別○正義曰以仳與離共文故知當為別義也

中谷有蓷暵其脩矣脩且乾也○脩如字本或作𦠆音同有女仳離條其歗矣條條然歗也○歗籀文嘯字本又作嘯條其歗矣遇人之不淑矣箋云淑善也君子於己不善也

中谷有蓷暵其濕矣離遇水則濕箋云離之傷於水始則濕中而脩久而乾有似君子於己之恩徒用凶年深淺為厚薄○徒如字徒空也沈云當作從有女仳離啜其泣矣啜泣貌○啜張劣反啜其泣矣何嗟及矣箋云及與也泣者傷其君子棄己嗟乎將復何與為室家乎此其有餘厚於君子也○復扶又反

疏箋離之薄厚○正義曰以水之浸草當先濕後乾今詩立文先乾後濕故知喻君子於己有薄厚從其甚而本之也但君子於己自薄因遭凶年益甚故云徒用凶年深淺為薄厚徒空

也言其意自薄己空假凶年爲辭也○箋及與至君子○正義曰及與釋詁文嗟乎復何與爲室家乎其意言舍此君子則無所與此其有餘厚於君子定本作餘俗本作殊非也

中谷有蓷三章章六句

兔爰閔周也桓王失信諸侯背叛構怨連禍王師傷敗君子不樂其生焉不樂其生者寐不欲覺之謂也○背音佩樂沈音岳又音洛注同覺古孝反又如字下同【疏】兔爰三章章七句至生焉○正義曰作兔爰詩者閔周也桓王失信於諸侯諸侯背叛之王與諸侯交搆怨惡連結殃禍乃與師出伐諸侯諸侯禦之與之交戰於是王師傷敗國危役賦不息使君子之人皆不樂其生焉故作此詩以閔傷之也隱三年左傳曰鄭武公莊公爲平王卿士王貳於虢鄭伯怨王王曰無之故周鄭交質王子狐爲質於鄭鄭公子忽爲質於周及平王崩周人將畀虢公政四月鄭祭足帥師取溫之麥秋又取成周之粟周鄭交惡君子曰信不由中質無益也是桓王失信之事也桓五年左傳曰王奪鄭伯政鄭伯不朝是諸侯背也傳又曰秋王以諸侯伐鄭王爲中軍虢公林父將右軍蔡人衛人屬焉周公黑肩將左軍陳人屬焉鄭伯禦之曼伯爲右拒祭仲足爲左拒原繁高渠彌以中軍奉公爲魚麗之陳戰於繻葛蔡衛陳皆奔王卒亂鄭師合以攻之王卒大敗祝聃射王中肩是王師傷敗之事也傳稱射王中肩自是矢傷王身此言師敗正謂軍敗耳據邶谷風序云國俗傷敗止言俗敗則知此云傷敗亦止言師敗非謂王身傷也序云君子不樂其生之由三章下五句皆言不樂其生之事章首二句言王政有緩有急君子亦爲此而不樂序不言略之也

有兔爰爰雉離于羅興也爰爰緩意鳥網爲羅言爲政有緩有急用心之不均箋云有緩者有所聽縱也有急者有所躁蹙也○躁七刀反本亦作懆沈七感反今作躁與定本異與箋義合蹙子六反本亦作戚七歷

反我生之初尚無爲尚無成人爲也箋云尚庶幾也言我幼稚之時庶幾於無所爲謂軍役之事也我生之後逢此百罹尚寐無吪罹憂吪動也箋云我長大之後乃遇此軍役之多憂今但庶幾於寐不欲見動無所樂生之甚○罹本又作離力知反吪本亦作訛五戈反長張丈反大音代貸反

疏有兔至無吪正義曰言有兔無所拘制爰爰然而緩有雉離於羅網之中而急此二者緩急之不均以喻王之爲政有所聽縱者則緩有所躁蹙者則急此言王爲政用心之不均也故君子本而傷之言我生初幼稚之時庶幾無此成人之所爲言其冀無征役之事也今我生之後年已長大乃逢此軍役之百憂既不能殺身庶幾。服寐而無動耳言不樂其生也○傳爰爰至不均○正義曰釋訓云爰爰緩也釋器云鳥罟謂之羅李巡曰鳥飛張網以羅之此經兔言緩則雉爲急矣雉言在羅則兔無拘制矣舉一緩一急之物故知喻政有緩急用心之不均也箋有所躁蹙者定本作操義竝得通○箋尚庶幾至之事○正義曰釋言云庶幾尚也是尚得爲庶幾也易。云庶幸也幾覬也是庶幾者幸覬之意也以傳云尚無成人者爲成人之所爲正謂軍役之事申述傳意○傳罹憂吪動○正義曰皆釋詁文

有兔爰爰雉離于罦罦覆車也○罦音俘郭云今之翻車大網也覆芳服反車赤奢反我生之初尚無造造。僞也我生之後逢此百憂尚寐無覺

疏傳罦覆車正義曰下傳罿罬與此一也釋器云繴謂之罿罿罬也罬謂之罦罦覆車也孫炎曰覆車網可以掩兔者也一物五名方言異也郭璞曰今之翻車也有兩轅中施罥以捕鳥展轉相解廣異語也

有兔爰爰雉離于罿罿罬也○罿昌鍾反韓詩云施羅於車上曰罿字林上凶反罬張劣反郭徐姜雪姜穴反爾雅云罬謂之罦罦覆車也○我生之初尚無庸庸用也箋云庸勞也我生之後逢此百凶尚寐無聰聰聞也箋云百凶者王構怨連禍之凶

兎爰三章章七句

葛藟王族刺平王也周室道衰棄其九族焉九族者據己上至高祖下及玄孫之親○藟力軌反藟似葛廣雅云藟藤也刺桓王本亦作刺平王按詩譜是平王詩皇甫士安以爲桓王之詩崔集注本亦作桓王○【疏】葛藟三章章六句至族焉○正義曰棄其九族者不復以族食族燕之禮敘而親睦之故王之族人作此詩以刺王也此敘其刺王之由經皆陳族人怨王之辭定本云刺桓王義雖通不合鄭譜○箋九族至之親○正義曰此古尚書釋鄭取用之異義九族今戴禮尚書歐陽說云九族乃異姓有親屬者父族四五屬之內爲一族父女昆弟適人者與其子爲一族己女昆弟適人者與其子爲一族己之子適人者與其子爲一族母族三母之父姓爲一族母之母姓爲一族母女昆弟適人者爲一族妻族二妻之父姓爲一族妻之母姓爲一族古尚書說九族者上從高祖下至玄孫凡九皆爲同姓謹案禮緦麻三月以上恩之所及禮爲妻父母有服明在九族不得但施於同姓玄之聞也婦人歸宗女子雖適人字猶繫姓明不與父兄爲異族其子則然昏禮請期辭曰惟是三族之不虞欲及今三族未有不億度之事而迎婦也如此所云則三族當有異姓異姓其服皆緦麻緦麻之服不禁嫁女娶妻是爲異姓不在族中明矣周禮小宗伯掌三族之別喪服小記說族之義曰親親以三爲五以五爲九以此言之知高祖至玄孫昭然察矣是鄭以古說長宜從之事也古尚書說直云高祖至玄孫凡九不言之親此言之親欲見同出高祖者當皆親之此言棄其九族正謂棄其同出高祖者非棄高祖之身

其

緜緜葛藟在河之滸興也緜緜長不絕之貌水厓曰滸箋云葛也藟也生於河之厓得其潤澤以長大而不絕興者喻王之同姓得王之恩施以生長其子孫○滸呼五反長不張丈反下同涯本亦作厓魚佳反施始豉反下同

終遠兄弟謂他人父兄弟之道已相遠矣箋云兄弟猶言族親也王寡於恩施今已遠棄族親矣是我謂他人爲己父族人尚親親之辭○遠

于萬反又如字注下皆同謂他人父亦莫我顧箋云謂他人爲己父無恩於我亦無顧眷我之意○疏緜緜至我顧○正義曰緜緜然枝葉長而不絕者乃是葛藟之草所以得然者由其在河之滸得河之潤故也以興子孫長而昌盛者乃是王族之人所以得然者由其與王同姓得王之恩故也王族宜得王之恩施猶葛藟宜得河之潤澤王何故棄遺我宗族之人乎王終是遠於兄弟無復恩施於我是我謂他人爲己父也謂他人爲己父則無恩於我亦無肯於我有顧戀之意言王無恩於己與他人爲父同責王無父之恩也○傳水厓曰滸○正義曰釋水云滸水厓李巡曰滸水邊地名厓也

緜緜葛藟在河之涘涘厓也○涘音俟涯也○終遠兄弟謂他人母王又無母恩○謂他人母亦莫我有箋云有識有也疏傳涘厓○正義曰釋丘云涘爲厓李巡曰涘一名厓郭璞曰謂水邊也○箋王又無母恩○正義曰又者亞前之辭上言謂他人父責王無父恩也此言謂他人母責王又無母恩也然則下章謂他人昆責王無兄恩也定本及諸本又作后義亦通

緜緜葛藟在河之漘漘水隒也○漘順春反爾雅云夷上洒下水漘旁從水郭云涯上平坦而下水深爲漘不發聲也隒魚檢反何音檢爾雅云重甗隒郭云形似累兩重甑上大下小李巡云隒阪也詩本又作水旁兼者字書音呂恬理染二反廣雅云隒清也與此義乖○終遠兄弟謂他人昆昆兄也謂他人昆亦莫我聞箋云不與我相聞命也疏傳漘水隒○正義曰釋丘云夷上洒下不漘李巡曰夷上平上洒下陗下故名漘孫炎曰平上陗下故名曰漘不行者蓋衍字郭璞曰厓上平坦而下水深者爲漘不發聲也此在河之漘即彼漘也釋山云重甗隒孫炎曰山基有重岸也隒是山岸漘是水岸故云水隒○傳昆兄○正義曰釋親文○

葛藟三章章六句

采葛懼讒也桓王之時政事不明臣無大小使出者則為讒人所毀故懼之○使所吏反下竝同 疏 采葛三章章三句至讒也○正義曰三章如此次者既以葛蕭艾為喻因以月秋歲為韻積日成月積月成時積時成歲欲先少而後多故以月秋歲為次也臣之懼讒於小事大事其憂等耳未必小事之憂則如月急事之憂則如歲設文各從其韻不由事大憂深也年有四時時皆三月三秋謂九月也設言三春三夏其義亦同作者取其韻耳

彼采葛兮一日不見如三月兮興也葛所以為絺綌也事雖小一日不見於君憂懼於讒矣箋云興者以采葛喻臣以小事使出○ 疏 彼采至月兮○正義曰彼采葛草以為絺綌以興臣有使出而為小事兮其事雖小憂懼於讒一日不得見君如三月不見君兮日久情疎為懼益甚故以多時況少時也○傳葛所至讒矣○正義曰言所以為絺綌者以其所采疑作當暑之服比於祭祀療疾乃緩而且小故以喻小事使出也大事容或多過小事當一無愆咎但桓王信讒之故其事唯小一日不見於君已憂懼於讒矣

彼采蕭兮一日不見如三秋兮蕭所以共祭祀箋云彼采蕭者喻臣以大事使出○共音恭○ 疏 傳蕭所以共祭祀○正義曰釋草云蕭荻李巡曰荻一名蕭陸機云今人所謂荻蒿者是也或云牛尾蒿似白蒿白葉莖麤科生多者數十莖可作燭有香氣故祭祀以脂爇之為香許慎以為艾蒿非也郊特牲云既奠然後爇蕭合馨香王氏云取蕭祭脂是蕭所以供祭祀也成十三年左傳曰國之大事在祀與戎故以祭祀所須者喻大事使出

彼采艾兮一日不見如三歲兮艾所以療疾箋云彼采艾者喻臣以急事使出○艾五蓋反

采葛三章章三句

大車刺周大夫也禮義陵遲男女淫奔故陳古以刺今大夫不能聽男女之訟

焉疏大車三章章四句至訟焉○正義曰經三章皆陳古者大夫善於聽訟之事也陵遲猶陂陁言禮義廢壞之意也男女淫奔謂男淫而女奔之也檀弓曰合葬非古也自周公以來未之有改然則周法始合葬也經稱死則同穴則所陳古者陳周公以來賢大夫○

大車檻檻毳衣如菼

大車大夫之車檻檻車行聲也毳衣大夫之服菼騅也蘆之初生者也天子大夫四命其出封五命如子男之服乘其大車檻檻然服毳冕以決訟箋云菼薍也古者天子大夫服毳冕以巡行邦國而決男女之訟則是子男入為大夫者毳衣之屬衣繢而裳繡皆有五色焉其青者如騅○檻胡覽反毳尺銳反冕名菼吐敢反騅本亦作萑音佳蘆力吳反薍五患反行下孟反繢胡妹反○

豈不爾思畏子不敢

畏子大夫之政終不敢箋云此二句者古之欲淫奔者之辭我豈不思與女以為無禮與畏子大夫來聽訟將罪我故不敢也子者稱所尊敬之辭○禮與音餘○

疏大車至不敢○正義曰言古者大夫乘大車而行其聲檻檻然身服毳冕之衣其有青色者如菼草之色○然乘大車服毳冕巡行邦國決男女之訟於時男女莫不畏之有女欲奔者謂男子云我豈不於汝思為無禮之交與畏子大夫之政必將罪我故不敢也古之大夫使民畏之若此今之大夫不能然故陳古以刺之也○傳大車至決訟○正義曰以序云陳古大夫故知大車是大夫之車春官巾車云革路以封四衛四衛四方諸侯守衛者謂蠻服以內又云大夫乘墨車然則王朝大夫於禮當乘墨車以大夫出封如子男之服則車亦得乘諸侯之車此大車蓋革路也檻檻聲之狀故為車行聲陳古大夫而云毳衣故知毳衣大夫之服也菼騅釋言文郭璞曰菼草色如騅在青白之間傳以經云如菼以衣冠比菼色故先解菼色又解草言菼菼是蘆之初生釋草云葭蘆菼薍孫炎郭璞皆以蘆薍為二草李巡舍人樊光以蘆薍為一草此傳菼為蘆之初生則意同李巡之輩以蘆菼為一也春官司服曰子男之服自毳冕而下卿大夫之服自玄冕而下則大夫不服毳冕傳又解其得服之意天子大夫四命其出封五命如子男之服故得服毳冕也春官典命職曰王之三公八命其卿六命其大夫四命及其出封皆

加一等鄭解周禮出封謂出於畿內封爲諸侯加一等褒有德也謂大夫爲子男卿爲侯伯其命加於王朝一等耳非謂使出封畿外即加命也今傳言大夫四命出封五命則毛意以周禮出封謂出於封畿非封爲諸侯也尊王命而重其使出於封畿即得加命反於朝廷還服其本此陳古者大夫出封聽訟故得如子男之衣服乘其大車檻檻然服毳冕以決訟也此時王政纔行境內而已周人刺其大夫不能聽境內之訟無復出封之事但作者陳出封之事以刺之耳○箋菼薍至如騅○正義曰菼薍釋草文以傳解菼色未辨草名故取爾雅以定之鄭以周禮出封謂爲諸侯乃加一等出封行使則不得然此詩陳古天子大夫服毳冕以決訟則是其人於禮自得服之緣此服之貴賤準其官之尊卑解得服之所由故云則是子男入爲大夫者也王朝之卿大夫出封於畿外褒有德加一等使卿爲侯伯大夫爲子男其諸侯入於王朝爲卿大夫者以其本爵仍存直以入仕爲榮耳不復更加其命數故侯伯入爲卿子男入爲大夫諸侯之數衆王朝之官少或亦侯伯爲大夫非唯子男耳隱十一年左傳曰滕侯曰我周之卜正顧命孔安國注云齊侯呂伋爲天子虎賁氏是侯伯入爲大夫者也以其本爵先尊服其於國之服故鄭志答趙商云諸侯入爲卿大夫與在朝仕者異各依本國如其命數是由尊諸侯使之以其命此陳子男爲大夫仍得服毳冕也又解毳衣之色所以得如菼者以毳衣之屬衣則畫繪爲之裳則刺繡爲文由皆有五色其青色者則如騅故得如菼色言毳衣之屬者自毳以上當有袞冕鷩冕與毳冕之服其衣皆用繢也若絺冕則衣刺粉米唯用繡玄冕則衣無文不復用繡明毳衣之屬正謂袞鷩耳知衣繢裳繡者考工記言畫繢之事則繢謂畫之也皋陶謨云予欲觀古人之象日月星辰山龍華蟲作會宗彝藻火粉米黼黻絺繡於華蟲以上言作繢明畫爲繢文宗彝以下言絺繡明是絺爲繡文但王者相變禮制不同周法火與宗彝亦畫而爲衣不復在裳故鄭於司服引尚書以校之周禮考之而立說云古者天子冕服十二章至周而以日月星辰畫於旌旗而冕服九章登龍於山登火於宗彝九章初一曰龍次二曰山次三曰華蟲次四曰火次五曰宗彝皆畫以爲繢次六曰藻次七

曰粉米次八曰黼次九曰黻皆絺以爲繡則袞之衣五章裳四章凡九也鷩畫以雉謂華蟲也其衣三章裳四章凡七也毳畫虎。雉謂宗彝也其衣三章裳二
章凡五也絺刺粉米無畫也其衣一章裳二章凡三也玄者衣無文裳刺黻而已是以謂之玄焉如鄭此言是毳以上則衣用繢絺冕則衣亦繡也知繡皆有
五色者考工記曰畫繢之事雜五色又曰五色備謂之繡是繢繡皆五色其青者如騅其赤者如赬故二章各舉其一耳傳以菼爲騅箋以菼爲亂似如易傳
又言其青者如騅復似從傳張逸疑而問之鄭答云騅鳥青非草名亂亦青故其青者如騅○大車哼哼毳衣如璊哼哼重遲之貌璊赬
也○哼他敦反徐又徒孫反璊音門說文作璊云以毳爲罽也解此璊云玉赬色也木之赤苗謂之虋玉色如之赬勑貞反赤也○豈不爾思畏
子不奔疏傳哼哼至璊赬○正義曰哼哼行之貌故爲重遲上言行之聲此言行之貌互相見也釋器云一染謂之縓再染謂之赬郭璞云淺赤也
說文云璊玉赤色故以璊爲赬穀則異室死則同穴謂予不信有如皦日穀生皦白也生在於室則外內異死則神
合同爲一也箋云穴謂塚壙中也此章言古之大夫聽訟之政非但不敢淫奔乃使夫婦之禮有別今之大夫不能然反謂我言不信我言之信如白日也刺
其闇於古禮○皦本又作皎古了反壙苦晃反別彼列反疏穀則至皦日○正義曰言古之大夫聽政也非徒不敢淫奔又令室家有禮使夫之與婦生則
異室而居死則同穴而葬男女之別如此汝今時大夫若謂我此言爲不信乎我言之信有如皦然之白日言其明而可信也刺今大夫闇於古禮而不信此
言也○傳穀生至爲一○正義曰穀生釋言文皦者明白之貌故爲白也內則曰禮始於謹夫婦宮室辨外內男不入女不出是禮也生在於室則內外異死
所以得同穴者死則神合同而爲一故得同穴也祭統曰鋪筵設同几春官司几筵注云周禮雖。今葬及同時在殯皆異几體實不同祭於廟中同几精氣合
也是既葬之後神合爲一神合故可以同穴也

大車三章章四句

丘中有麻，思賢也。莊王不明，賢人放逐，國人思之，而作是詩也。思之者，思其來，已得見之。

【疏】丘中有麻三章章四句至是詩○正義曰：毛以爲放逐者本在位有功，今去而思之；鄭以爲去治賤事，所在有功，故思之。意雖小異，三章俱是思賢之事。○箋思之至見之○正義曰：箋以爲施施爲見已之貌，來食謂已得食之，故以思之爲思其來已得見之。毛以來食爲子國復來我乃得食，則思其更來在朝，非徒思見而已。其意與鄭小異。子國是子嗟之父，俱是賢人，不應同時見逐。若同時見逐，當先思子國，不應先思其子。今首章先言子嗟，二章乃言子國，然則賢人放逐止謂子嗟耳。但作者既思子嗟，又美其弈世有德，遂言及子國耳。故首章箋傳曰麻麥草木乃彼子嗟之所治，是言麥亦子嗟所治，非子國之功也。二章箋言子國使丘中有麥，著其世賢。言著其世賢，則是引父以顯子，其意非思子國也。卒章言彼留之子，亦謂子嗟耳。○

丘中有麻，彼留子嗟。留，大夫氏。子嗟，字也。丘中墝埆之處，盡有麻麥草木，乃彼子嗟之所治。箋云：子嗟放逐於朝，去治卑賤之職而有功，所在則治理，所以爲賢。○墝，本亦作墽，苦交反。埆，苦角反，又音學，本或作遠，此從孫義而誤耳。

彼留子嗟，將其來施施。施施，難進之意。箋云：施施，舒行伺閒獨來見己之貌。○將，王申毛如字，鄭七良反，下同。施，如字，伺音司，閒音閑，又如字。○

【疏】丘中至來施施○毛以爲子嗟在朝有功，今而放逐在外，國人觀其業而思之。言丘中墝埆之處所以得有麻者，乃留氏子嗟之所治也，由子嗟教民農業使得有之。今放逐於外，國人思之，乃遙述其行：彼留氏之子嗟，其將來之時，施施然甚難進而易退，其肯來乎？言不肯復來，所以思之特甚。○鄭以爲子嗟放逐於朝，去治卑賤之職。言丘中墝埆之處今日所以有麻者，彼留氏之子嗟往治之耳。故云所在則治理，信是賢人。國人之意，願得彼留氏之子嗟，其將欲來，舒行施施然，伺候閒暇，獨來見己，閔其放逐，愛其德義，冀來見己，與之盡懽。○傳留大至所治○正義曰賢人放逐明爲大夫而去下云彼留之子與易稱顏氏之子其文相類故知劉氏大夫氏也子者有德之稱古人以子爲字與嗟連文故知字也釋丘云非人力爲之丘丘是地之高者在丘之中故云墝埆之處墝埆謂地之瘠薄者也傳探下章而解之故言麻麥草木也木卽下章李也兼言草以足句乃彼子嗟之所治謂子嗟未去之日教民治之也定本云丘中墝埆遠盡有麻麥草木與俗本不同也○箋子嗟至爲賢○正義曰箋以有麻之下卽云彼留子嗟則是子嗟今日所居有麻麥也且丘中是隱遁之處故易傳以爲去治卑賤之職而有功孝經云居家理故治可移於官子嗟在朝則能助教行政隱遁則能使墝埆生物所在則治理是其所以爲賢也○傳施施難進之意○正義曰傳亦以施施爲舒行由賢者難進故來則舒行言其本性爲然恐將不復更來故思之也○箋施施至之貌○正義曰箋以思之欲使更來不宜言其難進且言其將者是冀其復來故易傳以爲伺候閒暇獨來見己之貌此章欲其獨來見己下章冀得設食以待之亦事之次也○

丘中有麥彼留子國子國子嗟父箋云言子國使丘中有麥著其世賢○**彼留子國將其來食**子國復來我乃得食箋云言其將來食庶其親己己得厚待之○食如字一云鄭音嗣復扶又反○

疏傳子國子嗟父正義曰毛時書籍猶多或有所據未詳毛氏何以知之○箋言子至世賢○正義曰箋以丘中有麻是子嗟去往治之而此章言子國亦能使丘中有麥是顯著其世賢言其父亦是治理之人耳非子國實使丘中有麥也○傳子國至得食○正義曰傳言以子國教民稼穡能使年歲豐穰及其放逐下民思之乏於飲食故言子國其將來我乃得有食耳○箋言其至待之○正義曰準上章思者欲令子國見己言其獨來就我飲食庶其親己來至己家己得厚禮以待之思賢之至欲飲食之也○

丘中有李彼留之子箋云丘中而有李又留氏之子所治**彼留之子貽我佩玖**玖石次玉者言能遺我美寶箋云留氏之子於思者則朋友之子庶其敬己而遺己也○貽音怡玖音久說文紀又反云石之次玉黑色者遺唯季反下同○

疏傳玖石至美寶

○正義曰玖是佩玉之名故以美寶言之美寶猶美道傳言以爲作者思而不能見乃陳其昔日之功言彼留氏之子有能遺我以美道謂在朝所施之政教○箋留氏至遺己○正義曰箋亦以佩玖喻美道所異者正謂今日冀望其來敬己而遺己耳非是昔日所遺上章欲其見己己得食之言己之待留氏此章留氏之子遺我以美道欲留氏之子教己是思者與留氏情親故云留氏之子於思者則朋友之子正謂朋友之身非與其父爲朋友孔子謂子路賊夫人之子亦此類也

丘中有麻三章章四句

王國十篇二十八章百六十二句

附釋音毛詩注疏卷第四（四之一）

毛詩注疏校勘記（四之一）　阮元撰盧宣旬摘錄

王城譜

是殷頑民於成周也　明監本毛本是下有遷字閩本剜入案所補是也

至於夷厲　補　至上當有圈

遂殺幽王厲山下　閩本明監本毛本同案此不誤浦鏜云驪誤麗非也考漢書匈奴傳攻殺幽王于麗山之下亦作麗正義所引周本紀當如此大小雅譜正義引同采菽正義引作驪當是後改

而其立故幽王太子宜咎　補　毛本其作共

此風雅之作本自有體猶　閩本明監本毛本同案體字句絕猶字當在貶之而作風上即由字也浦鏜校移猶字入而云句中改作獨非也又山井鼎考文云宋板此作也屬上其實不然當是剜也凡十行本脩改非一考文所載不誤者俱從之唯誤者出焉

言作爲雅頌貶之而作風　閩本明監本毛本同案此當作言當爲作雅猶貶之而作風譜所謂其詩不能復雅也黍離箋同又正義云此言天子當爲雅從是作風云云亦其證與頌全不相涉衍也猶字錯在上皆當正之

○黍離

而同於國風焉　各本此下更無注案釋文云崔集注此下更有猶尊之故稱王也今詩本皆無正義標起止云至風焉是正義本亦無詩

譜謂之王城譜則王字謂東周之國崔集注妄譜九字非鄭意

故爲憂思無所愬也閩本明監本毛本同案愬當作訴正義作訴上文可證傳作愬標起止可證愬訴古今字正義作訴所易也此一字不知者改耳餘同此

○君子于役

古詩人質閩本明監本毛本同案詩當作時桑柔正義引作時可證今爾雅疏亦誤爲詩

君子于往行役閩本明監本毛本同小字本相臺本無于字考文古本同案有者衍

羊牛從下牧地而來閩本相臺本同明監本毛本同小字本羊牛倒案倒者誤也二章經文别本亦或倒但唐石經以下至毛本皆不誤故不更出凡各本皆不誤唯别本乃誤者如何彼穠矣不可畏也求爾新特家伯維宰如彼泉流爰其適歸以篤于周祜降予卿士及此羊牛下括幷胡然厲矣假樂君子天降滔德彼徂矣既右饗之等皆不更出因經注本及注疏本固未嘗誤不煩正也

○君子陽陽

翿纛也翳也小字本相臺本同閩本明監本毛本亦同案正義標起止如此考文古本翳上有纛字考正義引爾雅翿纛也又引纛翳也然後說之云故傳幷引之正說傳用爾雅而去其一纛字之意考文古本反用添傳失之甚矣○按纛从每正字也纛从毒俗字也說見五經文字爾雅釋文

○中谷有蓷

葉似萑 閩本明監本毛本同案浦鏜云荏誤萑考爾雅注是也

華注節間 〔補〕注當作生

皆云菴䕡是也 明監本毛本䕡誤閭案菴䕡見司馬相如賦漢書作菴閭史記作菴䕡

說文云菸緌也 閩本明監本同毛本緌作蕤案皆誤也浦鏜云矮是也

徒用凶年深淺爲厚薄 小字本同閩本明監本毛本同相臺本厚薄作薄厚案薄厚是也正義中薄厚字凡四見又標起止云至薄厚皆其證閩本以下幷標起止亦改而倒之誤甚

箋離之薄厚 〔補〕離之下當有至字

○兔爰

國危役賦不息 閩本明監本毛本同案危當作內以六字爲一句

秋又取成周之粟 閩本明監本毛本同粟傳作禾

是諸侯背也 明監本毛本同背下有叛字閩本剜入案所補是也

序云君子不樂其生之由 閩本明監本毛本同案云當作言形近之譌

有急者有所躁蹙也

小字本相臺本同案此正義本也正義云箋有所躁蹙者定本作操義並得通釋文云操七刀反本亦作懆沈七感反蹙子六反本亦作戚七歷反此箋取莊三十年公羊傳文今彼文作操蹙鄭考工記注云齊人有名疾爲戚者春秋傳曰蓋操之爲己戚矣此箋當亦本是操戚其或作躁蹙者卽操戚之別體皆上讀七刀反下讀子六反正義所謂義並得通也若本又作懆讀爲七感反下讀爲七歷反則誤作慘慽二字之音失之矣沈重非也又見江漢箋

庶幾服寐而無動耳 補

毛本服作於

易云庶幸也幾覬也

閩本明監本毛本同案云當作注形近之譌

造僞也

閩本明監本毛本同小字本相臺本僞作爲考文古本同案爲字是也○按古爲僞通用如人之爲言亦作人之僞言左傳爲多訓僞

○葛藟

王族刺平王也

唐石經小字本相臺本同案正義云定本云刺桓王義雖通不合鄭譜釋文云刺桓王本亦作刺平王案詩譜是平王詩皇甫士安以爲桓王之詩崔集注本亦作桓王譜下正義云今葛藟序云平王則謐言非也定本葛藟序云刺桓王誤也考此是集注定本釋文本皆誤以皇甫謐所改入毛鄭詩

亦無顧眷我之意

相臺本同閩本明監本毛本同小字本顧眷作眷顧案眷顧是也又見碩鼠箋

王又無母恩

小字本相臺本同案釋文云王又無母恩也一本作王后正義云定本及諸本又作后義亦通考此文當屬箋今脫去句首箋

云二字遂屬之傳非也正義標起止云箋王又無母恩是其證且又者繫前之辭所以又上箋無恩於我也傳未有無恩之文安得云又哉各本皆誤當依正義正之定本及諸本作王后者尤誤此但刺王不刺后若分首章父爲王二章母爲后則三章昆之所指不應不見於傳箋也正義云義亦通非是

漘水溓也小字本相臺本溓作嗛閩本明監本毛本亦同案此非釋文所云詩本又作水旁兼者也乃釋文溓清也誤涉耳正義標起止以下及各本皆作嗛可證

○采葛

不行者蓋衍字閩本明監本毛本同案浦鏜云行衍字是也爾雅疏即取此正無行字

釋草云蕭荻閩本明監本毛本同案浦鏜云萩誤荻下同考爾雅釋文浦挍是也餘同此

王氏云取蕭祭脂閩本明監本毛本同案王氏當作生民形近之譌蓼蕭正義可證

○大車

菼騅也蘆之初生者也小字本相臺本同案釋文蘆力吳反正義云此傳菼爲蘆之初生則意同李巡之說以蘆亂爲一也戴震云蘆字譌當爲萑菼蘆乃萑葦二物未秀之名溷爲一者非說文菼萑之初生可證毛傳轉寫之失見毛鄭詩考正

如菼草之色○然閩本明監本毛本同案○當衍

毳畫虎雉閩本明監本毛本同案浦鏜云蜼誤雉是也

周禮雖今葬補毛本今作合案合字是也

○丘中有麻

丘中墝埆之處盡有麻麥草木小字本相臺本同案此正義本也正義云定本云丘中墝埆遠盡有麻麥草木與俗本不同也釋文云埆本或作遠此從孫義而誤耳是定本遠字亦從孫義但又埆遠複出無之處爲異

將其來施施唐石經小字本相臺本同案釋文云施施如字正義標起止云丘中至施施考顏氏家訓引傳及箋云韓詩亦重爲施施河北毛詩皆云施施江南舊本悉單爲施俗遂是之恐有少誤然則今毛詩釋文正義及各本皆作施施者或由顏說定之也經義雜記以爲經文一字傳箋重文引邶谷風有光有潰傳洸洸武也潰潰怒也箋君子洸洸然潰潰然無温潤之色等證之其說是也

（十三）

鄭緇衣詁訓傳第七〇陸曰鄭者國名周宣王母弟桓公友所封也其地詩譜云宗周圻內咸林之地今京兆鄭縣是其都也漢書地理志云京兆鄭縣周宣王弟鄭桓公邑是也至桓公之子武公滑突隨平王東遷遂滅虢鄶而居之即史伯所云十邑之地右洛左濟前華後河食溱洧焉今河南新鄭是也在滎陽宛陵縣西南

毛詩國風　鄭氏箋　孔穎達疏

鄭譜初宣王封母弟友於宗周畿內咸林之地是為鄭桓公今京兆鄭縣是其都也〇正義曰漢書地理志云本周宣王母弟友為周司徒食采於宗周畿內是為鄭桓公鄭據此為說也春秋之例母弟稱弟繫兄為尊以異於其餘公子僖二十四年左傳曰鄭有厲宣之親以厲王之子而兼云宣王明是其母弟也服虔杜預皆云母弟鄭世家云宣王庶弟皇甫謐亦云庶弟又史記年表云鄭桓公友宣王母弟世家年表同出馬遷而自乖異是無明文可據也地理志云京兆鄭縣周宣王母弟鄭桓公邑是桓公封京兆鄭縣故云京兆鄭縣是其都也其地一曰咸林故曰咸林之地不先言鄭國所在而本宣王封母弟者以鄭因虢鄶之地而國之而鄶亦有詩既譜鄶事然後譜鄭故先言有鄭之由而後說得鄶之事又〇云為幽王大司徒甚得周衆與東土之人問於史伯曰王室多故余懼及焉其何所可以逃死〇正義曰自此以下盡可以少固皆鄭語文謂得西周之衆與東土河洛之人心也多故謂多難懼禍難及己也史伯曰其濟洛河潁之間乎是其子男之國虢鄶為大虢叔恃勢鄶仲恃險皆有驕侈怠慢之心加之以貪冒君若以周難之故寄帑與賄不敢不許是驕而貪必將背君君以成周之衆奉辭罰罪無不克矣〇正義曰謂濟西洛東河南潁北是四水之間其子男之國有十惟虢鄶為大叔仲皆當時二國之君字也勢謂地

勢阻固險謂境多阨塞若克二邑鄢蔽補丹依疇歷華君之土也脩典刑以守之惟是可以少固○正義曰八國皆在四水之間與虢鄶爲鄰若克虢鄶二邑則其餘八邑自然可滅爲君之土也脩典法以守之惟有是處可以少固餘方不可入也虢鄶實國而言邑者以國邑相對爲異散則國亦爲邑殷武云商邑翼翼左傳每言弊邑者皆公侯之國而稱邑也○桓公從之言然之後三年幽王爲犬戎所殺桓公死之其子武公與晉文侯定平王於東都王城○正義曰鄭語又云公悅乃東寄帑與賄虢鄶受之是桓公從之也鄭語云幽王八年桓公爲司徒鄭世家云桓公爲司徒一歲問太史伯曰王室多故余安逃死是爲司徒一年乃問也問史伯在九年至十一年而幽王被殺是言然之後三年也世家又云犬戎殺幽王幷殺桓公鄭人立其子掘突是爲武公地理志云幽王敗桓公死其子武公與平王東遷是其事也卒取史伯所云十邑之地右洛左濟前華後河食溱洧焉今河南新鄭是也正義曰此謂武公卒取之知者以史伯之言皆信而有徵隱元年左傳曰制巖邑也虢叔死焉桓十一年公羊傳曰先鄭伯有善於鄶公者通乎夫人以取其國鄭見處虢鄶之地明是武公滅虢鄶則其餘八邑亦武公取之可知故云卒取十邑之地案鄭世家史伯云虢鄶之君貪而好利百姓不附今公爲司徒民皆愛公公誠請居之虢鄶之君見公方用事輕分公地公誠居虢鄶民皆公之民也桓公臣善於是卒言於王東其民於洛東而虢鄶果獻十邑竟國之如世家則桓公皆自取十邑而云死後武公取者馬遷見國語有史伯爲桓公謀取十邑之文不知桓身未得故傳會爲此說耳外傳云皆子男之國虢鄶爲大則八邑各爲其國非虢鄶之地無由得獻之桓公也明馬遷之說謬耳桓公雖未得虢鄶既寄帑賄臣民亦從而寄焉故昭十六年左傳子產曰昔我先君桓公與商人皆出自周庸次比耦以艾殺此地斬之蓬蒿藜藋而共處之是桓公寄帑之時商人亦從而寄至武公遂取而與居之也史伯言子男之國虢鄶爲大設令十邑皆方百里開方除之尚三百有餘鄭當侯爵而爲伯者周禮五等封疆言大法耳其土地不可一如其制度春秋之敘鄭伯在邢侯之上曹伯在許男之下是不可以爵之尊卑計其地

之大小也右洛左濟前華後河食溱洧焉亦鄭語文也韋昭云華華國也食謂
居其土而食其水也鄭譜云居溱洧之地此云食溱洧焉則鄭都在鄶地故服
虔云鄭東鄭古鄶國之地是鄭雖處其地不居其都僖三十三年左傳稱文夫
人葬公子瑕於鄶城之下服虔云鄶城故鄶國之墟杜預云鄶國在滎陽密縣
東北新鄭在滎陽宛陵縣西南是鄭非鄶都故別有鄶城也若然昭十七年左
傳曰鄭祝融之墟鄶譜亦云則鄶鄭同地而云鄭非鄶都者正以鄭國別有鄶
城決知鄭國之都非鄶也但二城不甚相遠故於鄶言祝融之墟見鄭因國其
地言其境界所及非謂鄭居鄶都也鄶在東周畿外之國隱元年穀梁傳曰寰
內諸侯不正其外交然則畿內之國非正南面之君政教稟於天子善惡歸於
其上無假風諫不當有詩鄶國見有變風不在畿內明矣鄭因號鄶之國自然
亦爲畿外鄭發墨守云桓公國在宗周畿內武公遷居東周畿內者以鄭於西
周本在畿內西都之地盡以賜秦明武公初遷亦在東周畿內故歷言之也及
并十邑彊成大國盟會列於諸侯灼然在畿外故緇衣傳曰諸侯入爲天子卿
士是畿外之君稱人也鄭雖非畿內不過侯服昭十三年左傳曰鄭伯男也賈
逵以爲鄭伯爵在男畿鄭距王城三百餘里而得在男畿者鄭志答趙商云此
鄭伯男者非男畿乃謂子男也先鄭之於王城爲在畿內之諸侯雖爵爲侯伯
周之舊俗皆食子男之地故云鄭伯男也是鄭意與賈說異武公又作卿士國
人宜之鄭之變風又作〇正義曰緇衣序云父子並爲周司徒則桓公之死武
公卽代爲司徒故得輔平王以東遷是先爲卿士後并十邑但鄭先說得國之
由故云又作卿士其實作卿士在并十邑之前也序又云善於其職國人宜之
故美其德是國人宜之而作變風也對上鄶風已作故云又作案左傳及鄭世
家武公生莊公莊公娶鄧曼生太子忽是爲昭公又娶宋雍氏女生公子突是
爲厲公又生公子亹公子儀春秋桓十一年夏五月莊公卒而昭公立其年九
月昭公奔衞而厲公立桓十五年夏厲公奔蔡六月昭公入桓十七年高渠彌
弒昭公而立子亹十八年齊人殺子亹鄭人立公子儀莊十四年傳瑕殺子儀
而納厲公厲公前立四年而出奔至此而復入至莊二十一年卒前後再在位

凡十一年厲公卒子文公踕立四十五年卒此其君世之次也詩緇衣序云美武公則武公詩也將仲子叔于田大叔于田序皆云刺莊公而清人之下有羔裘遵大路女曰雞鳴遵大路序云莊公失道則此三篇通上將仲子等六篇皆莊公詩也有女同車山有扶蘇蘀兮狡童及揚之水皆云刺忽則褰裳丰東門之墠風雨子衿在其閒皆爲昭公詩也忽於桓十一年以太子而承正統雖未踰年要君於其國有女同車序云至於見逐則爲被逐而作是忽前立時事也山有扶蘇蘀兮狡童刺忽所美非賢權臣擅命忽之前立時月既淺則此三篇蓋後立時事也褰裳思見正言突篡國之事是突前篡之。箋國人欲以鄰國正之春秋之義君雖篡弑而立已列於會則成爲君案突以桓十一年篡十二年公會鄭伯盟於武父自是以後頻列於會則成爲鄭君國人不應思大國之見正褰裳宜是初。田事也丰東門之墠風雨之子衿直云刺亂世耳不指君事或當突篡之時或當忽入之後其時難知要是忽爲其主雖當突前篡時亦宜繫忽故序於揚之水又言忽以明之揚之水言無忠臣良士終以死亡經云終鮮兄弟則兄弟已爭是後立之事出其東門序云公子五爭野有蔓草序云民窮於兵革溱洧序云兵革不息三篇相類皆三公子既爭之後事也公子五爭突最在後得之則此三篇厲公詩也清人刺文公文公詩也鄭於左方中皆以此而知文公厲公之子清人當處卷末由爛脫失次廁於莊公詩內所以得錯亂者鄭答趙商云詩本無文字後人不能盡得其弟錄者直錄其義而已如志之言則作序乃始雜亂故羔裘之序從上大叔于田爲莊公之詩也

緇衣美武公也父子並爲周司徒善於其職國人宜之故美其德以明有國善善之功焉

父謂武公父桓公也司徒之職掌十二教善善者治之有功也鄭國之人皆謂桓公武公居司徒之官正得其宜○緇側基反

【疏】緇衣三章章四句至功焉○正義曰作緇衣詩者美武公也武公之與桓公父子皆爲周司徒之卿而善於其卿之職鄭國之人咸宜之謂武公爲卿正得其宜諸

侯有德乃能入仕王朝武公既爲鄭國之君又復入作司徒已是其善又能善其職此乃有國者善中之善故作此詩美其武公之德以明有邦國者善善之功焉經三章皆是國人宜之美其德之辭也以明有國善善之功焉敘其作詩之意於經無所當也○箋父謂至其宜○正義曰以桓公已作司徒武公又復爲之子能繼父是其美德故兼言父子所以盛美武公周禮大司徒職曰因民常而施十有二教焉一曰以祀禮教敬則民不苟二曰以陽禮教讓則民不爭三曰以陰禮教親則民不怨四曰以樂教和則民不乖五曰以儀辨等則民不越六曰以俗教安則民不愉七曰以刑教中則民不暴八曰以誓教恤則民不怠九曰以度教節則民知足十曰以世事教能則民不失職十有一曰以賢制爵則民慎德十有二曰以庸制祿則民興功是司徒職掌十二教也祀禮謂祭祀之禮教之恭敬則民不苟且陽禮謂鄉射飲酒之禮教之謙讓則民不爭鬭陰禮謂男女昏姻之禮教之相親則民不怨曠樂謂五聲八音之樂教之和睦則民不乖戾儀謂君南面臣北面父坐子伏之屬辨其等級則民不踰越俗謂土地所生習教之安存則民不愉惰刑謂刑罰教之中正則民不殘暴誓謂戒勑教之相憂則民不懈怠度謂宮室衣服之制教之節制則民知止足世事謂士農工商之事教之各能其事則民不失業以賢之大小制其爵之尊卑則民皆謹慎其德相勸爲善以功之多少制其祿之數量則民皆興立功效自求多福司徒之職所掌多矣此十二事是教民之大者故舉以言焉此與淇奧國人美君有德能仕王朝是其一國之事故爲風蘇公之刺暴公吉甫之美申伯同寮之相刺美乃所以刺美時王故爲雅作者主意有異故所繫不同

緇衣之宜兮敝予又改爲兮緇黑色卿士聽朝之正服也改更也有德君子宜世居卿士之位焉箋云緇衣者居私朝之服也天子之朝服皮弁服也○敝本又作弊符世反朝直遙反下同

適子之館兮還予授子之粲兮適之館舍粲餐也諸侯入爲天子卿士受采祿箋云卿士所之之館在天子宮如今之諸廬也自館還在采地之都我則設餐以授之愛之欲飲食之○館古亂反粲七旦反飧也飧蘇尊反廬力於反

飲於鴆反食音嗣【疏】緇衣至粲兮○毛以爲武公作卿士服緇衣國人美之言武公於此緇衣之宜服之兮言其德稱其服也此衣若敝我願王家又復改而爲之兮願其常居其位常服此服也卿士於王宮有館舍於畿內有采祿言武公去鄭國入王朝之適子卿士之館舍兮自朝而還我願王家授子武公以采祿兮欲使常朝於王常食采祿也采祿王之所賜而言予爲子授者其意願王爲然非民所能改。受之也○鄭以爲國人愛美武公緇衣若弊我願爲君改作兮自館而還我願授君以飲食兮愛之願得作衣服與之飲食也鄭以授之以食爲民授之則改作衣服亦民爲之也○傳緇黑至之位○正義曰考工記言染法三入爲纁五入爲緅七入爲緇注云染纁者三入而成又再染以黑。乃成緇是緇爲黑色此緇衣。卿士冠禮所云主人玄冠朝服緇帶素韠是也諸侯與其臣服之以日視朝故禮通謂此服爲朝服美武公善爲司徒而經云緇衣。周緇衣卿士所服也而天子與其臣皮弁以日視朝則卿士旦朝於王服皮弁不服緇衣故知是卿士聽朝之正服謂既朝於王退適治事之館釋皮弁而服以聽其所朝之政也言緇衣之宜謂德稱其服宜衣此衣敝則更願王爲之兮令常衣此服以武公繼世爲卿並皆宜之故言有德君子宜世居卿士之位焉○箋緇衣至弁服○正義曰退適治事之處爲私也對在天子之庭爲公此私朝在天子宮內卽下句適子之館兮是也舜典云闢四門者注云卿士之職使爲己出政教於天下言四門者亦因卿士之私朝在國門魯有東門襄仲宋有桐門右師是後之取法於前也彼言私朝者在國門謂卿大夫夕治家事私家之朝耳與此不同何則玉藻說視朝之禮曰君既視朝退適路寢使人視大夫大夫退然後適小寢釋服君使人視其事盡然後休息則知國之政教事在君所斷之不得歸適國門私朝明國門私朝非君朝矣論語冉子退朝注云朝於季氏之私朝亦謂私家之朝與此異也玉藻云天子皮弁以日視朝是天子之朝服皮弁故退適諸曹服緇衣也定本云天子之朝朝服皮弁服○傳適之至采祿○正義曰釋詁云之適往也故適得爲之館者人所止舍故爲舍也粲餐釋言文郭璞曰今河北人呼食爲粲謂餐食也諸侯入爲天子卿士受采祿解其授粲之意采謂田邑采取賦稅祿謂賜之以穀二者皆天子與之以供飲食故謂之授子粲也○箋卿士至飲食○正義曰考工記說王宮之制內有九室九嬪居之外有九室九卿朝焉注云內路寢之裏外路寢之表九室如今朝堂諸曹治事之處也六卿三孤爲九卿彼言諸曹治事處此言諸廬正謂天子宮內卿士各立曹司有廬舍以治事也言適子之館則有所從而適也言還授子粲則還有所至也既爲天子卿士不可還歸鄭國明是從采邑而適公館從公館而反采邑故云還在采地之都我則設餐以授之傳言受采祿者以采祿解粲義也箋言還在采地之都者自謂迴還所至國人授粲之處其意與傳不同雖在采地之都願授之食其授之者謂鄭國之人非采地之人何則此詩是鄭人美君非采地之人美之且食采之主非邑民常君善惡繫於天子不得曲美鄭國君也鄭國之人所以能遠就采地授之食者言愛之願飲食之耳非即實與之食也易傳者以言予者鄭人自授之食非言天子與之祿也飲食雖云小事聖人以之爲禮伐柯言王迎周公言我覯之子籩豆有踐奉迎聖人猶願以飲食故小民愛君願飲食之

緇衣之好兮敝予又改造兮好猶宜也箋云造爲也【疏】箋造爲○正義曰釋言文適子之館兮還予授子之粲兮緇衣之蓆兮敝予又改作兮蓆大也箋云作爲也○蓆音席韓詩云儲也說文云廣多【疏】傳蓆大○正義曰釋詁文言服緇衣大得其宜也適子之館兮還予授子之粲兮

緇衣三章章四句

將仲子刺莊公也不勝其母以害其弟弟叔失道而公弗制祭仲諫而公弗聽小不忍以致大亂焉莊公之母謂武姜生莊公及弟叔段段好勇而無禮公不早爲之所而使驕慢○將七羊反下及注皆同勝音升祭

側界反後放此聽吐丁反好呼報反 疏 將仲三章章八句至大亂焉○正義曰作將仲子詩者刺莊公也公有弟名段字叔其母愛之令莊公處之大都莊
公不能勝止其母遂處段於大都至使驕而作亂終以害其親弟是公之過也此叔於未亂之前失爲弟之道而公不禁制令之奢僭有臣祭仲者諫公令早
爲之所而公不聽用於事之小不忍治之以致大亂國焉故刺之經三章皆陳拒諫之辭豈敢愛之畏我父母是小不忍也後乃興師伐之是致大亂大也○
箋莊公至驕慢○正義曰此事見於左傳隱元年傳曰鄭武公娶於申曰武姜生莊公及共叔段莊公寤生驚姜氏故名曰寤生遂惡之愛共叔段欲立之亟
請於武公公不許及莊公即位爲之請制公曰制巖邑也虢叔死焉佗邑唯命請京使居之謂之京城大叔祭仲曰都城過百雉國之害也今京不度非制也
君將不堪公曰姜氏欲之焉辟害對曰姜氏何厭之有不如早爲之所無使滋蔓蔓難圖也蔓草猶不可除況君之寵弟乎公曰多行不義必自斃子姑待之
既而大叔命西鄙北鄙貳於己公子呂曰國不堪貳君將若之何欲與大叔臣請事之若不與則請除之公曰無庸將自及大叔又收貳以爲己邑至於廩延
子封曰可矣厚將得衆公曰不義不暱厚將崩大叔完聚繕甲兵具卒乘將襲鄭夫人將啓之公聞其期曰可矣命子封帥車二百乘以伐京京叛大叔段
入於鄢公伐諸鄢大叔出奔共是謂共城大叔是段驕慢作亂之事也大叔于田序曰叔多才而好勇是段勇而無禮也將仲子兮無踰我
里無折我樹杞將請也仲子祭仲也踰越里居也二十五家爲里杞木名也折言傷害也箋云祭仲驟諫莊公不能用其言故言請固距之無
踰我里喻言無干我親戚也無折我樹杞喻言無傷害我兄弟也仲初諫曰君將與之臣請事之君若不與臣請除之○折之舌反下同杞音起驟仕救反服
虔曰數也君若與之一本若作將豈敢愛之畏我父母箋云段將爲害我豈敢愛之而不誅與以父母之故故不爲也○段將此一將
字如字與音餘仲可懷也父母之言亦可畏也箋云懷私曰懷言仲子之言可私懷也我迫於父母有言不得從也 疏 將仲

子至可畏○正義曰祭仲數諫莊公莊公不能用之反請於仲子兮汝當無踰越我居之里垣無損折我所樹之杞木以喻無干犯我之親戚無傷害我之兄弟段將爲害我豈敢愛之而不誅與但畏我父母也以父母愛之若誅之恐傷父母之心故不忍也仲子之言可私懷也雖然父母之言亦可畏也言莊公以小不忍至於大亂故陳其拒諫之辭以刺之傳里居至木名○正義曰里者民之所居故爲居也地官遂人云五家爲鄰五鄰爲里是二十五家爲里也無踰我里謂無踰越我里居之垣牆但里者人所居之名故以所居表牆耳四牡傳云杞枸。檵此直云木名則與彼別也陸機疏云杞柳屬也生水傍樹如柳葉麤而白色理微赤故今人以爲車轂今共北淇水傍魯國泰山汶水邊純杞也○箋祭仲至除之○正義曰哀二十年左傳云吳公子慶忌驟諫吳王服虔云驟數也箋言驟諫出於彼文序不言驟而箋言驟者若非數諫不應固請故知驟諫也以里垣之內始有樹木故以里喻親戚樹喻兄弟既言驟諫以爲其諫非一故言初諫曰以爲數諫之意案左傳此言乃是公子呂辭今箋以爲祭仲諫者詩陳請祭仲不請公子呂。矣則祭仲之諫多於公子呂矣而公子呂請除大叔爲諫之切莫切於此祭仲正可數諫耳其辭亦不是過仲當亦有此言故引之以爲祭仲諫○箋懷私至得從○正義曰晉語稱公子重耳安於齊姜氏勸之行云懷與安實。敗。名病大事鄭詩云仲可懷也引此爲懷私之義故以懷爲私以父母愛段不用害之故畏迫父母有言不得從也於時其父雖亡遺言尚存與母連言之也

將仲子兮無踰我牆無折我樹桑牆垣也桑木之衆也○垣音袁豈敢愛之畏我諸兄諸兄公族仲可懷也諸兄之言亦可畏也將仲子兮無踰我園無折我樹檀園所以樹。木也檀彊。韌之木○檀徒丹反木名彊其良反一音居良反忍本亦作刃同而愼反依字。木旁作刃今此假借也沈云系旁作刃爲是案系旁刃音女巾反離騷云紉秋蘭以爲佩是也

疏傳園所至之木○正義曰大宰職云園圃毓草木園者圃之蕃故其內可以種木也檀材可以爲車故云彊韌之木陸機疏云

檀木皮正青滑澤與繫迷相似又似駮馬駮馬梓。檎故里語曰斫檀不諦得繫迷繫迷尚可得駮馬繫迷一名挈搕故齊人諺曰上山斫檀挈搕先殫豈

敢愛之畏人之多言仲可懷也人之多言亦可畏也

將仲子三章章八句

叔于田刺莊公也叔處于京繕甲治兵以出于田國人說而歸之繕之言善也甲鎧也〇繕市戰反善也說音悅鎧苦愛反疏叔于田三章章五句至歸之〇箋繕之至甲鎧〇正義曰世本云杼作甲宋仲子云少康子名杼也經典皆謂之甲後世乃名爲鎧以今曉古箋

叔于田巷無居人叔大叔段也田取禽也巷里塗也箋云叔往田國人注心于叔似如無人處〇巷學絳反大音泰後大叔皆放此豈無居人不如叔也洵美且仁箋云洵信也言叔信美好而又仁〇洵蘇遵反疏叔于至且仁〇正義曰此皆悅叔之辭時人言叔之往田獵也里巷之內全似無復居人豈可實無居人乎有居人矣但不如叔也信美好而且有仁德國人注心於叔悅之若此而公不知禁故刺之〇傳叔大至里塗〇正義曰左傳及下篇皆謂之大叔故傳辨之以明叔與大叔一人其字曰叔以寵私過度時呼爲大叔左傳謂之京城大叔是由寵而異其號也此言叔于田下言大叔于田作者意殊無他義也田者獵之別名以取禽於田因名曰田故云田取禽也丰曰俟我乎巷謂待我於門外知巷是里內之途道也〇箋洵信至又仁〇正義曰洵信釋詁文仁是行之美名叔乃作亂之賊謂之信美好而又仁者言國人悅之辭非實仁也

叔于狩巷無飲酒冬獵曰狩箋云飲酒謂燕飲也〇狩手又反獵力輒反豈無飲酒不如叔也洵美且好疏傳冬獵曰狩〇正義曰釋天文李巡曰圍守取之無所擇也

叔適野巷無服馬箋云適之也郊外曰野服馬猶乘馬也豈無

服馬不如叔也洵美且武箋云武有武節疏箋郊外至乘馬○正義曰釋地云郊外謂之牧牧外謂之野是野在郊外也易稱服牛乘馬俱是駕用之義故云服馬猶乘馬夾轅兩馬謂之服馬何知此非夾轅之馬而云猶乘馬者以上章言無居人無飲酒皆是人事而言此不宜獨言無馬知正謂叔既往田巷無乘馬之人耳○箋武有武節○正義曰文武者人之伎能今言美且武悅其爲武則合武之要故云有武節言其不妄爲武

叔于田三章章五句

大叔于田刺莊公也叔多才而好勇不義而得衆也○而勇本或作而好勇好衍字疏大叔于田三章章十句至得衆正義曰叔負才恃衆必爲亂階而公不知禁故刺之經陳其善射御之等是多才也襢裼暴虎是好勇也火烈具舉是得衆也

大。叔于田乘乘馬叔之從公田也○叔于田本或作大叔于田者誤乘乘上如字下繩證反後句倒爾執轡如組兩驂如舞驂之與服和諧中節箋云如組者如織組之爲也在旁曰驂○組音祖中作仲反叔在藪火烈具舉藪澤禽之府也烈列具俱也箋云列人持火俱舉言衆同心○數素口反韓詩云禽獸居之曰數襢裼暴虎獻于公所襢裼肉袒也暴虎空手以搏之箋云獻于公所進於君也○襢本又作袒音但裼素歷反搏音博將叔無。狃戒其傷女狃習也箋云狃復也請叔無復者愛也○將七羊反請也毋音無本亦作無狃女九反復符又反下同疏大叔至傷女○毛以爲大叔往田獵之時乘駕一乘之馬叔馬既良叔之御人又善執持馬轡如織組織組者總紕於此成文於彼御者執轡於手馬騁於道如織組之爲其兩驂之馬與兩服馬和諧如人舞者之中於樂節也大叔乘馬從公田獵叔之在於藪澤也火有行列俱時舉之言得衆之心故同時舉火叔於是襢去裼衣空手搏虎執之而獻於公之處所公見其如是恐其更然謂之曰請叔無習此事戒慎之若復爲之其必傷汝矣言大叔得衆之心好勇如此必將為亂而公不禁故刺之○鄭唯以狃為復餘同○傳叔之從公田○正義曰下云禮裼暴虎獻于公所明公亦與之俱田故知從公田也○傳驂之至中節○正義曰此經止云兩驂不言兩服知驂與服和諧中節者以下二章於此二句皆說兩服兩驂則知此經所云亦總驂服但馬之中節亦由御善以其篇之首先云御者之良既言執轡如組不可更言兩服理則有之故知如舞之言兼言服亦中節也此二句言叔之所乘馬良御善耳非大叔親自御之下言又良御忌乃云叔身善御○傳藪澤至具俱○正義曰地官序澤虞云每大澤大藪小澤小藪注云澤水所鍾水希曰藪然則藪非一而此云藪澤者以藪澤俱是曠野之地但有水無水異其名耳地官藪澤共立澤虞掌之夏官職方氏每州云其澤藪曰某明某是一也釋地說十藪云鄭有圃田此言在藪蓋在圃田也此言府者貨之所藏謂之府藪澤亦禽獸之所藏故云禽之府爛熟謂之烈火烈爓為火猛此無取爛義故轉烈為列言火有行列也火有行列由布列人使持之故箋申之云列人持火此為宵田故持火炤之具備即偕俱之義故為俱也○傳禮裼至搏之○正義曰禮裼肉袒釋訓文李巡曰禮裼脫衣見體曰肉袒孫炎曰袒去裼衣釋訓又云暴虎徒搏也舍人曰無兵空手搏之○傳狃習○正義曰釋言云狃復也孫炎曰狃伏前事復為也復亦貫習之意故傳以狃為習也箋以爾雅正訓故以為復

叔于田乘乘黃四馬皆黃兩服上襄兩驂鴈行箋云兩服中央夾轅者襄駕也上駕者言為衆馬之最良也鴈行者言與中服相次序○上襄並如字行戶郎反夾古洽反叔在藪火烈具揚揚揚光也叔善射忌又良御忌忌辭也箋云良亦善也忌讀如彼己之子之己○忌注作己同音記下皆同抑磬控忌抑縱送忌騁馬曰磬止馬曰控發矢曰縱從禽曰送○磬苦定反控口貢反騁敕領反

疏叔于至送忌○正義曰言叔之往田也乘一乘之黃馬在內兩服者馬之上駕也在外兩驂與服馬如鴈之行相次序也叔乘此四馬從公田獵叔之在於藪澤也火有行列俱時揚之叔有多才既善射矣又善御矣

抑者此叔能磬騁馬矣又能控止馬矣言欲疾則走欲止則往抑者此叔能縱矢以射禽矣又能縱送以逐禽矣言發則能中逐則能及是叔之善御善射也叔既得衆多才如是必將爲亂而公不禁故刺之○箋兩服至次序○正義曰小戎云騏騮是中騧驪是驂驂中對文則驂在外外者爲驂則知內者爲服故言兩服中央夾轅者也襄驂釋言文馬之上者謂之上駕故知上駕者言衆馬之最上也曲禮注云鴈行者與之並差退此四馬同駕其兩服則齊首兩驂與服馬鴈行其首不齊故左傳云如驂之有靳○傳揚揚光○正義曰言舉火而揚其光耳非訓揚爲光也○傳騁馬至曰送○正義曰此無正文以文承射御之下申說射御之事馬之進退唯騁止而已故知騁馬曰磬止馬曰控今止馬猶謂之控是古遺語也縱謂放縱故知發矢謂逐後故知從禽

叔于田乘乘鴇驪白雜毛曰鴇○鴇音保依字作駂驪力馳反兩服齊首馬首齊也兩驂如手進止如御者之手箋云如人左右手之相佐助也叔在藪火烈具阜阜盛也叔馬慢忌叔發罕忌慢遲罕希也箋云田事且畢則其馬行遲發矢希○嫚本又作慢莫晏反抑釋掤忌抑鬯弓忌掤所以覆矢鬯弓弢弓箋云射者蓋矢弢弓言田事畢○掤音冰所以覆矢也馬云櫝丸蓋也杜預云櫝丸箭筩也鬯敕亮反弢吐刀反

疏叔于至弓忌○毛以爲叔往田獵之時乘一乘之鴇馬其內兩服則齊其頭首其外兩驂進止如御者之手乘此車馬從公田獵叔之在於藪也火有行列其光俱盛及田之將罷叔之馬既遲矣叔發矢又希矣及其田畢抑者叔釋掤以覆矢矣抑者叔執鬯以弢弓矣既美叔之多才遂終說其田之事○鄭唯如手如人手相助爲異餘同以如者比諸外物故易傳○傳驪白雜毛曰鴇○正義曰釋畜文郭璞曰今呼之爲烏驄○傳慢遲罕希○正義曰以惰慢者必遲緩故慢爲遲也釋詁云希罕也是罕爲希也○傳掤所至弢弓○正義曰昭二十五年左傳云公徒執冰而踞字雖異音義同服虔云冰櫝丸蓋杜預云或說櫝丸是箭筩其蓋可以取飲先儒相傳掤爲覆矢之物且下句言鬯弓明上句言覆矢可知矣故云掤所以覆矢

弢者盛弓之器弢弓謂弢弓而納之弢中故云弢弓弢弓謂藏之也

大叔于田三章章十句

清人刺文公也高克好利而不顧其君文公惡而欲遠之不能使高克將兵而禦狄于竟陳其師旅翺翔河上久而不召衆散而歸高克奔陳公子素惡高克進之不以禮文公退之不以道危國亡師之本故作是詩也好利不顧其君注心於利也禦狄于竟時狄侵衛○克一本作尅好呼報反注同惡烏路反下同遠于萬反將子亮反御魚呂反注同翺五羔反

疏清人三章章四句至是詩○正義曰作清人詩者刺文公也文公之時臣有高克者志好財利見利則爲而不顧其君文公惡其如是而欲遠離之而君弱臣强又不能以理廢退適值有狄侵衛鄭與衛鄰國恐其來侵文公乃使高克將兵禦狄於竟狄人雖去高克未還乃陳其師旅翺翔於河上日月經久而文公不召軍衆自散而歸高克懼而奔陳文公有臣鄭之公子名素者惡此高克進之事君不以禮也又惡此文公退之逐臣不以道高克若擁兵作亂則是危國若將衆出奔則是亡師公子素謂文公爲此乃是危國亡師之本故作是清人之詩以刺之經三章唯言陳其師旅翺翔河上之事耳序則具說翺翔所由作詩之意二句以外皆於經無所當也○箋好利至侵衛○正義曰春秋閔公二年冬十二月狄入衛鄭棄其師左傳曰鄭人惡高克使帥師次於河上久而不召師潰而歸高克奔陳鄭人爲之賦清人是於時有狄侵衛也衛在河北鄭在河南恐其渡河侵鄭故使高克將兵於河上禦之春秋經書入衛而箋言侵者狄人初實侵衛衛人與戰而敗後遂入之此據其初侵故言侵也案襄十九年晉侯使士匄侵齊聞齊侯卒乃還左傳稱爲禮也公羊傳亦云大夫以君命出進退在大夫然則高克禮當自還不須待

召而文公不召久留河上者其戰伐進退自由將帥若罷兵還國必須君命故不召不得歸也傳善士匄不伐喪耳其得反國亦當晉侯有命故善之

清人在彭駟介旁旁清邑也彭衛之河上鄭之郊也介甲也箋云清者高克所帥衆之邑也駟四馬也○介音界旁補彭反王云彊也駟四馬也一本駟介四馬也二矛重英河上乎翱翔重英矛有英飾也箋云二矛酋矛夷矛也各有畫飾○矛莫侯反方言云矛吳揚江淮南楚五湖之間謂之鍦鍦音蛇或謂之鋋鋋音蟬或謂之鏦鏦音錯江反其柄謂之矜矜郭音巨巾反重直龍反注下同英如字沈於耕反酋在由反

疏清人至翱翔○正義曰言高克所率清邑之人今在於彭地狄人以去無所防禦高克乃使四馬被馳驅敖遊旁旁然不息其車之上建二種之矛重有英飾河水之上於是翱翔言其不復有事可召之使還而文公不召故刺之○傳清邑至介甲○正義曰序言高克將兵則清人是所將之人故知清是鄭邑言禦狄于竟明在鄭衛境上言翱翔河上是營軍近河而衞境亦至河南故云衞之河上鄭之郊也郊謂二國郊境非近郊遠郊也碩鼠云適彼樂郊亦總謂境爲郊也下言消軸傳皆以爲河上之地蓋久不得歸飾有遷移三地亦應不甚相遠故俱於河上介是甲之別名故云介甲也北山傳云旁旁然不得已則此言旁旁亦爲不得已之義與下麃麃爲武貌陶陶爲驅馳之貌互相見也○傳重英矛有英飾○正義曰重英與二矛共文明是矛飾魯頌說矛之飾謂之朱英則以朱染爲英飾二矛長短不同其飾重累故謂之重英也○箋二矛至畫飾○正義曰考工記云酋矛常有四尺夷矛三尋注云八尺曰尋倍尋曰常酋夷長短名也酋近夷長也是矛有二等也記又云攻國之兵用短守國之兵用長此禦狄于境是守國之兵長宜有夷矛故知二矛爲酋矛夷矛魯頌以矛與重弓共文弓無二等直是一弓而重之則知二矛亦一矛而有二故彼箋云二矛重弓備折壞直是酋柔有二無夷矛也經言重英嫌一矛有重飾故云各有畫飾言其各自有飾並建而重累

清人在消駟介麃麃消河上地也麃麃武貌○麃表驕反二矛重喬河上乎逍遙重喬

累荷也箋云喬矛矜近上及室題所以縣毛羽○喬毛音橋鄭居橋反雉名韓詩作鷸逍本又作消遙本又作搖荷舊音何謂刻矛頭爲荷葉相重累也沈胡可反謂兩矛之飾相負荷也矜字又作穳同巨巾反沈又居陵反近附近之近題音啼題頭也室劒削名也方言云劒削自河而北燕趙之間謂之室此言室謂矛頭受刃處也削音笑縣音玄

【疏】傳重喬累荷○正義曰釋詁云喬高也重喬猶如重英以矛建於車上五兵之最高者也而二矛同高其高復有等級故謂之重高傳解稱高之意故言累荷下重累而相負揭○箋喬矛至毛羽○正義曰矜謂矛柄也室謂矛之銎孔裏候人傳曰荷揭也謂此二矛刃有高十年左傳云舞師題以旌夏杜預云題識也以大旌表識其行列然題者表識之言箋申說累荷之意言喬者矛之柄近於上頭及矛之銎室之下當有物以題識之其題識者所以懸毛羽也二矛於其上頭皆懸毛羽以題識之似如重累相負荷然故謂之累荷也經傳不言矛有毛羽鄭以時事言之猶今之鵝毛猗也

清人在軸駟介陶陶○軸河上地也陶陶驅馳之貌○軸音逐地名陶徒報反

左旋右抽中軍作好左旋講兵右抽抽矢以射居軍中爲容好箋云左左人謂御者右車右也中軍。爲將也高克之爲將久不得歸日使其御者習旋車車右抽刃自居中央爲軍之容好而已兵車之法將居鼓下故御者在左○抽敕由反說文作搯他牢反云抽刃以習擊刺也好呼報反注同將子亮反下同

【疏】左旋右抽中軍作好○毛以爲高克閑暇無爲逍遙河上乃左迴旋其師右手抽矢以射高克居軍之中以爲一軍之容好言可召而不召故刺之○鄭以高克使御人在車左者習迴旋其車勇士在右者習抽刃擊刺高克自居中央爲軍之容好指謂一車之上事也○傳左旋至容好○正義曰毛以爲左右中總謂一軍之事左旋以講習兵事在軍之人皆右手抽矢而射高克爲將將在軍中以此左旋右抽矢爲軍之容好言其無事故逍遙也必左旋者少儀云軍尚左注云。右陽也陽主生將軍有廟勝之策左將軍爲上貴不敗績然則此亦以左爲陽故爲左旋○箋左人至在左○正義曰箋以左右爲相敵之言傳以左爲軍之左旋右爲人之右手於

事不類故易傳以為一車之事左謂御者在車左右謂勇力之士在車右中謂將居車中也車是御之所主也故習旋迴之事右主持兵故抽刃擊刺之亦是習之也高克自居車中以此一車所為之事為軍之容好成二年左傳說晉之伐齊云郤克將中軍解張御鄭丘緩為右郤克傷於矢流血及屨未絕鼓音曰余病矣張侯曰自始合而矢貫余手及肘余折以御左輪朱殷豈敢言病張侯即解張也郤克傷矢言未絕鼓音是郤克為將在鼓下也張侯傷手而血染左輪是御者在左也此謂將之所乘車耳若士卒兵車則閟宮箋所云兵車之法左人持弓右人持矛中人御御車不在左也此二箋皆言兵車之法則平常乘車不然矣曲禮曰乘君之乘車不敢曠左注云君存惡空其位則人君平常皆在車左御者在中央故月令說耕籍之義云天子親載耒耜措之於參保介之御閒保介謂車右也置耒耜於車右御者之閒御者在中與兵車異也將居鼓下雖人君親將其禮亦然夏官大僕職云凡軍旅田役贊王鼓注云王通鼓佐擊其餘面是天子親鼓也成二年左傳云齊侯伐我北鄙圍龍齊侯親鼓之是為將乃然故云將居鼓下

清人三章章四句

附釋音毛詩注疏卷第四(四之二)

毛詩注疏校勘記(四之二)　　阮元撰盧宣旬摘錄

鄭譜

又云爲幽王大司徒閩本明監本毛本同案此不誤浦鏜云衍云字非也譜以上說京兆鄭縣以下說河南新鄭故以又云爲更端之辭山井鼎考文載永懷堂板又云作桓公出於膾改其板自是俗書無足論者盧文弨亦取改此文失之矣

桓公臣善閩本明監本毛本同案山井鼎云史記臣作曰是也

斬之蓬蒿藜翟閩本明監本毛本同案浦鏜云藋誤翟是也

子文公踶立閩本明監本毛本同案此不誤浦鏜云踶傳作捷是也此據世家

是突前篡之箋閩本明監本毛本箋作初案皆非也當作事上下文可證

宜是初田事也閩本明監本同毛本田作年案皆非也田當作日形近之譌

○緇衣

粲餐也小字本相臺本同案釋文云飱蘇尊反在粲字後諸盧字前是釋文本餐作飱正義云粲餐釋言文考爾雅與此傳意同皆謂粲爲餐假借釋文本誤

在天子宮小字本相臺本宮上有之字明監本毛本同閩本剜入考文一本同案有者是也

而言予爲予授者閩本明監本毛本同案浦鏜云予譌子是也

非民所能改受之也閩本明監本毛本同案浦鏜云授譌受是也

又再染以黑乃成緇閩本明監本毛本同案乃上浦鏜云脫則爲緅又復再染以黑九字考周禮注是也此以黑複出而脫去

此緇衣卿士冠禮所云閩本明監本毛本同案浦鏜云卽誤卿是也

周緇衣卿士所服也閩本明監本毛本周作則案所改非也周當作明形近之譌

○將仲子

是致大亂大也補毛本下大字作國案國字是也

君將與之小字本相臺本同案釋文云君若與之一本若作將正義本今無可考

四牡傳云杞枸繼閩本明監本毛本同案考彼傳及爾雅皆是檵字此繼字當誤

矣則祭仲之諫閩本明監本毛本同案浦鏜云矣或然字之誤屬下是也

實敗名病大事閩本明監本毛本同案敗名二字當衍此引晉語實病大事或記左傳敗名於傍遂誤入皇皇者華正義引實病大事不誤

園所以樹木也小字本相臺本同閩本明監本同毛本樹誤種案正義云故其內可以種木也是自爲文不當據以改傳

檀彊靭之木　閩本明監本毛本同小字本相臺本靭作忍案釋文云忍本亦作刃同而慎反依字韋旁刃此今假借也考采薇箋堅忍白華抑箋柔忍皇皇者華傳調忍字皆作忍周禮士訓考工記二釋文亦可證是此傳本作忍字因正義自用靭字不知者乃取以改也又考文古本作紉采釋文所載沈重說及采薇改作紉白華采所易今字作靭皆非也舊釋文韋字誤今正見後考證

木旁作刃　補 木當作韋

故云彊靭之木　閩本明監本毛本同案傳作忍正義作靭忍靭古今字易而說之也例見前餘同此

駁馬梓檎　閩本明監本毛本檎作榆案榆字是也晨風正義引作榆

○大叔于田

叔多才而好勇　唐石經小字本相臺本同案此正義本也釋文云本或作而好勇好衍字正義云襢裼暴虎是好勇也下文云好勇如此是與或作本同

大叔于田　唐石經小字本相臺本同案此正義本也釋文云叔于田本或作大叔于田者誤正義標起止云大叔至傷女下文云毛以爲大叔往田獵之時又上篇正義云此言叔于田下言大叔于田作者意殊是與或作本同此詩三章共十言叔不應一句獨言大叔或名篇自異詩文則同如唐風杕杜有杕之杜二篇之比其首句有大字者援序入經耳當以釋文本爲長

將叔無狃　唐石經小字本相臺本同案釋文云毋本亦作無正義本今無可考

然則數非一閩本明監本毛本同案則當作澤上下文可證

孫炎曰狃伏前事閩本明監本毛本同案浦鏜云忕誤伏是也

欲止則往閩本明監本毛本同案浦鏜云住誤往是也

乘一乘之騧馬閩本明監本毛本上乘字誤秉騧誤鴇案經傳皆作鴇正義作騧鴇騧古今字易而說之也例見前標起止

○清人

禦狄于竟閩本明監本毛本竟作境下言禦狄于境同案所改是也序作竟正義作境下文皆可證竟境古今字易而說之也考文古本序亦作境誤采正義所易之今字

駟四馬也小字本相臺本同案釋文云一本駟介四馬也考文古本有介字采釋文一本此箋但說駟耳其介甲也已在傳矣一本誤○按毛傳文茵虎皮也謂文茵之文乃是虎皮也荷華扶渠也謂荷華之荷乃是扶渠也傳之例本如此後人有刪改遂至不畫一

使四馬被馳駈敖遊明監本毛本被下有甲字閩本剜入案所補是也

中軍爲將也閩本明監本毛本同小字本相臺本爲作謂考文古本同案謂字是也釋文以謂將作音可證

注云右陽也閩本明監本毛本同案浦鏜云左誤右是也

附釋音毛詩注疏卷第四（四之三）

羔裘刺朝也言古之君子以風其朝焉（十四）言猶道也鄭自莊公而賢者陵遲朝無忠正之臣故刺之○裘字或作求朝直遙反下及注同風福鳳反【疏】羔裘三章章四句至朝焉○正義曰作羔裘詩者刺朝也以莊公之朝無正直之臣故作此詩道古之在朝君子有德有力故以風刺其今朝廷之人焉經之所陳皆古之君子之事也此主刺朝廷之臣朝無賢臣是君之不明亦所以刺君也○箋言猶至刺之○正義曰言謂口道說諸序之言字義多爲道就此一釋餘皆從之下篇之序猶言莊公則此莊公詩也故言莊公以明之以桓武之世朝多賢者陵遲自莊公爲始故言自也

羔裘如濡洵直且侯如濡潤澤也洵均侯君也箋云緇衣羔裘諸侯之朝服也言古朝廷之臣皆忠直且君也君者言正其衣冠尊其瞻視儼然人望而畏之○濡音儒洵徐音荀又音旬侯韓詩云侯美也彼其之子舍命不渝渝變也箋云舍猶處也之子是子也是子處命不變謂守死善道見危授命之等○舍音赦王云受也沈書者反渝以朱反【疏】羔裘至不渝○正義曰言古之君子在朝廷之上服羔皮爲裘其色潤澤如濡濕之然身服此服德能稱之其性行均直且有人君之度也彼服羔裘之是子其自處性命躬行善道至死不變刺今朝廷無此人○傳如濡至侯君○正義曰如似濡濕故言潤澤也洵均釋言文侯君釋詁文定本濡潤澤也無如字○箋緇衣至畏之○正義曰經云羔裘知緇衣者玉藻云羔裘緇衣以裼之論語云緇衣羔裘是羔裘必緇衣也士冠禮云主人玄冠朝服緇帶素韠注云衣不言色者衣與冠同也是緇衣爲朝服也玉藻云諸侯朝服以日視朝故知緇衣羔裘是諸侯之朝服也以臣在朝廷服此羔裘故舉以言是皆均直且君言其有人君之度孔子稱雍也可使南面亦美其堪爲人君與此同也正其衣冠以下論語文○傳渝變○正義曰釋言文○箋舍猶至之等○正義曰舍息是安處之義故知舍猶處也之子是子也釋訓文

羔裘豹

飾孔武有力豹飾緣以豹皮也孔甚也○緣悅絹反彼其之子邦之司直司主也疏羔裘至司直○正義曰言古之君子服羔皮為裘以豹皮為袖飾者其人甚武勇且有力可禦亂也彼服羔裘之是子一邦之人主以為直刺今無此人○傳豹飾至孔甚○正義曰唐風云羔裘豹袪羔裘豹袖然則緣以豹皮謂之為袪袖也禮君用純物臣下之故袖飾異皮孔甚釋言文

羔裘晏兮三英粲兮晏鮮盛貌三英三德也箋云三德剛克柔克正直也粲衆意○晏於諫反粲采諫反彼其之子邦之彥兮彥士之美稱○稱尺證反疏羔裘至彥兮○正義曰言古之君子服羔皮為裘其色晏然而鮮盛兮其人有三種英俊之德粲然而衆多兮彼服羔皮之是子一邦之人以為彥士兮刺今無此人○箋三德至衆意○正義曰英俊秀之名言有三種之英故傳以為三德洪範云三德一曰正直二曰剛克三曰柔克注云正直中平之人克能也剛能柔能謂寬猛相濟以成治立功剛則彊柔則弱此陷於滅亡之道非能也然則正直者謂不剛不柔以每事得中也剛克者雖剛而能以柔濟之柔克者雖柔而能以剛濟之故三者各為一德洪範先言正直此引之而與彼倒者以經有正直无剛柔故先言剛柔意明剛能柔能亦為德故也洪範之言謂人性不同各有一德此言三英粲兮亦謂朝夕賢臣具此三德非一人而備有三德也地官師氏以三德教國子至德敏德孝德彼乃德之大者教國子使知之耳非朝廷之人所能有故知此三德是洪範之三德周語稱三女為粲是粲為衆意○傳彥士之美稱○正義曰釋訓云美士為彥舍人曰國有美士為人所言道

羔裘三章章四句

遵大路思君子也莊公失道君子去之國人思望焉○遵大路兮摻執子之袪兮遵循路道摻擥袪袂也箋云思望君子於道中見之則欲擥持其袂而留之○摻所覽反徐所斬反袪起居反又起據反袂也擥音覽袂面世反無

我惡兮不寁故也。寁，速也。箋云：子無惡我擥持子之袂，我乃以莊公不速於先君之道使我然。○無惡，烏路反，注同。寁，市坎反。故也，一本作故兮，後好也亦爾。**疏**遵大至故也○正義曰：國人思望君子，假說得見之狀。言己循彼大路之上兮，若見此君子之人，我則攬執君子之衣袪兮。君子若忿我留之，我則謂之云：無得於我之處怨惡我留兮，我乃以莊公不速於先君之道故也。言莊公之意不速於先君之道，不愛君子，令子去之，我以此固留子。○傳遵循至袪袂○正義曰：遵循，釋詁文。地官遂人云：澮上有道，川上有路。對文則有廣狹之異，散則道路通也。以摻字從手，又與執共文，故為攬也。說文摻字山音反，聲訓為斂也；操字桑此遙反，聲訓為奉也。二者義皆小異。喪服云：袂屬幅，袪尺二寸。則袂是袪之本，袪為袂之末。唐羔裘傳云：袪，袂末。則袂袪不同。此云袪袂者，以袪袂俱是衣袖，本末別耳，故舉類以曉人。唐風取本末為義，故言袂末。○傳寁速○正義曰：釋詁文。舍人曰：寁，意之速。

遵大路兮，摻執子之手兮。箋云：言執手者，思望之甚。無我魗兮，不寁好也。魗，棄也。箋云：魗亦惡也。好猶善也。子無惡我，我乃以莊公不速於善道使我然。○魗，本亦作⿰壽欠，又作⿰壽殳，市由反。或云鄭音為醜。好，如字，鄭云善也，或呼報反。**疏**傳魗棄○正義曰：魗與醜古今字，醜惡可棄之物，故傳以為棄。言子無得棄遺我。箋準上章，故云魗亦惡，意小異耳。

遵大路二章，章四句

女曰雞鳴，刺不說德也。陳古義以刺今不說德而好色也。德謂士大夫賓客有德者。○說音悅，下同。好，呼報反。**疏**女曰雞鳴三章章六句至好色○正義曰：作女曰雞鳴詩者，刺不說德也。以莊公之時，朝廷之士不悅有德之君子，故作此詩，陳古之賢士好德不好色之義，以刺今之朝廷之人有不悅賓客有德而愛好美色者也。經之所陳，皆是古士之義好德不好色之事。以時人好色不好德，故首章先言古人不好美色下章乃言愛好有德但主爲不悅有德而作故序指言刺不悅德也定本云古義無士字理亦通○箋德謂至德。也○正義曰經陳愛好賓客思贈
問之故知德謂士大夫賓客有德者士大夫君子之總辭未必爵爲大夫士也下箋云士大夫以君命出使者義亦然月出指刺好色經無好德之事此則經
陳好德文異於彼故於此箋辨其德之所在也女曰雞鳴士曰昧旦箋云此夫婦相警覺以夙興言不留色也○昧音妹警音景子
與視夜明星有爛言小星已不見也箋云明星尚爛爛然早於別色時○爛力旦反見賢遍反又如字蚤音早本亦作早別色彼列反將
翺將翔弋鳧與鴈閑於政事則翺翔習射箋云弋繳射也言無事則往弋射鳧鴈以待賓客爲燕具○弋羊職反鳧音符閒音閑繳音灼本
亦作繳【疏】女曰至與鴈○正義曰言古之賢士不留於色夫妻同寢相戒夙興其女曰雞鳴矣而妻起士曰已昧旦矣而夫起夫起卽子興也此子於是
同興而視夜之早晚明星尚有爛爛然早於別色之時早朝於君君事又早終閑暇無事將翺翔以學習射事弋射鳧之與鴈以待賓客爲飲酒之羞古士好德
不好色如此而今人不好有德唯悅美色故刺之○箋此夫至留色○正義曰士女相對與語故以夫妻釋之士者男子之大號下傳言閑於政事習射待賓
客則所陳古士是謂古朝廷大夫士也雞鳴女起之常節昧旦士自起之常節皆是自言起節非相告語而云相警覺者見賢思齊君子恆性彼既以時而起
此亦不敢淹留卽是相警之義也各以時起是不爲色而留也○箋明星至色時○正義曰玉藻說朝之禮云羣臣別色始入以別色之時當入公門故起又
早於別色時○箋弋繳至燕具○正義曰夏官司弓矢矰矢茀矢用諸弋射注云結繳於矢謂之矰矰高也茀矢象焉茀之言刜也二者皆可以弋飛鳥刜羅
之也然則繳射謂以繩繫矢而射也說文云繳謂生絲爲繩也下云宜言飲酒故知以待賓客爲燕飲之具弋言加之與子宜之宜肴
也箋云言我也子謂賓客也所弋之鳧鴈我以爲加豆之實與君子共肴也○殽音爻本亦作肴宜言飲酒與子偕老箋云宜乎我燕

樂賓客而飲酒與之俱至老親愛之言也○偕音皆樂音洛下同 琴瑟在御莫不靜好 君子無故不徹琴瑟賓主和樂無不安好 疏 弋言至靜好○正義曰此又申上弋射之事弋取鳧鴈我欲爲加豆之實而用之與子賓客作肴羞之饌共食之宜乎我以燕樂賓客而飲酒與子賓客俱至於老言相親之極沒身不衰也於飲酒之時琴瑟之樂在於侍御有肴有酒又以琴瑟樂之則賓主和樂又莫不安好者古之賢士親愛有德之賓客如是刺今不然○傳宜肴○正義曰釋言文李巡曰宜飲酒之肴○箋言我至共肴也○正義曰言我釋詁文與之飲酒相親故知子謂賓客故以所射之鳧鴈爲加豆之實與君子共肴之若然曲禮云凡進食之禮左肴右胾食居人之左羹居人之右膾炙處外醯醬處內蔥渫處末酒漿處右注云此大夫士與賓客燕食之禮其禮食則宜放公食大夫禮云又案公食大夫禮皆無用鳧鴈之文此得用鳧鴈者公食大夫自是食禮此則飲酒彼以正禮而食此以相好私燕其饌不得同也曲禮所陳燕食之饌與禮食已自不同明知燕飲之肴又當異於食法故用鴈爲加豆也牲牢之外別有此肴故謂之加也箋宜乎者謂閒暇無事宜與賓客燕與上宜肴別也○傳君子至安好○正義曰解其在御之意由無故不徹故飲則有之曲禮云大夫無故不徹縣士無故不徹琴瑟注云故謂災患喪病傳意出於彼文此古士兼有大夫當云不徹縣而唯言琴瑟者證經之琴瑟有樂懸者亦有琴瑟故也 知子之來之雜佩以贈之 雜佩者珩璜琚瑀衝牙之類箋云贈送也我若知子之必來我則豫儲雜佩之去則以送子也與異國賓客燕時雖無此物猶言之以致其厚意其若有之固將行之士大夫以君命出使主國之臣必以燕禮樂之助君之歡○珩音衡佩上玉也璜音黃半璧曰璜琚音居佩玉名瑀音禹石次玉也衝昌容反狀如牙儲直居反使所吏反 知子之順之雜佩以問之 問遺也箋云順謂與己和順○遺尹季反 知子之好之雜佩以報之 箋云好謂與己同好○好呼報反注同 疏 知子至報之○正義曰古者之賢士與異國賓客燕飲相親設辭以愧謝之我若知子之今日

必來之我當豫儲雜佩去則以贈送之若知子之與我和順之當豫儲雜佩去則以問遺之若知子之與我和好之當豫儲雜佩去則以報答之正為不知子之來愧無此物親愛有德之甚言此以致厚意刺今不然○傳雜佩至之類○正義曰說文云珩佩上玉也璜。半璧也琚佩玉名也瑀玖石次玉也玉藻云佩玉有。衡牙注云居中央以前後觸也則衡牙亦玉為之其狀如牙以衝突前後也玉藻說佩有黝珩列女傳稱阿谷之女佩璜而瀞下云佩玉瓊琚丘中有麻云貽我佩玖則琚玖與瑀皆是石次玉玖是佩則瑀亦佩也故云雜佩珩璜琚瑀衡牙之類玉藻又云天子佩白玉。諸侯佩山玄玉大夫佩水蒼玉世子佩瑜玉士佩瓀玖玉則佩玉之名未盡於此故言之類以包之天官玉府云共王之服玉佩玉珠玉注引詩傳曰佩玉上有葱珩下有雙璜衝牙蠙珠以納其間下傳亦云佩有琚玖所以納間謂納衆玉與珩上下之間○箋贈送至之歡○正義曰上章與賓客飲酒箋不言異國於此言異國者上章燕卽是此客俱辭不言來客非異國至此章言來送之與別故以異國稱之燕禮者諸侯燕聘問之賓與己之羣臣其禮同此朝廷之士與賓客燕樂同國異國其義亦同此篇所陳非古士獨說外來賓客但上章不言外來賓客有國內賓客此章。非是異國耳又稱臣無境外之交所以得與異國賓客燕者士大夫以君命出使他國主國之臣必以燕禮樂之助主君之歡心故得與之燕也聘禮云公於賓一食再饗大夫於賓一饗一食不言燕者以燕非大禮故不言之饗食猶尙有之明當燕樂之矣○傳問遺○正義曰曲禮云凡以苞苴簞笥問人者哀二十六年左傳云衞侯使以弓問子貢皆遺人物謂之問故云問遺也問之者卽出己之意施遺前人報之者彼能好我報其恩惠贈之者以物與之送之與別其實一也所從言之異耳

女曰雞鳴三章章六句

有女同車刺忽也鄭人刺忽之不昏于齊太子忽嘗有功于齊齊侯請妻之齊

女賢而不取卒以無大國之助至於見逐故國人刺之忽鄭莊公世子祭仲逐之而立突○太子音泰

妻七計反以女適人曰妻取如字又促句反下注同【疏】有女同車二章章六句至刺之○正義曰作有女同車詩者刺忽也鄭人刺忽之不婚於齊對齊爲文故言鄭人既總敘經意又申說之此太子忽嘗有功於齊齊侯喜得其功請以女妻之此齊女賢而忽不娶由其不與齊爲婚卒以無大國之助至於見逐棄國出奔故國人刺之忽宜娶齊女與之同車而忽不娶故經二章皆假言鄭忽實娶齊女與之同車之事以刺之桓六年傳曰北戎侵齊齊侯使乞師於鄭鄭太子忽帥師救齊六月大敗戎師獲其二帥大良少良甲首三百以獻於齊是太子忽嘗有功於齊也傳又云公之未婚於齊也齊侯欲以文姜妻鄭太子忽太子忽辭人問其故太子曰人各有耦齊大非吾耦也詩云自求多福在我而已大國何爲君子曰善自爲謀及其敗戎師也齊侯又請妻之固辭人問其故太子曰無事於齊吾猶不敢今以君命奔齊之急而受室以歸是以師婚也人其謂我何遂辭諸鄭伯如左傳文齊侯前欲以文姜妻忽後復欲以他女妻忽再請之此言齊女賢而忽不娶不娶謂復請妻者非文姜也鄭志張逸問曰此序云齊女賢經云德音不忘文姜內淫適人殺夫幾亡魯國故齊有雄狐之刺魯有敝笱之賦何德音之有乎答曰當時佳耳後乃有過或者早嫁不至於此作者據時而言故序達經意如鄭此答則以爲此詩刺忽不娶文姜案此序言忽有功於齊齊侯請妻之則請妻在有功之後齊女賢而忽不娶其文又在其下明是在後妻者也安得以爲文姜乎又桓十一年左傳曰鄭昭公之敗北戎也齊人將妻之昭公辭祭仲曰必娶之君多內寵子無大援將不立弗從夏鄭莊公卒秋昭公出奔衞傳亦以出奔之年追說不婚於齊與詩刺其意同也張逸以文姜爲問鄭隨時答之此箋不言文姜鄭志未爲定解也若然前欲以文姜妻之後欲以他女妻之他女必幼於文姜而經謂之孟姜者詩人以忽不娶言其身有賢行大國長女刺忽應娶不娶何必實賢實長也桑中刺奔相竊妻妾言孟姜孟庸孟弋責其大國長女爲此姦淫其行可恥惡耳何必三姓之

女皆處長也此忽實不同車假言同車以刺之足明齊女未必實賢實長假言其賢長以美之不可執文以害意也此陳同車之禮欲忽娶爲正妻也案隱八年左傳云鄭公子忽如陳逆婦嬀則是已娶正妻矣齊侯所以得請妻之者春秋之世不必如禮或者陳嬀已死忽將改娶二者無文以明之此請妻之時在莊公之世不爲莊公詩者不娶齊女出自忽意及其在位無援國人乃追刺之序言嘗有功於齊明是忽爲君後追刺前事非莊公之時故不爲莊公詩也傳稱忽不娶文姜君子謂之善自爲謀則是善忽矣此詩刺之者傳言善自爲謀言其謀不及國故再發傳以言忽之無援非善之也○箋忽鄭至立突○正義曰經書鄭世子忽是爲莊公子也桓十一年左傳曰祭仲有寵於莊公爲公娶鄧曼生昭公故祭仲立之宋雍氏女於鄭莊公曰雍。始生厲公雍氏宗有寵於宋莊公故誘祭仲而執之曰不立突將死亦執厲公而求賂焉祭仲與宋人盟以厲公歸而立之九月丁亥昭公奔衛己亥厲公立是祭仲逐之而立突也

有女同車顏如舜華 親迎同車也舜木槿也箋云鄭人刺忽不取齊女親迎與之同車故稱同車之禮齊女之美○同車讀與何彼襛矣詩同舜尸順反華讀亦與召南同下篇放此迎魚敬反下同槿音謹

將翺將翔佩玉瓊琚 佩有琚。瑀所以納閑

彼美孟姜洵美且都 孟姜齊之長女都閑也箋云洵信也言孟姜信美好且閑習婦禮○洵恤旬反

疏 有女至且都○正義曰鄭人刺忽不娶齊女假言忽實娶之與之同車言有女與鄭忽同車此女之美其顏色如舜木之華然其將翺將翔之時所佩之玉是瓊琚之玉言其玉聲和諧行步中節也又歎美之言彼美好之孟姜信美好而又且閑習於婦禮如此之美而忽不娶使無大國之助故刺之○傳親迎至木槿○正義曰士昏禮云壻揖婦出門乃云壻御婦車授綏是親迎之禮與婦同車也釋草云椵木槿櫬木槿樊光曰別二名也其樹如李其華朝生暮落與草同氣故在草中陸機疏云舜一名木槿一名櫬一名曰椵齊魯之間謂之王蒸今朝生暮落者是也五月始華故月令仲夏木槿榮○傳都閑○正義曰都者美好閑習之言故爲閑也司馬相如上林賦云妖治閑都

亦以都為閑也有女同行顏如舜英行行道也英猶華也箋云女始乘車壻御輪三周御者代壻○壻音細字書作㨽將翱將翔佩玉將將將將鳴玉而後行○將將七羊反玉佩聲彼美孟姜德音不忘箋云不忘者後世傳其道德也○傳直專反

疏箋女始至代壻○正義曰昏義文也御者代壻即先道而行故引之以證同道之義○傳將將鳴玉而後行○正義曰此解鏘鏘之意將勤而玉已鳴故於將翱將翔之時已言佩玉鏘鏘也上章言玉名此章言玉聲互相足

有女同車二章章六句

山有扶蘇刺忽也所美非美然。言忽所美之人實非美人○蘇如字徐又音疏

疏山有扶蘇二章章四句至美然○正義曰毛以二章皆言用臣不得其宜鄭以上章言用之失所下章言養之失所箋傳意雖小異皆是所美非美人之事定本云所美非美然與俗本不同

山有扶蘇隰有荷華興也扶蘇扶胥小木也荷華扶渠也其華菡萏言高下大小各得其宜也箋云興者扶胥之木生于山喻忽置不正之人于上位也荷華生于隰喻忽置有美德者于下位此言其用臣顛倒失其所也○胥音疎又相如反菡本作歐又作答戶感反萏本又作欿又作萏度感反菡萏荷華也未開曰菡萏已發曰芙蕖傎本亦作顛都田反倒都老反不見子都乃見狂且子都世之美好者也狂狂人也且辭也箋云人之好美色不往覩子都乃反往覩狂醜之人以興忽好善不任用賢者反任用小人其意同○狂求匡反且子餘反注同好美色呼報反下同睹都杜反本亦作覩

疏山有至狂且○毛以為山上有扶蘇之木隰中有荷華之草木生於山草生於隰高下各得其宜以喻君子在上小人在下亦是其宜今忽置小人於上位置君子於下位是山隰之不如也忽之所愛皆是小人我適忽之朝上觀其君臣不見有美好之子閑習禮法者乃唯見狂醜之昭公耳言臣無賢者君又

狂醜故以刺之鄭以高山喻上位下隰喻下位言山上有扶蘇之小木隰中有荷華之茂草小木之處高山茂草之生下隰喻忽置不正之人於上位置美德之人於下位言忽用臣顛倒失其所也忽之所以然者由不識善惡之故有人自言愛好美色不往見子都之美好閑習者乃往見狂醜之人喻忽之好善不任用賢者反任用小人所美非矣故刺之○傳扶蘇至其宜○正義曰毛以下章山有喬松是木則扶蘇是木可知而釋木無文傳言扶胥小木者毛當有以知之未詳其所出也荷扶蕖其其華菡萏釋草文又云其實蓮其根藕其中的的中薏李巡曰皆分別蓮華實莖葉之名的蓮實薏中心苦者也扶胥山木宜生於高山荷華水草宜生於下隰高下大小各得其宜反以喻不宜言忽使小人在上君子在下亦為不宜也○箋興者至其所○正義曰箋以扶蘇是木之小者荷華是草之茂者今舉山有小木隰有茂草為喻則以山喻上位隰喻下位小木喻小人茂草喻美德故易傳喻忽置不正之人於上位置美德於下位○傳子都至且辭○正義曰都謂美好而閑習於禮法故云子都世之美好者也狂者狂愚之人下傳以狡童為昭公則此亦謂昭公也狡童皆以為義嫌且亦為義故云且辭○醜人之至意同○正義曰箋以子都謂美麗閑習者也都是美好則狂是醜惡舉其見好醜為言則是假外事為喻非朝廷之上有好醜也故知此以人之好美色不往觀美乃往觀惡與忽之好善不任賢者反用小人其意與好色者同

山有喬松隰有游龍松木也龍紅草也箋云游龍猶放縱也喬松在山上喻忽無恩澤於大臣也紅草放縱枝葉於隰中喻忽聽恣小臣此又言養臣顛倒失其所也○橋本亦作喬毛作橋其驕反王云高也鄭作槁苦老反枯槁也

不見子充乃見狡童子充良人也狡童昭公也箋云人之好忠良之人不往觀子充乃反往觀狡童狡童有貌而無實○狡古卯反

疏山有至狡童○毛以為山上有喬高之松木隰中有放縱之龍草木生於山草生於隰高下得其宜以喻君子在上小人在下亦是其宜今忽置小人於上位置君子於下位是山隰之不如也忽之所愛皆是小人我適忽之朝上觀其君臣不見有美好之子充實忠良者乃

唯見此壯狡童昬之昭公言臣無忠良君又昬愚故刺之鄭以爲山上有枯槁而之松木隰中有放縱之龍草松木雖生高山而柯條枯槁龍草雖生於下隰而枝葉放縱喻忽之養臣君子在於上位則不加恩澤小人在於下位則祿賜豐厚言忽養臣顛倒失其所也忽之所以然者由不識善惡之故有人自言愛好忠良不往見子之充實之善人乃往見狡好之童稱有貌無實者以喻忽之好善不任用賢者反任用小人故刺之○傳松木至紅草○正義曰傳以。喬松共文嫌爲一木故云松木以明喬非木也釋草云紅蘢古其大者蘬舍人曰紅名龍古其大者名蘬是龍紅一草而列名故云龍紅草也陸機疏云一名馬蓼葉大而赤白色生水澤中高丈餘據上章之傳正取高下得宜爲喻不取喬游爲義○箋游龍至其所○正義曰此。章直名龍耳而言游龍知謂枝葉放縱也箋以作者若取山木隰草爲喻則當指言松龍而已不應言橋游也今松言。橋而龍云游明取槁游爲義山上之木言枯槁隰中之草言放縱明槁松喻無恩於大臣游龍喻聽恣於小臣言養臣顛倒失其所也孫毓難鄭云箋言用臣顛倒置不正於上位上位大臣也置有美德於下位下位小臣也則其養之又無恩於所寵而聽恣於所薄乎以箋爲自相違戾斯不然矣忽之羣臣非二人而已用臣則不正者在上有美德者在下養臣則薄於大臣厚於小臣此二者俱爲不可故二章各舉以刺忽○傳子充至昭公○正義曰充者實也言其性行充塞良善之人故爲良人下篇刺昭公而言彼狡童兮是斥昭公故以狡童爲昭公也○箋人之至無實○正義曰充是誠實故以忠良言之充爲性行誠實則知狡童是有貌無實者也狡童謂狡好之童非有指斥定名也下篇刺昭公之身此篇刺昭公之所美非美養臣失宜不以狡童爲昭公故易傳以爲人之好忠良不親子充而親狡童以喻昭公之好善不愛賢人而愛小人也孫毓云此狡狡好之狡謂有貌無實者也云刺昭公而謂狡童爲昭公於義雖通下篇言昭公有。狂狡之志未可用也箋義爲長

山有扶蘇二章章四句

蘀兮刺忽也君弱臣強不倡而和也不倡而和君臣各失其禮不相倡和○蘀他洛反倡昌亮反本又作唱下注同和胡臥反注下同

蘀兮蘀兮風其吹女興也蘀槁也人臣待君倡而後和箋云槁謂木葉也木葉槁待風乃落興者風喻號令也喻君有政教臣乃行之言此者刺今不然○槁苦老反

叔兮伯兮倡予和女叔伯言羣臣長幼也君倡臣和也箋云叔伯羣臣相謂也羣臣無其君而行自以強弱相服女倡矣我則將和之言此者刺其自專也叔伯兄弟之稱○長張丈反稱尺證反

疏蘀兮至和女○毛以爲落葉謂之蘀詩人謂此蘀兮蘀兮汝雖將墜於地必待風其吹女然後乃落以興謂此臣兮臣兮汝雖職當行政必待君言倡發然後乃和汝鄭之諸臣何故不待君倡而後和又以君意責羣臣汝等叔兮伯兮羣臣長幼之等倡者當是我君和者當汝臣何不待我君倡而和乎○鄭下二句與毛異具在箋○傳蘀槁至後和○正義曰七月云十月隕蘀傳云蘀落也然則落葉謂之蘀此云蘀槁者謂枯槁乃落故箋云槁謂木葉是也木葉雖槁待風吹而後落故以喻人臣待君倡而後和也○傳叔伯至臣和○正義曰士冠禮爲冠者作字云伯某甫仲叔季唯其所當則叔伯是長幼之異字故云叔伯言羣臣長幼也謂總呼羣臣爲叔伯也言君倡臣和解經倡予和汝言倡者當是我君和者當是汝臣○箋叔伯至之稱○正義曰箋以叔伯長幼之稱予汝相對之語故以爲叔伯羣臣相謂也桓二年左傳稱宋督有無君之心言有君不以爲君雖有若無忽之諸臣亦然故云無其君而行自以強弱相服故弱者謂強者汝倡矣我則和之刺其專恣而不和君也箋又自明己意以叔伯兄弟相謂之稱則知此經爲羣臣相謂之辭故易傳也

蘀兮蘀兮風其漂女漂猶吹也○漂匹遙反本亦作飄

叔兮伯兮倡予要女要成也○要於遙反注同

蘀兮二章章四句

狡童刺忽也不能與賢人圖事權臣擅命也權臣擅命祭仲專也○擅善戰反疏狡童二章章四句○箋權臣至仲專○正義曰權者稱也所以銓量輕重大臣專國之政輕重由之是謂權臣也擅命謂專擅國之教命有所號令自以己意行之不復諮白於君鄭忽之臣有如此者唯祭仲耳桓十一年左傳稱祭仲為公娶鄧曼生昭公故祭仲立之是忽之前立祭仲專政也其年宋人誘祭仲而執之使立突祭仲逐忽立突又專突之政故十五年傳稱祭仲專鄭伯患之使其壻雍糾殺之祭仲殺雍糾厲公奔蔡祭仲又迎昭公而復立是忽之復立祭仲又專此當是忽復立時事也

彼狡童兮不與我言兮昭公有壯狡之志箋云不與我言者賢者欲與忽圖國之政事而忽不能受之故云然維子之故使我不能餐兮憂懼不遑餐也○餐七丹反遑音皇暇也疏彼狡至餐兮○正義曰賢人欲與忽圖事而忽不能受忽雖年長而有壯狡之志童心未改故謂之為狡童言彼狡好之幼童兮不與我賢人言說國事兮維子昭公不與我言之故至令權臣擅命國將危亡使我憂之不能餐食兮憂懼不暇餐言己憂之甚也○傳昭公至之志○正義曰解呼昭公為狡童之意以昭公雖則年長而有幼壯狡好作童子之時之志故謂之狡童襄三十一年左傳稱魯昭公年十九矣猶有童心亦此類也

彼狡童兮不與我食兮不與賢人共食祿維子之故使我不能息兮憂不能息也

狡童二章章四句

褰裳思見正也狂童恣行國人思大國之正己也狂童恣行謂突與忽爭國更出更入而無大國正之○褰起連反本或作騫非說文云褰袴也恣資利反行下孟反注下同更音庚疏褰裳二章章五句至正己○正義曰作褰裳詩者言思見正也所以思見正者

見者自彼加己之辭以國內有狂悖幼童之人恣極惡行身是庶子而與正適爭國禍亂不已無可奈何是故鄭國之人思得大國之正己欲大國以兵征鄭
正其爭者之是非欲令去突而定忽也經二章皆上四句思大國正己下句言狂童恣行序以由狂童恣行故思大國正己經先述思大國之言乃陳所思之
意故復言狂童之狂所以經序倒也○箋狂童至正之○正義曰忽是莊公世子於禮宜立非詩人所當疾故知狂童恣行謂突也忽以桓十一年繼世而立
其年九月經書突歸於鄭鄭忽出奔衛是突入而忽出也桓十五年經書鄭伯突出奔蔡鄭世子忽復。思於鄭是忽入而突出也故云與忽更出更入於時諸
侯信其爭競而無大國之正者故思之也此箋言更出更入而無大國正之則是忽復立之時思大國也忽之復立突已出奔仍思大國正己者突以桓十五
年奔蔡其年九月鄭伯突入於櫟櫟是鄭之大都突入據之與忽爭國忽以微弱不能誅逐去突諸侯又無助忽者故國人思大國之正己也

子惠思我褰裳涉溱惠愛也溱水名也箋云子者斥大國之正卿子若愛而思我我國有突簒國之事而可征而正之我則揭衣渡溱水往告難也○我溱側巾反簒初患反揭欺例反又起列反難乃旦反

子不我思豈無他人箋云言他人者先鄉齊晉。宋。衛後之荊楚○鄉香亮反本亦作向

狂童之狂也且狂行童昏所化也箋云狂童之人日爲狂行故使我言此也○且子餘反下同

疏子惠至也且○正義曰鄭人以突簒國無若之何思得大國正之乃設言以語大國之正卿曰子大國之卿若愛而思我知我國有突簒國之事有心欲征而正之我則褰衣裳涉溱水往告難於子矣若子大國之卿不於我鄭國有所思念我豈無他國疏遠之人可告之乎又言所以告急之意我國有狂悖幼童之人日日益爲此狂行也是爲狂不止故所思大國正之○傳惠愛至水名○正義曰惠愛釋詁文溱洧鄭國之水自鄭而適他國當涉之也○箋子者至告難○正義曰序言思大國之正己則意欲告者將告大國之正卿也正卿謂卿之長者執一國之政出師征伐事必由之故知子者斥大國之正卿也宛丘云子之湯兮山有樞云子有衣裳子皆斥君。可知此

子不斥大國之君者鄭國之君爵位尊重鄭人所告不宜徑告於君國之政教正卿所主且云子惠思我平等相告之辭故知子者必是大國正卿又下云子不我思豈無他人則他人與此子者正可有親疏之異而尊卑同也謂他國者爲人爲士非斥國君則知子者亦非國君矣他人他士是他國之卿明知子者亦大國之卿也若然論語及左傳說陳恆弒其君孔子告於哀公請討之公曰告夫三子孔子曰以吾從大夫之後不敢不告公曰告夫三子彼述孔子之意以爲君使之告臣非禮也此所以不告其君而告臣者彼孔子是國內之人勸君行義不可則止哀公不能自專其事反令孔子告臣故孔子以爲不可此則鄭國之人欲告他國不敢徑告其君故當告其大臣使之致達於君與彼不同溱洧大水未必褰裳可渡示以告難之疾意耳○箋言他至荆楚○正義曰言子不我思乃告他人是先告近鄰後告遠國齊晉宋是諸夏大國與鄭境接連楚則遠在荆州是南夷大國故箋舉以爲言見子與他人之異。有其實大國非獨齊晉他人非獨荆楚也定本云先嚮齊晉宋衞後之荆楚也義亦通若然案春秋突以桓十五年入于鄭之櫟邑其年冬經書公會宋公衞侯陳侯于袲伐鄭十六年四月公會宋公衞侯陳侯蔡侯伐鄭左傳稱謀納厲公也則是其諸侯皆助突矣而云告齊晉宋衞者此述鄭人告難之意耳非言諸侯皆助忽故言子不我思豈無他人是爲諸國不思正己故有遠告他人之志若當時大國皆不助突自然征而正之鄭人無所可思由宋衞蔡魯助突爲篡故思大國正己耳○傳狂行童昬所化○正義曰此狂童斥突也狂童謂狂頑之童稚狂童之狂也且言其日益爲狂故傳解其益狂之意言突以狂行童昬其所風化於人人又從之徒衆漸多所以益爲狂行作亂不已故鄭人思欲告急也狂行謂篡其國是疏狂之行童昬謂年在幼童昬闇無知鄭突時年實長以其志似童幼故以童名之

子惠思我褰裳涉洧 洧水名也洧于軌反

子不我思豈無他士 士事也箋云他士猶他人也大國之卿當天子之上士

狂童之狂也且

疏 箋他士至上士○正義曰傳言士事也以其堪任於事謂之爲士故箋之云他士猶他人正謂遠國

之卿也所以謂爲士者大國之卿當天子之上士故呼卿爲士也春官典命云王之三公八命其卿六命其大夫四命以大夫既四命則上士當三命也故注云王之上士三命中士再命下士一命又云公之孤四命其卿三命侯伯之卿亦如之是大國之卿亦三命當天子之上士也曲禮曰列國之大夫入天子之國曰某士襄二十六年左傳曰晉韓宣子聘于周王使請事對曰晉士起將歸時事於宰旅是由命與王之士同故稱士也

褰裳二章章五句

附釋音毛詩注疏卷第四（四之三）

毛詩注疏校勘記（四之三）

阮元撰盧宣旬摘錄

附釋音毛詩注疏卷第四 補 下行當題毛詩國風鄭氏箋孔穎達疏此卷誤脫

○羔裘

如濡潤澤也 小字本相臺本同案此正義本也正義云定本濡潤澤也無如字釋文以如濡作音亦有如字此傳潤澤正謂裘之潤澤所以得如濡非訓濡爲潤澤也正義所說是矣定本失之也皇皇者華箋云如濡鮮澤也亦其證○按裘不得云潤乃如潤耳潤澤正是濡訓定本是也

亦謂朝夕賢臣 補 夕當作多

○遵大路

不寁故也 唐石經小字本相臺本同案釋文云故也一本作故兮後好也亦爾考正義云我乃以莊公不速於先君之道故也標起止云遵大至故也是正義本作也

寁市坎反 補 案釋文校勘市當作帀

說文摻字山音反聲 閩本明監本毛本字下有摻字案所補是也山音反三字當雙行細書即爲摻字作音也閩本明監本毛本山誤此

操字喿此遙反聲 閩本明監本毛本同案此遙反三字當雙行細書即爲喿字作音也此喿聲與上參聲皆二字連文

○女曰雞鳴

陳古意以刺今唐石經小字本相臺本同案正義云陳古之賢士好德不好色之義又云定本云古義無士字是正義本有士字也

箋德謂至德也閩本明監本毛本也作者案所改是也

璜圭璧也補說文圭作半按半字是也

佩玉有衡牙補禮記衡作衝

諸侯佩山元玉明監本毛本同閩本諸作公案此公字用禮記文改也

此章非是異國耳閩本明監本毛本非作必案所改非也非當作自

○有女同車

而忽不娶閩本明監本毛本同案序作取正義作娶取娶古今字易而說之也例見前考文古本序作娶誤采此添忽字亦誤采此也下

箋鄭人刺忽不取齊女小字本相臺本十行本皆不誤閩本以下亦誤爲娶餘同此

曰雍始閩本明監本毛本同案浦鏜云姑誤始考左傳是也

佩有琚瑀所以納閒小字本相臺本同案女曰雞鳴正義引此傳瑀作玖見上考女曰雞鳴傳云雜佩珩璜琚瑀衡牙之類正義說之於字皆引說文而證其爲佩則衡牙及珩引玉藻璜引列女傳琚引此經唯瑀獨無所證故先引說文瑀玖石次玉後引丘中有麻云貽我佩玖而云

然則琚玖與瑀皆是石次玉玖是佩則琚亦佩也若此傳作瑀則傳自有明證不當舍之而借玖為譬況矣作玖者是也

字書作㻫之補釋文挍勘㻫作瑀瑀是㻫之別體小字本作㻫乃字有壞而改下又脫也字

後世傳其道德也小字本相臺本其道作道其考文古本同案道字在其上者是也釋文以傳道作音可證閩本明監本毛本亦誤在

此解鏘鏘之意閩本明監本毛本同案傳及經皆作將將正義作鏘鏘易古字為今字而說之也例見前庭燎正義作將將當是不知者依經注改之耳

○山有扶蘇

所美非美然唐石經小字本相臺本同案正義云皆是所美非美人之事定本所美非美然與俗本不同是正義然字當是人字標起止云至美然後改也

扶蘇扶胥小木也小字本相臺本同案釋文山有扶蘇下云扶蘇扶胥木也今考正義本亦然無小字也正義云毛以為山上有扶蘇之木又云毛以下章云山有喬松是木則扶蘇是木可知又云扶胥山木宜生於高山皆不言小木至說鄭乃始云小木又云箋以扶蘇是木之小者較然有別可證唯云傳言扶胥小木者毛當有以知之有一小字乃後人用經注本之有小字者誤添之耳段玉裁云毛云高下大小各得其宜高下謂山隰大謂扶蘇松小謂荷龍正言以刺忽與鄭異鄭乃互易其大小耳呂覽及漢書司馬相如劉向揚雄傳枚乘七發許氏說文皆謂扶疏為大木許氏扶

作扶古疏胥蘇通用

荷華扶渠也其華菡萏 小字本相臺本同案荷下華字衍也傳分說經荷華二字用爾雅文不應華字又錯見荷字解中正義云荷扶渠其華菡萏釋草文正無荷下華字是其本不誤○按非誤衍也說見鄭風清人

萏本又作欿又作萏 補 釋文校勘云盧本欿作歁下萏字作萏云歁舊作欿據澤陂音義改萏舊作萏據爾雅音義改案所改是也集韻四十八感載闇萏萏歁四形可證

所美非矣 閩本明監本毛本矣作美案所改是也下文云此篇刺昭公之所美非美養臣失宜是其證

扶蕖其其華菡萏 補 衍一其字

醜人之至意同 補 毛本醜作箋案箋字是也

山有喬松 唐石經小字本相臺本喬作橋閩本明監本毛本亦同案橋字是也釋文橋本亦作喬毛作橋其驕反王云高也鄭作槁苦老反枯槁也考正義本是橋字此經毛作橋以為喬之假借鄭亦作橋與毛字同但以為槁之假借是其異耳釋文云毛作某鄭作某所謂某者指傳箋之義不以指經字之形經字之形毛鄭不容有異也箋云槁松在山上以為假借不云讀為直於訓釋中改其字也箋例每如此其釋文本亦作喬者乃依毛義改為正字耳非毛鄭詩舊文也考文古本作喬采釋文亦作本

傳以喬松共文 閩本明監本毛本喬作橋下以明喬非木也不取喬游為義同案喬字是也凡正義說傳者例用喬十行本皆未誤

此用毛義易字非正義本經作喬也

此章直名龍耳　閩本明監本毛本同案浦鏜云草誤章是也

不應言橋游也今松言槁　閩本明監本同毛本槁作橋下明槁松喻無恩於大臣明監本毛本皆作橋案槁字是也凡正義說箋者例用槁十行本多未誤唯不應言槁游也一字誤作橋耳

下篇言昭公有狂狡之志　閩本明監本毛本同案狂當作壯形近之譌

○擇兮

和者當汝臣　閩本明監本毛本當下有是字案所補是也

○褰裳

復思於鄭　補　思當作歸

先鄉齊晉宋衞後之荊楚　小字本相臺本同案此定本也正義云齊晉本是諸夏大國與鄭境接連楚則遠在荊州是南夷大國下文云其實大國非獨齊晉他人非獨荊楚也定本云先鄉齊晉宋衞後之荊楚也義亦通是正義本當無宋衞二字今正義作齊晉宋衞諸夏大國者誤下文又云云而云告齊晉宋衞者此承定本之下因引春秋經有宋公衞侯遂并說義亦通耳與上文不同

可知此子不斥大國之君也　閩本明監本毛本同案浦鏜云可當何字誤是

齊晉宋是諸夏大國上閩本明監本毛本是作衞案此非也宋當作本詳見子與他人之異有補毛本有作耳

毛詩國風　鄭氏箋　孔穎達疏

丰刺亂也婚姻之道缺陽倡而陰不和男行而女不隨婚姻之道謂嫁取之禮○丰芳凶反面貌豐滿也方言作妦缺丘悅反倡昌亮反和胡臥反疏丰四章二章章三句二章章四句至不隨○正義曰陽倡陰和男行女隨一事耳以夫婦之道是陰陽之義故相配言之經陳女悔之辭上二章悔己前不送男下二章欲其更來迎己皆是男行女不隨之事也○箋婚姻至之禮○正義曰男以昬時迎女女因男而來嫁謂女適夫家娶謂男往娶女論其男女之身謂之嫁娶指其好合之際謂之婚姻嫁娶婚姻其事是一故云婚姻之道謂嫁娶之禮也若指男女之身則男以昬時取婦婦因男而來婚姻之名本生於此若以婦黨壻黨相對爲稱則釋親所云壻之父爲姻婦之父爲婚婦之黨爲婚兄弟壻之黨爲姻兄弟是婦黨稱婚壻黨稱姻也對文則有異散則可以通我行其野箋云新特謂外婚謂婦爲婚婚也隱元年左傳說葬之月數云士踰月外姻至非獨謂壻家也

子之丰兮俟我乎巷兮丰豐滿也巷門外也箋云子謂親迎者我我將嫁者有親迎我者面貌丰丰然豐滿善人也出門而待我於巷中○迎魚敬反下親迎同悔予不送兮時有違而不至者箋云悔乎我不送是子而去也時不送則爲異人之色後不得耦而思之○爲于僞反疏子之至送兮○正義曰鄭國衰亂婚姻禮廢有男親迎而女不從後乃追悔此陳其辭也言往日有男子之顏色丰然豐滿是善人兮來迎我出門而待我於巷中兮予當時別爲他人不肯共去今日悔恨我本不送是子兮所爲留者亦不得爲耦由此故悔也○傳丰豐至門外○正義曰丰者面色丰然故爲豐滿也叔于田傳云巷里塗此言門外者以迎婦自門而出故繫門言之其實巷是門外之道與里塗一也

子之昌兮俟我乎堂兮昌盛

壯貌箋云堂當爲棖棖門梱上木近邊者○堂並如字門堂也鄭改作棖直庚反梱本作閫苦本反近附近之近

悔予。不將兮將行也箋云將亦送也

疏子之至將兮○毛以爲女悔前事言有男子之容貌昌然盛壯兮來就迎我待我於堂上兮我別爲他人不肯共去今日悔我本不共是子行去兮○鄭以堂爲棖將爲送爲異餘同○傳昌盛壯貌○正義曰此傳不解堂之義王肅云升于堂以俟孫毓云禮門側之堂謂之塾謂出俟於塾前詩人此句故言堂耳毛無易字之理必知其不與鄭同案此篇所陳庶人之事人君之禮尊故於門設塾庶人不必有塾不得待之於門堂也著云俟我於堂文與著庭爲類是待之堂室非門之堂也士昬禮主人揖賓入于廟主人升堂西面賓升堂北面奠鴈再拜稽首降出婦從降自西階是則士禮受女於廟堂庶人雖無廟亦當受女於寢堂故以王爲毛說○箋堂當至邊者○正義曰箋以著篇言堂文在著庭之下可得爲廟之堂此篇上言於巷此言於堂巷之與堂相去懸遠非爲文次故轉堂爲棖棖是門梱上豎木近門之兩邊者也釋宮云栱謂之闑棖謂之楔孫炎曰栱門限也李巡曰棖謂梱上兩傍木上言待於門外此言待之於門事之次故易之爲棖也

衣錦褧衣裳錦褧裳衣錦褧裳嫁者之服箋云褧禪禪蓋以禪縠爲之中衣裳用錦而上加禪縠焉爲其文之大著也庶人之妻嫁服也士妻紂衣纁袡○衣錦如字或一音於記反下章放此褧衣苦迥反下如字禪音丹縠戶木反爲○其于僞反大音泰舊勑賀反紂側基反本或作純又作緇並同纁許云反袡如鹽反又作

叔兮伯兮駕予與行叔伯迎己者箋云言此者以前之悔今則叔也伯也來迎己者從之志又易也○易以豉反

疏衣錦至與行○正義曰此女失其配耦悔前不行自說衣服之備望夫更來迎己言己衣則用錦爲之其上復有禪衣矣裳亦用錦爲之其上復有禪裳矣言己衣裳備足可以行嫁乃呼彼迎者之字云叔兮伯兮若復駕車而來我則與之行矣悔前不送故來則從之○傳衣錦至之服○正義曰知者以此詩是婦人追悔願得從男陳行嫁之事云己有此服故知是嫁者之服也而人之服不殊裳而經衣裳異文者以其衣

裳別名詩須韻句故別言之耳其褰婦人之服衣裳連俱用錦皆有褧下章倒其文故傳衣錦褧裳互言之○箋褧禪至纁袡○正義曰玉藻云禪爲絅絅與褧音義同是褧爲禪衣裳所用書傳無文而婦人之服尚輕細且欲露錦文必不用厚繒矣故云蓋以禪縠爲之禪衣在外而錦衣在中故言中衣裳用錦而上加禪縠焉中庸引此詩乃云爲其文之大著也故箋依用之傳直言嫁者之服故又申之云庶人之妻嫁服若士妻則紂衣纁袡士昏禮云女次紂衣纁袡立於房中南面注云次首飾也紂衣絲衣女從者畢袗玄則此亦玄矣袡亦緣也袡之言任也以纁緣其衣象陰氣上任也凡婦人之服不常施袡之衣盛昏禮爲此服耳是士妻嫁時服紂衣纁袡也○傳叔伯迎己者○正義曰欲其駕車而來故斥迎己者也迎己者一人而已叔伯並言之者此作者設爲女悔之辭非知此女之夫實字叔伯託而言之耳箋言志又易者以不得此配耦志又變易於前故叔伯來則從之也

裳錦褧裳衣錦褧衣叔兮伯兮駕予與歸

丰四章二章章三句二章章四句

東門之墠刺亂也男女有不待禮而相奔者也。○墠音善依字當作壇此序舊無注而崔集注本有鄭注云時亂故不得待禮而行【疏】東門之墠二章章四句至奔者也○正義曰經二章皆女奔男之事也上篇以禮親迎女尚違而不至此復得有不待禮而相奔者私自姦通則越禮相就志留他色則依禮不行二者俱是淫風故。名。曰爲刺也

東門之墠。茹藘在阪東門城東門也墠除地町町者茹藘茅蒐也男女之際近。而。易則如東門之墠遠而難。則茹藘在阪箋云城東門之外有墠墠邊有阪茅蒐生焉茅蒐之爲難淺矣易越而出此女欲奔男之辭○茹音如後篇同藘力於反茹藘茅蒐蒨草也後篇阪音反反又符板反町吐鼎反又徒冷反茅貌交反

其室則邇其人甚遠邇近也得

禮則近不得禮則遠箋云其室則近謂所欲奔男之家望其來迎己而不來則爲遠【疏】東門至甚遠〇毛以爲東門之壇除地町町其踐履則易茹藘在阪則爲礙阻其登陟則難言人之行者踐東門之壇則易登茹藘在阪則難越以興爲婚姻者得禮則易不得禮則難婚姻之際非禮不可若得禮其室則近人得相從易可爲婚姻若不得禮則室雖相近其人甚遠不可爲婚矣是男女之交不可無禮今鄭國之女有不待禮而奔男者故舉之以刺當時之淫亂也〇鄭以爲女欲奔男之辭東門之外有壇壇之邊有阪茹藘之草生於阪上女言東門之外有壇茹藘在於阪上其爲禁難淺矣言其易越而出與己是未嫁之女父兄之禁難亦淺矣言其易可以奔男止自男不來迎己耳又言己所欲奔之男其室去此則近爲不來迎己雖近難見其人甚遠不可得從也欲使此男迎己己則從之是不待禮而相奔故刺之〇傳東門至在阪〇正義曰出其東門有女如雲是國門之外見女也東門之池可以漚麻是國門之外有池也則知諸言東門皆爲城門故云東門城東門也襄二十八年左傳云子產相鄭伯以如楚舍不爲壇外僕言曰昔先大夫相先君適四國未嘗不爲壇今子草舍無乃不可乎上言舍不爲壇下言今子草舍明知壇者除地去草矣故云壇除地町町者也偏檢諸本字皆作壇左傳亦作壇其禮記尚書言壇墠者皆封土者謂之壇除地者謂之墠墠字異而作此壇字讀音曰墠蓋古字得通用也今定本作墠茹藘茅蒐釋草文李巡曰茅蒐一名茜可以染絳陸機疏云一名地血齊人謂之茜徐州人謂之牛蔓然則今之蒨草是也男女之際者謂婚姻之禮是男女交際之事禮記大傳云異姓主名治際會亦謂婚禮交際之會也以壇阪者各自爲喻壇是平地又除治阪是高阜又草生焉人欲踐之則有難易以喻婚姻之道有禮無禮之難易故云男女之際近而易則如東門之壇遠而難則如茹藘在阪也阪云遠而難則壇當云近而易不言而易可知而省文也壇阪可以喻難耳無遠近之象而云近遠者以壇繫東門言之則在東門外阪不言所在則遠於東門矣且下句言則邇甚遠故傳顧下經以遠近解之下傳云得禮則近不得禮則遠還與此傳文相成爲始終之說〇箋城東至之辭

○正義曰箋以下章栗與有踐家室連文以此章壇與茹藘在阪連文則是同在一處不宜分之爲二故易傳以爲壇邊有阪栗在室內得作一與共爲女辭阪是難登之物茅蒐延蔓之草生於阪上行者之所以小難但爲淺矣易越而出以自喻己家禁難亦淺矣易以奔男是女欲奔男令迎己之辭也若然阪有茹藘可爲小難壇乃除地非爲阻難而亦言之者物以高下相形欲見阪之難登故先言壇之易踐以形見阪爲難耳不取易爲義也○傳邇近至則遠○正義曰邇近釋詁文室與人相對則室謂宅人居室內而云室近人遠此刺女不待禮故知以禮爲送近

東門之栗有踐家室栗行上栗也踐淺也箋云栗而在淺家室之內言易竊取栗人所啗食而甘耆故女以自喻也○行上並如字行道也左傳云斬行栗啗徒覽反本又作啖亦作噉並同耆常志反

豈不爾思子不我即即就也箋云我豈不思望女乎女不就迎我而俱去耳

疏東門至我即○毛以爲東門之外有栗樹生於路上無人守護其欲取之則爲易有物在淺室家之內雖在淺室有主守之其欲取之則難以興爲婚者得禮則易不得禮則難婚姻之際不可無禮故貞女謂男子云我豈不於汝思爲室家乎但子不以禮就我我無由從子貞女之行非禮不動今鄭國之女何以不待禮而奔乎故刺之○鄭以爲女乎男迎己之辭言東門之外栗樹有淺陋家室之內生之栗在淺家易可竊取喻己在父母之家亦易竊取正以栗爲興者栗有美味人所啗食而甘之言己有美色亦男所親愛而悅之故女以自喻女又謂男曰我豈可不於汝思望之乎誠思汝矣但子不於我來就迎之故我無由得往耳女當待禮從男今欲男就迎即去故刺之○傳栗行至踐淺○正義曰傳以栗在東門之外不處園圃之間則是表道樹也故云栗行上栗行謂道也襄九年左傳云趙武魏絳斬行栗杜預云行栗表道樹踐淺釋言文此經傳無明解準上章亦宜以難易爲喻故同上爲說也

東門之墠二章章四句

風雨思君子也亂世則思君子不改其度焉○風雨淒淒雞鳴喈喈興也風且雨淒淒然雞猶守時而鳴喈喈然○箋云興者喻君子雖居亂世不變改其節度○淒七西反喈音皆既見君子云胡不夷胡何夷說也箋云思而見之云何而心不說○說音悅下同疏風雨至不夷○正義曰言風雨且雨寒涼淒淒然雞以守時而鳴音聲喈喈然此雞雖逢風雨不變其鳴喻君子雖居亂世不改其節今日時世無復有此人若既得見此不改其度之君子云何而得不悅言其必大悅也○傳風且至喈喈然○正義曰四月云秋日淒淒寒涼之意言雨氣寒也二章瀟瀟謂雨下急疾瀟瀟然與淒淒意異故下傳云瀟瀟暴疾喈喈膠膠則俱是鳴辭故云猶喈喈也○傳胡何夷說○正義曰胡之爲何書傳通訓夷悅釋言文定本無胡何二字風雨瀟瀟雞鳴膠膠瀟瀟暴疾也膠膠猶喈喈也○瀟音蕭膠音交既見君子云胡不瘳瘳愈也○瘳勑留反風雨如晦雞鳴不已晦昏也箋云已止也雞不爲如晦而止不鳴○不爲于僞反既見君子云胡不喜

風雨三章章四句

子衿刺學校廢也亂世則學校不脩焉鄭國謂學爲校言可以校正道藝○衿音金本亦作襟徐音琴世亂本或以世字在下者誤校力孝反注及下注同注傳云鄭人遊於鄉校是也公孫弘云夏曰校沈音教疏子衿三章章四句至不脩焉○正義曰鄭國衰亂不脩學校學者分散或去或留故陳其留者恨責去者之辭以刺學校之廢也經三章皆陳留者責去者之辭也定本云刺學廢也無校字○箋鄭國至道藝○正義曰襄三十一年左傳云鄭人游於鄉校然明謂子產毀鄉校是鄭國謂學爲校校是學之別名故序連言之又稱其名校之意言於其中可以校正道藝故曰校

也此序非鄭人言之箋見左傳有鄭人稱校之言故引以爲證耳非謂鄭國獨稱校也漢書公孫弘奏云三代之道鄉里有教夏曰校殷曰庠周曰序是古亦名學爲校也禮人君立大學小學言學校廢者謂鄭國之人廢於學問耳非謂廢毀學宮也

青青子衿，悠悠我心。

青衿青領也學子之所服箋云學子而俱在學校之中己留彼去故隨而思之耳禮父母在衣純以青○青如字學子以青爲衣領緣衿也或作襟音非純章允反又之閏反

縱我不往，子寧不嗣音？

嗣習也古者教以詩樂誦之歌之絃之舞之箋云嗣續也女曾不傳聲問我以恩責其忘己○嗣如字韓詩作詒詒寄也曾不寄問也傳聲直專反

疏青青至嗣音○毛以爲鄭國學校不脩學人散去其留者思之言青青之色者是彼學子之衣衿也此青衿之子棄學而去悠悠乎我心思而不見又從而責之縱使我不往彼見子子寧得不來學習音樂乎責其廢業去學也○鄭唯下句爲異言汝何曾不嗣續音聲傳問於我責其遺忘己也○傳青衿青領○正義曰釋器云衣皆謂之襟李巡曰衣皆衣領之襟孫炎曰襟交領也衿與襟音義同衿是領之別名故云青衿青領也衿領一物色雖一青而重言青青者古人之復言也下言青青子佩正謂青組綬耳都人士狐裘黃黃謂裘色黃耳非有二事而重文也箋云父母在衣純以青是由所思之人父母在故言青衿若無父母則素衿深衣云具父母衣純以青孤子衣純以素是無父母者用素○傳嗣習至舞之○正義曰所以責其不習者古者教學子以詩樂誦之謂背文闇誦之歌之謂引聲長詠之絃之謂以琴瑟播之舞之謂以手足舞之學樂學詩皆是音聲之事故責其不來習音王制云樂正崇四術立四教春秋教以禮樂冬夏教以詩書文王世子云春誦夏絃太師詔之注云誦謂歌樂也絃謂以絲播詩是學詩學樂皆絃誦歌舞之○箋嗣續至忘己○正義曰箋以下章云子寧不來責其不來見己不言來者有所學則此云不嗣音不宜爲習樂故易傳言留者責去者子曾不傳續音聲存問我以恩責其忘己言與彼有恩故責其斷絕

青青子佩，悠悠我思。

佩佩玉也士佩瓀珉而青組綬○碝本又作瓀如兖反珉亡巾反組

音祖綬音受縱我不往子寧不來不來者言不一來也疏傳佩佩玉至組綬〇正義曰玉藻云古之君子必佩玉君子於玉比德焉故知子佩爲佩玉也禮不佩青玉而云青青子佩者佩玉以組綬帶之士佩瓀珉而青組綬故云青青謂組綬也案玉藻士佩瓀玟而緼組綬此云青組綬者蓋毛讀禮記作青字其本與鄭異也學子非士而傳以士言之以學子得依士禮故也〇傳不來者言不一來〇正義曰準上傳則毛意以爲責其不一來習業鄭雖無箋當謂不來見己耳挑兮達兮在城闕兮挑達往來相見貌乘城而見闕箋云國亂人廢學業但好登高見於城闕以候望爲樂〇挑他羔反又勑彫反說文作叏達他末反說文云達不相遇也好呼報反樂音洛一日不見如三月兮言禮樂不可一日而廢箋云君子之學以文會友以友輔仁獨學而無友則孤陋而寡聞故思之甚疏挑兮至月兮〇毛以爲學人廢業候望爲樂故留者責之云汝何故棄學而去挑兮達兮往來在於城之闕兮〇禮樂之道不學則廢一日不見此禮樂則如三月不見兮何爲廢學而遊觀〇鄭以下二句爲異言一日不與汝相見如三月不見兮言己思之甚也〇傳挑達至見闕〇正義曰城闕雖非居止之處明其乍往乍來故知挑達爲往來貌釋宮云觀謂之闕孫炎曰宮門雙闕舊章懸焉使民觀之因謂之觀如爾雅之文則闕是人君宮門非城之所有且宮門觀闕不宜乘之候望此言在城闕兮謂城之上別有高闕非宮闕也乘城見於闕者乘猶登也故箋申之登高見於城闕以候望爲樂〇箋君子至之甚〇正義曰君子以文會友以友輔仁論語文獨學而無友則孤陋而寡聞學記文由其須友以如此故思之甚

子衿三章章四句

揚之水閔無臣也君子閔忽之無忠臣良士終以死亡而作是詩也疏揚之水二章章

六句至是詩〇正義曰經二章皆閔忽無臣之辭忠臣良士一也言其事君則爲忠臣指其德行則爲良士所從言之異耳終以死亡謂忽爲其臣高渠彌所弒也作詩之時忽實未死序以由無忠臣意以此死故閔之有女同車序云卒以無大國之助至於見逐意亦與此同

揚之水不流束楚揚激揚也激揚之水可謂不能流漂束楚乎箋云激揚之水喻忽政教亂促不流束楚言其政不行於臣下〇漂匹妙反終鮮兄弟維予與女箋云鮮寡也忽兄弟爭國親戚相疑後竟寡於兄弟之恩獨我與女有耳作此詩者同姓臣也〇鮮息淺反注下同無信人之言人實迋女迋誑也〇迋求往反徐又居望反誑九況反

【疏】揚之水至迋女〇毛以爲激揚之水可謂不能流漂一束之楚乎言能流漂之以與忠臣良士豈不能誅除逆亂之臣乎言能誅除之今忽既不能誅除逆亂又復兄弟爭國親戚相疑終竟寡於兄弟之恩唯我與汝二人而已忽既無賢臣多被欺誑故又誡之汝無信他人之言。被他人之言實欺誑於汝臣皆誑之將至亡滅故閔之鄭唯上二句別義具箋〇箋激揚至臣下〇正義曰箋言激揚之水是水之迅疾言不流束楚實不能流故以喻忽政教亂促不行臣下由政令不行於臣下故無忠臣良士與之同心與下勢相連接同爲閔無臣之事毛與雖不明以王及唐揚之水皆與故爲此解

揚之水不流束薪終鮮兄弟維予二人二人同心也箋云二人者我身與女忽無信人之言人實不信

揚之水二章章六句

出其東門閔亂也公子五爭兵革不息男女相棄民人思保其室家焉公子五爭者謂突再也忽子亹子儀各一也〇爭爭鬬之爭注同亹亡匪反又音尾莊公子

【疏】出其東門二章章六句至室家焉〇正義曰作出其東門詩者閔亂也以

忽立之後公子五度爭國兵革不得休息下民窮困男女相棄民人迫於兵革室家相離思得保其室家也兵謂弓矢干戈之屬革謂甲冑之屬以皮革爲之保者安守之義男以女爲室女以男爲家若散則通民人分散乖離故思得保有室家正謂保有其妻以妻爲室家經二章皆陳男思保妻之辭是思保室家也其公子五爭兵革不息敘其相棄之由於經無所當也俗本云五公子爭誤也○箋公子至各一○正義曰桓十一年左傳云祭仲爲公娶鄧曼生昭公故祭仲立之宋雍氏女於鄭莊公生厲公故宋人誘祭仲而執之曰不立突將死祭仲與宋人盟以厲公歸而立之秋九月昭公奔衞己亥厲公立是一爭也十五年傳曰祭仲專鄭伯患之使其壻雍糾殺之雍姬知之以告祭仲祭仲殺雍糾厲公出奔蔡六月乙亥鄭世子忽復歸于鄭是二爭也十七年傳曰初鄭伯將以高渠彌爲卿昭公惡之固諫不聽昭公立懼其殺己也弑昭公而立公子亹是三爭也十八年傳曰齊侯師于首止子亹會之高渠彌相七月齊人殺子亹而轘高渠彌祭仲逆鄭子于陳而立之服虔云鄭子昭公弟子儀也是四爭也莊十四年傳曰鄭厲公自櫟侵鄭及大陵獲傅瑕傅瑕曰苟舍我吾請納君與之盟而舍之六月傳瑕殺鄭子而納厲公是五爭也忽亦再爲鄭君前以太子嗣立不爲爭篡故唯數後爲五爭也

出其東門有女如雲如雲衆多也箋云有女謂諸見棄者也如雲者如其從風東西南北心無有定**雖則如雲匪我思存**思不存乎相救急箋云匪非也此如雲者皆非我思所存也○思如字注及下皆同沈息嗣反毛音如字鄭息嗣反**縞衣綦巾聊樂我員**縞衣白色男服也綦巾蒼艾色女服也願室家得相樂也箋云縞衣綦巾所爲作者之妻服也時亦棄之迫兵革之難不能相畜心不忍絕故言且留樂我員此思保其室家窮困不得有其妻而以衣巾言之恩不忍斥之綦綦文也○縞古老反又古報反綦巨基反樂音洛注並同一音岳或云箋留樂又音岳員○音云本亦作云韓詩作魂魂神也爲于僞反難乃旦反

【疏】出其至我員○毛以爲鄭國民人不能保其室家男女相棄故詩人閔之言我出其鄭城東門之外有女被棄者衆多如雲然女既

被棄莫不困苦詩人閔之無可奈何言雖則衆多如雲非我思慮所能存救以其衆多不可救拯唯願使昔日夫妻更自相得故言彼服縞衣之男子服綦巾之女人是舊時夫妻願其還自配合則可以樂我心云耳詩人閔其相棄故願其相得則樂云員古今字助句辭也○鄭以爲國人迫於兵革男女相棄心不忍絶眷戀不已詩人述其意而陳其辭也言鄭國之人有棄其°妻自言出其東門之外見有女被棄者如雲之從風東西無定此女被棄心亦無定如雲然此女雖則如雲非我思慮之所存在以其非己之妻故心不存焉彼被棄衆女之中有着縞素之衣綦色之巾者是我之妻今亦絶去且得少時留住則以喜樂我云民人思保室家情又若此迫於兵革不能相畜故所以閔之○傳思不存乎相救急○正義曰言其見棄既多困急者衆非己一人所以救恤故其思不得存乎相救急○傳縞衣至相樂○正義曰廣雅云縞細繒也戰國策云彊弩之餘不能穿魯縞然則縞是薄繒不染故色白也顧命云四人綦弁注云青黑曰綦說文云綦蒼艾色也然則綦者青色之小別顧命爲弁色故以爲青黑此爲衣巾故爲蒼艾色蒼卽青也艾謂青而微白爲艾草之色也知縞衣男服綦巾女服者以作者既言非我思存故願其自相配合故知一衣一巾有男有女先男後女文以之次也傳以聊爲願故云願室家得相樂室家卽縞衣綦巾之男女也○箋縞衣至綦文○正義曰箋以序稱民人思保其室家言夫思保妻也經稱有女如雲是男言有女也經序皆據男爲文則縞衣綦巾是男之所言不得分爲男女二服衣巾既共爲女一服則此章所言皆是夫自言妻非他人言之故首尾皆易傳則詩人爲詩雖舉一國之事但其辭有爲而發故言縞衣綦巾°所爲作者之妻服也己謂詩人自己既相棄又願且留是心不忍絶也訓聊爲且故言且留可以樂我云也箋亦以綦爲青色但綦是文章之色非染繒之色故云綦綦文謂巾上爲此蒼文非全用蒼色爲巾也

出其闉闍有女如荼

闉曲城也闍城臺也荼英荼也言皆喪服也箋云闍讀當如彼都人士之都謂國外曲城之中市里也荼茅°秀物之輕者飛行無常○闉音因闍鄭郭音都孫炎云積土如水渚所以望氣祥也徐止奢反又音蛇荼音徒秀

本或作蒨音同劉昌宗周禮音蒨音西

雖則如荼匪我思且箋云匪我思且猶非我思存也○縞且音徂爾雅云存也舊子徐反

衣茹藘聊可與娛茹藘茅蒐之染女服也娛樂也箋云茅蒐染巾也聊可與娛且可留與我為樂心欲留之言也○娛本亦作虞

【疏】出其至與娛○毛以為詩人言我出其鄭國曲城門臺之外見有女被棄者衆多皆著喪服色白如荼然雖則衆多如荼非我思所存救以其衆多不可救恤惟願昔日夫妻更自相得彼服縞衣之男子服茹藘之女人是其舊夫妻也願其還得配合可令相與娛樂閔其相棄故願其相樂○鄭以為國人有棄其妻者自言出其曲城都邑市里之外見有女被棄者如荼飛揚無所常定此女被棄心亦無定如荼然此女雖則如荼非是我之所思以非己妻故不常思之其中有著縞素之衣茹藘染巾者是我之妻今亦絕去且得少時留住可與之娛樂也情深如此而不能相畜故閔之○傳闉曲至喪服○正義曰上言出其東門此文亦言出其闉闍字皆從門則知亦是人所從出之處釋宮云闍謂之臺是闍爲臺也出謂出城則闍是城上之臺謂當門臺也闍既是城之門臺則知闉是門外之城即今之門外曲城是也故云闉曲城闍城臺說文云闉闍城。曲重門闉為曲城釋草有荼苦菜又有荼委葉邶風誰謂荼苦即苦菜也周頌以薅荼蓼即委。葉也鄭於地官掌荼注及既夕注與此箋皆云荼茅秀然則此言如荼乃是茅草秀出之穗非彼二種荼草也言荼英荼者六月云白旆英英是白貌茅之秀者其穗色白言女皆喪服色如荼然吳語說吳王夫差於黃池之會陳兵以脅晉萬人為方陳皆白常白旗素甲白羽之矰望之如荼韋昭云荼茅秀亦以白色為如荼與此傳意同女見棄所以喪服者王肅云見棄又遭兵革之禍故皆喪服也○箋闍讀至無常○正義曰以爾雅謂臺為闍不在城門之上此言出其不得為出臺之中故轉為彼都人士之都都者人所聚會之處故知謂國外曲城中之市里也以詩說女服言綦巾茹藘則非盡喪服不得為其色如荼故易傳以荼飛行無常與上章相類為義也

出其東門二章章六句

野有蔓草思遇時也君之澤不下流民窮於兵革男女失時思不期而會焉不期而會謂不相與期而自俱會○蔓音萬

【疏】野有蔓草二章章六句至會焉○正義曰作野有蔓草詩者言思得逢遇男女合會之時由君之恩德潤澤不流及於下又征伐不休國內之民皆窮困於兵革之事男女失其時節不得早相配耦思得不與期約而相會遇焉是下民窮困之至故述其事以刺時也男女失時謂失年盛之時非謂婚之時月也毛以爲君之潤澤不下流下章首二句是也思不期而會下四句是也鄭以經皆是思不期而會之辭言君之潤澤不流下敘男女失時之意於經無所當也

野有蔓草零露漙兮興也野四郊之外蔓延也漙漙然盛多也箋云零落也蔓草而有露謂仲春之時草始生霜爲露也周禮仲春之月令會男女之無夫家者○漙本亦作團徒端反有美一人清揚婉兮邂逅相遇適我願兮清揚眉目之間婉然美也邂逅不期而會適其時願○婉於阮反邂戶懈反逅本亦作逅胡豆反

【疏】野有至願兮○毛以爲郊外野中有蔓延之草草之所以能延蔓者由天有隕落之露漙漙然露潤之兮以興民所以得蕃息者由君有恩澤之化養育之兮今君之恩澤不流於下男女失時不得婚娶故於時之民乃思得有美好之一人其清揚眉目之間婉然而美兮不設期約邂逅得與相遇適我心之所願兮由不得早婚故思相逢遇是君政使然故陳以刺君○鄭以蔓草零露記時爲異餘同○傳野四至盛多○正義曰釋地云郊外謂之牧牧外謂之野是野在四郊之外此唯解文不言興意王肅云草之所以能延蔓被盛露也民之所以能蕃息蒙君澤也○箋零落至夫家○正義曰靈作零字故爲落也仲春仲秋俱是晝夜等温涼中九月霜始降仲秋仍有露則知正月猶有霜二月始有露故云蔓草生而有露謂仲春時也所引周禮地官媒氏有其事取其意不全取文與彼小異鄭以仲春爲媒月故引

以證此爲記時言民思此時而會者爲此時是婚月故也野有蔓草零露瀼瀼瀼瀼盛貌○瀼如羊反徐又乃剛反有美一人婉如清揚邂逅相遇與子皆臧臧善也

野有蔓草三章章六句

溱洧刺亂也兵革不息男女相棄淫風大行莫之能救焉救猶止也亂者士與女合會溱洧之上○溱洧側巾反下于軌反說文溱作潧云潧水出鄭溱水出桂陽也溱與洧方渙渙兮溱洧鄭兩水名渙渙春水盛也箋云仲春之時冰以釋水則渙渙然○渙呼亂反韓詩作洹洹音丸說文作汎汎音父弓反士與女方秉蕑兮蕑蘭也箋云男女相棄各無匹偶感春氣並出託采芬香之草而爲淫泆之行○蕑古顏反字從艸韓詩云蓮也若作竹下是簡策之字耳泆音逸行下孟反女曰觀乎士曰既且箋云女曰觀乎欲與士觀於寬閑之處既已也士曰已觀矣未從之也○且音徂往也徐子胥反下章放此閑音閑處昌慮反且往觀乎洧之外洵訏且樂訏大也箋云洵信也女情急故勸男使往觀於洧之外言其土地信寬大又樂也於是男則往也○洵息旬反韓詩作恂訏況于反韓詩作盱云恂盱樂貌也樂音洛注下同維士與女伊其相謔贈之以勺藥勺藥香草箋云伊因也士與女往觀因相與戲謔行夫婦之事其別則送女以勺藥結恩情也

疏溱與洧至勺藥○正義曰鄭國淫風大行述其爲淫之事言溱水與洧水春冰既泮方欲渙渙然流盛兮於此之時有士與女方適野田執芳香之蘭草兮既感春氣託采香草期於田野共爲淫泆士既與女相見女謂士曰觀於寬閑之處乎意願與男俱行士曰已觀乎止其欲觀之事未從女言女情急又勸男云且復更往觀乎我聞洧水之外信寬大而且樂可相與觀之士於是從之維士與女因即其相與戲謔行夫婦之事

及其別也士愛此女贈送之以勺藥之草結其恩情以爲信約男女當以禮相配今淫泆如是故陳之以刺亂○傳蕑蘭○正義曰陸機疏云蕑即蘭香草也春秋傳曰刈蘭而卒楚辭云紉秋蘭孔子曰蘭當爲王者香草皆是也其莖葉似藥草澤蘭廣而長節節中赤高四五尺漢諸池苑及許昌宮中皆種之可著粉中藏衣著書中辟白魚○傳訏大○正義曰釋詁文○箋洵信至則往○正義曰洵信釋詁文以士曰既且是男答女也且往觀乎與上女曰觀乎文勢相副故以女勸男辭言其寬且樂於是男則往也下句是男往之事○○傳勺藥香草○正義曰陸機疏云今藥草勺藥無香氣非是也未審今何草○箋伊因○正義曰因觀寬閒遂爲戲謔故以伊爲因也

溱與洧瀏其清矣瀏深貌○瀏音留說文流清也力尤反士與女殷其盈矣殷衆也女曰觀乎士曰既且且往觀乎洧之外洵訏且樂維士與女伊其將謔贈之以勺藥箋云將大也

溱洧二章章十二句

鄭國二十一篇五十三章二百八十三句

附釋音毛詩注疏卷第四(四之四)

毛詩注疏校勘記（四之四）

阮元撰盧宣旬摘錄

○丰

謂之婚姻　閩本明監本毛本婚誤昏下同案此正義十行本唯昏時士昏禮昏字不從女是也其序注標起止皆作婚則婚者正義所易字

之黨爲姻兄弟　閩本明監本毛本之上有壻字案所補是也

悔予不將兮　小字本相臺本同案予字唐石經磨改其初刻字不可知矣

士妻紂衣纁納　小字本相臺本同案此釋文本也釋文云紂側基反本或作純又作緇考士昏禮釋文本誤也唯本或作純不誤經云女次純衣注云純衣絲衣是純如字讀訓爲絲鄭未嘗破爲紂也儀禮緇字甚多皆作緇無作紂者經爲純字更審矣紂字在周禮媒氏注非此經之字也正義引士昏禮幷注是其本當不誤今亦盡作紂用釋文改注又云注改正義也考文古本作緇采釋文又作本

○東門之墠

而相奔者也　各本此序無注釋文云此序舊無注崔集注本有鄭注云時亂故不得待禮而行考正義當亦無此注實非鄭注也集注誤耳

故名曰爲刺也　閩本明監本毛本同案名曰當作各自形近之譌

東門之墠　唐石經小字本相臺本同案此定本也正義云偏檢諸本字皆作壇又云讀音曰墠蓋古字得通用也今定本作墠釋文云壇音善依字

當作墠考此是釋文正義經字皆作壇注同唐石經以下依定本作墠

男女之際近而易小字本相臺本同閩本明監本毛本同案正義云阪云遠而難則壇當云近而易不言而易可知而省文也是傳本無而易二字釋文於下易越始云以豉反下同當是亦無此二字也各本皆衍

則茹藘在阪閩本明監本毛本同相臺本則下有如字考文古本同小字本作以案有如字者是也

壇坂可以喻難耳閩本明監本毛本難下有易字案所補是也

故知以禮爲送近補毛本送作遠案遠字是也

女乎男迎己之辭補乎當作呼

○風雨

胡何夷說也小字本相臺本同案正義云定本無胡何二字考文古本無采正義

言風雨且雨補毛本作風而且雨

○子衿

言可以校正道藝小字本相臺本同案釋文上云學校戶孝反下云以校正音教是學校字當從木校正字當從扌五經文字手部云校經典及釋文或以爲比挍字案字書無文此挍字即張參所云也各本校正字從木誤毛本學校字亦從扌更誤正義中字同此釋文有誤挍作校者

今正詳後考證

鄭國衰亂不脩校　閩本明監本毛本校上有學字案所補是也

衣皆謂之襟李巡曰衣皆　閩本明監本毛本同案浦鏜云皆誤皆考爾雅是也段玉裁云作皆不誤皆猶交也衣皆謂衣領衣之交處也此當是李巡本獨得之他本作皆不可解乃字之誤耳

士佩璓玟　小字本相臺本同案釋文作碝云本又作璓如兗反考玉藻釋文云璓而兗反徐又作瑌同說文五經文字碝字皆在石部其作瑌者後變而從玉耳凡耎聲之字多誤從需聲見廣韻廿八獮輭字下故又作本如此

○揚之水

被他人之言　閩本明監本毛本被作彼案所改是也

○出其東門

而鬟高渠彌　閩本明監本毛本同案浦鏜云鬟誤鬟是也

如其從風　閩本明監本毛本同小字本相臺本其作雲案雲字是也

聊樂我員　唐石經小字本相臺本同案釋文云我員音云本亦作云正義云則可以樂我心云耳下文云云員古今字助句辭也是正義本作員以員為古字云為今字故易員為云而說之自著其例如此也凡易字者依是求之而例可得矣又商頌景員維河箋員古文云亦可證

縞衣綦巾所爲作者之妻服也小字本相臺本同案此所字上當有己字正義當本云故言縞衣綦巾己所爲作者之妻服也己謂詩人自己今正義脫去所上己字耳不然此箋更無己字其己謂詩人自己者安所指乎考文古本有己字采正義而得之者也

有棄其妻閩本明監本妻下有者字案所補是也

荼茅秀小字本同岳本秀作蒡釋文云秀或作蒡音同劉昌宗周禮音蒡音酉考正義本是秀字鴟鴞正義引此箋作秀既夕釋文用荼下云茅蒡地官釋文茅蒡下云毛詩注作秀是字本不與二禮注同或作本正依二禮改耳考文古本作蒡采釋文○按段玉裁云蒡者魏晉以下俗字也謂依二禮改是非

說文云闉闍城曲重門閩本明監本毛本同案此不誤浦鏜云曲說文作內非也說文本作曲今說文誤耳九經字樣云闉城曲重門也可證

卽委菜也閩本明監本毛本菜作葉案所改是也

出其東門二章小字本相臺本同唐石經初刻無其字後改同今本案初刻誤也序有可證

○野有蔓草

下章首二句是也閩本明監本毛本同案浦鏜云二誤下是也

零露漙兮唐石經小字本相臺本同案正義云零作靈字故爲落也詩經小學云案此則經本作靈露箋作靈落也假靈爲零字依說文則是假靈

爲霝考文古本漙作團采釋文也釋文云漙本亦作團徒端反團團然盛多也匡謬正俗所云詩古文有作水旁專者亦有單作專者後人輒改之爲團字讀爲團圓之團者卽謂此

清揚眉目之閒婉然美也　小字本相臺本同案經義雜記云此傳當云清揚眉目之閒婉然美也下八字作一句讀以清揚爲目之美以揚爲眉上之美以婉兮爲清揚之美婉婉然今傳中無婉兮字是嫌於訓清揚爲眉目之閒矣此以經合傳時所删

有蔓延之草　閩本明監本毛本同案蔓延當倒下文可證

露潤之兮【補】　毛本露作霑

鄭以仲春爲媒月　閩本明監本毛本同案浦鏜云婚誤媒是也

野有蔓草三章　唐石經小字本相臺本三作二案二字是也閩本明監本毛本亦誤作三今正

○溱洧

士與合會溱洧之上　小字本相臺本與下有女字明監本毛本同閩本剜入案此脫也

士曰已觀乎　閩本明監本毛本同案浦鏜云乎當矣字誤是也

鄭國二十一篇　小字本相臺本同唐石經磨改廿一篇其初刻上爲二十其下不能知矣

齊雞鳴詁訓傳第八（十六）陸曰齊者太師呂望所封之國也其地少昊爽鳩氏之墟在禹貢青州岱嶺之陰濰淄之野都營丘之側禮記云太公封於營丘是也

毛詩國風　鄭氏箋　孔穎達疏

齊譜 齊者古少皞之世爽鳩氏之墟○正義曰昭二十年左傳云齊侯飲酒樂公曰古而無死其樂如何晏子對曰昔爽鳩氏始居此地季。萴因之有逢伯陵因之蒲姑氏因之而後太公因之古若無死爽鳩氏之樂非君之所願也以爽鳩始居齊地故云爽鳩氏之墟舉其始居者略季萴蒲姑之時不言之也又昭十七年左傳郯子曰我高祖少皞摯之立也鳳鳥適至故紀於鳥爲鳥師而鳥名祝鳩氏司徒也爽鳩氏司寇也杜預云爽鳩鷹也鷙故爲司寇主盜賊以此知爽鳩氏當少皞之世少皞以鳥名官其言爽鳩猶周之司寇故爽鳩是其官耳其人之名氏則未聞也○周武王伐紂封太師呂望於齊是謂齊太公地方百里都營丘○正義曰齊世家云太公望呂尚者東海上人也其先祖。世爲四岳佐禹平水土甚有功於虞夏之際封於呂或封於申姓姜氏尚其後苗裔也從其封姓故曰呂尚西伯獵遇太公於渭之陽與語大悅曰自吾先君太公曰當有聖人適周周與子真是耶吾太公望子久矣故號之曰太公望載與俱歸而立爲太師文王崩武王伐紂師尚父。堪。君。多。難於是武王平商而王天下封師尚父於齊都營丘是武王封太公都營丘之事也太公封地方百里者鄭約而知之以王制云公侯方百里伯七十里子男五十里有五等之爵則非殷制其言千七百七十三國又非夏制是武王時也故注云周武王初定天下更立五等之爵增以子男而猶因殷之地是武王之時大國百里太公以元勳明知太公封齊爲大國百里可知也水所營繞故曰營丘釋丘云水出其左營丘孫炎曰今齊之營丘淄水過其南及東是也以丘臨水謂之臨淄與營丘一地也故漢書地理志云齊郡臨淄縣師尙父所封也應劭曰齊獻公自營丘徙此臣瓚按臨淄卽營丘也今齊之城內有丘卽營丘也如瓚之言臨淄營丘卽是一地應劭言獻公自營丘徙臨淄是劭之謬也當云自薄姑徙臨淄耳齊世家云哀公之弟胡公始徙都薄姑而周夷王之時哀公之同母少弟山殺胡公而立是爲獻公獻公因徙薄姑都治臨淄據此則齊唯胡公一世居薄姑耳以後復都臨淄也烝民云仲山甫徂齊傳曰古者諸侯逼隘則王者遷其邑而定其居蓋去薄姑遷於臨淄以爲宣王之時始遷臨淄與世家異者史記之文事多疏略夷王之時哀公弟山殺胡公而自立後九年而卒自武公九年厲王之奔。止。自胡公之所殺爲十八年而本紀云厲王三十七年出奔計十九年不及夷王之末則遷說自違也如此則所言獻公之遷臨淄未可信也毛公在馬遷之前其言當有準據故不與馬遷同也○周公致太平敷定九畿復夏禹之舊制○正義曰臯陶謨云弼成五服至于五千禹貢五百里甸服百里賦納總二百里納銍三百里納秸服四百里納粟五百里米五百里侯服百里采二百里男邦三百里諸侯五百里綏服三百里揆文教二百里奮武衞五百里要服三百里夷二百里蔡五百里荒服三百里蠻二百里流分此五服者堯之舊制也五服距面至二千五百里四面相距而其方五千里禹既敷土廣而弼之故爲殘數居其間今以弼成而至於五千里四面相距乃萬里焉大司馬職曰乃以九畿之籍施邦國之政職方千里曰國畿其外方五百里曰侯畿又其外方五百里曰甸畿又其外方五百里曰男畿又其外方五百里曰采畿又其外方五百里曰衞畿又其外方五百里曰蠻畿又其外方五百里曰夷畿又其外方五百里曰鎭畿又其外方五百里曰蕃畿注云畿猶限也自王城以外五千里爲疆有分限者九則四面相距其方萬里此周公致太平制禮所定故云敷。土言其復夏禹之舊制弼成五服服實是堯時以夏禹所定故云禹制也王者相因禮有損益雖名前後變易而疆域則同故禹貢注云甸服。此周爲王畿其弼當侯服在千里之內侯服爲甸服其弼當男服在二千里之內綏服於周爲采服其弼當衛服在三千里之內要服於周爲蠻服其弼當夷服在四千里之內荒服於周爲鎮服其弼當蕃服在五千里之內王者禮法相變周服禹制故鄭解禹事而已周禮擬之成王周公封東至海南至穆陵齊雖侯爵以大功同上公封也且齊武王時地方百里未得薄姑至周公成王時薄姑氏與四國作亂成王滅之以封師尚父是齊於成王之世乃得薄姑之地若然臨淄薄姑非一邑也齊之所封在於臨淄而晏子云薄姑因之者以齊之封疆并得薄姑之地舉其國境所及明共處齊地薄姑者是諸侯之號其人居齊地因號其所居之地爲薄姑氏後與四國作亂謂管蔡商奄則奄外更有薄姑非奄君之名而尚書傳云奄君薄姑故注云或疑爲薄姑齊地非奄君名也○成王用周公之法制廣大邦國之境而齊受上公之地更方五百里其封域東至于海西至于河南至于穆陵北至于無棣○正義曰按大司徒職制諸侯之封疆公五百里齊雖侯爵以大功而作太師當與上公地等故知取上公地也其東至於海以下僖四年左傳管仲之言也在禹貢青州岱山之陰濰淄之野○正義曰禹貢云海岱惟青州注云州界自海西至岱又曰濰淄其道注云濰淄兩水名地理志云濰水出今琅耶箕屋山淄水出泰山萊蕪縣源山然則青州在海岱之間濰淄即青州之水也又地理志云臨淄海岱之間一都會也桓十六年公羊傳曰衞朔越在岱陰齊居山之陰也都臨淄禹貢濰淄共文明其相近故云濰淄之野○其子丁公嗣位於王官○正義曰昭十二年左傳楚靈王曰昔我先王熊繹與呂伋王孫牟燮父禽父並事康王又顧命云命仲桓南宮毛俾爰齊侯呂伋以二干戈虎賁百人逆子釗于南門之外成王之崩職掌虎賁又事康王明爲王官也但未知何官耳以太公爲王官之伯丁公又在王朝故云嗣位謂嗣王官之位耳不必嗣爲太師也孔安國顧命注云汲爲天子虎賁氏謂當時爲之耳亦未終於此官也○後五世哀公政衰荒淫怠慢紀侯譖之於周懿王使烹焉齊人變風始作○正義曰齊世家云太公卒子丁公汲立卒子乙公得立卒子癸公慈母立卒子哀公不辰立是爲五世至哀公也莊四年公羊傳齊哀公烹於周紀侯譖之世家亦云紀侯譖之周烹哀公二文皆言周烹之耳不言懿王也

徐廣以爲周夷王烹之鄭知是懿王者以世家既言烹哀公乃云而立其弟靜是爲胡公當周夷王時哀公之同母少弟山殺胡公而自立是爲獻公言夷王之時山殺胡公則胡公之立在夷王前矣受譖烹人則是衰闇之主夷王上有孝王書傳之文不言孝王。者有大罪。去國周本紀云懿王立王室遂衰自懿王爲始明懿王受譖烹矣且本紀稱懿王之時詩人作。到得不以懿王之時雞鳴詩作而言懿王時乎是以知烹之者懿王也然則胡公以懿王時立歷孝王至夷王之時而被殺以王世不長而齊君壽考故得一君當三王也諡法曰保民耆艾曰胡則知胡公爲君歷年久矣以此益明非是夷王烹哀公也世家又云獻公子武公壽立卒子厲公無忌立卒子文公赤立卒子成公說立卒子莊公購立卒子釐公祿父立卒太子諸兒立是爲襄公此其君世之次也詩雞鳴序云刺哀公荒淫怠慢還序云刺哀公好田獵則皆哀公詩也著東方之日東方未明三篇皆云刺而不舉號諡則舉上明下亦爲哀公詩矣南山甫田盧令載驅四篇皆云刺襄公則襄公詩也弊笱刺文姜猗嗟刺魯莊公皆由襄公淫妹而作亦襄公詩也故鄭於左方中皆以此而知也自哀公至於襄公其間有八世皆無詩孫毓以爲哀公荒淫留色怠慢朝政晏起內朝羣臣所患故作雞鳴之歌蟲飛月光之辭安能侵夜失節之漏而當早興乎如此何怠慢之有也何憎之戒也自哀至襄其閒八世未審此詩指刺何公耳斯不然矣子夏承聖旨齊之君世號諡未亡若有別責餘君作敘無容不悉何得闕其所刺不親斥言乎夫人留色雞鳴作歌刺哀公怠慢非性然也人心之動物使之然夫人不能警戒切以月光之歌挈壺氏廢其所掌責以顛倒之詠各隨所失作詩刺之故曰不能晨夜不夙則暮。暫若此復何所疑且衡門誘僖公愿而無立志則慤愿之人未必耽淫於色而東門之池刺其君之淫昏斯非一人而行反者乎況此前後不同所失各異何獨怪之耳案襄二十九年左傳魯爲季札歌齊曰美哉此詩皆云刺彼云美哉者以雞鳴有思賢妃之事東方未明雖刺無節尚能促遽自警詩人懷其舊俗故有箴規故季札美其聲非謂詩內皆是美事

雞鳴思賢妃也哀公荒淫怠慢故陳賢

妃貞女夙夜警戒相成之道焉○妃芳非反慢武諫反警居領反本又作敬音同疏雞鳴三章章四句至道焉○正義曰作雞鳴詩者思賢妃也所以思之者以哀公荒淫女色怠慢朝政此由內無賢妃以相警戒故也君子見其如此故作此詩陳古之賢妃貞女夙夜警戒於夫以相成益之道焉二章章首上二句陳夫婦可起之禮下二句述諸侯夫人之言卒章皆陳夫人之辭以哀公荒淫故夫人與戒君子使不留色怠慢故陳人君早朝戒君子使不惰於政事皆陳與夫相警相成之事也云荒淫者謂廢其政事淫於女色由淫而荒故言荒淫也賢妃即貞女也論其配夫則為賢妃指其行事則為貞女所從言之異耳相成者以夫妻為耦義在交益妻能成夫則夫妻亦成矣故以相成言之車舝思得賢女乃思得其人以配王此思賢妃直思其相成之道不言思得其人作者之意異也

雞既鳴矣朝既盈矣雞鳴而夫人作朝盈而君作箋云雞鳴朝盈夫人也君也可以起之常禮○朝直遙反注下皆同

匪雞則鳴蒼蠅之聲蒼蠅之聲有似遠雞之鳴箋云夫人以蠅聲為雞鳴則起早於常之禮敬也○蠅餘仍反

疏雞鳴思賢妃也至蒼蠅之聲○正義曰以哀公荒淫怠慢無賢妃之助故陳賢妃貞女警戒其夫之辭言古之夫人與君寢宿至於將旦之時乃言曰雞既為鳴聲矣朝上既以盈滿矣言雞鳴道己可起之節言朝盈道君可起之節己以雞鳴而起欲令君以朝盈而起也作者又言夫人言雞既鳴矣之時非是雞實則鳴乃是蒼蠅之聲耳夫人以蠅聲為雞鳴聞其聲而即起是早於常禮恭敬過度而哀公好色淹留夫人不戒令起故刺之○傳雞鳴至君作○正義曰解夫人言此二句之意以雞鳴而夫人可起朝盈而君可起二者是夫人與君可以起之常禮故言之以戒君也若然雞鳴而夫人已起於朝盈之時夫人不在君所而得言朝盈以戒君者以雞鳴之後未幾而朝盈朝盈與雞鳴時節相將以雞既鳴知朝將盈故夫人於雞鳴之時并云朝盈耳非是知朝盈之後復來告君也朝盈謂羣臣辨色始入滿於朝上○箋夫人至禮敬○正義曰常禮以雞實鳴而起今夫人之在君所心常驚懼恆恐傷晚故以蠅聲為雞

鳴則起早於常禮是夫人之敬也書傳說夫人御於君所之禮云太師奏雞鳴於階下夫人鳴玉佩於房中告去則雞鳴以告當待太師告之然此夫人自聽雞鳴者彼言告御之正法有司當以時告君此說夫人相警戒不必待告方起故自聽之也上句雞鳴朝盈幷言之此經不重述朝盈者欲見夫人之敬止須述謬聽雞鳴耳不須重述朝盈也何則夫人以雞鳴而知朝盈朝盈非謬聽不假言之

東方明矣朝既昌矣東方明則夫人纚笄而朝朝已昌盛則君聽朝箋云東方明朝既昌亦夫人也君也可以朝之常禮君日出而視朝〇纚色蟹反何霜綺反

匪東方則明月出之光見月出之光以爲東方明箋云夫人以月光爲東方明則朝亦敬也

【疏】東方至之光〇正義曰上言夫人早起此又言其早朝夫人言東方既已明矣朝上既已盛矣言東方已明道己可朝之節言朝既昌矣道君可朝之節已以東方明而朝欲令君以朝昌盛而朝也作者又言夫人言東方明矣之時非是東方則實已明乃是月出之光耳夫人以月出之光爲東方明見其明而即朝是早於常禮恭敬過度今哀公怠慢晚朝而夫人不戒故刺之〇傳東方至聽朝〇正義曰此經二句亦陳夫人之辭東方明故夫人朝君朝既昌君可聽朝上章夫人因己以雞鳴而起即言朝盈以戒君此夫人因起以東方明時朝君即言朝既昌以戒君故亦幷言此二句也士昏禮注纚縚髮纚廣充幅長六尺笄今時簪傳言夫人纚笄而朝首服纚笄以朝君案禮特牲饋食及士昏禮皆云纚笄綃衣注云綃綺屬此衣染之以黑其繒本名曰綃則首服纚笄必以綃衣配之此以纚笄朝君則當身服綃衣也天官內司服鄭注差次服之所用鞠衣黃桑之所服展衣以禮見王及賓客之服褖衣御於王之服又追師掌王后之首服爲副編次注云副所以覆首服之以從王祭祀編編列髮爲之服之以告桑次次第髮長短爲之服之以見王王后之燕居亦纚笄總而已凡諸侯夫人於其國衣服與王后同如鄭此言則夫人以禮見君當服展衣御於君當復褖衣皆首服次燕居乃服纚笄耳此傳言纚笄而朝者展衣以見君褖衣以御君鄭以周禮六服差次所用爲此說耳非有經典明文列女傳魯師氏之母齊

姜戒其女云平旦纚笄而朝則有君臣之嚴莊二十四年公羊傳何休注其言與列女傳亦同然則古之書傳有言夫人纚笄而朝君者毛當有所依據而言未必與鄭同也或以爲夫人纚笄而朝謂聽治內政案列女傳稱纚笄而朝則有君臣之嚴謂朝於夫非自聽朝也此傳亦云纚笄而朝文與彼同安得聽內政乎宮內之政蓋應寡耳君於外政尚日出而朝夫人何當先君之朝而聽內政且東方始明君時初起衆妾皆當朝君夫人有何可治而當以東方既明便即聽之傳又言朝已昌盛則君聽朝於君言聽朝夫人言而朝足知纚笄而朝君矣上章言朝既盈矣謂朝已有人君可以起此言朝既昌矣謂盛於盈時羣臣畢集故君可以聽朝朝昌謂日出時也故箋云君日出而視朝玉藻文

蟲飛薨薨甘與子同夢古之夫人配其君子亦不忘其敬箋云蟲飛薨薨東方且明之時我猶樂與子臥而同夢言親愛之無已〇薨薨呼弘反妃音配本亦作配樂音岳又五教反會且歸矣無庶予子憎會會於朝也卿大夫朝會於君朝聽政夕歸治其家事無庶予子憎故無見惡於夫人箋云庶衆也蟲飛薨薨所以當起者卿大夫朝者且罷歸故也無使衆臣以我故憎惡於子戒之也〇且七也反沈子餘反朝會此一朝如字音張遙反惡烏路反下同於夫音符或依字讀者非

【疏】蟲飛至子憎〇正義曰上言欲君早起此又述其欲早起之意夫人告君云東方欲明蟲飛薨薨之時我甘樂與君臥而同夢心非願欲早起也所以必欲令君早起朝者以卿大夫會聚我君之朝且欲得早罷歸矣無使衆臣以我之故於子之身加憎惡也子謂君也君若與我同臥不早聽朝則事不速訖罷朝必晚衆臣憎君是由我故故欲令君早起無使見惡於夫人刺今不能然今定本作與子憎據鄭云我我是予之訓則作與者非也〇傳古之至其敬〇正義曰以恭敬之事施於疏遠其於至親可以無敬夫人樂與同夢相親之甚猶尚早起早朝雖親不敢忘敬故云古之夫人配其君子情雖至親亦不忘敬刺今夫人得與君子相配則忘敬晚興也以親而猶敬故言亦亦疏遠也〇箋蟲飛至無已〇正義曰大戴禮羽蟲三百六十鳳皇爲之長則鳥亦稱蟲此蟲飛薨薨未必唯小蟲也以將

曉而飛是東方且欲明之時卽上雞鳴時也○傳會會至夫人○正義曰言會言歸則是會於朝歸於家故知謂卿大夫於朝旦之時會於君朝聽政於夕晚之時歸治其家事成十二年左傳曰世之治也百官承事朝而不夕是於夕而不治公事故歸治家事也云無見惡於夫人夫人謂卿大夫卿大夫欲早罷歸不得早罷則憎惡君是見惡於卿大夫也○箋云庶衆○正義曰釋詁文

雞鳴三章章四句

還刺荒也哀公好田獵從禽獸而無厭國人化之遂成風俗習於田獵謂之賢閑於馳逐謂之好焉荒謂政事廢亂○還音旋韓詩作嫙嫙好貌好呼報反厭於豔反又於占反本或作饜音同止也好蒿縞反

疏還三章章四句至好焉○正義曰作還詩者刺荒也所以刺之者以哀公好田獵從逐禽獸而無厭是在上旣好下亦化之遂成其國之風俗其有慣習於田獵之事者則謂之爲賢閑於馳逐之事者則謂之爲好君上以善田獵爲賢好則下民皆慕之政事荒廢化之使然故作此詩以刺之經三章皆士大夫相答之辭是遂成風俗謂之賢好之事

子之還兮遭我乎峱之閒兮還便捷之貌峱山名箋云子也我也皆士大夫也俱出田獵而相遭也○峱乃刀反說文云峱山在齊崔集注本作嶩便捷本亦作便旋並驅從兩肩兮揖我謂我儇兮從逐也獸三歲曰肩儇利也箋云並併也子也我也併驅而逐禽獸子則揖耦我謂我儇譽之也譽之者以報前言還也○驅本又作駈曲具反注下同肩如字說文云三歲豕肩相及者本亦作豣音同又音牽揖一入反儇許全反韓詩作嫙音權好貌併步頂反下文同譽音餘下同

疏子之至儇兮○正義曰國人以君好田獵相化成俗士大夫在田相逢歸說其事此陳其辭也我本在田語子曰子之便捷還然兮當爾之時遭值我於峱山之閒兮於是子卽與我並行驅馬逐兩肩獸兮

子又揖繯我謂我甚儇利兮聚說田事以爲戲樂而荒廢政事故刺之○傳還便至山名○正義曰此還與下茂好昌盛皆是相譽之辭以其善於田獵故知還是輕便捷速之貌也獵之所在非山則澤下言之陽此言之閒則是山之南山○則故知峱山名○箋子也至相遭○正義曰以報答相譽則尊卑平等非國君也然馳車逐獸又非庶人故知子也我也皆士大夫出田相遭也○傳從逐至儇利○正義曰大司馬云大獸公之小禽私之七月云言私其豵獻豜于公則肩是大獸故言三歲曰肩儇利言其便利馳逐

子之茂兮遭我乎峱之道兮茂美也並驅從兩牡兮揖我謂我好兮箋云譽之言好者以報前言茂也○牡茂后反

子之昌兮遭我乎峱之陽兮昌盛也箋云昌佼好貌○佼古卯反本又作姣

並驅從兩狼兮揖我謂我臧兮狼獸名臧善也疏傳狼獸名臧善○正義曰釋獸云狼牡獾牝狼其子獥絕有力迅舍人曰狼牡名獾○牝狼其子名獥絕有力者名迅孫炎曰迅疾也陸機疏云其鳴能小能大善爲小兒啼聲以誘人去數十步其猛捷者雖善用兵者不能免也其膏可煎和其皮可爲裘故禮記狼臑膏又曰君之右虎裘厥左狼裘是也臧善釋詁文

還三章章四句

著刺時也時不親迎也時不親迎故陳親迎之禮以刺之○著直居反又直據反又音於詩內協句宜音直據反迎魚敬反注同疏著三章章三句至親迎○正義曰作著詩者刺時也所以刺之者以時不親迎故陳親迎之禮以刺之也毛以爲首章言士親迎二章言卿大夫親迎卒章言人君親迎俱是受女於堂出而至庭至著各舉其一以相互見鄭以爲三章共述人臣親迎之禮雖所據有異俱是陳親迎之禮以刺今之不親迎也

俟我於著乎而充耳以素乎而俟待也門屏之閒曰著素象瑱箋云我嫁者自謂也待我於著謂從君子而出至於著君子揖之時

也我視君子則以素爲充耳謂所以懸瑱者或名爲紞織之人君五色臣則三色而已此言素者目所先見而云

尚之以瓊華乎而

瓊華美石士之服也箋云尚猶飾也飾之以瓊華者謂懸紞之末所謂瑱也人君以玉爲瓊華石色似瓊也

疏 俟我至乎而○毛以爲士親迎夫旣受婦於堂導之而出妻見其夫衣冠之飾此陳其辭也妻言君子待我於門內之著乎而我見君子塞耳之瑱以素象爲之乎而又見其身之所佩飾之以瓊華之石乎而言士親迎妻見其服飾今不親迎故舉以刺之也○鄭以爲總言人臣親迎其妻見其冠飾君子待我於著之時我見君子充耳以素絲爲之其末飾之以瓊華之石言用素絲爲紞以懸瓊華之石爲瑱也○傳俟待至象瑱○正義曰俟待釋詁文釋宮云門屏之閒謂之宁李巡曰門屏之閒謂正門內兩塾閒名宁孫炎曰門內屏外人君視朝所宁立處也著與宁音義同楚語稱曰公子張驟諫靈王王病之曰子復語不穀雖不能用吾置之於耳對曰賴君之用也故言不然巴浦之犀犛兕象其可盡乎其又以繩爲瑱韋昭云瑱所以塞耳言四獸之牙角可以爲瑱是象可以爲瑱此言充耳以素可以充耳而色素者唯象骨耳故知素是象瑱毛以此章陳士蓋士以象爲瑱也○箋我嫁至而云○正義曰此說親迎之事而言待我則是夫之待妻故知我是嫁者自謂也士婚禮壻親迎至於女嫁主人揖入賓執鴈從至於廟門揖入三揖至於階三讓主人升西面賓升北面奠鴈再拜稽首降出婦從降自西階主人不降送是受女於堂導之以出故此婦從君子而出至著君子揖之下箋亦云揖我於庭不言揖我於堂者婚禮女立于房中南面壻於堂上待之拜受卽降禮於堂上無揖故不言之婚禮止言以從不言在庭著揖之箋知揖之者言待我明其住待之也下婚禮婦至夫家主人揖婦以入及寢門揖入至夫家引入之時每門而揖明女家引出之時亦每而揖故知至著君子揖之之時也我視君子則以素爲充耳所謂懸瑱言懸瑱之繩用素非爲瑱耳桓二年左傳云衡紞紘綖是以懸瑱之繩故云或名爲紞魯語敬姜云王后親織玄紞織線爲之卽今之條繩必用雜綵線爲之故言織之人君五色臣則三色直言人君與臣不辨尊卑之異蓋天

子諸侯皆五色卿大夫士皆三色其色無文正以人君位尊備物當具五色臣則下之宜降以兩且此詩刺不親迎宜陳人臣親迎之事經有素青黄三色故爲臣則三色又解三色而獨言素者以其素色分明目所先見故先言之壻受女於堂從堂而後至庭至著目所先見當在堂見素而以素配著爲章者取其韻故耳或庭先見青堂先見黄以爲章次王肅云王后織玄紞天子之玄紞一玄而已何云具五色乎王基理之云紞今之條豈有一色織之條色不雜不成爲條王后織玄紞者舉夫色尊者言之耳義或當然○傳瓊華至之服○正義曰瓊是玉之美名華謂色有光華此石似瓊玉之色故云美石士之服者蓋謂衣服之飾謂爲佩也玉藻云士佩瓀珉玉此云石者以石色似玉故禮通貴賤皆以玉言之毛以士賤直言美石故下章乃言似玉王肅云以美石飾象瑱案瑱之所用其物小耳不應以石飾象共爲一物王氏之說未必得傳旨也瓊華瓊瑩瓊英其文相類傳以此章爲士服二章爲卿大夫之服卒章爲人君之服者以序言時不親迎則於貴賤皆不親迎此宜歷陳尊卑不親迎之事故以每章爲一人耳非以瓊華瓊瑩瓊英之文而知其異人也但陳尊卑不親迎之事以大夫居位尊於士其石當美於士服故言似玉耳其實三者皆美石也○箋尚猶至似瓊也○正義曰尚謂尊尚此物所爲飾也上言充耳以素謂紞用素也此言飾之瓊華是就紞而加飾故言謂懸紞之末所謂瑱也君子偕老說夫人之服而云玉之瑱兮故知人君以玉爲瑱君乃用玉臣則不可而瓊是玉名嫌臣亦用玉故辨之云瓊華美石色似瓊者也非用瓊爲瑱也箋既言人君以玉卿云瓊華美石二章箋云石色似瓊似瑩皆以爲似則鄭意三章同說人臣親迎非人君也上箋唯言臣則三色不辨臣之尊卑蓋三章總言卿大夫士也以其言於著於庭於堂正是待有先後不宜分爲異人故爲總述人臣親迎之法孫毓云案禮之名充耳是塞耳即所謂瑱懸當耳故謂之塞耳懸之者別謂之紞不得謂之充耳猶瑱不得名之爲紞也故曰玉之瑱兮夫設纓以爲冠不得謂冠是纓之飾結組以懸佩不可謂佩所以飾組今獨以瑱爲紞之飾謬於名而失於實非作者之意以毛王爲長斯不然矣言充耳者固當謂瑱爲充耳非

謂紞也但經言充耳以素素絲懸之非即以素爲充耳也既言充耳以素未言充耳之體又言飾之以瓊華正謂以瓊華作充耳人臣服之以爲飾非言以瓊華飾紞何當引冠纓組佩以爲難乎經言飾之必有所飾若云不得以瓊華飾紞則瓊華又何所飾哉即如王肅之言以美石飾象瑱象骨賤於美石謂之飾象何也下傳以青爲青玉黃爲黃玉又當以石飾玉乎以經之文勢既言充耳以素即云飾之以瓊華明以瓊華爲充耳懸之以素絲故易傳以素絲爲紞瓊華爲瑱也

俟我於庭乎而充耳以青乎而青青玉箋云待我於庭謂揖我於庭時青紞之青尚之以瓊瑩乎而瓊瑩石似玉卿大夫之服也箋云石色似瓊似瑩也疏傳青青玉○正義曰傳意充耳以青謂以青玉爲瑱故云青謂青玉此章說卿大夫之事下章說人君之事考工記玉人云天子用全則公侯以下皆玉石雜言青玉黃玉亦謂玉石雜也

俟我於堂乎而充耳以黃乎而黃黃玉箋云黃紞之黃尚之以瓊英乎而瓊英美石似玉者人君之服也箋云瓊英猶瓊華也疏箋瓊英猶瓊華○正義曰釋草云木謂之華草謂之榮榮而不實者謂之英然則英是華之別名故言瓊英猶瓊華二章瓊瑩俱玉石名也故云似瓊似瑩英華是玉光色故不言似英似華耳今定本云瓊英猶瓊華瓊瑩兼言瓊瑩者蓋衍字也

著三章章三句

東方之日刺衰也君臣失道男女淫奔不能以禮化也○刺衰色追反本或作刺襄公非也南山已下始是襄公之詩疏東方之日二章章五句至禮化○正義曰作東方之日詩者刺衰也哀公君臣失道至使男女淫奔謂男女不待以禮配合君臣皆失其道不能以禮化之是其時政之衰故刺之也毛以爲陳君臣盛明化民以禮之事以刺當時之衰鄭則指陳當時君臣不能化民以禮雖屬意異皆以章首一

句東方之日爲君失道東方之月爲臣失道下四句爲男女淫奔不能以禮化之之事東方之日兮彼姝者子在我室兮興也日出東方人君明盛無不照察也姝者初昏之貌箋云言東方之日者愬之乎耳有姝姝美好之子來在我室欲與我爲室家我無如之何也日在東方其明未融興者喻君不明○姝赤朱反在我室兮履我卽兮履禮也箋云卽就也在我室者以禮來我則就之與之去也言今者之子不以禮來也

疏東方至卽兮○毛以爲東方之日兮猶言明盛之君兮日出東方無不鑒照喻君德明盛無不察理此明德之君能以禮化民民皆依禮嫁娶故其時之女言彼姝然美好之子來在我之室兮此子在我室兮由其以禮而來故我往就之兮言古人君之明盛刺今之昏闇言婚姻之正禮以刺今之淫奔也○鄭以爲當時男女淫奔假爲女拒男之辭以刺時之衰亂有女以男逼己乃訴之言東方之日兮以喻告不明之君兮由君不明致此強暴今有彼姝然美好之子來在我之室兮欲與我爲室家我無奈之何又言己不從之意此子在我室兮若以禮而來我則欲就之兮今不以禮來故不得從之不能以禮化民至使男淫女訴故刺之○傳日出至之貌○正義曰日出東方漸以明盛照臨下土故以喻人君明盛無不照察謂明照下民察理其事使之不敢淫奔彼姝者女言其就女親迎之事故以姝爲初婚之貌與箋云美好亦同王肅云言人君之明盛刺今之昏闇○箋東方至不明○正義曰箋以序言君臣失道不言陳善刺惡則是當時實事也不宜爲明盛之君故易傳以東方之日者比君於日以情訴之也日之明盛在於正南又解不以南方之日爲與者以日在東方其明未融故舉東方之日以喻君之不明也昭五年左傳云日上其中明而未融其當旦乎服虔云融高也案既醉昭明有融傳云融長也謂日高其光照長遠日之旦明未高故以喻君不明也若然男女淫奔男倡女和何以得有拒男之女而訴於君者詩人假言女之拒男以見男之強暴明其無所告訴終亦共爲非禮以此見國人之淫奔耳未必有女終能守禮訴男者也○傳履禮○正義曰釋言文上喻人君明盛此必不與鄭同王肅云言古婚姻之正

禮刺今之淫奔

東方之月兮彼姝者子在我闥兮月盛於東方君明於上若日也臣察於下若月也闥門內也箋云月以興臣月在東方亦言不明○闥他達反韓詩云門屏之間曰闥【疏】傳月盛至門○正義曰以序言君臣失道則君臣並責故知以月盛東方喻臣明察也云闥門內者以上章在我室兮謂來入其家又闥字從門故知門內也

在我闥兮履我發兮發行也箋云以禮來則我行而與之去【疏】傳發行○正義曰以行必發足而去故以發爲行也

東方之日二章章五句

東方未明刺無節也朝廷興居無節號令不時挈壺氏不能掌其職焉號令猶召呼也挈壺氏掌漏刻者○朝直遙反注皆同挈苦結反又音結壺音胡挈壺氏掌漏刻之官【疏】東方。未。明三章章四句至職焉○正義曰作東方未明詩者刺無節也所以刺之者哀公之時朝廷起居或早或晚而無常節度號令召呼不以其時人君置挈壺氏之官使主掌漏刻以昏明告君今朝廷無節由挈壺氏不能掌其職事焉故刺君之無節且言置挈壺氏之官不得其人也朝廷是君臣之總辭此則非斥言其君也興起也居安坐也言君之坐起無時節也由起居無節故號令不時即經上二章是也挈壺氏不能掌其職卒章是也○箋號令至刻者○正義曰以經言自公召之故云號令猶召呼也挈壺氏於天子爲司馬之屬其官士也故夏官序云挈壺氏下士六人注云挈讀如。挈髮之。挈壺盛水器也世主挈壺水以爲漏然則挈壺者懸繫之名刻謂置箭壺內刻以爲節而浮之水上令水漏而刻下以記晝夜昏明之度數也以序言不能掌其職焉故舉其所掌之事也

東方未明顛倒衣裳上曰衣下曰裳箋云挈壺氏失漏刻之節東方未明而以爲明故羣臣促遽顛倒衣裳羣臣之朝別色始入○倒都老反遽其慮反別彼列反

顛之倒之自

公召之箋云自從也羣臣顛倒衣裳而朝人又從君所來而召之漏刻失節君又早興疏東方至召之○正義曰言朝廷起居無節度於東方未明之時羣臣皆顛倒衣裳而著之方始倒之顛之著衣未往已有使者從君而來召之起之早晚禮有常法而今漏刻失節促遽若此故刺之○傳上曰衣下曰裳○正義曰此其相對定稱散則通名曰衣曲禮曰兩手摳衣去齊尺注云齊謂裳下緝也是裳亦稱衣也傳言此解其顛倒之意以裳爲衣今上者在下是爲顛倒也○箋挈壺至始入○正義曰解時實未明而顛倒衣裳之意以挈壺氏失漏刻之節每於東方未明而爲已明告君使之早起羣臣當以失晚復恐後期故於東方未明之時急促惶遽不暇整理衣服故顛倒著衣裳而朝君此則失於侵早故言朝之正法羣臣別色始入東方未明。當起也別色始入玉藻文○箋羣臣至早興○正義曰羣臣顛倒衣裳方欲朝君人已從君所來召之是君已先起矣故言君又早興臣起已太早君興又早於臣也

東方未晞顛倒裳衣晞明之始升疏傳晞明之始升○正義曰晞是日之光氣湛露云匪陽不晞謂見日之光而物乾故以晞爲乾蒹葭云白露未晞言露在朝旦未見日氣故亦爲乾義此言東方未明無取於乾故言明之始升謂將旦之時日之光氣始升與上未明爲一事也

倒之顛之自公令之令告也

折柳樊圃狂夫瞿瞿柳柔脆之木樊藩也圃菜園也折柳以爲藩園無益於禁矣瞿瞿無守之貌古者有挈壺氏以水火分日夜以告時於朝○箋云柳木之不可以爲藩猶是狂夫不任挈壺氏之事○折之舌反圃音布又音補樹菜蔬曰圃瞿俱具反藩方元反

不能辰夜。不夙則莫辰時夙早莫晚也箋云此言不任其事者恆失節數也○莫音暮疏折柳至則莫○正義曰此言折柳木以爲藩菜果之圃則柳木柔脆無益於圃之禁以喻用狂夫以爲挈壺之官則狂夫瞿瞿然不任於官之職由不任其事恆失節度不能時節此夜之漏刻不太早則太晚常失其宜故令起居無節以君任非其人故刺之○傳柳柔至於朝○正義曰言柳柔脆之木者欲取無益於禁故以柔脆解之樊藩也釋言文

孫炎曰樊圃之藩也郭璞曰謂藩籬也種菜之地謂之圃其外藩籬謂之園故
云圃菜園也太宰九職二曰園圃毓草木注云樹果蓏曰圃園其藩籬也是圃內
可以種菜又可以樹果蓏其外列藩籬以爲樊柳是柔脆之物以手折而爲藩
無益於禁以喻狂夫不任挈壺之職也蟋蟀云良士瞿瞿。瞿爲良士貌故傳云
瞿瞿然顧禮義此言狂夫瞿瞿謂狂愚之夫故言瞿瞿無守之貌爲精神不立
志無所守故不任居官也序云挈壺氏不能掌其職則狂夫爲挈壺氏矣故又
解其瞿瞿之意古者有挈壺氏以水火分日夜謂以水爲漏夜則以火照之冬
則冰凍不下又當置火於傍故用水用火準晝夜共爲百刻分其數以爲日夜
以告時節於朝職掌如此而今此狂夫瞿瞿然志無所守分日夜則參差不齊
告時節則早晚失度故責之也挈壺氏職曰凡喪懸壺以代哭皆以水火守之
分以日夜及冬則以火爨鼎水而沸之而沃之注云代更也禮未大斂代哭以
水守壺者爲沃漏也以火守壺者夜則視刻數也分以日夜者異晝夜漏也漏
刻之箭晝夜共百刻冬夏之間則有長短焉太史立成法有四十八箭是其分
日夜之事言冬夏之間有長短者案乾象歷及諸歷法與今大史所候皆云冬
至則晝四十五夜五十五夏至則晝六十五夜三十五春秋分則晝五十五半
夜四十四半從春分至於夏至晝漸長增九刻半從夏至至於秋分所減亦如
之從秋分至於冬至晝漸短減十刻半從冬至至於春分所加亦如之又於每
氣之間加減刻數有多有少其事在於歷術以其算數有多有少不可通而爲
率故太史之官立爲法定作四十八箭以一年有二十四氣每一氣之閒又分
爲二通率七日強半而易一箭故周年而用箭四十八也歷言晝夜者以昏明
爲限馬融王肅注尚書以爲日永則晝漏六十刻夜漏四十刻日短則晝漏四
十刻夜漏六十刻日中宵中則晝夜各五十刻者以尚書有日出日入之語遂
以日見爲限尚書緯謂刻爲商鄭作士昏禮目錄云日入三商爲昏舉全數以
言耳其實日見之前日入之後距昏明各有二刻半減晝五刻以裨夜故於歷
法皆多校五刻也鄭於堯典注云日中宵中者日見之漏與不見者齊也日永
者日見之漏五十五刻日不見之漏四十五刻又與馬王不同者鄭言日中宵

中者其漏齊則可矣其言日永日短之數則與歷甚錯馬融言晝漏六十夜漏四十減晝以裨夜矣鄭意謂其未減又減晝五刻以增之是鄭之妄說耳漏刻之數見在史官古今歷者莫不符合鄭君獨有此異不可強爲之辭案挈壺之職唯言分以日夜不言告時於朝春官雞人云凡國事爲期則告之時注云象雞知時然則告時於朝乃是雞人此言挈壺告時者以序云興居無節挈壺氏不能掌其職明是挈壺告之失時故令朝廷無節也蓋天子備官挈壺掌漏雞人告時諸侯兼官不立雞人故挈壺告也庭燎箋云王有雞人之官是鄭意以爲唯王者有雞人諸侯則無也○傳辰時夙早莫晚○正義曰釋訓云不辰不時也是辰爲時也夙早釋注文暮與早對故爲晚

東方未明三章章四句

附釋音毛詩注疏卷第五（五之一）

毛詩注疏校勘記(五之一)　阮元撰盧宣旬摘錄

齊譜

季萴因之閩本明監本毛本同案山井鼎云蒯當作萴物觀云宋板下季蒯作季萴是也

其先祖世爲四岳閩本明監本毛本同案浦鏜云嘗誤世是也崧高正義引作嘗是其證

師尚父堪君多難閩本毛本同明監本堪作甚案皆誤也考文王正義引作謀計居多此當與彼同

止自胡公之所殺閩本明監本毛本同案盧文弨云止自當作上距是也

故云數土閩本明監本毛本同案土當作定此說譜數定九畿

甸服此周爲王畿閩本明監本毛本同案此當作比形近之譌

成王周公封東至海閩本明監本毛本同案浦鏜云至非奄君名也疑在下成王節疏內錯誤在此是也當以此成王起接管仲之言也下凡移百九十三字

在禹貢青州閩本明監本毛本同案山井鼎云在禹上當有圖是也

與呂伋王孫牟閩本明監本毛本伋作汲案此誤改也十行本此字作伋以下引顧命齊世家則作汲各順其文耳

不言孝王者有大罪去國閩本明監本毛本同案此當作不言孝王身有大罪于國皆形近之譌譜序正義無身字于國

作惡彼文多不與此同也

詩人作到閩本明監本毛本同案山井鼎云到當作刺是也

昭暫若此閩本明監本毛本同案山井鼎云暫恐晢誤

○雞鳴

故夫人與戒君子閩本明監本毛本同案故當作無

故陳人君早朝閩本明監本毛本同案人君當作夫人見第二章正義

皆陳與夫相警相成之事也閩本明監本毛本同案陳當作是以上正義各本譌舛不可讀今訂正

當復稼衣補毛本復作服

○還

併驅而逐禽獸閩本明監本毛本同小字本相臺本禽作二案二字是也禽字誤

則是山之南山則補毛本下則字作側

○著

牡名驢牝狼閩本明監本毛本牝下有名字案所補是也

謂所以懸瑱者閩本明監本毛本同小字本相臺本懸作縣案縣字是也釋文云以縣音元下文正義本當亦是縣字其自為文乃用懸字縣懸古今易字而說之也不知者乃以正義所易改箋

人君以玉為閩本明監本毛本同小字本相臺本為下有之字考文古本同案有者是也

楚語稱曰公子張閩本明監本毛本同案曰當作白形近之譌

其又以繩為瑱閩本明監本毛本同案此不誤浦鏜云規誤繩非也繩當訓為戒今韋昭注作規不與正義所引本同也

士婚禮壻親迎閩本明監本毛本婚作昏案所改是也餘同此

至於女嫁補毛本嫁作家

而云玉之瑱兮閩本明監本毛本同案此不誤下孫毓引同浦鏜云也誤兮非也說文瑱下引玉之瑱兮可證案段玉裁云古尚書周易無也字毛詩周官始見各書所用也字本兮字之假借是也

天子用金閩本明監本毛本同案浦鏜云全誤金是也

○東方之日

有姝姝美好之子小字本同相臺本亦同考文古本亦同閩本明監本毛本姝姝作姝然案此當是有姝姝然美好之子靜女正義所引可證也今此正義兩言姝然其毛以為下一姝然不誤以傳本不重此字也其鄭以為下本是與箋文同作姝姝然因上有姝然遂誤脫之也閩本以

下用以改箋非也各本亦脱去然字

傳月盛至門閩本明監本毛本同案門下當有内字

○東方未明

東方未明三章閩本明監本毛本脱未明二字

挈讀如挈髮之挈閩本明監本毛本同案下二挈字浦鏜云絜誤挈考周禮注是也

東方未明當起也閩本明監本毛本同案當上脱去一未字

不能辰夜各本皆同案考文古本辰作晨誤也考此可見古本之多誤

瞿爲艮士貌閩本明監本毛本同案瞿當作因

夙早釋注文閩本明監本毛本同案山井鼎云注當作詁是也

毛詩國風　　鄭氏箋　　孔穎達疏

南山刺襄公也鳥獸之行淫乎其妹大夫遇是惡作詩而去之襄公之妹魯桓公夫人文姜也

襄公素與淫通及嫁公謫之公與夫人如齊夫人愬之襄公襄公使公子彭生乘公而搤殺之夫人久留於齊莊公即位後乃來猶復會齊侯于禚于祝丘又如齊師齊大夫見襄公行惡如是作詩以刺之又非魯桓公不能禁制夫人而去之○之行下孟反謫直革反責也又張革反乘繩證反一本作彭生乘公乘則依字讀搤於革反說文云捉也公羊傳云拉公幹而殺之沈又烏詣反拉音郎答反復扶又反下皆同禚音灼地名行惡下孟反下之行皆同

【疏】南山四章章六句至去之○正義曰作南山詩者刺襄公也以襄公爲鳥獸之行鳥獸淫不避親襄公行如之乃淫於己之親妹人行之惡莫甚於此齊國大夫逢遇君有如是之惡故作詩以刺君其人恥事無道之主既作此詩遂弃而去之此妹既嫁於魯襄公猶尚淫之亦猶魯桓不禁使之至齊故作者既刺襄公又非魯桓經上二章刺襄公淫乎其妹下章責魯桓縱恣文姜序以主刺襄公故不言魯桓大夫遇是惡作詩而去之言作詩之意以見君惡之甚於經無所當也○箋襄公至去之○正義曰以弊笱猗嗟之序知襄公所淫之妹文姜是也桓十八年左傳云公與夫人姜氏如齊齊侯通焉公謫之以告夏四月丙子享公使公子彭生乘公公薨於車莊元年公羊傳云夫人譖公於齊侯公曰同非吾子齊侯之子也齊侯怒與之飲酒於其出焉使公子彭生送之於其乘焉拉幹而殺之是公謫文姜彭生搤殺公之事也春秋經桓三年秋公子翬如齊逆女九月夫人姜氏至自齊是文姜以桓三年歸魯也左傳於桓十八年如齊之下始云齊侯通焉箋知素與淫通者以奸淫之事生於聚居不宜既嫁始然故知未嫁之前素與淫通也且桓六年九月經書丁卯子同生即莊公也猗嗟序

稱人以莊公爲齊侯之子公羊傳稱桓公云同非吾子明非如齊之後始與齊侯通也但左傳爲爲公譎張本故於如齊之下始言齊侯通耳公羊拉幹而殺之史記稱使公子彭生抱魯桓公上車搚其脅公死於車搚與拉音義同彼皆言拉殺此言搤殺者說文云搤捉也何休云幹脅拉折聲正謂手捉其脅而折拉然爲聲此指言殺狀故言搤也夫人以桓十八年與公如齊經書公之喪至自齊傳不言文姜來歸莊元年傳云不書即位文姜出故也莊公即位之時猶在齊未來故言夫人久留於齊莊公即位後乃來也其來年月三傳無文莊元年經書三月夫人遜于齊公羊傳云夫人固在齊矣其言遜何念母也正月以存君念母以首事何休及賈逵服虔皆以爲桓公之薨至是年三月朞而小祥公憂思少殺念及於母以其罪重不可以反之故書遜于齊耳其實先在於齊本未歸也至二年夫人會齊侯於禚是從魯往之則於會之前已反魯矣服虔云蓋魯桓公之喪從齊來以文姜爲二年始來杜預以莊元年歲首即位之時文姜來公以母出之故不忍即位文姜於時感公意而來既至爲魯人所尤故三月又遜於齊謂文姜來而復去非先在齊二者說雖不同皆是莊公即位之後乃來也杜預創爲其說前儒盡不然也鄭於喪服小記之注引公羊正月存親之事則亦同於賈服至二年乃歸也春秋經莊二年夫人姜氏會齊侯於禚四年夫人姜氏享齊侯於祝丘五年夫人姜氏如齊師是夫人復會齊侯如齊師也以言齊侯淫於其妹終說其淫之事若然按經莊七年春夫人姜氏會齊侯於防冬夫人姜氏會齊侯於穀亦是淫事此不言者略舉其先三會以包其後二會也以左傳於會禚之下書奸也於會防之。正言齊志也杜預以爲意出於夫人則云書奸意出於齊侯則云齊志傳舉二端其餘皆從之則祝丘與如齊師奸由從夫人防穀奸發於齊侯鄭意或亦當然今此箋又以經有非魯桓之事而序不言之據夫人發文故申其意言大夫見襄公行惡如是作詩以刺之又非魯桓公不能禁制文姜言詩經有此二意也而云去之者疊序去之文謂弃齊而去

南山崔崔，雄狐綏綏。興也南山齊南山也崔崔高大也國君尊嚴如南山崔崔然雄狐相隨綏綏然無別失陰陽之匹箋云雄

狐行求匹耦於南山之上形貌綏綏然興者喻襄公居人君之尊而爲淫泆之行其威儀可恥惡如狐○崔子雖反又音佳別彼列反泆音逸下同惡烏路反字又如

魯道有蕩齊子由歸蕩平易也齊子文姜也箋云婦人謂嫁曰歸言文姜既以禮從此道嫁于魯侯也○蕩徒黨反徐勑黨反易夷豉反

既曰歸止曷又懷止懷思也箋云懷來也言文姜既曰嫁于魯侯矣何復來爲乎非其來也

疏○南山至懷止　毛以爲南山雄狐各自爲喻言南山高大崔崔然以喻國君之位尊高如山也雄狐相隨綏綏然雄雄當配雌理亦當然也今二雄無別失陰陽之匹以喻夫當配妻今襄公兄與妹淫亦失陰陽之匹以襄公居尊位而失匹配故舉淫事以責之言魯之道路有蕩然平易齊侯之子女文姜用此道而歸嫁於魯既曰歸於魯止自有夫矣襄公何爲復思之止而與之會爲此淫乎○鄭以爲狐在山上爲喻言南山高大崔崔然有雄狐在此山上以求配耦形貌綏綏然其狀可恥惡也喻說在箋既言公淫可惡又責文姜會公言魯之道路有蕩然而平易齊子文姜從此道而歸於魯既曰歸於魯止當專意事夫何爲又復來止責文姜之來會襄公也○傳南山至之匹○正義曰詩人自歌土風山川不出其境故云南山齊南山舉南山形貌高大崔崔然故知喻國君之位尊嚴言其高大如南山也綏綏是匹行之貌今言雄狐相隨綏綏然明是二雄狐相匹故云雄狐綏綏然是二狐俱雄無有別異失陰陽之匹以喻兄與妹淫亦失陰陽之匹也今定本云失陰陽之正義亦通也檢此傳文無狐在山上之意則各自爲喻異於鄭也對文則飛曰雌雄走曰牝牡散則可以相通牧誓曰牝雞之晨飛得稱牝明走得稱雄僖十五年左傳稱秦伯伐晉筮之遇蠱其繇曰獲其雄狐亦謂狐牡爲雄與此同也○箋雄狐至如狐○正義曰箋以南山雄狐文勢相連則是狐在山上不宜別以爲喻又狐必雄雌相從無二雄相隨之理故以爲狐求匹耦於南山之上喻襄公淫泆於人君之位其可恥惡如狐貌以狐比之有狐之傳以綏綏匹行之貌則此言綏綏亦匹行之貌言求匹耦者正謂無雌相隨是求匹耦也在高顯之處使人人見之是謂可恥惡也○傳蕩平至文姜○正義曰以其說道

路之貌故以蕩爲平易言地平而易無險難也文姜齊女故謂之齊子傳於詩由多訓爲用此當言用此道以歸魯也○傳懷思○正義曰釋詁文王肅云文姜既嫁於魯適人矣何爲復思與之會而淫乎○箋懷來至其來○正義曰懷來釋言文以歸止謂文姜歸則懷止亦謂文姜懷不宜謂襄公思故易傳以爲非責文姜之來也

葛屨五兩冠緌雙止葛屨服之賤者冠緌服之尊者箋云葛屨五兩喻文姜與姪娣及傳姆同處冠緌喻襄公也五人爲奇而襄公往從而雙之冠屨不宜同處猶襄公文姜不宜爲夫婦之道○屨九具反兩王肅如字沈音亮緌如誰反傳姆上音付下音茂處昌慮反下同

魯道有蕩齊子庸止庸用也

既曰庸止曷又從止箋云此言文姜既用此道嫁於魯侯襄公何復送而從之爲淫泆之行

疏葛屨至從止○正義曰屨以兩隻爲具五爲數之奇言葛屨服之賤雖有五兩其數雖奇以冠緌往配而雙止則非其宜以喻文姜是襄公之妹雖與姪娣傳姆有五人矣其數雖奇以襄公往配而雙之亦非其宜襄公兄也文姜妹也兄妹相配是非其宜既云不宜相配又責非理爲淫魯之道路有蕩然平易齊子文姜用此道以歸魯止既曰用此道以歸魯止彼自有夫襄公何爲復從雙止責其復從文姜爲淫泆之行○傳葛屨至尊者○正義曰賤宜對貴尊當對卑在身之服上尊下卑葛屨服之於足葛又物之賤者故以賤言之冠緌服之於首是服之最尊所用之物貴故以尊言之亦令其貴賤尊卑互相見也○箋葛屨至之道○正義曰屨必兩隻相配故以一兩爲一物緌必屬之於冠故冠緌共爲一同葛屨言五冠緌言雙由是五爲奇故欲雙之使耦也奇天數矣獨舉五而言明五必有象故以喻文姜與姪娣傳姆五人俱是婦人不宜以襄公往雙之云其數奇以經有五兩故以五人解之莊十九年公羊傳曰諸侯一娶九女二國往媵之皆有姪娣從姪者何兄之子娣者何女弟也是諸侯夫人有姪有娣也襄三十年公羊傳曰宋災伯姬存焉有司請出伯姬曰吾聞之婦人夜出不見傳姆不下堂傳至姆未至逮火而死是諸侯夫人有傳姆也士昏禮云姆在其右注云姆婦人年五十無子出而不復嫁能

以婦道教人者若今時乳母矣士妻之姆如此則諸侯夫人其姆亦當然也內則云女子十年不出傅姆教之執麻枲治絲繭則傅是姆類亦當以婦人老者爲之矣何休云選老大夫爲傅大夫妻爲姆以男子爲傅書傳未有云焉且大夫之妻當自處家無由從女而嫁使夫人動輒以待之何休之言非禮意也冠屨貴賤不宜同處由襄公與文姜兄之與妹不宜爲夫婦之道又襄公止復文姜耳傳不言淫其姪娣又傅姆老人非襄公儔類而云襄公雙之者正以姪娣傅姆與文姜同是婦人聚居一處襄公乃以男子廁入其中不宜與妹相耦作者指言其不宜雙文姜耳非謂襄公於五人皆淫之○箋此言至之行○正義曰上言曷又懷止箋謂責文姜之來此言曷又從止以爲責襄公從之者以懷止與歸止文連歸是文姜歸魯故知懷是文姜來齊此與庸止文連庸是用道而往則從從是逐後從之故知責襄公從之言以意從送與之爲淫耳非謂從襄公之至魯也

蓺麻如之何衡從其畝

蓺樹也衡獵之從獵之種之然後得麻箋云樹麻者必先耕治其田然後樹之以言人君取妻必先議於父母○蓺魚世反本或作藝技藝字耳衡音橫注同亦作橫字又一音如字衡即訓爲橫韓詩云東西耕曰橫從足容反注同韓詩作由云南北耕曰由

取妻如之何必告父母

必告父母廟箋云取妻之禮議於生者卜於死者此之謂告○取七喻反注下皆同

既曰告止曷又鞠止

鞠窮也箋云鞠盈也魯侯女既告父母而取何復盈從令至于齊乎又非魯桓○鞠居六反令力呈反下同

疏 蓺麻至鞠止○毛以爲種麻之法如之何乎必橫縱獵其田畝種之然後得麻以興娶妻之法如之何乎必告廟啓其父母娶之然後得妻魯桓既曰告廟而娶得之止宜以婦道禁之何爲又使窮極邪意而至齊乎止責魯桓不禁制文姜鄭唯以鞠爲盈爲異餘同○傳蓺樹至得麻○正義曰此云蓺麻后稷生民云蓺之荏菽大司徒云教稼穡樹蓺則樹蓺皆種之別名故云蓺猶樹也在田逐禽謂之獵則獵是行步踐履之名衡古橫字也衡獵之縱獵之謂既耕而東西踐躡槩摩之也古者推耒耜而耕不宜縱橫耕田且書傳未有謂耕爲獵者故知是摩獵之也今定本云重

之然後得麻義雖得通不如爲種字也〇箋取妻至謂告〇正義曰傳以經云必告父母嫌其唯告生者故云必告父母之廟箋又嫌其唯告於廟故云議於生者卜於死者以足之婚有納吉之禮卜而得吉使告女家是娶妻必卜之士冠禮云筮於廟門明卜亦在廟也曲禮云男女非有行媒不相知名故齊戒以告鬼神昭元年左傳說楚公子圍將娶妻於鄭其辭云圍布几筵告於莊恭之廟而來是娶妻自有告廟之法而箋必以爲卜者以納吉爲六禮之一故舉卜言之案婚禮受納采之禮云主人筵於戶西注云主人女父也筵爲神布席也將以先祖之遺體許人故受其禮於廟也其後諸禮皆轉以相似則禮法皆告廟矣女家尙每事告廟則夫家將行六禮皆告於廟非徒一卜而已明以卜爲大事故特言之〇傳鞫窮〇正義曰釋言文傳意當謂魯桓縱恣文姜使窮極邪意也〇箋鞫盈至魯桓〇正義曰釋詁文箋以此責魯桓之辭不宜唯言文姜之窮極邪意故易傳以爲盈責魯桓之盈縱文姜不禁制之

析薪如之何匪斧不克克能也箋云此言析薪必待斧乃能也〇析星歷反取妻如之何匪媒不得箋云此言取妻必待媒乃得也既曰得止曷又極止極至也箋云女既以媒得之矣何不禁制而恣極其邪意令至齊乎又非魯桓

疏析薪至極止〇正義曰言析薪之法如之何乎非用斧不能斫之以與娶妻之法如之何乎非使媒不能得之魯桓既曰使媒得之止宜以婦道禁之何爲窮極邪意而至齊止又責魯桓不禁制文姜也〇傳極至〇正義曰釋詁文箋言恣極邪意令至齊者申說極爲至之義恣解義之言非經中極也

南山四章章六句

甫田大夫刺襄公也無禮義而求大功不脩德而求諸侯志大心勞所以求者非其道也

疏甫田三章章四句至其道〇正義曰甫田詩者齊之大夫所作以刺襄公也所以刺之者以襄公身無禮義而求己有大功不能自

脩其德而求諸侯從己有義而後功立惟德可以來人今襄公無禮義無德諸侯必不從之其志望大徒使心勞而公之所求者非其道也大夫以公求非其道故作詩以刺之求大功與求諸侯一也若諸侯從之則大功克立所從言之異耳求大功者欲求爲霸主也天子衰諸侯興故曰霸中侯霸免注云霸猶把也把天子之事於時王室微弱諸侯無主齊是大國故欲求之鄭以國語云齊莊僖於是乎小伯韋昭曰小伯主諸侯盟會襄卽莊孫僖子以父祖已作盟會之長可以爲霸業之基又自以國大民衆負恃強力故欲求爲霸也至其弟桓公卽求而得之是齊國可以爲霸但襄公無德而不可求耳上二章刺其求大功卒章刺其不能脩德皆言其所求非道之事勞心忉忉是志大心勞

無田甫田維莠驕驕 興也甫大也大田過度而無人功終不能獲箋云興者喻人君欲立功致治必勤身脩德積小以成高大○莠羊九反無田音佃下同治直吏反

無思遠人勞心忉忉 忉忉憂勞也。言無德而求諸侯徒勞其心忉忉耳○忉音刀

疏 無田至忉忉○正義曰上田謂墾耕下田謂土地以襄公所求非道故設辭以戒之言人治田無得田此大田若大田過度力不充給田必蕪穢維有莠草驕驕然以喻公無霸德思念遠人若思彼遠人德不致物人必不至維勞其心忉忉然言人之欲種田求穀必準功治田穀乃可獲喻人君欲立功致治必勤身脩德功乃可立無德而求諸侯徒勞其心也責襄公之妄求諸侯也○傳甫田至能獲○正義曰甫大釋詁文言無田甫田猶多方云宅爾宅田爾田今人謂佃食古之遺語也禁人言無田甫田猶下句云無思遠人無田與無思相對爲喻周禮授民田上地家百畝中地家二百畝下地家三百畝謂其人力堪治故禮以此爲度過度謂過此數而廣治田也○傳忉忉憂勞○正義曰釋訓云忉忉憂也以言勞心故云憂勞也

無田甫田維莠桀桀 桀桀猶驕驕也○桀居竭反徐又居謁反

無思遠人勞心怛怛 怛怛猶忉忉也○怛旦末反

婉兮孌兮總角丱兮。未幾見兮。突而弁兮 婉孌少好貌總角聚兩髦也丱幼稺也弁冠也箋云人君內善

其身外修其德居無幾何可以立功猶是婉孌之童子少自脩飾丱然而稚見之無幾何突。耳加冠爲成人也○婉於阮反孌力轉反總本又作揔子孔反丱古患反幾居豈反注同見兮一本作見之突吐活反注同方言云凡卒相見謂之突吐訥反弁皮眷反髦音毛少詩照反 疏 婉兮至弁兮○正義曰言有童子婉然而少孌然而好兮總聚其髮以爲兩角丱然兮幼稚如此與別未經幾時而更見之突然已加冠弁爲成人兮言童子少自脩飾未幾時而即得成人以喻人君能善身修德未幾時而可以立功今君不修其德欲求有功故刺之○傳婉孌至弁冠○正義曰候人傳曰婉少貌孌好貌此并訓之故言少好貌內則云男女未冠笄者總角衿纓冠所以覆髮未冠則總角故知總角聚兩髦言總聚其髦以爲兩角也丱兮與總角共文故爲幼稚周禮掌冠冕者其職謂之弁師則弁者冠之大號故爲弁冠也士冠禮及冠義記士之冠云始加緇布冠次加皮弁次加爵弁三加而後字之成人之道也然則士有三加冠此言突若弁兮指言童子成人加冠而已不主斥其一冠也若猶。耳也故箋言突。耳加冠爲成人猗嗟頎若言若者皆然。耳之義古人語之異耳定本云突而弁兮不作若字

甫田三章章四句

盧令刺荒也襄公好田獵畢弋而不脩民事百姓苦之故陳古以風焉畢噣也弋繳射也○令音零下同好呼報反風福鳳反噣直角反本亦作濁畢星名何音犢繳音灼 疏 盧令三章章二句至風焉○正義曰作盧令詩者刺荒也所以刺之者以襄公性好田獵用畢以掩兔用弋以射鴈好此遊田逐禽而不脩治民之事國內百姓皆患苦之故作是詩陳古者田獵之事以風刺襄公焉經三章皆言有德之君順時田獵與百姓共樂之事○箋畢噣弋繳射○正義曰釋天云噣謂之畢李巡曰噣陰氣獨起陽氣必止故曰畢畢止也孫炎曰掩兔之畢或

謂之噣因名星云郭璞曰掩兔之畢或呼爲噣因星形以名之月令注云網小而柄長謂之畢然則此器形似畢星孫謂以網名畢郭謂以畢名網郭說是也出繩繫矢而射鳥謂之繳射也

盧令令其人美且仁

盧田犬令令纓環聲言人君能有美德盡其仁愛百姓欣而奉之愛而樂之順時遊田與百姓共其樂同其獲故百姓聞而說之其聲令令然〇纓於盈反又於政反樂音洛下同說音悅

疏 盧令至且仁〇正義曰言古者有德之君順時田獵與百姓共樂同獲百姓聞而悅之言吾君之盧犬其環鈴鈴然爲聲又美其君言吾君其爲人也美好且有仁恩之言古者賢君田獵百姓愛之刺今君田獵則百姓苦之〇傳盧田至令令然〇正義曰犬有田犬守犬戰國策云韓國盧天下之駿犬也東郭逡海內之狡兔韓盧逐東郭逡山三越岡五兔極於前犬疲於後俱爲田父之所獲是盧爲田犬也此言鈴鈴下言環鋂鈴鈴即是環鋂聲之狀環在犬之頷下如人之冠纓然故云纓環聲也言人君有美德以下言百姓所以悅君之意孟子謂梁惠王曰今王田獵於此百姓聞王車馬之音見羽旄之美舉疾首蹙頞而相告曰吾王好田獵夫何使我至於此極也父子不相見兄弟妻子離散此無他不與民同樂也今王田獵於此百姓聞王車馬之音見羽旄之美舉欣欣然有喜色而相告曰吾王庶幾無疾病與何能田獵也此無他與民同樂也則百姓悅之也今定本云喻人君能有美德喻字誤也

盧重環

重環子母環也重直龍反下同

〇其人美且鬈

鬈好貌箋云鬈讀當爲權權勇壯也〇鬈音權說文云髮好貌

疏 箋鬈讀至勇壯〇正義曰箋以諸言且者皆辭兼二事若鬈是好貌則與美是一也且仁且偲既美而復有仁才則且鬈不得爲好貌故易之巧言云無拳無勇其文相連是鬈爲勇壯也以君能盡其仁愛與百姓同樂故美其且仁以君身有勇壯能捕取猛獸故美其且鬈以君善於射御多有才能故美其且偲皆是獵時之事故歷言之大叔于田敘云叔多才而好勇亦謂獵時有才勇也

盧重鋂

鋂一環貫二也〇鋂音梅

其人美且偲

偲才也箋云才多才也〇偲七才反說文云强也

疏 傳鋂一環貫二〇正義曰上言重環謂環

相重故知謂子母環謂大環貫一小環也重鋂與重環別則與子母之環文當異故知一環貫二謂一大環貫二小環也說文亦云鋂環也一環貫二

盧令三章章二句

敝笱刺文姜也齊人惡魯桓公微弱不能防閑文姜使至淫亂爲二國患焉○敝笱婢世反徐符滅反本又作弊敗也笱音古口反取魚器也惡烏路反

疏 敝笱三章章四句至患焉○正義曰作敝笱詩者刺文姜也所以刺之者文姜是魯桓夫人齊人惡魯桓公爲夫微弱不能防閑文姜使至於齊與兄淫亂爲二國之患焉故刺之也文姜淫亂由魯桓微弱使然經三章皆是惡魯桓以刺文姜之辭夏官虎賁氏云舍則守王閑注云舍王出所止宿處也閑梐枑也天官掌舍掌王之會同之舍設梐枑再重杜子春云梐枑謂行馬玄謂行馬再重者以周衛有外內列周衛防守之物名之曰閑則閑亦防禁之名故此及猗嗟之序皆防閑並言之也齊則襄公通妹魯則夫人外淫桓公見殺於齊襄公惡名不滅是爲二國患也文姜既嫁於魯齊人不當刺之由其兄與妹淫齊人惡君而復惡文姜亦所以刺君故編之爲襄公詩也

敝笱在梁其魚魴鱮興也鱮大魚箋云鱮魚子也魴也鱮也魚之易制者然而敝敗之笱不能制興者喻魯桓微弱不能防閑文姜終其初時之婉順○魴音房鱮毛古頑反鄭古魂反易夷豉反齊子歸止其從如雲如雲言盛也箋云其從姪娣之屬言文姜初嫁于魯桓之時其從者之心意如雲然雲之行順風耳後知魯桓微弱文姜遂淫恣從者亦隨之爲惡○從才用反注下皆同

疏 敝笱至如雲○毛以爲笱者捕魚之器弊敗之笱在於魚梁其魚乃是魴鱮之大魚非弊敗之笱所能制以喻微弱之君爲其夫壻其妻乃是强盛之齊女非微弱之夫所能制刺魯桓之微弱不能制文姜也又言文姜難制之意齊子文姜初歸於魯國止其從者庶姜庶士其數衆多如雲然以此强盛故魯桓不能禁也○鄭以爲弊敗之笱在於魚梁其魚乃是魴鱮之小魚魴

鰥自是魚之易制者但笱以弊敗不能制以喻文姜是婦人之易制者但由魯桓以微弱不能制由其不制文姜故令從者亦惡齊子文姜初歸於魯國止其從者之心如雲然雲行順風東西從者隨嫡善惡由文姜淫泆故從者亦淫○傳鰥大魚○正義曰孔叢子云衛人釣於河得鰥魚焉其大盈車子思問曰如何得之對曰吾下釣垂一魴之餌鰥過而不視又以豚之半鰥則吞矣子思歎曰魚貪餌以死士貪祿以亡是鰥為大魚也傳以鰥為大魚則以大為喻王肅言魯桓之不能制文姜若弊笱之不能制大魚也○箋鰥魚至婉順○正義曰鰥魚子釋魚文李巡曰凡魚之子總名鯤也鯤鰥字異蓋古字通用或鄭本作鯤也魯語云宣公夏濫於泗淵里革斷其罟而棄之曰魚禁鯤鮞鳥翼鷇卵蕃庶物也是亦以鯤為魚子也毛以鯤為大魚鄭以鯤為魚子而與魴相配則魴之為魚中魚也故可以為大亦可以為小陸機疏云魴今伊洛濟潁魴魚也廣而薄肥恬而少力細鱗魚之美者遼東梁水魴特肥而厚尤美於中國魴故其鄉語曰居就粮梁水魴是也箋以一鰥若大魚則強笱亦不能制不當以弊敗為喻且魴鯤非極大之魚與鰥不以類故易傳以為小魚易制喻文姜易制但魯桓微弱不能防閑文姜使終其初時之婉順文姜素與兄淫而云初時婉順者在齊雖則先淫至魯必將改矣但知桓公微弱後復更為淫耳○傳如雲言盛○正義曰傳以如雲言盛謂其從者多強盛而難制孫毓云齊為大國初嫁寵文妹庶姜庶士盛如雲雨故妹來自由桓公不能禁制言從者之盛傳意當然文姜歸魯之日襄公未為君言寵妹則非也○箋其從至為惡○正義曰姪娣之外更當有侍御賤妾故云其從姪娣之屬箋以作詩者主刺文姜之惡而言其從如雲明以文姜惡甚疾其敗損族類故易傳以為從者亦隨文姜為惡

敝笱在梁其魚魴鱮

魴鱮大魚○箋云鱮似魴而弱鱗○鱮象呂反廣雅云鰱也音連

疏

箋鱮似魴而弱鱗○正義曰陸機疏云鱮似魴厚而頭大魚之不美者故里語曰網魚得鱮不如啗茹其頭尤大而肥者徐州人謂之鰱或謂之鱅幽州人謂之鴞鶨或謂之胡鱅

齊子歸止其從如雨

如雨言多也箋云如雨言無常天下之則下天不下則止以言姪娣

之善惡亦文姜所使。止疏箋如兩至使止○正義曰姪娣之善惡亦文姜所使今定本云所使出於義是也

敝笱在梁其魚唯唯唯唯出入不制箋云唯唯行相隨順之貌疏傳唯唯出入不制○正義曰上二章言魚名此章言魚貌。今其上下相充也唯唯正是魚行相隨之貌耳傳以弊笱不能制大魚故云出入不制箋以為小魚故行相隨順之貌各從其義故為辭異耳其於唯唯義亦同。也○唯唯維癸反沈養水反韓詩作遺遺言不能制也

齊子歸止其從如水水喻眾也箋云水之性可停可行亦言姪娣之善惡在文姜也

敝笱三章章四句

載驅齊人刺襄公也無禮義故盛其車服疾驅。於通道大都與文姜淫播其惡於萬民焉故猶端也○驅欺具反又如字下皆同本亦作駈播波佐反疏載驅四章章四句至民焉○正義曰載驅詩者齊人所作以刺襄公也刺之者襄公身無禮義之故乃盛飾其所乘之車與所衣之服疾行驅馳於通達之道廣大之都與其妹文姜淫通播揚其惡於萬民焉使萬民盡知情無慙恥故刺之也國人刺君乃是常事諸序未有舉國之名言其民刺君此獨云齊人刺襄公者以文姜魯之夫人襄公往入魯境以其齊魯交錯須言齊以辨嫌無禮義盛其車服者首章次句與次章上二句是也疾驅首章上句是也於通道大都下二章上二句是也經因駈車而言車飾故先言載驅序以美其車服然後驅之且欲見其驅車所往之處故令疾驅與通道大都為句而後言之經有車馬之飾而已無盛服之事既美其車明亦美其服故協句言之四章下二句皆言文姜來會齊侯是與文姜淫之事大都通道人皆見之是播其惡於萬民也○箋故猶端○正義曰諸言故者多是因上文以生下事此故乃與上為句非生下之辭是以箋特釋之無禮義故猶言無禮義端端謂頭緒也論語叩其兩端謂動發本末兩頭也摽有梅箋云女年二十而無嫁端端為無嫁之頭

緒此亦謂無禮義之頭緒也故盛服而與妹淫通也

載驅薄薄，簟茀朱鞹。

薄薄疾驅聲也簟方文。席也車之蔽曰茀諸侯之路車有朱革之質而羽飾箋云此車襄公乃乘焉而來與文姜會○薄普各反徐扶各反茀音弗鞹苦郭反革也

魯道有蕩，齊子發夕。

發夕自夕發至旦箋云襄公既無禮義乃疾驅其乘車以入魯竟魯之道路平易文姜發夕由之往會焉曾無慙恥之色○發韓詩云發旦也其乘繩證反或音繩竟音境本亦作境易夷豉反下樂易同

【疏】載驅至發夕○正義曰言襄公將與妹淫則驅馳其馬使之疾行其車之聲薄薄然用方文竹簟以爲車蔽又有朱色之革爲車之飾公乘此車馬往就文姜魯之道路有蕩然平易齊子文姜乃由此道發夕至旦來與公會公與妹淫曾無愧色故刺之○傳薄薄至羽飾○正義曰薄薄車聲狀序言疾駈故云疾驅駈與驅音義同皆謂駈馬疾行也斯干說鋪席燕樂之事云下莞上簟簟字從竹用竹爲席其文必方故云方文席也車之蔽曰茀謂車之後戶也說文云鞹革也獸皮治去毛曰革鞹是革之別名此說齊君之車而云朱鞹故云諸侯之路車有朱革之質而羽飾謂以皮革爲本質其上又以翟羽爲之飾也釋器云輿革前謂之。鞎後謂之茀李巡曰輿革前謂輿前以革爲車飾曰。鞎茀車後戶名也郭璞曰。鞎以韋靶車軾也茀以韋靶後戶也又云竹前謂之禦後謂之蔽李巡曰竹前謂編竹當車前以擁蔽名之曰禦禦止也孫炎曰禦以簟爲車飾也郭璞曰蔽以簟衣後戶也如爾雅之文車前後之飾皆有革有簟故此說車飾一云簟茀朱鞹也彼文革飾後戶謂之。蔽則茀蔽異矣此言車之蔽曰茀茀蔽爲一者彼因革與竹別而異其文耳其實革竹同飾後戶俱爲車之蔽塞故此傳茀蔽通言之春官巾車掌王后之車輅有重翟厭翟碩人說衛侯夫人云翟茀以朝是婦人之車有翟羽飾矣經傳不言諸侯路車有翟飾者今傳言羽飾必當有所案據不知出何書也○傳發夕至至旦○正義曰此言發夕謂夕時發行故爲發夕至旦小宛云明發不寐謂此至明之開發未嘗寢寐故爲發發夕至明所以立文不同皆爲夕發至旦○箋襄公至之色○正義曰知入魯境者以下言汶水湯湯則會在汶側齊在魯北

水北曰陽僖元年左傳稱公賜季友汶陽之田當齊襄公之時汶水之北尚是魯地故知襄公乘車入魯境也於魯道之下即言發夕是則夜行在道言其疾趨齊侯之意故言文姜發夕而往會焉兄則盛飾而往妹則疾行會之是其無慙恥之色

四驪濟濟垂轡瀰瀰

四驪言物色盛也濟濟美貌垂轡轡之垂者瀰瀰衆也箋云此又刺襄公乘是四驪而來徒爲淫亂之行○驪力馳反濟子禮反注同爾爾本亦作瀰同乃禮反徒一本作從兩通行下孟反

魯道有蕩齊子豈弟

言文姜於是樂易然箋云此豈弟猶言發夕也豈讀當爲闓弟古文尚書以弟爲圛圛明也○豈開改反樂也弟如字或音待易反樂音洛闓音開圛音亦

疏四驪至豈弟○毛以爲襄公將與妹淫乘其一駟之馬皆是鐵驪之色其馬濟濟然而美又四馬垂其六轡瀰瀰然而衆爲此盛飾往就文姜魯之道路有蕩然平易齊子文姜於是樂易然來與兄會會無慙色故刺之○鄭唯愷悌爲異言文姜開明而往會之餘同○傳四驪言物色盛也○正義曰夏官校人云凡軍事物馬而頒之注云物馬齊其力言四言驪道其物色俱盛也○箋此豈至明也○正義曰箋以爲齊子愷悌文在魯道之下則愷悌爲在道之事若是其心樂易非獨在道爲然且上云發夕此當爲發夕之類故云此愷悌猶發夕言與其餘愷悌不同也愷悌之義與發夕不類故讀愷爲闓易稱闓物成務說文云闓開也古文尚書即今鄭注尚書是也無以悌爲圛之字唯洪範稽疑論卜兆有五曰圛注云圛者色澤光明蓋古文作悌今文作圛賈逵以今文校之定以爲圛故鄭依賈氏所奏從定爲圛於古文則爲悌故云古文尚書以悌爲圛圛明也上言發夕謂初夜即行此言闓明謂侵明而行與上。古文相通也釋言云愷悌發也舍人李巡孫炎郭璞皆云闓明發行郭璞又引此詩云齊子愷悌是闓亦爲行之義也今定本云此愷悌發也猶言發夕又云悌古文尚書以爲圛更無悌字義並得通

汶水湯湯行人彭彭

湯湯大貌彭彭多貌箋云汶水之上蓋有都焉襄公與文姜時所會○汶音問水名湯失章反彭必旁反

疏箋汶水至所會○正義曰序言疾驅於通道大都行人彭彭是爲通道汶水湯湯傍

有大都可知若其不然不應輒言汶水故云汶水之上蓋有都焉襄公與文姜時所會處也此襄公入於魯境往會文姜若是魯桓尚存不應公然如此此篇所陳蓋是莊公時事亦不知大都爲何邑故箋不言之魯道有蕩齊子翺翔翺翔猶彷徉也○彷音旁徉音羊○汶水滔滔行人儦儦滔滔流貌儦儦衆貌○滔吐刀反儦表驕反說文云行貌魯道有蕩齊子遊敖

載驅四章章四句

猗嗟刺魯莊公也齊人傷魯莊公有威儀技藝然而不能以禮防閑其母失子之道人以爲齊侯之子焉○猗於宜反字或作欹技其綺反【疏】猗嗟三章章六句至子焉○正義曰見其母與齊淫謂爲齊侯種胤是其可恥之甚故齊人作此詩以刺之也禮婦人夫死從子子當防母姦淫莊公不能防禁是失爲人子之道經言猗嗟是歎傷之言也言其形貌之長面目之美善於趨步是有威儀也言其善舞善射是有技藝也言展我甥兮拒時人以爲齊侯之子也以其齊人所作故繫之於齊襄公淫之故爲襄公之詩也

猗嗟昌兮頎而。長兮猗嗟歎辭昌盛也頎長貌箋云昌佼好貌○頎音祈佼古卯反本又作姣抑若揚兮抑美色揚廣揚○抑於力反美目揚兮好目揚眉巧趨蹌兮射則臧兮蹌巧趨貌箋云臧善也○趨本又作趨七須反又七遇反蹌七羊反

【疏】猗嗟至臧兮○正義曰齊人傷魯莊公猗嗟此莊公之貌甚昌盛兮其形狀頎然而長好兮。然而美者其額上揚廣兮又有美目揚眉兮巧爲趨步其舉動蹌然兮射則大善兮威儀技藝其美如此而不能防閑其母使之淫亂是其可嗟傷也○傳猗嗟至長貌○正義曰猗是心內不平嗟是口之唶。咀皆傷歎之聲故爲歎辭若猶然也此言頎若長兮史記孔子世家稱孔子說文王之狀云黯然而黑頎然而長是之爲長貌也今定本云頎而長兮而與若義並通也

〇箋昌佼好貌〇正義曰傳昌爲盛不言爲其貌故申足之云佼好貌〇傳抑美色揚廣揚〇正義曰揚是顙之別名抑爲揚之貌故知抑爲美色顙貴闊故
言揚廣揚〇傳好目揚眉〇正義曰美目揚兮目揚俱美傳欲辨揚是眉故省其文言好目揚眉既言目揚皆好又傳解揚爲眉蓋以眉毛揚起故名眉爲揚
〇傳蹌巧趨貌〇正義曰曲禮云士蹌蹌今與趨連文故知蹌巧趨貌曲禮注又云行而張足曰趨趨今之。吏步則趨趨疾行也禮有徐趨疾趨爲之有巧有拙
故美其巧趨蹌兮 猗嗟名兮美目清兮目上爲名目下爲清 儀既成兮終日射侯不出正兮展我
甥兮二尺曰正外孫曰甥〇箋云成猶備也正所以射於侯中者天子五正諸侯三正大夫二正士一正外皆居其侯中參分之一焉展誠也姊妹之子曰
甥容貌技藝如此誠我齊之甥言誠者拒時人言齊侯之子〇射食亦反注所射每射同正音征注同畫五采曰正參七南反又音三 【疏】猗嗟至甥兮〇
正義曰齊人傷魯莊公猗嗟此莊公目上之名甚平博兮又有美目及目下之清亦美兮威儀容貌既備足兮又善於爲射終日射侯其矢不出正之內兮此
又誠是我齊之外甥兮威儀技藝如此又實是齊之外甥不能使母不淫令人以爲齊侯之子是其可嗟傷也〇傳目上至爲清〇正義曰釋訓云猗嗟名兮
目上爲名孫炎云目上平博郭璞曰眉眼之閒爾雅既釋如此清又與目共文名既目上則清爲目下〇傳二尺至曰甥〇正義曰正者侯中所射之處經典
雖多言正鵠其正之廣狹則無文鄭於周禮考之以爲大射則張皮侯而設鵠賓射則張布侯而畫正正大如鵠三分侯廣而正居一焉侯身長一丈八尺者
正方六尺侯身一丈四尺者正方四尺六寸大半寸侯身一丈者正方三尺三寸少半寸正以絲畫爲之其外之廣雖則不同其內皆方二尺。尾於正鵠之事
唯此言二尺曰正耳既無明說可以同之鄭焉鄭言正之內方二尺者亦更無明文蓋應顧此傳耳姊妹之子名之曰甥傳言外孫曰甥者王肅云據外祖以
言也謂不指襄公之身總據齊國爲信外孫得稱甥者案左傳云以肥之得備彌甥孫毓云姊妹之子曰甥謂吾舅者吾謂之甥此爾雅之明義。未學者之所

及豈毛公之博物王氏之通識而當亂於此哉抑者以襄公雖舅而爲歡其行犯親亂類使時人皆以爲齊侯之子故絕其相名之倫更本於外祖以言也凡異族之親皆稱甥然此是毛傳之言不應代詩人爲絕其相名之倫孫毓之言非也○箋正所至之子○正義曰夏官射人以射法治射。義王以六耦射三侯樂以騶虞九節五正諸侯以四耦射二侯樂以貍首七節三正孤卿大夫以三耦射一侯樂以采蘋五節二正士以三耦射豻侯樂以采蘩五節二正是天子以下所射之正數也彼文大夫士同射二正今定本云大夫二正一正誤耳外皆居其侯中三分之一者其外畔準侯廣狹各居其侯三分之一其內皆方二尺故彼注云九節七節五節者奏樂以爲射節之差三侯者五正三正二正之侯也二侯者三正二正之侯也一侯者二正而已畫五正之侯者中朱次白次蒼次黃玄居外三正者損玄黃二正者去白蒼而畫以朱綠其外之廣皆居侯中三分之一鄭言中二尺是中央之采方二尺以外準其采之多少正之廣狹均布之以至於外畔也言居一侯三分之一侯之廣狹則有三等不同五正之侯則方一丈八尺三正之侯方一丈四尺二正之侯則方一丈知者以大射之鵠賓射之正雖其侯正鵠不同侯道遠近一也儀禮大射禮者諸侯之射禮經曰司馬命量人量侯道以貍步大侯九十糝七十豻五十鄉射禮記記射之侯云侯道五十弓則大射所云九十七十五十皆謂弓也諸侯大射三侯之道既有九十七十五十則王射亦張三侯其道之數亦當然故射人注云量侯道者以弓爲度九節者九十弓七節者七十弓五節者五十弓弓之下制長六尺是侯道遠近有三等不同也鄉射記又云弓二寸以爲侯中侯中謂侯身也鄉射之侯既弓取二寸則餘侯亦當然天官司裘注說大射之侯引鄉射記曰弓二寸以爲侯中則九十弓者侯中廣丈八尺七十弓者侯中廣丈四尺五十弓者侯中廣一丈大射既然則賓射亦爾考工記云梓人爲侯廣與崇方三分其廣而鵠居一焉司裘掌大射之禮云設其鵠射人治賓射之儀則云五正三正二正有正者無鵠。者无正則正與鵠大小同矣故射人注云鵠乃用皮其大如正鵠居侯中三分之一則知正亦在侯三分之一各準其侯之廣狹而畫之耳謂之正者射人注云正之言正也射者內志正則能中大射注云正者正也亦鳥名齊魯之間名題肩爲正正鳥之捷黠者射之難中以中爲俊故射取名焉大射射鵠賓射射正此言不出正兮據賓射爲文也展誠釋詁文娣妹之子爲甥釋親文上說容貌技藝下言展我甥兮縱令无技藝亦是其甥但作者既美其身業技藝又言實是其甥傷不防閑其母而令人以爲齊侯之子故言誠我齊之外甥爲齊之甥信不虛矣而云誠實是者拒時人言是齊侯之子耳

猗嗟變兮變壯好貌清揚婉兮婉好眉目也

舞則選兮射則貫兮選齊貫中也箋云選者謂於倫等最上貫習也○選雪戀反貫毛古亂反鄭古患反中張仲反

四矢反兮以禦亂兮四矢乘矢箋云反復也禮射三而止每射四矢皆得其故處此之謂復射必四矢者象其能禦四方之亂也○反如字韓詩作變變易禦魚呂反乘繩證反處昌慮反

疏猗嗟至亂兮○毛以爲齊人傷魯莊公猗嗟此莊公容貌變然而好兮其清揚眉目之閒婉然而美兮其舞則齊於樂節兮其射則中於正鵠兮非徒能中而已每番重射四矢皆反復其故處兮善射如此足以捍禦四方之亂兮威儀技藝如此而不能防閑其母故刺之○鄭唯舞則選兮二句爲異言舞則倫等之中上選兮其射即貫習爲之兮餘同○傳選齊貫中○正義曰傳選之爲齊其訓未聞當謂其善舞齊於樂節也貫謂穿侯故爲中也○箋選者至貫習○正義曰箋以美其善舞當謂舞能勝人故易傳以爲倫等之中上選也貫習釋詁文○傳四矢乘矢○正義曰乘車必駕四馬因即謂四馬爲乘大射鄉射皆以四矢爲乘矢故傳依用之○箋禮射至之亂○正義曰大射皆三番射訖止而不復射是禮射三而止也必三而止者案儀禮大射初使三耦射之而未釋獲射訖取矢以復君與卿大夫等射釋獲飲不中者訖君與卿大夫等又射取中於樂節注云君子之於事也始取苟能中課有功終用成法教化之漸也然則初射惟三耦其後兩番君始與卿大夫等射此言禮射三而止通三耦等爲言射法三而止而云終日射侯者美其久射而常中非禮射終一日也每射四矢皆復故處言常中正鵠也又解射禮必用四矢者象其能禦四

方之亂故詩人以莊公四矢皆中卽云以禦亂兮美莊公善射言其堪禦亂也內則云男子生以桑弧蓬矢六射天地四方注云天地四方男子所有事彼於初生之時以上下四方男子皆當有事故用六矢以示意射禮則象能禦亂上下無亂不復須象之故也

猗嗟三章章六句

齊國十一篇二十四章百四十三句

附釋音毛詩注疏卷第五（五之二）

毛詩注疏校勘記（五之二）

阮元撰盧宣旬摘錄

○南山

公讁之　閩本明監本毛本同小字本謫作讁相臺本作適案讁字是也釋文云讁直革反是箋字作讁也左傳作謫正義引同順彼文耳十行本因改餘字皆作謫誤也相臺本作適更誤適是古假借字非箋所用五經文字云讁經典或從適又借適字爲之乃包舉左傳詩北門禮記昏義等而言之者也○按漢人不必不用假借字讀兩漢書及漢人所著可證舊校非也

襄公使公子彭生乘公　小字本相臺本同案釋文云彭生乘繩證反一本作彭生乘公乘則依字讀正義本今無可考段玉裁云左傳古本當是使公子彭生乘爲句公薨於車爲句俗本增一公字耳乘謂同車也

下章責魯桓　明監本毛本章上有二字閩本剜入案所補是也

以姧淫之事　閩本明監本毛本姧作姦下同案五經文字云姦俗作姧訛正義多有之當是傳寫作俗體耳

於會防之正　閩本明監本毛本同案浦鏜云下誤正是也

五人爲奇　小字本相臺本同案釋文云人奇居宜反是其本無爲字也正義本今無可考但無者是也正義本當亦無其各本是淺人誤添耳

奇天數矣獨舉五而言　閩本明監本毛本同案天當作大形近之譌也奇大數矣者謂奇之數不止於五也

不宜以襄公往雙之云其數奇　閩本明監本毛本同案云當作六形近之譌也六其數奇者謂從五人而六之則五

人失其數耦其奇數奇也此正義各本譌舛不可讀今訂正○按此必有脫誤或作

又襄公止復文姜耳閩本明監本毛本同案浦鏜云從誤復是也

又非魯桓小字本相臺本同閩本明監本毛本同案此又字衍也下章箋始云又非魯桓又者又此箋也正義於此章云責魯桓於下章云又責魯桓一無一有極為明晰

○甫田

言無德而求諸侯閩本明監本毛本同小字本相臺本言上有箋云考文古本有亦同案有者是也

總角丱兮小字本相臺本同閩本明監本毛本同唐石經丱作廾案各本皆誤唐石經是也見五經文字卝部

未幾見兮唐石經小字本相臺本同案釋文云見兮一本作見之考釋文一本是誤本也詩之大體韻在辭上者其韻下助句之字必同此章四句句末悉是兮字不得此句獨為之字也所以致誤之由當以箋云見之無幾何故耳其實此箋之字不出於經也正義云未經幾時而更見之未亦當有兮字見之字取於箋兮字順經文正義每如此今脫去耳未可即謂正義本作之字也韻下助字之同由漢廣思字推之則作正義者必知之矣不容誤也坻正義引作兮考文古本作之采釋文

突而弁兮唐石經小字本相臺本同案正義云此言突若弁兮又云若猶耳也故箋言突耳加冠為成人猗嗟頎若言若者皆然耳之義古人語之異耳定本云突而弁兮不作若字考釋文以突而作音與定本同猗嗟正義云義並通故坻正義引作而依定本也○按箋作突爾猶突然也俗本作耳乃大

誤凡云爾者猶言如此也

○盧令

孟子謂梁惠王曰　閩本明監本毛本同案謂字當衍

恔恔然有喜色　閩本明監本毛本恔恔作欣欣案所改非也當是本作恔恔不與今孟子同故誤如此

鬈讀當爲權權勇壯也　小字本相臺本同案詩經小學云五經文字權字注云從手作攉古拳握字可知鄭箋從手不從木與說文引國語捲勇小雅拳勇字同今字書佚此字僅存於張參之書吳都賦覽將帥之權勇善曰毛詩無拳無勇拳與攉同俗刻文選譌誤不可讀

○敝笱

弊敗之笱　閩本明監本毛本同案經注作敝正義作弊敝弊古今字易而說之也例見前考此知緇衣正義敝字亦皆本是弊字今但存緇衣若弊一弊字餘字作敝後人依經注改之而未盡也

鰥魚子釋魚文　閩本明監本毛本同案鰥當作鯤下引李巡注可證又下云鯤鰥字異亦可證

或鄭本作鯤也　閩本明監本毛本同案鯤當作鰥謂或鄭之爾雅作鰥字也此與上鯤魚子鯤鰥互易而誤如此

魚禁鯤鱬　閩本明監本毛本同案鱬當作鱬即鰤之別體字今國語作鰤此從重而者亦如陑作隭輀作轜也

亦文姜所使止　小字本相臺本同案正義云亦文姜所使今定本云所使出於義是也標起止云至使止此箋當是定本有止字正義本

無耳出是止字之譌標起止當是後改也

今其上下相充也閩本明監本毛本同案浦鏜云今當令字誤是也

義亦同也閩本明監本毛本此下尚有十九字同案山井鼎云釋文混在疏中當改正也是也

○載驅

疾驅於通道大都唐石經小字本相臺本同案下正義云序言疾駈故云疾驅駈與驅音義同考釋文云載驅本亦作駈薄薄下云疾駈聲也又鄘載馳釋文云駈字亦作驅如字協韻亦音丘是唐時凡經序驅字皆有作駈之本而正義本此一字作駈故特說之也五經文字云驅作駈訛依字書言之正義自爲文亦用驅十行本閑或作駈乃寫書人以爲別體取其省非正義所用

簟茀朱鞹唐石經小字本相臺本同案五經文字云鞹此說文字論語及釋文並作鞟今此釋文正作鞟正義引說文或其本作鞹而唐石經以下所從出也韓奕釋文亦作鞹

簟方文蓆也閩本明監本毛本同小字本相臺本蓆作席案席字是也蓆大也在緇衣非此之用但俗體有加草者耳

輿革前謂之鞎閩本明監本毛本同案浦鏜云鞎誤艱下同是也

彼文革飾後戶謂之蔽閩本明監本毛本同案盧文弨云當云革飾後戶謂之茀竹飾後戶謂之蔽脫七字是也上文可證

複出而誤耳

與上古文相通也閩本明監本毛本同案古當作句形近之譌

○猗嗟

頎而長兮唐石經小字本相臺本同案正義云若猗然也此言頎若長兮又定本云頎而長兮而與若義並通也釋文以頎而作音與定本同

然而美者其額上揚廣兮也閩本明監本毛本同案然上浦鏜云脫抑字是

嗟是口之唶咀閩本明監本毛本同案咀當作啞形近之譌唶啞見史記淮陰侯列傳索隱亦作嚄見集解

趨今之吏步閩本明監本毛本吏作捷是也

尾於正鵠之事補毛本尾作毛

未學者之所及閩本明監本毛本同案浦鏜云未當末字誤也

以射法治射義閩本明監本毛本同案浦鏜云儀誤義是也

司衣掌大射之禮云閩本明監本毛本同案浦鏜云裘誤衣是也

有正者無鵠者無正閩本明監本毛本同案浦鏜云無鵠下當脫有鵠二字是也

附釋音毛詩注疏卷第五（五之三）

魏葛屨詁訓傳第九（十八）

陸曰案魏世家及左氏傳云姬姓國也詩譜云周以封同姓其地虞舜夏禹所都之域地在古冀州雷首之北析城之西南枕河曲北涉汾水

毛詩國風　　鄭氏箋　　孔穎達疏

魏譜 魏者虞舜夏禹所都之地○正義曰地理志云河東郡有河北縣詩魏國也晉獻公滅之封大夫畢萬皇甫謐云舜所營都或云蒲坂即河東縣是也禹受禪都平陽或安邑皆屬河東五子之歌怨太康失邦其歌云惟彼陶唐有此冀方今失厥道乃底滅亡左傳引其文服虔云堯居冀州虞夏因之不遷居不易民其陶唐虞夏之都大率相近不出河東之界故書責太康亡失然則**魏**都河北蒲坂故安邑皆偪近之故云魏者舜禹所都之地謂境內有其都耳魏不居其墟也○在禹貢冀州雷首之北析城之西○正義曰禹貢云壺口雷首至于太岳底柱析城至于王屋地理志云雷首在蒲坂南析城在濩澤西南皆在河東界內是其屬冀州也○周以封同姓焉○正義曰襄二十九年左傳曰虞虢焦滑霍楊韓魏皆姬姓是與周同姓也魏世家絕不知所封為誰故言周以封同姓子其封域南枕河曲北涉汾水○正義曰地理志云魏國姬姓也在晉之南河曲故其詩曰彼汾一曲寘諸河之干今是南枕河曲也汾沮洳曰彼汾沮洳言采其莫刺君采其菜於汾明其境踰汾矣故知北涉汾水昔舜耕於歷山陶於河濱○正義曰尚書傳文也彼注云歷山在河東是舜耕之處在魏境也言陶於河濱則在河北之濱蓋以歷山相近同為魏地故連言之皇甫謐云言陶於河濱即禹貢所謂陶丘今濟陰定陶之西南陶丘亭是也言河濱明近河不宜在濟陰謐之言謬耳○禹菲飲食而致孝乎鬼神惡衣服而致美乎黻冕卑宮室而盡力乎溝洫此一帝一王儉約之化於時猶存及今魏君嗇

且褊急不務廣脩德於民教以義方○正義曰教以義方隱三年左傳石碏辭也感舜禹之化則應皆儉約而碩鼠伐檀又以刺君貪鄙者雖遺風尚在人性不同不能使貪者皆儉因葛屨等刺儉者多又其詩在先故言儉約之化耳晉有唐之遺風詩稱唐國此有舜禹舊化其詩不稱虞夏者晉初唐叔封為唐侯又能憂深思遠有堯之遺風故謂之唐魏初無虞夏之名虞夏又非諸侯之國徒感儉約之化嗇且褊急故譜本於舜禹耳無義言虞夏也堯舜道同而感有深淺者時君政異故也○其與秦晉鄰國日見侵削國人憂之○正義曰魏國西接於秦北鄰於晉桓四年左傳曰秦師圍魏是秦數伐之終為晉所滅明晉亦侵之○當周平桓之世魏之變風始作○正義曰周自幽王以上諸侯未敢專征平桓之後以強淩弱今云日見侵削明是諸侯專恣故以為平桓之時變風始作○至春秋魯閔公元年晉獻公竟滅之以其地賜大夫畢萬自爾而後晉有魏氏○正義曰鄭言此者見閔公已前魏國尚存故平桓之世得作詩也魏無世家而鄭於左方中云葛屨至十畝之間為一君伐檀碩鼠為一君知者以上五篇刺儉下二篇刺貪其事相反故分為異君或父祖或子孫不可知。凡案襄二十九年左傳魯為季札歌魏曰美哉大而婉儉而易行以德輔此則為明主。止此詩並刺君而季札美之者美其有儉約之餘風而無德以將之失於太儉故詩人刺之

葛屨刺褊也魏地陿隘其民機巧趨利其君儉嗇褊急而無德以將之。儉嗇而無德是其所以見侵削○屨俱具反褊必淺反陿音洽本或作狹依字應作陜隘於懈反巧如字徐苦孝反趨七須反徐七喻反嗇音色

【疏】葛屨二章上章六句下章五句至將之○正義曰作葛屨詩者刺褊也所以刺之者魏之土地既以陿隘故其民機心巧僞以趨於利其君又儉嗇且褊急而無德教以將撫之令魏俗彌趨於利故刺之也言魏地陿隘者若地廣民稀則情不趨利地陿民稠耕稼無所衣食不給機巧易生人君不知其非反。覆儉嗇褊急德教不加於民

所以日見侵削故舉其民俗君情以刺之機巧趨利者章上四句是也儉嗇言愛物褊急言性躁二者大同故直云刺褊卒章下二句是也上章下二句下章上三句皆申說未三月之婦不可縫裳亦是趨利之。士也○箋儉嗇至侵削○正義曰以下園有桃及陟岵序皆云國小而迫日以侵削故箋。探下章而言其刺之意

糾糾葛屨可以履霜糾糾猶繚繚也夏葛屨冬皮屨葛屨非所以履霜箋云葛屨賤皮屨貴魏俗至冬猶謂葛屨可以履霜利其賤也○糾吉黝反沆居酉反繚音了沆音遼摻摻女手可以縫裳摻摻猶纖纖也婦人三月廟見然後執婦功箋云言女手者未三月未成爲婦裳男子之下服賤又未可使縫魏俗使未三月婦縫裳者利其事也○摻所銜反又所感反徐又息廉反說文作攕山廉反云好手貌纖息廉反見賢遍反要之襋之好人服之要。褸也襋。領也好人好女手之人箋云服整也褸也領也在上好人尚可使整治之謂屬著之○要於遙反襋紀力反屬音燭著直略反

疏糾糾至服之○正義曰魏俗趨利言糾糾然夏日所服之葛屨魏俗利其賤至冬日猶謂之可以履寒霜摻摻然未成婦之女手魏俗利其。士新來嫁猶謂之可以縫衣裳又深譏魏俗言褸之也領之也在上之衣尊好人可使整治之裳乃服之褻者亦使女手縫之是其趨利之甚○傳糾糾至履霜○正義曰糾糾爲葛屨之狀當爲稀疏之貌故云猶繚繚也士冠禮云屨夏用葛冬皮屨可也士喪禮云夏葛屨冬白屨註云冬皮屨變言白者明夏時用葛亦白也是衣服之宜當夏葛屨冬皮屨也月令季秋霜始降則屨霜自秋始言冬者以屨霜爲寒而言冬爲寒甚故傳據儀禮而舉冬以言之也凡屨冬皮夏葛則無用絲之時而少儀云國家靡敝君子不屨絲屨者謂皮屨以絲爲飾也天官屨人說屨舄之飾有絇繶純是屨用絲爲飾夏日之有葛屨猶絺綌所以當暑特爲便於時耳非行禮之服若行禮之服雖夏猶當用皮鄭於周禮注及志言朝祭屨舄各從其裳之色明其不用葛也○傳摻摻至婦功○正義曰摻摻爲女手之狀則爲纖細之貌故云猶纖纖說文云纖好手古詩云纖纖出素手是也下云宛然左辟是已入夫家既入夫家仍云女手

明是未成婦也曾子問云三月而廟見稱來婦又云女未廟見而死歸葬於女
氏之黨示未成婦也則知既廟見者爲成婦矣既成爲婦則當家。士盡爲此譏
使之縫裳明是未可縫裳故云三月廟見然後執婦功三月廟見謂無舅姑者
婦入三月乃見於舅姑之廟若有舅姑則士婚禮所云質明贊見婦於舅姑不
待三月也雖於昏之明旦即見舅姑也亦三月乃助祭行故易歸妹注及鄭箴
膏肓皆引士昏禮云婦入三月而後祭行然則雖見舅姑猶未祭行亦未成婦
也成婦雖待三月其婚則當夕成矣士昏禮云其夕衽席於奧良席在東皆有
枕北趾主人入親脫婦纓燭出注云婚禮畢將臥息又駁異義云昏禮之暮枕
席相連是其當夕成昏也○箋言女至其事○正義曰以婦人之服不殊裳故
知所言裳者指男子之下服也曲禮曰諸母不漱裳唯舉裳不漱則衣可漱明
裳爲賤○傳要褼至之人○正義曰士喪禮云襚者左執領右執要又曰襚者
以褶必有裳執衣如初注云帛爲褶無絮雖。復與襌同有裳乃成稱然則襚服
有衣有裳而左右執之則左執衣領右執裳要此要謂裳要字宜從衣故云要
褼也要是裳褼則。襋爲衣領說文亦云襋衣領也二者於衣於裳各在其上且
又功少故好人可使整治屬著之上云女手此云好人故
云好人女手之人今定本云好人好女手之人者義亦通 好人提提宛然左辟
佩其象揥提提安諦也宛辟貌婦至門夫揖而入不敢當尊宛然而左辟象揥
所以爲飾箋云婦新至愼於威儀如是使之非禮○提徒兮反宛於
阮反辟音避注同一音婢
亦反揥勑帝反諦音帝 維是褊心是以爲刺箋云魏俗所以然者是君心褊
急無德教使之耳我是以刺之
疏 好人至爲刺○正義曰言好人初至容貌安詳審諦提提然至門之時其夫
揖之不敢當夫之揖宛然而左辟之又佩其象骨之揥以爲飾敬愼威儀如
是何故使之縫裳魏俗所以然者維是魏君褊心無德教使然我是以爲此刺
也○傳提提至爲飾○正義曰釋訓云提提安也孫炎曰提提行步之安也言
安諦謂行步安舒而審諦也士昏禮云婦至主人揖婦以入及寢門揖入是婦
至門夫揖而入也此好人不敢當夫之尊故宛然而左還辟之不敢當主故就

客位○箋魏俗至刺之○正義曰如此箋則魏俗之趨利由君也序云魏地陿
隘其民機巧趨利則似魏俗先然與此反者魏俗趨利實由地陿使然人君當
知其不可而以政反之今君乃儉嗇且褊
急而無德教至使民俗益復趨利故刺之

葛屨二章一章六句一章五句

汾沮洳刺儉也其君儉以能勤刺不得禮也○汾沮洳汾音扶云反沮音子預反洳音如預反其君子一本無子字

疏汾沮洳三章章六句至得禮○正義曰作汾沮洳詩者刺儉也其君好儉而能勤躬自采菜刺其不得禮也

彼汾沮洳言采其莫汾水也沮洳其漸洳者莫菜也箋云言我也於彼汾水漸洳之中我采其莫以爲菜是儉以能勤○莫音暮漸如字又接廉反彼其之子美無度箋云之子是子也是子之德美無有度言不可尺寸美無度殊異乎公路路車也箋云是子之德美信無度矣雖然其采莫之士則非公路之禮也公路主君之耗車庶子爲之晉趙盾爲耗車之族是也○耗本作旄音毛盾徒本反

疏彼汾至公路○正義曰由魏君儉以能勤於彼汾水漸洳之中我魏君親往采其莫以爲菜是儉而能勤也彼其采莫之子能勤儉如是其美信無限度矣非尺寸可量也美雖無度其采莫之士殊異於公路賤官尙不爲之君何故親采莫乎刺其不得禮也○傳汾水至莫菜○正義曰汾是水名沮洳潤澤之處故爲漸洳莫菜者陸機疏云莫莖大如箸赤節節一葉似柳葉厚而長有毛刺今人繅以取繭緒其味酢而滑始生可以爲羹又可生食五方通謂之酸迷冀州人謂之乾絳河汾之間謂之莫案王肅孫毓皆以爲大夫采菜其集注序云君子儉以能勤案今定本及諸本序直云其君義亦得通○箋之子至尺寸○正義曰之子是子釋訓文宛丘云游蕩無度實之初箋云飲酒無度皆謂無節度也此不得爲美無節度故爲無復度限言不可以尺寸量也○箋是子至是也○正義曰公路與公行一也以其主君路車謂

之公路主兵車之行列者則謂之公行正是一官也宣二年左傳云晉成公立乃宦卿之適以爲公族又宦其餘子亦爲餘子其庶子爲公行趙盾請以括爲公族公許之冬趙盾爲旄車之族是其事也趙盾自以爲庶子讓公族而爲公行言爲旄車之族明公行掌旄車服虔云旄車戎車之倅杜預云公行之官是也其公族則適子爲之掌君宗族成十八年左傳曰晉荀會欒黶韓無忌爲公族大夫使訓卿之子弟恭儉孝悌是公族主君之同姓故下箋云公族主君同姓昭穆是也傳有公族餘子公行此有公路公行公族知公路非餘子者餘子自掌餘子之政不掌公車不得謂之公路明公路卽公行變文以韻句耳此公族公行諸侯之官故魏晉有之天子則巾車掌王之五路車僕掌戎車之倅周禮六官皆無公族公行之官是天子諸侯異禮也

彼汾一方言采其桑箋云采桑親蠶事也彼其之子美如英萬人爲英美如英殊異乎公行也公行從公之行箋云從公之行者主君兵車之行列○行戶郎反注同【疏】傳萬人爲英○正義曰禮運注云英俊選之尤者則英是賢才絕異之稱此傳及尹文子皆萬人爲英大戴禮辨名記云千人爲英異人之說殊也

彼汾一曲言采其藚藚水舃也○藚音續一名牛脣說文音其或反舃音昔【疏】傳藚水舃○正義曰釋草云藚牛脣李巡曰別二名郭璞引毛詩傳曰水蕮也如續斷寸寸有節拔之可復陸機疏云今澤蕮也其葉如車前草大其味亦相似徐州廣陵人食之彼其之子美如玉美如玉殊異乎公族公族公屬箋云公族主君同姓昭穆也○昭紹遙反說文作佋

汾沮洳三章章六句

園有桃刺時也大夫憂其君國小而迫而儉以嗇不能用其民而無德教日以侵削故作是詩也【疏】園有桃二章章十二句至是詩○正義曰儉嗇不用其民章首二句是也大夫憂之下十句是也由無德教數被攻

伐故連言國小而迫日以侵削於經無所當也園有桃其實之殽興也園有桃其實之殽國有民得其力○箋云魏君薄公稅省國用不取
於民食園桃而已不施德教民無以戰其侵削之由由是也○殽本又作肴音爻省色領反心之憂矣我歌且謠曲合樂曰歌徒歌曰
謠○箋云我心憂君之行如此故歌謠以寫我憂矣○謠音遙行下孟反下文行國同不。知。我。者。謂我士也驕箋云士事也不知我
所爲歌謠之意者反謂我於君事驕逸故○所爲于僞反下所爲皆同彼人是哉子曰何其夫人謂我欲何爲乎○箋云彼人謂君也
曰於也不知我所爲憂者既非責我又曰君儉而嗇所行是其道哉子於此憂之何乎○何其音基下章同夫人音符何爲如字心之憂矣其
誰知之箋云。知是則衆臣無知我憂所爲也其誰知之蓋亦勿思箋云無知我憂所爲者則宜無復思念之以自。止也衆不信我
或時謂我謗君使我得罪也疏園有至勿思○毛以爲園有桃得其實爲之殽以興國有民得其力爲君用○今魏君不用民力又不施德教使國日以侵
削故大夫憂之言己心之憂矣我遂歌而且謠以寫中心之憂不知我者見我無故歌謠謂我於君事也驕逸然故彼人又言云君之行是哉子之歌謠欲何
其爲乎彼人既不知我而責我矣而我心之憂矣其誰能知之既無知我者或謗我使我得罪其有誰能知之我蓋欲亦自止勿復思念之彼人正謂不知我
者曰其並爲辭○鄭以爲園有桃魏君取其實爲之殽不興爲異又以彼人爲君曰爲於言不知我者謂我於君事驕逸又言。從君之行儉而嗇是其道哉子
於此憂之何餘同○箋魏君至由是○正義曰魏君薄於公稅乃是人君美事而刺之者公家稅民有常不得過度故孟子曰欲輕之於堯舜大貉小貉欲重
之於堯舜大桀小桀十一而稅下富上尊是稅。三不得薄也鄭志答張逸亦云稅法有常不得薄今魏君不取於民唯食園桃而已非徒薄於。十故刺之中庸
云時使薄斂左傳稱晉悼公薄賦斂所以復霸皆薄爲美以當時莫不厚稅故美其薄賦斂耳魯哀公曰二吾猶不足是當時皆重斂也易傳者以云其實之

殽明食桃爲殽卽是儉嗇之事○傳曲合至曰謠○正義曰釋樂云徒歌謂之謠孫炎曰聲消搖也此文歌謠相對謠旣徒歌則歌不徒矣故云曲合樂曰歌樂卽琴瑟行葦傳曰歌者合於琴瑟也歌謠對文如此散則歌爲總名論語云子與人歌檀弓稱孔子歌曰泰山其頹乎之類未必合樂也○傳夫人謂我欲何爲乎○正義曰夫人卽經之彼人也今定本云彼人不云夫人義亦通也何爲卽經之何其也彼人謂我何爲者言彼不知我者之人謂我歌謠無所爲也箋以上已云不知我者此無爲更斥人故以爲彼人斥君也曰於釋詁文

彼園有棘其實之食棘棗也○棘紀力反從兩朿俗作棘同心之憂矣聊以行國箋云聊且略之辭也聊出行於國中觀民事以寫憂不我知者謂我士也罔極極中也箋云見我聊出行於國中謂我於君事无中正彼人是哉子曰何其心之憂矣其誰知之其誰知之蓋亦勿思

園有桃二章章十二句

陟岵孝子行役思念父母也國迫而數侵削役乎大國父母兄弟離散而作是詩也役乎大國者爲大國所徵發○岵音戶此傳及解屺共爾雅不同王肅依爾雅數音朔侵削本或作國小而迫數見侵削者誤疏陟岵三章章六句至是詩○正義曰首章望父二章望母卒章望兄敘言其思念之由經陳思念之事經无第而序言之者經以父母與兄己所尊敬故思其戒其實第亦離散故序言之以協句今定本云國迫而數侵削義亦通也○箋云役乎至徵發○正義曰箋以文承數見侵削嫌爲從役以拒大國故辨之云爲大國所徵發也知者以言役乎大國則爲大國所役猶司寇亡役諸司空則爲司空所役明是大國徵發之

陟彼岵兮瞻望父兮山无草木曰岵箋云

孝子行役思其父之戒乃登彼岵山以遙瞻望其父所在之處○處昌慮反父曰嗟予子行役夙夜無已箋云予我夙早夜莫也无已無解倦○莫音暮解音介上慎旃哉猶來無止旃之猶可也父尚義箋云止者謂在軍事作部列時○旃之然反

疏陟彼至无止○正義曰孝子在役之時以親戚離散而思念之言己登彼岵山之上兮瞻望我父所在之處兮我本欲行之時而父教戒我曰嗟汝我子也汝從軍行役在道之時當早起夜寐无得已止又言若至軍中在部列之上當慎之哉可來乃來無止軍事而來若止軍事當有刑誅故深戒之○傳山无草木曰岵○正義曰釋山云多草木岵無草木屺傳言无草木曰岵下云有草木曰屺與爾雅正反當是轉寫誤也定本亦然○傳旃之至尚義○正義曰此旃與釆苓舍旃旃皆為足句故訓為之猶可釋言文父尚義者解孝子所以稱父戒己之意由父之於子尚義故戒之二章傳曰母尚恩卒章傳曰兄尚親皆於章末言之俱明見戒之意以其恩義親故也文十八年左傳曰舜舉八元使布五教於四方父義母慈兄友弟恭子孝恩即慈也親則友也○箋上者至列時○正義曰上言行役是在道之辭也此變言上又云可來乃來明在軍上為部分行列時也曲禮曰左右有局各司其局注云局部分也謂軍中各有所部為行列之分與此一也

陟彼屺兮瞻望母兮山有草木曰屺箋云此又思母之戒而登屺山而望之也○屺音起母曰嗟予季行役夙夜無寐季少子也無寐无耆寐也○少詩照反耆常志反上慎旃哉猶來無棄母尚恩也陟彼岡兮瞻望兄兮兄曰嗟予弟行役夙夜必偕偕俱也上慎旃哉猶來無死兄尚親也

陟岵三章章六句

十畝之間刺時也言其國削小民無所居焉○畝莫后反古作畮俗作畝皆同

疏十畝之間二章章三句至

居焉○正義曰經二章皆言十畝一夫之分不能百畝是爲削小無所居謂土田陿隘不足耕墾以居生非謂無居宅也

十畝之間兮，桑者閑閑兮，閑閑然男女無別往來之貌箋云古者一夫百畝今十畝之間往來者閑閑然削小之甚○閒閒音閑本亦作閑別彼列反行與子還兮。或行來者或來還者○還本亦作旋

疏十畝至還兮○正義曰魏地陿隘一夫不能百畝今纔在十畝之間采桑者閑閑然或男或女共在其間往來無別也又敘其往者之辭乃相謂曰行與子俱迴還兮雖則異家得往來俱行是其削小之甚也○傳閑閑至之貌○正義曰此言之間則一家之人共采桑於其間地陿隘無所相避故言男女無別閑閑然爲往來之貌此章既言之間故下章言之外地傍徑路行非一家故言泄泄爲多人之貌○箋古者至之甚○正義曰王制云制農田百畝地官遂人云夫一廛田百畝司馬法曰畝百爲夫是一夫百畝也此言其正法耳周禮上地家百畝中地家二百畝下地家三百畝又云遂上地有萊五十畝其廢易相通皆二百畝也孟子曰五畝之宅樹之以桑則野田不樹桑漢書食貨志云田中不得有樹用妨五穀此十畝之中言有桑者孟子及漢志言其大法耳民之所便雖田亦樹桑故上云彼汾一方言采其桑古者侵其地而虜其民此得地陿民稠者以民有畏寇而內入故地陿也一夫百畝今此十畝相率十倍魏雖削小未必即然舉十畝以喻其陿隘耳○傳或行來者或來還者○正義曰云還兮相呼而共歸下云逝兮相呼而共往傳探下章之意故云或行來者或來還者見往來相須故總解之

十畝之外兮，桑者泄泄兮，泄泄多人之皃○泄以世反行與子逝兮。箋云逝逮也○逮徒齎反又徒帝反

十畝之間二章，章三句

伐檀刺貪也在位貪鄙無功而受祿君子不得進仕爾○檀徒丹反木名

疏伐檀三章章九句至

仕爾○正義曰在位貪鄙者經三章皆次四句是也君子不得進仕者首章三句是也經序倒者序見由在位貪鄙令君子不得仕如其次以述之經先言君子不仕乃責在位之貪鄙故章卒二句皆言君子不素飧以責小人之貪是終始相結也此言在位則刺臣明是君貪而臣效之雖責臣亦所以刺君也

坎坎伐檀兮寘之河之干兮河水清且漣猗坎坎伐檀聲寘置也干厓也風行水成文曰漣伐檀以俟世用若俟河水清且漣箋云是謂君子之人不得進仕也○坎苦感反寘之豉反漣力纏反猗於宜反本亦作漪同

不稼不穡胡取禾三百廛兮不狩不獵胡瞻爾庭有縣貆兮種之曰稼斂之曰穡一夫之居曰廛貆獸名箋云是謂在位貪鄙無功而受祿也冬獵曰狩宵田曰獵胡何也貉子曰貆○廛本亦作𢈶又作厘直連反古者一夫田百畝別受都邑五畝之地居之故孟子云五畝之宅是也縣音玄下皆同貆本亦作狟音桓徐郭音暄貉子也宵音消夜也貉戶各反依字作貈

彼君子兮不素餐兮素空也箋云彼君子者斥伐檀之人仕有功乃肯受祿○餐七丹反說文作餐云或從水字林云呑食也沇音孫

【疏】坎坎至餐兮○正義曰言君子之人不得進仕坎坎然身自斬伐檀木置之於河之厓欲以為仕輪輻之用此伐檀之人既不見用必待明君乃仕若待河水澄清且有波漣猗然也君子不進由在位貪鄙故責在位之人云汝不親稼種不親斂穡何為取禾三百夫之田穀兮不自冬狩不自夜獵何為視汝之庭則有所懸者是貆獸兮汝何為無功而妄受此也彼伐檀之君子終不肯而空餐兮汝何為無功而受祿使賢者不進也○傳坎坎至且漣○正義曰以下云漘側則是厓畔之處故云干厓也易漸卦鴻漸於干注云干謂大水之傍故停水處與此同也風行吹水而成文章者曰漣此云漣猗下云直猗淪猗漣直淪論水波之異猗皆辭也釋水云河水清且瀾猗大波為瀾小波為淪直波為徑李巡云分別水大小曲直之名郭璞曰瀾言渙瀾也淪言蘊淪也徑言徑涏也漣瀾雖異而義同此詩漣淪舉波名直波不言徑而言直者取韻故也下二章言伐輻伐輪則此伐

檀爲車之輪輻非待河水之清方始用之而經於河干之下卽言河水清故解其意此人不得進仕伐檀隱居以待可仕之世若待河水清且漣猗然也河水性濁清則難待猶似闇主常多明君稀出既云置檀河厓因卽以河爲喻襄八年左傳云俟河之清人壽幾何易緯云王者太平嘉瑞之將出則河水先清是河水稀清故以喻明君稀出也○傳種之至獸名○正義曰以稼穡相對皆先稼後穡故知種之曰稼斂之曰穡若散則相通大田云曾孫之稼非唯種之也湯誓曰舍我穡事非唯斂之也一夫之居曰廛謂一夫之田百畝也地官遂人云夫一廛田百畝司農云廛居也揚子。云有田一廛謂百畝之居與此傳同也地官載師云市廛之征鄭司農云廛市中空地未有肆城中空地未有宅者也玄謂廛者若今云邑居里矣廛民居之區域也里居也以廛里任國中而遂人授民田夫一廛田百畝是廛不謂民之邑居在都城者與則鄭謂廛爲民之邑居不爲田一夫之田者以廛者民居之名夫田與居宅同名爲廛但周禮言夫一廛復言田百畝百畝既是夫田故以廛爲居宅卽孟子云五畝之宅是也以載師連市言之故準遂人以廛爲邑居此言胡取禾三百廛取禾宜於田中故從傳一夫之居不易之釋獸云貈子貆郭璞曰其雌者名𧳜。𧳜乃刀反今江東通呼貉爲狹。狹○箋是謂至曰貆○正義曰釋天云冬獵爲狩宵田爲獠李巡曰冬圍守而取禽故郭璞曰獠猶燎也今之夜獵載鑪照者也江東亦呼獵爲獠管子曰獠獵畢弋是獠爲獵之別名經云不狩不獵則狩與獵別故以獵爲宵田此對文耳散卽獵通於晝夜狩兼於四時若周禮云大田獵王制云佐車止則百姓田獵不必皆宵田也中候云秦伯出狩駟驖云從公于狩未必皆冬獵也釋天又云火田爲狩孫炎曰放火燒草守其下風是狩非獨冬獵之名也

坎坎伐輻兮寘之河之側兮河水清且直猗輻檀輻也側猶厓也直直波也○輻音福不稼不穡胡取禾三百億兮不狩不獵胡瞻爾庭有縣特兮萬萬曰億獸三歲曰特箋云十萬曰億三百億禾秉之數彼君子兮不素食兮

疏 傳萬萬至曰特○正義曰萬萬曰億

今數然也傳以時事言之故今九章算術皆以萬萬爲億數三歲曰特毛氏當有所據不知出何書○箋十萬至之數○正義曰箋以詩書古人之言故。今古數言之知古億十萬者以田方百里於今數爲九百萬畝而王制云方百里爲田九十億畝是億爲十萬也故彼注云億今十萬是以今曉古也楚語云百姓千品萬官億醜皆以數相十是億十萬也詩內諸言億者毛鄭各從其家故楚茨箋傳與此同三百億與三百廛三百囷相類若爲釜斛之數則大多不類故爲禾秉之數秉把也謂刈禾之把數聘禮注云秉秉謂刈禾盈把是也

坎坎伐輪兮寘之河之漘兮河水清且淪猗檀可以爲輪漘厓也小風水成文轉如輪也○輪音淪漘順倫反本亦作脣淪音倫韓詩云順流而風曰淪淪文貌不稼不穡胡取禾三百囷兮不狩不獵胡瞻爾庭有縣鶉兮圓者爲囷鶉鳥也○囷丘淪反圓倉鶉音純**疏**傳圓者爲囷鶉鳥○正義曰月令修囷倉方者爲倉故圓者爲囷考工記匠人注云囷圓倉是也釋鳥云鶉鶉其雄鶛牝痺李巡曰別雄雌異方之言鶉一名鶉郭璞曰鶉䳺之屬也

彼君子兮不素飧兮熟食曰飧箋云飧讀如魚飧之飧○飧素門反字林云水澆飯也**疏**傳熟食曰飧○正義曰傳意以飧爲飧饔之飧客始至之大禮其食熟致之故云熟食曰飧秋官掌客云公飧五牢侯伯飧四牢子男飧三牢卿飧二牢大夫飧一牢士飧少牢注云公侯伯子男飧皆飪一牢則卿大夫亦有飪故曰爲熟食也○箋飧讀如魚飧之飧○正義曰宣六年公羊傳曰晉靈公使勇士將殺趙盾入其門則無人焉上其堂則無人焉俯而窺之方食魚飧是其事也鄭以爲魚。食飧則非傳所云熟食也說文云飧水澆飯也從夕食言人旦則食飯飯不可停故夕則食飧是飧爲飯之別名易傳者鄭志答張逸云禮飧饔大多非可素不得與不素。飧相配故易之也

伐檀三章章九句

碩鼠刺重斂也國人刺其君重斂蠶食於民不脩其政貪而畏人若大鼠也○碩音石斂呂驗反下同【疏】碩鼠三章章八句至大鼠○正義曰蠶食者蠶之食桑漸漸以食使桑盡也猶君重斂漸漸以稅使民困也言貪而畏人若大鼠然解本以碩鼠為喻之意取其貪且畏人故序因倒述其事經三章皆上二句言重斂次二句言不脩其政由君重斂不脩其政故下四句言將棄君而去也

碩鼠碩鼠無食我黍三歲貫女莫我肯顧貫事也箋云碩大也大鼠大鼠者斥其君也女無復食我黍疾其稅斂之多也我事女三歲矣曾無教令恩德來顧眷我又疾其不脩政也古者三年大比民或於是徙○貫古亂反徐音官復扶又反稅始銳反比毗志反逝將去女適彼樂土箋云逝往也往矣將去女與之訣別之辭樂土有德之國○樂音洛注下同土如字他古反沈徒古反訣古穴反樂土樂土爰得我所箋云爰曰也【疏】碩鼠至得我所○正義曰國人疾其君重斂畏人比之碩鼠言碩鼠碩鼠無食我黍猶言國君國君無重斂我財君非直重斂於我又不脩其政我三歲以來事汝矣曾無於我之處肯以教令恩德眷顧我也君既如是與之訣別言往矣將去汝之彼樂土有德之國我所以之彼樂土者以此樂土若往則曰得我所宜故也言往將去汝者謂我往之他國將去汝國也○傳貫事○正義曰釋詁文○箋碩大至是徙○正義曰碩大釋詁文釋獸於鼠屬有鼫鼠孫炎曰五技鼠郭璞曰大鼠頭似兔尾有毛青黃色好在田中食粟豆關西呼鼩音瞿鼠舍人樊光同引此詩以碩鼠為彼五技之鼠也許慎云碩鼠五技能飛不能上屋能游不能渡谷能緣不能窮木能走不能先人能穴不能覆身此之謂五技陸機疏云今河東有大鼠能人立交前兩脚於頸上跳舞善鳴食人禾苗人逐則走入樹空中亦有五技或謂之雀鼠其形大故序云大鼠也魏國今河北縣是也言其方物宜謂此鼠非鼫鼠也按此經作碩鼠訓之為大不作鼫鼠之字其義或如陸言也序云貪而畏人若大鼠然故知大鼠為斥君亦是興喻之義也箋又以此民居魏蓋應久

矣正言三歲貫汝者以古者三歲大比民或於是遷徙故以三歲言之地官小司徒及卿大夫職皆云三年則大比言比者謂大校比其民之數而定其版籍明於此時民或得徙地官比長職曰徙於國中及郊則從而授之注云徙謂不便其居也或國中之民出徙郊或郊民入徙國中皆從而付所處之吏是大比之際民得徙矣

碩鼠碩鼠無食我麥三歲貫女莫我肯德箋云不肯施德於我逝將去女適彼樂國樂國樂國爰得我直直得其直道箋云直猶正也

碩鼠碩鼠無食我苗苗嘉穀也疏傳苗嘉穀〇正義曰黍麥指穀實言之是鼠之所食苗之莖葉以非鼠能食之故云嘉穀謂穀實也穀生於苗故言苗以韻句三歲貫女莫我肯勞箋云不肯勞來我〇勞如字又力報反注同徠本亦作來同力代反逝將去女適彼樂郊箋云郭外曰郊樂郊樂郊誰之永號號呼也箋云之往也永歌也樂郊之地誰獨當往而歌號者言皆喜說無憂苦〇咏本亦作咏同音詠號戶毛反注同呼火故反說音悅疏誰之永號〇正義曰言彼有德之樂郊誰往而獨長歌號呼言往釋皆歌號喜樂得所故我欲往也箋之往永歌〇正義曰之往釋詁文永是長之訓也以永號共文傳云號呼是歌之呼樂記及關雎矣皆云永歌之舜典云聲依永故以永爲歌歌必長言之故也

碩鼠三章章八句

附釋音毛詩注疏卷第五(五之三)

阮元撰盧宣旬摘錄

魏譜

故言周以封同姓子 閩本明監本毛本同案子當作云形近之譌

其封域 補案其上當○

寘諸河之干兮 閩本明監本毛本同案此不與今地理志同

昔舜陶於河濱 補案昔上當○

不可知凡 閩本明監本毛本同案浦鏜云凡當作也字誤是也

止此詩並刺君 閩本明監本毛本止作也案皆誤也止當作但字之壞耳

○葛屨

而無德以將之 小字本相臺本同唐石經初刻之下有也字後磨去

反覆儉嗇褊急 閩本明監本毛本同案浦鏜云覆當復字誤是也

機巧趨利者章上四句是也 閩本明監本毛本同案者當作首形近之譌

亦是趨利之士也 閩本明監本毛本士作事案所改是也篇內同

故箋採下章　閩本明監本毛本同案浦鏜云採當探字誤是也

要䙘也　段玉裁云古本當作要要也謂此要字卽衣之要也衣之要見於喪服士喪禮玉藻深衣諸篇字無作䙘者以本字爲訓此易傳蒙者蒙也比者比也剝者剝也說文已已也北風傳虛虛也之例淺人不能通故北風與此二傳皆妄改

襋領也　小字本相臺本同案領上當有衣字釋文襋下云衣領也正義云要是裳䙘則襋爲衣領說文亦云襋衣領也考此可見釋文正義二本此傳皆有衣字正義亦者卽亦傳也說文襋下引詩此句是正用傳文傳上云要䙘也以上經已見裳字故不復言裳䙘也此傳云襋衣領也以經更無衣字故須言衣以顯之也各本脫衣字失傳旨矣當正之○案䙘領皆統於衣衣不得分䙘屬裳領屬衣正義云䙘爲裳䙘此語陋甚是未考儀禮禮記衣服之制

國家靡幣　閩本明監本毛本同案幣當作弊形近之譌

雖復與襌同也　閩本明監本毛本同案浦鏜云複誤復考儀禮釋文浦挍是

則襯爲衣領　閩本明監本毛本同案襯當作襋

○汾沮洳

雖然其采莫之士　小字本相臺本士作事閩本明監本毛本同案事字是也士乃誤字其誤與葛屨正義內同當時寫書人往往以士代事此絕不可通閩本以下閒仍之亦誤

○園有桃

與也園有桃其實之殽閩本明監本毛本同小字本相臺本殽作食案食字是也此傳以食解殽非複舉經文正義說箋云明食桃爲殽正用傳

不我知者唐石經小字本同相臺本作不知我者閩本明監本毛本同案相臺本非也箋倒經作不知我者正義依之耳不可據以改經下章同

箋云知是閩本明監本毛本同小字本相臺本知作如考文古本同案如字是也

以自止也小字本相臺本同考文古本同閩本明監本毛本止誤正十行本初刻止後剜改作正案止字是也正義云蓋欲亦自止勿復思念之可證

又言從君之行儉而嗇閩本明監本毛本同案浦鏜云從當彼字誤是也

是稅三不得薄也閩本明監本毛本同案三當作一

非徒薄於十閩本明監本毛本同案十當作一

○陟岵

國迫而數侵削唐石經小字本相臺本同案此定本也正義云今定本云國迫而數侵削義亦通也下云箋以文承數見侵削是正義本數下有見字考釋文云國迫而數侵削本或作國小而迫數見侵削者誤正義本當即或作本也葛屨序正義云以下園有桃及陟岵序皆云國小而迫日以侵削

乃引此就園有桃序耳考文古本作國小迫而數見侵削采釋文但誤倒而迫二字

猶司寇亡役諸司空 閩本明監本毛本同案亡當作云形近之譌

止者謂在軍事作部列時 小字本相臺本同閩本同明監本毛本止作上案上字是也正義云若至軍中在部列之上又說箋云此變言上又云明在軍上爲部分行列時也標起止云箋上者皆可證山井鼎云按疏作上爲是

○十畝之閒

桑者閑閑兮 唐石經小字本相臺本同案釋文云閑閑音閑本亦作閒正義標起止云傳閑閑正義本與釋文亦作本同

又云遂上地有菜五十畝 閩本明監本毛本同案浦鏜云萊譌菜是也

○伐檀

徑言徑涎也 閩本明監本毛本同案涎當作侹形近之譌爾雅釋文可證

揚子云有田一廛 閩本明監本毛本同案浦鏜云雲誤云非也此語出揚子自序

其雌者名獿獿乃刀反 毛本獿誤獶閩本明監本不誤案爾雅釋文云獿字又作獶同是作獶者誤

今江東通呼貉爲狹狹 閩本明監本毛本同案浦鏜云狹獀誤狹狹引證爾雅釋文狹爲郎反獀山吏反是也

獸三歲曰特 小字本相臺本同案正義云獸三歲曰特毛氏當有所據不知出何書盧文弨云齊傳曰三歲曰肩豳傳曰三歲曰豜矣則此

傳三當作四廣雅之所本也段玉裁云鄭司農注周禮云三歲爲特四歲爲肩與毛互異肩豣同字耳今考騶虞正義引此傳亦作三歲云蓋異獸別名故三歲者有二名也

故今古數言之 閩本明監本毛本同案今當作合形近之譌

入其門則無人焉 閩本明監本毛本同案此公羊本作則無人焉門者何休注可證正義所引亦然不知者誤去下門者二字耳今公羊焉字誤在門字下更非

鄭以爲魚食飧 閩本明監本毛本同案食當作飧之二字

不得與不素飧相配 閩本明監本毛本同案浦鏜云飧當餐字誤是也

○碩鼠

曾無教令恩德來顧眷我 小字本相臺本同案依正義當作眷顧各本皆誤倒也

關西呼鼩音瞿鼠 閩本明監本毛本同案呼至瞿十行本剜添者一字必音瞿二字初刻旁行細書而兩字相並後改入正文故如此耳山井鼎云鼠字當在鼩下非也爾雅釋文作鼩將略反引沈旋作鼩音求于反此同沈也○按音瞿二字郭語也非疏家語

及卿大夫職 閩本明監本毛本同案浦鏜云鄉誤卿是也

誰之永號 唐石經小字本相臺本同案釋文云咏本亦作永同音詠歌也正義本是永字此箋云永歌也乃讀永爲咏不改其字者以爲假借也正

義本爲長釋文本作咏當是因箋并改經字考文古本作詠采釋文耳

言往釋皆歌號閩本明監本毛本同十行本釋字剜案此誤也釋當作矣首章正義云言往矣將去汝往矣二字本箋此亦同物觀考文補遺所載作者就彼所見本而言也

樂記及關雎矣閩本明監本毛本同十行本矣字剜案此誤也矣當作序十行本欲剜上文往矣之矣誤入於此山井鼎云宋板磨滅就彼所見本而言也

魏國七篇十八章百二十八句十行本脫此一行各本皆有

附釋音毛詩注疏卷第六（六之一）

唐蟋蟀詁訓傳第十 陸曰唐者周成王之母弟叔虞所封也其地帝堯夏禹所都之墟漢曰太原郡在古冀州太行恆山之西太原太岳之野其南有晉水叔虞之子燮父因改爲晉侯至六世孫僖侯名司徒習堯儉約遺化而不能以禮節之今詩本其風俗故云唐也（十·九）

毛詩國風　　鄭氏箋　　孔穎達疏

唐譜 唐者帝堯舊都之地今曰太原晉陽是堯始居此後乃遷河東平陽○正義曰以序云有堯之遺風則堯都之也漢書地理志云太原晉陽縣故詩唐國晉水所出東入汾是漢時爲太原晉陽也史記晉世家云唐在河汾之東方百里言百里則堯爲諸侯所居故云堯始居此地理志河東郡平陽縣應劭云堯都也則是堯爲天子乃都平陽故云後遷河東平陽也皇甫謐云堯爲天子都平陽禹受舜禪都平陽或於安邑或於晉陽則夏都亦在晉境故定四年左傳云命以唐誥而封於夏墟是也此不言有夏都者因序云有堯之遺風故指述堯事而已論語注云未知六百里者晉與衛與則晉初六百里矣而世家云百里者言古唐國之大耳非謂晉初唯方百里也○成王封母弟叔虞於堯之故墟曰唐侯南有晉水至子燮改爲晉侯○正義曰昭十五年左傳稱周景王謂晉籍談曰叔父唐叔成王之母弟也晉世家云成王與叔虞戲削桐葉爲珪以與叔虞曰以此封君史佚因言請擇日立叔虞成王曰吾與之戲耳史佚曰天子無戲言言則史書之於是封叔虞於唐是成王封母弟於堯之故墟也地名晉陽是也南有晉水地理志云唐有晉水叔虞子燮爲晉侯是燮以晉水改爲晉侯蓋時王命使改之也皇甫謐云堯始封於唐今中山唐縣是也後徙晉陽及爲天子都平陽於詩爲唐國則唐國爲平陽也漢書音義臣瓚案唐今河東永安是也去晉四百里又云堯居唐東於彘十里應劭曰順帝改彘曰永安則瓚以唐國爲永安此二說詩之唐國不在晉陽燮何須改爲晉侯明唐正

晉陽是也○其封域在禹貢冀州太行恆山之西太原太岳之野○正義曰地理志云太行在河內山陽縣西北恆山在故。縣上曲陽西北以太行恆山皆在
河北故屬冀州晉之東境迫此二山故云之西禹貢云既修太原至于岳陽鄭注云岳陽縣太岳之南於地理志太原今以為郡名太岳在河東故縣彘東名
霍太山河東太原皆晉境所及故云太原太岳之野○至曾孫成侯南徙居曲沃近平陽焉○正義曰案晉世家云唐叔生晉侯燮燮生武侯寧族族生成侯
服人地理志云河東郡聞喜縣故曲沃也晉成侯自晉陽徙此是鄭所據之文也○昔堯之末洪水九年下民其咨萬國不粒於時殺禮以救艱厄其流乃被
於今○正義曰堯典云帝曰咨四岳湯湯洪水方。害下民其咨又稱使鯀治水九載績用弗成皐陶謨云禹曰洪水滔天予乘四載隨山刊木。既稷播奏庶艱
食鮮食烝民乃粒以禹既治水萬國乃粒是未治水之時萬國不粒也禮稱凶荒殺禮明堯於九年之內殺禮以救艱厄故儉嗇其流乃被於今謂作詩時也
○當周公召公共和之時成侯曾孫僖侯甚嗇愛物儉不中禮國人閔之唐之變風始作○正義曰案晉世家云成侯生厲侯福福生靖侯宜臼臼生僖侯司
徙是僖侯乃成侯曾孫也世家又云靖侯十七年厲王出奔于彘大臣行政故云共和十八年靖侯卒則僖侯元年當共和十二年也故知當共和之時○其孫
穆侯又徙於絳云○正義曰案晉世家云僖侯生獻侯籍籍生穆侯費王是也知徙於絳者以成侯徙居曲沃則曲沃為晉都矣至昭公之時分曲沃以封桓
叔則正都不在曲沃明昭公已前已徙絳矣知穆侯徙者蓋相傳為然地理志云河東絳縣晉武公自曲沃徙此者以桓叔別封曲沃武公既并晉國徙就晉
都故云自曲沃徙此耳非謂武公始都絳也然則穆侯以後晉恆都絳而隱五年左傳云曲沃莊伯伐翼翼侯奔隨又謂之為翼者杜預云翼晉舊都在平陽
絳邑縣東穆侯徙絳昭侯以下又徙於翼及武公并晉又都絳也莊二十六年左傳稱晉獻公命士蔿城絳以深其宮明是武公徙絳也晉世家云獻公使士
蔿盡殺諸公子而城聚都之命曰絳案左傳云晉士蔿使羣公子盡殺游氏之族乃城聚而處之冬晉侯圍聚盡殺羣公子則城聚以處羣公子非晉都也世

家言命聚曰絳非也世家又云穆侯卒弟殤叔立四年爲穆侯太子仇所殺仇立是爲文侯三十五年卒昭侯立元年封其叔父成師于曲沃七年爲大臣潘父所殺子孝侯立十五年爲曲沃莊伯所殺子鄂侯郤立六年魯隱五年卒子哀侯光立九年爲曲沃武公所虜子小子侯立四年爲曲沃武公誘而殺之哀侯弟緡立爲晉侯二十八年曲沃武公伐晉侯緡滅之周僖王命曲沃武公爲晉君武公已即位三十七年矣又二年卒子獻公詭諸立二十六年卒此其君次也案隱五年左傳曲沃莊伯伐翼翼侯奔隨秋王命虢公伐曲沃而立哀侯于翼六年傳曰翼九宗五正。頃父之子嘉父逆晉侯于隨納諸鄂晉人謂之鄂侯則哀侯之立鄂侯未卒世家言卒非也其詩則蟋蟀刺僖公爲僖公詩也山有樞揚之水椒聊鴇羽序言昭公則昭公詩也綢繆杕杜羔裘在其間從可知也無衣有杕之杜則皆刺武公則武公詩也葛生采苓刺獻公則獻公詩也鄭於左方中皆以此而知案鄭詩出其東門序云公子五爭五公子爭突最處後知出其東門爲厲公之詩鴇羽序云昭公之後大亂五世小子侯處五世之末鴇羽不爲小子侯詩者以昭公肇爲亂階五世不息君子從役昭公所爲雖復後後世始作而主刺昭公故序云昭公之後明其刺昭公也出其東門由兵革不息而男女相棄民人思保其室家乃是當時之事故爲厲公之詩但序本爲亂之由故言公子五爭耳此實晉而題之曰唐故序每篇言晉鴇羽杕杜既言刺時於文不可言晉從上明之可知也

蟋蟀刺晉僖公也儉不中禮故作是詩以閔之欲其及時以禮自虞樂也此晉也而謂之唐本其風俗憂深思遠儉而用禮乃有堯之遺風焉憂深思遠謂宛其死矣百歲之後之類也○蟋蟀上音悉下所律反說文蟀作䘃僖公許其反史記作釐侯中丁仲反樂音洛下皆同思息嗣反注同【疏】蟋蟀三章章八句至風焉○正義曰作蟋蟀詩者刺晉僖公也由僖公太儉偪下不中禮度故作是蟋蟀之詩以閔傷之欲其及歲暮閑暇之時以禮自娛樂也以其太儉故欲其自樂樂失

於盈又恐過禮欲令節之以禮故云以禮自娛樂也欲其及時者三章上四句是也以禮自娛樂者下四句是也既序一篇之義又序名晉爲唐之意此實晉也而謂之唐者太師察其詩之音旨本其國之風俗見其所憂之事深所思之事遠儉約而能用禮有唐堯之遺風故名之曰唐也故季札見歌唐曰思深哉其有陶唐氏之遺風乎不然何其憂之遠也是憂思深遠之事情見於詩詩爲樂章樂音之中有堯之風俗也○箋憂深至之類○正義曰此二文計及死後之事是其憂念深思慮遠也言之類者憂深思遠之事非獨在此二文以其二事顯見故引當之耳其實諸篇皆有深遠之志羔裘箋云民之厚如此亦唐之遺風亦以其事顯見故言之耳

蟋蟀在堂，歲聿其莫。今我不樂，日月其除。蟋蟀蛬也九月在堂聿遂除去也箋云我僖公也蛬在堂歲時之候是時農功畢君可以自樂矣今不自樂日月且過去不復暇爲之謂十二月當復命農計耦耕事○聿允橘反莫音暮除直慮反注同蛬俱勇反沈又九共反趨織也一名蜻蛚復扶又反

無已大康，職思其居。已甚康樂職主也箋云君雖當自樂亦無甚大樂欲其用禮爲節也又當主思於所居之事謂國中政令○大音泰徐勑佐反下同居義如字協韻音據

好樂無荒，良士瞿瞿。荒大也瞿瞿然顧禮義也箋云荒廢亂也良善也君之好義不當至於廢亂政事當如善士瞿瞿然顧禮義也○好呼報反下同瞿俱具反

【疏】蟋蟀至瞿瞿○毛以爲僖公儉不中禮詩人戒之欲令及時自樂言九月之時蟋蟀之蟲在於室堂之上矣是歲晚之候歲遂其將欲晚矣此時農功已畢人君可以自樂今我君僖公不於此時自樂日月其將過去農事又起不得閑暇而爲之君何不及時自樂乎既勸君自樂又恐其過禮君今雖當自樂又須用禮爲節君若自樂無甚太樂當主思其所居之事當以禮樂自居無得忽忘之也又戒僖公君若好樂無得太好之當如善士瞿瞿然顧於禮義勿使踰越於禮也○鄭唯其居謂國中政令荒謂廢亂政事爲異餘同○傳蟋蟀至除去○正義曰蟋蟀蛬釋蟲文李巡曰蛬一名蟋蟀蟋蟀蜻蛚也郭璞曰今趨織也陸機疏云蟋蟀似蝗而小正黑有

光澤如漆有角翅一名蛬一名蜻蛚楚人謂之王孫幽州人謂之趨織。黑語曰趨織鳴嬾婦驚是也七月之篇說蟋蟀之事云九月在戶傳云九月在堂堂者室之基也戶內戶外總名爲堂禮運曰醴醆在戶粢醍在堂對文言之則堂與戶別散則近戶之地亦名堂也故禮言升堂者皆謂從階至戶也此言在堂謂在室戶之外與戶相近是九月可知時當九月則歲未爲暮而言歲聿其暮者言其過此月後則歲遂將暮耳謂十月以後爲歲暮也此月未爲暮也采薇云曰歸曰歸歲亦暮止其下章云曰歸曰歸歲亦陽止十月爲陽明暮止亦十月也小明云歲聿云暮采蕭穫菽采穫是九月之事也云歲聿云暮其意與此同也歲實未暮而云聿暮故知聿爲遂遂者從始鄉末之言也除者棄去之名故爲去也〇箋我我至耕事〇正義曰勸君使之自樂故知我我僖公也七月箋云言此者著將寒有漸蟋蟀記將寒之候此言歲時之候者七月下文論備寒之事故爲寒來之候此云歲聿其暮故云歲時之候月令季冬云告民出五穀命農計耦耕脩耒耜具田器注云大寒氣過農事將起是十二月以後不暇復爲樂也禮國君無故不徹懸必須農功之隙乃作樂者場功未畢勸課農桑雖不徹鍾鼓有時擊奏未得大設燕飲適意娛樂也七月云九月肅霜十月滌場朋酒斯饗言兩君閑於政事乃饗羣臣是十月爲自樂之時也〇傳已甚康樂職主〇正義曰已訓止也物甚則止故已爲甚也康樂職主皆釋詁文傳不解其居之義二章其外傳以外爲禮樂之外則其居謂以禮樂自居則職思其外謂常思禮樂無使越於禮樂之外也職思其憂傳曰憂可憂謂踰越禮樂至於荒淫則可憂也故王肅云其居主思以禮樂自居也其外言思無越於禮樂也其憂言荒則憂也〇箋君雖至政令〇正義曰以序言欲其以禮自娛樂故知欲其用禮爲節也樂記曰禮主其減樂主其盈禮減而進以進爲文樂盈而反以反爲文注云禮主其減人所倦樂主其盈人所歡進謂自勉強反謂自抑止是禮須勤力行之惟恐倦怠樂者令人歡樂惟恐奢放詩人既勸自樂又恐過度故戒之使用禮也箋以上句言無已大康已是禮樂自居復云職思其居不宜更處禮樂居謂居處也二章言外謂居處之外則其居謂所居之處故易傳以爲主思所居之事謂國中政令也其居既是國中則知其外謂國外至四境也四境之外則有鄰國故其憂爲鄰國侵伐之憂詩人戒君所思思其自近及遠故從內而外也○傳荒大至禮義○正義曰荒爲廣遠之言故爲大也釋訓云瞿瞿休休儉也李巡曰皆良士顧禮節之儉也此傳云顧禮義下傳云休休樂道之心皆謂治身儉約故能樂道顧禮也○箋荒廢至禮義○正義曰宛丘序云淫荒昏亂還及盧令序云刺荒也荒者皆謂廢亂政事故易傳以荒爲廢亂也良釋詁文善

蟋蟀在堂歲聿其逝今我不樂日月其邁邁行也無已大康職思其外外禮樂之外箋云外謂國外至四境○禮樂此一樂字音岳好樂無荒良士蹶蹶蹶動而敏於事○蹶俱衛反疏傳蹶蹶至於事○正義曰釋詁云蹶動也釋訓云蹶蹶敏也

蟋蟀在堂役車其休箋云庶人乘役車役車休農功畢無事也疏箋庶人至無事○正義曰庶人乘役車春官巾車文也彼注云役車方箱可載任器以供役然則收納禾稼亦用此車故役車休息是農功畢無事也酒誥云肇牽車牛遠服賈用孝養厥父母則庶人之車冬月亦行而云休者據其農功既終載運事畢故言休耳不言冬月不行也今我不樂日月其慆慆過也○慆吐刀反無已大康職思其憂憂可憂也箋云憂者謂鄰國侵伐之憂好樂無荒良士休休休休樂道之心

蟋蟀三章章八句

山有樞刺晉昭公也不能脩道以正其國有財不能用有鍾鼓不能以自樂有朝廷不能洒埽政荒民散將以危亡四鄰謀取其國家而不知國人作詩以刺之也○樞本或作蓲烏侯反昭公左傳及史記作昭侯樂音洛下及注同朝直遙反廷徒佞反洒所懈反沈所寄反下同埽蘇報反本又作埽下同疏

山有樞三章章八句至刺之○正義曰有財不能用者三章章首二句是也此二句總言昭公不能用財耳其經之所陳言昭公有衣裳車馬鍾鼓酒食不用之是分別說其不能用財之事也有鍾鼓不能以自樂者二章云子有鍾鼓弗擊弗考是也有朝廷不能洒埽者二章云子有廷內弗洒弗埽是也經先言廷內序先言鍾鼓者廷內人君治政之處其事大鍾鼓者娛樂己身其事小經責昭公先重後輕故先言廷內序既言有財不能用鍾鼓亦貨財之事故因卽先言之衣裳車馬亦是有財序獨言鍾鼓者據娛樂之大者言之也經先言衣裳後車馬者衣裳附於身車馬則差遠故先言衣裳也四鄰謀取其國家者三章下二句是也四鄰卽桓叔謀伐晉是也故下篇刺昭公皆言沃所幷沃雖一國卽四鄰之一故以四鄰言之

山有樞。隰有榆。興也樞荎也國君有財貨而不能用如山隰不能自用其財○榆以朱反荎田節反沈又直黎反

子有衣裳弗曳弗婁子有車馬弗馳弗驅婁亦曳也○曳以世反婁力俱反馬云牽也

宛其死矣他人是愉宛死貌愉樂也箋云愉讀曰偷偷取也○宛於阮反本亦作苑愉毛以朱反鄭作偷他侯反

【疏】山有至是愉○毛以愉爲樂○鄭以愉爲取言他人將取之餘同○傳樞荎○正義曰釋木文郭璞曰今之刺榆也○傳婁亦曳○正義曰曳者衣裳在身行必曳之婁與曳連則同爲一事走馬謂之馳策馬謂之驅驅馳俱是乘車之事則曳婁俱是著衣之事故云婁亦曳也○傳愉樂○正義曰釋詁文○箋愉讀至偷取○正義曰以下云是保謂得而居之入室謂居而有之故易傳以愉爲偷言偷盜取之

山有栲隰有杻栲山樗杻檍也○栲音考杻女九反樗勑書反檍又他胡反檍於力反

【疏】傳栲山樗杻檍○正義曰皆釋木文舍人曰栲名山樗杻名檍郭璞曰栲似樗色小而白生山中因名云亦類漆樹俗語曰櫄樗栲漆相似如一陸機疏云山樗與下田樗略無異葉似差狹耳吳人以其葉爲茗方俗無名此爲栲者似誤也今所云爲栲者葉如櫟木皮厚數寸可爲車輻或謂之栲櫟許慎正以栲讀爲糗今人言栲失其聲耳杻檍也葉似杏而尖白色皮正赤爲木多曲少

直枝葉茂好二月中葉疏華如練而細蘂正白蓋樹今官園種之正名曰萬歲既取名於億万其葉又好故種之共汲山下人或謂之牛筋或謂之檍材可爲弓弩幹也

子有廷內弗洒弗埽子有鍾鼓弗鼓弗考。洒灑也。考擊也○廷音庭又徒佞反鼓如字本或作擊非灑色蟹反又所綺反

宛其死矣他人是保保安也箋云保居也

疏傳洒灑考擊○正義曰洒謂以水灑地而埽之故轉爲灑灑是散水之名也今定本云弗鼓弗考注云考擊也無亦字義並通也○傳保安箋保居○正義曰二者皆爾雅無文傳箋各以義言之上云他人是愉謂得己樂以爲樂此云他人是保謂得己之安以爲安故傳訓保爲安也箋以下云他人入室則是居而有之故易傳以保爲居

山有漆隰有栗子有酒食何不日鼓瑟君子無故琴瑟不離於側○漆音七木名離力智反

且以喜樂且以永日永引也

宛其死矣他人入室

疏子有至永日○正義曰責昭公言子既有酒食矣何不日日鼓瑟。有飲食之且得以喜樂己身且可以永長此日何故弗爲乎言永日者人而無事則長日難度若飲食作樂則忘憂愁可以永長此日白駒云以永今朝意亦與此同也○傳君子至於側○正義曰曲禮下云君無故玉不去身大夫無故不徹懸士無故不徹琴瑟注云憂樂不相干也故謂災患喪病彼量其所有節級立文此言君子總謂大夫士以上也以經云日鼓瑟則是日日用之故言不離於其側定本云君子琴瑟不離於側少無故二字恐非也

山有樞三章章八句

揚之水刺晉昭公也昭公分國以封沃沃盛彊。昭公微弱國人將叛而歸沃焉封沃者封叔父桓叔于沃也沃曲沃晉之邑也○沃烏毒反

疏揚之水三章二章章六句一章四句至沃焉○正義曰作揚之水詩者刺晉昭公也昭公

分其國地以封沃國謂封叔父桓叔於曲沃之邑也桓叔有德沃是大都沃國日以盛強昭公國既削小身又無德其國日以微弱故晉國之人皆將叛而歸於沃國焉昭公分國封沃已爲不可國人將叛又不能撫之也故刺之此刺昭公經皆陳桓叔之德者由昭公無德而微弱桓叔有德而盛強國人叛從桓叔昭公之國危矣而昭公不知故陳桓叔有德民樂從之所以刺昭公也○箋封沃至之邑○正義曰封沃者使專有之別爲沃國不復屬晉故云以封沃也桓二年左傳云初晉穆侯之夫人姜氏以條之役生太子命之曰仇其弟以千畝之戰生命曰成師師服曰異哉君之名子也嘉耦曰妃怨耦曰仇古之命也今君命太子曰仇弟曰成師始兆亂矣兄其替乎惠之二十四年晉始亂故封桓叔於曲沃師服曰吾聞國家之立也本大而末小是以能固故天子建國諸侯立家今晉甸侯也而建國本既弱矣其能久乎惠之三十年晉潘父弑昭侯而納桓叔不克是封桓叔於沃之事也此邑本名曲沃序單言沃則既封之後謂之沃國故云沃曲沃也地理志云河東聞喜縣故曲沃也武帝元鼎六年行過更名應劭曰武帝於此聞南越破改曰聞喜

揚之水白石鑿鑿興也鑿鑿然鮮明貌箋云激揚之水。激流湍疾洗去垢濁使白石鑿鑿然興者喻桓叔盛彊除民所惡民得以有禮義也○鑿子洛反激經歷反湍吐端反洗蘇禮反又蘇典反去羌呂反垢古口反惡烏路反又如字素衣朱襮從子于沃襮領也諸侯繡黼丹朱中衣沃曲沃也箋云繡當爲綃綃黼丹朱中衣中衣以綃黼爲領丹朱爲純也國人欲進此服去從桓叔○襮音博字林方沃反繡音秀衆家申毛並依字下文同鄭改爲宵黼音甫宵音消本作綃純真允反又真順反既見君子云何不樂箋云君子謂桓叔○樂音洛

【疏】揚之水至不樂○正義曰言激揚之水波流湍疾行於石上洗去石之垢穢使白石鑿鑿然鮮明以興桓叔之德政教寬明行於民上除去民之疾惡使沃國之民皆得有禮義也桓叔既有善政其國日以盛彊晉國之民皆欲叛而從之以素爲衣丹朱爲緣綃黼爲領此諸侯之中衣也國人欲得造制此素衣朱襮之服進之以從子桓叔于沃國也國人惟欲

歸于沃惟恐不見桓叔皆云我既得見此君子桓叔則云何乎而得不樂言其實樂也沃桓叔之得民心如是民將叛而從之而昭公不知故刺之○傳襮領至曲沃○正義曰釋器云黼領謂之襮孫炎曰繡刺黼文以褗領是襮爲領也郊特牲云繡黼丹朱中衣大夫之僭禮也大夫服之則爲僭以知諸侯當服之也中衣者朝服祭服之裏衣也其制如深衣故禮記深衣目錄云深衣連衣裳而純之以綵者有表則謂之中衣大夫以上祭服中衣用素詩云素衣朱襮玉藻云以帛裏布非禮也士祭以朝服中衣以布明矣是言中衣之制與深衣同也其異者中衣之袖小長耳玉藻云中衣繼揜尺注云中衣繼袂揜一尺深衣緣而已是中衣之袖長也言大夫祭服中衣用素者謂自祭耳其助祭則士服爵弁之服以絲爲衣則士以上助祭之服中衣皆用素也少牢饋食之禮是大夫自祭家廟其服用朝服朝服以布爲之則中衣亦用布矣而深衣目錄云大夫祭服中衣用素者謂大國之孤也雜記云大夫冕而祭于公弁而祭于己注云弁而祭於己唯孤耳弁謂爵弁爵弁是絲衣明中衣亦用素用素則同不必以繡黼爲領繡黼唯諸侯乃得服之耳晉封桓叔於沃別爲諸侯之國故晉人欲以諸侯之服往從之桓叔雖受封於晉正是晉自封之非天子之命天子不賜爵晉是諸侯不得以爵賜諸侯桓叔莊伯皆以字配謚蓋雖君其國未有爵命左傳每云曲沃伯或可自稱伯也傳不注序故於此解沃爲曲沃也○箋繡當至桓叔○正義曰傳之所言郊特牲文彼注云繡黼丹朱以爲中衣領緣也繡讀爲綃綃繒名引詩云素衣朱綃彼注此箋皆破繡爲綃者以其黼之與繡共作中衣之領案考工記云素白與黑謂之黼五色備謂之繡若五色聚居則白黑共爲繡文不得別爲黼稱繡黼不得同處明知非繡字也故破繡爲綃是綃名士昏禮注引詩云素衣朱綃魯詩以綃爲綺屬然則綃是繒綺別名於此綃上刺爲繡文故謂之綃黼也綃上刺黼以爲衣領然後名之爲襮故爾雅黼領謂之襮襮爲領之別名也案此下章作素衣朱繡而郊特牲及士昏禮二注引詩皆作素衣朱綃者箋破此傳繡當爲綃下章繡字亦破爲綃箋不言者從此而略之耳此已破爲綃禮記注從破引之猶月令云鮮羔開冰注云鮮當爲獻

七月引之徑作獻羔開冰與此同也此則鄭之說耳案下章傳曰繡黼也則是以繡爲義未必如鄭爲綃也如傳意繡得爲黼者績是畫繡是刺之雖五色備具乃成爲繡初刺一色即是作繡之法故繡爲刺名傳言繡黼者謂於繒之上繡刺以爲黼非訓繡爲黼也孫炎注爾雅云繡刺黼文以褗領是取毛繡黼爲義其意不與箋同不破繡字義亦通也箋以素衣朱襮之下即云從子于沃故言晉國之人欲進此服去從桓叔言民愛之欲以衣往耳國君之衣非民爲之也

揚之水白石皓皓。皓皓潔白也○皓胡老反 素衣朱繡從子于鵠 繡黼也鵠曲沃邑也○鵠戶毒反 疏傳鵠曲沃邑○正義曰晉封桓叔於曲沃非獨一邑而已其都在曲沃其傍更有邑故云鵠曲沃邑也 既見君子云何其憂 言無憂也 揚之水白石粼粼。粼粼清澈也○粼力新反本又作磷同澈直列反或作徹誤 我聞有命不敢以告人 聞曲沃有善政命不敢以告人箋云不敢以告人而去者畏昭公謂己動民心

揚之水三章二章章六句一章四句

椒聊刺晉昭公也君子見沃之盛彊能脩其政知其蕃衍盛大子孫將有晉國焉○椒聊椒木名聊辭也蕃音煩衍延善反 疏椒聊二章章六句至國焉○正義曰作椒聊詩者刺晉昭公也君子之人見沃國之盛彊桓叔能脩其政教知其後世稍復蕃衍盛大子孫將幷有晉國焉昭公不知故刺之此序序其見刺之由經二章皆陳桓叔有美德子孫蕃衍之事

椒聊之實蕃衍盈升 興也椒聊椒也箋云椒之性芬香而少實今一捄之實蕃衍滿升非其常也興者喻桓叔晉君之支別耳今其子孫衆多將日以盛也○捄音求又其菊反何音掬沈居局反 彼其之子碩大無朋。朋比也箋云之子是子也謂桓叔也碩謂壯貌佼好也大謂德美廣博也無朋平均

不朋黨○比王肅孫毓申毛必履反謂無比倒也一音必二反申毛作毗至反佼古卯反

椒聊且遠條且

條長也箋云椒之氣日益遠長似桓叔之德彌廣博且子餘反下同○【疏】椒聊至條且○正義曰椒之性芬香而少實今椒聊之一捄之實乃蕃衍滿於一升甚多非其常以與桓叔晉君之支別今子孫衆多亦非其常也桓叔子孫既多又有美德彼己是子謂桓叔其人形貌盛壯得美廣大無朋黨阿比之惡行也椒之香氣日益長遠以與桓叔之德彌益廣博○桓叔子孫既多德益廣博必將幷有晉國而昭公不知故刺之聊且皆助語也○傳椒聊椒○正義曰釋木云椒大椒郭璞曰今椒樹叢生實大者名爲欓陸機疏曰椒聊聊語助也椒樹似茱萸有針刺葉堅而滑澤蜀人作茶吳人作茗皆合煮其葉以爲香今成皋諸山間有椒謂之竹葉椒其樹亦如蜀椒少毒熱不中合藥也可著飲食中又用烝雞豚最佳香東海諸島亦有椒樹枝葉皆相似子長而不圓甚香其味似橘皮島上獐鹿食此椒葉其肉自然作椒橘香○箋椒之性至以盛○正義曰言性芬香喻美德故下句椒之氣日益長遠喻桓叔德彌廣博是取香氣爲喻也言一捄之實者捄謂椒之房褁實者也釋木云椒榝醜菉李巡曰榝茱萸也椒茱萸皆有房故曰捄捄實也郭璞曰菉萸子聚生成房是椒之房褁名爲捄也知蕃衍滿升謂一捄之實者若論一樹則不啻一升纔據一實又不足滿升且詩取蕃多爲喻不言一實之大故知謂一捄之實也驗今椒實一褁之內唯有一實時有二實者少耳今言一捄滿升假多爲喻非實事也王肅云種一實蕃衍滿一升若種一實則成一樹非徒一升而已不得以種一實爲喻也○傳朋比○正義曰朋黨也比謂阿比朋亦比之義故以朋爲比也○箋之子至朋黨○正義曰以碩下有大不宜復訓爲大故以碩爲壯佼貌大謂德大無朋者無朋比之行故知謂平均無其朋黨也孫毓云桓叔阻邑不臣以孼傾宗與潘父比至殺昭公而求入爲能均平而不朋黨乎斯不然矣此言桓叔能修國政撫民平均望桓叔之美刺昭公之惡耳不得以傾宗阻邑爲桓叔罪也即如毓言桓叔罪多矣詩人何得稱其碩大且篤能修其政乎自桓叔別封於沃自是鄰國相陵安得責其不臣○傳條長

○正義曰尚書稱厥木惟條謂木枝長故以條爲長也 椒聊之實蕃衍盈匊兩手曰匊○匊本又作掬九六反 彼其之子碩大且篤篤厚疏傳篤厚○正義曰釋詁文 椒聊且遠條且言聲之遠聞也

椒聊二章章六句

附釋音毛詩注疏卷第六（六之一）

毛詩注疏校勘記〔六之二〕　　阮元撰盧宣旬摘錄

唐譜

以此封君閩本明監本毛本同案浦鏜云若誤君是也

是也南有晉水閩本明監本毛本同案也當作地壞去土傍耳

恆山在故縣上曲陽西北閩本明監本毛本同案縣當作郡

湯湯洪水方害閩本明監本毛本同案此不誤浦鏜云割誤害非也此不與今尚書同耳古害割同字思文正義引作割或後人改之○按此以詁訓字代其本字非所見尚書有異本也

既稷播奏庶艱食鮮食閩本明監本毛本同案浦鏜云墍誤既是也

王命虢父伐曲沃閩本明監本毛本同案盧文弨云左氏父作公是也鴇羽正義引正作公此誤

頊父之子嘉父閩本明監本毛本頊誤須

○蟋蟀

以禮自娛樂也閩本明監本毛本同案序作虞正義作娛虞娛古今字易而說之也例見前考文古本於出其東門經改娛爲虞采此

君之好義閩本明監本毛本同小字本相臺本義作樂考文古本同案樂字是也

黑語曰補毛本黑作里案里字是也

○山有樞

山有樞唐石經小字本相臺本同案釋文云樞本或作蓲烏侯反荎也爾雅釋木藲荎釋文藲烏侯反詩云山有樞是也本或作蓲同考漢石經魯詩殘碑作蓲說文艸部蓲下云草也不以為藲荎字是毛氏詩作樞也爾雅加艸於首所以別戶樞字耳漢書地理志山樞亦然其實毛詩不作蓲釋文或作本非也亦不作藲故說文艸部木部皆無藲字也

華如練而細閩本明監本毛本同案此不誤浦鏜云楝誤練非也練即楝字耳○按疏家不用假借字作楝是

藥正白蓋樹閩本明監本毛本同案此不誤浦鏜云蓋下脫此字非也蓋樹二字為一句言華之盛多揜蓋其樹也

弗洒弗埽唐石經小字本相臺本同閩本同明監本毛本埽作掃案埽字是也

弗鼓弗考唐石經小字本相臺本同案正義云今定本云弗鼓弗考注云考擊也無亦字義並通也釋文云弗鼓如字本或作擊非正義本與或作本同

考擊也小字本相臺本同案此定本也正義本考下有亦字亦者亦經弗擊也見上標起止云傳洒灑考擊當脫亦字或後人誤去之也

何不日日鼓瑟有飲食之閩本明監本毛本有作而案所改非也有當作自形近之譌

○揚之水

沃盛强 閩本明監本毛本同唐石經小字本相臺本强作彊案彊字是也彊鈤可通用强而正義本用彊字今正義中閒有强字者寫書人省而亂之耳餘同此

激流湍疾 小字本同閩本明監本毛本同相臺本激作波考文古本同案波字是也正義云激揚之水波流湍疾是其證

於此綃上刺爲繡文 閩本明監本毛本同案繡當作黼

白石皓皓 小字本相臺本同唐石經初刻同後磨改作晧案晧字是也說文白部無皓字是晧字本從日也廣韻三十二晧亦無皓字釋文當本作晧今誤見後考證

白石粼粼 唐石經小字本相臺本同閩本明監本毛本粼誤鄰案今釋文亦有誤者詳後考證

○椒聊

碩謂壯貌佼好也 小字本相臺本同閩本明監本毛本同案段玉裁云正義云故以碩爲壯佼貌是正義本作壯佼貌壯佼二字疑鄭本用月令文而後人亂之壯佼又見蔓楚箋

條長也 小字本相臺本同案正義云尚書稱厥木惟條謂木枝長故以條爲長也其說非也此傳以長訓條乃謂條爲脩之假借古字條脩相通如漢書脩侯之比考箋云椒之氣日益遠長是此經遠條二字皆以氣言之而爲不以枝言之也下章同考文古本改經二條字皆作脩乃依長也之訓而爲

之耳非有所本此經自正義及唐石經以下各本皆作條也

彼已是子謂桓叔閩本明監本毛本已誤其案此正義以已說其耳故與經字不同考文古本經其作已采此而誤又謂衍字也彼已是子桓叔六字爲一句正義文例如此猶日月正義云今乃如是人莊公之類

得美廣大閩本同明監本毛本得作德案所改是也

郭璞曰莍萸子閩本明監本毛本莍誤茱案浦鏜云蓃誤萸從爾雅音義按蓃所留反是也

碩大且篤唐石經小字本相臺本同閩本明監本毛本碩誤實

言聲之遠聞也小字本相臺本同案段玉裁云聲當作馨此欲以馨訓條也今考此章條與上章同皆訓長爲脩字之假借非有異也不宜更爲之訓此傳言聲之遠聞也乃篇末總發一篇之傳謂此椒聊詩乃言桓叔聲之遠聞也篇末總發傳毛氏每有此例如采蘋木瓜之屬是矣此傳毛當有所案據自作正義時已無文以言之後遂專繫諸第二章遠條且一句而疑其有所不可通也○按說文云馨香之遠聞也正與此合蓋上章作脩此章作條後人亂之耳條取芬芳條暢之義

毛詩國風　鄭氏箋　孔穎達疏

綢繆刺晉亂也國亂則婚姻不得其時焉不得其時謂不及仲春之月○綢繆上直留反下亡侯反疏綢繆三章六句至時焉○正義曰毛以爲不得初冬冬末開春之時故陳婚姻之正時以刺之鄭以爲不得仲春之正時四月五月乃成婚故直舉失時之事以刺之毛以爲婚之月自季秋盡於孟春皆可以成婚三十之男二十之女乃得以仲春行嫁自是以外餘月皆不得爲婚也今此晉國之亂婚姻失於正時三章皆舉婚姻正時以刺之三星者參也首章言在天謂始見東方十月之時故王肅述毛云三星在天謂十月也在天既據十月二章在隅謂在東南隅又在十月之後也謂十一月十二月也卒章在戶言參星正中直戶謂正月中也故月令孟春之月昏參中是參星直戶在正月中也此三章者皆婚姻之正時晉國婚姻失此三者之時故三章各舉一時以刺之毛以季秋之月亦是爲婚之時今此篇不陳季秋之月者以不得其時謂失於過晚作者據其失晚追陳正時故近舉十月已來不復遠言季秋也鄭以爲婚姻之禮必在仲春過涉後月則爲不可今晉國之亂婚姻皆後於仲春之月賢者見其失時指天候以責娶者三星者心也一名火星凡嫁娶者以二月之昏火星未見之時爲之首章言在天謂昏而火星始見東方三月之末四月之中也二章言在隅又晚於在天謂四月之末五月之中也卒章言在戶又晚於在隅謂五月之末六月之中故月令季夏之。日昏火中是六月之中心星直戶也此三者皆晚矣失仲春之月三章歷言其失以刺之

綢繆束薪三星在天興也綢繆猶纏綿也三星參也在天謂始見東方也男女待禮而成若薪芻待人事而後束也三星在天可以嫁娶矣箋云三星謂心星也心有尊卑夫婦父子之象又爲二月之合宿故嫁娶者以爲候焉昏而火星不見嫁娶之時也今我束薪於野乃

見其在天則三月之末四月之中見於東方矣故云不得其時○參所金反見賢遍反下不見見於東同芻楚俱反說文云芻刈草也象苞束草之形宿音秀

今夕何夕見此良人良人美室也箋云今夕何夕者言此夕何月之夕乎而女以見良人言非其時

【疏】綢繆至良人○毛以爲綢繆猶纏綿束薪之貌言薪在田野之中必纏綿束之乃得成爲家用以與女在父母之家必以禮娶之乃得成爲室家薪芻待人事而束猶室家待禮而成也室家既須以禮當及善時爲婚三星在天始見東方於禮可以婚矣以時晉國大亂婚姻失時故無妻之男思詠嫁娶之夕而欲見此美室言今此三星在天之夕是何月之夕而得見此良人美其時之善思得其時也思而不得乃自咨嗟言子兮子兮當如此良人何如何猶奈何言三星在天之月不得見此良人當奈之何乎言不可奈何矣○鄭以爲嫁娶者當用仲春之月心星未見之時今晉國大亂婚姻皆不得其月賢者見而責之賢者言己纏綿束薪於野及夜而歸見三星見於東方已在天矣至家而見初爲婚者因責之云今夕是何月之夕而汝見此良人言晚矣失其時不可以爲婚也子兮子兮汝當如此良人何言娶者後陰陽交會之月失婚姻爲禮之時是損良人之善當如之何乎言其損良人不可奈何也由晉國之亂今失正時故舉其事而刺之○傳綢繆至嫁娶矣○正義曰以纏綿自束薪之狀故云猶纏綿也參有三星故言三星參也漢書天文志云參白虎宿三星是也二章在隅卒章在戶是從始見爲說逆而推之故知在天謂始見東方也詩言婚姻之事先舉束薪之狀故知以人事喻待禮也毛以秋冬爲婚時故云三星在天可以嫁娶王肅云謂十月也○箋三星至其時○正義曰孝經援神契云心三星中獨明是心亦三星也天文志云心爲明堂也大星天王前後星子屬然則心之三星星有大小大者爲天王小者爲子屬則大者尊小者卑大者象夫父小者象子婦故云心有尊卑夫婦父子之象也二月日體在戌而斗柄建卯初昏之時心星在於卯上二月之昏合於本位故稱合宿心星又是二月之合宿故嫁娶者以爲候焉謂候其將出之時行此嫁娶之禮也昏而火星不見嫁娶之時謂仲春之月嫁娶之正時也箋以

下經四句是賢者責人之辭故知綢繆束薪爲賢者自束其薪不爲興也今我束薪於野乃見其在天謂負薪至家之時見在天未必束薪之時已在天也因以束薪而歸故言之也昭十七年左傳曰火出於夏爲三月於商爲四月於周爲五月小星箋云心在東方三月時則心星始見在三月矣此箋云三月之末四月之中者正以三月至於六月則有四月此詩唯有三章而卒章言在戶謂正中直戶必是六月昏也逆而差之則二章當五月首章當四月四月火見已久不得謂之始見以詩人始作總舉天象不必章舉一月鄭差次之使四月共當三章故每章之箋皆舉兩月也成婚之時當以火星未見今已見在天是不得其時也凡取星辰爲候多取昏旦中爲義此獨取心星未出爲候者以火者天之大辰星有夫婦之象此星若見則爲失時故取將見爲候夏官司爟云季春出火民咸從之季秋納火民亦如之鄭司農云三月昏時心星見於辰上使民出火九月黃昏心星伏於戌上使民納火又哀十二年左傳云火伏而後蟄者畢此取將見爲候彼取已伏爲候其意同也此篇三章與摽有梅三章箋據時節其理大同彼文王之化有故不以仲春者至此夏尙使行嫁所以蕃育人民故歌而美之此則晉國之亂不能及時至使晚於常月故陳而刺之本意不同美刺有異也○傳良人美室○正義曰小戎云厭厭良人妻謂夫爲良人知此美室者以下云見此粲者粲是三女故知良人爲美室良訓爲善故稱美也傳以三星在天爲昏之正時則此二句是國人不得及時思詠善時得見良人之辭也王肅云婚姻不得其時故思詠嫁娶之夕而欲見此美室也○箋今夕至其時○正義曰箋以仲春爲婚月三星在天後於仲春故以此二句爲責娶者之辭也說苑稱鄂君與越人同舟越人擁楫而歌曰今夕何夕兮得與搴舟水流今日何日兮得與王子同舟如彼歌意則嘉美此夕與箋意異者彼意或出於此但引詩斷章不必如本也

子兮子兮如此良人何

子兮者嗟茲也箋云子兮子兮者斥嫁取者子取後陰陽交會之月當如此良人何○後戶豆反

疏傳子兮者嗟茲也○正義曰傳意以上句爲思詠嫁娶之夕欲得見良人則此句嗟歎己身不得見良人也子兮子兮自嗟歎也茲

此也嗟歎此身不得見良人言己無奈此良人何○箋子兮至人何○正義曰箋以此句亦是責娶者之辭故云子兮子兮爲斥娶者以其良人爲妻當以良時迎之今子之娶後於陰陽交會之月則損良人之善故云當如此良人何責其損良人也

綢繆束芻三星在隅隅東南隅也箋云心星在隅謂四月之末五月之中今夕何夕見此邂逅邂逅解說之貌○邂本亦作解戶懈反一音戶佳反覯本又作逅同胡豆反一音戶冓反邂覯解說也韓詩云邂覯不固之貌解音蟹說音悅子兮子兮如此邂逅何

綢繆束楚三星在戶參星正月中直戶也箋云心星在戶謂之五月之末六月之中○直音值又如字今夕何夕見此粲者三女爲粲大夫一妻二妾○粲采旦反字林作㛑【疏】傳三女至二妾○正義曰周語云密康公遊於涇有三女奔之其母曰必致之王女三爲粲粲美物也汝則小醜何以堪之然粲者衆女之美稱也曲禮下云大夫不名姪娣大夫有妻有妾有一妻二妾也此刺婚姻失時當是民之婚姻而以大夫之法爲辭者此時貴者亦婚姻失時故王肅云言在位者亦不能及禮也子兮子兮如此粲者何

綢繆三章章六句

杕杜刺時也君不能親其宗族骨肉離散獨居而無兄弟將爲沃所并爾○杕杜徒細反本或作夷狄字非也下篇同并必政反【疏】杕杜二章章九句至并爾○正義曰不親宗族者章首二句是也獨居而無兄弟者次三句是也下四句戒異姓之人令輔君爲治亦是不親宗族之言故序略之

有杕之杜其葉湑湑興也杕特皃杜赤棠也湑湑枝葉不相比也○湑私敘反比毗志反下文及注同獨行踽踽豈無他人不如我同父踽踽無所親也箋云他人謂異姓也言昭公遠其宗族獨行於

國中踽踽然此豈無異姓之臣乎顧恩如同姓親親也○踽俱乎反遠于萬反不嗟行之人胡不比焉箋云君所與行之人謂異姓卿大夫也比輔也此人女何不輔君為政令人無兄弟胡不佽焉佽助也箋云異姓卿大夫女見君無兄弟之親親者何不相推佽而助之○佽七利反【疏】有杕至佽焉○正義曰言有杕然特生之杜其葉湑湑然而盛但柯條稀疏不相比次以興晉君疏其宗族不與相親猶似杜之枝葉不相比次然也君既不與兄弟相親至使骨肉離散君乃獨行於國內踽踽然無所親暱者也豈無他人異姓之臣乎顧其恩親不如我同父之人耳君既不親同姓之人與之為治則異姓之臣又不肯盡忠輔君將為沃國所并故又戒之云嗟乎汝君所與共行之人謂異姓卿大夫之等汝何不輔君為政令焉又謂異姓之臣汝既見人無兄弟之親何不推佽而助之焉同姓之臣既已見疏不得輔君猶冀他人輔之得使不滅故戒異姓之人使助君也○傳杕特至相比○正義曰釋木云杜赤棠白者棠樊光云赤者為杜白者為棠陸機疏云赤棠與白棠同耳但子有赤白美惡子白色為白棠甘棠也少酢滑美赤棠子澀而酢無味俗語云澀如杜是也赤棠之木理韌亦可以作弓幹是也棠棠者華亦云其葉湑湑令則湑湑與菁菁皆茂盛之貌傳於此云湑湑枝葉不相比下章言菁菁葉盛互相明耳言葉雖茂盛而枝條稀疏以喻宗族雖彊不相親暱也箋以此刺不親宗族不宜以葉盛為喻故下章易傳以菁菁為。稀少之貌此章直取不相比次為喻不取葉盛為喻菁菁實是茂盛而得為稀少貌者以葉密則同為一色由稀少故見其枝以菁菁者莪菁菁為莪之茂貌則知鄭意亦以菁菁湑湑為茂貌但不取葉為興耳○箋君所至政令○正義曰言嗟行之人是嗟歎此所行之人也君既疏其宗族宗族不與君行故知君所與行之人謂異姓卿大夫也比輔釋詁文彼輔作俌亦是輔之義也○傳佽助○正義曰佽古次字欲使相推以次第助之耳非訓佽為助也

有杕之杜其葉菁菁菁菁葉盛也箋云菁菁希少之貌○菁本又作青同子零反獨行睘睘豈無他人不如我同姓睘睘無所依也同姓

同祖也○睘本亦作煢又作焭求營反【疏】傳睘睘至同祖○正義曰睘睘踽踽皆與獨行共文故知是無所依無所親矖之貌上言親此言依義亦同變其文耳以上云同父故知同姓爲同祖也

嗟行之人胡不比焉人無兄弟胡不佽焉

杕杜二章章九句

羔裘刺時也晉人刺其在位不恤其民也恤憂也○卹本亦作恤荀律反【疏】羔裘二章章四句至其民○正義曰刺其在位不恤其民者謂刺朝廷卿大夫也以在位之臣輔君爲政當助君憂民而懷惡於民不憂其民不與相親比故刺之經二章皆刺在位懷惡不恤下民之辭俗本或其下有君衍字定本無君字是也

羔裘豹祛自我人居居祛袂也本末不同在位與民異心自用也居居懷惡不相親比之貌箋云羔裘豹祛在位卿大夫之服也其役使我之民人其意居居然有悖惡之心不恤我之困苦○祛起居反又丘據反袂末也居如字又音據比毗志反悖補對反豈無他人維子之故箋云此民卿大夫采邑之民也故云豈無他人可歸往者乎我不去者乃念子故舊之人【疏】羔裘至之故○正義曰在位之臣服羔裘豹祛晉人因其服舉以爲喻言以羔皮爲裘豹皮爲祛裘祛異皮本末不同以興民欲在上憂己在上疾惡其民是上下之意亦不同也在位之心既與民異其用使我之衆人居居然有悖惡之色不與我民相親不憂我之困苦也卿大夫於民如此民見君子無憂民今欲去之言我豈無他人賢者可歸往之乎維子之故舊恩好不忍去耳作者是卿大夫采邑之民故言己與在位故舊恩好○傳祛祛至之貌○正義曰玉藻說深衣之制云袂可以回肘注云二尺二寸之節又曰袂尺二寸注云袂口也然則袂與祛別此以祛袂爲一者袂是袖之大名祛是袖頭之小稱其通皆爲袂以深衣云袂之長短反屈之及肘是通祛皆爲袂故以爲祛袂也以裘身爲本裘袂爲末其皮既異是本末不同喻在位與民異心也直以裘之本末喻在位

與民耳不以在位與民爲本末也此解直云袪袂定本云袪袂末與禮合釋詁云由用也自由也展轉相訓是自爲用也釋訓云居居究究惡也李巡曰居居不狎習之惡孫炎曰究究窮極人之惡此言懷惡而不與民相親是不狎習也用民力而不憂其困是窮極人也○箋羔裘至困苦○正義曰鄭風是羔裘言古之君子以風其朝焉經稱羔裘豹飾孔武有力是知在位之臣服此豹袖之羔裘也傳。亦解與喻之義箋又解所以用裘與意以在位身服此裘故取其裘爲興召南羔裘亦以大夫身服此羔裘卽言其人有羔羊之德與此同也有悖惡之色不恤我之困苦申明傳懷惡不比之意○箋此民至之人○正義曰箋以民與大夫尊卑縣隔不應得有故。亂舊恩好而此云維子之好故解之是此卿大夫采邑之民以卿大夫世食采邑在位者幼少未仕之時與此民相親相愛故稱好也作詩者雖是采邑之民所恨乃是一國之事何則采邑之民與故舊尙不稱存恤其餘非其故舊不恤明矣序云在位不恤其民謂在位之臣莫不盡然非獨食采邑之主偏苦其邑豈無他人可歸往者指謂他國可往非欲去此采邑適彼采邑也故王肅云我豈無他國可歸乎維念子與我有故舊也與鄭同

羔裘豹褎自我人究究褎猶袪也究究猶居居也○褎徐救反本又作褏同究九又反爾雅云居居究究惡也豈無他人維子之好也箋云我不去而歸往他人者乃念子而愛好之也民之厚如此亦唐之遺風○好呼報反注同疏○箋我不至遺風○正義曰北風刺虐則云攜手同行碩鼠刺貪則云適彼樂國皆欲奮飛而去無顧戀之心此則念其恩好不忍歸他人之國其情篤厚如此亦是唐之遺風言猶有帝堯遺化故風俗淳也

羔裘二章章四句

鴇羽刺時也昭公之後大亂五世君子下從征役不得養其父母而作是詩也

大亂五世者昭公孝侯鄂侯哀侯小子侯○鴇音保似鴈而大無後指政役音征篇內注同養羊亮反鄂五各反

疏 鴇羽二章章七句至是詩○正義曰言下從征役者君子之人當居平安之處不有征役之勞今乃退與無知之人共從征役故言下也定本作下從征役經三章皆上二句言君子從征役之苦下五句恨不得供養父母之辭○箋大亂至子侯○正義曰案左傳桓二年稱魯惠公三十年晉潘父弒昭侯而納桓叔不克晉人立孝侯惠之四十五年曲沃莊伯伐翼弒孝侯翼人立其弟鄂侯鄂侯隱五年傳稱曲沃莊伯伐翼翼侯奔隨秋王命虢公伐曲沃而立哀侯于翼隱六年傳稱翼人逆晉侯于隨納諸鄂晉人謂之鄂侯桓二年傳鄂侯生哀侯哀侯侵陘庭之田陘庭南鄙啓曲沃伐翼桓三年曲沃武公伐翼逐翼侯于汾隰夜獲之桓七年傳冬曲沃伯誘晉小子侯殺之八年春滅翼是大亂五世之事案桓八年傳云冬王命虢仲立晉哀侯之弟緡于晉則小子侯之後復有緡爲晉君此大亂五世不數緡者以此言昭公之後則是昭公之詩自昭公數之至小子而滿五故數不及緡也此言大亂五世則亂後始作但亂從昭起追刺昭公故爲昭公詩也

肅肅鴇羽集于苞栩興也肅肅鴇羽聲也集止苞稹栩杼也鴇之性不樹止箋云興者喻君子當居安平之處今下從征役其爲危苦如鴇之樹止然稹者根相迫迮。梱。致也○苞補交反栩況羽反稹本又作縝之忍反何之人反沈音田又音振廣雅云槪也杼食汝反徐治與反處昌慮反迮側百反梱口本反致直置反下同

王事靡盬不能蓺稷黍父母何怙盬不攻緻也怙恃也箋云蓺樹也我迫王事無不攻致故盡力爲既則罷倦不能播種五穀今我父母將何怙乎盬音古蓺魚世反怙音戶罷音皮○

悠悠蒼天曷其有所箋云曷何也何時我得其所哉

疏 肅肅至有所○正義曰言肅肅之爲聲者是鴇鳥之羽飛而集于苞栩之上以興君子之人乃下從於征役之事然鴇之性不樹止今乃集于苞栩之上極爲危苦喻君子之人當居平安之處今乃下從征役亦甚爲危苦君子之人既從王事此王家之事無不攻緻故盡力爲之既則罷倦雖得還家不復能種蓺黍稷既

無黍稷我之父母當爲何所依怙乎乃告於天云悠悠乎遠者蒼蒼之上天何時乎使我得其所免此征役復平常人乎人窮則反本困則告天此時征役未止故訴天告怨也○傳肅肅至樹止○正義曰苞稹釋言文孫炎曰物叢生曰苞齊人名曰稹郭璞曰今人呼物叢緻者爲稹箋云稹者根相迫迮梱緻貌亦謂叢生也栩杼釋木文郭璞曰柞樹也陸機疏云今柞櫟也徐州人謂櫟爲杼或謂之爲栩其子爲皁或言皁斗其殼爲汁可以染皁今京洛及河內多言杼汁謂櫟爲杼五方通語也鴇鳥連蹄性不樹止樹止則爲苦故以喻君子從征役爲危苦也○傳盬不至怙恃○正義曰盬與蠱字異義同昭元年左傳云於文皿蟲爲蠱穀之飛亦爲蠱杜預云皿器受蟲害者爲蠱穀久積則變爲飛蟲名曰蠱然則蟲害器敗穀者皆謂之蠱是盬爲不攻牢不堅緻之意也此云盬不攻緻四牡傳云盬不堅固其義同也定本緻皆作致蓼莪云無父何怙無母何恃怙恃義同言父母當何恃食故下言何食何嘗與此相接成也○箋蓺樹至怙乎○正義曰何知不爲身在役所不得營農而云王事盡力雖歸既則罷倦不能播種者以經不云不得而云不能明是筋力疲極雖歸而不能也

肅肅鴇翼集于苞棘王事靡盬不能蓺黍稷父母何食悠悠蒼天曷其有極箋云極已也

肅肅鴇行集于苞桑行翮也○行戶郎反注同翮戶革反爾雅云羽本謂之翮疏傳行翮也○正義曰以上言羽翼明行亦羽翼以鳥翮之毛有行列故稱行也王事靡盬不能蓺稻粱父母何嘗悠悠蒼天曷其有常

鴇羽三章章七句

無衣刺晉武公也武公始并晉國其大夫爲之請命乎天子之使而作是詩也天子之使是時使來者○并卑政反下注同爲于僞反使所吏反注同疏無衣二章章三句至是詩○正義曰作無衣詩者美晉武公也所以美之者晉

昭公封叔父成師於曲沃號爲桓叔桓叔生莊伯莊伯生武公繼世爲曲沃之君常與晉之正適戰爭不息及今武公始滅晉而有之其大夫爲之請王賜命於天子之使而作是無衣之詩以美之其大夫者武公之下大夫也曲沃之大夫美其能并晉國故爲之請命此序其請命之事經二章皆請命之辭○箋天子至來者○正義曰不言請命於天子而云請命於天子之使故云是時使來使以他事適晉大夫就使求之欲得此使告王令王賜以命服也案左傳桓八年王使立緡於晉至莊十六年乃云王使虢公命曲沃伯爲晉侯不言滅晉之事晉世家云緡哀侯二年曲沃莊伯卒晉侯緡立二十八年曲沃武公伐晉侯湣滅之盡以其寶器賂周僖王僖王命曲沃武公爲晉君列爲諸侯於是盡并晉地而有之曲沃武公已即位三十七年矣計緡以桓八年立至莊十六年乃得二十八年然則虢公命晉侯之年始并晉也虢公未命晉之前有使適晉晉大夫就之請命其使名號書傳無文也或以爲使即虢公當來賜命之時大夫就之請命斯不然矣傳稱王使虢公命曲沃伯爲晉侯則虢公適晉之時齎命服來賜大夫不假請之豈虢奉使適晉藏其命服待請而與之哉若虢公於賜命之前別來適晉則非所知耳若當時以命賜之即命晉之時不須請也故箋直言使來不知何使

豈曰無衣七兮

侯伯之禮七命冕服七章箋云我豈無是七章之衣乎晉舊有之非新命之服

不如子之衣安且吉兮

諸侯不命於天子則不成爲君箋云武公初幷晉國心未自安故以得命服爲安

【疏】豈曰至吉兮○正義曰此皆請命之辭晉大夫美武公能幷晉國而未得命服故爲之請於天子之使曰我晉國之中豈曰無此衣之七章兮晉舊有之矣但不如天子之衣我若得之則心安而且又吉兮天子命諸侯必賜之以服故請其衣就天子之使請天子之衣故云子之衣也諸侯不命於天子則不成爲國君武公幷晉心不自安故得王命服則安且吉兮○傳侯伯至七章○正義曰此解指言七兮之意晉唐叔之封爵稱侯侯伯之禮冕服七章故請七章之衣春官典命云侯伯七命其國家宮室車旗衣服禮儀皆以七爲節秋官大行人云諸侯之禮執信圭七寸冕服七章是七命七

章之衣案春官巾車云金路鉤樊纓九就建大旂以賓同姓以封注云同姓以封謂王子母弟率以功德出封雖爲侯伯其衣服猶如上公若魯衞之屬然則唐叔是王之母弟車服猶如上公上公之服九章此大夫不請九章之服而請七章者王子母弟車服得如上公無正文正以周之建國唯二王之後稱公其餘雖大皆侯伯也彼云同姓以封必是封爲侯伯侯伯以七爲節而金路樊纓九就則知王子母弟初出封者車服猶如上公故得以九爲節如上公者唯王子母弟一身若唐叔耳其後世子孫自依爵命之數故請七章之衣也○傳諸侯至爲君○正義曰此解得衣乃安之意諸侯者天子之所建不受命於天子則不成爲君故不得衣則不安也必請衣者文元年天王使毛伯來錫公命公羊傳曰錫者何賜也命者何加我服也是王命諸侯必皆以衣賜之故請衣也案大宗伯云王命諸侯則儐莊元年穀梁傳云禮有受命無來錫命錫命非正也然則諸侯當往就天子受命此在國請之者天子賜諸侯之命其禮亡案春秋之世魯文公成公晉惠公齊靈公皆是天子遣使賜命左傳不譏之則王賜諸侯之命有召而賜之者有遣使賜之者穀梁之言非禮意也此武公以孽奪宗故心不自安得命乃安也及世家稱武公厚賂周僖王僖王乃賜之命是不於法武公不當賜之美之者其臣之意美之耳

豈曰無衣六兮

天子之卿六命車旗衣服以六爲節箋云變七言六者謙也不敢必當侯伯得受六命之服列於天子之卿猶愈乎不

【疏】傳天至爲節○正義曰典命云王之三公八命其卿六命其國家宮室車旗衣服禮儀亦如之是毛所據之文也云車旗者蓋謂卿從車六乘旌旗六旒衣服者指謂冠弁也飾則六玉冠則六辟積夏官大射人云三公執璧與子男同也則其服亦毳冕矣三公既毳冕則孤卿服絺冕大夫服玄冕則司服注云絺冕衣一章裳二章玄冕衣無文裳刺黻而已然則絺冕之服止有三章而此云六爲節不得爲卿六章之衣故毛鄭並不云章或者司服之注自說天子之服隆殺之差其臣自當依命數也○箋變七至愈乎不○正義曰傳正解六兮爲天子之卿服不解晉人請六章之服意故箋申之今晉實侯爵之國非天子之卿所以請六章衣者謙不敢必當侯

伯之禮故求得受六命之服次列於天子之卿猶愈乎不愈猶勝也言己若得六章之衣猶勝不也上箋解七章之衣言晉舊有之此不言晉舊有之者晉國

舊無此衣不得言舊有也檢晉之先君見經傳者變父事康王文侯輔平王有爲天子卿者但侯伯入爲卿士依其本國之命不服六章之衣故鄭答趙商云

諸侯入爲卿大夫與在朝仕者異各依本國如其命數是其不降本國不服六章也鄭知然者以大車陳古之天子大夫行決男女之訟經云毳衣如菼則是

子男入爲大夫得服毳冕故知入仕王朝者各依本國之命晉之先世不得有六章之衣實無六章之衣而云豈曰無衣六者從上章之文飾辭以請命耳非實有也

不如子之衣安且燠兮燠煖也○奥本又作燠於六反煖奴緩反疏傳燠煖也○正義曰釋言文

無衣二章章三句

有杕之杜刺晉武也武公寡特兼其宗族而不求賢以自輔焉○宗族本亦作宗矣疏有杕之杜二章章六句至輔焉○正義曰言寡特者言武公專任己身不與賢人圖事孤寡特立也兼其宗族者昭侯以下爲君於晉國者是武公之宗族武公兼有之也武公初兼宗國宜須求賢而不求賢者故刺之經二章皆責君不求賢人之事也

有杕之杜生于道左興也道左之陽人所宜休息也箋云道左道東也日之熱恆在日中之後道東之杜人所宜休息也今人不休息者以其特生陰寡也興者喻武公初兼其宗族不求賢者與之在位君子不歸似乎特生之杜然○陰於鴆反又如字本亦作蔭同

彼君子兮噬肯適我噬逮也箋云肯可適之也彼君子之人至於此國皆可求之我君所君子之人義之與比其不來者君不求之○噬市世反韓詩作逝逝及也比毗志反

中心好之曷飲食之箋云曷何也言中心誠好之何但飲食之當盡禮極歡以待之○好呼報反下同飲於鴆反下文同食音嗣下同○疏有杕至食之○正義曰言有杕然特生之杜生於道

路之左人所宜休息今日所以人不休息者由其孤特獨生陰涼寡薄故也以興武公一國之君人所宜往仕今日所以人不往仕者由其孤特爲君不求賢者故也因教武公求賢之法彼君子之人今但能來逮於我國者皆可使之適我君之所何則君子之人義之與比故求則得之今不求者由君之不求之耳君欲求之當如之何君當忠心誠實好之何但飲食而已當盡禮極歡以待之則賢者自至矣○箋道左至杜然○正義曰王制云道路男子由右婦人由左言左右據南嚮西嚮爲正在陰爲右在陽爲左故傳言道左之陽箋以爲道東也物積而後始極既極而後方衰從旦積煖故日中之後乃極熱從昏積涼故半夜之後始極寒計一歲之日分乃爲陰陽當以仲冬極寒仲夏極暑而六月始大暑季冬乃大寒亦此意○傳噬逮○正義曰釋言文逮又別訓爲至故箋云君子之人至於此國訓此逮爲至也○箋肯可適之○正義曰肯可釋言文釋詁云之適往也故適得爲之

有杕之杜生于道周 周曲也○周韓詩作右 疏傳周曲○正義曰言道周遶之故爲曲也 彼君子兮噬肯來遊 遊觀也○觀古亂反 中心好之曷飲食之

有杕之杜二章章六句

葛生刺晉獻公也好攻戰則國人多喪矣 喪棄亡也夫從征役棄亡不反則其妻居家而怨思○好呼報反攻音貢又如字喪息浪反注同又如字思息嗣反或如字 疏葛生五章章四句至喪矣○正義曰數攻他國數與敵戰其國人或死行陳或見囚虜是以國人多喪其妻獨處於室故陳妻怨之辭以刺君也經五章皆妻怨之辭獻公以莊十八年立僖九年卒案左傳莊二十八年傳稱晉伐驪戎驪戎男女以驪姬閔元年傳曰晉侯作二軍以滅耿滅霍滅魏二年傳云晉侯使太子申生伐東山皋落氏僖二年晉師滅下陽五年傳曰八月晉侯圍上陽冬滅虢又執虞公八年

傳稱晉里克敗狄于采桑見於傳者已如此是其好攻戰也

葛生蒙楚蘞蔓于野興也葛生延而蒙楚蘞生蔓於野喻婦人外成於他家○蘞音廉又力恬反又力儉反徐又力劍反草木疏云似栝樓葉盛而細子正黑如燕薁不可食予美亡此誰與獨處箋云予我亡無也言我所美之人無於此謂其君子也吾誰與居乎獨處家耳從軍未還未知死生其今無於此

【疏】葛生至獨處○正義曰此二句互文而同興葛言生則蘞亦生蘞言蔓則葛亦蔓葛言蒙則蘞亦蒙蘞言于野則葛亦當言于野言葛生於此延蔓而蒙於楚木蘞亦生於此延蔓而蒙於野中以興婦人生於父母當外成於夫家既外成於夫家則當與夫偕老今我所美之人身無於此我誰與居乎獨處家耳由獻公好戰令其夫亡故婦人怨之也○傳葛生至他家○正義曰此二者皆是蔓草發此蒙彼故以喻婦人外成他家也陸機疏云蘞似栝樓葉盛而細其子正黑如燕薁不可食也幽州人謂之為服其莖葉煑以哺牛除熱

葛生蒙棘蘞蔓于域域營域也予美亡此誰與獨息息止也

角枕粲兮錦衾爛兮齊則角枕錦衾禮夫不在斂枕篋衾席韣而藏之箋云夫雖不在不失其祭也攝主主婦猶自齊而行事○齊側皆反本亦作齋下同篋口牒反韣本亦作獨又作韇徒木反予美亡此誰與獨旦箋云旦明也我君子無於此吾誰與齊乎獨自潔明

【疏】角枕至獨旦○正義曰婦人夫既不在獨齊而行祭當齊之時出夫之衾枕覩物思夫言此角枕粲然而鮮明兮錦衾爛然而色美兮雖有枕衾無人服用故怨言我所美之人身無於此當與誰齊乎獨自取潔明耳○傳齊則至藏之○正義曰傳以婦人怨夫不在而言角枕錦衾則是夫之衾枕也夫之衾枕非妻得服用且若得服用則終常見之又不得見其衾枕始恨獨旦知此衾枕是有故乃設非常服也家人之大事不過祭祀故知枕衾齊乃用之故云齊則角枕錦衾夫在之時用此以齊今夫既不在妻將攝祭其身既齊因出夫之齊服故覩之而思夫也傳又自明己意以禮夫不在斂枕篋衾席韣而藏之此無故不出夫衾枕明是齊時所用是以齊則出角

枕錦衾也內則云夫不在斂枕篋簟席韣而藏之此傳引彼變簟爲衾順經衾文○箋夫雖至行事○正義曰祭統云夫祭也者必夫婦親之是祭祀之禮必
夫妻共奉其事箋嫌夫不在則妻不祭故辨之云夫雖不在其祭也使人攝代爲主雖他人代夫爲主主婦猶自齊而行事是故因己之齊出夫之衾枕非用
夫衾枕以自齊也故王肅云見夫齊物感以增思是也夏之日冬之夜言長也箋云思者於晝夜之長時尤甚故。極之以盡情百歲
之後歸于其居箋云居墳墓也言此者婦人專一義之至情之盡○墳扶云反冬之夜夏之日百歲之後歸于
其室室猶居也箋云室猶冢壙○壙音曠

葛生五章章四句

采苓刺晉獻公也獻公好聽讒焉○苓力丁反卽甘草葉似地黃好呼報反【疏】采苓三章章八句至讒焉○正義曰以獻
公好聽用讒之言或見貶退賢者或進用惡人故刺之經三章皆上二句刺君用讒下六句教君止讒皆是好聽讒之事采苓采苓首陽之
巔興也苓大苦也首陽山名也采苓細事也首陽幽辟也細事喻小行也幽辟喻無徵也箋云采苓采苓者言采苓之人衆多非一也皆云采此苓於首陽
山之上首陽山之上信有苓矣然而今之采者未必於此山然而人必信之興者喻事有似而非○辟匹亦反下同行下孟反人之爲。言苟亦
無信舍旃舍旃苟亦無然苟誠也箋云苟且也。爲言謂。爲人。爲善言以稱薦之欲使見進用也旃之言焉也舍之焉舍之焉謂謗訕
人欲使見貶退也此二者且無信受之且無答然○爲言于僞反或如字下文皆同本或作僞字非舍音捨下同旃之然反爲言謂爲人並于僞反若經文依
字讀則此上爲字亦依字訕所諫反人之爲言胡得焉箋云人以此言來不信受之不答然之從後察之或時見罪何所得【疏】采苓至得

焉○毛以爲言人采苓采苓於何處采之於首陽之巔采之以與獻公問細小之行於何處求之於小人之身求之采采苓者細小之事以喻君求細小之行也首陽者幽辟之山喻小人是無徵驗之人也言獻公多問小行於小人言語無徵之人故所以讒言與也因教君止讒之法人之詐僞之言有妄相稱薦欲令君進用之者君誠亦勿得信之若有言人罪過令君舍之舍之者誠亦無得苟然君但能如此不受僞言則人之僞言者復何所得焉既無所得自然讒止也人之僞言與舍旃舍旃文互相見上云人之僞言則舍旃舍旃者亦是人之僞言也舍旃者謂謗訕人欲使見貶退則人之僞言謂稱薦人欲使見進用是互相明王肅諸本皆作爲言定本作僞言○鄭以采苓采苓者皆言我采此苓於首陽之巔然首陽之巔信有苓矣然而今人采之者未必於首陽而人必信之以其事有似也事雖似而實非以興天下之事亦有似之而實非者君何得聞人之讒而輒信之乎下六句唯以苟爲且餘同○傳苓大至無徵○正義曰苓大苦釋草文首陽之山在河東蒲坂縣南采苓者取草而已故爲細事首陽在河曲之內故爲幽辟細事喻小行謂小小之事幽辟喻無徵謂言無徵驗幽隱辟側非顯見之處故以喻小人言無徵驗也讒言之起由君暱近小人故責君數問小事於小人所以致讒言也箋易之者鄭荅張逸云篇義云好聽讒當似是而非者故易之

采苦采苦首陽之下苦苦菜也疏傳苦苦菜○正義曰此荼也陸機云苦菜生山田及澤中得霜恬脆而美所謂菫荼如飴內則云濡豚包苦用苦菜是也人之爲言苟亦無與舍旃舍旃苟亦無然無與勿用也人之爲言胡得焉采葑采葑首陽之東葑菜名也○葑孚容反人之爲言苟亦無從舍旃舍旃苟亦無然人之爲言胡得焉

采苓三章章八句

唐國十二篇三十三章二百三句

附釋音毛詩注疏卷第六（六之二）

毛詩注疏校勘記（六之二） 阮元撰盧宣旬摘錄

○綢繆

季夏之日 補白當作月

若薪蒭待人事 小字本相臺本蒭作芻閩本明監本毛本亦同案芻字是也釋文正義皆可證唯十行本作蒭乃沿經注本俗體字耳

斥嫁取者 小字本相臺本同案嫁衍字也此但刺取者不刺嫁者故下文云子取後陰陽交會之月也正義亦可證

謂之五月之末 閩本明監本毛本同小字本相臺本謂下無之字考文古本同案無者是也

○杕杜

有杕之杜 唐石經小字本相臺本同案釋文云杕本或作夷狄字非也考此六朝時河北本也其江南本木傍施大不誤見顏氏家訓

杕特貌 閩本明監本毛本同小字本相臺本特下有生字案此十行本無者是也釋文杕杕杜注云特貌顏氏家訓引江南本傳亦無生字正義云言有杕然特生之杜者是自爲文取下有杕之杜篇箋文爲說耳非此傳有生字也考彼箋乃本彼經生于道左而言之則此傳不應有明矣考文古本有采正義○按說文杕木特貌正本毛傳

湑湑枝葉不相比也 小字本相臺本同閩本明監本毛本亦同案比下當有次字此傳比次即取經胡不比焉胡不佽焉之文也釋文湑湑下云不相比次也是其本有次字正義云傳於此云湑湑枝葉不相比標起止云至相比或因經注本無次字而誤去之耳其餘仍多言比次也

以菁菁爲稀少之貌閩本明監本毛本同案下箋作希此正義作稀希稀古今字易而説之也例見前

○羔裘

袪袂也小字本相臺本同案釋文袪下云袂末也正義云此解直云袪袂定本云袪袂末與禮合釋文本與定本同下傳云本末不同正義云以裘身爲本裘袂爲末是也無取於袂爲本袪爲袂末當以正義本爲長見段玉裁毛詩詁訓傳注

又曰袂尺二寸閩本明監本毛本同案浦鏜云袪誤袂是也又下袂口也不誤浦幷改之則非

傳亦解與喻之義[補]案亦當作已

不應得有故亂舊恩好閩本明監本毛本同案浦鏜云亂疑衍字是也上文兩言故舊恩好可證

○鴇羽

君子下從征役唐石經小字本相臺本同案正義云言下從征役者又云定本作下從征役如其所言不爲有異當有異也釋文云政役音征篇內注同或定本作政字也考周禮小宰聽政役以比居注云政謂賦也凡其字或作正或作征以多言宜從征如孟子交征利云此序字與彼同考文古本作政采釋文

稹者根相迫迮梱致也小字本同閩本明監本毛本同相臺本梱作捆案捆字非也梱者稛字之借又釋文云致直置反下同正

義云定本緻皆作致是正義本此箋及下傳箋攻致皆作緻也考說文糸部本無緻字徐氏新附字有之鄭考工記注云積致也亦不從糸當以釋文定本爲長下傳攻致閩本以下作緻依正義改耳以後致字同此

其殽爲汁　閩本明監本毛本同案浦鏜云斗誤汁是也下多言杅汁誤同

曷其有常　唐石經以下各本同唯相臺原刻各有其誤

○無衣

刺晉武公也　閩本明監本毛本同唐石經小字本相臺本刺作美考文古本同案正義云美晉武公也所以美之者又云而作是無衣之詩以美之又云美其能幷晉國作美者是也上文譜正義云無衣有杕之杜則皆刺武公者誤

豈號奉使適晉　閩本明監本毛本號下有公字案所補是也

心未自安　小字本相臺本同閩本明監本同考文古本同毛本未作不案心未自安者承上箋謂七章之衣晉舊有之矣但未自安耳正義云心不自安乃自爲之不當依以改箋

安且燠兮　唐石經小字本相臺本同案釋文云奧本又作燠正義標起止云傳燠煖也是正義本作燠小明經作奧經中用字不畫一之例考文古本作奧采釋文

○有杕之杜

皆可求之我君所閩本明監本毛本同小字本相臺本求作來案來字是也正義云皆可使之適我君之所此來之之義也

君當忠心誠實好之閩本明監本毛本忠作中案所改是也

○葛生

域營域也閩本明監本毛本同小字本相臺本營作塋案此十行本營字是也營即塋之借字耳

故極之以盡情小字本相臺本極下有言字閩本明監本毛本同考文古本無極字案此十行本無言字者是也小大雅譜云要於極賢聖之情是其證

○采苓

人之爲言唐石經小字本相臺本同案此釋文本也正義云人之詐譌之言又下文盡作僞言是其證又云王肅諸本作爲言定本作僞言此引定本以證其同也釋文云爲言于僞反或如字下文皆同本或作僞字非考沔水民之訛言箋云訛僞也言時不令小人好詐僞爲交易之言正月人之訛言箋云訛僞也人以僞言相陷入其一訛言即此經之爲言也古爲僞訛三字皆聲類所近用作假借用作詁訓其理一也作爲則當讀作僞耳箋不云讀作者其於假借例有如此者也正義本定本乃依正字釋文讀于僞反及如字又云本或作僞字非其說皆未諦考文古本作僞下文注同皆采正義○按鄭箋云謂爲人爲善言上爲字去聲下爲字平聲讀之然則經文爲字不當作僞爲者作也造也王風傳云造爲也

爲言謂爲人爲善言小字本相臺本同案釋文云爲言謂爲人並于僞反若經文依字讀則此上爲字亦依字正義本經作僞言此

箋當亦作僞言下二爲字雖無明文但以經推之當是作爲人僞善言其爲人讀于僞反僞善言卽複舉經字也

附釋音毛詩注疏卷第六（六之三）

秦車鄰詁訓傳第十一 陸曰秦者隴西谷名也在雍州鳥鼠山之東北昔皋陶之子伯翳佐禹治水有功舜命作虞賜姓曰嬴其末孫非子為周孝王養馬於汧渭之間封為附庸邑于秦谷及非子之曾孫秦仲周宣王又命為大夫仲之孫襄公討西戎救周周室東遷以岐豐之地賜之始列為諸侯春秋時稱秦伯崔云秦在虞夏商為諸侯至周為附庸

毛詩國風　鄭氏箋　孔穎達疏

秦譜 秦者隴西谷名於禹貢近雍州鳥鼠之山○正義曰漢書地理志云秦今隴西秦亭秦谷是也於禹貢鳥鼠之山在雍州也鳥鼠與秦今俱在隴西故云近鳥鼠之山也爾雅云鳥鼠同穴其鳥為鵌其鼠為鼵是鳥鼠共處一山以為名既有鳥鼠之山又別有同穴之山禹貢王肅注云鳥鼠同穴皆山名是也○堯時有伯翳者實皋陶之子佐禹治水水土既平舜命作虞官掌上下草木鳥獸賜姓曰嬴○正義曰鄭語云嬴伯翳之後地理志云嬴伯益之後則伯翳伯益聲轉字異猶一人也地理志又云秦之先曰伯益助禹治水為舜虞官養草木鳥獸賜姓嬴氏秦本紀云秦之先帝顓頊之苗裔孫曰女脩女脩織玄鳥隕卵女脩吞之生子大業大業娶少典之子曰女華女華生太費太費與禹平水土又佐舜調馴鳥獸鳥獸多馴服是為伯翳舜賜姓嬴氏是治水賜姓之事也如本紀之言則益又名太費太費之父名大業列女傳曰皋子生五歲而佐禹曹大家注云皋子皋陶之子伯益也然則皋陶大業一人也且秦是伯益之後而中侯苗興云皋陶之苗為秦秦出伯益明是皋陶之子也先言伯翳然後上本皋陶者以舜賜伯翳為嬴姓不賜皋陶秦為嬴姓始自伯翳故以伯翳為首也虞書稱舜曰疇若予上下草木鳥獸。僉曰益哉帝曰俞益汝作朕虞是舜命作虞官也歷夏商興衰亦世有人焉○正義曰本紀又云太費生子二人一曰太廉實鳥。谷氏二曰若木實費氏其玄孫曰費昌子孫或在中國或在夷狄費昌當夏桀之時去夏歸商爲湯御以敗桀太廉玄孫曰孟戲中衍帝大戊使爲御而妻之自大戊以下中衍之後遂世有功以佐殷國故嬴姓名顯遂爲諸侯其玄孫曰中潏在西戎保西垂生蜚廉蜚廉生惡來惡來有力蜚廉善走父子俱以材力事紂是世有人焉○周孝王使其末孫非子養馬於汧渭之間孝王爲伯翳能知禽獸之言子孫不絶故封非子爲附庸邑之於秦谷○正義曰本紀又云惡來有子曰女妨女妨生旁皋旁皋生大几大几生大雒大雒生非子非子居犬丘好馬及畜善養息之犬丘人言之周孝王孝王召使主馬于汧渭之間馬大蕃息孝王欲以爲大雒適嗣申侯之女爲大雒之妻生子成爲適於是孝王曰昔伯翳爲舜主畜畜多息故有土今其後世亦爲朕息馬朕其分土爲附庸邑之秦使復續嬴氏祀號曰秦嬴亦不廢申侯之女子爲大雒適者是孝王使養馬封之事也言將以非子爲大雒之嗣則從中潏以來世保西垂常有國土非子分其國地別爲附庸也本紀直云伯翳爲舜主畜不云能知禽獸之言地理志稱孝王云昔伯益知禽獸是知其言語也僖二十九年左傳說介葛盧聞牛鳴而知其音賈逵云伯益曉是術蔡雍云伯翳綜聲於語鳥葛盧辯音於鳴牛是伯翳知禽獸之言也○至曾孫秦仲宣王又命作大夫始有車馬禮樂侍御之好國人美之翳之變風始作○正義曰本紀又云秦嬴生秦侯立十年卒生公伯公伯立三年卒生秦仲是仲爲非子曾孫也又云秦仲立三年周厲王無道西戎滅犬丘大雒之族周宣王即位乃以秦仲爲大夫誅西戎是宣王又命作大夫也王制云子男五十里不能五十里者附於諸侯曰附庸周禮男國百里則附庸又無百里矣鄭滕紀莒之等以其國小蔑而不錄其詩而錄秦仲附庸之風者鄭語云桓公問於史伯曰姜嬴其孰興對曰國大而有德者近興秦仲齊侯姜嬴之儁也且大其將興乎言秦仲國大將興是其土地廣寬雖未得爵命而大於邾莒詩者緣政而作故附庸而得有詩也且秦於襄公之後國大而錄其詩因秦仲先已有詩故幷錄之耳案年表秦仲以宣王六年卒計桓公問史伯之時乃在幽王九年所以仍言秦仲者秦仲之後遂爲大國以秦仲有德故繫而言之秦仲以字配國者附庸未得爵命無謚可稱春秋附庸君例稱名褒之則書字秦仲又作宣王大夫史策之文正當書字故稱字體國以美之也○秦仲之孫襄公平王之初興兵討西戎以救周平王東遷王城乃以岐豐之地賜之始列爲諸侯○正義曰本紀稱秦仲生莊公莊公生襄公又云犬戎殺幽王襄公將兵救周戰甚有功周避戎難東徙洛邑襄公以兵送周平王平王。討襄公爲諸侯賜之岐山以西之地封爵之襄公於是始國與諸侯通使聘享之禮是平王之初救周賜地之事也襄公始爲諸侯莊公已稱公者蓋追謚之也○遂橫有周西都宗周畿內八百里之地○正義曰地理志初洛邑與宗周通封畿東西長而南北短短長相覆爲千里則周之二都相接爲畿其地東西橫長西都方八百里也本紀云賜襄公岐以西之地襄公生文公於是文公遂收周餘民有之地至岐岐以東獻之周如本紀之言則襄公所得自岐以西如以鄭言橫有西都八百里之地則是全得西畿言與本紀異者案終南之山在岐之東南大夫之戒襄公已引終南爲喻則襄公亦得岐東非唯自岐以西也卽如本紀之言文公收周餘民又獻岐東於周則秦之東境終不過岐而春秋之時秦境東至於河襄公已後更無功德之君復是何世得之也明襄公救周卽得之矣本紀之言不可信也○其封域東至迆山在荆岐終南惇物之野○正義曰迆謂靡迆境界廣被之意於禹貢無迆山鄭據時山之名案秦境所及而言之禹貢雍州云荆岐既旅終南惇物則此山皆屬雍州秦居其傍故云之野也不言西至獨言東至者以秦居隴西東拓土境上已云近鳥鼠之山不須。便言其西故直言東至而已鄭既云變風作而又言此者以襄公之時又能取周地與秦仲時異故復說其得地之由境界所在○至玄孫德公又徙於雍云○正義曰案本紀襄公生文公文公生靖公靖公生寧公寧公生武公武公卒立其弟德公是德公爲襄公玄孫也本紀又言秦仲自中潏已後世保西垂至大雒生非子非子別居於犬丘厲王時西戎滅大雒之族秦仲之子莊公伐西戎破之幷得大雒之地爲西垂大夫文公元年居西垂宮三年冬獵至汧渭之會曰昔周邑我先秦嬴於此後卒爲諸侯乃卜居之占曰吉卽營邑之寧公二年徙居平陽德公元年初居雍城徐廣云犬丘今槐里縣也平陽今郿縣平陽亭是也雍今扶風雍縣也如本紀之言則大雒之族世居西垂非子封爲附庸別居槐里及莊公伐戎幷得大雒之地即就大雒舊居西垂也至文公還居非子舊墟在汧渭之間即槐里是也寧公徙平陽至德公乃徙雍鄭獨言德公徙雍者以德公之後常居雍故特言之僖十三年左傳云秦輸粟于晉自雍及絳昭元年左傳云秦后子享晉侯自雍及絳是秦自德公已後常雍也本或作穆公徙雍者誤耳何則穆公者德公之子於襄公爲玄孫之子非玄孫也又中侯覬期注秦本在隴西襄公玄孫德公始徙雍是鄭依本紀以爲德公徙雍非穆公也本紀又云德公立二年卒子宣公立十二年卒弟成公立四年卒弟穆公任好立三十九年卒子罃代立是爲康公此其君次也其詩則車鄰美秦仲爲秦仲詩也駟鐵小戎蒹葭終南序皆云襄公是襄公詩也黄鳥刺繆公是繆公詩也晨風渭陽權輿序皆云康公是康公詩也無衣在其中明亦康公詩矣故鄭於左方中皆以此而知也襄二十九年左傳季札見歌秦曰美哉此之謂夏聲服虔云秦仲始有車馬禮樂之好侍御之臣戎車四牡田狩之事其孫襄公列爲秦伯故蒹葭蒼蒼之歌終南之詩追錄先人車鄰駟鐵小戎之歌與諸夏同風故曰夏聲如服之意以駟鐵小戎爲秦仲之詩與序正違其言非也言夏聲者杜預云秦本在西戎汧隴之西秦仲始有車馬禮樂去戎狄之音而有諸夏之聲故謂之夏聲耳不由在諸夏追錄故稱夏也

車鄰

美秦仲也秦仲始大有車馬禮樂侍御之好焉○鄰本亦作隣又作轔栗人反○始大絶句或連下句非

疏 車鄰三章一章四句二章章六句至好焉○正義曰作車鄰詩者美秦仲也秦仲之國始大又有車馬禮樂侍御之好焉故美之也言秦仲始大者秦自非子以來世爲附庸其國仍小至今秦仲而國土大矣由國始大而得有此車馬禮樂故言始大以冠之有車馬者首章上二句是也侍御者下二句是也二章卒章言鼓瑟鼓簧竝論樂事用樂必有禮是禮樂也經先寺人後鼓瑟序先禮樂後侍御者經以車馬行於道路國人最先見之故先言車馬欲見秦仲先令寺

人故次言寺人既見秦仲始見其禮樂故後言鼓瑟二章傳曰又見其禮樂是從外而入以次見之序以車馬附於身經又在先故先陳之禮樂又重於侍御故先禮樂而後侍御此三者皆是君之容好故云之好爲必知斷始大爲句者以駟鐵序云始命謂始命爲諸侯也即知此始大謂國土始大也若連下爲文即車馬禮樂多少有度不得言大有也王肅云秦爲附庸世處西戎秦仲脩德爲宣王大夫遂誅西戎是以始大鄭語云秦仲齊侯姜嬴之儁且大其將興乎韋昭注引詩序曰秦仲始大是先儒斷始大爲句

有車鄰鄰有馬白顛鄰鄰衆車聲也白顛的顙也○顛都田反的丁歷反顙桑黨反

未見君子寺人之令寺人內小臣也箋云欲見國君者必先令寺人使傳告之時秦仲又始有此臣○寺如字又音侍本亦作侍字寺人奄人令力呈反注同又力政反沈力丁反韓詩作伶云使伶傳直專反

疏有車至之令○正義曰此美秦初有車馬侍御之好言秦仲有車衆多其聲鄰鄰然有馬衆多其中有白顛之馬車馬既多又有侍御之臣未見君子秦仲之時若欲見之必先有寺人之官令請之使寺人傳告秦仲然後人得見之○傳鄰鄰至的顙○正義曰車有副貳明非一車故以鄰鄰爲衆車之聲車既衆多則馬亦多矣故於馬見其毛色而已不復言衆多也釋畜云馬的顙白顛舍人曰的白也顙額也額有白毛今之戴星馬也○傳寺人內小臣○正義曰天官序官云內小臣奄上士四人寺人王之正內五人則天子之官內小臣與寺人別官也燕禮諸侯之禮也經云獻左右正與內小臣是諸侯之官有內小臣也左傳齊有寺人貂晉有寺人披是諸侯之官有寺人也然則寺人與內小臣別官矣此云寺人內小臣者解寺人官之尊卑及所掌之意言寺人是在內細小之臣非謂寺人即是內小臣之官也內小臣之官與寺人之官猶自別矣若然巷伯箋云巷伯內小臣奄官上士四人與寺人之官相近彼言巷伯內小臣巷伯卽是內小臣之官此傳言寺人內小臣而知寺人非內小臣之官者毛鄭異人言非一概正以天子諸侯之官內小臣與寺人皆別明傳意不以寺人爲內小臣之官也巷伯所以知卽是內小臣者以寺人作詩而篇名巷伯明巷伯非

寺人序言巷伯奄官則巷伯與寺人之官同掌內事相近明矣巷者宮中道名也伯者長也主宮巷之官最長者唯有內小臣耳故知巷伯即是內小臣之官也○箋欲見至此臣○正義曰附庸雖未爵命自君其國猶若諸侯故言欲見國君使寺人傳告之舉寺人以美秦仲者明仲又始有此臣也案夏官小臣掌王之命天官寺人掌王之內人及女宮之戒令然則天子之官自有小臣主王命寺人主內令不主王命矣燕禮云小臣戒與者則諸侯之官有小臣亦應小臣傳君命此說國君之禮使寺人傳命者天子備官故外內異職諸侯兼官外內共掌之也僖五年左傳說晉獻公使寺人披伐公子重耳於蒲昭十年傳說宋平公之喪使寺人柳熾炭于位則諸侯寺人傳達君命是禮之常也

阪有漆隰有栗興也陂者曰阪下濕曰隰箋云興者喻秦仲之君臣所有各得其宜○阪音反又扶板反陂彼寄反又普羅反又彼皮反

既見君子並坐鼓瑟又見其禮樂焉箋云既見既見秦仲也並坐鼓瑟君臣以閑暇燕飲相安樂也○閑音閑樂音洛下文並同

今者不樂逝者其耋耋老也八十曰耋箋云今者不於此君之朝自樂謂仕焉而去仕他國其徒自使老言將後寵祿也○耋田結反一音天節反朝直遙反後胡豆反又如字

疏阪有至其耋○正義曰言阪上有漆木隰中有栗木各得其宜以興秦仲之朝上有賢君下有賢臣上下各得其宜既見此君子秦仲其君臣閑暇無爲燕飲相樂並坐而鼓瑟也既見其善政則願仕焉我今者不於此君之朝仕而自樂若更之他國者其徒自使老言將後於寵祿無有得樂之時美秦仲之賢故人皆欲願仕也○傳陂者至曰隰○正義曰釋地云下濕曰隰李巡曰下濕謂土地窊下常沮洳名爲隰也又云陂者曰阪下者曰隰李巡曰陂者謂高峯山陂下者謂下濕之地隰濕也○箋既見至安樂○正義曰由其君明臣賢政清事簡故皆並坐而觀鼓瑟作樂必飲酒故云燕飲相安樂檀弓稱工尹商陽止其御曰朝不坐燕不與注云朝燕於寢大夫坐於上士立於下彼言正法耳秦仲君臣安樂或士亦與焉故作者羨之而願仕也○傳耋老也八十曰耋○正義曰耋老釋言文孫炎曰耋者色如生鐵易離卦

云大耋之嗟注云年踰七十僖九年左傳曰伯舅耋老服虔云七十曰耋此言八十曰耋者耋有七十八十無正文也以仕者七十致事仕者慮己之耋欲得早致事故以爲八十也○箋今者至寵祿○正義曰作者羨其閑暇欲得自樂故知樂者謂仕焉逝訓爲往故知逝者謂去仕他國今得明君之朝不仕而去是其徒自使老言將後寵祿謂年歲晚莫不堪仕進在寵祿之後也

阪有桑隰有楊既見君子並坐鼓簧簧笙也○簧音黄

今者不樂逝者其亡亡喪棄也

車鄰三章一章四句二章章六句

駟驖美襄公也始命有田狩之事園囿之樂焉始命命爲諸侯也。秦。始附庸也○驖田結反又吐結反驖驪馬也始命絶句囿音又沈又尤菊反樂音洛

疏駟驖三章章四句至樂焉○正義曰作駟驖詩者美襄公也秦自非子以來世爲附庸未得王命今襄公始受王命爲諸侯有遊田狩獵之事園囿之樂焉故美之也諸侯之君乃得順時遊田治兵習武取禽祭廟附庸未成諸侯其禮則闕故今襄公始命爲諸侯乃得有此田狩之事故云始命也田狩之事三章皆是也言園囿之樂者還是田狩之事。於園。於囿皆有此樂故云園囿之樂焉獵則就於囿中上二章囿中事也調習則在園中下章園中事也有蕃曰園有牆曰囿園囿大同蕃牆異耳囿者域養禽獸之處其制諸侯四十里處在於郊靈臺云王在靈囿鄭駁異義引之云三靈辟雍在郊明矣孟子對齊宣王云臣聞郊關之內有囿焉方四十里是在郊也園者種菜殖果之處因在其內調習車馬言遊於北園蓋近在國北地官載師云以場圃任園地明其去國近也○箋始命至附庸○正義曰本紀云平王封襄公爲諸侯賜之岐西之地然則始命之爲諸侯謂平王之世又解言始命之意秦始爲附庸謂非子至於襄公莊公常爲附庸今始得命故言始也本或秦下有仲衍字定本直云秦始附庸也

駟驖孔阜六轡

在手驖驪阜大也箋云四馬六轡六轡在手言馬之良也○阜符有反驪力知反

公之媚子從公于狩能以道媚於上下者冬獵曰狩箋云媚於上下謂使君臣和合也此人從公往狩言襄公親賢也○媚眉冀反

【疏】駟驖至于狩○正義曰言襄公乘一乘駟驖色之馬甚肥大也馬既肥大而又良善御人執其六轡在手而已不須控制之也公乘此良馬與賢人共獵公之臣有能媚於上下之子從公而往田狩公又能親賢如是故國人美之○傳驖驪阜大○正義曰檀弓云夏后氏尚黑戎事乘驪則驪黑色驖者言其色黑如驖故爲驪也說馬之壯大而云孔阜故知阜爲大也○箋四馬至之良○正義曰每馬有二轡四馬當八轡矣諸文皆言六轡者以驂馬內轡納之於軾故在手者唯六轡耳聘禮云賓覿總乘馬注云總八轡牽之贊者謂步牽馬故八轡皆在手也大叔于田言六轡如手謂馬之進退如御者之手故爲御之良此言六轡在手謂在手而已不假控制故爲馬之良也○傳能以至曰狩○正義曰媚訓愛也能使君愛臣令上媚下又使一臣愛君令下媚上能以己道愛於上下故箋申之云謂使君臣上下和合言此一人之身能使他人上下和合也卷阿云媚于天子媚于庶人謂吉士之身媚上媚下知此亦不是己身能上媚下媚者以其特言公之媚子從公于狩明是大賢之人能和合他人使之相愛非徒己身能愛人而已文王四友予曰有疏附能使疏者親附是其和合他人則其爲賢也謂之媚子者王肅云卿大夫稱子冬獵曰狩釋言文

奉時辰牡辰牡孔碩時是辰時也冬獻狼夏獻麋春秋獻鹿豕羣獸箋云奉是時牡者謂虞人也時牡甚肥大言禽獸得其所○麋亡悲反

公曰左之舍拔則獲拔矢末也箋云左之者從禽之左射之也拔括也舍拔則獲言公善射○舍音捨拔蒲末反射食亦反括苦活反善射音社

【疏】奉時至則獲○正義曰言襄公田獵之時虞人奉是時節之牡獸謂驅以待公射之此時節之牡獸甚肥大矣公戒御者曰從左而逐之公乃親自射之舍放矢括則獲得其獸言公之善射○傳時是至羣獸○正義曰時是釋詁文釋訓云不辰不時也是辰爲時也冬獻狼以下皆天官獸人文所異

者彼言獸物此言羣獸耳彼注云狼膏聚麋膏散聚則溫散則涼以救時之苦也獸物凡獸皆可獻及狐狸也然則獸之供食各有時節故謂之時牡○箋奉是至其所○正義曰地官山虞云若大田獵則萊山田之野及弊田植虞旗于中以致禽然則田獵是虞人所掌必是虞人驅禽故知奉是時牡謂虞人也案獸人所獻之獸以供膳傳引獸人所獻以證虞人奉之者以下句言舍拔則獲此是獵時之事故知是虞人奉之也獸人獻時節之獸以供膳故虞人亦驅時節之獸以待射虞人無奉獸之文故引獸人之文以解時牡耳○傳拔矢末○正義曰言舍拔則獲是放矢得獸故以拔為矢末以鏃為首故拔為末○箋左之至譬射○正義曰王制云佐車止則百姓田獵注云佐車驅逆之車得不以從左驅禽謂之佐車者彼驅逆之車依周禮田僕所設非君所乘此公曰左之是公命御者從禽之左逐之欲從禽之左而射之也此是君所乘田車非彼驅逆之車也逐禽由左禮之常法必言公曰左之者公見獸乃命逐之故言公曰傳以拔為矢末不辯為拔之處故申之云拔括也家語孔子與子路論矢之事云括而羽之鏃而礪之其入之不益深乎是謂矢末為括也既言公曰則是公自舍之故云公善射也

遊于北園四馬既閑

閑習也箋云公所以田則克獲者乃遊于北園之時時則已習其四種之馬○種章勇反

輶車鸞鑣載獫歇驕

輶輕也獫歇驕田犬也長喙曰獫短喙曰歇驕箋云輕車驅逆之車也置鸞於鑣異於乘車也載始也始田犬者謂達其搏噬始成之也此皆遊於北園時所為也○輶由九反又音由鸞盧端反鑣彼驕反獫力驗反說文音力劒反歇本又作猲許謁反說文音火遏反驕本又作獢同許喬反輕遣政反又如字下同喙況廢反驅丘遇反或丘于反乘繩證反搏音博舊音付【疏】遊于至歇驕○正義曰此則倒本末獵之前調習車馬之事言公遊于北園之時四種之馬既已閑習之矣於是之時調試輕車置鸞於鑣以試之既調和矣又始試習獫與歇驕之犬皆曉達搏噬之事遊于北園已試調習故今狩於囿中多所獲得也○傳閑習○正義曰釋詁文○箋公所至之馬○正義曰夏官校人辨六馬之屬種馬戎馬齊馬道馬田馬駑馬天

子馬六種諸侯四種鄭以隆殺差之諸侯之馬無種戎也此說獵事止應調習田焉而已而云四種之馬皆調之者以其田獵所以教戰諸馬皆須調習故作者因田馬調和廣言四種皆習也○傳輶輕至歇驕○正義曰輶輕釋言文此說獵事故知獫與歇驕皆田犬非守犬也故辨之長喙獫短喙歇驕釋畜文李巡曰分別犬喙長短之名○箋輕車至所為○正義曰夏官田僕掌設驅逆之車注云驅驅禽使前趍獲逆御還之使不出圍然則田僕掌田而設驅逆之車故知輕車即驅逆之車也若君所乘者則謂之田車不宜以輶輕為名且下句說犬明是車驅之而犬獲之故知是驅逆之車非君車也冬官考工記云乘車之輪崇六尺有六寸注云乘車玉路金路象路也言置鸞於鑣異於乘車謂異於彼玉金象也夏官大馭及玉藻經解之注皆云鸞在衡和在軾謂乘車之鸞也此云鸞鑣則鸞在於鑣故異於乘車也鸞和所在經無正文經解注引韓詩內傳曰鸞在衡和在軾又大戴禮保傅篇文與韓詩說同故鄭依用之蓼蕭傳曰在軾曰和在鑣曰鸞箋不易之異義戴禮戴毛氏二說謹案云經無明文且殷周或異故鄭亦不駮商頌烈祖箋云鸞在鑣以無明文且殷周或異故鄭為兩解釋詁云哉始也哉載義同故亦為始釋訓云暴虎徒搏也則搏者殺獸之名哀十二年左傳曰國狗之瘈無不噬也則噬謂瘈也此小犬初成始解搏噬故云始成之也章首云遊于北園知此遊北園時習也

駟驖三章章四句

小戎美襄公也備其兵甲以討西戎西戎方彊而征伐不休國人則矜其車甲婦人能閔其君子焉矜夸大也國人夸大其車甲之盛有樂之意也婦人閔其君子恩義之至也作者敘外內之志所以美君政教之功

○小戎王云駕兩馬者矜居澄反夸苦花反樂音洛又音岳【疏】小戎三章章十句至君子○正義曰作小戎詩者美襄公也襄公能備具其兵甲以征討

西方之戎於是之時西戎方漸強盛而襄公征伐不休國人應苦其勞婦人應多怨曠襄公能說以使之國人忘其軍旅之苦則矜夸其車甲之盛婦人無怨曠之志則能閔念其君子皆襄公使之得所故序外內之情以美之三章皆上六句是矜其車甲下四句是閔其君子○箋矜夸大○正義曰僖九年公羊傳曰葵丘之會桓公震而矜之叛者九國矜者何猶曰莫若我也班固云矜夸宮室是矜爲夸大之義也

小戎俴收五楘梁輈小戎兵車也俴淺收軫也五五束也楘歷錄也梁輈輈上句衡也一輈五束束有歷錄箋云此羣臣之兵車故曰小戎○俴錢淺反收如字楘音木本又作鞪革歷錄也曲轅上束也輈陟留反軫之忍反歷錄一本作歷祿句古侯反游環脅驅陰靷鋈續游環靷環也游在背上所以禦出也脅驅慎駕具所以止入也陰揜軌也靷所以引也鋈白金也續續靷也箋云游環在背上無常處貫驂之外轡以禁其出脅驅者著服馬之外脅以止驂之入揜軌在軾前垂輈上鋈續白金飾續靷之環○驅本亦作駈起俱反靷音胤鋈音沃舊音惡續義如字徐辭屨反靳環居覲反本又作靷沈云舊本皆作靳靳者言無常處游在驂馬背上以驂馬外轡貫之以止驂之出左傳云如驂之有靳居覲反無取於靷也禦魚呂反慎或作順義亦兩通揜於檢反處昌慮反著直略反又丁略反軾音式本亦作式文茵暢轂駕我騏馵文茵虎皮也暢轂長轂也騏騏文也左足白曰馵箋云此上六句者國人所矜○茵音因文茵以虎皮爲茵茵車席也暢勑亮反轂音谷騏音其馵之樹反言念君子溫其如玉箋云言我也念君子之性溫然如玉玉有五德在其板屋亂我心曲西戎板屋箋云心曲心之委曲也憂則心亂也此上四句者婦人所用閔其君子

【疏】小戎至心曲○正義曰國人夸兵車之善云我襄公羣臣卑小之戎車既淺短其軫矣又五節束縛歷錄此梁輈使有文章矣貫驂馬之外轡則有游環以止驂馬之外出自衡至軫當服馬之外脅則有脅驅以止驂馬之內入陰板之前又有皮靷以白金飾其相續之處車上又有虎皮文章之茵蓐其車又是長轂之戎車又駕我之騏馬與馵馬

車馬備具如是以此伐戎何有不克者乎又言婦人閔其君子云我念君子之德行其心性温然其如玉無有瑕惡之處也今乃遠在其西戎板屋之中終我思而不得見之亂我心中委曲之事也○傳小戎至歷錄○正義曰兵車兵戎之車小大應同而謂之小戎者六月云元戎十乘以先啓行元大也先啓行之車謂之大戎從後行者謂之小戎故箋申之云此羣臣之兵車故曰小戎言羣臣在元戎之後故也俴淺釋言文收軫者相傳爲然無正訓也軫者上之前後兩端之横木也蓋以爲此軫者所以收斂所載故名收焉輈者轅也言五楘梁輈五楘是轅上之飾故以五爲五束言以皮革五處束之楘歷錄者謂所束之處因以爲文章歷錄然歷錄蓋文章之貌也梁輈輈上曲句衡衡者輗也轅從軫以前稍曲而上至衡則居衡之上而鄉下句之衡則横居輈下如屋之梁然故謂之梁輈也考工記云國馬之輈深四尺有七寸注云馬高八尺兵車乘車軹崇三尺有三寸加軫與轐七寸又幷此輈深衡高八尺七寸也除馬之高則餘七寸爲衡頸之間也是輈在衡上故頸間七寸也又解五是五道束之楘則歷錄之稱而謂之五楘者以一輈之上有五束每束皆有文章歷錄故謂之五楘也此言俴收下言暢轂皆謂兵車也兵車言淺軫長轂者對大車平地載任之車爲淺爲長也考工記云兵車之輪崇六尺有六寸椁其漆內而中詘之以爲之轂長注云六尺六寸之輪漆內六尺四寸是爲轂長三尺二寸鄭司農云椁者度兩漆之內相距之尺寸是兵車之轂長三尺三寸也考工記又說車人爲車柯長三尺轂長半柯是大車之轂長尺半也兵車之轂比之爲長故謂之長轂考工記又云輿人爲車輪崇車廣衡長參如一參分車廣去一以爲隧注云兵車之隧四尺四寸鄭司農云隧謂車輿深也則兵車當輿之內從前軫至後軫唯深四尺四寸也車人云大車牝服二柯有參分柯之二注云大車平地載任之車牝服長八尺謂較也則大車之用內前軫至後軫其深八尺兵車之軫比之爲淺故謂之淺軫也人之升車也自後登之入於車內故以深淺言之名之曰隧隧者深也鄭司農云隧謂車輿深玄謂讀如遂宇之遂是軫有深淺之義故此言淺軫也○傳游環至續靷○正義曰游環者以環貫靷游在背上

故謂之靷環也貫兩驂馬之外轡引轡爲環所束驂馬欲出此環牽之故所以
禦出也定本作靷環脅驅者以一條皮上繫於衡後繫於軫當服馬之脅愛慎
乘駕之具也驂馬欲入則此皮約之所以止入也陰揜軌者謂輿下三面材以
板木橫側車前所以陰映此軌故云揜軌也靷者以皮爲之繫於陰板之上今
驂馬之引何則此車衡之長唯六尺六寸止容二服而已驂馬頸不當衡別爲
二靷以引車故云所以引也大叔于田云兩服齊首兩驂鴈行明驂馬之首不
與服馬齊也襄十四年左傳稱庾公差追衞獻公射兩軥而還服虔云軥車軛
也兩軛又馬頸者是一衡之下唯有服馬二頸也哀二年左傳稱郵無恤說己
之御云兩靷將絕吾能止之駕而乘材兩靷皆絕是橫軌之前別有驂馬二靷
也釋器云白金謂之銀其美者謂之鐐然則白金不名鋈言鋈白金者鋈非白
金之名謂銷此白金以沃灌靷環非訓鋈爲白金也金銀銅鐵總名爲金此說
兵車之飾或是白銅白鐵未必皆白銀也劉熙釋名云游環在服馬背上驂馬
之外轡貫之游移前卻無定處也脅驅當服馬脅也陰蔭也橫側車前所以蔭
笭也靷所以引車也鋈沃也治白金以沃灌靷環也續續靷端也○箋游環至
之環○正義曰此經所陳皆爲驂馬設之故箋申明毛禦出止入之意言所以
禁止驂馬也軜在軌前橫木映軌故知垂軜上謂陰板垂軜上也靷言鋈續則
是作環相接故云白金飾續靷之環○傳文茵至曰馵○正義曰茵者車上之
褥用皮爲之言文茵則皮有文采故知虎皮也劉熙釋名云文茵車中所坐也
用虎皮有文采是也暢訓爲長故爲長轂言長於大車之轂也色之青黑者名
爲綦馬名爲騏知其色作綦文釋畜云馬後右足白驤左白馵樊光云後右足
白曰驤左足白曰馵然則左足白者謂後左足也釋畜又云膝上皆白惟馵郭
璞曰馬膝上皆白爲馵惟馵後左脚白者直名馵意亦同也○箋言我至五德○
正義曰言我釋詁文聘義云君子比德於玉焉溫潤而澤仁也縝密以栗知也
廉而不劌義也垂之如墜禮也孚尹旁達信也卽引詩云言念君子溫其如玉
有五德也沈文又云叩之其聲清越以長其終詘然樂也瑕不揜瑜瑜不揜瑕
忠也氣如白虹天也精神見于山川地也圭璋特達德也凡十德唯言五德者

以仁義禮智信五者人之常故舉五常之德言之耳○傳西戎板屋○正義曰地理志云天水隴西山多林木民以板爲屋故秦詩云在其板屋然則秦之西垂民亦板屋言西戎板屋者此言亂我心曲則是君子伐戎其妻在家思之故知板屋謂西戎板屋念想君子伐得而居之也

四牡孔阜六轡在手騏駵是中騧驪是驂黃馬黑喙曰騧箋云赤身黑鬣曰駵中中服也驂兩騑也○駵音留騧古花反鬣本又作鬛力輒反騑芳非反

龍盾之合鋈以觼軜龍盾畫龍其盾也合合而載之軜驂內轡也箋云鋈以觼軜軜之觼以白金爲飾也軜繫於軾前○盾順允反徐又音允觼古穴反軜音納內也

言念君子溫其在邑在敵邑也方何爲期胡然我念之箋云方今以何時爲還期乎何以然了不來言望之也

【疏】四牡至念之○正義曰此國人夸馬之善云我君之兵車所駕四牡之馬甚肥大也馬既肥大而又良善御人執其六轡在手而己不假控制之也此四牡之馬何等毛色騏馬駵馬是其中謂爲中服也騧馬驪馬是其驂謂爲外驂也其車上所載攻戰之具則有龍盾之合畫龍於盾合而載之以敵車也其驂馬內轡之末鋈金以爲觼軜之於軾前車馬備具如是以此伐戎豈有不克者乎又云婦人閔其君子云我念君子其體性溫然其在敵人之邑方欲以何時爲還期乎何爲了然不來而使我念之也○傳黃馬黑喙曰騧○正義曰釋畜云馬黑喙騧不言身黃傳以爲黃馬者蓋相傳爲然故郭璞云今之淺黃色者爲騧馬○箋赤身至兩騑○正義曰爾雅有駵白駁駵馬白腹騵則駵是色名說者皆以駵爲赤色若身鬣俱赤則爲騂馬故爲赤身黑鬣今人猶謂此爲駵馬也車駕四馬在內兩馬謂之服在外兩馬謂之騑故云中中服驂兩騑也春秋時鄭有公子騑字子駟是有騑乃成駟也○傳龍盾至內轡○正義曰盾以木爲之而謂之龍盾明是畫龍於盾也此說車馬之事盾則載於車上故云合而載之王肅云合而載之以爲車蔽也言鋈以觼軜謂白金飾皮爲觼以納物也四馬八轡而經傳皆言六轡明有二轡當繫之馬之有轡者所以制馬之左右令之隨逐人意驂馬欲入則偪於脅驅

內轡不須牽挽故知納者納驂內轡繫於軾前其繫之處以白金爲觼也 俴駟孔羣厹矛鋈錞蒙伐有苑 俴駟四介馬也孔甚也厹三隅矛也錞鐏也蒙討羽也伐中干也苑文貌箋云俴淺也謂以薄金爲介之札介甲也甚羣者言和調也蒙。厖也討雜也畫雜羽之文於伐故曰厖伐○俴駟韓詩云駟馬不著甲曰俴駟厹音求錞徒對反舊徒猥反一音敦說文云矛戟下銅鐏伐如字本或作瞂音同中干也介音界甲也鐏徂寸反又子遜反札側八反厖莫江反

虎韔鏤膺交韔二弓竹閉緄縢 虎虎皮也韔弓室也膺馬帶也交韔交二弓於韔中也閉紲緄繩縢約也箋云鏤膺有刻金飾也○韔勑亮反下同本亦作暢鏤魯豆反膺於澄反閉悲位反鄭注周禮云弓檠曰柲弛則縛於弓裏備頓傷也以竹爲之柲音悲位反徐邊惠反一音必結反緄古本反縢直登反紲息列反

言念君子載寢載興厭厭良人秩秩德音 厭厭安靜也秩秩有知也箋云此既閔其君子寢起之勞又思其性與德○厭於鹽反秩陳乙反知音智本亦作智

疏 俴駟至德音○正義曰此國人夸兵甲之善言我有淺薄金甲以被四馬甚調和矣三隅之厹矛以白金爲其錞矣繪畫雜羽所飾之盾其文章有苑然而美矣其弓則有虎皮之韜其馬則有金鏤之膺其未用之時備其折壞交韔二弓於韔之中以竹爲閉置於弓隈然後以繩約之然則兵甲矛盾備具如是以此伐戎豈有不克者乎又言婦人閔其君子云我念我之君子則有寢則有興之勞我此君子體性厭厭然安靜之善人秩秩然有哲知其德音遠聞如此善人今乃又供軍役故閔念之○傳俴駟至文貌○正義曰俴訓爲淺駟是四馬是用淺薄之金以爲駟馬之甲故知淺駟四介馬也成二年左傳說齊侯與晉戰云不介馬而馳之是戰馬皆披甲也孔甚釋言文厹矛三隅矛刃有三角蓋相傳爲然也曲禮曰進戈者前其鐏後其刃進矛戟者前其鐓是矛之下端當有鐓也彼注云銳底曰鐏取其鐏地平底曰鐓取其鐓地則鐓鐏異物言鐓鐏者取類相明非訓爲鐏也上言龍盾是畫龍於盾則知蒙伐是畫物於伐故以蒙爲討羽謂畫雜鳥之羽以爲盾飾也夏官司兵

掌五盾各辨其等以待軍事注云五盾干櫓之屬其名未盡聞也言辨其等則盾有大小襄十年左傳說狄虒彌建大車之輪而蒙之以甲以爲櫓櫓是大盾故以伐爲中干干伐皆盾之別名也蒙爲雜色知苑是文貌○箋俴淺至虒伐○正義曰箋申明俴駟爲四介馬之意以馬無深淺之量而謂之俴駟正謂以淺薄之金爲甲之札金厚則重知其薄也金甲堅剛則苦其不和故美其能甚羣言和調也物不和則不得羣聚故以和爲羣也左傳及旄丘言狐裘蒙茸皆虒蒙同音周禮用牲用玉言虒者皆謂雜色故轉蒙爲虒明虒是雜羽畫雜羽之文於伐故曰虒伐傳以蒙爲討箋轉討爲虒皆以義言之無正訓也○傳虎虎至縢約○正義曰下句云交韔二弓則虎韔是盛弓之物故知虎是虎皮韔爲弓室也弟子職曰執箕膺揭則膺是胷也鏤膺謂膺上有鏤明是以金飾帶故知膺是馬帶若今之婁胷也春官巾車說五路之飾皆有樊纓注云樊讀如鞶帶之鞶謂今馬大帶也彼謂在腹之帶與膺異也交二弓於韔中謂顛倒安置之既夕記說明器之弓云有柲注云柲弓檠也弛則縛之於弓裏備損傷也以竹爲之引詩云竹閉緄縢然則竹閉一名柲也言閉紲者說文云紲繫也謂置弓柲裏以繩紲之因名柲爲紲考工記弓人注云紲弓柲也角長則送矢不疾若見紲於柲矣是紲爲繫名也所紲之事則緄縢是也故云緄繩縢約謂以繩約弓然後內之韔中也○箋鏤膺有刻金飾○正義曰釋器說治器之名云金謂之鏤故知鏤膺有刻金之飾巾車云金路樊纓九就同姓以封則其車尊矣此謂兵車之飾得有金飾膺者周禮玉路金路者以金玉飾車故以金玉爲名不由膺以金玉飾也故彼注云玉路金路象路其樊及纓皆以五采罽飾之革路樊纓以條絲飾之不言馬帶用金玉象爲飾也此兵車馬帶用力尤多故用金爲膺飾取其堅牢金者銅鐵皆是不必要黃金也且詩言金路皆云鉤膺不作鏤膺知此鏤膺非金路也○傳厭厭至有知○正義曰釋訓云厭厭安也秩秩知也

小戎三章章十句

附釋音毛詩注疏卷第六（六之三）

毛詩注疏校勘記(六之三)　阮元撰盧宣旬摘錄

秦譜

僉曰益哉 毛本僉誤禽閩本明監本不誤段玉裁云禽乃禹之誤古文尚書作禹詳見尚書撰異

實鳥谷氏 閩本明監本毛本同案此不誤浦鏜云俗誤谷非也當是正義所見秦本紀如此

有子曰女妨 閩本明監本毛本同案此不誤浦鏜云防誤妨非也漢書人表作女妨當是正義所見秦本紀亦如此

大几生大雒 閩本明監本毛本同案此不誤浦鏜云駱誤雒非也人表作大雒當是正義所見秦本紀亦如此

黟之變風始作 閩本明監本毛本同案此不誤浦鏜云秦誤黟非也案譜於其餘每稱國於此易秦言黟者以其言秦則嫌似秦之政衰而變風始作也衛譜云衛國政衰變風始作餘國從上而同可知也唯鄭首緇衣亦不易其文者對上檜而言又作故耳

平王討襄公爲諸侯 補毛本討作封案封字是也

不須便言其西 閩本明監本毛本便作復案皆非也此更字之誤

車鄰駟驖小戎之歌 閩本明監本毛本驖作鐵案鐵字是也餘同此詳本篇山井鼎云上文駟鐵同今本非也者誤

○車鄰

此美秦初有車馬侍御之好 閩本明監本毛本秦下有仲字案所補是也

○駟驖

駟驖美襄公也 小字本相臺本同唐石經初刻鐵後改驖經駟驖孔阜同案釋文云駟驖田結反又吐結反驖驪馬也考說文驖馬赤黑色从馬戴聲詩曰四驖孔阜是毛氏詩作驖釋文本與許合也正義本當是鐵字鐵爲驖之借如鵜爲鶗之借而石經初刻依之上譜正義及騶虞車攻吉日等正義多引作鐵是其證此篇經注正義十行本盡作驖必合併時人以經注改正義字故卽正義所云鐵者言其色黑如鐵者亦盡改爲驖而不可通矣閩本明監本與十行本同毛本依譜正義改爲鐵

秦始附庸也 小字本相臺本同案正義云本或秦下有仲衍字定本直云秦始附庸也考文一本作秦仲始爲附庸也采正義而又有誤

於園於囿皆有此樂 毛本二於字誤于閩本明監本不誤案凡正義所有于字或順經順注及引他書而順彼文也其自爲文則例用於字互相錯亂者皆非餘同此

冬獵曰狩釋言文 閩本明監本毛本同案浦鏜云天誤言是也

異義戴禮戴毛氏二說 閩本明監本毛本同案浦鏜云上戴字當載字之誤是也

國狗之猘 閩本明監本毛本同案浦鏜云瘈誤猘是也

○小戎

本又作楘革 補 釋文校勘通志堂本盧本鞪作鞪小字本所附同是鞪當作鞪楘革二字又鞪字之譌

游環靷環也 小字本相臺本同案此正義本也正義云游環者以環貫靷游在背上故謂之靷環也釋文云靳環居覲反本又作靷沈云舊本皆作靳靳者言無常處游在驂馬背上以驂馬外轡貫之以止驂之出左傳云如驂之有靳居覲反無取於靷也戴震段玉裁皆以釋文本爲長正義本誤與下箋靷之環字相亂非也又云定本作靷環如其所言不爲有異當是定本作靳環

陰揜軌也 小字本同相臺本軌作軌閩本明監本毛本作軌案軌字是也

騏騏文也 小字本相臺本同案當作騏綦文也正義云色之青黑者名爲綦馬名爲騏知其色作綦文考此則正義本作騏綦文也以綦解騏詁訓之法也釋文云騏馬騏文也以曹鳲鳩釋文訂之當亦綦之誤○段玉裁云騏騏文也尸鳩傳同騧傳亦曰蒼騏曰騏此皆以騏釋騏下騏即綦字綦者蒼艾色見出其東門傳矣說文所本也而此等字皆不作綦者毛時習用騏字謂蒼艾色爲綦色故尙書騏弁曹風其弁伊騏皆謂蒼艾色也此等傳以騏釋騏正如北風傳以虛釋虛葛屨傳以要釋要正是一例謂此馬名騏者以其騏文也詁訓之學必於古今字求之縞衣綦巾周人古字騏文騏弁漢人今字鄭風作綦曹風作騏字不必畫一也

五楘是轅上之飾 閩本明監本毛本同案十行本上之飾剜添者一字是誤衍之字也

今驂馬之引 閩本明監本毛本同案當作令驂馬引之此正義以引說靷也

兩軛又馬頸者 閩本明監本毛本同案浦鏜云邊又誤軛又以左傳釋文正義所引考之浦挍是也

所以蔭荃也 閩本明監本毛本同案浦鏜云苓誤荃以釋名考之浦挍是也

鋈沃也治白金閩本明監本同毛本治作冶案所改是也

左足白曰馵閩本明監本毛本左誤右案十行本足白曰翹添者一字是誤衍足字也

沈文又云閩本明監本毛本同案沈當作彼形近之譌

何以然了不來小字本相臺本同考文古本同閩本明監本同毛本然了二字倒案倒者非也讀當於何以然斷句正義云何爲了然不來乃誤耳明監本毛本又依之改也段玉裁云明馬應龍刊經注本亦作然了

騂馬白腹騵閩本明監本毛本騵上衍曰字案此無曰字亦與爾雅合也而山井鼎未載

蒙厖也小字本同閩本明監本毛本同相臺本厖作尨案尨字誤改也正義標起止云至厖伐釋文厖伐莫江反〇按依說文則尨者正字厖者假借字相臺本不誤

取其鐏地閩本明監本毛本同案此不誤下取其鐓地同浦鏜云也字並誤地非也正義所引曲禮注自如此今本作也誤耳山井鼎禮記考文可證

弟子職曰執箕膺揭明監本毛本箕誤其閩本不誤案山井鼎云揭恐擖誤當與曲禮疏并考是也今考管子作揲鄭注曲禮引此文正義本作擖釋文本作葉又少儀云執箕膺擖士冠禮面葉注古文葉爲擖士昏禮同是揲葉擖三字古通用也揭字誤儀禮注亦有誤作揭者〇按段玉裁云揭乃擖之誤擖乃擸之誤擸乃攕之誤凡箕之底柶之戚物者皆曰葉或作楪譌作楪葉亦謂之攕古字韱聲與葛聲相互亦

鼅或作鼄䵹或作𪓷之類也

讀如盤帶之鞶 補案盤當作鞶

毛詩國風　　鄭氏箋　　孔穎達疏

蒹葭刺襄公也未能用周禮將無以固其國焉秦處周之舊土其人被周之德教日久矣今襄公新爲諸侯未習周之禮法故國人未服焉○蒹葭上古恬反下音加被皮寄反

疏蒹葭三章章八句至國焉○正義曰作蒹葭詩者刺襄公也襄公新得周地其民被周之德教日久今襄公未能用周禮以教之禮者爲國之本未能用周禮將無以固其國焉故刺之也經三章皆言治國須禮之事

蒹葭蒼蒼白露爲霜興也蒹薕葭蘆也蒼蒼盛也白露凝戾爲霜然後歲事成國家待禮然後興箋云蒹葭在衆草之中蒼蒼然彊盛至白露凝戾爲霜則成而黃興者喻衆民之不從襄公政令者得周禮以教之則服○蒹薕音廉所謂伊人在水一方伊維也一方難至矣箋云伊當作繄繄猶是也所謂是知周禮之賢人乃在大水之一邊假喻以言遠○繄於奚反遡洄從之道阻且長逆流而上曰遡洄逆禮則莫能以至也箋云此言不以敬順往求之則不能得見○遡蘇路反洄音回上時掌反遡游從之宛在水中央順流而涉曰遡游順禮。求濟道來迎之箋云宛坐見貌以敬順求之則近耳易得見也○宛紆阮反本亦作苑易以豉反

疏蒹葭至中央○毛以爲蒹葭之草蒼蒼然雖盛未堪家用必待白露凝戾爲霜然後堅實中用歲事得成以興秦國之民雖衆而未順德教必待周禮以教之然後服從上命國乃得興今襄公未能用周禮其國未得興也由未能用周禮故未得人服也所謂維是得人之道乃遠在大水一邊大水喻禮樂言得人之道乃在禮樂之一邊既以水喻禮樂禮樂之傍有得人之道因從水內求之若逆流遡洄而往從之則道險阻且長遠不可得至言逆禮以治國則無得人道終不可至若順流遡游而往從之則宛然在於水之中央言順禮治國則

得人之道自來迎己正近在禮樂之內然則非禮必不得人得人必能固國君
何以人不求用周禮乎○鄭以為蒹葭在衆草之中蒼蒼然彊盛雖似不可彫傷
至白露凝戾為霜則成而為黃矣以興衆民之彊者不從襄公教令雖似不可
屈服若得周禮以教則衆民自然服矣欲求周禮當得知周禮之人所謂是知
周禮之人在於何處在大水之一邊假喻以言遠既言此人在水一邊因以水
行為喻若遡洄逆流而從之則道阻且長終不可見言不以敬順往求之則此
人不可得之若遡游順流而從之則此人宛然在水中央易得見言以敬順求
之則此人易得何則賢者難進而易退故不以敬順求之則不可得欲令襄公
敬順求知禮之賢人以教其國也○傳蒹葭至後興○正義曰蒹薕葭蘆釋草
文郭璞曰蒹似萑而細高數尺蘆葦也陸機疏云蒹水草也堅實牛食之令牛
肥彊青徐州人謂之薕兗州遼東通語也祭義說養蠶之法云風戾以食之注
云使露氣燥乃食蠶然則戾為燥之義下章未晞謂露未乾為霜然則露凝為
霜亦如乾燥然故云凝戾為霜探下章之意以為說也八月白露節秋分八月
中九月寒露節霜降九月中白霜凝戾為霜然後歲事成謂八月九月葭成葦
可以為曲。簿充歲事也七月云八月萑葦則八月葦已成此云白露為霜然後
歲事成者以其霜降草乃成舉霜為言耳其實白露初降已任用矣此以霜降
物成喻得禮則國興下章未晞未已言其未為霜則物不成喻未得禮則國不
興此詩主刺未能用周禮故先言未得禮則興後言無禮不興所以倒也○箋蒹
葭至則服○正義曰箋以序云未能用周禮將無以固其國當謂民未服從國
未能固故易傳用周禮教民則服○傳伊維至難至○正義曰伊維釋詁文傳
以詩刺未能用周禮則未得人心則所謂維是得人之道也下傳言以遡洄喻逆
禮遡游喻順禮言水內有得人之道在大水一方喻其遠而難至言得人之道
在禮樂之傍須用禮樂以求之故下句言從水內以求所求之物喻用禮以求
得人之道故王肅云維得人之道乃在水之一方一方難至矣水以喻禮樂能
用禮則至於道也○箋伊當至言遠○正義曰箋以上句言用周禮教民則民
服此經當是勸君求賢人使之。周禮故易傳以所謂伊人所謂是知周禮之賢

人在大水一邊假喻以言遠故下句逆流順流喻敬順。皆述求賢之事一邊水傍下云在湄在涘是其居水傍也○傳逆流順流至以至○正義曰釋水云逆流而上曰遡洄順流而下曰遡游孫炎曰逆渡者逆流也順渡者順流也然則逆順流皆謂渡水有逆順故下傳曰順流而涉見其是人渡水也此謂得人之道在於水邊逆流則道阻且長言其不可得至故喻逆禮則莫能以至言不得人之道不可至上言得人之道在水一方下句言水中央則是行未渡水禮自來水內故言順禮未濟道來迎之未濟謂未渡水也以其用水爲喻故以未濟言之箋以伊人爲知禮之人故易傳以爲求賢之事○傳順禮未濟道來迎之○正義曰定本未濟作求濟義亦通也

蒹葭萋萋。白露未晞萋萋猶蒼蒼也晞乾也箋云未晞未爲霜○淒本亦作萋七奚反晞音希【疏】傳晞乾○正義曰湛露云匪陽不晞言見日則乾故知晞爲乾也彼言露晞謂露盡乾此篇上章言白露爲霜則此言未晞謂未乾爲霜與彼異故箋云未晞未爲霜也所謂伊人在水之湄湄水隒也○湄音眉隒魚檢反又音檢【疏】傳湄水隒○正義曰釋水云水草交爲湄謂水草交際之處水之岸也釋山云重甗隒隒是山岸湄是水岸故云水隒遡洄從之道阻且躋躋升也箋云升者言其難至如升阪○躋本又作隮子西反遡游從之宛在水中坻坻小渚也○坻直尸反【疏】傳坻小渚○正義曰釋水云小洲曰渚小渚曰沚小沚曰坻然則坻是小沚言小渚者渚沚皆水中之地小大異也以渚易知故繫渚言之

蒹葭采采白露未已采采猶萋萋也未已猶未止也所謂伊人在水之涘涘厓也○涘音俟遡洄從之道阻且右右出其右也箋云右者言其迂迴也○迂音于【疏】傳右出其右○正義曰此說道路艱難而云且右故知右謂出其右也若正與相當行則易到今乃出其右廂是難至也箋云右言其迂迴出其左亦迂迴言右取其與涘沚爲韻遡游從之宛在水中沚小渚曰沚○沚音止

蒹葭三章章八句

終南戒襄公也能取周地始爲諸侯受顯服大夫美之故作是詩以戒勸之。疏終南二章章六句至勸之○正義曰美之者美以功德受顯服戒勸之者戒令脩德無倦勸其務立功業也既見受得顯服恐其惰於爲政故戒之而美之戒勸之者章首二句是也美之者下四句是也常武美宣王有常德因以爲戒彼先美後戒此先戒後美者常武美宣王因以爲戒此主戒襄公因戒言其美主意不同故序異也

終南何有有條有梅興也終南周之名山中南也條槄梅枏也宜以戒不宜也箋云問何有者意以爲名山高大宜有茂木也興者喻人君有威德乃宜有顯服猶山之木有大小也此之謂戒勸○條本又作樤音同槄吐刀反山榎也枏如鹽反沈云孫炎稱荊州曰。枏揚州曰。梅重實揚州人不識名枏君子至止錦衣狐裘錦衣采。色也狐裘朝廷之服箋云至止者受命服於天子而來也諸侯狐裘錦衣以裼之○朝直遥反裼星歷反顏如渥丹其君也哉箋云渥。厚漬也顏色如厚漬之丹言赤而澤也其君也哉儀貌尊嚴也○渥於角反淳漬丹如字韓詩作沰音撻各反沰赭也淳之純反又如字本亦作厚字漬辭賜反疏終南至也哉○正義曰彼終南大山之上何所有乎乃有條有梅之木以興彼盛德人君之身何所有乎乃宜有榮顯之服然山以高大之故宜有茂木人君以盛德之故。有顯服若無盛德則不宜矣君當務崇明德無使不宜言其宜以戒其不宜也既戒令脩德又陳其美。之勸誘之君子襄公自王朝至止之時何所得乎受得錦衣狐裘而來既受得顯服德亦稱之其顏色容貌赫然如厚漬之丹其儀貌尊嚴如是其得人君之度也哉○傳終南至不宜也○正義曰地理志稱扶風武功縣東有大。山古文以爲終南其山高大是爲周地之名山也昭四年左傳曰荊山中南九州之險是此一名中南也釋木云槄山榎李巡曰山榎一名槄也孫炎曰詩云有條有梅條槄也郭璞曰今之山楸也

梅柟釋木。云孫炎曰荆州曰梅揚州曰柟郭璞曰似杏實酢陸機疏云梠今山楸也亦如下田楸耳皮葉白色亦白材理好宜爲車板能濕又可爲棺木宜陽共北山多有之梅樹皮葉似豫樟。豫。樟葉大如牛耳一頭尖赤心華赤黄子青不可食柟葉大可三四葉一藂木理細緻於豫樟子赤者材堅子白者材脆江南及新城上庸蜀皆多樟柟終南山與上庸新城通故亦有柟也○傳錦衣至之服○正義曰錦者雜采爲文故云采衣也狐裘朝廷之服謂狐白裘也白狐皮爲裘其上加錦衣以爲裼其上又加皮弁服也玉藻云君衣狐白裘錦衣以裼之注云君衣狐白毛之裘則以素錦爲衣覆之使可裼也袒而有衣曰裼必覆之者裘褻也詩云衣錦褧衣裳錦褧裳然則錦衣復有上衣明矣天子狐白之上衣皮弁服與凡裼衣象裘色也是鄭以錦衣之上有皮弁服也正以錦文大著上有衣衣象裘裘是狐白則上服亦白皮弁服以白布爲之衣之白者唯皮弁服耳故言天子狐白之上衣皮弁服與明諸侯狐白亦皮弁服以無正文故言與爲疑之辭也玉藻又云錦衣狐裘諸侯之服也此箋云諸侯狐裘錦衣以裼之引玉藻爲說以明爲裘之裼衣非裼上之正服也若然鄭於。方記注云在朝君臣同服士冠禮注云諸侯與其臣皮弁以視朔朝服以日視朝論語云素衣麑裘云素衣諸侯視朔之服聘禮云公側授宰玉裼降立注引論語曰素衣麑裘皮弁時或素衣其裘同可知也然則諸侯在國視朔及受鄰國之聘其皮弁服皆服麑裘不服狐白此言狐裘爲朝廷之服者謂諸侯在天子之朝廷服此服耳其歸在國則不服之曾子問云孔子曰天子賜諸侯冕弁服於太廟歸設奠服賜服然則諸侯受天子之賜歸則服之以告廟而已於後不復服之知視朔受聘服麑裘此美其受賜而歸故言錦衣狐裘耳

其終南何有有紀。有堂紀基也堂畢道。平如堂也箋云。畢也堂也亦高大之山所宜有也畢終南山之道名邊如堂之牆然○紀如字本亦作杞沈音起

疏 傳紀基至如堂○正義曰案集注本作杞定本作紀以下文有堂故以爲基謂山基也釋丘云畢堂牆李巡曰堂牆名崖似堂牆曰畢郭璞曰今終南山道名畢其邊若堂之牆以終南之山見有此堂知是畢道之側其崖如堂也定

本又云畢道平如堂據經文有基有堂便是二物今箋唯云畢也堂也止釋經之有堂一事者以基亦是堂因解傳畢道如堂遂不復云基

君子至止黻衣繡裳黑與青謂之黻五色備謂之繡〇黻音弗疏傳黑與至之繡〇正義曰考工記繢人文也鄭於周禮之注差次章色黻皆在裳言黻衣者衣大名與繡裳異其文耳

佩玉將將壽考不亡〇將七羊反

終南二章章六句

黃鳥哀三良也國人刺穆公以人從死而作是詩也三良三善臣也謂奄息仲行鍼虎也從死自殺以從死〇行戶郎反下皆同鍼其廉反徐又音針從死上才容反疏黃鳥三章章十二句〇箋三良至從死〇正義曰文六年左傳云秦伯任好卒以子車氏之三子奄息仲行鍼虎為殉皆秦之良也國人哀之為之賦黃鳥服虔云子車秦大夫氏也殺人以葬琁環其左右曰殉又秦本紀云穆公卒葬於雍從死者百七十人然則死者多矣主傷善人故言哀三良也殺人以殉葬當是後。有為之此不刺康公而刺穆公者是穆公命從己死此臣自殺從之非後主之過故箋辯之云從死自殺以從死

交交黃鳥止于棘興也交交小貌黃鳥以時往來得其所人以壽命終亦得其所箋云黃鳥止于棘以求安己也此棘若不安則移興者喻臣之事君亦然今穆公使臣從死刺其不得黃鳥止于棘之本意

誰從穆公子車奄息子車氏奄息名

維此奄息百夫之特乃特百夫之德箋云百夫之中最雄俊也

臨其穴惴惴其慄慄。慄。懼也箋云穴謂塚壙中也秦人哀傷此奄息之死臨視其壙皆為之悼慄〇惴之瑞反慄音栗壙苦晃反

彼蒼者天殲我良人殲盡良善也箋云言彼蒼者天愬之〇殲子廉反徐又息廉反愬蘇路反

如可贖兮人百其身箋云如此奄息之死可以他人贖之者人皆百其身謂一

身百死猶爲之惜善人之甚○贖食燭反又音樹【疏】交交至其身○毛以爲交交然而小者是黃鳥也黃鳥飛而往來止於棘木之上得其所以興人以壽命終亦得其所今穆公使良臣從死是不得其所也有誰從穆公死乎有子車氏名奄息者從穆公死也此奄息何等人哉乃是百夫之中特立雄俊者也今從穆公而死秦人悉哀傷之臨其壙穴之上皆惴惴然恐懼而其心悼慄乃愬之於天彼蒼蒼者是在上之天今穆公盡殺我善人也如使此人可以他人贖代之兮我國人皆百死其身以贖之愛惜良臣寧一人百死代之○鄭以爲交交然之黃鳥止於棘木以求安棘若不安則移去以興臣仕於君以求行道若不行則移去言臣有去留之道不得生死從君今穆公以臣從死失仕於君之本意餘同○傳交交至其所○正義曰黃鳥小鳥也故以交交爲小貌桑扈箋云交交猶佼佼飛而往來貌則此亦當然故云往來得其所是交交爲往來狀也以此哀三良不得其所故以鳥止得所喻人命終得所○箋黃鳥至本意○正義曰箋以鳥之集木似臣之仕君故易傳也以爲止木喻臣仕君故言不得黃鳥止於棘之本意正謂不得臣仕於君之本意也言其若得爲止之意知有去留之道則不當使之從死○傳子車氏奄息名○正義曰左傳作子輿輿車字異義同傳以奄息爲名仲行亦爲名箋以仲行爲字者以伯仲叔季爲字之常故知仲行是字也然則鍼虎亦名矣或名或字取其韻耳○傳乃特百夫之德○正義曰言百夫之德莫及此人此人在百夫之中乃孤特秀立故箋申之云百夫之中最雄俊也○傳惴惴懼○正義曰釋訓文

交交黃鳥止于桑誰從穆公子車仲行箋云仲行字也維此仲行百夫之防防比也箋云防猶當也言此一人當百夫○防徐云毛音方鄭音房臨其穴惴惴其慄彼蒼者天殲我良人如可贖兮人百其身

交交黃鳥止于楚誰從穆公子車鍼虎維此鍼虎百夫之禦禦當也○禦魚呂反注同臨其穴惴惴其慄彼蒼者天殲我良人如可贖兮

人百其身

黃鳥三章章十二句

晨風刺康公也忘穆公之業始棄其賢臣焉○鴥彼晨風鬱彼北林興也鴥疾飛貌晨風鸇也鬱積也北林林名也先君招賢人賢人往之鴥疾如晨風之飛入北林箋云先君謂穆公○鴥說文作䬙尹橘反疾飛貌字林于叔反鸇字又作鸇之然反草木疏云似鷂青色說文止仙反字林尸先反駃所吏反未見君子憂心欽欽思望之心中欽欽然箋云言穆公始未見賢者之時思望而憂之如何如何忘我實多今則忘之矣箋云此以穆公之意責康公如何如何乎女忘我之事實多

疏鴥疾至實多○正義曰鴥然而疾飛者彼晨風之鳥也鬱積而茂盛者彼北林之木也北林由鬱茂之故故晨風飛疾而入之以興疾歸於秦朝者是彼賢人能招者是彼穆公穆公由能招賢之故故賢者疾往而歸之本穆公招賢人之時如何乎穆公未見君子之時思望之其憂在心欽欽然唯恐不見故賢者樂往今康公乃棄其賢臣故以穆公之意責之云汝康公如何乎忘我之功業實大多也○傳鴥疾至北林○正義曰鴥者鳥飛之狀故為疾貌晨風鸇釋鳥文舍人曰晨風一名鸇鸇摯鳥也郭璞曰鷂屬陸機疏云鸇似鷂青黃色燕頷勾喙嚮風搖翅乃因風飛急疾擊鳩鴿燕雀食之鬱者林木積聚之貌故云鬱積也北林者據作者所見有此林也以下句說思賢之狀故此喻賢人從穆公也

山有苞櫟隰有六駮櫟木也駮如馬倨牙食虎豹箋云山之櫟隰之駮皆其所宜有也以言賢者亦國家所宜有之○櫟盧狄反駮邦角反獸名草木疏云駮馬木名梓楡也倨音據

疏傳櫟木至虎豹○正義曰釋木云櫟其實梂孫炎曰櫟實橡也有梂彙自裹也陸機疏云秦人謂柞櫟為櫟河內人謂木蓼為櫟椒檄之屬也其子房生為梂木蓼子亦房生故說者或曰柞櫟或曰木蓼機

以爲此秦詩也宜從其方土之言柞櫟是也釋畜云駮如馬倨牙食虎豹郭璞引山海經云有獸名駮如白馬黑尾倨牙音如鼓食虎豹然則此獸名駮而已言六駮者王肅云言六據所見而言也倨牙者蓋謂其牙倨曲也言山有木隰有獸喻國君宜有賢也陸機疏云駮馬梓榆也其樹皮青白駮犖遙視似駮馬故謂之駮馬下章云山有苞棣隰有樹檖皆山隰之木相配不宜云獸此言非無理也但箋傳不然

未見君子憂心靡樂如何如何忘我實多○樂音洛

山有苞棣隰有樹檖棣唐棣也檖赤羅也○棣音悌檖音遂或作遂【疏】傳棣唐至赤羅○正義曰釋木有唐棣常棣傳必以爲唐棣未詳聞也釋木云檖赤羅郭璞云今楊檖也實似梨而小酢可食陸機疏云檖一名赤羅一名山梨今人謂之楊檖實如梨但小耳一名鹿梨一名鼠梨今人亦種之極有脆美者亦如梨之美者

未見君子憂心如醉如何如何忘我實多

晨風三章章六句

無衣刺用兵也秦人刺其君好攻戰亟用兵而不與民同欲焉○好呼報反下注同攻古弄反又如字下注同亟欺冀反【疏】無衣三章章五句至欲焉○正義曰康公以文七年立十八年卒案春秋文七年晉人秦人戰于令狐十年秦伯伐晉十二年晉人秦人戰于河曲十六年楚人秦人滅庸見於經傳者已如是是其好攻戰也葛生刺好攻戰序云刺獻公此亦刺好攻戰不云刺康公而云刺用兵者葛生以君好戰故國人多喪指刺獻公然後追本其事此指刺用兵序順經意故云刺用兵也不與民同欲章首二句是也好攻戰者下三句是也經序倒者經刺君不與民同欲與民同怨故先言不同欲而後言好攻戰序本其怨之所由由好攻戰而不與民同欲故民怨各自爲次所以倒也

豈曰無衣與子同袍興也袍襺也上與百姓同欲則百姓樂致其死箋云此責康公之言也君豈嘗曰女無衣我與女。共袍乎言不與民同欲○袍抱毛反襺

古顯反本亦作䕭

王于興師脩我戈矛與子同仇

戈長六尺六寸矛長二丈天下有道則禮樂征伐自天子出仇匹也箋云于於也怨耦曰仇君不與我同欲而於王興師則云脩我戈矛與子同仇往伐之刺其好攻戰○仇音求長直亮反又如字下同

【疏】豈曰至同仇○毛以爲古之朋友相謂云我豈曰子無衣乎我冀欲與子同袍朋友同欲如是故朋友成其恩好以興明君能與百姓。樂致其死至於王家於是興師之時百姓皆自相謂脩我戈矛與子同爲仇匹而往征之由上與百姓同欲故百姓樂從征伐今康公不與百姓同欲非王興師而自好攻戰故百姓怨也○鄭以爲康公平常之時豈肯言曰汝百姓無衣乎吾與子同袍終不肯言此也及於王法於是興師之時則曰脩治我之戈矛與子百姓同往伐此怨耦之仇敵不與百姓同欲而唯同怨故刺之○傳袍襺至其死○正義曰袍襺釋言文玉藻云纊爲襺縕爲袍注云衣有著之異名也縕謂今纊及舊絮也然則純著新緜名爲襺雜用舊絮名爲袍雖著有異名其制度是一故云袍襺也傳既以此爲興又言上與百姓同欲則百姓樂致其死則此經所言朋友相與同袍以興上與百姓同欲故王肅云豈謂子無衣乎樂有是袍與子爲朋友同共弊之以興上與百姓同欲則百姓樂致其死如朋友樂同衣袍也○箋此責至同欲○正義曰易傳者以此刺康公不與民同欲而經言子我是述康公之意謂民自稱爲我然則士卒衆矣人君不可皆與同衣而責君不與己共袍者以仁者在上恤民饑寒知其有無救其困乏故假同袍以爲辭耳非百姓皆欲望君與之共袍也○傳戈長至仇匹○正義曰戈長六尺六寸考工記廬人文也記又云酋矛常有四尺注云八尺曰尋倍尋曰常常有四尺是矛長二丈也矛長二丈謂酋矛也夷矛則三尋長二丈四尺矣記又云攻國之兵用短守國之兵用長此言興師以伐人國知用二丈之矛非夷矛也又解稱王于興師之意天下有道禮樂征伐自天子出諸侯不得專輒用兵疾君不由王命自好攻戰故言王也王肅云疾其好攻戰不由王命故思王興師是也仇匹釋詁文○箋于至攻戰○正義曰于於釋詁文怨耦曰仇桓二年左傳文易傳者以上二句假爲康公之言則此亦康公之言陳其號令之辭刺其好攻戰也案此時當周頃王匡王天子之命不行於諸侯檢左傳於時天子未嘗出師又不見康公從王征伐且從王出征乃是爲臣之義而刺其好攻戰者箋言王於興師謂於王法興師今是康公自興之王不興師也以出師征伐是王者之法故以王爲言耳猶北門言王事敦我鴇羽云王事靡盬皆非天子之事亦稱王事豈曰無衣與子同澤澤潤澤也箋云。襗褻衣近污垢○澤如字說文作襗云袴也褻仙列反近附近之近污音烏又汙穢之汙垢古口反【疏】傳澤潤澤○正義曰衣服之煖於身猶甘雨之潤於物故言與子同澤正謂同袍裳是共潤澤也箋以上袍下裳則此亦衣名故易傳爲襗說文云襗袴也是其褻衣近汙垢也襗是袍類故論語注云褻衣袍襗也王于興師脩我矛戟與子偕作作起也箋云戟車戟常也【疏】箋戟車戟常○正義曰車戟常考工記廬人文常長丈六豈曰無衣與子同裳王于興師脩我甲兵與子偕行行往也

無衣三章章五句

渭陽康公念母也康公之母晉獻公之女文公遭麗姬之難未反而秦姬卒穆公納文公康公時爲大子贈送文公于渭之陽念母之不見也我見舅氏如母存焉及其卽位思而作是詩也○渭陽音謂水名水北曰陽麗本又作驪同力馳反難乃旦反大音泰【疏】渭陽二章章四句至是詩○正義曰作渭陽詩者言康公念母也康公思其母自作此詩秦康公之母是晉獻公之女文公者獻公之子康公之舅獻公嬖麗姬譖文公獻公欲殺之文公遭此麗姬之難奔未得反國而康公母秦姬已卒及穆公納文公爲晉君於是康公爲太子贈送文公至于渭水之陽思念母之不見舅歸也康

公見其舅氏如似母之存焉於是之時思慕深極及其即位爲君思本送舅時事而作是渭陽之詩述己送舅念母之事也案左傳莊二十八年傳晉獻公烝於齊姜生秦穆夫人及太子申生又娶二女於戎大戎狐姬生重耳小戎子生夷吾是康公之母爲文公異母姊也僖四年傳稱驪姬譖申生申生自殺又譖二公子曰皆知之重耳奔蒲夷吾奔屈僖五年傳稱晉侯使寺人披伐蒲重耳奔翟是文公遭驪姬之難也僖十五年秦穆公獲晉侯以歸甯有夫人爲之請至二十四年穆公納文公然則秦姬之卒在僖十五年之後二十四年以前未知何年卒也以秦國夫人而其姓爲姬故謂之秦姬案齊姜驪姬皆以姓繫所生之國此秦姬以姓繫於所嫁之國者。外。國。者婦人不以名行以姓爲字故或繫於父或繫於夫事得兩施也秦姬生存之時欲使文公反國康公見舅得反憶母宿心故念母之不見見舅如母存也謂舅爲氏者以舅之與甥氏姓必異故書傳通謂爲舅氏秦康公以文七年即位文公時亦卒矣追念送時之事作此詩耳經二章皆陳贈送舅氏之事悠悠我思念母也因送舅氏而念母爲念母而作詩故序主言念母也

我送舅氏曰至渭陽

母之昆弟曰舅箋云渭水名也秦是時都雝至渭陽者蓋東行送舅氏於咸陽之地○雍於用反縣名今屬扶風

何以贈之路車乘黃

贈送也乘黃四馬也○乘繩證反注同

疏傳母之昆弟曰舅○正義曰釋親文孫炎曰舅之言舊尊長之稱○箋渭水至之地○正義曰雍在渭南水北曰陽晉在秦東行必渡渭今言至於渭陽故云蓋東行送舅氏於咸陽之地地理志云右扶風渭城縣故咸陽也其地在渭水之北

我送舅氏悠悠我思何以贈之瓊瑰玉佩

瓊瑰石而次玉○思息嗣反瑰古回反

疏傳瓊瑰至次玉○正義曰瓊者玉之美名非玉名也瑰是美石之名也以佩玉之制唯天子用純諸侯以下則玉石雜用此贈晉侯故知瓊瑰是美石次玉成十七年左傳稱聲伯夢涉洹或與己瓊瑰食之泣而爲瓊瑰盈其懷懼不敢占後三年而言言之至莫而卒服虔云聲伯惡瓊瑰贈死之物故畏而不言然則瓊瑰是贈死之玉康公以贈舅者玉之所用無生死之異

喪禮飯含用玉聲伯惡見食之故惡之耳

渭陽二章章四句

權輿刺康公也忘先君之舊臣與賢者有始而無終也〇權輿音餘權輿始也【疏】權輿二章章五句至無終〇正義曰作權輿詩者刺康公也康公遺忘其先君穆公之舊臣不加禮餼與賢者交接有始而無終初時殷勤後則疏薄故刺之經二章皆言禮待賢者有始無終之事

於我乎夏屋渠渠夏大也箋云屋具也渠渠猶勤勤也言君始於我厚設禮食大具以食我其意勤勤然〇夏胡雅反屋如字具也食我音嗣注篇內同今也每食無餘箋云此言君今遇我薄其食我纔足耳于嗟乎不承權輿承繼也權輿始也【疏】於我至權輿〇正義曰此述賢人之意責康公之辭言康公始者於我賢人乎重設饌食禮物大具其意勤勤然於我甚厚也至於今日也禮意疏薄設饌校少使我每食纔足無復盈餘也于嗟乎此君之行不能承繼其始以其行無終始故于嗟歎之〇傳夏大〇正義曰釋詁文〇箋屋具至勤勤然正義曰屋具釋言文渠渠猶勤勤言設食既具意又勤勤也案崔駰七依說宮室之美云夏屋渠渠王肅云屋則立之於先君食則受之於今君故居大屋而食無餘義似可通鄭不然者詩刺有始無終上言於我乎謂始時也下言今也謂其無終時也始則大具今終則無餘猶下章始則四簋今則不飽皆說飲食之事不得言屋宅也若先君爲立大屋今君每食無餘則康公本自無始何責其無終也且爾雅屋具正訓以此故知謂禮物大具〇傳承繼也權輿始〇正義曰承其後是繼嗣故以承爲繼權輿始釋詁文

於我乎每食四簋四簋黍稷稻粱〇簋音軌內方外圓曰簋以盛黍稷外方內圓曰簠用貯稻粱皆容一斗二升【疏】傳四簋至稻粱〇正義曰考工記云瓬人爲簋其實一轂豆實三而成轂昭三年左傳云四升爲豆然則簋是瓦器容斗

二升也易損卦二簋可用享注云離爲日日體圓巽爲木木器圓簋象則簋亦以木爲之也地官舍人注云方曰簠圓曰簋則簠簋之制其形異也案公食大夫禮云宰夫設黍稷六簋又云宰夫授公粱公設之宰夫膳稻于粱西注云膳猶進也進稻粱者以簠秋官掌客注云簠稻粱器也簋黍稷器也然則稻粱當在簠而云四簋黍稷稻粱者以詩言每食四簋稱君禮物大具則宜每器一物不應以黍稷二物分爲四簋以公食大夫禮有稻有粱知此四簋之內兼有稻粱公食大夫之禮是主國之君與聘客禮食備設器物故稻粱在簠此言每食則是平常燕食器物不具故稻粱在簋公食大夫黍稷六簋猶有稻粱此唯四簋者亦燕食差於禮食也

今也每食不飽于嗟乎不承權輿

權輿二章章五句

秦國十篇二十七章百八十一句

附釋音毛詩注疏卷第六（六之四）

阮元撰盧宣旬摘錄

○蒹葭

順禮求濟　小字本相臺本同案此定本也正義云定本未濟作求濟義亦通也標起止云傳順禮未濟又上文皆可證

可以為曲簿　毛本同閩本明監本簿作薄案薄字是也薄見廣韻宋時或用此字其說文方言廣雅等皆用薄字今廣雅亦誤薄此當與同

使之周禮　明監本毛本之誤知閩本不誤案周當作用形近之譌

故下句逆流順流喻敬順　明監本毛本順下更有不敬順三字閩本剜入不案所補非也此標括箋意故略去不敬順耳必加三字以分配逆流也

蒹葭萋萋　閩本明監本毛本同唐石經小字本相臺本萋萋作淒淒案釋文云萋萋本亦作淒正義本今無可考

未已猶未止也　小字本相臺本同案段玉裁云此猶字衍

○終南

以戒勸之　小字本相臺本同唐石經初刻之下有也字後磨去閩本明監本毛本亦無

錦衣采色也　小字本相臺本同案正義云錦者雜采為文故云采衣也是正義本色當作衣考文古本作衣乃采正義耳

渥厚漬也小字本相臺本同案此正義本也正義云赫然如厚漬之丹釋文渥丹下云淳漬也又云淳之純反又如字本或作厚是正義本與或作同考文古本作淳采釋文

孫炎稱荊州曰柟楊州曰梅補釋文挍勘云影宋本缺通志堂本盧本如此案段玉裁云疏引孫炎曰荊州曰梅楊州曰柟當依之乙是也爾雅疏亦可證

人君以盛德之故有顯服閩本明監本毛本故下有宜字案所補是也

又陳其美之補毛本之作以案所改是也

有大山古文以爲終南閩本明監本毛本同案大下浦鏜云脫壹字是也

梅柟釋木云閩本明監本毛本同案浦鏜云文誤云是也

梅樹皮葉似豫樟豫樟葉大如牛耳閩本明監本毛本同案盧文弨云豫樟不應複爾雅疏無其說誤也陸疏自此下皆說豫樟因毛詩更無豫樟故就梅下說之至柟葉大可三四葉一藂以下乃更說梅也爾雅疏誤

鄭於方記注云閩本明監本毛本同案浦鏜云坊誤方是也

有紀有堂唐石經缺小字本相臺本同案釋文紀字云本亦作屺正義云集注本作屺定本作紀標起止云傳紀基是正義本與定本同屺是山有草木字集注當誤

堂畢道平如堂也小字本相臺本同案此定本也正義云定本又云畢道平如堂下文云因解傳畢道如堂是正義本此傳當無平字段玉裁云定本非也此自兩崖言之故爾雅云畢堂牆若平如堂則自道言之矣

箋云畢也堂也小字本相臺本同案段玉裁云畢也當作基也考正義云今箋唯云畢也堂也止釋經之有堂一事者云云是正義本已誤遂為之遷就其說也

○黃鳥

當是後有為之閩本同明監本毛本有作主案所改非也有當作君形近之譌

慄慄懼也閩本明監本毛本同小字本相臺本慄慄作惴惴考文古本同案惴惴是也

以求行道若不行閩本明監本毛本重道字案所補是也

○晨風

鴥彼晨風閩本明監本毛本同小字本相臺本鴥作鴪唐石經作鴥案鴥字是也釋文尹橘反采芑經同沔水經不誤

駃疾如晨風之飛入北林閩本明監本毛本同相臺本駃作駛小字本作駃案駃字是也考此字說文在新附中而廣雅已有之皆作駛玉篇廣韻皆作駛釋文此及二子乘舟同乃失去一畫耳

○無衣

我與女共袍乎閩本明監本毛本同小字本相臺本共作同考文古本同案同字是也

以與明君能與百姓樂致其死閩本明監本毛本百姓下更有同欲故百姓五字案所補是也

襗褻衣近汙垢相臺本同閩本明監本毛本同小字本襗作澤案澤字是也釋文云澤如字毛澤潤澤也鄭褻衣也說文作襗云袴也可作毛鄭義異而經字則同之證正義云故易傳爲襗乃依鄭義易字以曉人非謂經傳字作澤箋字作襗也相臺本依之改箋者誤

○渭陽

外國者婦人不以名行閩本明監本毛本同案浦鏜云外國者三字疑衍是也

聲伯惡見食之【補】毛本惡作夢

〔廿三〕

陳宛丘詁訓傳第十二 陸曰陳者胡公嬀滿之所封也其先虞舜之胄有虞遏父者為周陶正武王賴其器用與其神明之後故妻以元女其子滿乃封於陳以備三恪其地宓犧之墟在古豫州之界宛丘之側

毛詩國風　鄭氏箋　孔穎達疏

陳譜 陳者大皞虙戲氏之墟○正義曰昭十七年左傳梓慎曰陳者大皞之墟也漢書地理志云淮陽古陳國舜後胡公所封也大皞又號虙戲故連言之虙戲即伏犧字異音義同也○帝舜之胄有虞閼父者為周武王陶正武王賴其利器用與其神明之後封其子嬀滿於陳都於宛丘之側是曰陳胡公以備三恪妻以元女太姬○正義曰襄二十五年左傳稱子產曰昔虞閼父為周陶正以服事我先王我先王賴其利器用與其神明之後庸以元女大姬配胡公而封諸陳以備三恪是鄭所據之文也傳言為周陶正知武王者樂記云武王克殷未及下車封帝舜之後於陳則胡公是武王封之大姬又武王之女故知是武王也世家云陳胡公滿者虞舜之後也昔舜為庶人居於嬀汭其後因姓嬀氏舜既傳禹天下舜子商均為封國夏后氏之時或失或續至周武王克殷乃復求舜後得嬀滿封之於陳以奉舜祀是為胡公是胡公姓嬀名滿也昭八年左傳史趙云胡公不淫故周賜之姓使祀虞帝則胡公姓嬀武王所賜陳世家以為胡公之前已姓嬀者非也哀元年左傳稱夏后氏少康逃奔有虞虞思於是妻之以二姚虞思在胡公之前仍為姚姓明是胡公始姓嬀耳何知胡公非閼父之身而知是其子者以傳言虞閼父以虞為號不為陳也以元女大姬配胡公不言配閼父明胡公非閼父也故杜預亦云胡公閼父之子不封閼父而封其子者蓋當時閼父已喪故也恪者敬也王者敬先代封其後鄭駁異義云三恪尊於諸侯卑於二王之後則杞宋以外別有三恪謂黃帝堯舜之後也

唯杜預云周封夏殷二王後又封舜後謂之恪幷二王之後爲三國其禮轉降示敬而已故三恪以爲陳與杞宋共爲三恪案樂記云武王未及下車封黄帝之後於薊封帝堯之後於祝封帝舜之後於陳下車乃封夏后氏之後於杞投殷之後於宋明陳與薊祝共爲三恪杞宋别爲二王之後矣○其封域在禹貢豫州之東其地廣平無名山大澤西望外方東不及明。音。孟猪○正義曰禹貢豫州云導菏澤被盟猪又曰熊耳外方至于陪尾注云屬豫州然則外方明猪皆豫州之地案地理志外方即嵩高山也明猪在梁國睢陽縣東北檢鄭居檜地在外方。屬鄭宋都睢陽在明猪西南明猪屬宋也故檜譜云在豫州外方之北商譜稱宋西及豫州明猪之野是陳境不及外方明猪故無名山大澤明猪猶屬豫州陳在明猪之西則是豫州境内明豬尚書作盟猪即左傳稱孟諸之麋爾雅云宋有孟諸是也但聲訛字變耳○大姬無子好巫覡禱祈鬼神歌舞之樂民俗化而爲之○正義曰地理志云周武王封嬀滿于陳是爲胡公妻以元女大姬婦人尊貴好祭祀用巫故其俗好巫鬼者也詩稱擊鼓於宛丘之上婆娑於枌栩之下是有大姬歌舞之遺風也志又云婦人尊貴好祭祀不言無子鄭知無子者以其好巫好祭明爲無子禱求故言無子若大姬無子而左傳子産云我周之自出杜預曰陳周之出者蓋大姬於後生子以禱而得子故彌信巫覡也楚語云在女曰巫在男曰覡巫是總名故漢書唯言好巫○五世至幽公當厲王時政衰大夫淫荒所爲無度國人傷而刺之陳之變風作矣○正義曰世家云胡公卒子申公犀侯立卒弟相公皋羊立卒申公子突立是爲孝公卒子愼公圉戎立卒子幽公寧立除相公一及餘父子相生爲五世也世家又云幽公十二年周厲王奔于彘是當周厲王時也宛丘刺幽公淫荒昏亂是政衰也東門之枌云子仲之子婆娑其下傳曰子仲陳大夫氏是大夫淫荒也此二篇皆刺幽公故云國人傷而刺之也世家又云幽公卒子僖公孝立。卒子武公靈立卒子夷。公説立卒弟平公燮立卒子文公圉立卒長子桓公鮑立三十八年卒弟佗其母蔡女故蔡人爲佗殺五父及桓公大子免而立佗是爲厲公厲公娶蔡女數如蔡淫七年大子免之三弟長者名躍中曰林少曰杵臼共令蔡人誘厲公以好女與蔡人共殺厲公而立躍是爲利公利公者桓公子也利公立五月卒立中弟林是爲莊公七年卒立少弟杵臼是爲宣公宣公四十五年卒子款立是爲穆公十六年卒子共公朔立十八年卒子靈公平國立此世家所言君次也案春秋桓五年春正月甲戌己丑陳侯鮑卒左傳曰再赴也於是陳亂文公子佗殺大子免而代之則是佗自殺免非蔡人爲佗殺免也桓六年經云蔡人殺陳佗莊二十二年傳曰陳厲公蔡出也故蔡人殺五父而立之經云蔡人殺陳佗傳言蔡人殺五父則五父與佗一人不得云爲佗殺五父也六年殺佗十二年陳侯躍卒則厲公卽是躍躍既爲厲公則無復利公矣馬遷既誤以佗爲厲公又妄稱躍爲利公檢春秋世次不得有利公也遷蓋見公羊傳云陳佗淫於蔡人蔡人殺之因傳會爲說云誘以好女而殺之案蔡人殺佗在桓六年世家言佗死而躍立五月而卒然則躍亦以桓六年卒矣而春秋之經躍卒在桓十二年距佗之死非徒五月皆史記之謬也其詩宛丘東門之枌序云幽公爲幽公詩矣衡門云誘僖公東門之池東門之楊從上明之亦僖公詩也墓門刺陳佗陳佗詩也防有鵲巢云宣公月出亦從上明之亦爲宣公詩也株林澤陂序云靈公爲靈公詩也鄭於左方中皆以此而知也

宛丘刺幽公也淫荒昏亂游蕩無度焉○宛丘怨阮反爾雅云宛中宛丘郭云中央隆高

疏宛丘三章章四句至無度焉○正義曰淫荒謂耽於女色昏亂謂廢其政事游蕩無度謂出入不時聲樂不倦游戲放蕩無復節度也游蕩自是翺翔戲樂非獨淫於婦人但好聲之好色俱是荒廢故以淫荒總之毛以此序所言是幽公之惡經之所陳是大夫之事由君身爲此惡化之使然故舉大夫之惡以刺君鄭以經之所陳卽是幽公之惡經序相符也首章言其信有淫情威儀無法是淫荒也下二章言其擊鼓持羽冬夏不息是無度無度者謂無復時節度量賓之初筵序云飲酒無度與此同

子之湯兮宛丘之上兮子大夫也湯蕩也四方高中央下曰宛丘箋云子者斥幽公也游蕩無所不爲○湯他郎反舊他浪

反

洵有情兮而無望兮洵信也箋云此君信有淫荒之情其威儀無可觀望而則傚○洵音荀傚戶教反疏子之至望兮○毛以爲子大夫之游蕩兮在於彼宛丘之上兮此人信有淫荒之情兮其威儀無可觀望兮大夫當朝夕恪勤助君治國而游蕩高丘荒廢政事此由幽公化之使然故舉之以刺幽公也○鄭以爲子者斥幽公爲異其義則同○傳子大至宛丘○正義曰傳以下篇說大夫淫亂此與相類則亦是大夫但大夫稱子是其常稱故以子爲大夫序云游蕩經言湯兮故知湯爲蕩也釋丘云宛中宛丘言其中央宛宛然是爲四方高中央下也郭璞曰宛丘謂中央隆峻狀如一丘矣爲丘之宛中中央高峻與此傳正反案爾雅上文備說丘形有左高右高前高後高若此宛丘中央隆峻言中央高矣何以變言宛中明毛傳是也故李巡孫炎皆云中央下取此傳爲說○箋子者至不爲○正義曰箋以下篇刺大夫淫荒序云疾亂此序主刺幽公則經之所陳皆幽公之事不宜以爲大夫隱四年公羊傳公子翬謂隱公曰百姓安子諸侯說子則諸侯之臣亦呼君曰子山有樞云子有衣裳子有車馬子者斥昭公明此子止斥幽公故易傳也云無所不爲言其戲樂之事幽公事事皆爲也○傳洵信○正義曰釋詁文

坎其擊鼓宛丘之下坎坎擊鼓聲○坎苦感反無冬無夏值其鷺羽值持也鷺鳥之羽可以爲翳箋云翳舞者所持以指麾疏坎其至鷺羽○毛以爲坎坎然爲聲者其是大夫擊鼓之聲在於宛丘之下無問冬無問夏常持其鷺鳥羽翳身而舞也鼓舞戲樂當有時節今幽公化之大夫游蕩無復節度故舉以刺公也○鄭以刺幽公爲異其文義同○傳值持至爲翳○正義曰鷺羽執持之物故以值爲持鷺鳥之羽可以爲舞者之翳故持之也釋鳥云鷺舂鉏郭璞曰白鷺也頭翅背上皆有長翰毛今江東人取以爲睫攡名之曰白鷺縗陸機云鷺水鳥也好而潔白故謂之白鳥齊魯之間謂之舂鉏遼東樂浪吳楊人皆謂之白鷺青脚高尺七八寸尾如鷹尾喙長三寸頭上有毛十數枚長尺餘毵毵然與衆毛異好欲取魚時則弭之今吳人亦養焉楚威王時有朱鷺合沓飛翔而來舞則復有赤者舊鼓吹朱鷺曲是也然

則鳥名白鷺赤者少耳此舞所持持其白羽也坎其擊缶宛丘之道盎謂之缶○缶方有反盎本亦作瓫烏浪反疏傳盎謂之缶○正義曰釋器文孫炎曰缶瓦器郭璞曰盎盆也此云擊缶則缶是樂器易離卦九三不鼓缶而歌則大耋之嗟注云艮爻也位近丑丑上值弁星弁星似缶詩云坎其擊缶則樂器亦有缶又史記藺相如使秦王鼓缶是樂器爲缶也案坎卦六四樽酒簋貳用缶注云爻辰在丑丑上值斗可以斟之象斗上有建星建星之形似簋貳副也建星上有弁星弁星之形又如缶天子大臣以王命出會諸侯主國尊於簋副設玄酒以缶則缶又是酒器也比卦初六爻有孚盈缶注云爻辰在未上值東井井之水人所汲用缶缶汲器襄九年宋災左傳曰具綆缶備水器則缶是汲水之器然則缶是瓦器可以節樂若今擊甌又可以盛水盛酒即今之瓦盆也無冬無夏值其鷺翿翿翳也○翿音導又音陶疏傳翿翳○正義曰釋言文郭璞曰舞者所以自蔽翳彼翿作纛音義同

宛丘三章章四句

東門之枌疾亂也幽公淫荒風化之所行男女棄其舊業亟會於道路歌舞於市井爾○枌符云反亟欺冀反疏東門之枌三章章四句至井爾○正義曰男棄其業子仲之子是也女棄其業不績其麻是也會於道路者首章上二句是也歌舞於市井者婆娑是也經先言歌舞之處然後責其棄業序以棄業而後敖游故先言棄業所以經序倒也此實歌舞於市而謂之市井者白虎通云因井爲市故曰市井應劭通俗云市恃也養贍老少恃以不匱也俗說市井謂至市者當於井上洗濯其物香潔及自嚴飾乃到市也謹案古者二十畝爲一井因爲市交易故稱市井然則由本井田之中交易爲市故國都之市亦因名市井案禮制九夫爲井應劭二十畝爲井者劭依漢書食貨志一井

八家家有私田百畝公田十畝餘二十畝以爲井竈廬舍據其交易之處在廬舍故言二十畝耳因井爲市或如劭言三章皆述淫亂之事首章獨言男婆娑於枌栩之下下二章上二句言女子候善明之日從男子於會處下二句陳男女相說之辭明歌舞之處皆男女相從故男女互見之

東門之枌宛丘之栩枌白榆也栩杼也國之交會男女之所聚○栩況浦反杼常與反說文丈與反疏傳枌白至所聚○正義曰釋木云榆白枌孫炎曰榆白者名枌郭璞曰枌榆先生葉卻著莢皮色白是枌爲白榆也栩杼釋木文序云亟會於道路知此二木是國之道路交會男女所聚之處也

子仲之子婆娑其下子仲陳大夫氏婆娑舞也箋云之子男子也○婆步波反說文作媻音同娑桑何反疏傳子仲至舞也○正義曰知子仲是陳大夫氏者以其風俗之敗自上行之今此所刺宜刺在位之人若是庶人不足顯其名氏此云子仲之子猶云彼留之子舉氏姓言之明子仲是大夫之氏姓也禮孫以王父字爲氏此人上祖必有字子仲者故氏子仲也云婆娑舞也釋訓文李巡曰婆娑盤辟舞也孫炎曰舞者之容婆娑然○箋之子男子○正義曰序云男子棄業則經之所陳有男有女下云績麻是女知此之子是男子也定本云之子是子也

穀旦于差南方之原穀善也原大夫氏箋云旦明于曰差擇也朝日善明曰相擇矣以南方原氏之女可以爲上處○旦鄭音旦本亦作且王七也反苟且也徐子餘反差鄭初佳反王音嗟韓詩作嗟徐七何反沈云毛意不作嗟案毛無改字宜從鄭讀曰相音越下曰往往矣同

不績其麻市也婆娑箋云績麻者婦人之事也疾其今不爲疏穀旦至婆娑○正義曰言陳國男女棄其事業候良辰美景而歌舞淫泆見朝日善明無陰雲風雨則曰可以相擇而行樂矣彼南方之原氏有美女國中之最上處可以從之也男既如是彼原氏之女郎不復績麻於市也與男子聚會婆娑而舞是其可疾之甚○傳穀善也原大夫氏○正義曰穀善釋詁文也○春秋莊二十七年季友如陳葬原仲是陳有大夫姓原氏也○箋旦明至上處○正義曰旦謂早朝故爲明也釋詁云于曰於也故于得爲曰

差擇釋詁文佚游戲樂不宜風昏故見朝日善明乃云相擇刺其以美景廢業故舉之也發意相擇則是男子擇女故知南方原氏之女可以為上處上處者言是一國最上之處也

穀旦于逝越以鬷邁逝往鬷數邁行也箋云越於鬷總也朝旦善明曰往矣謂之所會處也於是以總行欲男女合行○鬷子公反處昌慮反

視爾如荍貽我握椒荍芘芣也椒芬香也箋云男女交會而相說曰我視女之顏色美如芘芣之華然女乃遺我一握之椒交情好也此本淫亂之所由○荍祁饒反郭云荊葵也芘音毗又芳耳反芣音浮又芳九反說音悅遺唯季反好呼報反

疏穀旦至握椒○毛以為陳之女人見美景而說曰朝日善明曰可以往之所會之處矣女人卽棄其事業假有績者於是以麻總而行至於會所要見男子男子乃陳往日相好之事語女人云我往者語汝云我視汝顏色之美如荍之華然見我說汝則遺我以一握之椒棄其事業作如此淫荒故疾之也○鄭唯以鬷為總言於是男女總集合行為此淫亂餘同○傳逝往至邁行○正義曰逝往釋詁文邁行釋言文鬷謂麻縷每數一升而用繩紀之故鬷為數王肅云鬷數績麻之縷也○箋越於至合行○正義曰越於釋詁文商頌稱鬷假無言為總集之意則此亦當然故以鬷為總謂男女總集而合行也上章于差謂男言擇女此言于逝謂女往從男故云曰往矣謂之所會之處謂女適與男期會之處也○傳荍芘芣椒芬香○正義曰荍芘芣釋草文舍人曰荍一名蚍衃郭璞曰今荊葵也似葵紫色謝氏云小草多華少葉葉又翹起陸機疏云芘芣一名荊葵似蕪菁華紫綠色可食微苦是也椒之實芬香故以相遺也定本云椒芳物○箋男女至所由○正義曰言相說者男說女而言其色美女說男而遺之以椒交相說愛故言相也知此二句皆是男辭者言我視爾顏色之美如芘芣之華若是女辭不得言男子色美如華也思其往日相愛今復會為淫亂詩人言此者本其淫亂化之所由耳

東門之枌三章章四句

衡門誘僖公也愿而無立志故作是詩以誘掖其君也誘進也掖扶持也○衡門如字衡橫也沈云此衡古文橫字誘音酉　愿音願謹也掖音亦

疏衡門三章章四句至其君○正義曰作衡門詩者誘僖公也以僖公懿愿而無自立之志故國人作是衡門之詩以誘導扶持其君誘使自强行道令與國致理也經三章皆誘之辭○箋誘進也掖扶持○正義曰誘進釋詁文。云掖。臂也僖二十五年左傳云二禮從國子巡城。持以赴外殺之謂持其臂而投之城外也此言誘掖者誘謂在前導之掖謂在傍扶之故以掖為扶持也定本作扶持

衡門之下可以棲遲衡門橫木為門言淺陋也棲遲遊息也箋云賢者不以衡門之淺陋則不遊息於其下以喻人君不可以國小則不興治致政化泌之洋洋可以樂。飢泌泉水也洋洋廣大也樂飢可以樂道忘飢箋云飢者不足於食也泌水之流洋洋然飢者見之可飲以。𤻲飢以喻人君愨愿任用賢臣則政教成亦猶是也○泌悲位反洋音羊樂本又作𤻲毛音洛鄭力召反沈云舊皆作樂字晚詩本有作疒下樂以形聲言之殊非其義療字當從疒下作尞案說文云𤻲治也療或𤻲字也則毛止作樂鄭本作𤻲下注放此愨苦角反

疏衡門至樂飢○毛以為雖淺陋衡門之下猶可以棲遲游息以興雖地狹小國之中猶可以興治致政然賢者不以衡門之淺陋則不游息於其下以喻人君不可以國小則不興治致政君何以不興治致政乎觀泌水之流洋洋廣大君可以樂道忘飢何則泌者泉水涓流不已乃至廣大況人君寧不進德積小成大樂道忘飢乎此是誘掖之辭○鄭以下二句言泌水之流廣大洋洋然飢者可飲之以𤻲飢以興有大德賢者人君可任之以成德教誘君以任賢臣餘同○傳衡門至遊息○正義曰考工記玉人注云衡古文橫假借字也然則衡橫義同故知衡門橫木為門門之深者有阿塾堂宇此唯橫木為之言其淺也釋詁云棲遲息也舍人曰棲遲行步之息也○傳泌泉至忘飢○正義曰邶國有毖彼泉水知泌為泉水王肅云洋洋泌水可以樂道忘飢巍巍南面可以樂治忘亂孫毓難肅云既巍巍矣又安得亂此言臨水歎逝可以樂道忘

飢是感激立志慷慨之喻猶孔子曰發憤忘食不知老之將至云爾案此傳云泌者泉水又云洋洋廣大則不可以逝川喻年老故今爲別解案今定本作樂飢觀此傳亦作樂則毛讀與鄭異○箋飢者至猶是○正義曰箋以經言泌之洋洋可以樂飢則是以水治飢不宜視水爲義且下章勸君用賢故易傳以爲喻任用賢臣則政教成也飲水可以樂渴耳而云樂飢者飢久則爲渴得水則亦小樂故言飢以爲韻

豈其食魚必河之魴豈其取女必齊之姜箋云此言何必河之魴然後可食取其。口美而已何必大國之女然後可妻亦取貞順而已以喻君任臣何必聖人亦取忠孝而已齊姜姓○魴音房取音娶下文同

豈其食魚必河之鯉豈其取妻必宋之子箋云宋子姓

疏箋齊姜姓宋子姓○正義曰齊者伯夷之後伯夷主四岳之職國語。作四岳賜姓曰姜宋者殷之苗裔契之後也殷本紀云舜封契於商賜姓曰子是齊姜姓宋子姓也

衡門三章章四句

東門之池刺時也疾其君之淫昬而思賢女以。配。君。子。也。○孔安國云停水曰池

疏東門之池三章章四句至君子○正義曰此實刺君而云刺時者由君所化使時世皆淫故言刺時以廣之欲以配君而謂之君子者妻謂夫爲君子上下通稱據賢女爲文故稱以配君子經三章皆思得賢女之事疾其君之淫昬序其思賢女之意耳於經無所當也

東門之池可以漚麻興也池城池也漚柔也箋云於池中柔麻使可緝績作衣服興者喻賢女能柔順君子成其德教○漚烏豆反緝七立反西州人謂績爲緝彼美淑。姬可與晤歌晤遇也箋云晤猶對也言淑姬賢女君子宜與對歌相切化也○叔音淑本亦作淑善也晤五故反

疏東門至晤歌○正義曰東門之外有池水此水可以漚柔麻草使可緝績以作衣服以興貞賢之善女此女可以柔順君子使可脩政以成德教既已思得賢女又述彼之賢女言彼美善之賢姬實可

與君對偶而歌也以君淫昏故思得賢女配之與之對偶而歌冀其切化使君爲善○傳池城池也○正義曰以池繫門言之則此池近在門外諸詩言東門皆是城門故以池爲城池考工記㡛氏以涚水漚其絲注云漚漸也楚人曰漚齊人曰湪烏禾反然則漚是漸漬之名此云漚柔者謂漸漬使之柔韌也○傳晤遇○正義曰釋言云遇偶也然則傳以晤爲遇亦爲對偶之義故王肅云可以與相遇歌樂室家之事意亦與鄭同○箋晤猶至切化○正義曰所以欲使對歌者以歌詩陳善惡之事以感戒人君君子得此賢女宜與之對歌相感切相風化以爲善故思之美女而謂之姬者以黃帝姓姬炎帝姓姜二姓之後子孫昌盛其家之女美者尤多遂以姬姜爲婦人之美稱成九年左傳引逸詩云雖有姬姜無棄憔悴是以姬姜爲婦人美稱也

東門之池可以漚紵彼美淑姬可與晤語○紵直呂反字又作苧疏漚紵○正義曰陸機疏云紵亦麻也科生數十莖宿根在地中至春自生不歲種也荊楊之間一歲三收今官園種之歲再刈刈便生剝之以鐵若竹挾之表厚皮自脫但得其裏韌如筋者謂之徽紵今南越紵布皆用此麻

東門之池可以漚菅彼美淑姬可與晤言言道也○菅古顏反茅已漚爲菅疏漚菅○正義曰釋草云白華野菅郭璞曰茅屬白華箋云人刈白華於野已漚之名之爲菅然則菅者已漚之名未漚則但名爲茅也陸機疏云菅似茅而滑澤無毛根下五寸中有白粉者茅韌宜爲索漚乃尤善矣

東門之池三章章四句

東門之楊刺時也昏姻失時男女多違親迎女猶有不至者也○迎魚敬反下注同疏東門之楊二章章四句至至者○正義曰毛以婚姻失時者失秋冬之時鄭以爲失仲春之時言親迎女猶不至明不親迎者相違衆矣故舉不至者以刺當時之

淫亂也言相違者正謂女違男使昏姻之禮不成是男女之意相違耳非謂男亦違女也經二章皆上二句言昏姻失時下二句言親迎而女不至也

東門之楊其葉牂牂興也牂牂然盛貌言男女失時不逮秋冬○箋云楊葉牂牂三月中也興者喻時晚也失仲春之月○牂子桑反昏以爲期明星煌煌期而不至也箋云親迎之禮以昏時女留他色不肯時行乃至大星煌煌然○煌音皇

疏東門至煌煌○毛以爲作者以楊葉初生興昏之正時楊葉長大興晚於正時故言東門之楊其葉已牂牂然而大矣楊葉已大不復見其初生之時以興歲之時月已至於春夏矣時節已然晚不復及其秋冬之時又復淫風大行女留他色不從男子親迎者用昏時以爲期今女不肯時行至於明星煌煌然而夜已極深而竟不至禮當及時配合女當隨夫而行至使昏姻失時男女相違如是故舉以刺時也○鄭以失時謂在仲春之後爲異其義則同○傳牂牂至秋冬○正義曰此刺昏姻失時而舉楊葉爲喻則是以楊葉初生喻正時楊葉已盛喻過時毛以秋冬爲昏之正時故云男女失時不逮秋冬也秋冬爲昏無正文也邶風云士如歸妻迨冰未泮知迎妻之禮當在冰泮之前荀卿書云霜降逆女冰泮殺止霜降九月也冰泮二月也然則荀卿之意自九月至於正月於禮皆可爲昏荀在焚書之前必當有所憑據毛公親事荀卿故亦以爲秋冬家語云羣生閉藏。爲陰而爲化育之始故聖人以合男女窮天數也霜降而婦功成嫁娶者行焉冰泮而農業起昏禮殺於此又云冬合男女春頒爵位家語出自孔家毛氏或見其事故依用焉地官媒氏云仲春之月令會男女於是時也奔者不禁唯謂三十之男二十之女所以蕃育人民特令以仲春會耳其男未三十女未二十者皆用秋冬不得用仲春也○箋楊葉至之月○正義曰箋亦以楊葉之盛與晚失正時也鄭言楊葉牂牂三月中者自言葉盛之月不以楊葉爲記時也董仲舒曰聖人以男女陰陽其道同類。歎天道嚮秋冬而陰氣來嚮春夏而陰氣去故古人霜降始逆女冰泮而殺止與陰。俱近而陽遠也鄭以昏姻之月唯在仲春故以喻晚失仲春之月鄭不見家語不信荀卿以周禮指言仲春之月令會男女故以仲春爲昏月其邶風所云自謂及冰泮行請期禮耳非以冰之未泮已親迎也毛鄭别自憑據以爲定解詩内諸言昏月皆各從其家○傳期而不至○正義曰序言親迎而女猶有不至者則是終竟不至非夜深乃至也言明星煌煌者男子待女至此時不至然後始罷故作者舉其待女不得之時非謂此時至也傳嫌此時女至故辨之云期而不至言期以昏時至此時猶不至也○箋親迎至煌煌然○正義曰士昏禮執燭前馬是親迎之禮以昏也用昏者取陽往陰來之義女不從夫必爲異人之色故云女留他色不肯時行乃至大星煌煌然亦言至此時不至

東門之楊其葉肺肺肺肺猶牂牂也○肺普貝反又蒲貝反昏以爲期明星哲哲哲哲猶煌煌也○哲之世反

東門之楊二章章四句

墓門刺陳佗也陳佗無良師傅以至於不義惡加於萬民焉不義者謂弒君而自立○它本亦作佗同徒多反五父也史記以爲厲公殺音試本又作弒同【疏】墓門二章章六句至民焉○正義曰陳佗身行不義惡加萬民定本直云民無萬字由其師傅不良故至於此既立爲君此師傅猶在陳佗乃用其言必將至誅絕故作此詩以刺佗欲其去惡傅而就良師也經二章皆是戒佗令去其惡師之辭○箋不義至自立○正義曰不義之大莫大弒君也春秋桓五年正月甲戌己丑陳侯鮑卒左傳云再赴也於是陳亂文公子佗殺大子免而代之公疾病而亂作國人分散故再赴是陳佗弒君自立之事也如傳文則陳佗所殺大子免而謂之弒君者以免爲大子其父卒免當代父爲君陳佗殺之而取國故以弒君言之序言無良師傅以至於不義則佗於弒君之前先有此惡師也經云夫也不良國人知之知而不已誰昔然矣欲令佗誅退惡師則弒君之後惡師仍在何則詩者民之歌詠必惡加於民民始怨刺陳佗未立爲君則身爲公子爵止大夫雖則惡師非民所恨今作詩刺之明是自立之後也戒之令去惡師明是惡師

未去也

墓門有棘斧以斯之興也墓門墓道之門斯析也幽閒希行用生此棘薪維斧可以開析之箋云興者喻陳佗由不覩賢師良傅之訓道至陷於誅絕之罪○斯所宜反又如字又音梳鄭注尚書云斯析也爾雅云斯侈離也孫炎云斯析之離讀者如字析星歷反閒音閑睹都魯反又作覩夫也不良國人知之夫傅相也箋云良善也陳佗之師傅不善羣臣皆知之言其罪惡著也○相息亮反知而不已誰昔然矣昔久也箋云已猶去也誰昔昔也國人皆知其有罪惡而不誅退終致禍難自古昔之時常然○去羌呂反難乃旦反

疏墓門至然矣○正義曰言墓道之門幽閒由希覩人行之跡故有此棘此棘既生必得斧乃可以開析而去之以興陳佗之身不明由希覩良師之教故有此惡此惡既成必得明師乃可以訓道而善之非得明師惡終不改必至誅絕故又戒之云汝之師傅不善國內之人皆知之矣何以不退去之乎欲其退惡傅就良師也○傳墓門至析之○正義曰春官墓大夫職注云墓冢塋之地孝子所思慕之處然則塋域謂之墓墓入有門故云墓門墓道之門釋言云斯離也孫炎曰斯析之離是斯爲析義也○箋興者至之罪○正義曰箋以傳釋經文不解興意故述興意以申傳也弒君之賊於法當誅其身絕其祀故云陷於誅絕之罪○傳夫傅相○正義曰序云無良師傅故知夫也不良正謂師傅不良也郊特牲云夫也者以知帥人者也注云夫之言丈夫也夫或爲傅言或爲傅者正謂此訓夫爲傅也師傅當以輔相人君故云傅相○傳昔久○正義曰傳稱古曰在昔昔是久遠之事故爲久也○箋已猶至常然○正義曰誰昔昔也釋訓文郭璞曰誰發語辭與傳昔久同也今定本爲誰昔昔也合爾雅俗爲誰疑辭也

墓門有梅有鴞萃止梅柟也鴞惡聲之鳥也萃集也箋云梅之樹善惡自有徒以鴞集其上而鳴人則惡之性因惡矣以喻陳佗之性本未必惡師傅惡而陳佗從之而惡○鴞戶驕反萃徂醉反柟冉鹽反則惡烏路反夫也不良歌以訊之訊告也箋云歌謂作此詩也既作又使工歌之是謂之告○訊又作誶音信徐息悴反告也韓詩訊諫也訊予

不顧顛倒思予箋云予我也歌以告之汝不顧念我言至於破滅顛倒之急乃思我之言言其晚也【疏】墓門至思予○正義曰言墓道之門有此梅樹此梅善惡自耳本未必惡徒有鴞鳥來集於其上而鳴此鴞聲惡梅亦從而惡矣以興陳佗之身有此體性此性善惡自然本未必惡正由有惡師來教之此師既惡陳佗亦從而惡也佗師既惡而不能退去故又戒之汝之師傅也不善故我歌是詩以告之我既告汝汝得我言而不顧念之至於顛倒之急然後則乃思我之言耳至急乃思則無及於事今何以不用我言乎○傳梅柟至萃集○正義曰梅柟釋木文鴞惡聲之鳥一名鵩與。梟一名鴟瞻卬云為梟為鴟是也俗說以為鴞即土梟非也陸機疏云鴞大如班鳩綠色惡聲之鳥也入人家凶賈誼所賦鵩鳥是也其肉甚美可為羹臛又可為炙漢供御物各隨其時唯鴞冬夏。尚施之以其美故也○傳訊告也○正義曰釋詁文箋以歌告之有口告之嫌故辨之云歌謂作此詩使工歌之以告君是謂之告

墓門二章章六句

防有鵲巢憂讒賊也宣公多信讒君子憂懼焉【疏】防有鵲巢二章章四句至懼焉○正義曰憂讒賊者謂作者憂讒人謂為讒以賊害於人也經二章皆上二句言宣公致讒之由下二句言己憂讒之事

防有鵲巢邛有旨苕興也防邑也邛丘也苕草也箋云防之有鵲巢邛之有美苕處勢自然興者喻宣公信多言之人故致此讒人○邛其恭反苕徒彫反

誰侜予美心焉忉忉侜張誑也箋云誰誰讒人也女眾讒人誰侜張誑欺我所美之人乎使我心忉忉然所美謂宣公也○侜陟留反說文云有廱蔽也予美韓詩作娓音尾娓美也忉都勞反憂也誑九況反【疏】防有至忉忉○正義曰言防邑之中有鵲鳥之巢邛丘之上有美苕之草處勢自然以興宣公之朝有讒言之人亦處勢自然何則防多樹木故鵲鳥往巢焉邛丘地美故旨苕生焉以言宣公信讒故讒人集焉公既信此讒言君子懼己得罪告語眾讒人輩汝等是誰誑欺我所

美之人宣公乎而使我心忉忉然而憂之○傳防邑邛丘苕草○正義曰以鵲之爲鳥畏人而近人非邑有樹木則鵲不應巢焉故知防是邑也土之高處草生尤美故邛爲丘邶風稱旄丘有葛鄘風稱阿丘有蝱是美草多生於高丘也苕之華傳云苕陵苕此直云苕草彼陵苕之草好生下溼此則生於高丘與彼異也陸機疏云苕苕饒也幽州人謂之翹饒蔓生莖如勞豆而細葉似蒺藜而青其莖葉綠色可生食如小豆藿也○傳侜張誑○正義曰釋訓文郭璞曰幻惑欺誑人者○箋誰。讒至宣公○正義曰言誰侜予美者是就衆讒人之內告問是誰爲之故云誰誰讒人也臣之事君欲君美好不欲使讒人誑之故謂君爲所美之人

中唐有甓邛有旨鷊中中庭也唐堂塗也甓。瓴。甋也鷊綬草也○甓薄歷反鷊五歷反令音零字書作瓴適都歷反字書作甋綬音受

疏傳中中至綬草○正義曰以唐是門內之路故知中是中庭釋宮云廟中路謂之唐堂途謂之陳李巡曰唐廟中路名孫炎引詩云中唐有甓堂途堂下至門之徑也然則唐之與陳一廟庭之異名耳其實一也故云唐堂塗也釋宮又云瓴甋謂之甓李巡曰瓴甋一名甓郭璞曰甎甎也今江東呼爲瓴甓鷊綬釋草文郭璞曰小草有雜色似綬也陸機疏云鷊五色作綬文故曰綬草

誰侜予美心焉惕惕惕惕猶忉忉也

防有鵲巢二章章四句

月出刺好色也在位不好德而說美色焉○好呼報反序同說音悅澤陂詩同

疏月出三章章四句至色焉○正義曰人於德色不得並時好之心既好色則不復好德故經之所陳唯言好色而已序言不好德者以見作詩之意耳於經無所當也經三章皆言在位好色之事

月出皎兮興也皎月光也箋云興者喻婦人有美色之白皙○皦故了反本又作皎皙星歷反佼人僚兮舒窈糾兮僚好貌舒遲也窈糾舒之姿也○佼字又作姣古卯反方言云自關而東河濟之間凡好謂之姣僚本亦作嫽同音了窈烏了反又于表反糾其趙反又其小反一

音其了反說文音已小反又居酉反勞心悄兮悄憂也箋云思而不見則憂○悄七小反疏月出至悄兮○正義曰言月之初出其光皎然而白

兮以興婦人白皙其色亦皎然而白兮非徒面色白皙又是佼好之人其形貌僚然而好兮行止舒遲姿容又窈糾然而美兮思之既甚而不能見之勤勞我

心悄然而憂悶兮在位如是故陳其事以刺之○傳皎月光○正義曰大車云有如皦日則皦亦日光言月光者皦是日光之名耳以其與月出共文故爲月

光○傳僚好至之姿○正義曰皎兮喻面色皎然謂其形貌僚爲好貌謂其形貌好言色美身復美也舒者遲緩之言婦人行步貴在舒緩言舒時窈糾兮故

知窈糾是舒遲之姿容○傳悄憂正義曰釋訓云悄悄慍也故爲憂月出皓。兮佼人懰兮舒懮受兮勞心慅兮月

出照兮佼人燎兮舒夭紹兮勞心慘。兮○皓胡老反劉本又作懰力久反好貌埤蒼作。懰。懰妖也懮於久反舒貌慅七

老反憂也燎力召反又力弔反夭於表反慘七感反憂也

月出三章章四句

株林刺靈公也淫乎夏姬驅馳而往朝夕不休息焉夏姬陳大夫妻夏徵舒之母鄭女也徵舒字子南夫

株林陟朱反株林夏氏邑也字御叔○夏戶雅反注下同御魚呂反又如字疏株林二章章四句至息焉○正義曰作株林詩者刺靈公也以靈公淫於

夏氏之母姬姓之女疾驅其車馬馳走而往或早朝而至或嚮夕而至不見其休息之時故刺之也經二章皆言靈公往淫夏姬朝夕不息之事說于株野是

夕至也朝食于株是朝至也○箋夏姬至御叔○正義曰宣九年左傳稱陳靈公與孔寧儀行父通於夏姬十年經云陳夏徵舒弒其君平國傳曰陳靈公與

孔寧儀行父飲酒於夏氏公謂行父。曰徵舒似汝對曰亦似君徵舒病之公出自其廄射而殺之昭二十八年左傳叔向之母論夏姬云是鄭穆公少妃姚子

之子子貉之妹也子貉早死而夭鍾美於是楚語云昔陳公子夏爲御叔娶於鄭穆公女生子南子南之母亂陳而亡之是言夏姬所出及夫子名字

胡爲乎株林從夏南。株林夏氏邑也夏南夏徵舒也箋云陳人責靈公君何爲之株林從夏氏子南之母爲淫泆之行○泆音逸行下孟反

匪適株林從夏南箋云匪非也言我非之株林從夏氏子南之母爲淫泆之行自之他耳觝拒之辭○觝都禮反【疏】胡爲至夏南○正義曰株林者夏氏之邑靈公數往彼邑淫於夏姬國人責之云君何爲於彼株林之邑從夏氏子南之母爲淫泆兮靈公爲人所責觝拒之云我非是適彼株林之邑從夏氏子南之母兮我別自適之他處耳一國之君如此淫泆故刺之定本無兮字○傳株林至徵舒○正義曰靈公適彼株林從夏南故知株林是夏氏之邑邑在國外夏姬在邑故適邑而從夏姬也徵舒祖字子夏故爲夏氏徵舒字子南以氏配字謂之夏南楚殺徵舒左傳謂之戮夏南是知夏南即徵舒也實從夏南之母言從夏南者婦人夫死從子夏南爲其家主故以夏南言之○箋匪非至之辭○正義曰以文辭反覆若似對答前人故假爲觝拒之辭非是面爭王肅云言非欲適株林從夏南之母反覆言之疾之也孫毓以王爲長

駕我乘馬說于株野乘我乘駒。朝食于株大夫乘駒箋云我國人我君也君親乘君乘馬乘君乘駒變易車乘以至株林或說舍焉或朝食焉又責之也馬六尺以下曰駒【疏】駕我至于株○正義曰此又責君數往株邑言君何爲駕我君之一乘之馬嚮夕而說舍於株林之野何故得乘我君之一乘之駒早朝而食於株林之邑乎言公朝夕往來淫泆不息可惡之甚故刺之也○傳大夫乘駒○正義曰皇皇者華說大夫出使經云我馬維駒是大夫之制禮當乘駒也此傳質略王肅云陳大夫孔寧儀行父與君淫於夏氏然則王意以爲乘我駒者謂孔儀從君適株故作者并舉以惡君也傳意或當然

株林二章章四句

澤陂刺時也言靈公君臣淫於其國男女相說憂思感傷焉君臣淫於國謂與孔寧儀行父也感傷謂涕泗滂沱○陂彼皮反思息嗣反父音甫涕他弟反自目曰涕泗音四自鼻曰泗滂普光反沱徒何反下文同【疏】澤陂三章章六句至傷焉○正義曰作澤陂詩者刺時也由靈公與孔寧儀行父等君臣並淫於其國之內共通夏姬國人效之男女遞相悅愛爲此淫泆毛以爲男女相悅爲此無禮故君子惡之憂思感傷焉憂思時世之淫亂感傷女人之無禮也男女相悅者章首上二句是也感傷者次二句是也憂思者下二句是也言靈公君臣淫於其國者本其男女相悅之由由化效君上故言之耳於經無所當也經先感傷序先憂思者經以章首二句既言男女之美好因傷女而爲惡行傷而不已故至於憂思事之次也序以感傷憂思爲事既同取其語便故先言憂思也鄭以爲由靈公君臣淫於其國故國人淫泆男女相悅聚會則共相悅愛別離則憂思感傷言其相思之極也男女相悅者章首上二句是也憂思者次二句是也感傷者下二句是也毛於傷如之何下傳曰傷無禮則是君子傷此有美一人之無禮也傷如之何既傷有美一人之無禮寤寐無爲二句又在其下是爲憂思感傷時世之淫亂也此君子所傷傷此有美一人而有美一人又承蒲荷之下則蒲荷二物共喻一女上二句皆是男悅女之辭也經文止舉其男悅女明女亦悅男不然則不得共爲淫矣故序言男女相悅以明之三章大意皆同首章言荷指芙蕖之莖卒章言菡萏指芙蕖之華二者皆取華之美以喻女色但變文以取韻耳二章言蘭者蘭是芬香之草喻女有善聞此淫泆之女必無善聲聞但悅者之意言其善耳鄭以爲首章上二句同姓之中有男悅女女悅男是其男女相悅也次二句言離別之後不能相見念之而爲憂思也既憂不能相見故下二句感傷而淚下首章言荷喻女之容體二章言蓮喻女之言信卒章言菡萏以喻女之色美

彼澤之陂有蒲與荷興也陂澤障也荷芙蕖也箋云蒲柔滑之物芙蕖之莖曰荷生而佼大興者蒲以喻所說男之性荷以喻所說女之容體也正以陂中二物興者喻淫風由同姓生○荷音荷障章

亮反夫音符本亦作芙下同渠其居反本亦作蕖莖幸耕反佼古卯反

有美一人傷如之何

傷無禮也箋云傷思也我思此美人當如之何而得見之

寤寐無爲涕泗滂沱

自目曰涕自鼻曰泗箋云寤覺也○覺音教

疏 彼澤至滂沱○毛以爲彼澤之陂障之中有蒲與荷之二草蒲之爲草甚柔弱荷之爲葉極美好以興陳國之中有男悅女云汝體之柔弱如蒲然顏色之美如荷然男女淫泆相悅如此君子見其淫亂乃感傷之彼男所悅者有美好之一人美好如是不能自防以禮不以禮可傷乎知可如之何既不可奈何乃憂思時世之淫亂寤寐之中更無所爲念此風俗傷敗目涕鼻泗一時俱下滂沱然也鄭以爲彼澤之陂障之中有蒲與荷之二草以喻同姓之中有男與女之二人蒲之草甚柔滑荷之莖極佼好女悅男云汝之體性滑利如蒲然男悅女云汝之形容佼大如荷然聚會之時相悅如是及其分離則憂思相憶男憶女云有美好之一人我思之而不能見當如之何乎既不能見益復感傷覺寢之中更無所爲念此美女涕泗滂沱然淫風如此故舉以刺時也○傳陂澤障荷芙蕖○正義曰澤障謂澤畔障水之岸以陂內有此二物故舉陂畔言之二物非生於陂上也釋草云荷芙蕖其莖茄其葉蕸其本蔤其華菡萏其實蓮其根藕其中的的中薏李巡曰皆分别蓮莖葉華實之名菡萏蓮華也的蓮實也薏中心也郭璞曰蔤莖下白蒻在泥中者今江東人呼荷華爲芙蓉北方人便以藕爲荷亦以蓮爲荷蜀人以藕爲茄或用其母爲華名或用根子爲母葉號此皆名相錯習俗傳誤失其正體者也陸機疏云蓮青皮裹白子爲的的中有青爲薏味甚苦故里語云苦如薏是也傳正解荷爲芙蕖不言興意以下傳云傷無禮者傷有美一人則此有蒲與荷共喻美人之貌蒲草柔滑荷有紅華喻必以象當以蒲喻女之容體以華喻女之顏色當如下章言菡萏而此云荷者以荷是此草大名故取荷爲韻○箋蒲柔至姓生○正義曰如爾雅則芙蕖之莖曰茄此言荷者意欲取莖爲喻亦以荷爲大名故言荷耳樊光注爾雅引詩有蒲與茄然則詩本有作茄字者也箋以序云男女相悅則經中當有相悅之言以蒲喻所悅男之性女悅男言男之心性和柔

似蒲也荷以喻所悅女之容體男悅女之形體佼大如荷也正以陂中二物與者淫風由同姓生二物共在一波猶男女同在一姓○箋傷思至見之○正義曰傷思釋言文以溱洧桑中亦刺淫泆舉其事而惡自見其文皆無哀傷之言此何獨傷其無禮至於涕泗滂沱輾轉伏枕也故易傳以爲思美人不得見之而憂傷也孫毓以箋義爲長○正義曰經傳言隕涕出涕皆謂淚出於目泗既非涕亦涕之類明其泗出於鼻也　彼澤之陂有蒲與蕑 蕑蘭也箋云蕑當作蓮蓮芙蕖實也蓮以喻女之言信○蕑毛古顏反鄭改作蓮練田反 疏 傳蕑蘭○正義曰以溱洧秉蕑爲執蘭則知此蕑亦爲蘭也蘭是芬香之草蓋喻女有聲聞○箋蕑當至言信○正義曰以上下皆言蒲荷則此章亦當爲荷不宜別據他草且蘭是陸草非澤中之物故知蘭當作蓮蓮是荷實故喻女言信實　有美一人碩大且卷 卷好貌○卷本又作婘同其員反　寤寐無爲中心悁悁 悁悁猶悒悒也○悁烏玄反 疏 傳悁悁猶悒悒○正義曰俗本多無之　彼澤之陂有蒲菡萏 菡萏荷華也箋云華以喻女之顏色○菡本又作莟又作欿戶感反萏本又作蓞大感反　有美一人碩大且儼 儼矜莊貌　寤寐無爲輾轉伏枕 ○輾張輦反本又作展

澤陂三章章六句

陳國十篇二十六章百二十四句

毛詩注疏校勘記（七之二）　阮元撰盧宣旬摘錄

陳譜

東不及明　音孟豬ㄟ閩本明監本毛本同案此正義自爲音旁行細書之未誤入正文者以此推之而倒可知矣○按未可以一例百且在句中者容或有此例如此音孟及邇大路之山音反是也在句末者則文理可讀亦不盡同此例

在外方屬鄭　閩本明監本毛本同案此當作在外方之北外方屬鄭因外方複出而脫去四字下引檜譜云在豫州外方之北其證也

卒子武公靈立卒子夷公說立　閩本明監本毛本同案十行本上卒至下公剜添者二字

弟平公堯立　閩本明監本毛本同案此不誤浦鏜云變誤堯非也正義所引世家自如此

○宛丘

中英隆高　補毛本英作央案央字是也

狀如一丘矣　閩本明監本毛本同案依爾雅注一上當有負字

今江東人取以爲睫攡　閩本明監本毛本同案此不誤浦鏜云攡誤攡非也爾雅注本作攡今釋文誤爲攡耳廣韻十一暮鷺字下引亦作睫攡可證又五支接攡白帽接攡即睫攡

注云艮爻也位近丑　閩本明監本毛本同案此不誤浦鏜改位近丑作爻辰在丑非也王伯厚輯鄭易即采此正同

主國尊於篋閩本明監本毛本同案此不誤浦鏜云樅誤於從玉海校非也禮器正義引亦作於玉海作樅者當是誤涉禮器下文

○東門之枌

應劭通俗云閩本明監本毛本同案通俗浦鏜云當作風俗通是也

序云男子棄業閩本明監本毛本同案浦鏜云女誤子是也

下曰往往矣同【補】案往字不當重

釋詁文也○春秋莊二十七年【補】案○當衍

朝旦善明曰往矣閩本明監本毛本同小字本相臺本旦作日考文一本同案日字是也上章箋及正義中皆可證

貽我握椒明監本握誤楃各本皆不誤

交情好也相臺本同閩本明監本毛本同小字本情作博案小字本誤也釋文以情好作音可證○按交博好猶云互相討好博字必古本之留遺者舊校非

○衡門

掖扶持也小字本相臺本同案正義標起止云掖扶持下云故以夜爲扶持也定本作扶持如其所言不爲異本當有誤今無可考釋文掖下云持扶也與正義本同

云拔臂也閩本明監本毛本同案云上浦鏜云脫說文又拔下浦鏜云脫持是也

持以赴外殺之閩本明監本毛本同案浦鏜云拔誤持考左傳是也

可以樂飢小字本相臺本同唐石經初刻同後加疒作𤻲案唐石經考異云用鄭義也考釋文云樂本又作𤻲毛音洛鄭力召反沈云舊皆作樂字晚詩本有作疒下樂以形聲言之殊非其義療字當從疒下尞案說文云𤻲治也療或𤻲字也則毛本止作樂鄭本作𤻲注放此正義云案今定本作樂飢觀此傳亦作樂則毛讀與鄭異是正義本即作𤻲也標起止云至樂飢或後改沈云舊皆作樂字是也陸意不從沈而不云檢舊本不如沈言則作樂審矣釋文又作本正義唐石經後刻作𤻲皆沈所謂晚本也沈但當如正義所云觀此傳亦作樂以證毛氏詩是樂字不當誤論形聲以致陸駮然陸云毛本作樂鄭本作𤻲斯不然矣鄭非於毛外別有本但可易傳義耳不容經字先已異也鄭本亦必作樂陸欲調停晚本失之考文古本作𤻲采正義釋文也釋文晚字或誤今正

可飲以𤻲飢閩本明監本毛本同小字本相臺本𤻲作療考文古本同案正義本作𤻲療𤻲一字見上此箋不云樂讀爲𤻲者以樂爲𤻲之假借而於訓釋中改其字以顯之也晚本乃因此改經耳唯傳中樂道字不容改近盧文弨遂以樂飢可以樂道忘飢一句屬之王肅而議刪之矣其誤實由於晚本惑之且不得鄭箋改字之例故也

取其口美而已小字本同閩本明監本毛本同相臺本口美倒案美口是也

周語作四岳閩本明監本毛本同案浦鏜云祚誤作是也

○東門之池

以配君子也閩本明監本毛本下有注小字本相臺本無考文古本無案山井鼎云此亦釋文混入注也是也

彼美淑姬唐石經小字本相臺本同案釋文云叔姬音叔本亦作淑善也正義云言彼美善之賢姬是正義本作淑釋文音叔或誤今正

考工記㡃氏閩本明監本毛本㡃誤慌案山井鼎云作㡃爲是是也凡巾傍之字寫者多以小旁亂之

齊人曰涹烏禾反閩本明監本毛本同案烏禾反三字當傍行細書正義於自爲音者例如此也○按不然

可以漚菅小字本相臺本同唐石經初刻與後改以案初刻誤也

○東門之楊

羣生閉藏爲陰閩本明監本毛本同案浦鏜云乎誤爲考家語浦挍是也

歎天道嚮秋冬而陰氣來閩本明監本毛本同案歎當作觀形近之譌浦鏜云歎字衍文見繁露循天之道篇非也爲挍繁露者所去耳

與陰俱近而陽遠也閩本明監本毛本同案此不誤浦鏜云原文作內與陰居近而陽遠也非也居卽俱字誤上文云冰泮而殺止故傍記內字爲止字之異耳後遂誤入正文也當依此正之

○墓門

陳佗乃用其言　閩本明監本毛本乃作仍案所改是也

昔久也　小字本相臺本同案正義云昔是久遠之事故爲久也段玉裁云夕誤作久誰夕猶今人言不記是何日也記云疇昔之夜疇誰正同

誰昔昔也　小字本相臺本同案正義云釋訓文又云今定本爲誰昔昔也合爾雅俗爲誰疑辭也正義本定本同是也俗誤

善惡自有　閩本明監本毛本同小字本相臺本有作耳案有字誤也正義云此梅善惡自耳可證但與下此性善惡自然爲對文依義當作爾考文古本作爾一本作耳二字混也

性因惡矣　閩本明監本毛本同小字本相臺本性作樹考文古本同案樹字是也正義云梅亦從而惡矣可證

歌以訊之　唐石經小字本相臺本同案正義標起止云傳訊告也釋文云訊本又作誶音信徐息悴反告也詩經小學云誶訊義別誶多譌作訊如爾雅誶告也釋文云本作訊音信說文引國語誶申胥今國語作訊詩歌以誶止誶于不顧傳誶告也莫肯用誶箋誶告也正用釋詁文而釋文誤作訊以音信爲正王逸楚詞注引誶予不顧廣韻六至誶下引歌以誶止可正其誤毛鄭詩考正云止譌作之

訊諫也　補釋文校勘記通志堂本盧本同案六經正誤云訊諫也作諫誤說文諫數諫也从言从朿七賜反諫促也从言从約束之束音速依此是宋監本釋文作訊諫也从言从朿朿中有一小畫卽朿字唐人例如此毛居正以爲朿字非是小字本所附作諫誤多一畫當由不識諫者誤改耳

與梟一名鴟　閩本明監本毛本同案此當作與梟異梟一名鴟因複出梟字而脫也爾雅梟鴟疏卽取此誤改爲一名梟一名鴟當是所見本已脫而未察此正義之旨也

唯鴞冬夏尚施之 閩本明監本毛本同案浦鏜云常誤尚考爾雅疏是也

○防有鵲巢

箋誰讒至宣公 閩本明監本毛本同案讒當作誰

甓瓴甋也 相臺本同閩本明監本毛本同小字本瓴甋作令適案小字本是也釋文云令字書作瓴適字書作甋又甓下云令適也爾雅釋文云詩傳作令適是其證也正義本當亦作令適引爾雅乃順彼文作瓴甋耳相臺本及此依以改傳者誤

○月出

月出皓兮 小字本相臺本同唐石經皓作晧案晧字是也

勞心慘兮 唐石經小字本相臺本同案釋文慘七感反此無正義其本未有明文以白華洌之當亦作懆毛鄭詩考正云蓋懆字轉寫譌為慘耳毛晃陳第顧炎武諸人論之詳矣

埤蒼作懰懰妖也 閩釋文挍勘通志堂本盧本同小字本所附亦是懰字考原本作嫺嫺妖二字連文相如賦所謂妖冶嫺都也

○株林

公謂行父曰 閩本明監本毛本同案十行本行父曰剜添者一字是本無曰字後依左傳加而衍也

從夏南 小字本相臺本同唐石經南下有旁添姬字下句同案惠棟云南與林協韻不容闌入姬字依疏當云從夏南兮今考正義云定本無兮字

乘我乘駒唐石經小字本相臺本同案此正義本也正義云何故得乘我君之一乘之駒又標起止云傳大夫乘駒釋文云乘驕音駒沈云或作駒字是後人改之皇皇者華篇內同考汝墳傳云五尺以上曰駒正義云五尺以上卽六尺以下故株林箋云六尺以下曰駒也毛於此及皇皇者華皆更不為驕字作傳當皆是駒字未必後人改之說文驕下引我馬為驕凡說文所引不同多不可強合○按沈重說是也其詳見段玉裁說文解字注

○澤陂

男悅女之形體閩本明監本毛本悅下有女言二字案所補是也

傷思釋言文閩本明監本毛本同案浦鏜云詁誤言是也

孫毓以箋義為長○正義曰閩本明監本毛本同案○下浦鏜云當脫傳自目至曰泗六字及○是也

卷本又作睠補釋文校勘通志堂盧本睠作婘小字本所附亦是睠字考睠字非也博雅云婘好也本此詩

附釋音毛詩注疏卷第七〔七之二〕〔三四〕

檜羔裘詁訓傳第十三

〇陸曰檜本又作鄶古外反檜者高辛氏之火正祝融之後妘姓之國也其封域在古豫州外方之北滎波之南居溱洧之間祝融之故墟是子男之國後爲鄭武所幷焉王云周武王封之於濟洛河潁之間爲檜子

毛詩國風　鄭氏箋　孔穎達疏

檜譜

檜者古高辛氏火正祝融之墟〇正義曰昭十七年左傳梓慎云鄭祝融之墟也鄭滅檜而處之故知檜是祝融之墟楚世家云高陽生稱稱生卷章卷章生重黎爲高辛氏之火正能光融天下帝嚳命曰祝融爲高辛氏火正也若然楚語稱顓頊命南正重司天以屬神命火正黎司地以屬民則黎爲火正高陽時也言高辛者以重黎是顓頊命之歷及高辛仍爲此職故二文不同也黎實祝融重爲南正而楚世家同以重黎爲祝融馬遷謬也尙書鄭志答趙商云火當爲北則黎爲北正也章昭亦以火當爲北北陰位以五行官有一火正祝融則火官之號若天地之官據陰陽之位對南正爲文則爲北正是黎一人居二官也鄭順外傳之文故云火正耳。檜國在禹貢豫州外方之北滎波之南居溱洧之間〇正義曰禹貢云熊耳外方注云屬豫州檜即鄭地外方在鄭之南界故檜居其北也禹貢豫州云滎波既豬注云沇水溢出所爲澤也今塞爲平地滎陽民猶謂其處爲滎澤在。汴縣東滎澤滎波一澤名也滎澤近在河側檜國遠在河南杜預云檜城在滎陽密縣東北是在滎陽之南也鄭處檜地而國有溱洧是檜居溱洧之間〇祝融氏名黎其後八姓唯妘姓檜者處其地焉〇正義曰鄭語云祝融其後八姓己姓昆吾蘇顧溫。莒也董姓鬷夷豢龍也彭姓彭祖豕韋諸稽也秃姓舟人也妘姓。鄔檜路偪陽也曹姓鄒莒也斟姓無後也通楚爲芈姓是八姓也姓雖同出祝融皆不處其墟唯妘姓檜者處其地焉以姓妘之中又有鄔路偪陽故指檜以别之楚世家云共工氏作亂帝嚳使重黎誅之而不盡帝乃以庚寅日誅重黎而以其弟吳回爲重黎後復居火正爲祝融吳回生陸終陸終生子六人四曰會人案世本會人即檜之祖也故韋昭服虔皆云檜是陸終第四子求言後然則八姓乃是黎弟吳回之後鄭語云以八姓爲黎後者以吳回繫黎之後復居黎職故本之黎也且黎有大功後世當興故伯據黎言耳楚世家言以吳回爲重黎似是官號而云名黎者昭二十九年左傳云少皞氏有子曰重顓頊氏有子曰黎重黎皆是其名而史記以重黎爲一人又言以吳回爲重黎皆是謬耳鄭以檜是祝融之後復居祝融之墟故具言出其後處其地之事○周夷王厲王之時檜公不務政事而好絜衣服大夫去之於是檜之變風始作○正義曰案鄭語史伯於幽王之世爲桓公謀滅號檜至平王之初武公滅之則幽王以前檜國仍在史伯云檜仲恃險則仲是檜君之字檜之世家既絕作序者不言檜仲則羔裘之作在檜仲之前不知其幾世也幽王上有宣王宣王任賢使能周室中興不得有周道滅而令匪風思周道也故知檜風之作非宣王之時也宣王之前有夷厲二王是衰亂之王考其時事理得相當故爲周王夷厲之時檜無世家詩止四篇事頗相類或在一君時作故鄭於左方中不復分之襄二十九年左傳魯爲季札歌詩云自檜以下無譏焉言季札聞此二國之歌不復譏論以其國小故也季札不譏風俗無以言焉故鄭不言檜之風俗○其國北鄰於虢○正義曰地理志河南滎陽縣應劭云故虢國也然則虢在滎陽檜在密縣北是其國北鄰於虢也地理志河南有成皋縣故虎牢也一曰制隱元年左傳曰制岩邑也虢叔死焉然則虢國當在成皋而又以滎陽爲虢國者傳言虢叔恃制與滎陽相近在虢之境内故恃之耳不言其都在制也譜於諸國皆不言北鄰此獨言北鄰於虢者以鄭滅虢檜而處之先譜檜而接說鄭故特著此句爲史伯之言張本也此與檜鄰者謂東虢耳猶自別於西虢杜預云西虢在弘農陝縣東南東虢今滎陽其東虢鄭武公滅之西虢則晉獻公滅之

羔裘大夫以道去其君也國小而迫君不用道好絜其衣服逍遙遊燕而不能

自強於政治故作是詩也以道去其君者三諫不從待放於郊得玦乃去○好呼報反下注同治直吏反下注同玦古穴反

疏羔裘三章章四句至是詩○正義曰作羔裘詩者言大夫以道去其君也謂檜之大夫見君有不可之行乃盡忠以諫諫而不從卽待放於郊得玦乃去此是以道理去君也由檜既小而迫於大國君不能用人君之道以理其國家而徒好脩絜其衣服逍遙遊戲而燕樂而不能用心自強於政治之事大夫見其如是故諫之而不從故去之臣之將去待放於郊當待放之時思君之惡而作是羔裘之詩言己去君之意也序言以道去其君既已舍君而去經云豈不汝思其意猶尚思君明己棄君而去待放未絕之時作此詩也大夫去君必是諫而不從詩之所陳卽諫君之意首章二章上二句言君變易衣服以翱翔逍遙卒章上二句言其裘色之美是其好絜遊宴不強政治也三章下二句皆言思君失道爲之憂悼是以道去君之事也以詩爲去君而作故序先言以道去君也○箋以道至乃去○正義曰言以道去君則大夫正法有去君之道春秋莊二十四年戎侵曹曹羈出奔陳公羊傳曰曹無大夫何以書賢也何賢乎曹羈戎將侵曹曹羈諫曰戎衆而無義請君勿自敵也曹伯曰不可三諫不從遂去之故君子以爲得君臣之義也曲禮下云爲人臣之禮不顯諫三諫不聽。於禮得去也喪服齊衰三月章曰爲舊君傳曰大夫以道去君而猶未絕春秋宣元年晉放其大夫胥甲父于衞公羊傳曰近正也其爲近正奈何古者大夫已去三年待放君放之非也大夫待放正也是三諫不從有待放之禮宣二年穀梁傳稱趙盾諫靈公公不聽出亡至於郊趙盾諫之不出至郊而舍明大夫待放在於郊也得玦乃去者謂君與之決別任其去然後去也荀卿書云聘士以圭。復士以璧召人以瑗絕人以玦反絕以環范甯穀梁注君賜之環則還賜之玦則往用荀卿之言以爲說則君與之決別之時或當賜之以玦也曲禮云大夫去國踰境爲壇位鄉國而哭三月而復服此箋云待放於郊禮記言踰境公羊傳言待放三年禮記言三月者禮記所言謂既得玦之後行此禮而後去非待放時也首章言狐裘以朝謂視路門外之朝也二章云狐裘在堂謂在路寢之堂也視朝之服卽服之於路寢不更易服玉藻云君朝服以日視朝於內朝退適路寢聽政聽政服視朝之服是在朝在堂同服羔裘今檜君變易衣服用狐裘在朝因用狐裘在堂故首章言在朝二章言在堂上二章唯言變易常禮未言好絜之事故卒章言羔裘之美如脂膏之色羔裘旣美則狐裘亦美可知故不復說狐裘之美

羔裘逍遙狐裘以朝 羔裘以遊燕狐裘以適朝箋云諸侯之朝服緇衣羔裘大蜡而息民則有黃衣狐裘今以朝服燕祭服朝是其好絜衣服也先言燕後言朝見君之志不能自強於政治〇朝直遙反注同下篇注亦同蜡仕詐反祭名也見賢遍反

豈不爾思勞心忉忉 國無政令使我心勞箋云爾女也三諫不從待放而去思君如是心忉忉然〇忉音刀

疏 羔裘至忉忉〇正義曰言檜君好絜衣服不脩政事羔裘是適朝之常服今服之以逍遙狐裘是息民之祭服今服之以在朝言其志好鮮絜變易常服也好絜如是大夫諫而不聽待放於郊思君之惡言我豈不於爾思乎我誠思之君之惡如是使我心忉忉然而憂也逍遙遊燕之事輕視朝聽政之事重今先言燕後言朝者見君不能自強於政治唯好逍遙忽於聽政故後言朝也〇箋諸侯至政治〇正義曰玉藻云諸侯朝服以日視朝於內朝是諸侯視朝之服名曰朝服也士冠禮云主人玄冠朝服緇帶素韠注云玄冠委貌朝服者十五升布衣而素裳不言色者衣與冠同色是朝服衣色玄玄卽緇色之小別論語說孔子之服云緇衣羔裘玉藻亦云羔裘緇衣以裼之是羔裘裼用緇衣明其上正服亦緇色也論語又曰羔裘玄冠不以弔是羔裘所用配玄冠羔裘之上必用緇布衣爲裼裼衣之上正服亦是緇色又與玄冠相配明是朝服可知故云諸侯之朝服緇衣羔裘也人君以歲事成就搜索羣神而報祭之謂之大蜡又臘祭先祖五祀因令民得大飲農事休息謂之息民於大蜡之後作息民之祭其時則有黃衣狐裘也大蜡之祭與息民異也息民用黃衣狐裘大蜡則皮弁素服二者不同矣以其大蜡之後始作息民之祭息民大蜡同月其事相次故連言之耳知者郊特牲云蜡也者索也歲十二月合聚萬物而索饗之也皮弁素服而祭素服以送終也葛帶榛杖喪殺也是

大蜡之祭用素服也郊特牲既說蜡祭其下又云黃衣黃冠而祭息田夫也注云祭謂既蜡臘先祖五祀也於是勞農以休息之是息民之祭用黃衣也論語說孔子之服云黃衣狐裘玉藻云狐裘黃衣以裼之以此知大蜡息民則有黃衣狐裘也案玉藻云君衣狐白裘錦衣以裼之又曰錦衣狐裘諸侯之服然則諸侯有狐白裘矣又曰君子狐青裘豹褎玄綃衣以裼之則禮又有狐青裘矣此經直云狐裘何知非狐白狐青而必知是黃衣狐裘者以諸侯之服狐白裘唯在天子之朝耳在國視。朝之服則素衣麑裘無狐白裘矣若檜君用狐白以朝則違禮僭上非徒好絜而已序不應直云好絜以此知非狐白也玉藻言君子狐青裘者注云君子大夫士也天官司裘云季秋獻功裘以待頒賜注云功裘人功微麤謂狐青麑裘之屬然則狐青乃是人功麤惡之裘檜君好絜必不服之矣孔子仕魯朝論語說孔子之服緇衣羔裘與黃衣狐裘其文相對明此羔裘狐裘亦是緇衣黃衣之裘故知羔裘是視朝之服狐裘是息民祭服也檜君志在遊燕祭服尊於朝服既用祭服以朝又用朝服以燕是其好絜衣服也逍遙翱翔是遊戲燕樂故言燕耳非謂行燕禮與羣臣燕也禮記云燕朝服於寢若依法設燕則服羔裘可矣今用以遊燕故大夫刺之遊燕之服於禮無文不過用玄端深衣而已必不得用朝服故刺其服羔裘也事有大小今朝事重燕事輕作者先言燕後言朝見君之志不能自強於政治故也○箋爾女至忉忉然○正義曰序云以道去其君則此臣已棄君去若其已得玦之後則於君臣義絕不應復思故知此是三諫不從待放而去之時思君而心勞也

羔裘翱翔狐裘在堂堂公堂也箋云翱翔猶逍遙也豈不爾思我心憂傷

疏傳堂公堂○正義曰七月云躋彼公堂謂飲酒於學故傳以公堂爲學校此云公堂與彼異也何則此刺不能自強於政治則在朝在堂皆是政治之事上言以朝謂日出視朝此云在堂謂正寢之堂人君日出視朝乃退適路寢以聽大夫所治之政二者於禮同服羔裘今檜君皆用狐裘故二章各舉其一

羔裘如膏日出有曜日出照曜然後見其如膏○膏古報反曜羊照反豈不爾思中心

是悼悼動也箋云悼猶哀傷也疏羔裘至是悼○正義曰上言變易衣裘此言裘色鮮美檜君所服羔裘衣色潤澤如脂膏然日出有光照曜之時觀其裘色如脂膏也君既好絜如是大夫諫而不用將欲去之乃言豈不於爾思乎我誠思之思君之惡如是中心於是悼傷之○傳悼動○正義曰哀悼者心神震動故爲動也與箋哀傷同

羔裘三章章四句

素冠刺不能三年也喪禮子爲父父卒爲母皆三年時人恩薄禮廢不能行也○爲于僞反下同疏素冠三章章三句○箋喪禮至能行○正義曰喪服子爲父斬衰三年父卒爲母齊衰三年此言不能三年不言齊斬之異故兩舉以充之喪禮諸侯爲天子父爲長子妻爲夫妾爲君皆三年此箋獨言父母者以詩人所責當責其尊親至極而不能從禮耳故知主爲父母父母尚不能三年其餘亦不能三年可知矣首章傳曰素冠練冠禮三年之喪十三月而練則此練冠是十三月而練服也二章傳曰素冠故素衣則素衣與冠同時亦既練之衣是上二章同思既練之人卒章庶見素韠案喪服斬衰有衰裳絰帶而已不言其韠檀弓說既練之服云練衣黃裏縓緣要絰繩屨角瑱鹿裘亦不言有韠則喪服始終皆無韠矣禮大祥祭服朝服縞冠朝服之制緇衣素裳禮韠從裳色素韠是大祥祭服之韠然則毛意亦以卒章思大祥之人也作者以時人皆不能行三年之喪故從初衰末而思之有不到大祥者故上二章思既練之人皆不能三年故卒章思祥祭之人事之次也鄭以首章思見既祥之後素縞之冠下二章思見祥祭之服素。冠。於韠以時人不能行三年之喪先思長遠之服故先思祥後卻思祥時也

庶見素冠兮棘人欒欒兮庶幸也素冠練冠也棘急也欒欒瘠貌箋云喪禮既祥祭而縞冠素紕時人皆解緩無三年之恩於其父母而廢其喪禮故覬幸一見素冠急於哀慼之人形貌欒欒然。膄。瘠也○欒力端反瘠情昔反縞古老反

紕婢移反解佳賣反覯音羸膄本亦作瘦所救反

勞心慱慱兮傳慱慱憂勞也箋云勞心者憂不得見○慱徒端反

疏庶見至慱慱兮○毛以爲時人不能行三年之喪亦有練後即除服者故君子言己幸望得見服既練之素冠兮用情急於哀感之人其形貌欒欒然膄瘠者兮今無此人可見使我勤勞其心慱慱然而憂之兮○鄭以素冠爲既祥素紕之冠思見既祥之人其文義則同○傳庶幸至瘠貌○正義曰庶幸釋言文傳以刺不行喪禮而思見素冠則素冠是喪服之冠也若練前已無此冠則是本不爲服不得云不能三年若在大祥之後則三年已終於禮自除非所當刺今作者思見素冠則知此素冠者是既練之後大祥之前冠也素白也此冠練。在使熟其色益白是以謂之素焉實是祥前之冠而謂之練冠者以喪禮至朞而練至祥乃除練後常服此冠故爲練冠也棘急也釋言文彼棘作悈音義同身服喪服情急哀感者其人必膄故以欒欒爲膄瘠之貌定本毛無膄字○箋喪禮至膄瘠○正義曰鄭以練冠者練布爲之而經傳之言素者皆謂白絹未有以布爲素者則知素冠非練也且時人不行三年之喪當先思長遠之服何得先思其近乃思其遠又不能三年者當謂三年將終少月日耳若全不見練冠使是朞即釋服三年之喪纔行其半違禮甚矣何止刺於不能行三年也故易傳以素冠爲既祥之冠玉藻曰縞冠素紕既祥之冠也注云紕緣邊也既祥祭而服之也是喪禮既祥而縞冠素紕也閒傳注云黑經白緯曰縞其冠用縞以素爲紕故謂之素冠也時人皆解惰舒緩廢於喪禮故作者覬幸見此素冠哀感之人形貌膄瘠王肅亦以素冠爲大祥之冠孫毓以箋說爲長○傳慱慱憂勞○正義曰釋訓文

庶見素衣兮素冠故素衣也箋云除成喪者其祭也朝服縞冠朝服緇衣素裳然則此言素衣者謂素裳也我心傷悲兮聊與子同歸兮願見有禮之人與之同歸箋云聊猶且也且與子同歸欲之其家觀其居處

疏庶見至歸兮○毛以爲作者言己幸得見既練之素衣兮今無可見使我心傷悲兮若得見之願與子同歸於家兮言欲與共歸己家○鄭以爲幸得見祥祭之素衣兮今無可見使我心傷悲兮若得見之且欲

與子同歸於子之家兮以其身既能得禮則居處亦應有法故欲與歸彼家而觀其居處○傳素冠故素衣○正義曰以冠衣當上下相稱冠既練則衣亦練故云素冠故素衣謂既練之後服此白布喪服○箋除成至素裳○正義曰箋亦以素非布故以易傳也除成喪者其祭也朝服縞冠喪服小記文彼注云成成人也縞冠未純吉是祥祭當服朝服士冠禮云主人玄冠朝服緇帶素韠韠從裳色故六祥之祭其服以素爲裳此言素衣者謂素裳也裳而言衣衣是大名曲禮云兩手摳衣謂摳裳緝也是裳得稱衣故取衣爲韻喪服小記唯據諸侯若天子除喪則無文亦當服皮弁服○傳願見至同歸○正義曰傳訓聊爲願同歸謂同歸己家然則下章言與子如一欲與之爲行如一亦與鄭異○箋聊猶至居處○正義曰箋以庶見其人則是欲觀彼行不宜共歸己家故易傳以爲同歸彼人之家觀其居處

庶見素韠兮箋云祥祭朝服素韠者韠從裳色○韠音畢

我心蘊結兮聊與子如一兮子夏三年之喪畢見於夫子援琴而絃衎衎而樂作而曰先王制禮不敢不及夫子曰君子也閔子騫三年之喪畢見於夫子援琴而絃切切而哀作而曰先王制禮不敢過也夫子曰君子也子路曰敢問何謂也夫子曰子夏哀已盡能引而致之於禮故曰君子也閔子騫哀未盡能自割以禮故曰君子也夫三年之喪賢者之所輕不肖者之所勉箋云聊與子如一且欲與之居處觀其行也○蘊紆粉反夏戶雅反下同見賢遍反下同援音袁下同衎苦旦反樂音洛夫三音符其行下孟反

【疏】庶見至一兮○毛以爲作者言己幸望見祥祭之素韠兮今無可見使我心憂愁如蘊結兮若有此人我則願與子行如一兮愛其人欲同其行也○鄭唯下一句言且與子共處如一兮欲與之聚居而觀其所行餘同○傳子夏至所勉○正義曰傳以此篇既終三章之義舉此二人之行者言三年之喪是聖人中制使賢與不肖共爲此行時不能三年故則之肖似也不有所似謂愚人也檀弓云子夏既除喪而見夫子予之琴和之而不和彈之而不成聲作而曰哀未忘也先王制禮而弗敢過彼說子夏之行與此正反一人不得並爲此行二者必有一誤或當父母異時鄭以毛公當有所

憑據故不正其是非○箋聊與與至其行○正義曰箋以作詩之人莫非賢者不須羨彼有禮願與如一故以爲且欲與之居處如一觀其行也

素冠三章章三句

隰有萇楚疾恣也國人疾其君之淫恣而思無情慾者也恣謂狡狯淫戲不以禮也○萇楚丈羊反萇楚銚弋也本草云一名羊腸一名羊桃恣姿利反狡古卯反狯古快反本亦作獪古外反

疏隰有萇楚三章章四句至慾者○正義曰作隰有萇楚詩者主疾恣也檜國之人疾其君之淫邪恣極其情意而不爲君人之度故思樂見無情慾者定本直云疾其君之恣無淫字經三章皆是思其無情慾之事

隰有萇楚猗儺其枝興也萇楚銚弋也猗儺柔順也箋云銚弋之性始生正直及其長大則其枝猗儺而柔順不妄尋蔓草木興者喻人少而端慤則長大無情慾○猗於可反儺乃可反銚音遙長張丈反下同蔓音萬少詩照反下同

夭之沃沃樂子之無知夭少也沃沃壯佼也箋云知匹也疾君之恣故於人年少沃沃之時樂其無妃匹之意○夭於驕反沃烏毒反樂音洛注下皆同妃音配

疏隰有至無知○正義曰此國人疾君淫恣情慾思得無情慾之人言隰中有萇楚之草始生正直及其長大其猗儺然枝條柔弱不妄尋蔓草木以興人於少小之時能正直端慤雖長大亦不妄淫恣情慾故我今日於人夭夭然少壯沃沃壯佼之時樂得今是子之無配匹之意若少小無配匹之意則長大不恣其情慾疾君淫恣故思此人○傳萇楚銚弋○正義曰釋草文舍人曰萇楚一名銚弋本草云銚弋名羊桃郭璞曰今羊桃也或曰鬼桃葉似桃華白子如小麥亦似桃陸機疏云今羊桃是也葉長而狹華紫赤色其枝莖弱過一尺引蔓于草上今人以爲汲灌重而善沒不如楊柳也近下根刀切其皮著熱灰中脫之可韜筆管○箋銚弋至情慾○正義曰妄者謂非理相加蔓在傍之草木是爲妄也不妄者謂不尋蔓之也言銚弋從小至長不妄尋蔓草木少而端慤則長大無情慾者此謂十五六

之時也已有所知性頗可識無情慾者則猶端正謹慤則雖至長大亦無情慾知此少而端慤非初生時者幼小之時則凡人皆無情慾論語云人之生也直注云始生之性皆正直謂初生幼小之時悉皆正直人性皆同無可羨樂以此故知年少者謂十五六時也○傳夭少沃沃壯佼○正義曰桃之夭夭謂桃之少則知此夭謂人之少故云夭少也言其少壯而佼好也○箋知匹至之意○正義曰知匹釋詁文下云無家無室故知此宜為匹也

隰有萇楚猗儺其華夭之沃沃樂子之無家箋云無家謂無夫婦室家之道

疏箋無家至之道○正義曰桓十八年左傳曰男有室女有家謂男處妻之室女安夫之家夫婦二人共為家室故謂夫婦家室之道為室家也

隰有萇楚猗儺其實夭之沃沃樂子之無室

隰有萇楚三章章四句

匪風思周道也國小政亂憂及禍難而思周道焉

疏匪風三章章四句至道焉○正義曰作匪風詩者言思周道也以其檜國既小政教又亂君子之人憂其將及禍難而思周道焉若使周道明盛必無喪亡之憂故思之上二章言周道之滅念之而怛傷下章思得賢人輔周興道皆是思周道之事

匪風發兮匪車偈兮發發飄風非有道之風偈偈疾驅非有道之車○偈起竭反疾也驅丘遇反又如字

顧瞻周道中心怛兮怛傷○下國之亂周道滅也箋云周道周之政令也迴首曰顧○怛兮都達反慘怛也

疏匪風至怛兮○正義曰此詩周道既滅風為之變俗為之改言今日之風非有道之風發發兮大暴疾今日之車非有道之車偈偈然大輕嘌由周道廢滅故風車失常此周道在於前世既已往過今迴顧視此周道見其廢滅使我心中怛然而傷之兮此風車失常非獨檜國但檜人傷之而作此詩耳○傳發發至之車○正義曰

蓼莪云飄風發發下云匪風飄兮知發發爲飄風偈偈輕舉之貌故爲疾驅傷周道之滅而云匪車匪風故知非有道之風非有道之車車者人所乘駕也時世無道人無節度可得隨時改易風乃天地之氣亦爲無道變者尚書洪範咎徵言政教之失能感動上天十月之交稱煜煜震電爲不善之徵是世無道則風雷變易○傳怛傷至道滅○正義曰怛者驚痛之言故爲傷也言顧瞻周道則周道已過迴首顧之故知於時下國之亂而周道滅下國謂諸侯對天子爲下國周道周之政令棄而不行是廢滅也定本無怛傷之訓

匪風飄兮匪車嘌兮

迴風爲飄嘌嘌無節度也○飄符遥反又必遥反嘌本又作票匹遥反

顧瞻周道中心弔兮

弔傷也

疏傳迴風至節度○正義曰迴風爲飄釋天文李巡曰迴風旋風也一曰飄風別二名此章言風名上章言發發謂飄風行疾是一風也上章言疾車此言無節度車之遲速當有鸞和之節由疾故無節亦與上同

誰能亨魚溉之釜鬵

溉滌也鬵釜屬亨魚煩則碎治民煩則散知亨魚則知治民矣箋云誰能者言人偶能割亨者○亨普耕反注同溉古愛反釜符甫反鬵音尋又音岑說文云大釜也一曰鼎大上小下若甑曰鬵音才今反滌徒歷反

誰將西歸懷之好音

周道在乎西懷歸也箋云誰將者亦言人偶能輔周道治民者也檜在周之東故言西歸有能西仕於周者我則懷之以好音謂周之舊政令

疏誰能至好音○正義曰此見周道既滅思得有人輔之言誰能亨魚者乎有能亨魚者我則溉滌而與之釜鬵以與誰能西歸輔周治民者乎有能輔周治民者我則歸之以周舊政令之好音恨當時之人無輔周者亨魚煩則碎治民煩則散亨魚類於治民故以亨魚爲喻溉者滌器之名溉之釜鬵欲歸與亨者之意歸之好音欲備具好音之意釜鬵言溉亦歸與之。而好音言歸亦備具之。而互相曉○傳溉滌至治民○正義曰大宗伯云祀大神則視滌濯少牢禮祭之日雍人溉鼎廩人溉甑是溉滌皆洗器之名故云溉滌也釋器云䰝謂之鬵鬵鉹也孫炎曰關東謂甑爲鬵涼州謂甑爲鉹郭璞引詩云溉之釜鬵然則鬵是甑非釜類亨魚用釜不用甑雙舉者以其俱是食器故連言耳亨魚治民俱不欲煩知亨魚之道則知治民之道言治民貴安靜○箋誰能至亨者○正義曰人偶者謂以人意尊偶之也論語注云人偶同位人偶之辭禮注云人偶相與爲禮儀皆同也亨魚小伎誰或不能而云誰能者人偶此能割亨者尊貴之若言人皆不能故云誰能也○傳周道至懷歸○正義曰此詩謂思周道欲得有人西歸則是將歸於周解其言西之意於時檜在滎陽周都豐鎬周在於西故言西西也釋言云懷來也來亦歸之義故得爲歸歸也○箋誰將至政令○正義曰上以亨魚爲喻故知西歸者欲令人之輔周治民也若能仕周則當自知政令詩人欲歸之以好音者愛其人欲贈之耳非謂彼不知也

匪風三章章四句

檜國四篇十二章四十五句

附釋音毛詩注疏卷第七（七之二）

毛詩注疏校勘記（七之二）

阮元撰盧宣旬摘錄

檜譜

檜國在禹貢豫州 閩本明監本毛本同案此不誤浦鏜云檜衍字非也嫌國是祝融國故複舉檜而言之○補案檜上當有○

在汴縣東 閩本明監本毛本同案浦鏜云其誤汴是也

昆吾蘇顧溫莒也 閩本明監本毛本同案依國語莒作董

妘姓鄢 閩本明監本毛本同案此不誤浦鏜云鄢國語作鄔非也今國語誤耳潛夫論亦作鄢可證

地理志 毛本理誤里閩本明監本不誤下同

皆不言北鄰 閩本明監本毛本同案北當作其形近之譌

○羔裘

三諫不聽於禮得去也 閩本明監本毛本同案不聽下浦鏜云當有則去之是三諫不聽是也此不聽復出而脫

復士以璧 閩本明監本毛本同案此不誤浦鏜云聞誤復見荀子大略篇非也此不與楊倞注本同耳

在國視朝之服則素衣麑裘 閩本明監本毛本同案朝當作朔

○素冠

素冠於韠閩本明監本毛本同案浦鏜云冠於疑裳與誤是也

形貌欒欒然腴瘠也相臺本同閩本明監本毛本同小字本腴瘠作瘠瘦案小字本誤倒也釋文腴本亦作瘦正義作腴

此冠練在使熟閩本明監本毛本同案浦鏜云布誤在是也

我心蘊結兮小字本相臺本同唐石經初刻薀後改蘊案說文薀積也从艸温聲正義釋文作蘊者卽薀之俗字耳

○隰有萇楚

國人疾其君之淫恣唐石經缺小字本相臺本同案此正義本也定本無淫字唐石經計其字亦當有

於人夭夭然少壯沃沃壯佼之時閩本明監本毛本同案上壯字衍沃沃下脫然字此讀於少字略逗

隰有萇楚三章小字本相臺本同唐石經無隰有二字案有者是也序可證

○匪風

怛傷也小字本相臺本同案此正義本也正義云定本無怛傷之訓考釋文怛兮下云慘怛也是釋文本亦無此傳

偈偈然大輕僄閩本明監本毛本同案然當作兮上文發發兮大暴疾與此對文皆經中兮字也

亦歸與之而閩本明監本毛本同案此不誤下亦備具之而同浦鏜云兩而字當衍文非也讀以而字斷句而詞也浦誤於之字斷句耳

謂以人思尊偶之也閩本明監本毛本同案思當作意聘禮疏以人意相存偶也尊偶存偶與中庸正義之相親偶表記正義之相愛偶頌人正義之答偶皆一也下文云尊貴之

附釋音毛詩注疏卷第七（七之三）

（廿五）

曹蜉蝣詁訓傳第十四○陸曰曹者武王之弟叔振鐸所封之國也爵爲伯其封域在兗州陶丘之北菏澤之野今濟陰定陶是也

毛詩國風　鄭氏箋　孔穎達疏

曹譜

曹者禹貢兗州陶丘之北地名○正義曰禹貢云濟河惟兗州王肅云東南據濟西北距河不言距濟而云據者則州境東南踰濟水也禹貢又云導沇水東流爲濟入于河溢爲滎東出于陶丘北漢書地理志云濟陰定陶縣故曹國周武王弟叔振鐸所封禹貢陶丘在西南陶丘亭是也言丘在曹之西南則曹在丘之東北止言北者舉其大望所在耳雖在濟南猶屬兗州故言兗州地名也○周武王既定天下封弟叔振鐸於曹今曰濟陰定陶是也○正義曰曹世家云曹叔振鐸者周武王母弟也武王克殷封叔振鐸於曹地理志云濟陰定陶詩風曹國是鄭所引之文也曹都雖在濟陰其地則踰濟北春秋僖三十一年取濟西田左傳曰濟西田分曹地也案禹貢濟自陶丘之北又東至于菏又東北會于汶曹在汶南濟東據魯而言是濟西是曹地在濟北也其封域在雷夏菏澤之野○正義曰禹貢兗州云雷夏既澤又云導菏澤被孟猪案地理志雷夏澤在濟陰成陽縣西北菏澤在濟陰定陶縣東二澤同屬濟陰濟陰曹都所在是曹之封域在二澤○昔堯嘗遊成陽死而葬焉舜漁於雷澤民俗始化其遺風重厚多君子務稼穡薄衣食以致畜積○正義曰此皆地理志文志又云濟陰成陽縣有堯冢既有堯冢是死而葬焉由堯舜二帝嘗經遊處故民俗化而效之其遺風多君子也將言後世驕侈故先云其民俗畜積也○夾於魯衞之間又寡於患難末時富而無教乃更驕侈○正義曰魯在其東南衞在其西北魯衞雖大於曹非如齊秦晉楚自專征伐畏懼霸主不敢侵曹由此所以寡於患難又言其改變堯舜之化而驕侈無復重厚之風也蜉蝣序云刺奢也昭公無法以自守好奢而任小人是富而無教驕侈之事也言末時者

正謂周王惠襄之間作詩之時鄭國非獨魯衛而已舉魯衛以協一句略餘國而不言也。曹之後世雖爲宋所滅宋亦不數伐曹故得寡於患。難十一世當周惠王時政衰昭公好奢而任小人曹之變風始作○正義曰曹世家云叔振鐸卒子太伯脾立卒子仲君平立卒子。宫伯侯立卒子孝伯雲立卒子夷伯喜立卒弟幽伯彊立九年弟蘇殺幽伯代立是爲戴伯三十年卒子惠伯兕立三十六年卒幽子碩甫立其弟武攻之代立是爲繆公三年卒子桓公終生立五十五年卒子莊公射姑立三十一年卒子釐公夷立九年卒子昭公班立九年卒子共公襄立此其君次也自叔振鐸至昭公凡十五君以碩甫不成爲君幽伯戴伯二。人又不數叔振鐸始封之君故十一世昭公以魯閔公元年卽位僖七年卒昭周惠王以莊十八年卽位僖八年崩是當周惠王時也其詩蜉蝣序云昭公詩也候人下泉序云共公鳲鳩在其間亦共公詩也鄭於左方中皆以此而知

蜉蝣刺奢也。昭。公國小而迫無法以自守好奢而任小人將無所依焉○蜉蝣上音浮下音由渠略也國小一本作昭公國小而迫案鄭譜云昭公好奢而任小人曹之變風始作此詩箋云喻昭公之朝是蜉蝣爲昭公詩也譜又云蜉蝣至下泉四篇共公時作今諸本此序多無昭公字崔集注本有未詳其正也疏蜉蝣三章章四句至依焉○正義曰作蜉蝣詩者刺奢也昭公之國既小而迫脅於大國之間又無治國之法以自保守好爲奢侈而任用小人國家危亡無日君將無所依焉故君子憂而刺之也好奢而任小人者三章上二句是也將無所依下二句是也三章皆刺好奢又互相見首章言衣裳楚楚見其鮮明二章言采采見其衆多卒章言麻衣見其衣體卒章麻衣是諸侯夕時所服則首章是朝時所服及其餘衣服也二章言衆多見其上下之服皆衆多也首章言蜉蝣之羽二章言之翼言有羽翼而已不言其美卒章乃言其色美亦互以爲興也

蜉蝣之羽衣裳楚楚興也蜉蝣渠略也朝生夕死猶有羽翼以自脩飾楚楚鮮明貌箋云興者喻昭公之朝其羣臣皆小人也徒整飾其

衣裳不知國之將迫脅君臣死亡無日如渠略然○楚楚如字說文作𪓰𪓰云會五綵鮮色也渠本或作蟝音同其居反略本或作蛒音同沈云二字並不施虫是也朝直遙反下皆同一讀下朝夕字張遙反

心之憂矣於我歸處箋云歸依歸君當於何依歸乎○言有危亡之難將無所就往○難乃旦反

【疏】蜉蝣至歸處○正義曰言蜉蝣之蟲有此羽翼以興昭公君臣有此衣裳楚楚也蜉蝣之小蟲朝生夕死不知己之性命死亡在近有此羽翼以自脩飾以興昭公之朝廷皆小人不知國將迫脅死亡無日猶整飾此衣裳以自修絜君任小人又奢如是故將滅亡詩人之言我心緒爲之憂矣此國若亡於我君之身當何所歸處乎○傳蜉蝣至明貌○正義曰釋蟲云蜉蝣渠略舍人曰蜉蝣一名渠略南陽以東曰蜉蝣梁宋之間曰渠略孫炎曰夏小正云蜉蝣渠略也朝生而暮死郭璞曰似蛣蜣身狹而長有角黃黑色聚生糞土中朝生暮死猪好噉之陸機疏云蜉蝣方土語也通謂之渠略似甲蟲有角大如指長三四寸甲下有翅能飛夏月陰雨時地中出今人燒炙噉之美如蟬也樊光謂之糞中蝎蟲隨陰雨時爲之朝生而夕死定本亦云渠略俗本作渠螻者誤也○箋興者至渠略○正義曰以序云任小人故云其羣臣皆小人耳其實此言衣裳楚楚亦刺昭公之身非獨刺小人也何則卒章麻衣謂諸侯之身夕服深衣則知此章衣裳亦有君之衣裳以蜉蝣朝生夕死故知喻國將迫脅死亡無日

蜉蝣之翼采采衣服采采衆多也

【疏】傳采采衆多○正義曰以卷耳芣苢言采采采者衆多非一之辭知此采采亦爲衆多楚楚於衣裳之下是爲衣裳之貌今采采在衣服之上故知言多有衣服非衣裳之貌也

心之憂矣於我歸息息止也

蜉蝣掘閱麻衣如雪掘閱容閱也如雪言鮮絜箋云掘閱掘地解。謂其始生時也以解閱喻君臣朝夕變易衣服也麻衣深衣諸侯之朝朝服朝夕則深衣也○掘求勿反閱音悅解音蟹下同

心之憂矣於我歸說箋云說猶舍息也○說音稅協韻如字

【疏】蜉蝣至歸說○正義曰蜉蝣之蟲初掘地而出皆。鮮閱以興昭公羣臣皆麻衣鮮絜如雪也蜉蝣之蟲朝

生夕死掘地而出甚鮮閱後又生其羽翼爲此脩飾以興昭公君臣不知死亡無日亦朝夕變易衣服而爲脩飾也君既任小人又好奢如是故君子憂之言我心爲之憂矣此國若亡於我君之身當何所歸依而說舍乎言小人不足依恃也○傳掘閱至鮮絜○正義曰此蟲土裏化生閱者悅懌之意掘閱者言其掘地而出形容鮮閱也麻衣者白布衣如雪言甚鮮絜也○箋掘地至深衣○正義曰定本云掘地解閱謂開解而容閱義亦通也上言羽翼謂其成蟲之後此掘閱舉其始生之時蟲以朝夕容貌不同故知喻君臣朝夕變易衣服也言麻衣則此衣純用布也衣裳卽布而色白如雪者謂深衣爲然故知麻衣是深衣也鄭又自明己意所以知麻是布深衣者以諸侯之朝夕則深衣故也玉藻說諸侯之禮云夕深衣祭牢肉是諸侯之服夕深衣也深衣布衣升數無文也雜記云朝服十五升然則深衣之布亦十五升矣故閒傳云大祥素縞麻衣注云麻衣十五升布深衣也純用布無采飾是鄭以深衣之布爲十五升也彼是大祥之服故云無采飾耳而禮記深衣之篇說深衣之制云孤子衣純以素非孤子者皆不用素純此諸侯夕服當用十五升布深衣而純以采也以其衣用布故稱麻耳案喪服記公子爲其母麻衣縓緣注云麻衣者小功布深衣引詩云麻衣如雪若深衣用十五升布爲而彼注以麻衣爲小功布者以大功章云公之庶昆弟爲其母言公之昆弟則父卒矣父卒爲母大功父在之時雖不在五服之例其縷麤細宜降大功一等用小功布深衣引此者證麻衣是布深衣耳不謂此言麻衣其縷亦如小功布也

蜉蝣三章章四句

候人刺近小人也共公遠君子而好近小人焉○候人官名近附近之近下同共音恭下篇同遠于萬反下注同好呼報反疏候人四章章四句至人焉○正義曰首章上二句言其遠君子以下皆近小人也此詩主刺君近小人以君子宜用而被遠小人應疏而

卻近故經先言遠君子也

彼候人兮何戈與祋

候人道路送賓客者何揭祋殳也言賢者之官不過候人箋云是謂遠君子也〇何何可反又音何祋都外反又都律反揭音竭又其謁反殳市朱反

彼其之子三百赤芾

彼彼曹朝也芾韠也一命緼芾黝珩再命赤芾黝珩三命赤芾葱珩大夫以上赤芾乘軒箋云之子是子也佩赤芾者三百人〇其音記下皆同芾音弗祭服謂之芾沈又甫味反朝直遙反下在朝同緼音温何爲本反赤黄之色黝於糾反黑色珩音衡以上時掌反

疏彼候至赤芾〇正義曰言共公疏遠君子曹之君子正爲彼候迎賓客之人兮荷揭戈與祋在於道路之上言賢者之官不過候人是遠君子也又親近小人彼曹朝上之子三百人皆服赤芾是其近小人也諸侯之制大夫五人今有三百赤芾愛小人過度也〇傳候人至候人〇正義曰夏官序云候人上士六人下士十有二人史六人徒百有二十人注云候人迎賓客之來者彼天子之官候人是上士下士則諸侯之候人亦應是士此說賢者爲候人乃身荷戈祋謂作候人之徒屬非候人之官長也天子候人之徒百二十人諸侯候人之徒數必少於天子賢者之身充此徒中之一員耳其職云候人各掌其方之道治與其禁令以設候人注云禁令備姦寇也以設候人者選士卒以爲之引此詩云彼候人兮何戈與祋言以設候人是其徒亦名爲候人也鄭言選士卒爲之即引此詩明知此詩所陳是彼候人之士卒者若居候人之職則是官爲上士不宜身荷戈祋不得刺遠君子以此知賢者所爲非候人之官長也其職又云若有方治則帥而致于朝及歸送之于境注云方治其方來治國事者也春秋傳曰晉欒盈過周王使候人出諸轘轅是其送之也官以候迎爲名有四方來者則致之於朝歸則送之於境以是知候人是道路送迎賓客者案秋官環人掌送迎邦國之賓客以路節達諸四方又掌訝掌待賓客有賓客至逆於境爲前驅而入及歸送亦如之若候人主送迎賓客而環人掌訝又掌送迎賓客者環人掌執節導引使門關無禁掌訝以禮送迎詔贊進止候人則荷戈兵防衞奸寇雖復同是送迎而職掌不同故異官也戈祋須人擔揭故以荷爲揭也考工記廬人云戈柲

六尺有六寸殳長尋有四尺戈殳俱是短兵相類故也且殺字從殳故知殺爲殳也說文云殺殳也。不刺遠君子而舉候人是作者之意言賢者之官不過候人也賢者所作候人乃是候人之士卒言官者以賢人宜爲大官今在官任使唯爲候人故以官言之○傳彼彼至乘軒○正義曰桓二年左傳云衮冕黻珽則芾是配冕之服易困卦九五困于赤芾。知用。享祀則芾服祭祀所用也士冠禮陳服皮弁素韠玄端爵韠則韠之所用不施於祭服矣玉藻說韠之制云下廣二尺上廣一尺長三尺其頸五寸肩革帶博二寸書傳更不見芾之別制明芾之形制亦同於韠但尊祭服異其名耳言芾韠者以其形制大同故舉類以曉人其禮別言之則祭服謂之芾他服謂之韠二者不同也一命緼芾黝珩再命赤芾黝珩三命赤芾葱珩皆玉藻文彼注云玄冕爵弁服之韠尊祭服異其名耳韍之言蔽也緼赤黃之間色所謂。韍也珩珮玉之珩也黑謂之黝青謂之葱周禮公侯伯之卿三命。下大夫再命。上士一命然則曹爲伯爵大夫再命是大夫以上皆服赤芾於法又得乘軒故連言之定十三年左傳云齊侯斂諸大夫之軒哀十五年傳稱衛太子謂渾良夫曰苟使我入國服冕乘軒是大夫乘軒也閔二年傳稱齊桓公。遣衛夫人以魚軒以夫人乘軒則諸侯亦乘軒故云大夫以上也傳因赤芾遂言乘軒者僖。十八年左傳稱晉文公入曹數之以其不用僖負羈而乘軒者三百人也且曰獻狀杜預云軒大夫之車也言其無德而居位者多故責其功狀彼正當共公之時與此三百文同故傳因言乘軒以爲共公近小人之狀

維鵜在梁不濡其翼 鵜洿澤鳥也梁水中之梁鵜在梁可謂不濡其翼乎箋云鵜在梁當濡其翼而不濡者非其常也以喻小人在朝亦非其常○鵜徒低反洿音烏一音火故反

彼其之子不稱其服 箋云不稱者言德薄而服尊○稱尺證反注同

疏 維鵜至其服○毛以爲維鵜鳥在梁可謂不濡其翼乎言必濡其翼以與小人之在朝可謂不亂其政乎言必亂其政彼其曹朝之子謂卿大夫等其人無德不能稱其尊服言其終必亂國也鄭上二句別義具箋○傳鵜洿至翼乎○正義曰鵜洿澤釋鳥文舍人曰鵜一名洿澤郭朴曰今之鵜鶘也好羣飛入水食

魚故名洿澤俗呼之爲淘河陸機疏云鵜水鳥形如鶚而極大喙長尺餘直而廣口中正赤頷下胡大如數升囊若小澤中有魚便羣共抒水滿其胡而棄之令水竭盡魚陸地乃共食之故曰淘河以鵜是食魚之鳥故知梁是水中之梁謂魚梁也○箋鵜在至其常○正義曰箋以經言不濡其翼是怪其不濡故知言非其常以喻小人在朝亦非其常

維鵜在梁不濡其咮 咮喙也○喙陟救反徐又都豆反喙虛穢反又尺稅反又陟角反鳥口也

彼其之子不遂其媾 媾厚也箋云遂猶久也不久其厚言終將薄於君也○媾古豆反

疏 傳媾厚○正義曰重昏媾者以情必深厚故媾爲厚也

薈兮蔚兮南山朝隮 薈蔚雲興貌南山曹南山也隮升雲也箋云薈蔚之小雲朝升於南山不能爲大雨以喻小人雖見任於君終不能成其德教

婉兮孌兮季女斯飢 婉少貌孌好貌季人之少子也女民之弱者○箋云天無大雨則歲不熟而幼弱者飢猶國之無政令則下民困病矣

疏 薈兮至斯飢○正義曰薈兮蔚兮之小雲在南山而朝升不能興爲大雨以興小人在上位而見任不能成其德教此接勢爲喻天者無大雨則歲穀不熟婉兮而少孌兮而好季子少女幼弱者斯必飢矣以喻德教不成國無政令則其民將困病矣刺君近小人而病下民也○傳薈兮蔚至升雲○正義曰言南山朝隮則有物從山上升也必是雲矣故知薈兮蔚兮皆是雲興之貌詩人之作自歌土風故云南山曹南山也隮升釋詁文定本及集注皆云隮升雲也○箋薈蔚至德教○正義曰以經唯言雲興不言雨降故知薈蔚雲興若是小雲之興也○傳婉少至弱者○正義曰以季女謂少女幼子故以婉爲少貌孌爲好貌齊甫田亦云婉兮孌兮而下句云總角丱兮丱是幼稚故傳以婉孌並爲少好貌野有蔓草云清揚婉兮思以爲妻則非復幼稚故以婉爲美貌采蘋云有齊季女謂大夫之妻車舝云思孌季女逝兮欲取以配王皆不得有男在其間故以季女爲少女此言斯飢當謂幼者並飢非獨少女而已故以季女爲人之少子女子皆觀經爲訓故不同也伯仲叔季則季處其少女比於男則男強女弱不堪久飢故詩言少女耳定本云季人之少子

女民之弱者〇箋天無至困病〇正義曰箋以此經輒言斯飢文無致飢之狀而上句取不雨爲喻是因不雨爲興故知此言歲穀不熟則幼弱者飢國無政令則民困病今定本直云歲不熟無穀字

候人四章章四句

鳲鳩刺不壹也在位無君子用心之不壹也〇鳲音尸本亦作尸【疏】鳲鳩四章章六句至不壹〇正義曰經云正是四國正是國人皆謂諸侯之身能爲人長則知此云在位無君子者正謂在人君之位無君子之人也在位之人既用心不壹故經四章皆美用心均壹之人舉善以駁時惡首章其子七兮言生子之數下章云在梅在棘言其所在之樹見鳲鳩均壹養之得長大而處他木也鳲鳩常言在桑其子每章異木言子自飛去母常不移也

鳲鳩在桑其子七兮興也鳲鳩秸鞠也鳲鳩之養其子朝從上下莫從下上平均如一箋云興者喻人君之德當均一於下也以刺今在位之人不如鳲鳩〇秸居八反又音吉鞠居六反莫音暮下上時掌反淑人君子其儀一兮箋云淑善儀義也善人君子其執義當如一也其儀一兮心如結兮言執義一則用心固【疏】鳲鳩至結兮〇正義曰言有鳲鳩之鳥在於桑木之上爲巢而其子有七兮鳲鳩養之能平均用心如壹以興人君之德養其國人亦當平均如壹彼善人君子在民上其執義均平用心如壹既如壹兮其心堅固不變如裹結之兮言善人君子能如此均壹刺曹君用心不均也〇傳鳲鳩至如一〇正義曰鳲鳩秸鞠釋鳥文鳲鳩之養七子也旦從上而下莫從下而上其於子也平均如壹蓋相傳爲然無正文〇箋淑善至如一〇正義曰淑善釋詁文此美其用心均壹均壹在心不在威儀以儀義理通故轉儀爲義言善人君子執公義之心均平如壹〇傳言執義一則用心固〇正義曰如結者謂如不以散如物之裹結故言執義壹則用心固也素冠云我心蘊結又爲憂愁不散

如褏結與此同鳲鳩在桑其子在梅飛在梅也淑人君子其帶伊絲其帶伊絲其弁伊騏。騏騏
文也弁皮弁也箋云其帶伊絲謂大帶也大帶用素絲有雜色飾焉騏當作璂以玉爲之言此帶弁者刺不稱其服○弁皮彥反騏音其綦文也說文作璂云
弁飾也往往置玉也或亦作璂音其稱尺證反【疏】鳲鳩至伊騏○毛以爲言鳲鳩之鳥在桑其子飛去在梅以其平均養之故得長大而飛去以與人君之
德亦能均壹養民養民得成就而安樂彼善人君子執義如壹者其帶維是絲爲之其弁維作騏之文也舉其帶弁言德稱其服故民愛之刺曹君不稱其服
使民惡之○鄭唯其弁伊騏言皮。爲之璂以玉爲之餘同○傳騏騏文弁皮弁○正義曰馬之青黑色者謂之騏此字從馬則謂弁色如騏馬之文也春官司
服凡兵事韋弁服視朝皮弁服凡田冠弁服凡弔事弁經服則弁類多矣知此是皮弁者以其韋弁以卽戎冠弁以從禽弁經又是弔凶之事非諸侯常服也
且不得與絲帶相配唯皮弁是諸侯視朝之常服又朝天子亦服之作者美其德能養民舉其常服知是皮弁○箋其帶至其服○正義曰玉藻說大帶之制
云天子素帶朱裏終辟諸侯素帶終辟大夫素帶辟垂士練帶率下辟是大夫以上大帶用素故知其帶伊絲謂大帶用素絲故言絲也玉藻又云雜帶君朱
綠大夫玄華士緇辟是其有雜色飾焉夏官弁師云王之皮弁會五采玉璂注云會。逢中也璂結也皮弁之。逢中每貫結五采玉以爲飾謂之綦引此詩云其
弁伊綦又云諸侯及孤卿大夫之皮弁各以其等爲之注云皮弁侯伯綦飾七子男綦飾五玉用。采如彼周禮之文諸侯皮弁有綦玉之飾此云其弁伊騏知
騏當作璂以玉爲之以此故易傳也孫毓云皮弁之飾有玉璂而無綦文綦文非所以飾弁箋義爲長若然顧命云四人騏弁執戈注云青黑曰騏不破騏字
爲玉璂者以顧命之文於四人騏弁之下每云一人冕身服冕則是大夫也於四人騏弁之上云二人爵弁執惠身服爵弁則是士也於爵弁之下次云騏弁
明亦是士弁師之文上云孤卿大夫之皮弁各以其等爲之不言士之皮弁則士之皮弁無璂飾矣故弁師注云士之皮弁之會無結飾以士之皮弁無玉璂

飾故知顧命士之騏弁正是弁作青黑色非綦玉之皮弁矣禮無騏色之弁而顧命有之者以新王即位特設此服使士服此騏弁執兵衞王。綦常服也此言諸侯常服故知騏當作。綦說善人君子而言此帶弁者以善人能稱其服刺今不稱其服也

鳲鳩在桑其子在棘淑人君子其儀不忒忒疑也○忒他得反【疏】傳忒疑○正義曰釋言文執義如一無疑貳之心

其儀不忒正是四國正。是也箋云執義不疑則可爲四國之長言任爲侯伯○長張丈反下同任音壬【疏】箋執義至侯伯○正義曰傳言正長釋。訓文非爲州牧不得爲四國之長故任爲侯伯也僖元年左傳曰凡侯伯救患分災。其。非禮也是諸侯之長侯伯也

鳲鳩在桑其子在榛淑人君子正是國人正是國人胡不萬年箋云正長也能長人則人欲其壽考○榛側巾反木名也又仕巾反字林云木叢生也字林榛木之字從辛木云似梓實如小栗音壯巾反

鳲鳩四章章六句

下泉思治也曹人疾共公侵刻下民不得其所憂而思明王賢伯也○思治直吏反刻音克【疏】下泉四章章四句至賢伯○正義曰此謂思上世明王賢伯治平之時若有明王賢伯則能督察諸侯共公不敢暴虐故思之也上三章皆上二句疾共公侵刻下民下二句言思古明王卒章思古賢伯上三章說共公侵刻而思古明王能紀理諸侯使之不得侵刻卒章言賢伯勞來諸侯則明王亦能勞來諸侯互相見

洌。彼下泉浸彼苞稂興也洌寒也下泉泉下流也苞本也稂童。梁非溉草得水而病也箋云興者喻共公之施政教徒困病其民稂當作涼涼草蕭蓍之屬○洌音列𣸈本作浸子鴆反稂音郎徐又音良溉古愛反蓍音尸

愾我寤嘆念彼周京箋云愾嘆息之

意寤覺也念周京者思其先王之明者〇愾苦愛反嘆息也說文云大息也音火既反覺音教

疏

洌彼至周京〇正義曰洌然而寒者彼下流之泉浸彼苞根之草根非灌溉之草得水則病以喻共公之政教甚酷虐於民下民不堪侵刻遭之亦困病民既困病思古明王愾然我寤寐之中覺而嘆息念彼周室京師之明王言時有明王則無此困病也〇鄭唯根草有異其文義則同〇傳洌寒至而病〇正義曰七月云二之日栗冽字從水是遇寒之意故爲寒也釋水云沃泉縣出縣出下出也李巡曰水泉從上溜下出此言下泉謂泉下流是爾雅之沃泉也易稱繫於苞桑謂桑本也泉之所浸必浸其根本故以苞爲本根童梁釋草文舍人曰稂一名童梁郭朴曰莠類也陸機疏云禾秀爲穗而不成崱嶷然謂之童梁今人謂之宿田翁或謂宿田也甫田云不稂不莠外傳曰馬不過稂莠皆是也此稂是禾之秀而不實者故非灌溉之草得水而病〇箋與者至之屬〇正義曰以序云侵刻下民故喻困病下民也箋以苞稂則是童梁爲禾中別物作者當言浸禾不應獨舉浸稂且下章蕭蓍皆是野草此不宜獨爲禾中之草故易傳以爲稂當作涼涼草蕭蓍之屬釋草不見草名涼者未知鄭何所據〇箋愾嘆至明者〇正義曰祭義說祭之事云周旋出戶愾然而聞乎嘆息之聲是愾爲嘆息之意也序云思明王故知念周京是思先王之明者周京與京師一也因異章而變文耳周京者周室所居之京師也京周者京師所治之周室也桓九年公羊傳云京師者何天子之居也京者何大也師者何衆也天子之居必以大衆言之是說天子之都名爲京師也

洌彼下泉浸彼苞蕭蕭蒿也〇蒿好刀反愾我寤嘆念彼京周洌彼下泉浸彼苞蓍蓍草也愾我寤嘆念彼京師芃芃黍苗陰雨膏之芃芃美貌〇芃薄工反又薄雄反膏古報反四國有王郇伯勞之郇伯郇侯也諸侯有事二伯述職箋云有王謂朝聘於天子也郇侯文王之子爲州伯有治諸侯之功

疏

芃芃至勞之〇正義曰言芃芃然盛者黍之苗也此苗所以得盛者由上天以陰雨膏澤之故也以興四方之國有從王之事

所以得治者由有郇國之侯爲伯以恩德勞來之故也今無賢伯致曹國之不治故思之○鄭唯說伯有異其文義則同○傳郇伯至述職○正義曰以經言郇伯嫌是伯爵故言郇伯郇侯也知郇爲侯爵者定四年左傳祝鮀說文王之子唯言曹爲伯明自曹以外其爵皆尊於伯故知爵爲侯也諸侯有事二伯述職謂東西大伯分主一方各自述省其所職之諸侯者昭五年左傳云小有述職大有巡功服虔云諸侯適天子曰述職謂六年一會王官之伯命事考績述職之事也○箋有王至之功○正義曰莊二十三年左傳曰諸侯有王王有巡守巡守是天子巡省諸侯則知有王是諸侯朝聘天子思古明王賢伯也言諸侯朝聘天子者若上有明王下有賢伯則諸侯以時朝聘善惡則有黜陟之義大司馬掌九伐之法正邦國賊賢害民則伐之爾時諸侯必不敢暴虐今由無明王賢伯不復朝聘共公侵刻下民無所畏憚故思治世有朝聘之時也僖二十四年左傳說富辰稱畢原酆郇文之昭也知郇伯是文王之子也時爲州伯有治諸侯之功謂爲牧下二伯治其當州諸侯也易傳者以經傳考之武王成王之時東西大伯唯有周公召公大公畢公爲之無郇侯者知爲牧下二伯也

下泉四章章四句

曹國四篇十五章六十八句

附釋音毛詩注疏卷第七（七之三）

毛詩注疏校勘記（七之三）　阮元撰盧宣旬摘錄

曹譜

被孟豬　閩本明監本毛本同案孟當作盟陳譜作明豬正義云明豬尚書作盟豬卽左傳稱孟諸之麋爾雅云宋有孟諸是也但聲訛字變耳是正義所引尚書作盟之證

曹之後世　閩本明監本毛本曹上誤衍一○案毛鄭詩考正亦誤以此下共廿一字爲鄭君語

十一世當周惠王時　閩本明監本毛本同案浦鏜云上脫○是也

子官伯侯立　閩本明監本毛本同案浦鏜云宮誤官是也

幽伯戴伯二人又不數　閩本明監本毛本同案盧文弨云前陳譜疏云除相公一及此人字亦當作及父子曰世兄弟曰及是也考邶鄘衛譜正義云又不數及商頌譜正義云除二及皆可證

○蜉蝣

昭公國小而迫　唐石經小字本相臺本同案釋文云國小而迫一本作昭公國小而迫案鄭譜云昭公好奢而任小人曹之變風始作此詩箋云喻昭公之朝是蜉蝣爲昭公詩也譜又云蜉蝣至下泉四篇共公時作今諸本此序多無昭公字崔集注本有未詳其正也今考集注是也譜正義云蜉蝣序云昭公昭公詩也候人下泉序云共公鳲鳩在其閒亦共公詩也鄭於左方中皆以此而知是正義所見鄭譜左方中不云蜉蝣至下泉四篇共公時作釋

文所見乃誤本因是而去此序昭公字耳

掘閱掘地解小字本相臺本解下有閱字閩本明監本毛本亦有案十行本脫也又此定本也正義云初掘地而出皆解閱又云定本云掘地解閱釋文解閱音蟹下同與定本同也

掘地而出皆鮮閱補毛本同案鮮當作解下鮮閱並同

蜉蝣三章章四句補各本皆另提一行此誤在疏下

○候人

而好近小人焉小字本相臺本同唐石經初刻無好字後改有案釋文以而好作音是其本有好字正義云以下皆近小人也此詩主刺君近小人當是其本無好字初刻出於此

候人道路送賓客者小字本相臺本同考文一本同閩本明監本毛本送下有迎字案正義云以是知候人是道路送迎賓客者依正義當有此字

荷揭戈與祋閩本明監本毛本同案經注作何正義作荷何荷古今字易而說之也例見前考文古本經作荷誤采所易之今字釋文何戈何可反又音河

不刺遠君子而舉候人閩本明監本毛本同案不當作本形近之譌

知用享祀閩本明監本毛本同案此不誤浦鏜云利誤知祭誤享非也正義所引易自如此祭祀本或作享祀見易釋文

所謂載也閩本明監本毛本同案浦鏜云韍誤載以玉藻注考之浦校是也

下大夫再命上士一命閩本明監本毛本同案此不誤浦鏜云二其字一譌下一譌上非也盧文弨云不必拘本文是也

遺衛夫人以魚軒閩本明監本毛本同案浦鏜云遺誤遣是也

僖十八年左傳閩本明監本毛本同案十上浦鏜云脫二字是也

形如鶚而極大閩本明監本毛本鶚誤鴞案此因十行本别體俗字作鴞而然

季人之少子也女民之弱者小字本相臺本同案正義云定本云季人之少子女民之弱者其正義本未有明文今無可考正義云伯仲叔季則季處其少女比於男則男彊女弱又標起止云至弱者其自爲文者不可據意必求之當云季少子女弱者又季少子見陟岵傳也

則下民困病矣閩本明監本毛本同小字本相臺本無矣字案無者是也標起止云至困病可證

天者無大雨閩本明監本毛本同案者當作若因剜改而與下互譌也

故知蓊蔚雲與若閩本明監本毛本同案若當作者因剜改而與上互譌

○鳲鳩

其儀一兮唐石經小字本相臺本同案此一字是壹之假借騶虞經壹發五豝又以壹字爲一之假借此序中不壹字凡二見唐石經以下各本同

用正字也序用字不與經同如采薇之昆雲漢之䵍皆可見傳箋亦作一標起止可證正義易而說之乃皆用壹字

言執義一則用心固　小字本相臺本同案段玉裁云上箋儀義也善人君子其執義當如一也下箋執義不疑此言執義一文句相承上當脫箋云二字今考標起止作傳是正義本已誤

用心如壹既如壹兮其心堅固不變　閩本明監本毛本同案十行本用心至其心剜添者三字此當作用心既如壹兮其堅固不變剜添如壹及心字皆誤

刺曹君用心不均也　閩本明監本毛本刺誤既知二字案此十行本始剜者譌一字爲二字山井鼎云宋板作刺最是彼所見刺字重剜而又正之也十行本屢經剜改者如此

謂如不以散　閩本明監本毛本同案當作謂固不可散

騏騏文也　小字本相臺本同案當作騏綦文也釋文伊騏下云騏綦文也正義云馬之青黑色者謂之騏此字從馬則謂弁色如騏馬之文也此與小戎正義詳略互見耳如者如騏馬之綦文也又正義下引孫毓云皮弁之飾有玉璂而無綦文綦文非所以飾弁箋義爲長是此傳釋文正義孫毓評皆是騏綦文也今各本皆誤標起止傳騏騏文亦當是後改釋文綦字舊或誤纂今正詳後考證○按說詳小戎

騏當作璂　小字本相臺本同案釋文云作璂音其是釋文本字如此段玉裁云周禮作璂鄭易爲綦鄭箋詩孔疏詩皆依綦字今考正義本箋亦是璂字見下與釋文本同當是用此字以別於傳綦文也其引周禮而說之用彼注作綦

言皮爲之璂 閩本明監本毛本同案爲當作弁

會逢中也 閩本明監本毛本同案浦鏜云縫誤逢下同是也

玉用采 閩本明監本毛本同案用下浦鏜云脫三字是也

綦常服也 閩本明監本毛本同案綦上當有玉字因上句末王字形近而脫去也

故知騏當作綦 閩本明監本毛本同案綦當作璂上文云鄭唯其帶伊騏言皮弁之璂又云知騏當作璂此二璂字據箋言之可證也

正是也 閩本明監本毛本同小字本相臺本是作長考文古本同案長字是也釋文正義皆可證

傳言正長釋訓文 閩本明監本毛本同案訓當作詁

其非禮也 閩本明監本毛本同案浦鏜云討罪誤其非是也鴻鴈正義引作討罪魯頌譜正義引同

○下泉

洌彼下泉 唐石經小字本同相臺本洌作冽閩本明監本毛本同案釋文洌音列寒也唐石經本此正義云字從冰相臺本所據改也東京賦李善注引此作洌詩經小學云字從仌列聲又見大東

稂童粱 小字本相臺本粱作梁閩本明監本毛本同案粱字誤也爾雅作粱此釋文及大田亦或誤見六經正誤